JN271654

衣服の百科事典

日本家政学会 編

［編集代表］
大塚 美智子

［編集委員］
石原 久代／猪又 美栄子／大矢 勝／小柴 朋子／牛腸 ヒロミ
佐々井 啓／平井 郁子／布施谷 節子／山村 明子

丸善出版

①

パニエによるウェディングドレス［滝澤　愛 作］

総レースのウェディングドレス
［滝澤　愛 作］

ウェディングドレスのファッションプレート
（1868年）

ウェディングドレスのファッション
プレート（1875年）

②

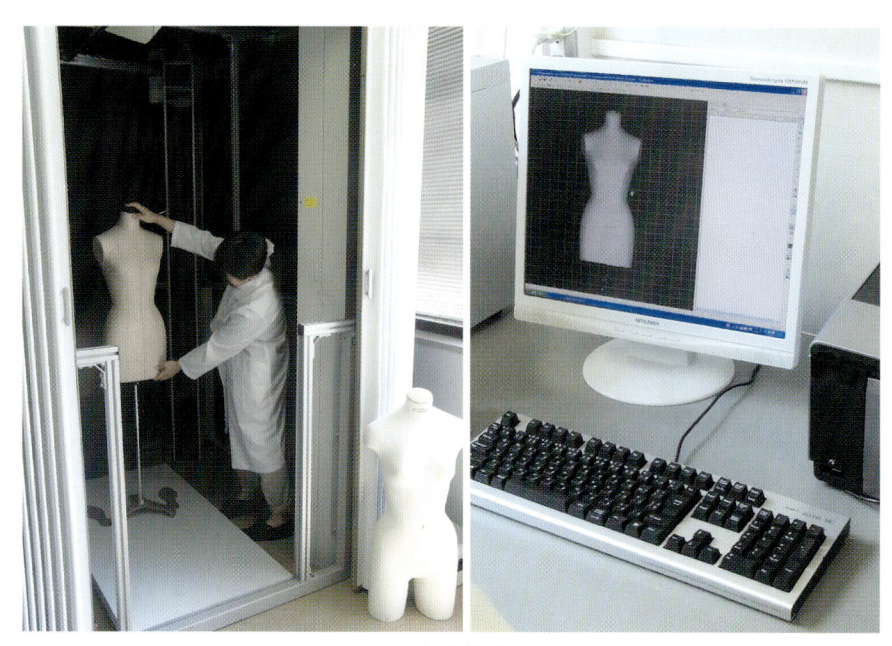

三次元計測器

19世紀後半(左)と21世紀(右)の
STOCKMAN社製同サイズのボディ

高齢者ボディ

シンガーミシン：シンガーミシン（アメリカ製，1910〜1912年）［国立大学法人東京農工大学科学博物館所蔵］

NIPPONミシン：日本ミシン（現ブラザー，1930年代）［国立大学法人東京農工大学科学博物館所蔵］

手回しミシン：モントロスミシン（ドイツ製，1925〜1926年）［国立大学法人東京農工大学科学博物館所蔵］

④

光ファイバー織物で製作したバッグ，ケープ，ブーケ［滝澤　愛　作］

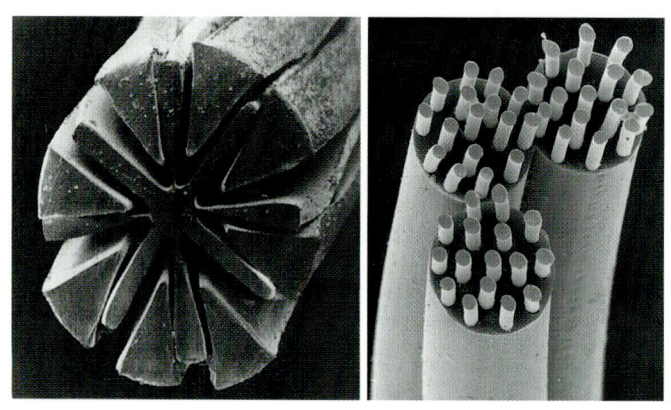

分割型超極細繊維ベリーマ®X　　　海島型極細繊維エクセーヌ®C

太陽光蓄熱保温素材サーモトロン®

⑤

プレタポルテのパリコレクション

オートクチュールのパリコレクションのバックステージ

⑥

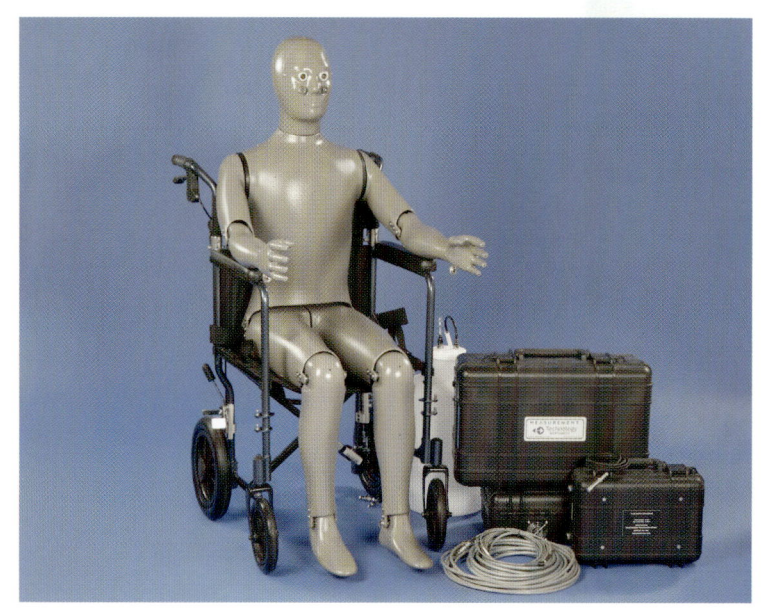

歩行発汗サーマルマネキン Newton による実験の様子

⑦

中国の典型的な春夏用の旗袍（チャイナドレス）．文様は左が牡丹，右が鳳凰［張　立娜　作］

⑧

友禅絽地夏物振袖「清粧」羽田登喜男(人間国宝,1911〜2008)の作品［共立女子大学所蔵］

刊行にあたって

　「服は人なり」という衣装哲学があるように，装いは自己表現の手段であり，衣服はそれが存在する社会や時代の様相までも反映するものでもあります．また，衣服は，風雨，日光，寒冷，乾燥といった気象条件やさまざまな環境から肉体を保護するため，あるいは社会秩序を守るため，さらには人間生活を豊かにするために装われるものであり，人間生活の根本です．

　今日の衣服素材に目を向けると，伝統的技術に支えられ継承されている素材がある一方で，新素材の開発が進み，航空機の資材や人工血管などの幅広い分野に応用され，衣服という用途を超えて産業用資材として進展しています．超高齢社会に突入した日本では多方面でその対応が急がれていますが，繊維素材の果たす役割は大きく，衣服分野においても機能性を付与した衣服の需要が大きく伸びています．また，ICT の進展により E コマースが拡大し，バーチャルガーメント，バーチャルフィッティングも注目されています．

　現代人はこのように幅広い衣服の選択肢をもつことが可能となり，単に衣服をファッションの一部として捉えるのではなく，人間生活をサポートし，豊かにするものとして活かしていくことができます．今後，少子高齢社会や国際化，情報化のさらなる進展にともない，衣服に求められる機能，デザインなどは，大きな進化が見込まれますが，今あらためて衣服に関するさまざまな情報をまとめることは，衣服のもつ可能性を再発見することにつながるものと思われます．

　被服学の領域は幅広く，衣服の素材・染色・洗浄などテキスタイル科学の分野，アパレルのデザインから生産，衣服内環境など造形・環境の分野，流通・消費科学・マーケティングなどの流通消費の分野，これらすべての分野の文化的背景となる服装の歴史・色彩などの美学の分野などから構成されています．そして，各分野の教育研究は自然科学・社会科学・人文科学などの学問領域から取り組まれています．

　昨今，衣服にまつわる正しい情報が乏しくなり，それを後世に伝えるための教育も限定的で限られた教育機関で行われているにすぎません．また近年，衣服に

関する知識を詳細にまとめた事典もほとんど出版されていません.

　しかし，今の専門家の知を結集すれば，この広範な衣服の確かな知識を後世に伝える事典をつくることができる，また，それは今でなければできないという思いでこの『衣服の百科事典』を刊行する運びとなりました．本書は衣服に関する情報を専門分野別に分類して，項目を立て，被服学の全領域を網羅し解説したものです．ですから，どの項目から調べても，読んでも，衣服についてさまざまな角度から理解できる構成となっています．

　もともと本書は，丸善出版より衣服に関する書籍をというお話をいただいたことがきっかけとなり，日々の生活と切り離すことのできない衣服について，多角的視点から専門知識をわかりやすくまとめることは現代人の生活力を向上させることにつながり，大いに意義があると考え，刊行に向けた作業が始まりました．

　さらに，生活を基盤とした家政学分野の衣・食・住・児童・家庭生活は，いずれも人間生活に不可欠な専門領域です．その研究母体には，一般社団法人日本家政学会があり，本事典は日本家政学会編として刊行されることとなりました．

　なお，本事典は，「衣服」を切り口として，科学・医学から心理学・経済学・社会学・文学・芸術まで，あらゆる学問分野における「衣服」を，図版を交えてやさしく解説する「中項目事典」です．被服学を自然科学，社会科学，人文科学という3つの領域に分類し，さらにそれぞれの分野を細分類し，その細分類した分野に関わる興味深いテーマを取り上げ，それぞれの項目を2ページから4ページで解説する，「読んで楽しい事典」を目指しました．そのため，分野や項目によって表現やニュアンスが異なりますが，著者の意思を尊重することで本書ならではの特色を出しています．

　2013年5月に日本家政学会に刊行委員会が発足してから，約2年で刊行の運びとなりました．この間，刊行に向けてご尽力くださいました前日本家政学会長久保田紀久枝先生，前刊行委員長の石井克枝先生をはじめ，刊行委員，編集委員，執筆者の皆様に厚く御礼申し上げます．

　何より，本事典を刊行する機会を与えてくださり，根気強く編集事務を担当くださいました丸善出版株式会社の小根山仁志さんに心より御礼申し上げます．

2015年3月

編集代表　大塚　美智子

日本家政学会刊行委員会

刊行委員長
香 西 みどり　お茶の水女子大学生活科学部

刊 行 委 員
大 塚 美智子　日本女子大学家政学部
吉 川 はる奈　埼玉大学教育学部
小 川 宣 子　中部大学応用生物学部
増 井 正 哉　奈良女子大学生活環境学部

『衣服の百科事典』編集委員会

編集代表

大塚 美智子　日本女子大学家政学部

編集委員

石原 久代　名古屋学芸大学メディア造形学部
猪又 美栄子　昭和女子大学生活科学部
大矢 勝　横浜国立大学大学院環境情報研究院
小柴 朋子　文化学園大学服装学部
牛腸 ヒロミ　実践女子大学生活科学部
佐々井 啓　日本女子大学家政学部
平井 郁子　大妻女子大学短期大学部
布施谷 節子　和洋女子大学生活科学系
山村 明子　東京家政学院大学現代生活学部

執筆者一覧

青山 喜久子	金城学院大学生活環境学部
芦澤 昌子	元日本女子大学教授
安藤 文子	名古屋学芸大学メディア造形学部
石垣 理子	昭和女子大学生活科学部
石原 久代	名古屋学芸大学メディア造形学部
泉 加代子	元京都女子大学教授
依田 素味	日本経済大学経営学部
井上 真理	神戸大学大学院人間発達環境学研究科
猪又 美栄子	昭和女子大学生活科学部
植竹 桃子	東京家政学院大学現代生活学部
潮田 ひとみ	東京家政大学家政学部
牛田 智	武庫川女子大学生活環境学部
内田 直子	大妻女子大学家政学部
内田 幸子	高崎健康福祉大学健康福祉学部
内村 理奈	日本女子大学家政学部
梅谷 知世	東京家政大学家政学部
梅村 修	追手門学院大学基盤教育機構
大枝 近子	目白大学社会学部
太田 茜	倉敷市立短期大学服飾美術学科
大塚 美智子	日本女子大学家政学部
大塚 有里	東京家政大学家政学部
大矢 勝	横浜国立大学大学院環境情報研究院
岡田 宣子	元東京家政大学教授
織田 博則	元大阪教育大学教授
甲斐 今日子	佐賀大学文化教育学部
垣田 幸男	Studio KAKITA
金澤 等	福島大学共生システム理工学類
川上 梅	実践女子大学生活科学部
川端 博子	埼玉大学教育学部
日下部 信幸	名古屋学芸大学メディア造形学部
黒川 祐子	放送大学
好田 由佳	梅花女子大学文化表現学部
小柴 朋子	文化学園大学服装学部
牛腸 ヒロミ	実践女子大学生活科学部
後藤 純子	共立女子大学家政学部
小林 泰子	東京家政大学家政学部
小町谷 寿子	名古屋女子大学家政学部
米今 由希子	日本女子大学家政学部
齋藤 統	AECC Paris Asian European Consulting Company
斉藤 秀子	山梨県立大学人間福祉学部
佐々井 啓	日本女子大学家政学部
薩本 弥生	横浜国立大学教育人間科学部
佐藤 悦子	上越教育大学学校教育学部
佐藤 恭子	岩手県立大学盛岡短期大学部生活科学科
佐藤 真理子	文化学園大学服装学部
沢尾 絵	東京藝術大学, 杉野服飾大学
塩原 みゆき	株式会社エフシージー総合研究所暮らしの科学部
柴田 優子	和洋女子大学生活科学系
島崎 恒藏	元日本女子大学教授
嶋根 歌子	和洋女子大学生活科学系
下村 久美子	昭和女子大学生活科学部
上甲 恭平	椙山女学園大学生活科学部

執筆者一覧

城島 栄一郎	実践女子大学生活科学部
全 ソユン	日本女子大学家政学部
菅井 清美	新潟県立大学国際地域学部
菅沼 恵子	湘北短期大学生活プロデュース学科
杉浦 弘子	花王株式会社
須山 佳子	DESSIGNS
雙田 珠己	熊本大学教育学部
髙橋 哲也	島根大学教育学部
高部 啓子	元実践女子大学教授
滝澤 愛	椙山女学園大学生活科学部
武本 歩未	日本女子大学家政学部
田中 健一	株式会社コミュースタイル
田中 淑江	共立女子大学家政学部
田辺 真	郡山女子大学短期大学部家政科
田村 照子	文化学園大学大学院，文化・衣環境学研究所
團野 哲也	高知県立大学地域教育研究センター
千葉 桂子	福島大学人間発達文化学類
張 立娜	日本女子大学大学院人間生活学研究科
鄭 銀志	県立広島大学人間文化学部
津坂 友一郎	有限会社津坂テーラー
辻 幸恵	神戸学院大学経営学部
都築 和代	産業技術総合研究所
道明 美保子	元滋賀県立大学教授
都甲 由紀子	大分大学教育福祉科学部
栃原 裕	九州大学名誉教授
土肥 麻佐子	大妻女子大学短期大学部家政科
永井 伸夫	文化学園大学服装学部
中島 照夫	元近畿大学教授
長嶋 直子	和洋女子大学家政学群
中村 邦子	大妻女子大学短期大学部家政科
中村 仁	日本経済大学経営学部
楢﨑 久美子	広島女学院大学人間生活学部
成瀬 正春	金城学院大学生活環境学部
西原 直枝	聖心女子大学文学部
野田 隆弘	元岐阜市立女子短期大学教授
箱井 英寿	大阪人間科学大学人間科学部
長谷川 功	有限会社長谷川企画
馬場 まみ	京都華頂大学現代家政学部
平井 郁子	大妻女子大学短期大学部家政科
平林 由果	金城学院大学生活環境学部
平松 隆円	タイ王国立スアンスナンタ・ラチャパット大学人文社会学部
深沢 太香子	京都教育大学教育学部
藤田 雅夫	共立女子大学家政学部
布施谷 節子	和洋女子大学生活科学系
堀 雅子	福岡教育大学教育学部
本谷 裕子	慶應義塾大学法学部
前田 亜紀子	群馬大学教育学部
増子 富美	日本女子大学家政学部
松尾 量子	山口県立大学国際文化学部
松島 みち子	日本女子大学家政学部
松梨 久仁子	日本女子大学家政学部
松本 由香	琉球大学教育学部
丸田 直美	共立女子大学家政学部
水谷 由美子	山口県立大学国際文化学部
水野 一枝	東北福祉大学感性福祉研究所
水野 夏子	大阪樟蔭女子大学学芸学部
牟田 緑	東京家政大学家政学部
持丸 正明	産業技術総合研究所
森 俊夫	岐阜女子大学家政学部
森 理恵	日本女子大学家政学部

執筆者一覧

森島　美佳	信州大学繊維学部
諸岡　晴美	京都女子大学家政学部
谷田貝　麻美子	千葉大学教育学部
山岸　裕美子	群馬医療福祉大学社会福祉学部
山村　明子	東京家政学院大学現代生活学部
吉田　ヒロミ	株式会社吉田ヒロミデザインインターナショナル
吉村　利夫	福岡女子大学国際文理学部
渡辺　明日香	共立女子短期大学生活科学科
渡辺　聰子	山野美容芸術短期大学名誉教授
渡邊　裕子	文化学園大学服装学部
渡部　旬子	文化学園大学短期大学部服装学科

（2015年4月現在，五十音順）

目　　次

1. 環境と衣服　（編集担当：薩本弥生）

- 世界の気候と民族衣装 ── 2
- 人を取り巻く環境 ── 6
- 産熱と放熱 ── 8
- 体温調節機能に影響する人体側の因子 ── 10
- 自律性体温調節と行動性体温調節 ── 12
- 温熱環境の要素と温熱指標 ── 14
- 寒冷環境での生体反応 ── 16
- 寒冷環境での着衣の保温性と影響する要因および計測法 ── 18
- 暑熱環境での人体の生理反応 ── 21
- 暑熱環境での着衣の熱水分移動性能と影響する要因 ── 25
- 着衣の変形・拘束理論 ── 28
- 着衣の風合い・肌触り ── 30

2. 人体と衣服　（編集担当：高部啓子）

- 身体構造 ── 34
- 身体寸法 ── 42
- 立体構成の衣服 ── 46
- 平面構成の衣服 ── 48

3. 衣服の種類とサイズ　（編集担当：大塚美智子）

- 衣服の種類と用途・特徴 ── 56
- 世界の衣料サイズ ── 58
- Eコマースと衣料サイズ ── 74

4. 被服材料Ⅰ　（編集担当：森　俊夫）

- 繊維・糸・布の構造と特徴 ── 80
- 繊維の分類と歴史 ── 82
- 天然繊維の構造と特徴 ── 84
- 再生繊維と半合成繊維の構造と特徴 ── 86
- 合成繊維の構造と特徴 ── 88
- 糸の種類と特徴 ── 90
- 糸の太さと表示方法 ── 92
- 糸のつくり方 ── 94
- 布の分類と特徴 ── 96
- 織物の構造と特徴 ── 98
- 編物の構造と特徴 ── 100
- その他の布の構造と特徴 ── 102

5. 被服材料 II　(編集担当：牛腸ヒロミ)

- 天然物の模倣 —— 106
- 熱特性 —— 108
- 水分特性 —— 111
- 電気的特性 —— 116
- 光学的特性 —— 118
- 運動機能性 —— 120
- 衛生機能性 —— 122
- 高機能性 —— 128
- その他の高機能素材 —— 130

6. 縫製機器と縫製　(編集担当：島崎恒蔵)

- 裁縫ミシンの発明と縫製原理 —— 134
- ミシンの種類 —— 136
- 縫製 —— 142

7. 染色加工　(編集担当：牛腸ヒロミ)

- 染料の種類と原理 —— 160
- 染色方法の種類 —— 168
- 捺染 —— 174
- 染色堅ろう度 —— 176
- 一般仕上げ加工 —— 178
- 機能加工 —— 182

8. 織物の種類と特徴　(編集担当：平井郁子)

- 織物の種類と特徴 —— 192
- 綿織物 —— 194
- 毛織物 —— 204
- 絹・化合繊織物 —— 212
- 麻織物 —— 220
- その他の織物 —— 222

9. 衣服の設計製作　(編集担当：大塚美智子)

- 衣服生産の仕組み1 —— 228
- 衣服生産の仕組み2 —— 230
- アパレルの企画 —— 234
- 工業用ボディ —— 236
- プロダクトパターン —— 238
- アパレルの縫製 —— 240
- アパレルの仕上げ —— 242
- 縫製の管理と能率化 —— 244
- 製品の評価 —— 246

10. 衣服の取り扱い　(編集担当：大矢　勝)

- 衣服に付着する汚れ —— 250
- 衣服の損傷 —— 252
- 洗剤の種類と成分 —— 254
- 界面活性剤の種類とはたらき —— 256
- 汚れ除去の仕組み —— 258
- 洗濯機と乾燥機 —— 260

洗濯の条件 ———————— 262	しみ抜きの方法と注意点 ——— 272
洗濯が環境に及ぼす影響 ——— 264	衣類の保管方法 ——————— 274
漂白剤の種類と使用法 ———— 266	衣類の虫害と防虫剤 ————— 276
柔軟仕上げと糊付け ————— 268	衣類の補修処理 ——————— 278
アイロン仕上げ ——————— 270	ドライクリーニング ————— 280

11. 衣服と社会 （編集担当：辻　幸恵）

ブランドの影響 ——————— 284	クールジャパンの中での衣類 — 296
社会規範と衣服 ——————— 286	衣服とステイタス —————— 299
リユースの普及 ——————— 288	アートとファッション ———— 302
ハンドメイドの普及 ————— 290	情報発信と表現 ——————— 304
流行の理論 ————————— 292	情報受信と衣類 ——————— 306
消費の二極化 ———————— 294	経済動向の中での流行 ———— 308

12. 衣服と経済 （編集担当：藤田雅夫）

日本の経済発展と繊維産業 ——— 312	——————————————— 328
経済，社会の流れと繊維・	ファッション産業の仕事と職種 — 330
ファッションの出来事 ——— 314	ファッション産業のブランド戦略
衣服に関係する産業の分類 ——— 320	——————————————— 332
衣服の生産 ————————— 322	高級ブランドと
衣服の流通 ————————— 324	ファストファッション ——— 334
衣服に関係する産業の現状 ——— 326	ファッション産業活性化に向けた
ファッション産業のグローバル化	新たな試み ———————— 336

13. 衣服と心理 （編集担当：川上　梅）

若年女性の身体意識 ————— 340	着装規範意識の日中比較 ——— 352
被服行動におけるクロス・	服装イメージや場違い感の日韓比較
セックス化 ———————— 342	——————————————— 354
高齢者の情動活性化の試みとしての	女子高生の制服と校則 ———— 356
ファッションショー ———— 344	黒髪の魅力 ————————— 358
摂食障害と被服行動 ————— 346	TOKYO ストリートファッション
化粧行動の心理的効果 ———— 348	——若者たちの装い ———— 360
スポーツと非言語的	ファッションカリスマリーダーとは
コミュニケーション ———— 350	——————————————— 362

14. 衣服と健康 （編集担当：小柴朋子）

- 暑さと健康 ——— 366
- 寒さと健康 ——— 370
- 肌の健康と衣服による障害 ——— 372
- 体を守る衣服 ——— 374
- 下着の機能性と健康 ——— 376
- 妊産婦用衣服 ——— 378
- 眠りの快適性と健康 ——— 380
- 靴と健康 ——— 383
- おしゃれと健康 ——— 386

15. 衣服と子ども （編集担当：大塚美智子，布施谷節子）

- 子どもの成長と衣服 ——— 390
- 赤ちゃんの衣服とおむつ ——— 394
- 幼児の衣服 ——— 398
- 少年少女の衣服 ——— 400
- 子どもの生理と衣服 ——— 402
- 子どもを取り巻く環境と子ども服の安全性 ——— 406

16. 衣服と高齢者 （編集担当：布施谷節子）

- 高齢者の体型と衣服サイズ ——— 412
- 高齢者用衣服パターン ——— 414
- 高齢者の身体生理と着心地 ——— 416
- 健常な高齢者の衣服に求められる要件 ——— 418
- 要介護の高齢者の衣服に求められる要件 ——— 420
- 寝たきりの高齢者の寝衣・寝具に求められる要件 ——— 422
- 体形補正・補強用衣服 ——— 424
- 高齢者用の靴 ——— 426
- エンディングファッション ——— 428

17. 衣服と障害者 （編集担当：猪又美栄子）

- さまざまな疾患と衣服 ——— 432
- 着る動作，脱ぐ動作 ——— 434
- 障害児の衣服 ——— 436
- 脳性まひによる運動障害と衣服 ——— 438
- 脳梗塞と衣服 ——— 440
- 乳がんと衣服 ——— 442
- 障害に配慮した衣服選び ——— 444
- 衣服のリフォーム，オーダー ——— 446
- 障害とファッション——衣服のユニバーサルデザイン ——— 448

18. フォーマルウェア （編集担当：大塚美智子，津坂友一郎）

- フォーマルウェアの歴史——礼服の変遷 ——— 452
- 男性のフォーマルウェア ——— 456
- 女性のフォーマルウェア ——— 462
- 和服のフォーマルウェア ——— 464

19. 衣服の歴史 （編集担当：佐々井 啓）

衣服の起源 ——— 468
日本の服飾 ——— 470
西洋の服飾 ——— 482

20. 民族衣裳 （編集担当：森 理恵）

民族服とは ——— 496
アジア ——— 498
アフリカ ——— 508
ヨーロッパ ——— 510
ロシア ——— 512
アメリカ ——— 514
オセアニア・南太平洋文化圏 ——— 518

21. 衣服とデザイン （編集担当：山村明子）

服飾デザイン ——— 522
服飾の形態 ——— 524
色彩の原理 ——— 526
模様 ——— 530
伝統染織技法 ——— 534
ファッションイメージ ——— 542

22. 着装，コーディネート （編集担当：石原久代）

身体ファッション ——— 546
身体因子と着装 ——— 548
着装とアクセサリー ——— 550
ファッションカラーコーディネート ——— 552
社会生活と着装 ——— 554
生活場面と着装 ——— 556
着装エコロジー（環境保護） ——— 558
性別・年齢別の着装 ——— 560
用途別衣服の着装 ——— 563
ファッション感覚と着装 ——— 566
現代の和服 ——— 568
現代日本文化と着装 ——— 570

23. ファッションの源流 （編集担当：滝澤 愛）

世界のファッション ——— 574
ヨーロッパの伝統技術 ——— 584

24. 衣服と文化 （編集担当：大塚美智子，長谷川 功）

衣服文化とファッションビジネスの狭間 ——— 594
もはや戦後ではない
　——ファッション黎明期
（1950年代） ——— 598
消費は美徳——若き団塊世代の台頭（1960年代） ——— 600
反戦・節約・中流——流通多様化と

ストリートファッション
（1970年代）——— 602
男女雇用機会均等法——バブル景気と
ファッション成熟期（1980年代）
——— 604
バブル崩壊——SPAファッション
の台頭（1990年代）——— 606

二極化市場——ファッション
デモクラシー時代（2000年代）
——— 608
SNS社会不安——ファッション
クラウド時代の真贋と見識
（2010年代）——— 610

●索引——— 613

Chapter **1**

環境と衣服

世界の気候と民族衣装 ——————— 2
人を取り巻く環境 ————————— 6
産熱と放熱 ———————————— 8
体温調節機能に影響する人体側の
　因子 ——————————————— 10
自律性体温調節と行動性体温調節
　————————————————— 12
温熱環境の要素と温熱指標 ———— 14
寒冷環境での生体反応 —————— 16
寒冷環境での着衣の保温性と
　影響する要因および計測法 —— 18
暑熱環境での人体の生理反応 —— 21
暑熱環境での着衣の熱水分移動
　性能と影響する要因 —————— 25
着衣の変形・拘束理論 —————— 28
着衣の風合い・肌触り —————— 30

世界の気候と民族衣装

　人工環境が未発達で，人や物資・情報の移動に時間を要していたわずか100年ほど前の人々は，地域の「風土」や文化が色濃く反映された衣服を身に纏い，服装には地域や民族の多様性がみられた．これが，いわゆる民族衣装である．現在では，服装のグローバル化が進み，民族衣装はハレの日や公的場面で着用される特別な衣服として位置づけられている．

　裸体のヒトが生存できる気温範囲は，10～35℃程度と非常に狭い．そこで，祖先達は，極寒から酷暑を示す多様な自然環境へ適応するために，居住地域で採取された素材を用い，生活様式や文化に応じて数々の工夫をこらした衣装を日常的に着用していた．それが民族衣装として現代にまで伝わっている．したがって，民族衣装の材料や形状と着装方法から，その地域の気候を読み取ることができる．

●**世界の気候帯**　地球上の気候は，植生分布に着目して気温と降水量に基づいて

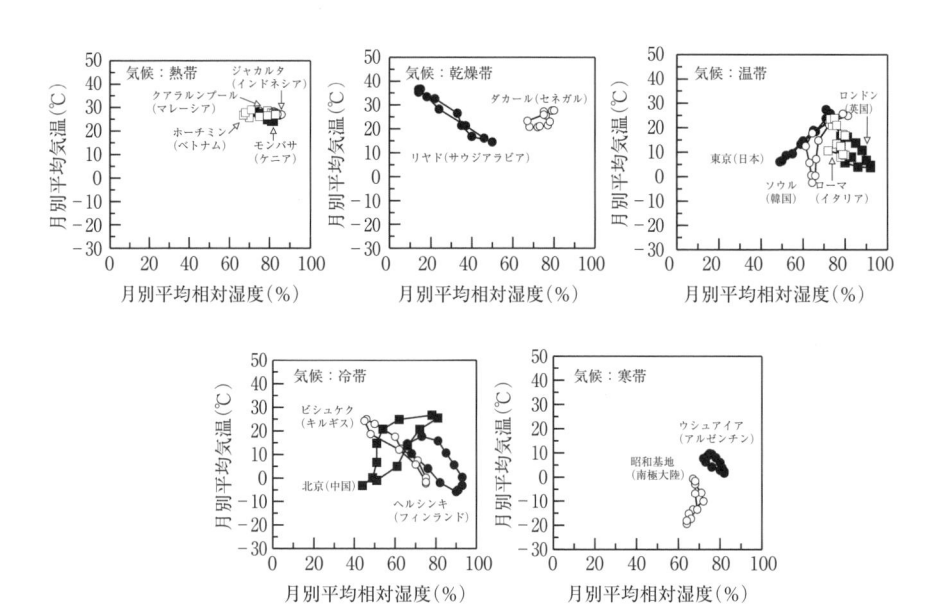

図1　ケッペンによる気候区分に基づいた5つの気候帯における月別平均気温と月別平均相対湿度
［出典：「理科年表平成10年」，丸善出版，pp. 289-351，1997；「理科年表平成26年」，丸善出版，pp. 180-225, pp. 270-307，2013より作成］

表1 気候に応じた衣服の基本的な形態

気候区分		都市の例	気候の特徴	衣服に要求されること	衣服の基本的形態
熱帯	温帯雨林	クアラルンプール（マレーシア）	年間の気温は高く，多雨により湿度が高い	雨による濡れからの身体の保護	腰布型（腰衣型）巻垂型（袈裟型）前開型（キモノ型）
	熱帯モンスーン	ジャカルタ（インドネシア）	乾季と雨季があるものの，年間をとおして湿度は高く，気温も高い．	蒸散や汗の蒸発の促進 軽装や少ない被覆部位による，蒸散や汗の蒸発の促進	
	熱帯夏季少雨	モンバサ（ケニア）			
	サバナ	ホーチミン（ベトナム）			
乾燥帯	砂漠	リヤド（サウジアラビア）	日中の気温は高く，空気が非常に乾燥している．気温の日較差が非常に大きい．	強い日射遮蔽による身体の防護 体温調節に重要な水分の過度な蒸発の抑制	外套衣型（全身を覆う長裾のガウン型）貫頭衣型
	ステップ	ダカール（セネガル）			
温帯	温暖湿潤	東京（日本）	気温の年較差が大きく，夏季の湿度は高いが冬の湿度は低い	夏季の高温多湿環境と冬季の低温低湿環境への対応のしやすさ	前開型（キモノ型）
	温暖冬季少雨	ソウル（韓国）			
	西岸海洋性	ロンドン（英国）	気温の年較差は小さく温暖で，夏季の湿度は低いが冬の湿度は高い	冬季の低温高湿環境への対応のしやすさ	体形型 巻垂型（袈裟型）
	地中海性	ローマ（イタリア）			
冷帯	冷帯湿潤	ヘルシンキ（フィンランド）	北半球では冬季，南半球では夏季の気温がとても低い．寒帯地域の気温は，年間をとおしても10℃以下となる．	動作性の低下を最小限にした寒冷からの身体防護 冬季の低温高湿環境への対応のしやすさ	体形型（円筒衣型）前開型（キモノ型）
	高地地中海性	ビシュケク（キルギス）			
	冷帯冬季少雨	北京（中国）			
寒帯	ツンドラ	ウシュアイア（アルゼンチン）			
	氷雪	昭和基地（南極大陸）			

分類したケッペンの気候区分に従うと，熱帯，乾燥帯，温帯，冷帯，寒帯に分類される．各気候帯の特徴について，表1にまとめるとともに，図1に月別平均気温と月別平均相対湿度より表した「気候図」（「クリモグラフ」ともいう）を示す．

●**気候帯と民族衣装の特徴** 冷帯や寒帯のような寒冷地域では，人体からの放熱を極力抑制して，一定の体温維持に努めなければならない．そこで，放熱しやすい頭部と末梢部を含めた全身を被覆して外気に暴露される身体部位を最小限にした「体形型」の衣服が着用された．その被服材料には，寒冷下で生育する植物性

A：腰布型　　B：貫頭衣型　C：巻垂型　　D：前開型　　E：体形型
（ケニア）　　（サウジアラ　（インド）　（韓国）　　（ウイグル自治区）
　　　　　　　ビア）

図2　世界の民族衣装とその形態

被服材料が少ないこともあり，寒冷環境に生息する動物の毛皮や皮革が用いられた．皮革は高い防風性を，毛皮は空間に静止空気を保持するので高い断熱性を発揮する．さらに，毛の表面は高い撥水性を示すのに対して，その内部は吸湿性を示すので，衣服内外の水分による濡れを防ぐことができた．

　一方，熱帯の地域は，気温が高く多湿な環境なので，体温調節上，衣服を必要としないため，かつては裸体か小さな腰布を巻く程度の服装であった．しかし，西洋文明の影響を受けて，大判の布を身体に巻き付ける腰布型（図2のA）や巻垂型（図2のC）の衣服が着用されるようになった．これらはゆったりとした形状で，人体と衣服の間に形成された大きな空間内の熱と水分は，歩行などの動作で生じる強制的な対流（ふいご作用）によって衣服外へ円滑に移動する．被服材料には，体表から蒸散した汗の吸湿や体表に残留した汗の吸水に優れた綿や麻が用いられた．

　乾燥帯の地域では，日中の強烈な日差しの遮蔽および夜間の気温低下への対応と，砂埃や砂嵐からの全身防護を目的として，頭部には被り物（ターバン）が，その他の身体には袖付きで裾の広がった長裾形状のゆとり量の大きな貫頭衣型（図2のB）や外套衣型の衣服が発達した．こうした全身を覆う衣服は，人体からの熱放散を抑制するようにみえる．しかしながら，衿元や袖口の開口部や大きなゆとり量をもつ構造により，歩行等の動作の際には，衣服内空気に強制的な流れが生じるため，衣服下の空間内は熱と水分の換気効果が得られやすい．乾燥帯では植生が乏しいため，被服材料には主として家畜の体毛が用いられた．毛は，嵩高で断熱性に優れた衣服製作に適しているのと同時に，その高い吸湿性は，体表の過乾燥防止にも適していたであろう．

　欧州のように，夏季の湿度が低く，冬季には低温でかつ湿度が高い温帯の地域

では，ギリシャ彫刻にみられるような巻垂型と動作性の高い体形型の衣服が主に発展した（図2のE）．後者の体形型は，上衣に筒状の袖が付き，下衣はズボンもしくはスカートを組み合わせる衣服であることから，洋服の祖型と考えられている．その被服材料には家畜の体毛が主に使用されたので，低温高湿の冬季には，毛の吸湿熱による寒さの緩衝効果が得られたであろう．

温帯気候には，東アジアのように，夏季に高温多湿，冬季に低温低湿を示す地域もある．こうした地域では，四季での変化が大きな気温と湿度に対し，重ね着によって調整しやすい前開型の衣服が発展した（図2のD）．前開型衣服は，袖と裾の長いワンピース形状で，紐等で締め留めて着用されることが多く，寒さと暑さに応じた着脱が簡単である．ほぼ全身が被覆されるので，衣服内に暖かい空気が保持されやすく，寒さに対応することができる．一方，重ね着量を減らすと，衣服内の暖かく湿った空気は衿元や袖口などの開口部から放出されやすくなるので，蒸し暑い夏季にも対応することができる．その被服材料には，吸湿性の高い植物性繊維や動物性繊維の絹が用いられたので，夏季の蒸し暑さは軽減されたであろう．

〔深沢太香子〕

人を取り巻く環境

　人を取り巻く物理環境は空気であり，平均的な成人で約 15,000 リットルの空気を呼吸し生活している．人体のさまざまな受容器は空気の物理的な特性を介して知覚し，感覚を得ることにより，人は環境からの情報を得ている．

●**空気環境**　空気環境は，屋外にあっては地球の大気（＝空気）は，窒素 78.1％，酸素が 20.9％，アルゴンが 0.93％，二酸化炭素が 0.03％，水蒸気その他が約 1％ という構成になっている．地上から 10～50 km 上空には，酸素が変化してできたオゾン層があり，太陽光に含まれている有害な紫外線の大部分を吸収し，地上の生物を守っている．空気質は，一般に建物内等の空気中のガス成分量を指し，新築建物におけるシックハウス症候群の問題などで注目されている．室内空気質の測定では，ホルムアルデヒドや，揮発性有機化合物（VOC：Volatile Organic Compounds）などの化学物質を測定する．VOC は，塗料，接着剤などに含まれるトルエン，キシレンなどが代表的な物質である．

●**におい**　においとは，空気中を漂ってきて嗅覚を刺激するものを指す．においの測定に関しては，2 種類の方法がある．1 つはにおいの原因となる物質（例えばアンモニアや硫化水素など）を，機器を用いて測定する機器測定法で，主に悪臭防止法で指定されている特定悪臭物質 22 物質を測るときに用いられ，原因となっている物質がわかっている場合に，その物質の濃度を効率よく測定することができる．もう 1 つの嗅覚測定法は，においの発生源から採取した試料を，人の嗅覚を使ってどこまで薄くするとにおいがなくなるかを判定する方法である．

●**温熱環境**　温熱環境は，気温，湿度，風速，熱放射などの各温熱要素により形成される環境を指す．人は環境との間の熱の授受を通して，暑さ寒さの感覚や快・不快を感じており（温熱快適性とよぶ）．また，温熱環境は人の体温調節に強く影響を与える．特に，人の活動状態を示す代謝量（1 met ＝ 58.1 W・m^{-2}）と，環境と人との間にある衣服の保温性が熱抵抗値（1 clo ＝ 0.155 m^2・K・W^{-1}）として，温熱快適性に関与している．これらの気温，湿度，風速，熱放射，代謝量，衣服熱抵抗値を 6 温熱環境要素とよぶ．気温は空気の温度で，湿度は空気が含む水蒸気量であり，高温環境では湿度が高いと，汗の蒸発が抑制されるので，より暑く感じる．風速は風の速さを指すが，同じ気温であっても風は熱を奪うので，冬はより寒く感じる．熱放射は物体の表面から発せられる電磁波の一種であり，人体との間の温度差によって感じる．

●音　音は耳に達するまでは空気の振動という物理現象であり，音波ともいう．音波の性質は，強さ・周波数・波形の3つによって決まる．音波の進行方向に対して，垂直な単位面積を1秒間に通過するエネルギー量を音の強さという．空気の1秒間あたりの振動回数を周波数（Hz）といい，人が知覚できる音の周波数の範囲は20〜20,000 Hzといわれている．音の波形は音源によってさまざまな形をもち，正弦波を純音とよぶ．通常，私達の耳に入ってくる音の波形は複雑な形をしているが，すべての音は複数の純音に分解可能である．

　人が知覚する主観的な音の大小を音の大きさ（ラウドネス）といい，物理的な音の強さが主に関係し，周波数も影響する．単位はデシベル［dB］が用いられる．1,000 Hzの純音の場合，音圧レベルが10 dB上昇することにより，音の大きさ（ラウドネス）は約2倍となる．音圧レベルとは，音圧の大きさを，基準値との比の常用対数によって表現した量（レベル）である．同じ周波数の音であれば音圧が増大するほど人は音を大きく感じる．音の大きさが一定となる純音の音圧レベルを結んで得られる周波数と音圧レベルの関係を図示したものが等ラウドネス曲線である．

　騒音とは，人にとって不快な音，邪魔な音を指す．すなわち，騒音は人間の聴感に基づいた感覚量であり，騒音レベル（LA）および音圧レベル（Lp）は騒音計で測定する．

●光　光は電磁波の一種で，人の眼が感じることができる波長380〜780 nm（ナノメートル＝10^{-9}メートル）の放射を「光」とよぶ．光という放射エネルギーがある面を通過する割合を光束といい，単位はルーメン［lm］である．光を受けている面の入射光束の面積密度を照度といい，1 m²の面が1 lmの光束を受けているとき，面の照度は1ルクス［lux］という．光源の光の強さは光度を用い，光源から射出される単位立体角あたりの光束で，単位はカンデラ［cd］である．ある角度からみたときの光度の，面光源のみかけの面積に対する面積密度を輝度といい，単位は［cd/m²］になる．照度や輝度は照度計や輝度計により測定する．

　光は自然光（昼光）と人工光に大別でき，人工光によってつくられる光環境を照明環境とよぶ．照明の役割は，ものをはっきりみせることで，明視性という．明視性が確保されないと，作業効率が低下するだけではなく，眼精疲労や視力低下を引き起こす．明視の条件としては，対象物の明るさ，視対象と背景の対比，対象物の大きさが重要である．視作業をするために必要な照度は，JISに定められている．

〔都築和代〕

産熱と放熱

　人間は，代謝によって産み出される熱（産熱）と，人間から環境に放出される熱（放熱）のバランスをとり，体温が一定となるように体温調節を行っている．もしも，産熱よりも放熱が多ければ寒さを感じ，放熱よりも産熱が多ければ，体に熱が貯まり暑さを感じる．

●産熱　人間は，食物から摂り入れた，炭水化物，たんぱく質，脂質を，呼吸などから得た酸素で分解してエネルギーを産み出している．これを代謝という．食物から得るエネルギーのうち，約半分は熱エネルギーとなり体熱になるが，残りはATP（アデノシン三リン酸）として貯えられ，骨格筋の収縮や体内機能の維持のために伝達され使われる．しかし，ATP合成段階の効率は低く，そのうち半分以上は熱エネルギーとなる．このように，食物から得られたエネルギーのうち，骨格筋の収縮や体内機能保持などに使われるのは約25%であり，外部に仕事として使われたものを除くと，それ以外は熱エネルギーとなり体熱を産み出している．

　基礎代謝とは，覚醒時に生命を保持するために必要な，最低限の代謝量のことをいう．これにより，呼吸運動や内臓，脳などの活動を維持している．基礎代謝には年齢差や性差がある．一般的に，成人男子で約1,500 kcal/日，成人女子で約1,100 kcal/日である．性差は，小児期以降に発現し，女性の方が男性より体表面積あたりの基礎代謝量が少ない．これは，女性が男性よりも脂肪組織が多いことや，性ホルモンの影響であるといわれている．

　日常の生活活動やスポーツなど，活動の種類によって産熱量が異なる．活動時のエネルギー代謝（活動量）の指標として，代表的なものに，RMR（Relative Metabolic Rate：エネルギー代謝率）があり，以下の式のように示される．主な活動時のRMRの例を表1に示す．

　　　　RMR＝(活動時代謝量－安静時代謝量)/基礎代謝量

　また，MET（Metabolic Equivalent：代謝当量）も使用されることが多い．1 METは，標準的な男性の椅座位安静状態の代謝量を基準とし，58.2 W/m^2である．さまざまな活動における代謝当量のデータベースが米国暖房冷凍空調学会（ASHRAE）のハンドブック（2013）などに紹介されている．例えば，眠っているときは0.7 METs，タイピング時は1.1 METs，速度1.2 m/sで歩いているときは2.6 METs，バスケットボールなどの運動時には5.0～7.6 METsである．

●放熱　からだの深部でつくられた熱は，主に体温調節に伴う皮膚血管の収縮や

表1　日常生活およびスポーツのRMR

食事	0.4	100m走	195.0
入浴	0.7	マラソン	14.3
通勤（歩）	3.0	100m自由型水泳	41.4
通勤（乗物）	0.4〜2.2	ゴルフ	2.0
休息	0.0	社交ダンス	3.0
休憩	0.2	野球140分（投手）	5.8
歩行（50m/分）	1.6	軟式庭球（前衛）	4.1
歩行（100m/分）	4.7	バスケットボール	12.0

［出典：中山昭雄 編「温熱生理学」，理工学社，p.90，2005より一部抜粋］

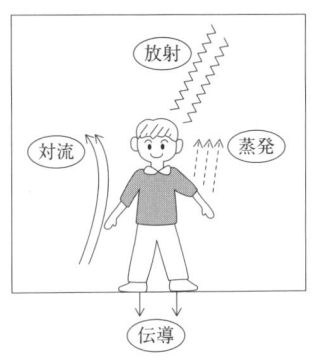

図1　人体から環境への放熱

拡張により深部から体表までの血液分布を変えながら，皮膚血流によって体表に運ばれる．体表面から環境への放熱には，主に，伝導，対流，放射，蒸発の4つのモードがある（図1）．このうち，伝導，対流，放射による放熱を，顕熱放散とよび，蒸発のように相変化を伴う放熱を潜熱放散とよぶ．

伝導は，固体内および静止した流体内で温度差があるときに，高温部から低温部へ物体中を伝わって，熱が移動する現象である．例として，足が直接冷たい床に接触し，足から床へと放熱する場合が挙げられる．

対流は，空気などの流体の運動によって，熱エネルギーが伝わる現象である．皮膚と環境の温度差に依存する．人間が動く場合や，風が吹いている場合などでは，気流によって人体と環境との間の熱の移動が促進される（強制対流）．また，無風時でも，人体は発熱しているため，そのまわりがあたためられ，温度勾配によって，上昇気流が生じ放熱が起こる（自然対流）．

放射は，物体間で熱エネルギーが電磁波の形で伝達される現象である．物体は，その表面温度や表面性状に応じた強度で，電磁波という形でエネルギーを吸放出するが，そのうち可視光領域以上の波長のものが放射伝熱に関連している．例えば，寒い冬に窓ガラス面に近づくとひんやりしたり，夏に車を運転していると，日射で腕がじりじりしたり，ということが挙げられる．

蒸発は，水分の蒸発に伴う気化潜熱による熱放散である．蒸発量は，皮膚と環境の水蒸気圧差によって決まる．暑さに対する体温調節時などに発汗が起こり，汗の蒸発によって効率よく人体からの放熱が行われる．また，発汗していないときにも，呼吸に伴う蒸発や皮膚表面からの水分蒸発があり，これを不感蒸泄とよぶ．

〔西原直枝〕

体温調節機能に影響する人体側の因子

　人体は，体温・皮膚温などの情報が脳内の視索前野に届くことによって，発汗，ふるえなどの体温調節反応を起こす．生まれた時からそれらの体温調節反応が完成しているわけではない．年齢，体格，男女の性差によって体温調節能力に差が生じる場合もある．

●**体温**　体温（body temperature）は，核心温（core temperature）と外殻温（shell temperature）からなる．脳，内臓などの身体の中心部分（核心部）は環境温の変動にかかわらず37℃近辺を維持しているが，四肢・皮膚表面（外殻部）の温度は，環境温度に伴って変動する．核心温の測定値としては，鼓膜温，食道温，直腸温などを用いる．外殻温の測定値としては後述する皮膚温を用いる．高温に保たねばならない核心部は，寒冷環境では頭部と体幹中心部に限られるが，暑熱環境では核心部が四肢を含む皮膚近傍まで広がる．

　皮膚血管運動，発汗，ふるえといった自律性体温調節反応（autonomic temperature regulation）は，核心温を一定範囲内で維持させるための反応である．環境温や運動によって体温が変動すると，脳や内臓にある深部温度受容器から視索前野にある温度感受性ニューロンにその温度情報が伝わり，皮膚血管運動や発汗やふるえなどのそれぞれの閾値温に応じて，温ニューロンからは熱放散を起こす体温調節反応である皮膚血管拡張や発汗信号が送られ，冷ニューロンからは熱産生を起こす体温調節反応である皮膚血管収縮やふるえ信号が各効果器に送られる．発熱して体温が高いにもかかわらず，熱放散系でなく熱産生系の反応であるふるえが起こるのは，感染などによって閾値温がシフトしたためである．深部温度受容器からの伝達によって体温が変動する信号を察知した時に，それを打ち消すための反応を起こすことを，ネガティブフィードバック（negative feed back）という．

●**皮膚温**　身体各部位の皮膚温を面積によって重み付けして平均皮膚温を算出し，これを代表値として用いることが多い．ネガティブフィードバック以外の経路によっても体温調節反応は起こる．冷房された室内から暑い戸外に出た瞬間に汗が噴き出すことがある．核心温が変化する前に体温調節反応が起こったのは，皮膚の急激な温度変化によって皮膚温度受容器が反応し，この信号が視索前野に伝わったためである．皮膚温度受容器から体温が変動するかもしれない信号を察知した時に，体温を変動させないようにするための反応を起こして体温調節する

経路のことをフィードフォワード（feed forward）という．

●**年齢差**　人体に存在する汗腺数には性差がなく，2～3歳までの生活環境によって活動する汗腺数が決定する．この活動できる汗腺を能動汗腺（activated sweat gland）という．能動汗腺数が多ければ湿性放熱能力が高いことになるが，能動汗腺からの発汗量は思春期前後で大きく変動し，運動強度に応じた発汗量を拍出できるようになるのは思春期以降である．加齢に伴い，発汗機能は低下し体温調節能も低くなる．発汗能の低下には身体部位差があることから，体温調節能の低下は発汗中枢が原因ではなく，単一汗腺あたりの汗出力能の低下，能動汗腺数の低下といった末梢神経機構の活動性の低下によると推測される．

●**性差**　男女の性差による体温調節能の差は，身体的特性の違いと生殖に関わる内分泌（hormone）の違いが原因である．一般的に女性は男性よりも身長・体重が低く体表面積が小さいために，体表面積/質量比が大きくなること，断熱性の高い皮下脂肪層が厚いことから，女性は暑熱環境において熱放散しにくい身体特性をもつ．生殖に関わる内分泌は，卵巣から分泌されるエストロゲン（卵胞ホルモン：estrogen）とプロゲステロン（黄体ホルモン：progesterone）の変動によって，安静時の核心温に影響を与える．核心温は約28日の周期をもち，排卵前の卵胞期にはエストロゲンのみ，排卵後の黄体期にはエストロゲンとプロゲステロンが分泌される．エストロゲンは皮膚血管拡張因子である一酸化窒素の感受性を亢進させるため皮膚血管拡張が起こりやすくなり，核心温の低下につながると推測される．また，エストロゲン，プロゲステロンは，皮膚血管拡張，発汗を起こす核心温の閾値を変化させるから，これらのホルモンは，末梢神経系ではなく，体温調節中枢に作用すると考えられる．

●**体表面積**　体積に比して体表面積が大きい手指や足先などは放熱しやすく，体積に比して体表面積が小さい胴体部からは放熱しにくい．体表面積は身長（cm）と体重（kg）の指数関数として算出される．DuBois式，日本人の体表面積としては，藤本式が用いられることが多い．恒温動物では，同じ種であれば温暖な地域では体温を一定に保つために放熱を促進しなければならないため，体表面積が大きくなるように小型である方がよいというベルグマンの法則，寒冷な地域に生息するものほど耳，足，尾などの突出部が短くなるというアレンの法則が知られている．

〔潮田ひとみ〕

参考文献

[1] 井上芳光，近藤徳彦 編著：体温Ⅱ，Nap, 2010.
[2] 中山昭雄 編：温熱生理学，理工学社，1981.

自律性体温調節と行動性体温調節

　日本人の多くは，夏の30℃を超える暑さや冬の0℃を下まわる寒さの中で暮らしており，さらに日射，雨，風，雪，激しい身体労作などが温熱条件として加わる．高山，極地，赤道直下，特殊な職場のように，さらに厳しい温熱条件に暴露されることもある．こうした大きな気温差の中でヒトが生存できるのは，体温調節の働きによる．

●**自律性体温調節**　図1に概要を示す．Tシャツに短パンのような軽装にて，相対湿度50%，気温28℃下で安静を保持すると暑くも寒くもない．このような気温帯を温熱中性域という．気温を下げていき下臨界気温（およそ26℃）になると寒気を感じ，代謝量が増え始める．一方，気温を上げていき上臨界気温（およそ30℃）になると暑さを感じ，再び代謝量が増え始める．

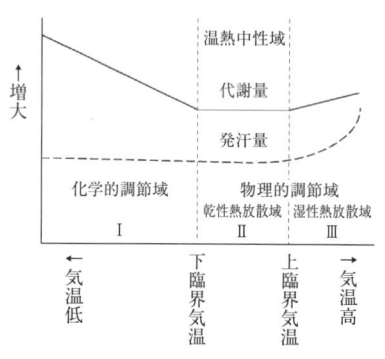

図1　自律性体温調節の概要

　自律性体温調節とは，このように不随意的に起こる熱産生および熱放散に関わる生理的作用であり，化学的調節域と物理的調節域に大別される．前者では気温が低いほど代謝による熱産生が高まり，やがて震えが亢進して不快となる．後者は乾性熱放散域と湿性熱放散域に区分される．乾性熱放散域は温熱中性域に相当し，血流の調節だけで体温が調節され得る．湿性熱放散域に入ると発汗量の増大が開始され，暑さを感じて不快となる．

　自律性体温調節反応には個体差があり人種，性，体格，体組成，年齢，日内リズム，基礎代謝量，月経周期などが関与する．また，運動，飲酒，喫煙などの生活習慣も関わっており，これらは特に血管の収縮拡張反応に影響を及ぼす．

　さらに，馴化や適応といった現象もみられる．これには短期的，長期的，さらには数世代にわたる環境暴露が関わっており，厳しい環境への耐性が高まる．例えば，高温に繰り返し暴露すれば発汗能力が高まり，耐暑性が亢進する．一方，暑熱地域に長く暮らしている人々は，発汗は抑え，皮膚温を高めに維持することで放熱効果を高めている．

●**行動性体温調節**　意識的に行う寒さ暑さ対策を行動性体温調節と称する．文化的体温調節もこの部類であり，風土，衣食住，職業などに応じたさまざまな工夫がある．また，人類だけでなく動物世界においても広く認められ，水浴び，日光浴，日陰への移動，外界との接触面積を変化させるための体位変換，群れ合って熱を逃さないようにするハドリングなど多様である．

　巣や住居は多くの動物やヒトにとって重要である．私たちが日々行っている窓の開閉，カーテンやブラインドの操作，空調機を作動させる行為などは行動性体温調節に相当する．

　食品を摂取すると熱産生が高まる．これを特異動的作用と称し，高たんぱく高脂質食ではその効果が高い．つまり冬場にステーキを，夏場にそうめんを食べたくなるのは行動性体温調節の一環として理屈に合っている．

　衣服の着脱行為は私たちにとって重要な行動性体温調節である．寒冷下では重ね着や開口部の閉鎖が行われ，気温が下がるほど身体末梢部を保温する重要性が増す．極地に暮らす民族には，毛皮を内側にして，毛皮が素肌にじかに接するよう着用するなど，民間にて伝承されているさまざまな工夫がみられる．また，新素材をはじめとする科学技術の導入も行われている．

　暑熱下では衣服着用は軽装に向かう．そして，サラリーマンがネクタイを緩めるように，開口部は開放される．ただし，衣服文化は生理面を凌駕しており，肌の露出に制限が設けられたり，着用様式が重視されたりする．なお，民族服の特徴からわかるように，中東の高放射低湿環境と，東南アジアや日本の夏における高温多湿環境では対処が異なる．前者では太陽光を遮断することが，後者では発汗を妨げないことが重視される．

　消防，高圧電気工事，農薬散布，アスベスト除去，放射線事故対策，深海や航空宇宙領域における活動など，任務遂行が重視される状況においても体温調節は重要であり，加温あるいは体熱除去のために，先端的な材料や工学的技術の活用，そして衣服衛生学に関する知見が必要とされている．　　　　　　　〔前田亜紀子〕

温熱環境の要素と温熱指標

　温熱的快適性や温冷感などの人間の暑さ寒さの感覚（温熱感覚）は，環境の温熱因子としての「気温」「気湿（湿度）」「気流」「放射」の4要素と，人間側の条件として，「着衣量」と「活動レベル（代謝量）」を加えた6要素の影響を受けている．これらの要素は，それぞれ個別に人体に作用するのではない．人体はこれらの要素の組み合わせによる総合作用をある1つの温熱感覚として感じている．例えば，気温が高くても湿度が低ければあまり暑さを感じないが，湿度が高くなると蒸し暑さを感じる．そこに風が吹くと涼しく感じる，といった感覚である．

　そこで，このような温熱環境を評価するために温熱要素を適宜組み合わせて作った変量を温熱指標とよぶ．気温も最も簡明な温熱指標といえるが，上記の6つの要素は複合して人間の温熱感覚に作用するものであるから，評価したい環境に合わせて組み合わされる．温熱指標は人間の感覚や生理反応をもとに定義されているため，体感気候，体感温度などともよばれる．

　さまざまな温熱指標が定義されているが，よく使用される不快指数，SET*，PMV，WBGTについて以下に解説する．

●**不快指数 DI（Discomfort Index）**　気温が高くなると感じる「蒸し暑さ」，すなわち不快感を表す指数で，気温と相対湿度を用いて以下の式で表される．

$$DI = 0.81\,t_a + 0.01\,rh(0.99\,t_a - 14.3) + 46.3 \quad (t_a：気温\,[℃],\ rh：相対湿度\,[\%])$$

また，乾湿計を用いて，乾球温度と湿球温度からも算出することができる．

$$DI = (t_d + t_w) \times 0.72 + 40.6 \quad (t_d：乾球温度\,[℃],\ t_w：湿球温度\,[℃])$$

不快指数は，気温と気湿のみで表されており，気流と放射の影響は含まない．これは，エアコンの消費電力を予測する目安として考案されたためで，屋外での利用には限界がある．体感との関係は，DI＝75～80：やや暑い，DI＝80～84：暑くて汗が出る，DI＝85～：暑くてたまらない，とされている．

●**標準有効温度 SET*（Standard Effective Temperature）**　1971年にA. P. Gaggeらによって発表されたもので，従来の有効温度 ET と区別するために，新有効温度（ET*，New Effective Temperature）ともよばれる．その後，Gagge ら自身により，着衣量および人体まわりの対流熱伝達率を活動量で標準化した SET* が提案された．温熱指標の基本的な考え方として，ET* と SET* はまったく同じといえる[1]．SET* は現在 ASHRAE のスタンダードとなっており，日本国内でも温熱環境の評価に広く用いられている．

簡単に定義すると，「温熱感覚および放熱量が評価対象の環境と同等になるような相対湿度 50% の標準環境の気温」といえる．気温，気湿，気流，放射熱の環境の温熱因子に，人体側要素の着衣量と代謝量を加えた 6 要素を変数としている．これらのデータから 2 層モデル（Two-node model）によって人間の温冷感と快適感を左右する平均皮膚温と皮膚のぬれ面積率が計算される．発汗による蒸発熱損失を考慮しているので，暑熱環境，寒冷環境の評価にも適応できる．ASHRAE では不満足者が 20% 以下となる SET* = 22.2～25.6℃ を快適環境としている．

●予測平均温冷感申告 PMV（Predicted Mean Vote）　1967 年に Fanger が提唱した温熱指標で，SET* と並んで世界中で使用されてきた指標である．SET* と同様に温熱環境に関する 6 要素を変数として含む．

　PMV は温熱環境の 6 要素を快適方程式に代入し，右辺と左辺の差を熱負荷として，その熱負荷と温冷感を関連付けたもので，人間がその時に暑いと感じるか寒いと感じるかを -3 から +3 までの数値として表している．しかし，汗の蒸発が無視されていることなど，暑熱環境での信頼性は疑問視されており，快適域に近い日常的環境の範囲内では使用可能であるが，極端な暑熱・寒冷環境への適用は好ましくないといわれている．1984 年に ISO 7730 として国際規格化されており，ここでは，不満足率が 10% 以下の PMV = ±0.5 を快適範囲としている．

●湿球グローブ温度 WBGT（Wet Bulb Globe Temperature Index）　1957 年に C. P. Yaglou と D. Minard により提案された暑熱環境下の熱ストレスを評価する指標である．熱帯地域における軍事訓練の限界条件を検討する目的で提案されたものであるが，屋外の熱環境だけでなく，室内にも適用できることがわかってからは，広く温熱条件の評価に使われるようになった．現在では ISO 7243 として国際規格化され，熱中症や暑熱労働環境評価にも用いられている．

　WBGT は気温，グローブ温度，湿球温度を用いて，以下の式で表される．

　　屋外：WBGT = $0.7\,t_w + 0.2\,t_g + 0.1\,t_a$
　　　　　　（t_w：湿球温度 [℃]，t_g：グローブ温度 [℃]，t_a：気温 [℃]）
　　屋内：WBGT = $0.7\,t_w + 0.3\,t_g$　（t_w：湿球温度 [℃]，t_g：グローブ温度 [℃]）

　熱中症予防としては，日常生活でも運動時でも WBGT ≧ 25 では警戒するようによびかけている．

〔丸田直美〕

参考文献
[1] PMV，SET*，clo に関する研究報告—温熱指標等研究委員会報告書，人間と生活環境 **12**（特別号），3-106，2005．
[2] 空気調和・衛生工学会：新版　快適な温熱環境のメカニズム—豊かな生活空間をめざして，2006．

寒冷環境での生体反応

●**放熱の抑制**　寒冷環境では，自立性の調節として皮膚血管が収縮し，皮膚温度が低下する．これにより，人体の核深部から体表に運ばれる熱量を少なくすることができ放熱を抑制できる．皮膚血管の収縮による放熱の抑制は，皮膚血管系によるもので，皮膚血管系は毛細血管（直径約 $10\,\mu m$）と動静脈吻合（AVA：Arteriovenous Anastomosis）の2つに大きく分けられる．

毛細血管の収縮による放熱抑制は，血流が減少し，皮膚温が低下することによるものである．皮膚温と環境温の差が小さくなり，物理的な放熱を抑制することにつながっている．動静脈吻合は手足，口唇，耳，鼻などの無毛部の皮膚に存在し，図1に示すとおり，必要に応じて皮下の細動脈と細静脈を短絡する太い連結路，すなわち毛細血管を介さずに直接つなぐものである．このような動静脈間の四肢における熱交換は対交流性熱交換とよばれ，寒冷環境ではAVA血管が収縮しているため表在静脈の血流量が減り，対交流による熱交換が増加して熱放散が減少することにより放熱が抑制される．

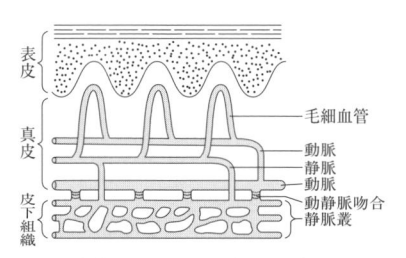

図1　皮膚循環の模式図（動静脈吻合のしくみ）　[出典：佐藤昭夫，佐藤優子，五嶋摩理「自立機能生理学」，金芳堂，p.205，図7-4 B 皮膚循環の模式図，1995 より作成]

●**熱の発生**　図2は，環境気温と着衣量が代謝量に及ぼす影響を示している．人は裸体では30℃近傍で最低の代謝量を示し，気温が下降すると皮膚温も下降し，放熱を抑制するがやがて代謝が上昇し始める．この時の気温は，下臨界環境気温（Lower Critical Environmental Temperature）とよばれ，裸体では26～28℃，水中では33℃とされている．寒冷環境では，皮膚血管収縮により放熱が抑制されるが，体熱放散の増加に対応するために，まず

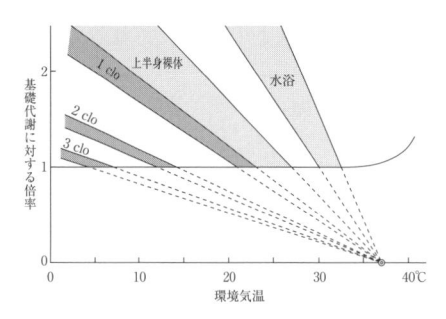

図2　代謝量に及ぼす環境気温と着衣量の影響　[出典：中山昭雄，入來正躬「新生理科学体系第22巻エネルギー代謝・体温調節の生理学」，医学書院，p.63，図35，1987 より作成]

はふるえによらない熱産生，非ふるえ産熱が増加する．さらに，深部体温がある程度下がってくると皮膚からの寒冷刺激により反射的ふるえによる熱産生反応が引き起こされる．

図3は耐寒耐水服を着用し4℃の冷水に浸漬した場合の直腸温の変動とふるえの出現を示している．このふるえとは，無意識のうちに，体熱産生の亢進のために本来運動にたずさわる骨格筋が持続的に収縮する現象で，この時筋肉収縮のエネルギーの大部分を熱に変える現象であり，ふるえによる産熱量は安静時の数倍に達するといわれている．このように，体温を正常に保持することができるよう，非ふるえ・ふるえによる熱産生反応が引き起こされるが，熱の発生，産熱の限界を超える低温環境の場合，正常体温を維持できず，凍死に至ることもある．

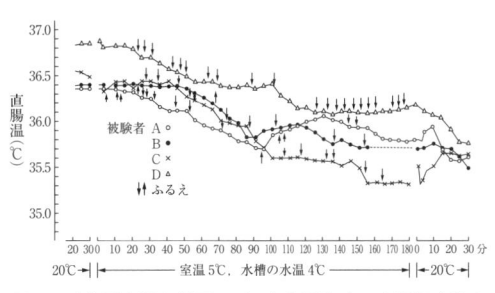

図3 耐寒耐水服を着用，4℃冷水浸漬時の直腸温変動とふるえの出現 ［出典：三浦豊彦「冬の寒さと健康─気候・気温と健康（上）─」，労働科学研究所出版部，p.137，図5・8, 1985より作成］

●寒冷血管反応　図4は，氷水にヒトの指を入れた時の皮膚血管反応であり，Lewis反応，あるいは寒冷血管反応（Cold Vasodilation）とよばれる．手の指を氷水に浸すと，血管の収縮により皮膚温度が急激に低下するが，その後，血管の拡張と収縮が不規則に反復して起こり，これに対応して皮膚温度の上昇，低下がみられる．この現象は冷却されやすい皮膚末梢に生じ，動静脈吻合（AVA）の働きによる．身体の末梢部を冷却の障害（凍傷）から守るための防御反応であり，この反応の強いヒトは凍傷になりにくいとされる．

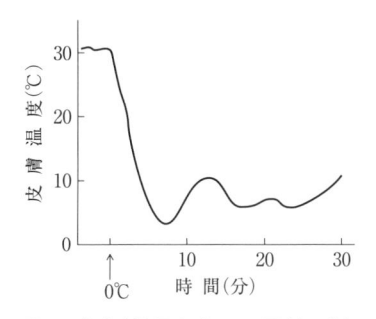

図4 寒冷血管反応（Lewis反応）［出典：黒島晨汎「環境生理学」，理工学社，p.56，図2・16, 1981より作成］

〔斉藤秀子〕

📖 参考文献
[1] 佐藤昭夫，佐藤優子，五嶋摩理：自立機能生理学，金芳堂，1995.
[2] 中山昭雄，入來正躬：新生理科学体系（22）エネルギー代謝・体温調節の生理学，医学書院，1987.
[3] 黒島晨汎：環境生理学，理工学社，1981.
[4] 空気調和・衛生工学会：快適な温熱環境のメカニズム　豊かな生活空間をめざして，丸善，1997.
[5] 田村照子 編著：衣環境の科学，建帛社，2004.

寒冷環境での着衣の保温性と影響する要因および計測法

ヒトは寒冷環境において衣服を着用し，その保温性を体温調節の補助として利用している．人体と衣服との間には，外界の温熱環境条件とは異なる局所気候が形成され，それを衣服気候という．快適な衣服気候とは，人体と最内層衣服との間が，温度 32 ± 1℃，相対湿度 $50 \pm 10\%$，気流 $25 \pm 15 \, cm/sec$ の状態をいう．寒冷環境でヒトが生活するためには，保温性の高い防寒服を用いて，身体の多くを覆ってつくり出した衣服気候をいかに快適な状態で安定させるかが重要である．

●**クロー値（clo 値）** 衣服の保温性を表す単位をクロー値（clo 値）という．米国の研究者 Gagge によって提案され，1 クローは気温 21℃，相対湿度 50%，気流 $0.1 \, m/sec$ の環境で，椅座位安静時の成人男性が熱的中立時に着用している衣服の保温性とされた．しかし，これでは人によって値が変わるため，熱抵抗の単位として新たに算出され，1 クローは，0.155℃ m^2/W の熱抵抗値とされた．

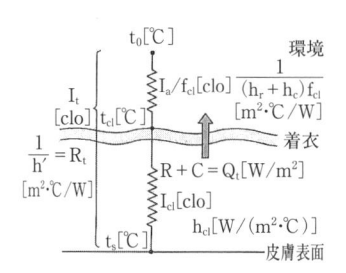

$$I_{cl} = I_t - I_a/f_{cl}$$
$$= 0.274 - 0.119 = 0.155 ℃ \, m^2/W$$
$$[I_t = R_t = (t_s - t_o)/Q_t$$
$$= (33℃ - 21℃)/44 \, W/m^2$$
$$= 0.274 (℃ \, m^2/W)]$$

衣服を通して放熱される顕熱（Q_t）は，椅座静位成人男性の代謝量 $58.2 \, W/m^2$ のうち 76% 程度で約 $44 \, W/m^2$ である．1 クローの熱抵抗値は，人体が熱的中立な時の平均皮膚温約 33℃，作用温度 21℃，着衣表面空気層の熱抵抗値 I_a/f_{cl}（0.119℃ m^2/W）で算出された（図1）．クロー値の測定は，等身大の発熱体であるサーマルマネキンを用いて行われる．

●**被覆面積と部位** 被覆面積とクロー値との関係では，被覆面積が多くなるにつれて熱抵抗も上昇し，高い相関が認められる（図2）．また，

図1 皮膚表面-着衣-環境間の顕熱移動

I_{cl}：皮膚表面から着衣外表面までの熱抵抗値
クロー値（I_t-I_a/f_{cl}）
I_a/f_{cl}：着衣外表面から環境までの熱抵抗値 0.119℃ m^2/W（空気層の熱抵抗値）
I_t：空気層の熱抵抗値も含めた抵抗値（$= R_t$）
Q_t：衣服を通して放熱される顕熱（乾性放熱）
t_s：皮膚表面温度（℃）
t_o：作用温度（℃）

［出典：田辺新一，「空気調和・衛生工学便覧1. 基礎編」，空気調和・衛生工学会，p. 330, 2010］

被覆面積がほぼ同じ場合は，体幹部よりも四肢部を，下肢よりも上肢を覆った方が熱抵抗値は高い．これは，細い部位ほど対流による熱伝達性が高いため，覆うと熱抵抗が上昇しやすいからである．したがって，寒冷環境での着衣は，被覆面積が多く，被覆部位では体幹部に加えてさらに四肢部を覆うことにより，より高い熱抵抗を得る．

●**静止空気層，重ね着** 衣服の熱抵抗（保温性）は，人体と衣服の間にできた空気層をいかに保持するかで大きく変化する．空気の熱伝導率は 0.026 W/（m・K）と小さいため，衣服の保温性は，静止空気層をつくることができれば高いが，空気が入れ換わりやすい構造であれば伝導・対流により放熱が促進されて低くなる．

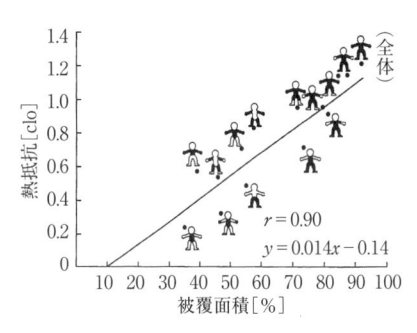

図2 被覆面積と熱抵抗との関係
図中の人形の黒い部分は，被覆されていることを示す．
[出典：田村照子 編著「衣環境の科学」，建帛社，p.40，2004]

衣服は重ね着することによって，高い熱抵抗を得ることができる．これは，人体と衣服および重ねた衣服との間に静止空気層ができやすくなるからである．ただし，重ねすぎると，衣服と衣服の間の空気層が潰れて，その効果は減少する．

●**着衣の保温性計測法（サーマルマネキン，被験者実験）** サーマルマネキンは，各部位ごとにヒーターによって熱供給され，その表面温度分布が人間と等しくなるように制御することができる実験装置である（図3）．サーマルマネキンに衣服を着用させて熱抵抗値を測定し，その値からクロー値を算出する．

被験者実験において衣服気候および衣服表面温度を測定することにより，着衣の保温性を知ることができる．衣服気候の測定は，人体の胴体部と衣服との間の空気層に測定用温度プローブ（サーミスターセンサー等）を挿入して行う．衣服表面温度は，放射温度計，赤外線サーモグラフィー装置等で測定できる．寒冷環境下では，快適な衣服気候を保持しつつ

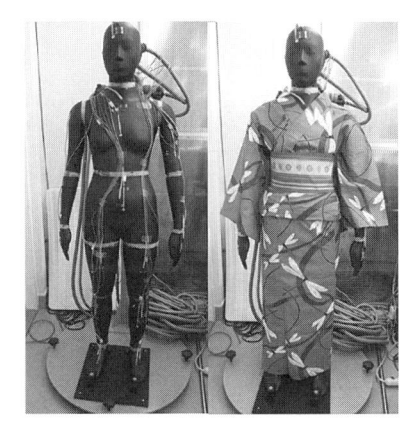

図3 サーマルマネキン（裸体状態・着衣状態）
浴衣のクロー値を計測している．[写真提供：信州大学，三野たまき]

衣服表面温度が外気温に近似して低く維持された場合，着衣の保温力は高いと考えられる．

〔堀　雅子〕

暑熱環境での人体の生理反応

　日本の平均気温は，1898年以降では約100年でおよそ1.1℃上昇し，特に1990年代以降，高温となる年が頻繁に現れている．2013年には高地県江川崎で41.0℃の国内最高気温を記録したが，こうした生活環境温度の上昇は，人体生理に影響を及ぼす．

●**生体内の温度情報の統合と伝達**　体温調節機序を図1に示す．環境や人体の温度情報は皮膚の末梢温度受容器，中枢神経内温度受容器，体深部温度受容器で感受され，視床下部に送られる．ここで情報は統合され，自律神経系，内分泌系，体性神経系を介して，体温調節反応が引き起こされる．図2に温度情報の統合の一例を示す．

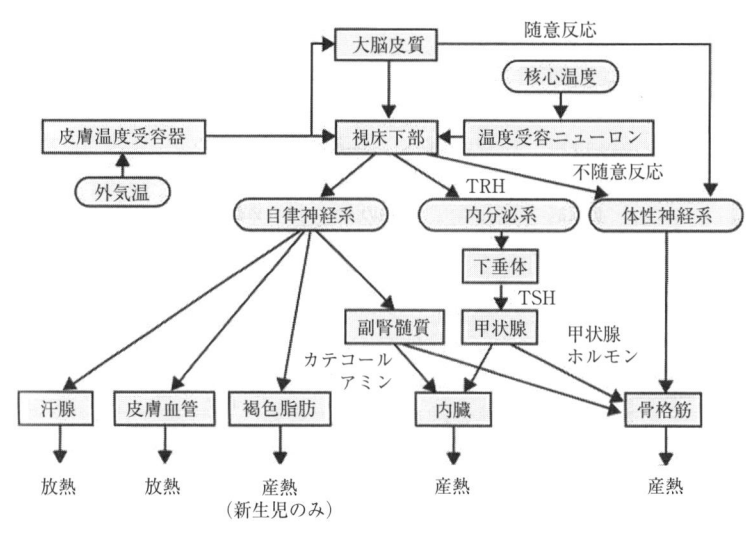

図1　体温調節機序　[出典：佐藤昭夫，佐伯由香「人体の構造と機能」，医歯薬出版，p. 169, 2010より改変]

　なお，温度受容器の体温調節に関与するメカニズムや程度はまだ明らかではなく，近年，温度受容に関係するチャネルタンパク質が6種類発見された．そのうち4種類が温に，残りが冷に関係することがわかってきた．43℃以上の温度に応じるチャネルは，唐辛子の辛味成分であるカプサイシンにも反応する．

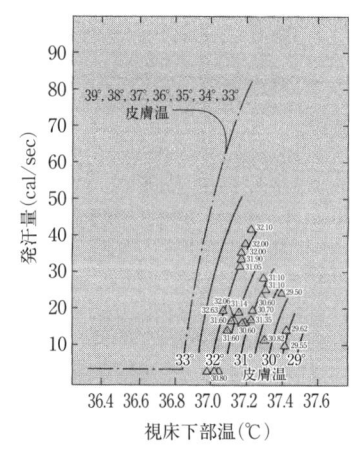

図2 熱放散に及ぼす視床下部温と皮膚温の相互関連 ［出典：入來正躬「体温生理学テキスト」，文光堂，p.90，2003］

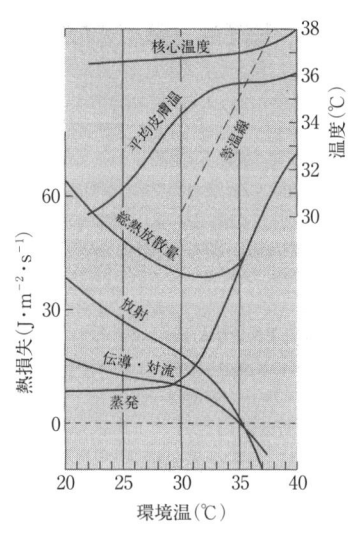

図3 各熱移動様式による熱損失量の割合 ［出典：入來正躬「体温生理学テキスト」，文光堂，p.55，2003］

●**暑熱環境下での熱移動**　熱移動様式は環境温度によって異なり，図3に各環境温における放射，伝導・対流，蒸発による熱損失量の割合を示す．放射と伝導・対流の熱損失量は皮膚温と環境温の差に左右され，環境温が低いほど熱損失量が多い．環境温が皮膚温に近づくと，放射と伝導・対流による放熱はほとんどなくなる．

一方，室温が約29℃を超えると発汗が始まり，不感蒸散のみのときに比べ蒸発性熱放散は著しく増加する．環境温が約36℃以上になると，皮膚温より環境が高くなるため蒸発性熱放散が放熱の唯一の手段となる．暑熱環境下において重要な役割を担う，(1) 血管を拡張して血流量を増大させ，体熱放散を増す方法と，(2) さらに環境温が上昇したときの発汗による体熱放散のしくみについて以下に述べる．

(1) 皮膚血流の増加による熱放散の増大

生体組織の熱伝導率が小さいので，生体内の熱移動は皮膚血管の収縮・拡張による皮膚血流量変化に依存する．皮膚血管収縮神経線維（CVC）の活動性が増すと皮膚温は低下し，活動性が減少すると皮膚血管が拡張して血流が増加し，皮膚温が上昇する．

皮膚血流量にさらに大きな影響を及ぼすのは，図4に示す動脈と静脈を毛細血

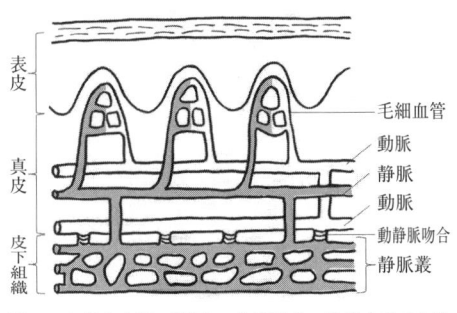

図4　皮膚の血管　[出典：佐藤昭夫, 佐伯由香「人体の構造と機能」, 医歯薬出版, p.175, 2010 より改変]

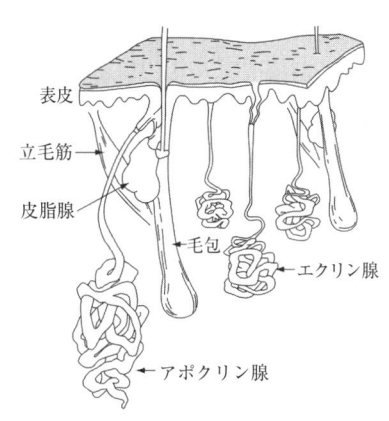

図5　エクリン腺とアポクリン腺　[出典：入來正躬「体温生理学テキスト」, 文光堂, p.52, 2003]

管を介さずに直接つなぐ太い連絡路，すなわち動静脈吻合（AVA）である．暑熱時には CVC 活動が弱まり，AVA が開大して大量の血液が静脈に流れ込むようになる．AVA を通過した血液は，四肢末端の皮膚温を上昇させるだけでなく，皮膚表層の静脈を還流する際に，四肢近位部の皮膚温も上昇させる．

(2) 発汗による熱放散の増大

　環境温が上昇して皮膚温に近づくと，体温調節中枢が交感神経を介して全身の汗腺を刺激し，発汗を促す．水分蒸発は水 1 g あたり 2.43 kJ/g（0.58 kcal/g）の放熱を伴うので，熱放散効率は高い．なお，皮膚表面からの水分の蒸発には不感蒸散と発汗がある．

・不感蒸散　水は真皮で 100% 飽和しており，この水分が表皮に向けて拡散する．水分蒸散量は，体表の水蒸気圧と環境水蒸気圧との差に比例する．日本人の常温安静時の不感蒸散量は約 900 g/日で，皮膚からその約 70%，残りの 30% は気道より失われている．

・発汗　汗腺からの汗の分泌を発汗とよび，温熱性発汗，精神性発汗，味覚性発汗が知られている．図5に示すように，汗腺にはエクリン腺とアポクリン腺がある．エクリン腺は全身に分布するが，手掌，足底の汗腺は温熱性刺激ではほとんど発汗しない．ヒトの汗腺の能動化は 2 歳半頃に完了し，能動汗腺数はこの時期の温熱環境に影響される．一方，アポクリン腺は毛包に開口している．その存在は腋窩など限られた場所に局在しており，分泌能は低い．

　発汗量は，核心温と皮膚温からの平均体温とよく相関し，皮膚温の変化速度や

皮膚局所の温度にも依存するが，暑熱負荷を続けると順化が起こり，発汗量に影響を与える．

暑熱環境では発汗した汗の蒸発のための気化熱が身体より奪われ，結果として体熱の放散が進み，体温上昇が防がれる．熱の放散に関与するのは，蒸発により失われる水分のみで，したたり落ちた汗は影響しない．

●**産熱と放熱バランスの不調と健康障害**　熱中症とは，体内の蓄熱量増加に放熱量が追いつかない状態により起こる疾患の総称である．熱中症の病態生理を図6に示す．高温多湿や太陽などからの強い輻射熱のもとで発症しやすいが，スポーツや仕事に伴うエネルギー代謝量の増加などによってもさまざまな症状を示す．

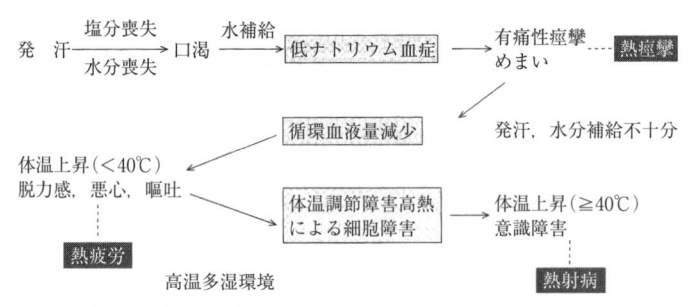

図6　熱中症の病態生理　〔出典：山蔭道明「体温はなぜ37℃なのか」，メディカル・サイエンス・インターナショナル，p.81，2005より改変〕

子どもは大人に比べてより多くの熱を産生することや，脱水による体温の上昇が大人に比べて速いにもかかわらず，臓器そのものが未熟なため，熱を下げる効率が悪いことなどにより熱に弱い．さらに高温多湿の危険な環境から身を守ることも，必要な水分を補うこともすべて大人に依存しているので，車中に短時間放置されて死亡するという事故が近年多発している．

また，加齢により体温調節機能も低下するので，高齢者は外部の温熱環境の影響を受けやすく，体内の恒常性を保ちにくい．特に厳しい寒さや暑さに対しては，身体機能の対応が追いつかず障害をきたしやすいので，注意が必要である．

〔菅井清美〕

暑熱環境での着衣の熱水分移動性能と影響する要因

　温熱的快適性には着衣の熱水分移動性能が重要な役割を果たすが，以下に着衣の素材および構成要因が着衣の熱水分移動性能および人体の生理的要因に及ぼす影響について概説する．

●**素材要因**　肌に直接触れる肌着に関しては従来綿100％にこだわる人が多かった．しかし，最近では合成繊維でも繊維断面の改質技術により吸水速乾性を高めたもの，さらには繊維自体に吸湿性を付与したものが繊維メーカー各社より開発されている．それぞれどのような特徴があるか紹介する．

吸水速乾性肌着

　吸水速乾性肌着は，少量の汗で肌着がむら濡れの場合，濡れ広がりやすく蒸発面積が大きいので，乾きの速さに貢献する．また，汗を大量にかくと汗の保持性がよいと衣服は汗で重くなり，摩擦係数も増加し動きにくくなるため，汗の保持性が小さく水切れのよい吸水速乾性の肌着が動きやすく，同じ発汗量なら速く乾くため，有利になる．

吸湿性肌着

　不感蒸散時に衣内気候に肌着の吸湿性がどう影響するかを吸湿合繊（MAS）の混紡割合を変え試作した肌着で，サーマルマネキンによるモデル実験で比較したところ，MASの混紡割合が高いほど衣内湿度が低く，暑熱環境での発汗開始時や梅雨の蒸す時期には吸湿性の高い素材ほど衣内湿度を低下できることが明らかになった．しかし，発汗が続くといずれの素材でも吸湿容量をすぐに超えるため，吸湿による湿度上昇抑制による不快感抑制は望めなくなる．また，運動後"後冷え"を起こす不安要素を抱えている．

　以上から汗の量が多いときには，肌着素材は吸湿性に優れた天然繊維の綿や再生繊維のレーヨンなどのほか，汗をかいた後に乾きやすい吸水速乾性の合成繊維が適している．吸湿性にすぐれた素材は不快感を和らげるが運動後の冷えを起こす．吸水速乾性は大量に汗をかいた後はすぐに乾くが，非常にべたつくという欠点がある．どの素材もオールマイティということはなく，おのおののよさをTPOに応じて賢く使い分けるのが現状である．

●**着衣の構成要因**　梅雨時や夏場などの暑熱環境下では環境と皮膚温との温度差が小さいために乾性放熱が減るので，汗の蒸発による湿性放熱が重要な放熱の手

段となる．汗の蒸発を促進するような衣服が望まれ，着衣の換気が重要な役割を果たす．ここで換気放熱に有効な伝熱現象である煙突効果とふいご作用について説明し，それらが生じやすい暑熱環境に適した衣服のデザインや着方について述べる．

涼しいデザインと着方

・衣服のゆとりと衿元や裾の開口が放熱へ及ぼす影響

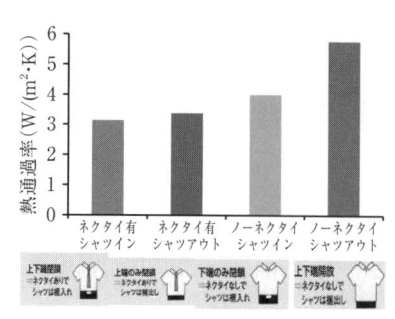

図1 衿や裾の開口条件が放熱性に及ぼす影響

夏場はじっとしていても汗が出てくるので，衿元や裾の開口部を開け，間隙間（空気層）10 mm以上の適度なゆとりを設け，空気の流れが起きやすいように工夫すると，上昇気流が生じ，涼しく感じる．これを煙突効果という．

モデル実験の結果によると上下の開口部で上昇気流の出口である衿元を開けると放熱しやすいこと（図1），さらに，上下とも開けるとより放熱効果は高いことが明らかになった．

・クールビズ実践への応用

男性ビジネスウェアでは夏季でもスーツ・ネクタイという儀礼を重んじる服飾文化がある．この現状に対し2005年の夏からは政府主導で「クールビズ」を推奨したため比較的スムーズに男性の軽装化が普及し，2011年の東日本大震災では節電が必須となったためクールビズが推進された．

歩行動作と環境の気流による換気放熱促進

・ふいご作用

扇子やうちわ，あるいは直接に手を使って，衣服の衿元などの開口部付近をパタパタあおいで涼を得ることは日常よく見かける光景である．人体と衣服との間に強制的な気流が生じて着衣の放熱性能を高める．これらの現象はふいご作用とよばれる．歩行時の靴と足の間でもふいご作用が重要な役割を果たし靴内の蒸れ防止に役立つ．靴着用時の靴のフィット性がよいほどふいご作用による換気効果が高い．しかし，歩きやすさの観点からは適合度の高いものがよい．

各種おむつや通気・不通気のパンツの換気率を安静時と歩行時にトレーサガス法により定量し比較したところ，歩行で20％ほど換気が促進され，素材の通気性や被覆面積，フィット性などの素材や構成要因により換気量が影響されることが明らかとなった[5]．運動直後など一過性の産熱の亢進が起きたときは，ふいご作

用で放熱が促進される. 〔薩本弥生〕

参考文献
[1] 日本家政学会被服衛生学部会 編:アパレルと健康―基礎から進化する衣服まで, 2012.
[2] 薩本弥生 編著:快適ライフを科学する, 丸善出版, 2003.
[3] 谷田貝麻美子, 間瀬清美 編著:衣生活の科学―健康的な衣の環境をめざして, アイ・ケイコーポレーション, 29-30, 2006.
[4] 酒井豊子, 牛腸ヒロミ:衣生活の科学, 放送大学教育振興会, 2002.
[5] Y. Satsumoto, G. Havenith : Evaluation of overall and local ventilation in diapers, Textile Research Journal, **80**(17), 1859-1871, 2010.

着衣の変形・拘束理論

　重い衣服は肩が凝り，ゆとりが少なく伸びにくい衣服は動きにくい．特に筋力の弱い乳幼児や高齢者などでは，わずかな外力でも身体の動きが拘束される場合がある．

●**着衣変形**　動作すると身体寸法が大きく変化する．図1に示す身体寸法変化率は，原寸の取り方で値が大きく異なるが，一般に，肘や膝を曲げた時，あるいは腰掛けた時の臀部の身体長さ方向の寸法変化率は大きい．この寸法変化は，衣服のゆとり，衣服のずり，布の伸びによって補われなければならない．その中でも，布の伸びと布の伸張特性が身体拘束の重要な要因となる．局所的な布の伸びを測定する方法として，従来の捺印法（図2）や未延伸糸法があるが，近年では3次元人体計測や3次元動作解析などの方法が用いられている．

●**衣服圧とは**　着衣が動作によって伸ばされた時，伸ばされた方向に対して垂直方向に発生する圧迫力を衣服圧という．衣服圧は，動作時の無効仕事量を増大させたり，身体の動きを拘束したりする．図3のように，臀部や膝部を球形と仮定すると，衣服圧 P は，

$$P = T_1/r_1 + T_2/r_2$$

で算出することができる．

　ここで，r は曲率半径，T は着衣時の布の伸びに対応する張力，添字1は身体の長さ方向，2は周方向を示している．曲率半径 r は，人体表面を円弧と仮定した時の円の半径であり，$1/r$ を曲率という．

　一方，胴部や腕・脚などでは，円筒と仮定でき，曲率半径 r_1 は無限大とみなされ，$P = T_2/r_2$ で算出される．

　すなわち，布の伸びが大きく，伸び抵抗の大きな布ほど，また細い部位（身体の丸みの強い部位，曲率の大きい部

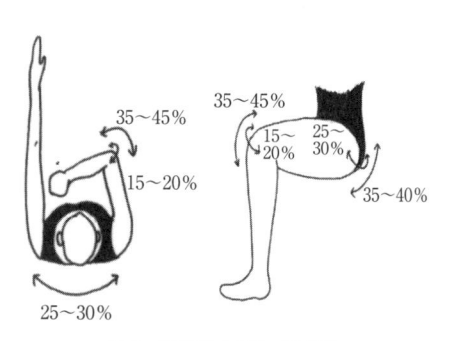

図1　動作時の身体寸法変化

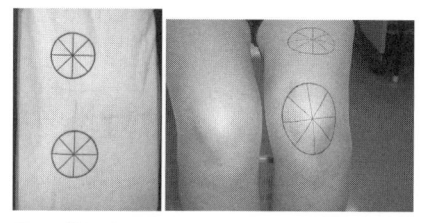

図2　捺印法によるストッキング着用時の伸び変形の計測

位）ほど衣服圧は高くなる．

●**衣服圧測定法**　人体は，複雑な曲面をもっており，また身体各部によって骨部までの皮下組織の厚みや柔らかさがさまざまである．このような特徴をもつ身体に対して，衣服圧を実測することは難しい．また，圧迫力を測定するための受圧部を衣服と身体との隙間に入れることによって測定部の場が乱され，測定条件そのものが変わってしまうという根本的な問題もある．

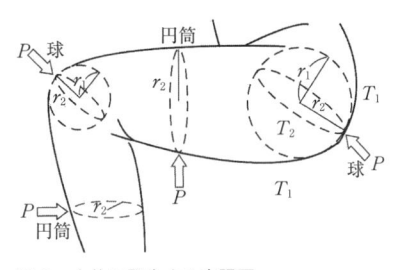

図3　人体に発生する衣服圧
[P：衣服圧，T：張力，r：曲率半径，添字1, 2：身体長さ方向および周方向]

　これらの問題を最少にする方法として，空気や水をポリエチレン袋に少量封入し，これを受圧部としてストレインゲージ（ひずみゲージ）と連結することにより，圧力を電気抵抗の変化として測定する，エアーパック法やウォーターパック法が有用である．特にエアーパック法は，取り扱いが簡便であるため，近年では汎用器として使われている．

●**衣服圧の発生要因**　衣服圧の発生には，以下に示す4つの要因がある．
（1）衣服重量による発生：衣服重量による肩や腰にかかる圧迫である．冬季の衣服重量は2.5 kg以上にもなり，消防服や防護服では10 kgに達するものもある．
（2）ずり予防による発生：スカートやズボンなどのウエストベルト，靴下の口ゴムなどのずり下がり予防のための圧迫である．ずり下がりやずり上がりを防ぐ程度の締めは必要であるが，例えば，立っている時は弱い圧迫でも，座ると腹部周径が増大して圧迫が強くなるので注意を要する．
（3）動作に伴う発生：動作に伴って身体寸法が変化し，それに伴って衣服が伸びることによって発生する．
（4）ストレッチ衣料による発生：女性用ファンデーション（ガードルやブラジャーなど）やスポーツウェアの中には，身体寸法よりも小さいサイズのものがあり，着衣時の伸びによって補整性や防振性を発揮させるものがある．

●**衣服圧による人体影響**　身体の周囲全体を締め付ける力を「フープテンション」という．フープテンションは，血液循環や呼吸代謝，消化器系への影響が大であり健康に直結するので，ずり予防や補整性・防振性が目的であっても強すぎる衣服圧には注意を要する．

〔諸岡晴美〕

着衣の風合い・肌触り

布や紙などの手触りやみた感じのことを風合いとよぶ．近年は布や紙に限らず広く触覚・視覚・味覚などの表現に使うこともある．風合いとは，織物の手触り，みた感じ，雰囲気などを総称した言葉といわれているが，日本では和服をつくる前の段階つまり反物で，この風合いを吟味する習慣があった．そして，仕立てあがってからの着てみた感じやきぬずれの音なども風合いの要素に取り入れている．したがって，風合いとは織物の物理的な性質と，それを着る人間の感覚と好みが合わさってつくりあげられた文化的な産物といえよう．色柄やデザインは個人の嗜好的要素が強いが，風合いは布の本質的な性能と直接的に関わっているため，普遍性が存在し，科学的に明らかになりやすい．

●**風合い研究のはじまり**　日本では，1930年に『婦人画報』(5月号) に"風"が"合う"という表現で風合いが初めて使用され，1950年頃から織物を対象とした風合いに関する研究が発表されるようになった．海外では1926年に触覚現象の解析を行った官能検査に関する論文が発表され，さらに1930年に布の力学的性質を測定することにより風合いが評価できる可能性が指摘されている[1]．以来，多くの研究者によって風合いに関する研究がなされてきている．人が触って扱うものすべてに風合いは重要な性能の1つであり，材料と人間とのインターフェースとして風合いが存在すると考えられる．

●**風合いの解明**　熨斗ら[2]は，風合いという心理現象を起こす刺激となる織物の形態および物性，神経と脳の作用である刺激情報の伝播機構，刺激に対する反応として現れる心理現象という3つの構成要素により，風合いが説明されるとした．さらに，川端らは，風合いの概念を，風合いは主として布の力学的特性からくる感覚によって熟練者に判断されるとともに，風合い判断は，その布が衣服の材料として用いられるとき，その用途に適合した性質をもつかどうかということに基準をおいているとして，1972年に日本繊維機械学会に"風合い計量と規格化研究委員会 (HESC)"を組織し，産業界の熟練技術者や研究者，大学の研究者らにより布の風合いの計量と規格化を進め，客観

図1　布の風合い標準試料

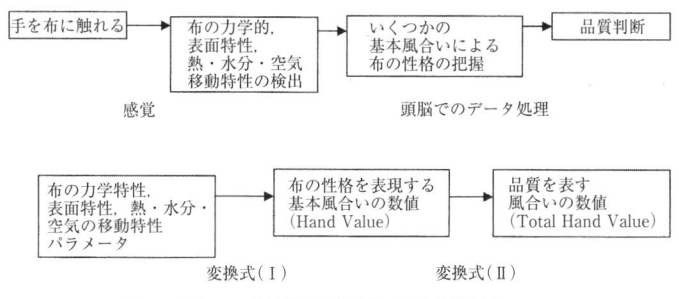

図2 風合いの主観的評価過程と客観的評価システム

的評価技術を開発した[3]．同時に図1のような標準試料集を作成している．

●**風合いの客観的評価**　まず，衣服の用途別に多数の布が収集され，熟練者が手で布を触り，その感覚から"こし"，"ぬめり"，"ふくらみ"，"しゃり"，"はり"，などの布の基本的風合いを数値で評価し，さらに用途別に品質を総合風合い値で表現する．また，これらの布について，衣服着用時に布が受ける低荷重域の基本的な力学特性として，引張り，曲げ，せん断，厚み方向への圧縮変形特性，そして布の表面特性を計測する．肌着のように，肌に直接触れる用途の場合には，さらに布の熱・水分・空気の移動特性の計測値が付与される．これらの値を用いて，統計処理によって図2のように，人が主観的に評価をする過程に従って特性パラメータから基本風合い値を算出する変換式（Ⅰ）および基本風合い値から総合的な風合い値を算出する変換式（Ⅱ）を導き，客観的風合い評価を可能とした．

●**風合いと着心地**　風合いというと，情緒的に認識され，また，感性という包括的な表現で認識される場合が多い．しかし今日，風合いは人間の機能と関わりをもつ重要かつ基本的な材料性能として認識できるようになっている．すなわち，風合いは情緒的なものでなく，人と布との間の適合性を判断するための評価手段，あるいは情報伝達の言語として用いられている．これらの風合いは衣服の機能と密接に関わっている．布の衣服機能への寄与が75%を占め，そのほかに表面の外観や接触冷温感等が含まれている．　　　　　　　　　　　〔井上真理〕

参考文献
[1] F.T. Peirce : The "handle" of cloth as a measurable quantity, J. Text. Inst. **21**, T373, 1930.
[2] 布の風合い編集委員会：布の風合い，日本繊維機械学会，1972．
[3] 川端季雄：風合い評価の標準化と解析，第2版，日本繊維機械学会，1980．

Chapter 2

人体と衣服

身体構造 ———————— 34
身体寸法 ———————— 42
立体構成の衣服 ——————— 46
平面構成の衣服 ——————— 48

身体構造

着やすく動きやすい衣服，美しくみえる衣服，用と美が求められる衣服を形づくる基礎として，衣服を着る人の体を知ること，すなわち人体の構造，大きさや形，動きを理解することが大切である．人体の外形は，骨格の大小，筋の発達の程度や皮下脂肪の分布と量によって決まり，動きは骨と骨をつなぐ関節によって可動域が決まる．

骨格

人が直立姿勢や二足歩行その他種々の姿勢をとるときに，骨格は筋とともに体を支えて内臓を保護する役割を果たす．骨格系は200個あまりの骨と軟骨，靱帯などで構成される．上腕，前腕，大腿，下腿の骨は管状で両端が太くなっている．頭蓋骨や骨盤の骨は臓器を入れるのに適するように扁平に，脊柱を構成する椎骨は不規則な形状をしている．これらの骨の形や大小は人体のサイズと形，体形を決定する重要な要素となる．図1に全身の骨格を示す．

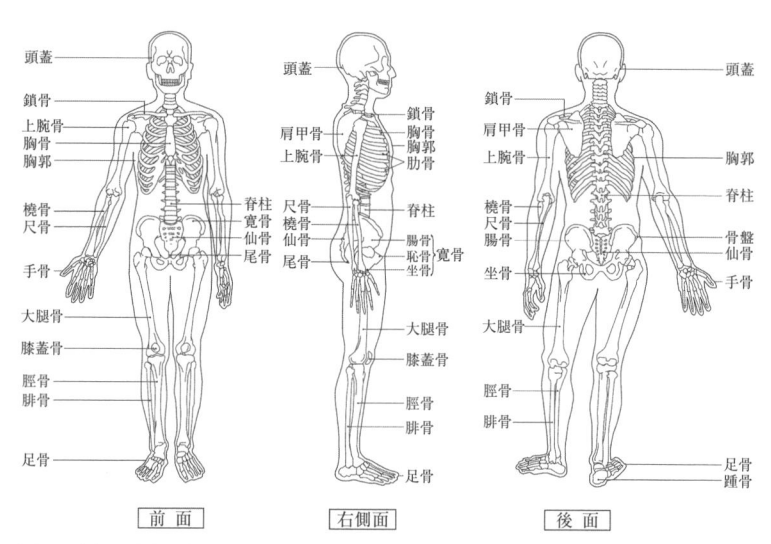

図1　全身の骨格　[出典：日本衣料管理協会刊行委員会 編「アパレル設計論 アパレル生産論」，日本衣料管理協会，p.17, 2013]

人体計測において，骨の端や突起は重要な計測点となる．以下に各部の骨の構成と主な計測点を記す．頭部の骨格は 23 個の頭蓋骨からなり，下顎骨以外は縫合によって固く結合し，丸い箱を形成している．正中線上で，頭頂部の最高点を頭頂点，最も後方へ突出している点を後頭点，鼻根の上方における最突出点を眉間点，下顎の最下点をオトガイ点という．耳珠の上縁における付け根を耳珠点，眼窩下縁の最下点を眼窩点といい，人体計測時には，左右の耳珠点と右の眼窩点を通る平面が水平である耳眼水平位（図 2）が求められる．頸部の骨格は 7 つの椎骨からなり，第 7 頸椎の棘突起の先端は頸椎点とよばれ，後面での頸付け根の位置を決める．胴部の骨格には衣服設計上，胸郭（12 個の胸椎と 12 対の肋骨と胸骨からなる）と肩甲骨，鎖骨および胸椎に続く腰椎の 3 番目あたりまでが含まれる．肩甲骨の外側端を肩峰といい，その先端を肩峰点という．左右の肩峰点間の距離が肩部の幅となる．前面では頸付根線が鎖骨内側骨頭の上縁を通る（図 3）．腰部の骨格の主なものは骨盤である．骨盤は左右の寛骨と第 5 腰椎，仙骨，尾骨からなり，内部は骨盤腔となっている．寛骨の上縁の扁平な部分を腸骨稜，その前端の突起を前上腸骨棘，腸骨棘の先端を腸棘点とい

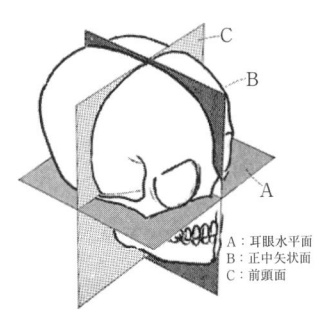

A：耳眼水平面
B：正中矢状面
C：前頭面

図 2　耳眼水平位　［出典：柳沢澄子「被服体型学」，光生館，p.4，図 2，1976］

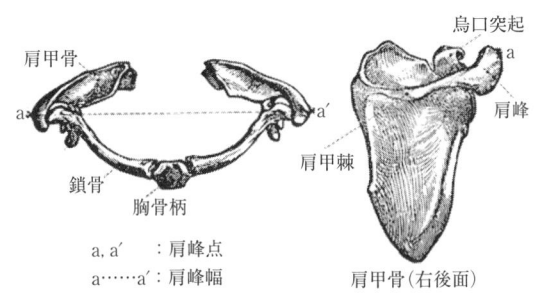

a, a'　：肩峰点
a……a'：肩峰幅

図 3　肩甲骨と鎖骨　［出典：柳沢澄子「被服体型学」，光生館，p.10，図 3（フリッチ原図），1976］

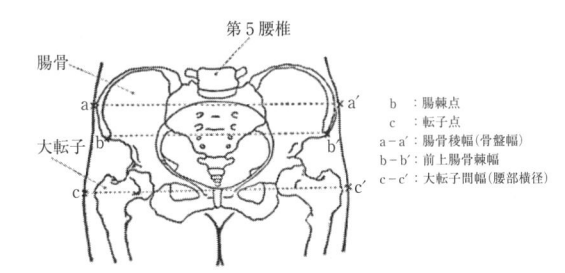

b　：腸棘点
c　：転子点
a–a'：腸骨稜幅（骨盤幅）
b–b'：前上腸骨棘幅
c–c'：大転子間幅（腰部横径）

図 4　骨盤　［出典：柳沢澄子「被服体型学」，光生館，p.12，図 4（シュトラッツ原図），1976］

い，その高さは脚の長さの推定に用いられる（図4）．寛骨の外側面には深い凹みがあり，股関節の関節窩となっている．下肢の骨格は大腿骨，下腿骨，足骨からなる．大腿骨上部端の骨頭は寛骨と股関節で連結している．大腿骨頭の基部には大転子という大きな突起があり，大転子の外側面における中心点を転子点という．下腿骨は脛骨と腓骨からなり，膝関節で大腿骨と連結している．脛骨内側の上端の最高位は脛骨点，内果の最下端は内果点，腓骨外果の最も側方に突出している点を外果点といい，衣服のヘムの基準とする．足骨は足根骨，中足骨，指骨の3群からなる．足根骨は足根部にある7個の骨である．踵骨の上部にのる距骨は脛骨と腓骨と距腿関節で連結している．中足骨は足根骨の前にならぶ小さな管状骨で5本，指骨は各指の支柱をなす骨である．踵骨の最も後方に突出している点を踵点，指骨の先端を足先点という．上肢の骨格は上腕骨，前腕骨，手骨からなる．上腕骨は肩関節によって肩甲骨と連結している．前腕骨は平行に並んだ尺骨と橈骨からなり，肘関節で上腕骨と連結している．橈骨の上端を橈骨点，下端を茎突点という．肘を曲げた場合肘頭が突出する点を肘点，尺骨下端の尺骨頭の外側面の中心点を手くび点とし，肘丈，そで丈，手くび囲を計測する場合の基準とする．

筋・皮膚・皮下脂肪

　骨格を動かすには筋の働きが必要で，人体の運動はすべて筋によって行われる．そのため，筋は能動的運動器，骨格は受動的運動器ともいわれる．筋には骨格につく骨格筋と，内臓壁につく内臓筋があるが，ここでは骨格筋を取り上げる．図5に表層の主な筋を示す．

　1つの筋は，普通，起始という端が1つの骨に固着しており，他の端（付着）は動かそうとする他の骨または靱帯や皮膚などに付着している．起始部に向かって筋が収縮すると関節運動を起こし，2骨間の角度は小さくなり，運動が行われる．実際の身体運動時に筋は共同して働く．同一方向の運動を行う筋を協力筋，反対方向の運動を行う筋を拮抗筋という．曲げる筋と伸ばす筋，体の中心に近づける筋と遠ざける筋，内側にまわす筋と外側にまわす筋は拮抗筋である．臀部にある大臀筋は股関節の伸筋で，人が直立歩行することに適応して著しく発達した．膝を伸ばすのは大腿（もも）前面の大腿四頭筋など，曲げるのは大腿後面の大腿二頭筋などである．下腿後面にはいわゆるふくらはぎを形成する腓腹筋とヒラメ筋があり，歩行の際に爪先で蹴り出す強い力を生み出す．また，筋は収縮すると短く太く変形し，形態的・寸法的変化をきたすので，からだに密着する衣服の設計では対応が必要となる．筋の形やその発達の程度もからだつきやその印象に影響する．体表に近い筋のレリーフは，皮下脂肪が少ない場合には観察したり触れた

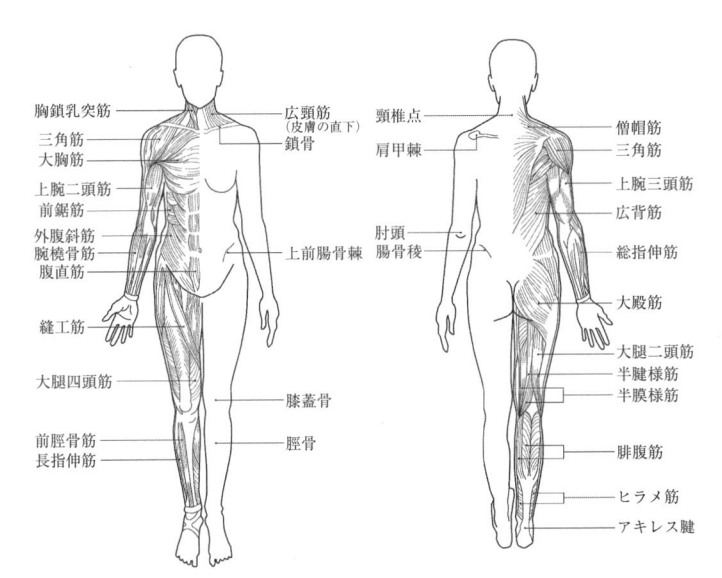

図5 表層の主な筋 〔出典：日本衣料管理協会刊行委員会 編「アパレル設計論 アパレル生産論」，日本衣料管理協会，p.18，2013〕

りできる．

　皮膚は身体の表面を覆う皮膜で，体表の保護，汗や水蒸気の排泄作用，体温調節などを営み，触覚，圧覚，温覚，冷覚，痛覚の感覚器を含んでいる．表皮下の真皮の下の皮下組織に皮下脂肪が沈着する．

　皮下脂肪の発達の程度は体形に影響を与える．一般に子どもや女性でよく発達し，からだつきを丸味のあるものにしている（図6）．皮下脂肪の分布型には体幹型，四肢型，上半身型（リンゴ型），下半身型（洋梨型）などがあり，個人差，年齢変化，男女差がみられる．

〔高部啓子〕

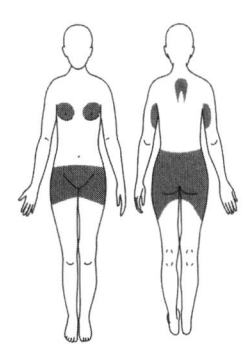

図6 思春期女子で皮下脂肪の多い部位 〔出典：松山容子 編著「衣服製作の科学」，建帛社，p.18，2000〕

関節と動作

人間の身体の動作は骨，関節，筋組織の交互作用によって成り立っている．動作の多くは複数の関節が関与することにより行われるため，非常に複雑な形態変化が起こる．そのため，静的な身体形状だけでなく，関節の動きに伴う，身体の形態変化に適合させた衣服設計を行う必要がある．

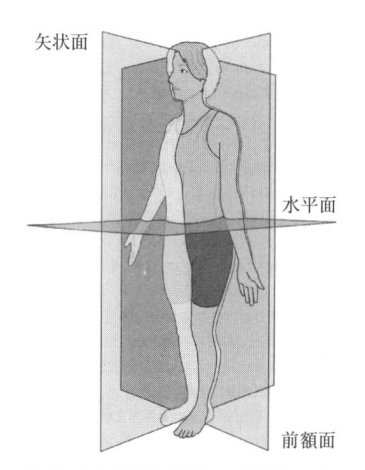

図7 身体運動の基準面 [出典：T.R. Baechle, R.W. Earle 編，金久博昭 総監修「ストレングストレーニング&コンディショニング」，第3版，ブックハウス・エイチディ，p. 81，2010]

●**関節運動** 関節の動きは身体の基準面上（図7）で起こる動きとして説明される．図8に関節の運動を示す．矢状面上の動きを屈曲・伸展といい，屈曲は関節の角度を狭め，前方へ移動する動き，伸展は関節の角度を広げ，後方へ移動する動きである．前額面上の動きを内転・外転とよぶ．内転は矢状面に向かう動き，外転は矢状面から離れる動きである．水平面上の動きは内旋・外旋という．内旋は身体を内向きに移動する動き，外向きに移動する動きである．

しかし，各部位の関節の動きは，その特徴，また相対的な骨の位置関係で決まるため，例えば矢状面上の動きである足関節の屈曲・伸展は底屈・背屈，前頭面上での動きで，体幹が左右に曲がることを側屈という．同じように，水平面上での動きで，前腕における内旋は回内，外旋は回外という．

●**体幹の運動** 体幹は脊柱とよばれる柱状の骨格が中軸をなしている．脊柱は32～35個の分節（椎骨）が連結して可動し，前屈・後屈，側屈，回旋を行うが，その可動域は小さい．胸椎がろっ骨と接しているため可動域が制限され，脊柱では頸部と腰部の動きが主である．特に頸部は脊柱の中で最も大きな可動域をもち，頸部の回旋運動の50％以上は上位頸椎によって行われる．体幹そのものの運動は非常に少ないが，手足の動きが加えられることによって，床に手をつく深い前屈，また大きな体のひねり（回旋）運動などを行うこともできる．

●**四肢の運動** 人間における四肢とは両手（上肢），両足（下肢）に分けられる．
上肢は体幹部とつづく上肢帯骨と自由上肢骨からなる．上肢帯骨は肩甲骨と鎖骨からなり，これらと上腕骨の連結を肩関節という．肩関節は腕を上げたり，前

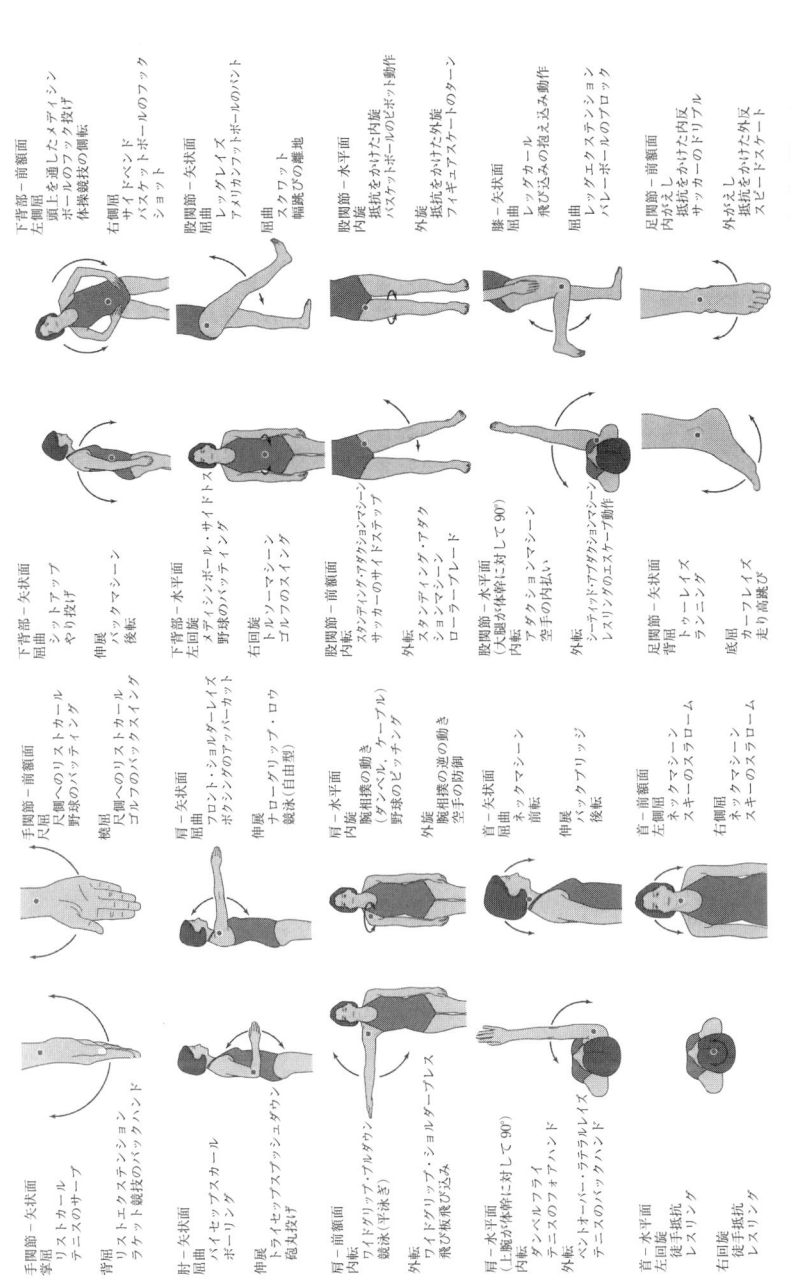

2. 人体と衣服　　しんたいこうぞう　　39

図8　関節の運動　[出典：T.R. Baechle, R.W. Earle 編, 金久博昭 総監修「ストレングストレーニング＆コンディショニング」, 第3版, ブックハウス・エイチディ, pp. 97-98, 2010]

表1 関節体と衣服との関係

関節の運動	拮抗する部位	衣服との関係
胸胴部脊柱の湾曲	背部：胸腹部	後面の圧迫と前面の腋部，股底部の引きつれ
股関節の屈曲	臀部：下腹部	内股から後ろウエストにかけての引きつれと圧迫
膝関節の屈曲	膝がい部：膝か部（後ろ）	スラックス膝部の引きつれと圧迫
肩関節の屈曲	背部：胸部	アームホールの後ろ腋部分の圧迫と前腋部分の引きつれ
肘関節の屈曲	肘頭部：肘か部	袖の肘部分の圧迫
頸椎の前屈	後頸部：前頸部	衿の有無，衿の高さ，衿のしめ具合

［出典：中澤 愈「衣服解剖学」，文化出版局，p.96, 1996］

で組み合わせたり，また，回旋させるなど柔軟性をそなえもち，運動範囲がきわめて広い．その作用は屈曲，伸展，回旋，外転，内転などである．自由上肢骨における上腕骨と前腕骨との連結を肘関節といい，屈曲，伸展，回旋を行う．

下肢は体幹部の骨と結合する下肢帯骨と自由下肢骨とに分けられ，下肢帯骨を構成する骨を寛骨とよぶ．この寛骨と仙骨および尾骨からなる骨盤の関節臼という穴の中に，大腿骨の関節頭が外側から骨盤をはさみ込むように連結した一種の球関節（関節頭が球状で，関節窩がそれに応じた形状をなす関節）を股関節という．関節頭が関節窩にはまりこむため，肩関節に比べ，運動は制限されるが，立位や歩行，走行などの動作に必要不可欠な関節となる．股関節の運動は屈曲，伸展，外転，内転および回旋であり，股関節を構成する骨盤は軽度な前傾・後傾の動きをもち，体幹の屈曲・伸展の時に重要な働きをする．

自由下肢骨における大腿骨と下腿骨の連結は膝関節とよぶ．膝関節は屈曲，伸展，回旋の動きを行う．

●**関節と衣服との関係** 日常生活における関節の動きと衣服の関係について，表1に示す．フィットした衣服を着用し，膝を曲げ腰を落とす姿勢をした時，内股から後ろウエスト，膝部分に引きつれと圧迫が起こる．また，腕を前方へ屈曲した時には，肩の後面に圧迫，前面には引きつれが起こる．これらは関節運動により，その周辺の筋群・皮膚が形態変化したためであり，特に肩関節は，形態変化の影響が最も大きく表れる部位である．各部位の形態変化は相対する前面と背面に起こるため，それら相互的な関係を配慮しなければならない．

このように関節運動と衣服との関係は深く，衣服設計においては身体の形態変化に対応したゆとり量，また，素材の機能性が要求される． 〔武本歩未〕

身体寸法

人の体形

　大人に達した人の体形は，男子では筋が発達してたくましく，女子では乳房が発達し，皮下脂肪が沈着して丸味のある凹凸に富んだ体つきをしており，男女の差が顕著である．オフィシャルな衣服には，男女の体つきの特徴を強調するようにシルエットやデザインが求められる．その一方で，最近ではカジュアル化の進行からユニセックスのデザインや男女共用の衣服が出現してきた．衣服をつくる上で，男女の体形の違いがどこにあり，寸法的差異がどの程度かを知っておくことが大切である．また，衣料サイズを考える上では，体形の個人差や寸法項目間の関連を知る必要がある．

　20歳代男女の平均値によると，男女差が大きい項目は，身長，胴囲，体重であ

表1　20〜29歳男女の身体寸法

項　目	男子（596人）			女子（750人）			男女差（男値−女値）	男女比（女値/男値×100）
	平均値	標準偏差	変異係数	平均値	標準偏差	変異係数		
身　長（cm）	170.7	5.70	3.34	158.6	5.31	3.35	12.2	92.9%
後胴高	103.4	4.23	4.09	96.2	3.91	4.06	7.2	93.1
肩峰幅	40.4	1.76	4.36	35.9	1.51	4.21	4.5	88.9
袖丈（屈曲）	57.9	2.52	4.35	53.3	2.26	4.24	4.6	92.1
背　丈	45.0	2.22	4.93	40.8	1.90	4.66	4.2	90.7
頸付根囲	40.9	2.06	5.04	35.7	1.71	4.79	5.1	87.4
胸　囲	88.8	6.20	6.98	81.7	5.46	6.68	7.1	92.0
胴　囲	75.5	7.29	9.66	67.3	5.48	8.14	8.2	89.1
腰　囲	91.9	5.28	5.75	89.4	4.65	5.20	2.5	97.3
大腿囲	54.4	4.23	7.78	53.2	3.76	7.07	1.2	97.8
上腕囲	29.7	2.64	8.89	26.5	2.12	8.00	3.2	89.1
体　重（kg）	63.8	9.00	14.11	50.8	6.54	12.87	13.0	79.6

［出典：人間生活工学研究センター「日本人の人体寸法データブック2004-2006」，人間生活工学研究センター，2008］

り，小さな項目は腰囲，大腿囲である．また，男子を100とした場合の女子の割合は，身長，腕や脚の長さでは92%前後であるのに対し，肩峰幅と頸付根囲は89%，腰囲・大腿囲では97%強の値を示している．男子は背が高く脚が長く肩幅が広いのに対して，女子は肩幅が狭く頸が細い．また，腰部や大腿部では，寸法の男女差が小さいことがわかる．標準偏差はばらつきの程度を表すが，身長と頸付根囲のように平均値の大きさが異なる場合，単純に比較はできない．そのため，標準偏差を平均値で割った変異係数で比較すると，体幹部の周径や体重で個人差が大きいとわかる．

　海外と比べて日本人はどのような体形的特徴があるのだろうか．

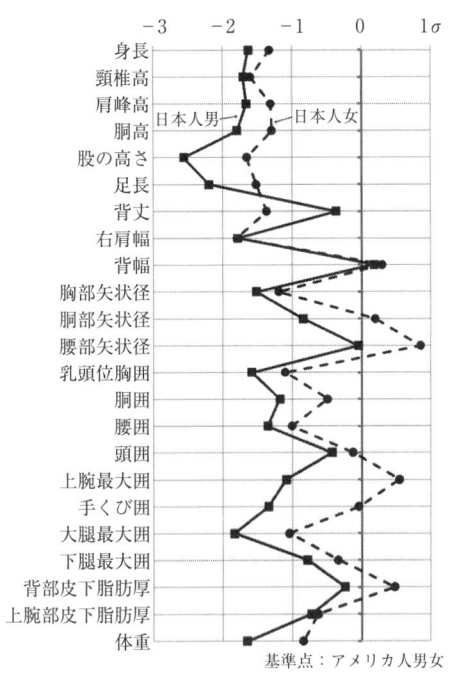

図1　アメリカ人男女[1]と日本人男女の体形の総合比較

図1は，アメリカ人男女（空軍資料18～57歳，1968年[1]）を基準として日本人男女（20歳以上の成人男女，1978～1981年工技院資料）の体形を総合比較したものである．日本人は男女ともに折れ線が負値を示し小柄であることがわかる．特に身長や胴高などの高さ項目や肩幅で日本人は，より低く狭いが，背幅や頭囲ではアメリカ人とほぼ同じである．また，胸部矢状径（胸部の厚み）や胸囲，胴囲が小さい．これらのことから日本人は，アメリカ人に比べて背が低く上半身の厚みが薄いと考えられる．また，頭囲，下腿囲が相対的に大きく太いこともわかる．アジア人との比較では，タイと日本の高校生を比較した例[2]によると，タイ人は男女ともに日本人より身長が低く，体幹部が細い小柄な体形であるが，身長に対する腕や脚の長さの割合は大きい．すなわち，プロポーションが異なる．これらのことから，人種や環境の違いにより，体の大きさや形が異なっていることがわかる．したがって，海外で衣服を購入するときは，試着をして確認することが大切である．

体形の加齢変化

人は成人の体つきに達した後,年を経るにつれて形状が変化してくる.図2は,男子について20歳値を基準とした場合の,50年にわたる25項目の偏差値を示している.ただし,この数値には50年間の時代差も含まれていることに注意を要する.図から身長,頸椎高,腸骨棘高(脚の長さに相当する)などの高さ項目では加齢とともに減少するが,頭蓋で決まる全頭高の変化は僅少である.体幹部の厚み(矢状径)や周囲長は増加するが,胸囲と胴囲の差であるドロップは減少し,ずん胴で腹部の出た体形に移行することが推察される.女子でも男子と同様の傾向がみられるが,ウエスト部での増加が男子より大きい.人の体形は,減少や増加が大きな部位や変化しない部位があるため,加齢に伴う変化が顕著である.また,筋の衰えなどによる姿勢の変化も見逃せない.高齢になるにつれて,頸が前傾し前肩となり,背中の丸味が増し,腰部が扁平になってくる.衣服をつくる場合,背面の丸味への対応,そで付け,扁平な腰部への工夫が必要となる.

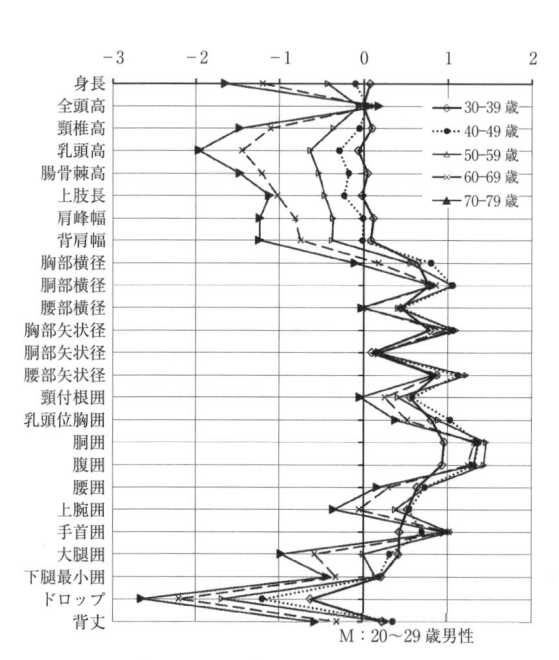

図2 加齢に伴う体形変化(男性)[出典:日本衣料管理協会刊行委員会 編「アパレル設計論 アパレル生産論」,日本衣料管理協会,p.34,2013]

体形の時代変化

図3は明治36年から110年間の10年ごとの男子身長の平均値の時代変化を示している.この間に,身長平均値は17歳男子で12.5 cm,女子で11 cm増加している.しかし,最近20年間ではほとんど変化はみられない.1953年と1963年の間の大きな変化には,栄養状態や生活スタイルの変化が高身長化に影響したと推

察される.遺伝的要因の強い身長でも,環境の変化を受けることがわかる.最近では,若年女性のウエスト囲が大きくなっている.これはローライズの流行など,ウエストを締め付けない衣服を着る習慣が影響していると考えられる.また,平均値は変わらなくとも分布状態が変わることもある.人体の大きさや形は,社会環境や生活習慣などの変化により少しずつ変わるのである.既製服生産においては,このような変化を常に捉える必要がある.そのためには,一定期間を隔てた体格調査の実施が不可欠である.

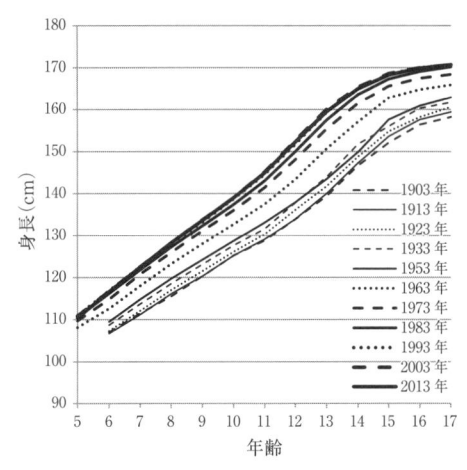

図3 **男性身長の時代変化** [出典:文部科学省「学校保険統計報告書」より作成]

〔高部啓子〕

参考文献

[1] Anthropology Research Project NASA RP-1024 Anthropometric Source Book. U.S. DEPARTMENT OF COMMERCE National Technical Information Service, Ohio, U.S.A., 1978.
[2] 川上 梅,松山容子,笹本信子:日本家政学会誌 **46** (1), 33-44, 1995.

立体構成の衣服

立体構成の衣服

●**立体構成の衣服** 人体は複雑な曲面によって形成されているが，この複雑な3次元の人体の体表面の形を布によって美しくデザインしてつくられる衣服を立体構成の衣服という．そのデザインは，人体形状の延長にあり，体形や人体構造に基づくものである．衣服はパターン（型紙）を元型である原型として平面の布から裁断され，縫製によって組み立てられるが，立体構成の衣服の原型は人の体表面を展開した形状に動的，審美的ゆとり量を加味してつくられている．

原型や衣服パターンの採取法には立体裁断法（Draping）と平面製図法（Drafting）がある．立体裁断には人台が用いられ，体形とデザイン性を加味した美しい人台形状と立体裁断の高度な技術が求められる．平面製図法には，胸囲との相関からパターンの各部の寸法を決めて引く胸囲式と胸囲のほかに肩幅や背幅，各種人体角度などを製図に用いる短寸法があるが，いずれも信頼性の高い身体寸法や割り出し式に基づいてさまざまな方法が用いられている．前者は文化式・新文化式が，後者はドレメ式・伊東式が代表的製図法である．図1は平面製図と立体裁断による型紙の比較図である．立体裁断パターンは輪郭，ダーツともに斜線の平面製図より，多くの3次元曲線で描かれている．

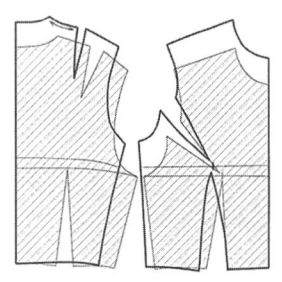

図1 平面製図と立体裁断による型紙の比較図

●**衣服立体化の技法** 立体裁断による衣服パターンの形状は，複雑な3次元曲線より構成されている．切り替え線の曲線による立体化の方法がパネルラインやプリンセスラインである．また，乳房や肩甲骨の高さはダーツによっても立体化される．ダーツは図1のように乳房などの高い位置を頂点に三角状に布をたたんで立体化する技法である．また，球状の肩部はいせ込みによって立体化されるが，いせ込みは布をごく細かい針目で縫うぐし縫によって縫い縮めて3次元曲面を形成する技法である．また，股ぐりの凹は伸ばしという技法で立体化される．

体形と衣服パターン

体形と衣服パターン

体形は大きく分けて，身長と体重の比率で区分する①肥満―痩身，上半身の前後の傾きで区分する②反身体―屈身，肩甲骨の形や腕のつき方で区分する③前肩―後肩，肩傾斜角度で区分する④怒り肩―撫で肩，年齢に起因する⑤脊椎の湾曲の5種がある．若年者でもさまざまな体形が存在するが，高齢になると体形の幅がさらに広くなる．着用対象者に合わせさまざまなパターン設計が施される．

肥満―痩身体形の衣服パターン

図2は若年女性の平均形状と，高齢女性の平均形状を示したものである．図右は高齢者の平均形状であるが，肥満体形でもバストや腹部が大きくこのように厚みのある体型特徴を示す．肥満体形では前幅，バストダーツを大きくし，ウエストダーツを少なくする必要がある．痩身体形ではバストダーツを少なくする．

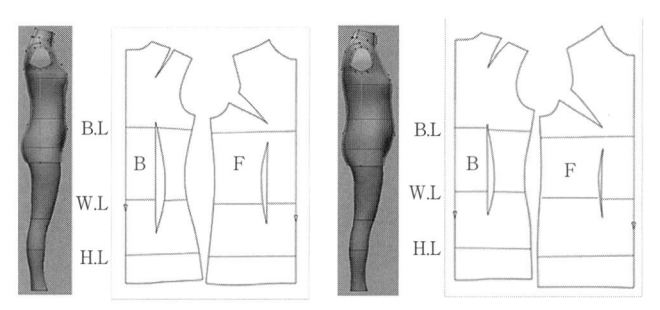

図2 平均形状と衣服パターン（左：若年女性平均形状，右：高齢女性平均形状）〔出典：全　昭玩，日本女子大学大学院博士論文，2014〕

反身体―屈身体の型紙

反身体とは，上半身が反って胸に張りがあり，中心軸が後ろに反っている状態をいう．したがって，前丈は長く背丈は短くなる．標準体に比べ，首が後付きになるため，バスト線で開く操作によりネックポイントの移動を行う．腕の位置も後付きとなる．屈身体にはその逆の操作を行う．

前肩―後肩，怒り肩―撫で肩

前肩ではショルダーダーツを大きく取り，ショルダーポイントを前寄りにする．怒り肩―撫で肩は肩傾斜角度で調整する．

〔大塚美智子〕

平面構成の衣服

　我が国の衣服には洋服と和服が存在する．構成上の特徴から前者を立体構成の衣服，後者を平面構成の衣服と区別することができる．平面で構成される和服は，日本の長い歴史の中で受け継がれてきた世界に誇れる衣服である．そこには，日本人の美しい四季を愛でる感性や伝統を重んじる心，生活の知恵が込められているのである．

平面構成の衣服

　直線で裁断された布を合わせて平面状に形づくられた衣服を平面構成の衣服という．世界にもサリー（インド）やポンチョ（中南米），ゴ（ブータン），チマチョゴリ（韓国）など平面構成からなる衣服は存在するが，それらは部分的に曲線に仕立てられ，現在では立体的な衣服との組み合わせで着用されている．したがって，完全なる平面からできている日本の和服は，平面構成の代表的衣服といえる．和服の中でも長着すなわち着物に注目する．まずは着物の各部分を構成する部分名称を図1に示す．では着物の構成に注目する．和服を仕立てる布を反物といい

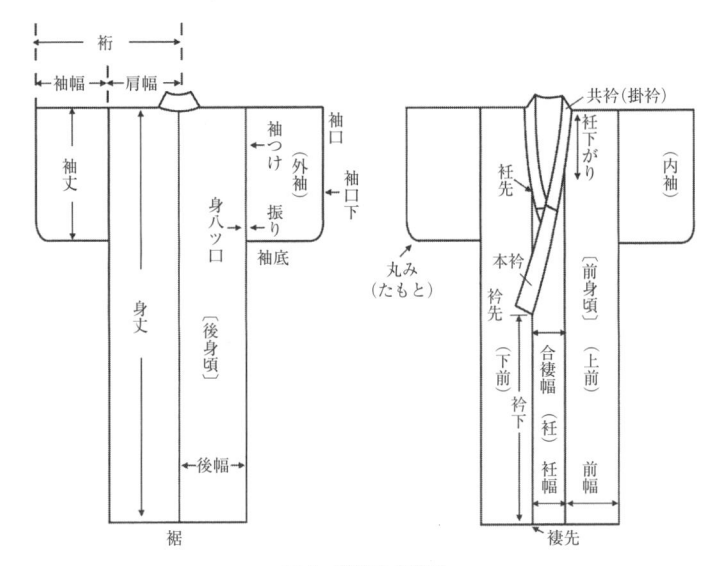

図1　着物の名称図

袖	袖	身頃	身頃	衽	衽	残り布
				衿	共衿	

図2　反物裁断図

（幅 36 cm 内外，長さ 12 m 内外）．着物の場合，図2のようにそれぞれのパーツを長方形に裁断する．それを背縫い，脇縫い，袖つけとそれぞれのパーツを縫い合わせる．洋服仕立ての際縫い代を裁ち落とすが，和服の場合縫い代は裁ち落とすこ

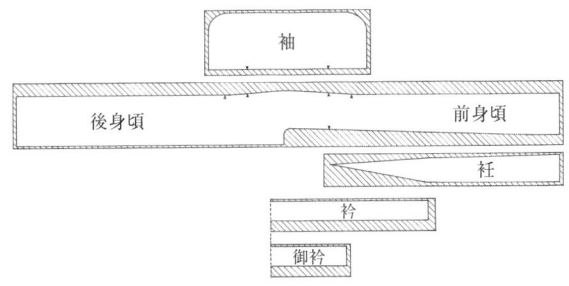

図3　着物構成図　[出典：河村まち子ほか「和服―平面構成の基礎」，源流社，1975]

となくすべて縫い代の中に縫い込むので，裁断した際の長方形のパーツがそのまま維持され，使用されていることになる．この縫い代を維持するために，さまざまな縫い代の始末があることも和服の特徴である．布の詳細な構成は図3のようになる[1]．着物として表に出る箇所は白で，縫い代の中に入り，みえない裏側になる部分を斜線で示した．この図からもわかるように，縫い目をほどけばもとの長方形の布となり，身頃では前身頃，後身頃を逆にして仕立て直すこともできるし，袖では袖口側，袖つけ側を逆にすることもでき，衽は上下をとりかえることもできる．また，それぞれの布の面積がある程度の大きさなので，和服以外のほかの物にも仕立て替えることができる．さらに自分の体型に合わない和服を譲り受けたとき，縫い代が縫い込まれているので，自分の寸法に合わせて寸法直しができる．したがって，世代を超えて和服を着装できるのは，この縫い代を裁ち落とすことなく布を大事にする生活の知恵，精神が込められているからである．平面構成の衣服，和服は利用範囲が広く経済的な衣服であるのが特徴である．

成長に対応する和服

着物は成長の違いにより小裁ち（新生児から3，4歳が着用），中裁ち（4歳ぐらいから12歳前後が着用），大裁ち（大人物）に分類することができる．裁断の違いから小裁ちには一つ身と三つ身（みつみ）があり，反物は1反の3分の1が必要である．中裁ちには四つ身があり，反物は2分の1反から3分の2反が必要である．子どもものの着物は着用年齢の幅をもたして大きく仕立てられる．長い丈

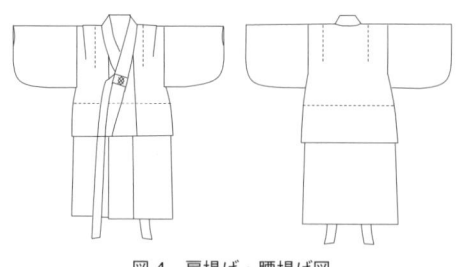

図4 肩揚げ・腰揚げ図

や幅の着物は，肩や腰部分で着用者の寸法に合わせてタックをとる．これを肩揚げ，腰揚げという（図4）．揚げがあることにより，着用時期の身体の寸法に合わせて，揚げを調節しながら長く着用できるように配慮されている．一つ身では生まれて間もないころは揚げはせず，ハイハイするようになると肩揚げをし，歩くようになると腰揚げをする．このように，揚げは成長に合わせて着用するための優れた機能であるが，それが子どもらしい愛らしさも表現する役割となっている．また，子どもの着物には，活発に動く子どもの運動機能に対応し，着崩れを防ぐための役割として付け紐が左右の衿部分に縫いつけられている．このように子どもの着物は子どもの成長とともに構成が変化し，子どもの特有の機能が備わっている．

以上のような和服の変化は，子どもの成長を象徴的に表しているともいえる．和服があまり着られなくなった現代においてもなお七五三のお祝いの儀式には着物姿の子どもをみることができる．これは江戸時代に行われた儀式のなごりである．3歳では「髪置きの祝」で髪を伸ばし始める，5歳「袴着の祝」で大人と同じ

表1 女性・男性の着物格別一覧

格	用途		行事など	女物着物の種類	男物着物の種類
高い ↕ 格 ↕ 低い	礼装着	礼装	冠婚葬祭，儀式に出席するための正式な装い．結婚式なら親族，主賓として出席する場合．	黒留袖（五つ紋）・本振袖・色留袖（五つ紋）・喪服など	黒無地羽二重紋付羽織袴（五つ紋）
		準礼装	礼装に準じた改まった装いで，結婚式や披露宴全般に着用できる．	色留袖（三つ紋・一つ紋）・振袖訪問着・色無地（三つ紋・一つ紋）など	色紋付(黒以外)羽織袴（五つ紋・三つ紋）
		略礼装	格式張らない結婚式・披露宴や二次会．七五三，入学式，卒業式など．	附下げ・江戸小紋・色無地など	お召・紬・江戸小紋縮緬紋付羽織袴（一つ紋）
	礼装着以外	外出着	ホテルの会食，歌舞伎・能・文楽・オペラ等の鑑賞，お茶のお稽古，博物館・美術館での鑑賞など	附下げ・小紋・紬の訪問着・無地の紬・お召など	紬アンサンブル・ウールアンサンブルなど
		街着・普段着	お稽古，近所へのお買いもの，小旅行，部屋着などとして	紬・絣・銘仙・木綿・浴衣など	木綿絣・縞・ウール・浴衣など

表2　染織技法と和服の種類の格

格	着物			帯	
	染織技法	地質	種類	染織技法	種類
高↕低	染　　　織	縮緬・羽二重　お召　紬・銘仙　ウール　綿	留袖・本振袖　色留袖・中振袖　訪問着　色無地（紋付）　附下　小紋	織　　　染	丸帯　袋帯　名古屋帯　半幅帯

ように袴をはくようになる．7歳「帯解き」「紐解き」でそれまで着物に縫いつけてあった付け紐をはずし，大人と同じ帯を締めるようになる儀式であり，大人になるまでの過程を和服の変化で表したものであった．現在では，七五三に用いられるお祝い着には我が子が健康に成長してほしい，幸せになってほしいと願う親の思いが込められ，身にあまる大きさで仕立てられ，肩揚げ，腰揚げを縫ったり，ほどいたりしながら成長に対応し，子の成長を祝う和服となっている．

TPOと和服

　和服を装うにはいくつかの決まり事がある．1つ目に和服の種類や染織技法には格というものがある．着ていく場所，用途，すなわちTPOを考慮して着物・帯・小物の格を調和させることが必要である．表1に着装場面と着物との組み合わせを示したが，地域，時代により解釈が異なる場合もある．用途として冠婚葬祭や，儀式に用いられる礼装の着物，すなわち黒留袖，大振袖，五つ紋付き羽織袴，喪服は格が高い着物に位置づけられる．反対に街着や普段着は格が低い着物とな

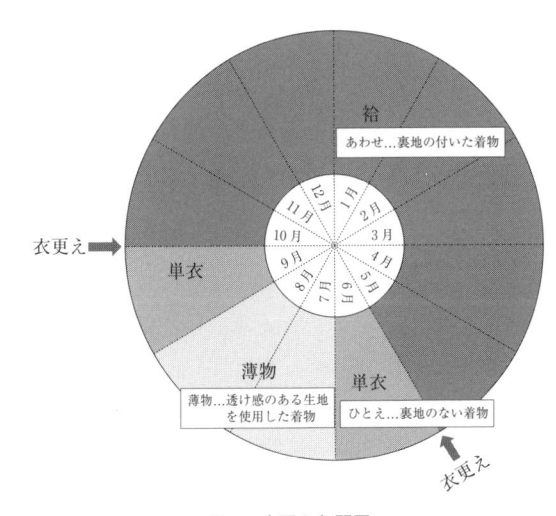

図5　衣更え年間図

る．さらに染織技法による格の違いを表2に示した．着物では，染めの着物は織の着物より格が上に位置づけられる．細い白糸で織られた布に模様を描く染めの着物は「やわらかもの」といわれ，フォーマルに用いられる．また，糸を染めて模様を織り出す着物は「硬い着物」といわれ，織り上がった生地は地厚なので，主に街着に分類される．帯は着物と逆で，織が染めの帯より格が上に位置づけられる．織の帯には金，銀糸を織りこんだ豪華なものなどがあり，染めの着物と組み合わせることにより格調高い装いとなる．一方，染めの帯は柔らかな印象を与え，一般に織の着物と合わせることが多いようである．着物と帯の格をそろえることで調和のとれた装いとなる．

　2つ目に，季節ごとに着物の材質などを変えて衣更えをする．図5に衣更えの時期と着物の種類について示した．しかし，衣更えを知った上で，近年の気候の変化や室内の冷暖房完備に合わせて，臨機応変に対応することが望ましい．

　これらの決まり事は，和服の着用を複雑にしているものかもしれない．しかし，日本人の昔ながらのしきたりであり，集団の中で自分の立ち位置を理解し，まわりの人に敬意をはらう心配りの表れである．また，美しい四季の変化を感じ，それを衣服に取り入れる日本人の繊細な感性の表れでもある．ここ最近では，ファッションとして着物を個性的に着こなす人たちが増えてきた．このような着物のしきたりがあることを理解した上で着物を装うと，さらに個性を生かした美しい着物姿を演出できるのではないだろうか[2][3]．

和服と着付け

　和服の着付けは，着なれない人にとっては難しいことと思われがちである．洋服は身体に合わせて立体的に構成され，着用の際にはファスナーやホックなどの付属品が備わっているので，着用が容易である．和服は平面で構成されている衣服なので，立体的な身体に沿わせるための着付けが重要な役割となる．着装には必ず腰紐，帯などの付属品を準備しなくてはならない．まず着付けでは，いくつかのポイントをマスターすると美しい着装姿となる．例えば，背縫いをまっすぐ整える，衿は「衿を正す」の言葉のように，きちんと合わせる，裾すぼまりにすっきりと着装することが大事である．また，帯は着物の着装のかなめとなるが，帯を締める高さ，お太鼓の大きさ，前帯の幅の調節などを体型に合わせて調節することが重要である．例えば，背が高い方の帯は低い位置に大きめに締め，帯幅を広くしバランスを取る．背の低い方の帯は高い位置にお太鼓を小さめに締め，前帯幅をやや狭めにするなどである．あとは着装の回数をこなして慣れることで，自分なりの着付け方を習得することが，美しい着装姿への近道である．最後に着

図6 和服の畳み方

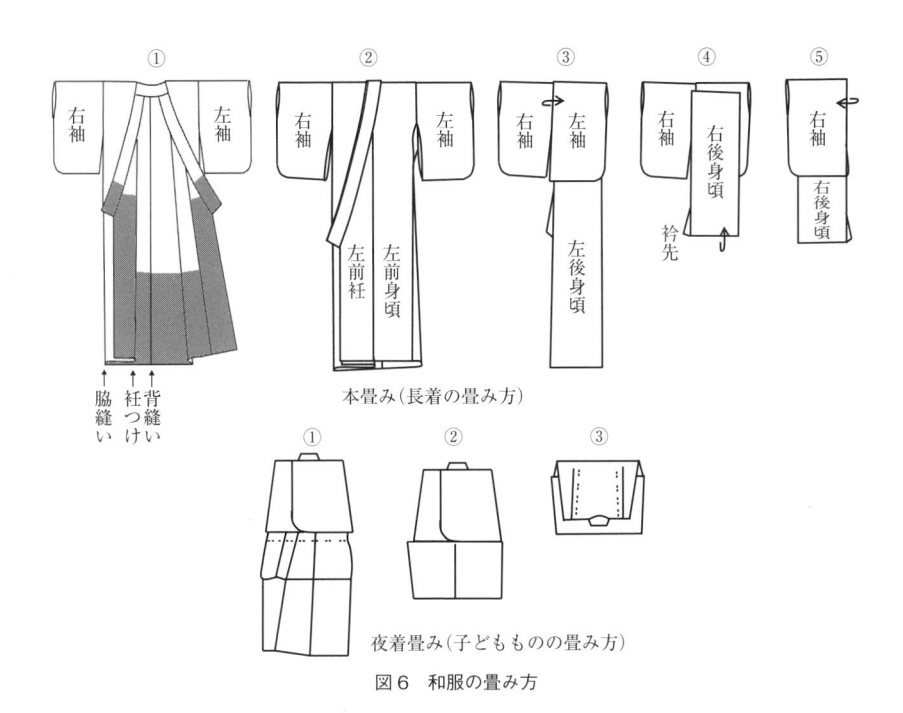

物着装の際，着物の縦の線が折り目正しく整っていることが重要である．したがって，着装後の着物の畳み方が，着装のよしあしに影響するので，しまい方も注意すべきである．正しく畳まれた着物は着装姿を引き立てる．和服の畳み方は和服の種類により異なるが，主な畳み方として「本畳み」と「夜着畳み」（子どものや絵羽模様で箔や刺繍が多用された，綿が用いられた和服など向け）を図6に示した．直線に縫い合わせた縫い目を生かして折り目正しく畳み，不要なしわがつかないように心がけることが大切である．　　　　〔田中淑江〕

参考文献
[1] 熊田知恵，河村まち子：和服—平面構成の基礎，源流社，1980．
[2] 岩下宣子 監修：冠婚葬祭 しきたりのマナー事典，主婦の友社，2013．
[3] 大久保信子 監修：伝統を知り，今様に着る 着物の事典，池田書店，2011．

Chapter **3**

衣服の種類とサイズ

衣服の種類と用途・特徴 ──── 56
世界の衣料サイズ ──────── 58
Eコマースと衣料サイズ ──── 74

衣服の種類と用途・特徴

衣服の種類

　衣服は実に多種多様で，さらに同じアイテムでも時と場合により用いられ方が変化することもあるため，一概に分類することは難しいが，ここでは身体をおおう部分による分類と，身体に対する着用層からの分類の組み合わせによって，代表的なアイテムを整理してみた（表1）．

表1　衣服の種類（被覆部位と着用層による分類）

被覆部位/着用層	下着/内衣/内衣アンダーウェア ※			表着		
	肌着	ファウンデーション	ランジェリー	中衣/中着インナーウェア	外衣/外着アウターウェア	
上半身用衣服 上衣 トップス	アンダーシャツ ランニングシャツ	ブラジャー ビスチェ	キャミソール	ブラウス Yシャツ Tシャツ	ベスト ジャケット ジャンパー カーディガン	スーツ アンサンブル など 上下組み合わせて着ることを前提としたもの
下半身用衣服 下衣 ボトムス	ショーツ ブリーフ ズボン下	ガードル パニエ	ペティコート	ズボン類 スカート類		
全身用衣服 全身衣	コンビネーション	ボディスーツ オールインワン	スリップ	ワンピース類 オーバーオール	コート類 マント	

※下着は次の3つに分けられる．
肌着：上に着る服を身体からの汚れから守り，保温，快適さ，衛生を維持する目的で肌に直接着けるもの．
ファウンデーション：体形を整え補正機能をもつもの．また，衣服の着装シルエットをつくるためのもの．
ランジェリー：装飾性の高い女性用下着のことで，肌着とは区別される．

　またこのほか，パターン設計や機能性など衣服デザインにおける方向性を左右する，次のような要因による分類もみられる．
・着用者による分類：体つきが異なる性別や年齢層による分類で，乳幼児服，子ども服，少年服・少女服，成人男子用衣服，成人女子用衣服に分けられる．
・季節による分類：四季の気温・気候変化に対応した分類で，夏服，冬服，合服（春や秋）に分けられる．

衣服の用途

　衣服の選択には，その日の天候，気温，過ごす場所，会う相手，活動予定，そ

して自分の体調や気分などのさまざまな要因が影響する．これらの要因はすべて衣服の用途，すなわち着用目的に直結するキーワードである．現代社会において，人が衣服を着る目的にはいろいろな側面があり，たいていはそれらがバランスを変えてそれぞれの衣服の中に複合的に存在する．

● 物理的・生理的用途
・保健衛生上の用途：気候や風土に適応して体温調節をし，外界からの物理的刺激を防いで身体を健康に保つ目的である．この目的に特化した衣服として，風雨を避けるレインコートやマリンスポーツなどでの紫外線やすり傷を防ぐラッシュガード（図1），冬の日に寒さをしのぐダウンコート，消防士が着る防火服などがある．
・生活活動上の用途：日常の生活動作を妨げずに，運動や休養など日々の活動をしやすくする目的である．作業性を向上させる各種作業服，運動機能性の向上を目的とした各種スポーツウエア，休養するためのねまきなどは，この用途に対応した衣服の代表である．

図1 ラッシュガード ［出典：縫製工場ミヤモリ HP］

● 社会的・精神的用途
・道徳・儀礼上の用途：礼節を保ち相手に敬意を払い，社交の意思を示し，また慣習に従うなど，人との関係をスムーズにする目的である．冠婚葬祭の式服，礼服やパーティードレスなどがこれにあたる．
・装身審美上の用途：人間本来の装飾願望から生まれる用途で，好みのものを身につけて個性を表現したり，容姿を美しく整えたりすることを目的とする．
・標識類別上の用途：身分・権威などを示す，あるいは職業・役割・所属の表示を目的とする．威厳を示すための希少価値のある服や，学校の制服や職業用ユニフォームなどがこれにあたる．
・祈願呪術上の用途：衣服に何らかの願いを込めるもので，安産祈願の腹帯，成長祈願の産着（図2）などがこれにあたる．
・扮装擬態上の用途：普段の自分と異なる装いをして別人に見せようとする目的で，役者が着る衣装もある意味これにあたる．

〔石垣理子〕

図2 子どもの健やかな成長を願う麻の葉模様の産着

世界の衣料サイズ

ISO 衣料サイズ

● **ISO 衣料サイズとは** 現在の衣服サイズシステムは，世界各国，さらには同じ企業内でも，アイテムにより使用しているサイズシステムが異なっている．また，ほぼすべてのサイズは身体寸法で表記されており，消費者が自分の体型サイズを知っていることが前提となっている．表1に示すとおり，それぞれの国で使用されているサイズ表記はさまざまであり，サイズ表記だけではどのサイズを表しているのかわからないのが現状である．ISO（国際標準化機構）は，このような問題を国際的に解決できる唯一の組織であり，電気分野を除くあらゆる分野において，国際的に通用させる規格や標準類を制定するための国際機関として，1947年に発足した組織である．

ISO（International Organization for Standardization）はギリシャ語のISOSが語源であるといわれ，法のもとでの平等，同じくらいの大きさという意味から派生している．ISOの目的は物質およびサービスの国際交換を容易化し，知的，科学的，技術的および経済的活動分野の国際間協力を助長することにある．

ISOの位置づけは，全世界的な非政府間機構で，国際連合および関連のある国連機関および国連専門機関での諮問的立場にある．ISOへは各国ごとに代表的標準化機関1機関だけが参加可能で，日本は日本工業規格（JIS）の調査・審議を行っている日本工業標準調査会（JISC）が，1952年に閣議決定を経て加入している．

● **ISO 規格化の流れ** ISOの規格はTC

表1 International Size Designations

Country	Size
Australia	14
Bulgaria	81
Canada	32
Czechoslovakia	3AA45
Denmark	40
Finland	NC 40 or C 38
France	42 n
Germany	40
Holland	34
Hungary	164/80/94 or N 90
Iran	38
Ireland	12
Israel	40
Japan	92/99
New Zealand	14
Poland	164/92/96
Spain	$\frac{46+2}{L}$
Sweden	C40
Switzerland	40
UK	14, 38 or 8
USA	12 or 14

［出典：John M. Winks "Clothing Sizes: International Standardization", The Textile Institute, p. 2, 1997］

表2　ISO 3637：Size designation of clothes—Women's and girls' outerwear garments（衣服のサイズ表示法—婦人および少女用外套類）と JIS L 4003 少女用衣料のサイズおよび，JIS L 4005 成人女子用衣料のサイズとの比較

		ISO 3637	JIS L 4003・4005
着用者区分	Women（成人女性）	身長の成長が停止した女子	身長の成長が停止した女子
	Girl（少女）	身長の成長が停止していない女子	身長の成長が停止していない乳幼児以外の女子
着用区分		上半身，全身用 下半身用	全身用 上半身用 下半身用
基本身体寸法	Women（成人女性）	上半身，全身用 ニット製品 バスト 水着 バスト，ヒップ その他 バスト，ヒップ，身長 下半身用 ヒップ，ウエスト，脇の長さ	フィット性を必要とするコート，上衣，ドレス バスト，ヒップ，身長 フィット性をあまり必要としないコート，上衣，ドレス セーター，カーディガン，シャツ バスト，身長 フィット性を必要とするスカート，ズボン ウエスト，ヒップ フィット性をあまり必要としないスカート，ズボン ウエスト
	Girl（少女）	上半身，全身用 ニット製品—バスト 水着 バスト，ヒップ その他 バスト，ヒップ，身長 下半身用 ヒップ，ウエスト，脇の長さ	フィット性を必要とするコート，上衣，ドレス 身長，バスト フィット性を必要とするズボン，スカート 身長，ウエスト その他 身長，バスト，ウエストのいずれか
サイズの表示	ピクトグラムによる表示	ISO 3635 で示されているピクトグラム表示を用い基本身体寸法を指し示す必要がある．	用いる場合は，①図の大きさは任意で見やすい大きさとする． ②数値を示す欄は原則として枠で囲む．ただし，これを省略することもできる． ③靴下類には，ピクトグラムは適用しない．
	寸法表示	ピクトグラムによる表示がスペース上不可能な場合のみ基本身体寸法に示されている言語と寸法表記により可能．	規定なし．表示例のみ．

範囲表示	規定なし		フィット性をあまり必要としない衣料に用いる．範囲表示のSMLは衣服によって「バスト・ウエスト・ヒップ」「バストとヒップ」の範囲を示している．
衣料寸法表示（仕上がり寸法）	衣服の種類により必要な場合は別途に記載する．		仕上がり寸法で表示するほうがよいとされている衣料が示されている． 股下丈，スリップ丈，ペチコート丈，ブラスリップ丈は，衣料寸法と基本身体寸法との組み合わせで用いられる．

［出典：ISO 3637, JIS L 4005］

（Technical Committee）とよばれる専門委員会において検討される．ISO の国際規格は ISO の中のテクニカル・コミッティー（TC）が原案を作成し，会員国の投票によって決められることになっている．ISO の衣料サイズや人体計測に関する国際規格には，TC133 と TC159 がある．このように各プロジェクトは，分野ごとの TC で下記の段階（ステージ）に従って標準化が行われ，国際規格（IS）として発行される．TC とは，ISO の国際規格検討のために置かれる技術委員会のことを指す．分野別に設置され，衣料サイズに直接関係のあるものとして TC133 が，また間接的に関係するものとしては TC159 がある．

現在，日本，イギリス，フランス，イタリア，中国，韓国，ポルトガル，スウェーデン，南アフリカなど多くの国では国内のサイズ規格を修正する際に，ISO 規格を考慮して統一させるよう努めている．一方で，アメリカなどメートル法を採用していない国では，変更の際に生じる費用や混乱を避けてこの統合の動きに消極的である．現行 JIS と ISO 規格の相違点は，サイズの規定の有無（ISO 規格にはサイズの規定はない）であり，表示の方法はほぼ整合している．

表2に ISO と JIS のサイズ表記法の比較例を示す．

JIS 衣料サイズ

● **JIS 衣料サイズとは**　衣料サイズおよび表示方法は，日本工業標準である JIS により決められており，衣料品に付けられているサイズ表示は JIS 衣料サイズ規格で定められている．JIS 衣料サイズは，生産者にとっては効率を高めることができ，消費者にとっては自分の求める対象を的確に選ぶことができるサイズ指標である．

● **JIS 衣料サイズ制定の経緯**　日本における体格調査はこれまでに4回実施されてきたが，日本で初めて実施されたのは 1965～1967 年であった．現在の JIS は第3回の 1992～94 年に人間生活工学研究センター（HQL）を中心に全国的に

表3 衣料サイズ規格に用いられている体型区分と記号・号数

	体型	意 味			
少年・少女	A	日本人の少年，少女の身長を 90 cm から 185 cm（少女は 175 cm）の範囲内で，10 cm 間隔で区分したとき，身長と胸囲または胴囲の出現率が高い胸囲または胴囲で示される少年，少女の体型（普通体型）			
	Y	A 体型より胸囲または胴囲が 6 cm 小さい人の体型（細め）			
	B	A 体型より胸囲または胴囲が 6 cm 大きい人の体型（太め）			
	E	A 体型より胸囲または胴囲が 12 cm 大きい人の体型（肥満）			

	体型	意 味		身長号数	対応身長
成人男子	J	ドロップが 20 cm の人の体型		1 号	150 cm
	JY	〃	18 cm	2 号	155 cm
	Y	〃	16 cm	3 号	160 cm
	YA	〃	14 cm	4 号	165 cm
	A	〃	12 cm	5 号	170 cm
	AB	〃	10 cm	6 号	175 cm
	B	〃	8 cm	7 号	180 cm
	BB	〃	6 cm	8 号	185 cm
	BE	〃	4 cm	9 号	190 cm
	E	〃	0 cm（ドロップとはチェストとウエストの差）		

	体型	意 味	身長記号	対応身長
成人女子	A	日本人の成人女子の身長を 142 cm, 150 cm, 158 cm, 166 cm に区分し，さらにバストを 74～92 cm を 3 cm 間隔で，バスト 92～104 cm を 4 cm 間隔で区分したとき，それぞれの身長とバストの組み合わせにおいて出現率が最も高くなるヒップのサイズで示される人の体型（普通体型）	R	158 cm
			P	150 cm
			PP	142 cm
			T	166 cm
	Y	A 体型よりヒップが 4 cm 小さい人の体型（腰小型）		
	AB	A 体型よりヒップが 4 cm 大きい人の体型（腰大型）		
	B	A 体型よりヒップが 8 cm 大きい人の体型（腰特大型）		

バスト号数	対応バスト	バスト号数	対応バスト	バスト号数	対応バスト
3 号	74 cm	13 号	89 cm	23 号	108 cm
5	77	15	92	25	112
7	80	17	96	27	116
9（標準）	83	19	100	29	120
11	86	21	104	31	124

[出典：JIS L 4002, L 4003, L 4004, L 4005]

実施された約34,000人の人体計測データベースに基づいている．現在のJIS衣料サイズ規格はこれに基づきJIS L 4001～4007および4107に定められている．

　第4回の人体計測は，2004～2006年に東京，大阪，神戸の3箇所で6,742人に対し155の計測項目と3次元による人体計測が行われた．このデータの分析では，1992～1994年計測結果と比較して，中高年の男子に肥満が多くなり，若い男性はチェストとウエストの差の大きい人が増加，成人女子のバストとアンダーバストの差の少ない人の割合が増えた，などの傾向がみられたが，1992～1994年計測と計測法の異なる項目もあり，また，JISの規格範囲を変更するほどの変化ではないと判断され，改訂は見送られている．

●**JIS衣料サイズの内容**　JIS衣料サイズはISOと同様に，着用者区分，服種，基本身体寸法，サイズの呼称，サイズの表示方法，サイズピッチ，体型区分の要素から成り立っており，対象衣服によってさまざまな表示法が用いられている．

　JIS衣料サイズで表示される数値は基本身体寸法で，あくまで着用する人の基準部位の身体寸法，バストやウエストの寸法であり，衣料品の出来上がり寸法ではないことを正しく認識する必要がある．表1にJIS衣料サイズに用いられている体型区分と記号・号数を示す．

　ただし，例えばスラックスのまた下寸法やYシャツ，靴下などごく一部の特定衣料品の特定部位を表す場合のみ，衣料品の出来上がり寸法を示すものもある．

　例えばJIS衣料サイズ規格の成人女子のMサイズはバスト79～87，ヒップ87～95，ウエスト64～70，身長154～162センチを基本身体寸法としている．

　したがって，市場にある衣料品の出来上がり寸法は，この基本身体寸法を基本に着用のためのゆとり量や，デザインによりさまざまな数値となっている．

〔大塚美智子〕

ヨーロッパの衣料サイズ

　ヨーロッパの衣料品は，国によって異なるサイズ表示がされている．それぞれの国で独自に身体計測部位と計測方法を決めて体型調査を行い，そのデータをもとに既成衣料品のサイズ規格と表示法を規定しているためである．したがって，36，38，40，42といった似たようなサイズ表示がされていても，例えばフランス，イタリア，ドイツなど国によってそのサイズの内容はさまざまである．

　そこで，2001年から順次EN（欧州統一）規格を制定し，EU（欧州連合）加盟国を中心に共通の基準を示したのである．しかし，現在もこの統一表示法は十分に普及しているとはいえず，従来の各国独自の表示と混在しているのが現状である．また，既成の衣料品には，成人男子用，成人女子用，少年用，少女用，乳幼児用，帽子，靴下などさまざまな種類があり，それぞれの国でどの種類の衣料品にどのようなサイズ規格を作成しているかについても多様である．

　以下に例としてイタリア，フランス，スウェーデン，ドイツ，ポーランド，英国のサイズ規格の一部を示す．

●**イタリアのサイズ**　成人男子は，胸囲区分は86〜129 cmをサイズピッチ3 cmで，胴囲区分は77〜89 cmを3 cmピッチ，90〜124 cmは4 cmピッチで設定している（表4）．

表4　イタリア　成人男子サイズ表記例　　　　　　　　　　　(cm)

胸囲	86〜89	90〜93	94〜97	98〜101	102〜105	106〜109	110〜113	114〜117	118〜121	122〜125	126〜129
胴囲	77〜80	81〜84	82〜85	86〜89	90〜94	95〜99	100〜104	105〜109	110〜114	115〜119	120〜124
サイズ	44	46	48	50	52	54	56	58	60	62	64

●**フランスのサイズ**　成人男子の体型区分は7種類，身長区分は5種類で，サイズピッチは6 cm．胸囲区分はISO（国際標準化機構）が提案している96，100，104 cmを採用している．一方，成人女子は体型区分が3種類で，ドロップサイズ（ここでは腰囲から胸囲をひいた寸法のこと．以下も同様である）が0 cm以下を細め，2〜4 cmを標準，4 cm以上を太めとし，身長区分は152，160，168，176 cm，胸囲区分は92，96，100，104，110 cmとしている（表5）．

表5　フランス　成人女子サイズ分類例　(cm)

胸囲		92	96	100	104	110
腰囲	細い	90	94	100	104	110
	標準	96	100	104	108	112
	太い	102	106	110	114	118
身長		152		160	168	176

[出典：John M. Winks, Clothing Sizes : International standardization, The Textile Institute, p. 50, 1997]

●**スウェーデンのサイズ**　成人女子の体型区分は中間サイズのヒップ，それより6 cm細いヒップ，6 cm太いヒップの3種類，身長区分は156, 160, 164, 168, 172, 178 cmの6種類，胸囲区分は104 cmまではサイズピッチ4 cm，104 cm以上はサイズピッチ6 cmの12種類である（表6）．サイズを決める基準寸法は，身長，胸囲，腰囲，胴囲と股下寸法である．16～55歳と65歳以上という年齢区分も決めている．

表6　スウェーデン　成人女子サイズ分類例　(cm)

身長	156		160		164		168		172		178	
胸囲	76	80	84	88	92	96	100	104	110	116	122	128

[出典：前掲書，pp. 52-53]

●**ドイツのサイズ**　成人女子の外衣用の体型区分は9種類，身長区分は160, 168, 176 cmの3種類であり，それぞれの身長に対して細いヒップ，標準のヒップ，太いヒップの区分がある（表7）．一方，成人男子の公式なサイズ規格はない．

表7　ドイツ　成人女子サイズ分類例　(cm)

標準のヒップ	胸囲	84	88	92	96	100	104	110	116
	腰囲	91	94.5	98	101.5	105	108.5	114	119.5
	ドロップ	7	6.5	6	5.5	5	4.5	4	3.5
細いヒップ	胸囲	84	88	92	96	100	104	110	116
	腰囲	85	88.5	92	96.5	99	102.5	108	113.5
	ドロップ	1	0.5	0	-0.5	-1	-1.5	-2	-2.5
太いヒップ	胸囲	84	88	92	96	100	104	110	116
	腰囲	97	100.5	104	107.5	111	114.5	120	125.5
	ドロップ	13	12.5	12	11.5	11	10.5	10	9.5

[出典：前掲書，pp. 50-51]

●ポーランドのサイズ　成人男子のスーツ用として，身長区分は158〜188 cmをサイズピッチ6 cmとし，それぞれに4種類の体型を組み合わせている．胸囲区分は88〜120 cmをサイズピッチ4 cm，胴囲は70〜118 cmをサイズピッチ6 cmとしている．また，成人女子のドレス用として，身長区分は152〜176 cmをサイズピッチ6 cmに決め，それらを4種類の体型と組み合わせている．胸囲区分は84〜120 cmを，腰囲区分は88〜128 cmをともにサイズピッチ4 cmとしている（表8）．

表8　ポーランド　成人女子用ドレスサイズ分類例　　　　　　　　　　　　（cm）

身長	152		158		164		170		176	
胸囲	84	88	92	96	100	104	108	112	116	120
腰囲	88	92	96	100	104	108	112	116	120	124	128

〔出典：前掲書, p.52〕

●英国のサイズ　成人女子のサイズは，胸囲区分，腰囲区分ともにサイズピッチ4 cmとし，身長と組み合わせて表示する（表9）．ドロップサイズはすべて5 cmである．一方，成人男性は胸囲，胴囲と身長の組み合わせで表示する．ヨーロッパの他国と違い，サイズ表示の数字が小さいのが特徴である．例えば，成人女子用ドレスのサイズは，4〜32の範囲で定められている．

表9　英国　成人女子サイズ表記例　　　　　　　　　　　　（cm）

サイズ	8	10	12	14	16	18	20	22	24	26
腰囲	83〜87	87〜91	91〜95	95〜99	100〜104	105〜109	110〜114	115〜119	120〜124	125〜129
胸囲	78〜82	82〜86	86〜90	90〜94	95〜99	100〜104	105〜109	110〜114	115〜119	120〜124

〔出典：Specification for size designation of women's wear, 6. Size code, British Standards Institution, 1982〕

〔松島みち子〕

中国の衣料サイズ

●**中国衣料サイズシステム制定の経緯**　中国の衣服サイズシステム「国家標準的な服装号型」は，1981年に初めて発行され，その後，20数年間で現在までに3回改正が行われた[1]．大規模な人体計測による大量の人体データからサンプリング法が確立され，より合理的で運用しやすくなった[2]．現標準のサイズカバー率は，男性が96.15%，女性が94.12%，全体のカバー率は95.46%に達している[3]．

「国家標準的な服装号型」規格は，中国軽工業省が1974年に全国服装専門技術者を計測メンバーに，21地区で40万人の人体調査を行ったデータベースに基づいている．GB/T1335-1981「国家標準的な服装号型」は，21地区の中からサンプリングされた成人男女各5500人，13～17歳の少年少女各1300人，7～12歳の児童1300人，2～6歳の幼児705人のデータベースに基づいて制定された[2]．データベースの被験者は農業者，商業者，政府関係者，文芸団体，大学生，高校生，中学生，小学生，幼児などであり，年齢構成は1～7歳の幼児10%，8～12歳の児童15%，13～17歳の少年15%，成人が60%で，計測項目は17項目である．中国科学院数学研究所は計測データから，男子では上半身の長さ，腕の長さ，胸囲，頸囲，背肩幅，背幅，胸幅，身長，頸椎高，下半身の長さ，腰囲，胴囲の12項目，女子では前ウエスト基点高と後ウエスト基点高を加えた14項目を用い，平均値，標準偏差と相関係数を求めて，中国人の体型にフィットする「国家標準的な服装号型」を開発したという経緯がある[4]．

この「国家標準的な服装号型」規格に基づき，1991年に7歳以下（身長80 cm以上）の幼児300名の新しい人体データベースが加えられ，その7年後の1998年に「国家標準的な服装号型」の第2回改正が実施され，乳児の号型が加えられている．

現在使用されている服装号型は，1986年の人体計測に基づき改訂されたもので，服装号型「GB/T1335.1-2008 服装号型　男子[5]」には身長190の号型が追加され，「GB/T1335.2-2008 服装号型　女子[6]」には身長180の号型が追加され，一部改定されている．本標準は衣服生産の工業化，量産化と標準化の基準であり，衣服の流通領域と消費者のための信頼できる科学的な指標となっている[2]．

●**服装号型の意味と表示方法**

① 用語の意味：2008～2010年の中国国家標準では身長を号とし，人体のバストとウエスト，および体型の分類の略称は型としている．すなわち，号は人体の身長であり，型はバストあるいはウエストである[2]．よって服装号型の基本身体寸法は身長，バスト，ウエストと体型区分で構成される．

② 着用者区分：乳幼児，児童，少年，少女，成人男子，成人女子の 6 種類である．
③ 表示方法：既製服の号型は例えば 160/84 A という号型の場合，身長 160，バスト 84，A は体型の略称であり，女子のバストとウエストの差（ドロップ）14〜18 cm を示している[2]．

上下を組み合わせるスーツの場合は，号と体型分類コードは必ず記載しなければならない．アウターの規格表示は，トップスは胸まわり×着丈，ボトムはウエストまわり×ズボン丈で表示されている．例えば，上衣に「65×95」とあれば，着丈 65 cm，胸囲 95 cm を示し，パンツに「110×74」とあれば，ズボン丈 110 cm，ウエスト 74 cm を示す（図 1）．

また表 10 に示すとおり，中国のサイズ規格は Y，A，B，C の 4 つの体型区分に基づいて分類されて，バストとウエストの差であるドロップによって区分され，A を標準，B を太り気味，Y を痩せ，C を肥満としている[3]．一方，児童には体型区分はない．表 11 に標準身体サイズ表記例として，表 12 に体型区分別カバー率を示す．

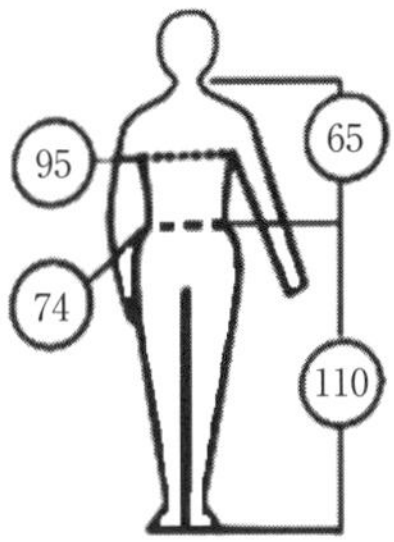

上衣：着丈 65 cm，胸囲 95 cm
パンツ：ズボン丈 110 cm
ウエスト 74 cm

図 1 アウターの規格　［出典：日本衣料管理協会刊行委員会 編「アパレル設計・生産論」，日本衣料管理協会，p.59，2000 より作成］

表 10 中国の四体型区分例　（単位：cm）

体型区分	チェスト―ウエストの差	バスト―ウエストの差
	男	女
Y 痩せている	17〜22	19〜24
A 標準	12〜16	14〜18
B 太り気味	7〜11	9〜13
C 肥満	2〜6	4〜8

［出典：戴鴻「服装サイズ標準的な応用」，中国紡績出版社，p.16，2009 より作成］

表 11 中国男女体型の標準身体サイズ表記例（単位：cm）

体	型	Y	A	B	C
男子	身長	170	170	170	170
	バスト	88	88	92	96
女子	身長	160	160	160	160
	バスト	84	84	88	88

［出典：前掲書，p.18 より作成］

表12　全国の四体型区分のカバー率(単位：%)

体型区分	男子	女子
Y 痩せている	20.98	14.82
A 標準	39.21	44.13
B 太り気味	28.65	33.72
C 肥満	7.92	6.45
合計	96.15	94.12

［出典：前掲書，p.24 より作成］

子どもの衣服サイズについては乳幼児用，児童用，少年用，少女用の4つの着用者区分があり，身長の大きさによって区分している．乳幼児は身長50～80 cm，児童では80～130 cm で男女を区分せず，身長を10 cm ピッチで区分している．135～160 cm のサイズでは男女に分かれ，身長は5 cm ピッチで設定されている[2]．

　少年は身長135～160 cm，少女は身長135～155 cm において，5 cm ピッチで区分し，バストは4 cm ピッチで，ウエストは3 cm ピッチで区分される．

　また体型の号（身長）と型（胸囲）がともに変化する場合は160/80，165/84，170/88，175/92，180/96．一号多型の場合は170/80，170/84，170/88，170/92，170/96．多号一型の場合は160/88，165/88，170/88，175/88，180/88と表示される．

表13　SML別サイズ表記例

男性　　　　　　　　　　　　　　（単位：cm）

サイズ	XXS	XS	S	M	L	XL
身長	155	160	165	170	175	180
チェスト	76	80	84	88	92	96
ウエスト	64	68	72	76	80	84

女性　　　　　　　　　　　　　　（単位：cm）

サイズ	XXS	XS	S	M	L	XL
身長	150	155	160	170	175	180
バスト	76	80	84	92	96	100
ウエスト	60	64	68	76	80	84

［出典：http://wenku.baidu.com/link?url より作成］

　表13に男女のS，M，L，XL 表示を示す．

〔張　　立娜〕

参考文献

[1] http://bjwb.bjd.com.cn/html/2013-11/28/content_129418.htm
[2] 戴鴻：服装サイズ標準的な応用，中国紡織出版社，22-166，2009．
[3] http://www.docin.com/p-238658083.html
[4] http://b.fzengine.com/view/37/105672.html
[5] 「中華人民共和国国家標準 GB-T 1335.2-2008 服装号型　女子」，中国標準出版社，2009．
[6] 「中華人民共和国国家標準 GB-T 1335.1-2008 服装号型　男子」，中国標準出版社，2009．

韓国の衣料サイズ

韓国では，1979年1次計測から2000年6次計測まで5～7年ごとに国民体格調査を実施し，185万人の人体サイズ，2万人の動的サイズおよび12万人の3D人体形状データをもとに，サイズ規格を制定・改正してきた．

韓国の既製服サイズ規格は，1981年衣服，靴類などの工業製品に対する規格を制定し，既製服に対する身体呼称および身体サイズを表記するようにした．

韓国の衣料サイズ規格は，韓国の産業標準化法に基づく国家標準である韓国産業標準（KS : Korean Industrial Standards）のKに定められており，乳幼児，少女，少年，成人女性，成人男性などの性別や年齢，服種別に分類し，サイズが決められている．1990年には国際競争力を高めるため，ISO（国際標準化機構）規格方式を採択し，呼称ではなく身体サイズを直接記載した．

産業支援部の技術標準園では，2003年から2004年にかけて韓国人体サイズ調査（Size Korea）を実施し，その結果をもとに衣類サイズ体系を改定した．詳細な情報はホームページ（http://sizekorea.ats.go.kr）で提供している．表14は2004年度 Size Korea の結果による成人女性の年代別平均人体寸法である．

表14 韓国の成人女性の年代別，平均寸法（直接計測）

	20～24歳	25～29歳	30～34歳	35～39歳	40～49歳	50～59歳
身長（cm）	160.7	159.3	158.1	157.2	156.1	154.3
バスト（cm）	81.9	84.0	84.9	87.3	88.9	93.6
ウエスト（cm）	67.1	70.2	71.9	74.3	76.1	83.1
ヒップ（cm）	91.3	91.6	91.0	92.1	93.5	92.3
体重（kg）	53.5	54.8	55.2	57.1	57.4	60.2

●**韓国の成人女性服の規格（KS K 0051）** 韓国の成人女性服の規格は，KS K 0051に定められている．成人女性における服種別の分類は，フィット性を必要とする服種の場合，上半身用はバスト，ヒップ，身長（例82-88-155），下半身用はウエスト，ヒップ（例67-88）のサイズを順に表記する．フィット性を必要としない服種の場合は，バスト，ウエスト，ヒップ，身長の中で服種により適切な身体部位を定めている．

体型別の区分は，フィット性を必要とする衣服に適用され，上半身用の場合はバストとヒップの差（上ドロップ）により，普通体型（N体型），バストが小さくヒップが大きい体型（A体型），バストとヒップが大きい体型（H体型）の3体型で区分されている（表15）．下半身用はウエストとヒップの差（下ドロップ）によ

表15　韓国の成人女性服の体型区分表

上半身用		下半身用	
体型区分	上ドロップの分布（平均）	体型区分	下ドロップの分布（平均）
N体型	3〜9（6）	普通体型	14〜22（18）
A体型	9〜21（12）	ウエストが細い体型	22〜38（25）
H体型	−14〜3（−1）	ウエストが太い体型	−4〜14（10）

[出典：KS K 0051]

り普通体型，ウエストが細い体型，ウエストが太い体型の3体型で区分されている（表15）．フィット性を必要としない場合は，体格によりS，M，L，XL，身長によりP（155 cm 未満），R（155 cm 以上 165 cm 未満），T（165 cm 以上）の呼称で表記できる．

　サイズピッチは，フィット性を必要とする服種の場合はバスト，ウエスト，ヒップで3 cm，フィット性を必要としない服種の場合はバスト，ウエスト，ヒップで5 cm，身長はすべての服種で5 cm のサイズピッチとなっている．

●**韓国の成人男性服の規格（KS K 0050）**　ドレスシャツを除いた韓国の成人男性服の規格は，KS K 0050 に定められている．成人男性服における服種別の分類は，フィット性を必要とする服種の場合，上半身用はバスト，ウエスト，身長，下半身用はウエスト，ヒップのサイズを順に表記する．成人男性服における体型の区分は，お腹が出ている体型（BB型），ウエストが太い体型（B型），普通体型（A型），逆三角体型（Y型）に区分されている（表16）．フィット性を必要としない場合は，体格によりM，L，XL，身長によりR（157 cm 以上 170 cm 未満），T（170 cm 以上 182 cm 未満）の呼称で表記できる．サイズピッチは，背広などのフィット性を必要とする服種の場合はバスト，ウエスト，ヒップで2 cm，フィット性を必要としない服種の場合はバスト，ウエスト，ヒップで5 cm，身長はすべ

表16　韓国の成人男性服の体型区分表

上半身用		下半身用	
体型区分	上ドロップの分布（平均）	体型区分	下ドロップの分布（平均）
BB体型	−8.2〜6.9（3.6）	ウエストが太い体型（B型）	−12.0〜11.6（6.7）
B体型	7.0〜12.9（10.3）		
A体型	13.0〜18.3（15.6）	普通体型（A体型）	11.7〜30.0（16.7）
Y体型	18.4〜32.0（21.0）		

[出典：KS K 0050]

ての服種で5cmのサイズピッチとなっている．
●**その他の寸法**　幼児服の寸法は身長を基本サイズとしている．ドレスシャツは頸囲と裄丈を基準に表し，身体寸法ではなく製品サイズの規格を意味する．下着の場合は上半身用がバスト，下半身用がヒップを基本寸法にし，ブラジャーはバストとアンダーバストを基本寸法としている．また，靴下類は足の長さ，帽子類は頭まわりを基本サイズとしている．　　　　　　　　　　　　　〔全　昭玩〕

その他の国々の衣料サイズ

　アパレル企業にとって，世界各国の人体のサイズを把握することは重要である．しかし，先進各国を除く多くの国々では，まったく人体サイズの調査が実施されておらず，自国の標準的なサイズがないため，他の国の衣服サイズシステムを使っている国が多い．例えばトルコはドイツの衣服サイズシステムに，マレーシアとスリランカはイギリスの衣服サイズシステムに，クウェートはイギリス，ドイツ，イタリア，フランスの衣服サイズシステムに，エジプトはアメリカの衣服サイズシステムに準拠して用いている．それぞれの国が他の国のサイズに準拠する主な理由として，アパレル企業間の経済的な結びつきが挙げられる．

　『服装サイズ標準的な応用』[1]には各国のサイズ規格の比較について表17のように示されている．

　表17に示すとおり，実際のヌードサイズとの対応は年齢や体形，デザインや世界各国のそれぞれのサイズ規格により大きく異なっているが，ポーランドとルーマニアではサイズ区分はほとんど同じである．例えば164/(84-92) という場合，身長164，バスト84，ヒップ92．バストとヒップは4cmピッチで区分されている．特にルーマニアでは身長，バスト，ウエスト，ヒップの4つの部位寸法を使用し，ウエストは4.3cmピッチで区分している．ハンガリー，旧ユーゴスラビアではバスト，ヒップ，ウエストは4cmピッチで区分され，同じ身長，バスト，ヒップであっても，両国のウエストは異なる．ハンガリーは旧ユーゴスラビアよりウエストが2cm大きくなっており，ロシアでは身長，ウエスト，ヒップ，バストを使用し，バストとヒップは4cmピッチで区分している．

　このように，世界の多くの国にはすべてその国特有の標準的な服装のサイズ指標がある．

〔張　立娜〕

参考文献
[1] 戴鴻：服装サイズ標準的な応用，中国紡績出版社，22-166，2009．

表17 アメリカ，東欧国家のサイズ規格の比較　　　　　　　　　（単位：cm）

	区分／部位	164/(84-92)	164/(88-96)	164/(92-100)	164/(96-104)	164/(100-108)	164/(104-112)	164/(108-116)	164/(112-120)
ポーランド	バスト	84	88	92	96	100	104	108	112
	ヒップ	92	96	100	104	108	112	116	120
	身長	164	164	164	164	164	164	164	164
	ウエスト	—	—	—	—	—	—	—	—
ルーマニア	区分／部位	164/(84-92)	164/(88-96)	164/(92-100)	164/(96-104)	164/(100-108)	164/(104-112)	164/(108-116)	164/(112-120)
	バスト	84	88	92	96	100	104	108	112
	ヒップ	92	96	100	104	108	112	116	120
	身長	164	164	164	164	164	164	164	164
	ウエスト	63.1	67.4	71.7	76	80.3	84.6	88.9	93.3
ハンガリー	身長／部位		164/(44)	164/(46)	164/(48)	164/(50)	164/(52)	164/(54)	164/(56)
	バスト		88	92	96	100	104	108	112
	ヒップ		96	100	104	108	112	116	120
	身長		164	164	164	164	164	164	164
	ウエスト		68	72	76	80	84	88	92
ロシア	身長／部位	158	158	158	158	158	158	158	158
	バスト	84	88	92	96	100	104	108	112
	ヒップ	92	96	100	104	108	108	112	116
	身長	158	158	158	158	158	158	158	158
	ウエスト	64.9	68.8	72.9	77.1	81.4	84.7	88.8	93.6
旧ユーゴスラビア	身長／部位	36	38	40	42	44	46	48	50
	バスト	84	88	92	96	100	104	110	116
	ヒップ	92	96	100	104	108	112	116	122
	身長	164	164	164	164	164	164	164	164
	ウエスト	62	66	70	74	78	80	84	86
アメリカ	身長／部位	8	10	12	14	16	18		
	バスト	83.8	96.4	88.9	92.7	96.5	100.3		
	ヒップ	87.6	90.2	92.7	96.5	100.3	105.4		
	身長	—	—	—	—	—	—		
	ウエスト	62.2	64.8	67.8	71.1	74.9	70.5		

［出典：戴鴻「服装サイズ標準的な応用」，中国紡績出版社，164-165，2009より作成］

Eコマースと衣料サイズ

Eコマースと衣料サイズ

　アパレル・インテリア・雑貨のEコマース（電子商取引）市場は，2011年度実績で6,000億円超であり，年率約10%程度の高い伸び率を示している（図1）．特に，近年は子育てで外出機会が限られる30歳代女性の利用が増加している．PCよりも，携帯電話やスマートフォンなどのデバイスによる利用が多い．Eコマースでは，流通や店舗在庫を合理化できるなど，製造・提供者側に利点があるだけでなく，商品の検索や閲覧が容易で，ショップ間での価格の比較もできるなど，消費者にとっての利点も多い．一方で，実物をみて購入しているわけではないので素材感や色の感じが期待していたものと違う，試着して購入するわけでもないため自分の身体にフィットしないなどの問題があり，通常の店舗よりも返品率が高い．返品は提供側のリスクであるとともに，消費者にとっても負担である．素材感や色の感じ方を，PCなどの画面でできるだけ正しく伝達するために，生地の拡大写真を用意したり，さまざまな光線角度での写真を用意したりするなど，EコマースのWebサイトにも工夫がみられるようになっている．これに対して，サイズ不適合の問題は必ずしも満足のいく解決に至っていない．

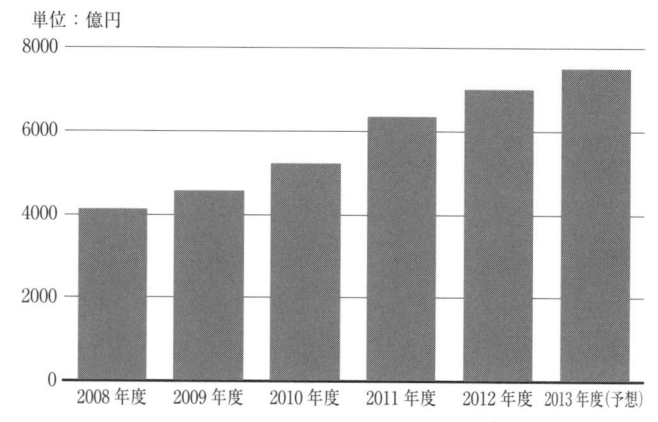

図1　ファッション・インテリア・雑貨のEC市場規模　［出典：矢野経済研究所の調査資料より］

Eコマースにおいて，顧客の体形に適合するサイズの商品を提供するアプローチには，大きく3つある．第1は衣服側の素材やパターンの工夫により，できるだけ幅広い体形をカバーする方策である．Eコマース商品にドレープを多用したニット製品が多いのは，これによる．ただし，スタイルデザインや素材の制約が大きくなる．第2は同一ブランド内でのサイズ表記と体形フィットの再現性を高める方策である．新規顧客の最初の購入時点でサイズ不適合が出たとしても，顧客が一度自分に合うサイズ表記を見つけられれば，それ以降はそのサイズ表記を購入してもらえばよい．第3は顧客の体形情報を何らかの手段で取得し，適切な衣料サイズを推奨するという方策である．体形情報を取得する方法には，巻尺などで寸法を計測する方法とカメラなどの光学的手段で体形を取得する方法がある．いずれの方法も顧客自身が自宅で実施することを想定した方法と，顧客が店舗を訪れた際に店舗スタッフが計測し，顧客IDと連結してEコマースで利用可能とする方法がある．巻尺計測を店舗で実施し，顧客IDと連結する手段は一般的であるので，ここでは顧客自身にWebサイトで人体寸法値を入力してもらい衣料サイズを推奨する方法と，光学式の計測方法を紹介する．

顧客自身にWebサイトで人体寸法値を入力してもらう方法は，Eコマース各社が独自に開発するよりも，ソフトウェアベンダーが開発したものをEコマースを運営する企業が利用する形態が多い（例えば，www.styku.comなど）．多くの場合，入力する人体寸法項目は身長，体重が中心で，それ以外に太り気味，標準，痩せ気味などの体形を顧客個人の判断で選択させ，体形を推定している．これに対して光学的な計測方法では，顧客の体形を実測して多数の寸法項目と姿勢などの情報を正確に取得できる．最も一般的なものが，ボディスキャナである．これは，レーザ光などの光源で生成したパターン光を身体表面に投射し，その反射パターンをカメラで計測し，光源位置と撮像位置の違いに基づく三角測量によって，光線を反射した体表面の形状を点位置（3次元座標）の集合として計測する技術である．線光源を投射し，身体表面を輪切りにしながら走査する計測システムが一般的であることから，ボディスキャナとよばれている（図2）．技術詳細については参考文献[1]を参照いただきたい．店舗にボディスキャナを設置し，顧客の体形を計測して顧客IDとともに連結しておいて，次回からはEコマースでのサイズ選定に利用できるようにしているケースもある．このようにして蓄積した3次元人体形状を，同

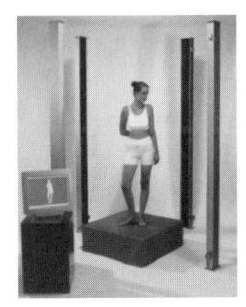

図2 ボディスキャナの例
[出典：Vitronic社]

一頂点数，同一位相幾何構造の多面体でモデル化し（相同モデリング，Homologous Body Modeling とよぶ），人体形状の個人差を多次元統計処理する技術がある．例えば，主成分分析を用いると日本人の体形の個人差は 15～20 の主成分で表現できる．分析の結果として得られる固有値行列を用いると，個人体形を表す 15～20 の主成分得点から個人の 3 次元人体形状を復元できる．この 15～20 の主成分は人体寸法（身長や体重など）と相関が高いことから，人体寸法から主成分得点を推定し，それに基づいて 3 次元人体形状を合成する方法が研究されている．Parametric Body Modeling とよばれているこの方法を用いれば，ボディスキャナで個人体形を計測する必要はなくなり，体形合成に必要な，すなわち主成分得点の推定に必要な人体寸法項目を巻尺等で計測すればよいことになる．また，巻尺で寸法を計測するのではなく，顧客の体形のシルエットをカメラで撮影し，15～20 の主成分を変更しながら合成した体形のシルエットと，撮影した個人のシルエットが一致するように主成分得点を探索する方法も研究されている．このような技術であれば，例えば，顧客自身がスマートフォンで自宅で体形を撮影して自分の 3 次元人体形状を復元し，それに基づいて E コマースでの衣料サイズの選定ができるようになる．

E コマースと 3 次元シミュレーション

顧客個人の人体 3 次元形状が得られたとして，その体形情報に適合する衣料サイズを選定するのは，必ずしも容易ではない．1 つは衣料サイズ規格の問題であり，もう 1 つは衣料品の素材やパターン，縫製などサイズ以外の要因である．衣料サイズ規格は，現時点では国際的な標準があるわけではない．一方で衣料品市場は国際化しており，結果としてさまざまなサイズ表記の衣料品が並ぶことになる．E コマースでも，特定の企業・ブランドの商品だけを扱うのではなく，さまざまなブランドの衣料品を取り扱う場合には，サイズ表記の統一性がないことを販売側で解決していく必要がある．実際に現物を試着できない E コマース市場では，この問題が顕在化しやすい．

1 つの解決策として，3 次元の着装シミュレーションが提案されている．これは，顧客側から個人の 3 次元人体形状を提供し，製造側からは衣料品のパターンとサイズ，素材，縫製情報を提供する．これらを統合し，顧客の人体モデルに衣料品を仮想的に着装した場合の状態をシミュレーションする技術である（図 3）．衣服素材の繊維の物理シミュレーションを基盤としており，リアリスティックに着装状態を模擬できるだけでなく，衣服と身体のすき間やゆとりを評価したり，身につけたときのしわの寄り方や外観を視覚的に確認できる．仮想試着機能とよ

ぶべきものである．このための
個人の3次元人体形状について
は前項で述べたように，徐々に
技術が普及し始めている．ボ
ディスキャナの低価格化と
Parametric Body Modeling の
採用によって，さらに加速する
と思われる．もう1つが，製造
側からの衣料品情報の発信であ
る．現時点では，着装シミュ
レーションに必要となるパター

図3　着装シミュレーション技術の例　[出典：デジタルファッション社]

ン，サイズ，素材，縫製などの情報が流通していないため，Eコマース側での着装シミュレーションが難しい状況にある．近年，3次元の着装シミュレーション技術が，アパレル CAD（Computer Aided Design）と連結し，3次元アパレル CAD として普及し始めている．従来，アパレル CAD は2次元の型紙ベースであったが，ここに3次元の着装シミュレーション技術が加わることで，デザインしながら着装時の外観を視覚的に確認できるようになった．着装シミュレーションのために，デザイン段階で素材や縫製情報をデジタル情報として追加するようになり，それらがパターンやサイズと同時に，設計情報として管理されるようになっている．すなわち，Eコマースにおける着装シミュレーションに必要となる情報基盤（個人体形情報と衣料品情報）は揃い始めており，あとは製造側が衣料品情報を囲い込まずに流通させる判断をすれば，Eコマース側での着装シミュレーション利用は一気に加速すると思われる．現在，このような将来状況を見据えて，3次元着装シミュレーション技術と3次元 CAD 利用，Eコマース利用に関する国際標準化が，ISO TC133/WG2 において進められている．　　　　〔持丸正明〕

参考文献
[1]　持丸正明，河内まき子：人体を測る—寸法・形状・運動，東京電機大学出版局，2006.

Chapter 4

被服材料 I

繊維・糸・布の構造と特徴 ——— 80
繊維の分類と歴史 ——— 82
天然繊維の構造と特徴 ——— 84
再生繊維と半合成繊維の構造と特徴
——— 86
合成繊維の構造と特徴 ——— 88
糸の種類と特徴 ——— 90
糸の太さと表示方法 ——— 92
糸のつくり方 ——— 94
布の分類と特徴 ——— 96
織物の構造と特徴 ——— 98
編物の構造と特徴 ——— 100
その他の布の構造と特徴 ——— 102

繊維・糸・布の構造と特徴

衣服の素材には，綿や麻などの植物繊維，毛や絹などの動物繊維，レーヨンなどの再生繊維，アセテートなどの半合成繊維，石油や石炭を原料としてつくられているポリエステル，アクリルやナイロンなどの合成繊維がある．これらの繊維から糸がつくられ，糸を組織して，織物や編物などの布がつくられる．

●**繊維** 糸や織物などの基本的構成単位となり，細長い形状（長さが太さの100倍以上）のもので，太さがほぼ0.1 mm以下の曲がりやすく，しなやかでたわみやすいものをいう．繊維の外観（表面構造や断面形態）には特徴があり（図1），からみ合い，滑らかさ，触感，光沢，しなやかさなどに影響を及ぼす．

●**糸** 繊維を引きそろえて，撚り（より）をかけたもののことである（図2）．綿，羊毛などの比較的短い繊維（短繊維）をそろえて撚りをかけたものを紡績糸といい，絹やナイロンなどの長い繊維（長繊維）を集束して撚りをかけたものをフィラメント糸という．また，一方向だけに撚られた糸を単糸，単糸を2本撚り合わせた糸を双糸（諸糸）という．そのほか飾り糸や加工糸などがある．紡績糸は比較的柔らかく，毛羽があってふっくらしているのが特徴であり，ふっくらとした保温性のよい布ができる．フィラメント糸は撚りが少ないものが多いので毛羽がなく，滑らかで光沢があり，薄くて柔軟な布ができる．

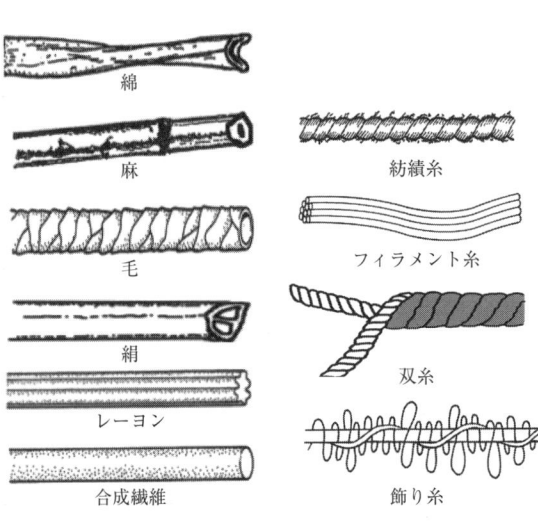

●**布** 糸や繊維からつくられた平面上の薄くてある程度強さのあるものの総称である（図3）．繊維を糸にして，織ったり編んだりした布には織物や編物がある．織物はたて糸とよこ糸を直交させて規則正しく組み合わせてつくる．この組み合わせ方（平織，綾織，朱子織など）を織物組織という．

図1 いろいろな繊維の外観

図2 いろいろな糸の形態

図3 いろいろな布の組織構造

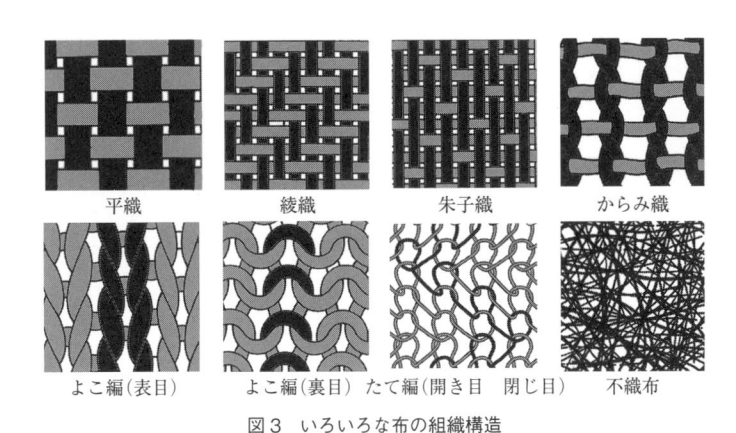

（上段左から：平織、綾織、朱子織、からみ織）
（下段左から：よこ編(表目)、よこ編(裏目)、たて編(開き目　閉じ目)、不織布）

　編物は一方向の糸を屈曲させてループ（編目）をつくり，これを前後左右につないでつくる．よこ編では表目と裏目が，たて編では開き目と閉じ目が特徴である．そのほかに，組物，網（ネット），レースがある．また，不織布やフェルトなどのように，繊維から直接加工した布もある．

　布を使った製品のうち，衣服は最も身近なものである．中でも，織物や編物は紙やアルミ箔と違って，複雑な曲面にも自然に形を合わせることができるので，美しいひだやドレープの形態を作り出す．衣服にはたくさんの機能があるが，着心地をよくするためには，保温性，通気性，吸湿性，吸水性，透湿性などの生理的・衛生的機能が必要となる．そのほかにも，運動をしやすくしたり，体を保護する機能，防しわ性や耐久性なども重要である．これらは素材の種類，組織や構造などとも深く関係する．さらにファッションとしての機能も求められる．

〔森　俊夫〕

繊維の分類と歴史

人類はいつごろから,衣服を着用していたのであろうか.数十万年ぐらい前には,すでに衣服を着用していたといわれる.最初に身に着けたものは動物の毛皮や植物の皮や葉などのように自然物をそのまま利用した簡単なものであった.その後,非常に長い年月をかけて,植物や動物から繊維をみつけ,糸にして織ったり,織った布を骨や角等でつくった針で縫い合わせて衣服にしてきた.実際に,麻や獣毛などを紡いだ糸を手織りした平織や綾織などの布片が,新石器時代のエジプトのファイユーム遺跡やスイス湖上住民遺跡などから出土している.

現在衣服用に使われている繊維は,図1に示されるように天然繊維と化学繊維に大別される.化学繊維はさらに再生繊維,半合成繊維,合成繊維,無機繊維に分類される.繊維の歴史は古く,天然繊維に始まるが,特に四大天然繊維である麻,綿,羊毛,絹がそれぞれ世界の四大文明と特徴的に関係していた.エジプト文明では麻,インダス文明では綿,メソポタミア文明では羊毛,黄河文明では絹が主に使われていた.その後,文明の交流,交易や戦争支配によって,各繊維が各地で栽培・飼育されるようになった.

●**天然繊維** 麻には亜麻,大麻,苧麻など多種類あるが,品質がすぐれている亜麻は,エジプトやメソポタミアで5千年前ごろから栽培された.特にエジプトで

```
繊維 ─┬─ 天然繊維 ─┬─ 植物繊維 ────┬─ 種子毛繊維……… 綿,カポック,パンヤ
      │            │ (セルロース繊維) ├─ 靭皮繊維………… 亜麻,大麻,苧麻,ラミー
      │            │                └─ 葉脈繊維………… マニラ麻,サイザル麻
      │            ├─ 動物繊維 ────┬─ 絹繊維…………… 家蚕絹,野蚕絹
      │            │ (タンパク質繊維) └─ 獣毛繊維………… 羊毛,山羊毛,モヘヤ,ラクダ,ラマ,
      │            │                                    アルパカ,カシミヤ
      │            └─ 鉱物繊維……………………………… 石綿(アスベスト)
      └─ 化学繊維 ─┬─ 再生繊維 ────┬─ セルロース系…… レーヨン,キュプラ,ポリノジック
                   │                └─ タンパク質系…… カゼイン繊維
                   ├─ 半合成繊維 ───┬─ セルロース系…… アセテート,酢化アセテート
                   │                └─ タンパク質系…… プロミックス
                   ├─ 合成繊維 ────── ナイロン,ポリエステル,アクリル,アクリル系,ビニロン,
                   │                   塩化ビニル,ビニリデン,アラミド,ポリエチレン,
                   │                   ポリプロピレン,ポリウレタン,ポリクラール
                   └─ 無機繊維 ────── ガラス繊維,金属繊維,炭素繊維
```

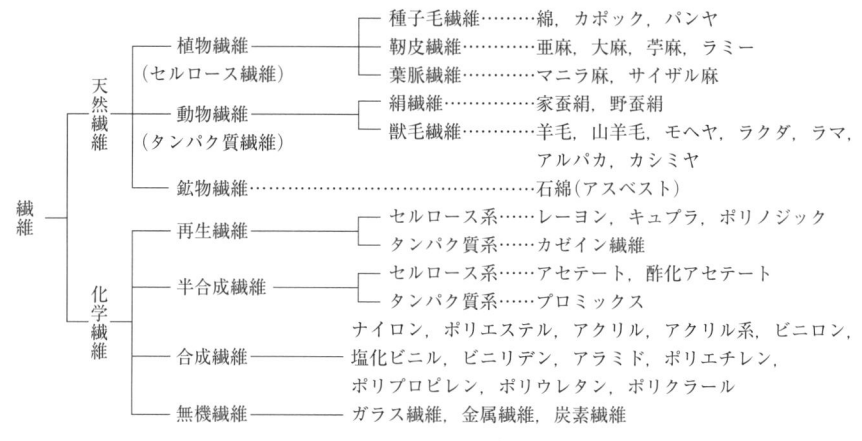

図1 繊維の種類

は，亜麻の生産量は14世紀末まで世界一であった．日本では縄文時代から苧麻や大麻が用いられ，飛鳥時代には衣服として貴族から庶民に至るまで広く利用された．

綿はインダス川流域と南米ペルーでそれぞれ5千年前ごろから栽培されていたが，いつしか互いに交雑して，繊維長が2倍もある優れた品質の新種が生まれた．日本では，室町時代に綿製品が朝鮮から輸入されたが，綿が栽培されるようになったのはかなり遅く16世紀末ごろであった．江戸時代中期ごろに全国的に普及したが，明治以降安価な綿花の輸入により綿の栽培は急速に減少した．

牧羊はメソポタミアで1万年ごろ前から行われ，その後5千年ほど前には毛織物工場がつくられていた．シーザーが植民地であるヨーロッパ各地に牧羊と羊毛工業を広げ，羊毛の品種改良も推奨した．日本では，幕末になってから羊が飼育されるようになったが，羊毛工業では羊毛原料のほとんどが輸入された．

4千年以上も前から，中国では養蚕が始まり，絹織物はシルクロードを通してヨーロッパなどの各地に伝わった．しかし，絹織物は長い間中国国内でのみ生産され，製造方法が国外秘とされたので，大変珍重された．日本には，3世紀ごろに大勢の百済人が渡来して帰化したとき，養蚕や織絹の技術が伝えられた．明治になると世界一の生糸生産国にまでになったが，現在では化学繊維以外のすべての天然繊維を外国から輸入している．

●化学繊維　18世紀後半にイギリスで起きた産業革命により，糸や布が工業的に大量生産できるようになった．繊維原料の必要性も増大して，天然繊維に代わり，よりすぐれた特性をもつ繊維が求められるようにもなった．特に絹はヨーロッパでは貴重な繊維であったこともあり，絹に似た繊維を人工的につくろうという試みが各地でなされた．19世紀の終わりごろには，木材パルプから化学的方法で繊維がつくりだされ，レーヨンなどの再生繊維が誕生した．さらに20世紀の半ばに石炭や石油を原料にしてナイロン，ポリエステル，アクリルなどの合成繊維が多数出現し，衣服の材料は著しく発展し，豊かな衣生活が送られるようになった．

〔森　俊夫〕

天然繊維の構造と特徴

綿や麻のように植物の種子毛や茎の皮から採取した植物（セルロース）繊維や毛や絹のように動物の体毛や蚕のマユから採取した動物（タンパク質）繊維は天然繊維であり，何千年もの間人間によって使われてきた．これらの繊維は最も古く，最もなじみ深い繊維ではあるが，20世紀に入るまでは，天然繊維の不思議な秘密が解き明かされていなかった．

●綿　綿は種子毛繊維とよばれ，種の表皮細胞が成長してできたものである．1つのコットンボール内には250,000本以上もの綿繊維が詰まっていて，1つの種から平均約4,000本もの繊維が採れる．綿繊維は長さ方向に対しリボン状にねじれている（図1）のが特徴である．この天然の撚りが紡ぎやすさや強さを増加させる．図2のルーメン（中空）は吸水性や保温性などを与える役割を果たす．綿は親水性が高く，吸水性や吸湿性に優れている．水に濡れるとさらに強さを増し，アルカリにも強いので，セッケンで繰り返しもみ洗いができる．

●麻　亜麻（リネン），苧麻（ラミー），大麻（ヘンプ）などは茎表皮の内部にある柔らかい靭皮部から，マニラ麻やサイザル麻は葉脈からとった繊維である．麻の表面（図3）には節状構造，断面形態は多角形に近く，綿と同様にルーメン（中空）がある．繊維は硬く張りがあって，曲がりにくいため肌に密着しにくくなる．さらに，湿気や水を吸いやすく，綿よりも乾燥が速く，熱を伝えやすいので，清涼感が得られることから，麻は夏の衣服として最適である．

●羊毛　羊毛の表面（図4）はスケール（りん片）で蔽われ，繊維の根元から先端に向けて屋根がわらをかぶせたように重なり合っているため，はっ水性がある．しかし，水蒸気がスケールの間隙から内部に入りこむので，水をはじくが水蒸気を吸湿するという特有の性質がある．断面は丸く，細胞組織の柔らかいオルソコルテックスと固いパラコルテックスが張り合わされた二層（バイラテラル）構造

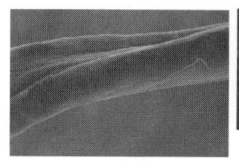

図1　綿の側面 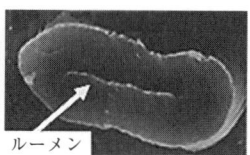　　　図2　綿の断面 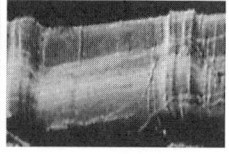　　　図3　亜麻の側面

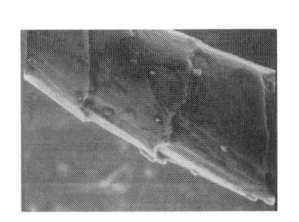

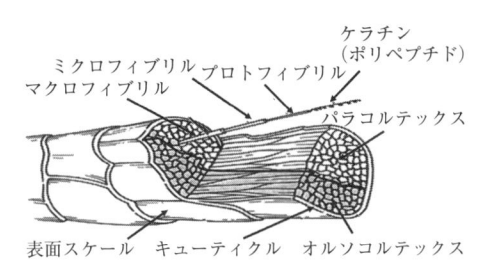

図4 羊毛の側面　　　　　　　　図5 羊毛構造の模式図

(図5)を形成している．各コルテックスは熱や湿気に対して異なった変化をするので，三次元的に捲縮（クリンプ）した構造をとる．この縮れが糸を紡ぎやすくし，伸縮性，保温性，含気性を高める．コルテックス内は，マクロフィブリル，ミクロフィブリル，プロトフィブリル，ケラチンから成る集合体で構成される．

●絹　絹は蚕（図6）のマユからつくられる唯一の天然のフィラメント繊維である．飼育蚕のマユを構成している細い繊維（繭糸，図7）は，三角断面をもつフィブロイン繊維（図8）2本をセリシンで接着した構造をしている．製品にするまでに，セリシンは除去（精練）される．生糸の段階でセリシンを除去（先練り）すると，ち密で腰のある布（練織物）ができる．生糸で布を織ってからセリシンを除去（後練り）すると，糸間や繊維間にすき間が生じ，垂れ下がりやすい布（生織物）ができる．絹は光沢があり肌触りもよいが，日光やアルカリに弱い．

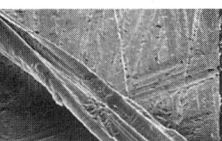

図6 蚕のマユつくり　　図7 繭糸　　図8 フィブロイン繊維

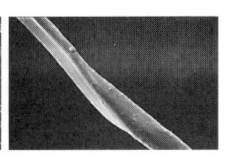

〔森　俊夫〕

再生繊維と半合成繊維の構造と特徴

●**再生繊維** 再生繊維は，木材パルプや綿に含まれるセルロースを化学的に処理して，有機溶媒に溶解させ，その溶液をノズルから押し出して，凝固液に入れたり溶媒を除去して，再凝固させた繊維である．このように再凝固により繊維をつくることを紡糸とよぶ．再凝固の過程で，化学的にもとのセルロースに戻るので，再生繊維とよばれる．再生繊維にはレーヨンとキュプラの2種類がある．再生繊維は我が国では古くは人絹とよばれ，レーヨンは1915年に，キュプラは1917年に工業生産が始まった．

●**レーヨン** ビスコース法によって製造された再生繊維である．ビスコースとは，木材パルプから取れるセルロースを水酸化ナトリウムと二硫化炭素で処理してできる，溶液のことである．レーヨンは，吸湿性，染色性などに優れた特徴をもっているが，濡れた状態では，乾いた状態に比べて，40〜50%程度まで強度が落ちてしまう．レーヨンは最近ではポリエステルやナイロンなどとの混紡により，夏物を中心にアパレル素材として広く使われている．レーヨンの断面は入り組んだ不定形なので，顕微鏡観察で，繊維を特定できることがある．

●**キュプラ** 銅アンモニア法により製造される再生繊維をキュプラとよぶ．キュプラは，主にコットンリンターとよばれる綿の種子に生えている短い繊維を原料としている．コットンリンターを酸化銅アンモニアに溶解して，ノズルから凝固浴に押し出して繊維化する．このとき，レーヨン同様化学的にもとのセルロースに戻る．キュプラの断面は円形に近く均一である．キュプラには絹に似た光沢と風合いがあるので，薄地布，裏地，クレープ・スカーフなどに用いられる．レーヨンもキュプラも水蒸気や水を吸ったときに発生する発熱量が比較的大きいので，冬物機能性肌着には，レーヨンかキュプラが10〜40%程度使われている．

●**半合成繊維** 半合成繊維で，現在工業的に生産されているのは，アセテートである．家庭用品品質表示法に基づく衣料用繊維の種類では，プロミックスも掲げられているが，プロミックスは2003年に生産を中止しており，現在は流通していない．アセテートはセルロースと無水酢酸を反応させてできる三酢酸セルロース（トリアセテート）を有機溶剤に溶解した後，細孔から押し出して繊維化する．トリアセテートに水を加えて加熱すると，化学反応によりジアセテートができる．ジアセテートをアセトンに溶解して紡糸して，アセテート繊維ができる．アセテート，トリアセテートには絹のような光沢がある．比重は綿レーヨン，キュプ

ラなどより小さく，毛とほぼ同じでふっくらとした風合いと豊かな感触がある．我が国での生産量は多くはないが，アメリカでは衣料用として大量に使用されている．アセテートには熱可塑性があるので，プリーツスカートなどにも使用される．

　近年アセテート繊維を使用した，通気コントロール素材が開発されている．まず，アセテートとジアセテートとを貼り合わせたように紡糸する（これを接合型複合紡糸とよぶ（図1））．つぎに，繊維のジアセテート側を特殊アルカリ処理によりセルロースにもどす（図2）．このようにしてできた繊維は，水分を吸うと，セルロース側だけが水分を吸って，全体に約15％伸びる（図3）．このような特性をもった繊維を糸にして，ニット製品にしたものが，通気コントロール素材である．ニットの編目は，水分を吸った糸により広がるので，運動などにより汗をかいたときに，汗を吸った糸が伸びて編目が広がり，皮膚表面から水分が蒸発しやすくなるので，運動発汗時も快適性が保たれるといわれている．　〔團野哲也〕

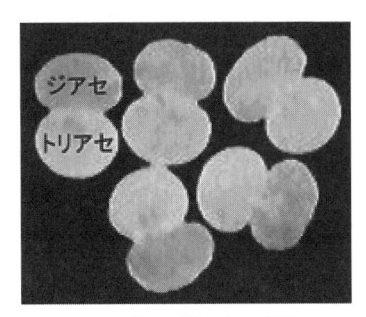

図1　接合型複合紡糸繊維

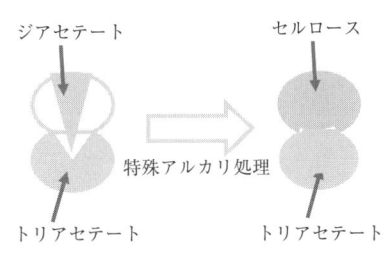

図2　通気コントロール素材のつくり方

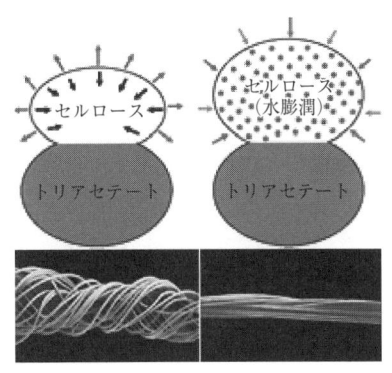

図3　通気コントロール素材の給水による伸張の様子

合成繊維の構造と特徴

　家庭用品品質表示法に基づく衣料用繊維の分類では，合成繊維は11種類ある．これらのうち，世界で最も生産量が多いのはポリエステル，次いでオレフィン（ポリエチレン，ポリプロピレン），ナイロン，アクリルの順になっている．ここでは，従来広く利用されている，ポリエステル，ナイロン，アクリルについて近年の新しい潮流を述べる．

●ポリエステル　現在衣料，特に女性のブラウスなどに多く使われているポリエステルは，異型断面化，極細化など新しい紡糸技術により，これまでの素材にはない着ごこちを提供している．これらの素材を新合繊とよんでいる．新合繊により提供される着ごこちには，絹を超えたふくらみ（ニューシルキー），ウールとは異なるソフト感，ドレープ感（ニュー梳毛），桃皮の産毛調ソフトタッチ（薄起毛），さらりとした触感（ドライ）などがある．

●新合繊を作る技術
（1）異型断面化
　丸いノズルを使って紡糸すれば，断面が丸い繊維ができるのは，誰でもたやすく想像できる．それでは断面が丸以外の繊維をつくるにはどうしたらよいのだろうか．例えば，綿繊維のように繊維の内部に空洞をもった繊維はどうやってつくるのだろうか．それには，ノズルの形を図1のようにいろいろな形に変えると，対応した断面形状の繊維が得られるのである．それでは，このような繊維の断面を丸ではなく例えば図2のように変えると，どのようなメリットがあるのだろうか．一般に綿や麻の布は水をよく吸うが，ポリエステルの布は，ほとんど水を吸わない．これは，綿や麻の布では繊維そのものが水を吸うが，ポリエステルの繊維は水を吸わないからである．そこで，図2のような繊維をつくって，これを束ねて糸にすれば，水は繊維と繊維の隙間を毛細管現象により移動することができる．このようにして，もともと水を吸わない繊維にも糸にしたとき，水を吸う性

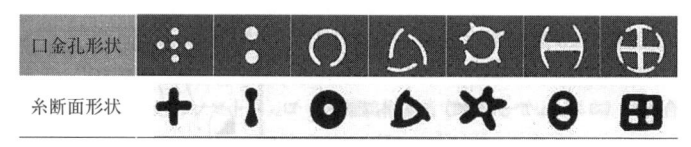

図1　口金孔形状と異型および中空繊維断面形状の関係

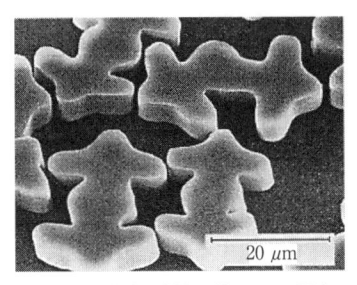

図2　異型断面繊維の断面 SEM 写真

質をもたせることができるのである．

(2) 極細化

1本の繊維を細くしていくと，非常に柔らかい感触になるというのは誰でも考えつくことである．しかしながら，現実の工業生産で従来の紡糸技術を用いて生産性を落とさずに，直径約 $10\,\mu m$ 以下の繊維を安定して得ることは相当困難である．その理由は，吐出量を少なくした場合には糸切れ，細孔を小さくした場合には吐出圧の上昇，詰まりやすさ，吐出口の汚れの影響などにより，本来連続であるべき工程を中断しなくてはならないことなどである．そこで，金太郎飴のように通常の太さの繊維を束にして海島状に紡糸したのち，これを引き伸ばして全体を細くして，物理的または化学的に細化すると，極細の繊維ができる．繊維を極細化することにより，例えば手触りが非常に滑らかな布をつくったり，ピーチスキンタッチの布表面をつくったりすることができる．

●ナイロン　衣料用のナイロンにはナイロン6とナイロン66がある．ナイロンは軽く，天然繊維に比べると吸湿性が低い．その弾性は高く，熱可塑性があるので，300℃程度に加熱して，溶融状態にして紡糸して繊維を得る．ナイロンはポリエステルに比べて耐光性に難点があるので，外衣に用いられることは少ない．ナイロンは柔らかい風合いを利用して，加工糸（カバードヤーン）を製造して，パンティストッキングの素材にもっぱら用いられている．ポリウレタンのフィラメントを芯にして，そのまわりにフィラメントを巻きつけてつくる．ポリウレタンの弾性とナイロンの柔軟性・光沢が，絹のようなストッキングの着ごこちを再現してくれる．

●アクリル　アクリルは，密度が小さい，耐候性がよい，加工性が高いなどの特徴をもっている．アクリルの衣料用途としては，ニットが圧倒的である．ニット用の糸には，かさ高紡績糸（バルキーヤーン）が利用される．バルキーヤーンとは収縮繊維と非収縮繊維を混紡した後，湿熱処理により収縮繊維が縮んで非収縮繊維が外側に出て，空気を含んだ糸となった加工糸である．かさ高紡績糸が製品に羊毛に似たソフトで温かみのある風合いを与えているので，ニット分野では他の素材の追随を許さないのである．　　　　　　　　　　　　〔團野哲也〕

糸の種類と特徴

糸は大きく分類すると，綿や羊毛のように数 cm の短い繊維を集め撚って紡いだ紡績糸（スパンヤーン），繭からつくる生糸や化学繊維の紡糸した長い繊維を集めた長繊維糸（フィラメントヤーン），伸縮性やかさ高性などをもつ加工糸（テクスチャードヤーン），紡績方法などを工夫してつくった複合糸（コンプレックスヤーン）などがある．図1のように，紡績糸は撚りがかけられ毛羽で被われているのが特徴である．フィラメント糸は表面が平滑で毛羽がなく，撚りのないものや撚りがかけられたものがある．加工糸は捲縮がある．表1に糸の種類を示す．

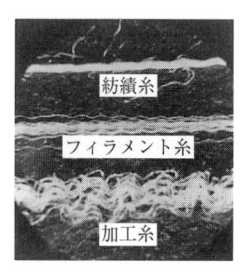

図1 織物からほぐした糸の形態

表1 糸の種類

分類	種類
原料	綿糸，麻糸，毛糸，絹糸，レーヨン糸，ナイロン糸，ポリエステル糸，混紡糸，混繊糸，交撚糸
形態	紡績糸，フィラメント糸，加工糸，被覆糸，複合糸，装飾糸
本数	単糸（片撚り糸），双糸（諸撚り糸），三子糸（3本諸撚り糸）
より	S撚り糸，Z撚り糸，甘撚り糸，並み撚り糸，強撚糸
用途	織糸，編糸（メリヤス糸），レース糸，縫い糸，しつけ糸，手編糸，ししゅう糸，ミシン糸

●**加工糸** 主に合成繊維の熱可塑性を利用して，糸にかさ高性や伸縮性を付与した糸で，アクリルの短繊維（ステープル）を羊毛のような捲縮（クリンプ）のある繊維にして紡績したかさ高加工糸（バルキーヤーン），ポリエステルやナイロンのフィラメント糸に捲縮を付けた伸縮性かさ高加工糸（ストレッチアンドバルキーヤーン）などがある．

かさ高加工糸は図2ように，熱収縮性の大きい繊維と普通の繊維を混ぜて糸にして熱処理し，普通の繊維に捲縮が出るようにしている．伸縮性かさ高加工糸は，図3のような仮撚り法の装置を使ってつくる方法や，紡糸する際に熱で収縮しやすい成分としにくい成分を同じ穴から同時に引き出し，熱処理してつくる方法がある．かさ高加工糸はセーターやソックスなど，伸縮性かさ高加工糸はストッキ

図2　バルキー糸のつくり方

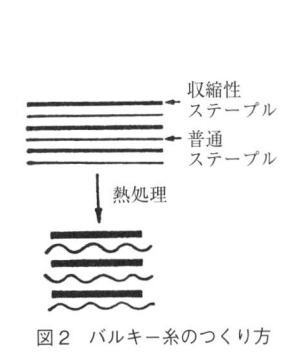

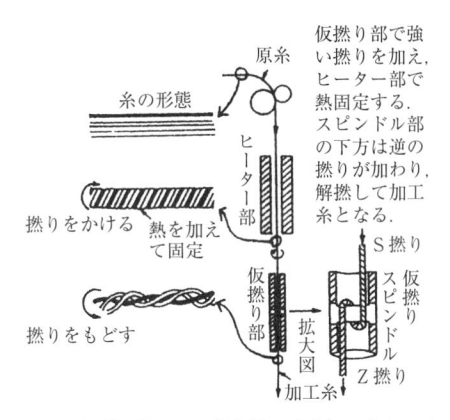

図3　仮撚り法による伸縮性かさ高加工糸のつくり方

ングやスポーツウエアなどに使われている．

●複合糸　2種類以上の繊維を使った糸で，混紡糸，混繊糸，長短複合糸などがある．混紡糸は2種類以上の短繊維を紡績工程で混ぜて糸にする．ポリエステルと綿または麻，毛，レーヨンとの混紡糸が多い．混繊糸は2種類以上のフィラメント糸を静電気などでばらばらに広げて混ぜて糸にする．ポリエステル，ナイロン，アセテートなどの混繊糸が多い．

　長短複合糸は精紡機で紡績しながらフィラメント糸を複合させた糸で，層状混紡糸がある．また，撚糸機で紡績糸をフィラメント糸で巻きつけて複合させる飾り糸（ファンシーヤーン）などがある．

　図4に普通混紡糸と層状混紡糸の断面図を示す．外側に綿やレーヨン，内側にポリエステルフィラメントを使った層状混紡糸は，肌触りがよく丈夫な製品となる．層状混紡糸の布の外側の繊維を薬品で溶かすと，レースのような透明感のあるオパール加工ができる．

　そのほか，複合糸にゴムのようなポリウレタンを芯にした伸縮性のある糸をコアヤーンという．また，フィラメント糸や紡績糸を芯にして，別の糸で巻きつけたカバードヤーンなどがある．これらは被覆糸ともいう．　　　〔日下部信幸〕

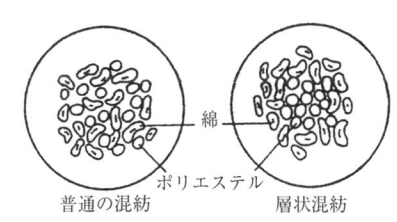

ポリエステルと綿の普通混紡糸と層状混紡糸の断面(モデル)

図4　混紡糸の断面

糸の太さと表示方法

　糸は図1のように，細いものや太いものがありさまざまであるが，糸の断面積の測定は困難である．このため糸の太さは，一定の長さまたは重さに対してある重さまたは長さを定め，それを基準にして表している．

　従来，紡績糸は番手（綿番手，毛番手，麻番手など），フィラメント糸はデニール（denier）が使用されてきたが，糸の種類によって呼称や基準が異なっており，複雑であった．このため，ISO（国際標準化機構）はすべての繊維や糸の太さを表す統一した単位として，世界共通のテックス（tex）を定め普及しつつあるが，まだ業界などでは従来の番手やデニールが使用されている．

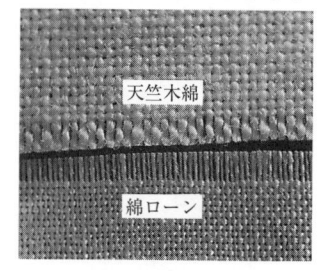

図1　糸の太さが異なる綿織物

●**テックス**　テックスは一定の長さ1,000 mで，ある重さ1 gを基準とし，これを1テックス（1 tex）という．1,000 mで10 gあれば10 texとなり，数字が大きいほど太い．

●**デニール**　デニールは450 mで0.05 g（9,000 mで1 g）を基準とし，これを1デニールという．450 mで2 gあれば40デニールとなる．テックスとデニールは長さを標準として定めているので，恒長式といい，数字が大きいほど太い．

●**番手**　番手は綿，毛，麻など繊維の種類によって基準が異なり複雑である．綿番手は453.6 g（1ポンド）で768 m（840ヤード）を基準とし，これを1番手という．453.6 gで7,680 mあれば10番手となる．毛番手はメートル番手ともいい，1,000 gで1,000 mを基準とする．1,000 gで5,000 mあれば5番手となる．番手は重さを標準としているので恒重式といい，数字が大きいほど細い．恒長式と恒重式の基準と計算式を表1に示す．

●**糸の太さの計算法**　糸の太さはそれぞれの糸の基準となる長さや重さを求めることが面倒なので，一般に100 m（1 m枠に100回巻く）を取ってその重さを量り，表の計算式で求める．例えば，100 mの重さが1.0 gであれば，1,000×1.0÷100＝10テックス，0.59×100÷1.0＝59綿番手となる．

●**テックス，デニール，番手の換算法**　糸の太さの数値は糸の種類によって異なる．このため，糸の太さを換算することが必要になる．表2はその換算式表で，

表1　糸の種類による糸の太さの基準と計算式

恒重式番手

糸の種類	番手呼称	標準重さ W (lb)	(g)	長さ (yd)	L (m)	番手定数 k_1	計算式
綿糸, 化繊紡績糸	英国式綿番手	1	453.6	840	768.1	0.5905	$k_1 \times \dfrac{l}{w}$
麻糸, 麻紡績糸	英国式麻番手	1	453.6	300	274.3	1.654	
梳毛糸, 紡毛糸, 毛混紡糸	共通式メートル番手		1,000		1,000	1	

恒長式番手

糸の種類	番手呼称	標準長さ L (m)	重さ W (g)	番手定数 k_2	計算式
フィラメント糸〔単繊維を含む〕	デニール	450	0.05	9,000	$k_2 \times \dfrac{w}{l}$
すべての糸〔単繊維を含む〕	テックス	1,000	1	1,000	

表2　糸の太さの換算式

換算番手＼原番手	綿番手	メートル番手	デニール	テックス
綿番手		$0.591 \times N$	$5315/D$	$591/T$
メートル番手	$1.692 \times N$		$9000/D$	$1000/T$
デニール	$5315/N$	$9000/N$		$9 \times T$
テックス	$591/N$	$1000/N$	$0.111 \times D$	

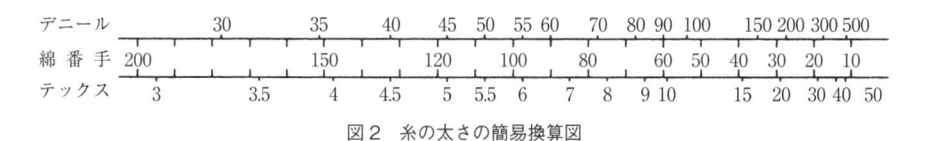

```
デニール         30      35    40   45  50 55 60   70  80 90 100    150 200 300 500
綿番手   200            150         120      100      80    60  50    40  30  20    10
テックス   3      3.5      4   4.5    5   5.5  6    7    8   9  10     15  20  30 40 50
```

図2　糸の太さの簡易換算図

図2は簡易換算図である．例えば，綿糸40番手をテックスに換算すると，簡易図では，14.7〜14.9テックス，計算式では，T＝591/40＝14.8テックスとなる．

● **糸の太さ，長さ，重さと布との関係**　布の糸の太さを調べるには，一定面積の布を取り，その重さ（w）を量る．次に布から糸をほぐしその長さ（l）を測ると求められる．例えば，10 cm² の織物の重さが2.0 g，織物からほぐした糸の長さが800 mとする．糸の太さは表2から，1,000×2.0÷800＝2.5テックスとなる．また，5.0テックスの糸を使った布の重さが2.5 gであると，糸の長さは，5.0＝1,000×2.5/l より l＝500 mとなる．このように，糸の太さ，長さ，重さの関係から，糸の太さまたは長さ，重さがそれぞれ求められ，布設計に利用される．

〔日下部信幸〕

糸のつくり方

　糸のつくり方は繊維の種類によって異なり，古くは繊維の長さが数 cm の綿や 10 cm 前後の羊毛は紡ぐという方法で，麻は草木の皮を細く裂いて撚り合わせて績むという方法で糸にした．今日ではこの 2 つを合わせて紡績という．絹の生糸は 10 数個の繭を煮て繊維をほぐし集めて繰るという方法でつくる．化学繊維糸は粘性の液を細い穴（ノズル）から押し出し，紡糸して集めてつくる．

●**紡績糸のつくり方の変遷**　糸を紡ぐ最も古い道具は紡すい（錘）車といい，各地の古代文明地で使われた世界共通のものであった．紡すい車は，直径数 cm の車輪形をしたおもり（錘）の中央部に数 mm の穴を開け，そこへ 10〜30 cm の木の棒を差して糸を紡いだ．6〜10 世紀に糸車が生まれ，一方の手で大きい車輪をまわし，鉄製の細い丸い棒のスピンドル（すい・錘という）の付いた小さい車輪を高速回転させ，他方の手にもった繊維束から引き出しながら撚りをかけたので糸紡ぎが数倍速くなった．16 世紀ころスピンドルの代わりにフライヤーとボビンを備えたフライヤー式糸車が発明された．大きい車輪を足踏みでまわ

図1　紡すい車で糸紡ぎ

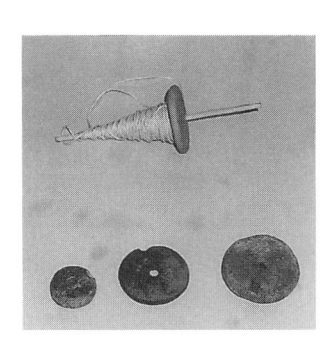

図2　紡すい車

図3　糸車

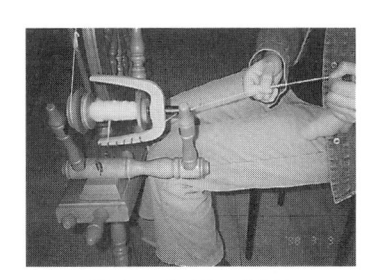

図4　フライヤー式糸車

し，両手で繊維束から引き出したので均一な糸を紡ぐことができた．このフライヤー式糸車は羊毛や亜麻を紡ぐのに適していたので,サキソニーホイール，フラックスホイールという．

　18世紀後半に糸をつくる道具が機械化された．それらはイギリスで発明され，産業革命を起こすもととなった三大紡機で，ジェニー紡機，水力紡機，ミュール紡機である．特に水力紡機とミュール紡機は水力工場に設置され，洋式紡績となり糸の大量生産を可能にした．

●**水力紡機**　1768年アークライトが発明した．初期の紡機は4すいで,その後，すい数が増え,大型化し水力で運転した．

●**ミュール紡機**　1779年クロムトンが発明した．ジェニー紡機のスピンドル機構と水力紡機のローラードラフト（繊維束を揃えて引きのばすこと）装置を組み合わせた紡機である．

●**洋式紡績**　18世紀末に生まれた洋式紡績は今日の糸をつくる基本で，その工程は，混打綿→カード（梳綿）→練条→粗紡→精紡である．三大紡機は精紡にあたり，粗紡以前は前紡という．図7は前紡工程によってつくられた綿の糸になる前の状態を示す．

●**革新紡績**　最近はスピンドルを使用しない精紡機が使われている．ローターを使って繊維束を細く揃えながら高速回転させ撚りをかけて糸にするオープンエンド精紡機や，旋回流で細く揃え撚りをかけて糸にするエアージェット式の空気精紡機などがある．

図5　水力紡機

図6　ミュール紡機

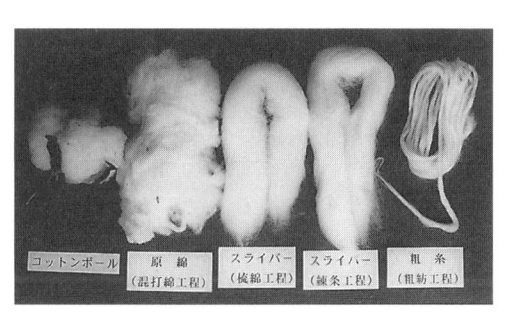

図7　原綿から粗糸までの前紡工程と中間製品

〔日下部信幸〕

布の分類と特徴

　布はいろいろな方法で分類されるが，大きく糸でつくった布と，繊維から直接つくった布に分けられる．糸でつくった布は織物，編物，レース，ネットなどがあり，繊維から直接つくった布はフェルト，不織布，皮革，スエードなどがある．糸でつくった布は丈夫で柔軟性があり，変形しやすく，特にせん断性があるのでドレープが出やすい．一方，繊維から直接つくった布は硬く変形しにくく，せん断性が少ないのでドレープが出にくい．

　図1は織物と不織布のせん断性を比べたもので，織物や編物は布がずれやすいのでせん断しやすいが，不織布やフェルトは布がずれにくいのでせん断性が小さい．布のせん断性は，図2のように両手で握って前後または上下にずらすとわかる．

●**布のせん断性とドレープの関係**　布のせん断性は衣服に美しいドレープを生み出す．図3はせん断性の大きい織物（デシンとギンガム），せん断性の小さい不織布（厚地と薄地）の風呂敷大の布を垂れ下げた状態である．せん断性のある織物はドレープが出やすく，せん断性のない不織布はドレープが出にくい．古代ギリシャやローマ時代の衣服はドレープ感を出すのがファッションであったし，多くの仏像などにも衣服の美しいドレープが表現されているが，今日でもファッションにとって重要なものである．また，図4のように，せん断性のある布にギャザーを寄せるとドレープが出るが，

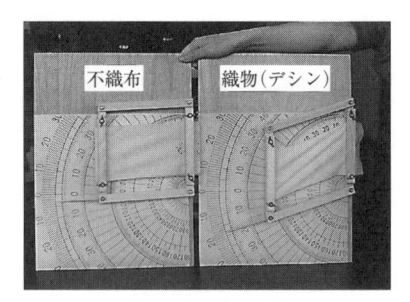

図1　布のせん断性

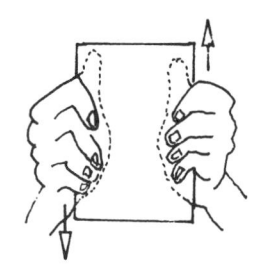

図2　手によるせん断性の調べ方

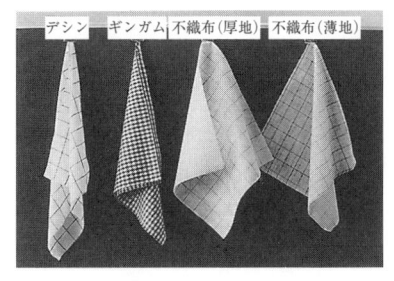

図3　織物と不織布の垂下状態

図4　ギャザーによる布のドレープ性

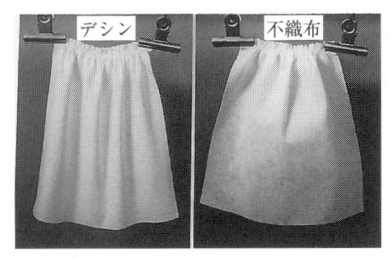

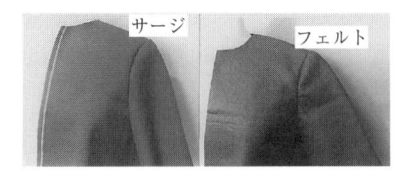

図5　袖山の縫合状態

せん断性のない布にはドレープが出にくい．
●**布のせん断性と衣服の縫製**　布のせん断性は衣服の縫製の仕上がりにも大きく関係している．図5のように，せん断性のある織物（サージ）は袖山のような曲線部分を「いせこみ」によって美しく滑らかに縫合できるが，せん断しにくいフェルトは縫い目にしわが発生する．
●**その他の特徴の違い**　図6はハンドボールに風呂敷大の布をかぶせた状態で，織物はボールの曲面に沿っているが，不織布は曲面に沿っていない．織物は自重で布がせん断し変形するからで，せん断性があると曲面の多い人体を美しく被うことができる．垂れ下が

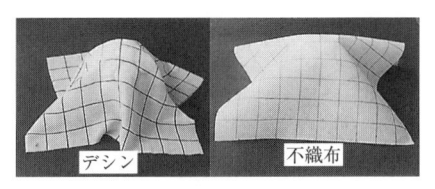

図6　ボールに布をかぶせた状態

りのドレープも同様に自重によって生まれている．また，せん断しやすい布は丸い物などを容易に包むことができる．せん断しやすい布の衣服は肘や膝が容易に曲げられるが，せん断しにくい布は曲げにくく，破損することもある．
　このように，布にせん断性があると人体を美しく包み，ドレープ感を表し，丈夫であったので，古代から糸をつくり，織物や編物にして利用してきた．
●**繊維から直接つくった布の特徴と用途**　フェルトや不織布はせん断性が小さいので衣服にあまり使わないが，安価であることから1回限りの手術衣や，硬くせん断しにくいことから服の形態を保つために接着芯として利用している．
　また，糸でつくった布は糸間に隙間があるため，ほこりや花粉などを通してしまうが，繊維からつくったフェルトや不織布は密にすることで通さなくすることができる．不織布はマスクや空気清浄機，車のフィルターなどに欠かすことができない．PM2.5という微粒子も通さないマスクやフィルターもつくられている．粉末を通さないことからティーバッグなどにも使われている．　　　〔日下部信幸〕

織物の構造と特徴

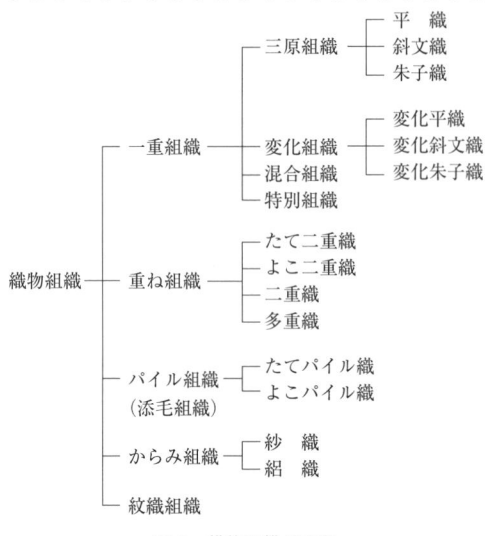

```
                  ┌ 平　織
        ┌ 三原組織 ┼ 斜文織
        │         └ 朱子織
        │         ┌ 変化平織
        │ 変化組織 ┼ 変化斜文織
    一重組織        │         └ 変化朱子織
        │ 混合組織
        │ 特別組織
        │         ┌ たて二重織
織物組織 │ 重ね組織 ┼ よこ二重織
        │         ├ 二重織
        │         └ 多重織
        │ パイル組織 ┌ たてパイル織
        │ (添毛組織) └ よこパイル織
        │           ┌ 紗　織
        │ からみ組織 ┤
        │           └ 絽　織
        └ 紋織組織
```

図1　織物組織の分類

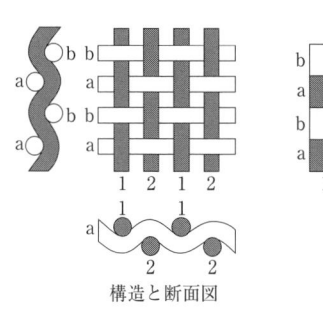

図2　平織
構造と断面図　　組織図　　完全組織

●**基本構造（平織　綾織（斜文織）朱子織）**　織物の基本構造は図1に示すように平織, 綾織（斜文織），朱子織の3種があり，これを三原組織といい，三原組織を変化させて得られる組織を変化組織という．規則的な織組織のくり返しの最小単位を完全組織という．

●**平織（図2）**　織物組織の中で基本となるもので，たて糸・よこ糸は1本ずつ交互に交錯する．表裏がなく単調であるが，糸の太さや，撚り，密度を変えることで外観を変えられ，確実に交差しているため，最も丈夫でしっかりした織物になり，実用衣料として用いられることが多い．ブロード，タフタ，ギンガムローンなどがある．

●**斜文織（綾織）**　たて糸，よこ糸3本以上で構成されており，交錯点が斜めに連続的に現れるこの斜めの線を斜文線とよぶ（図3）．

　平織に比べ，たて糸とよこ糸の交錯が少ないため柔らかい布となる．ツイード，デニム，ギャバジンなどがある．

●**朱子織**　サテンともいう．たて糸，よこ糸は5本以上で1完全組織をつくる五

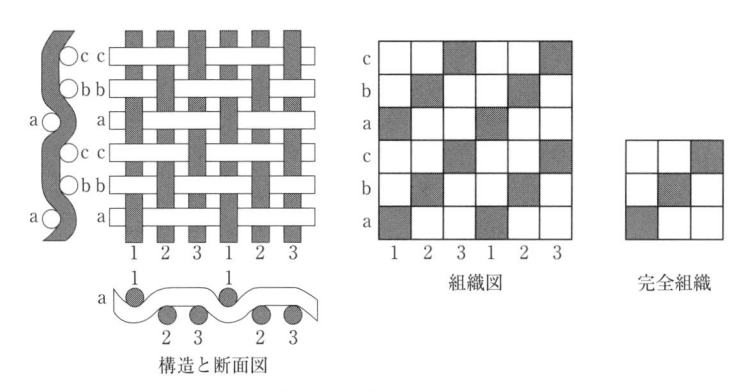

図3 斜文織（三枚斜文）

枚朱子，8本ずつで1完全組織の八枚朱子が代表的であり，たて朱子が多い（図4）．朱子織はすべりがよく綾織よりも光沢があり柔軟であるが，糸がずれやすいため布は弱く摩擦にも弱い．舞台衣装，パーティードレスなどおしゃれ着用に向く．サテン，ドスキンなどがある．

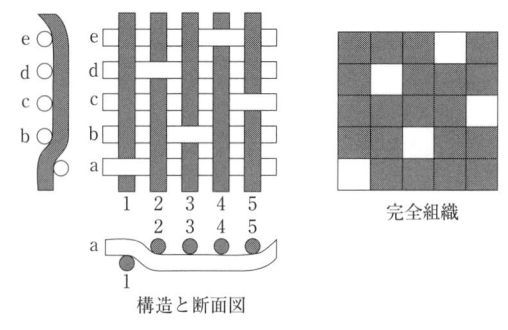

図4 朱子織（五枚朱子）

● **複合構造**

レノ
からみ織りで織った透かし目を特徴にした薄く軽めの織物を総称していう．からみ組織，もじり組織，リノともいわれる．2本のたて糸を1本のよこ糸にからませて組織するため織物を強くすることができる．

パイル
二重織の応用で，地組織に別のパイル糸を片面または両面に織り込んだ織物である．よこ糸がパイルのよこパイル組織と，たて糸がパイル組織の2種類がある．別珍，コール天，モケット，ベロアなどが例として挙げられる．

二重織
たて・よこ糸のいずれかまたは両方を2種以上用いて2枚の布が重なったように織る．たて糸1種類とし，よこ糸を表と裏に2種類用いるものをよこ二重織，よこ糸1種類，たて糸を2種類用いてつくるものをたて二重織という．

〔安藤文子〕

編物の構造と特徴

　編物は，たて，よこどちらか1つ方向の糸によって編目をつくったものである．織物に比べると伸縮性に富み柔軟性もある．また，ドレープ性もあり軽い．寸法安定性にやや乏しいが，身体によくフィットするためカジュアルウェアやスポーツウェアに多く使われている．編機の発達にはめざましいものがあり，1995年に発表された無縫製ニットは，立体的に1着を編み，裁断のロスも出さないものとして注目されている．この無縫製ニットは日本で開発された機械であり，現在でも日々進化し続けている．ニットを分類したものが図1である．

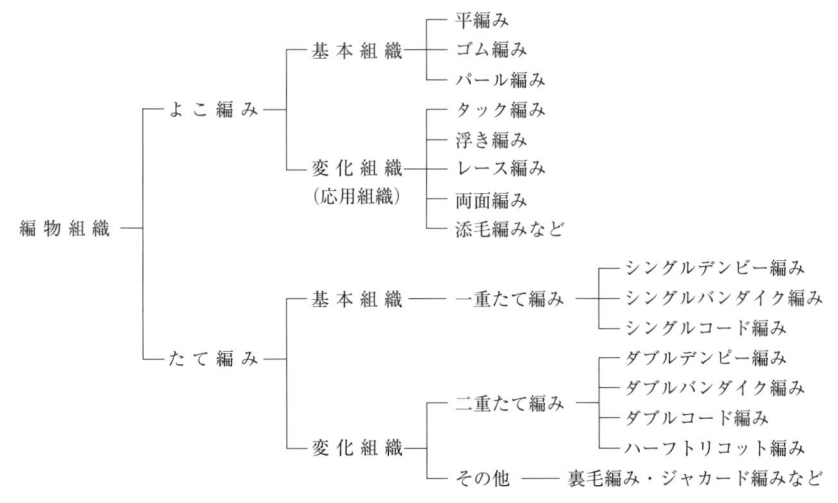

```
                           ┌ 平編み
              ┌ 基本組織 ─┼ ゴム編み
              │           └ パール編み
              │
  ┌ よこ編み ─┤           ┌ タック編み
  │           │           ├ 浮き編み
  │           └ 変化組織 ─┼ レース編み
  │             (応用組織) ├ 両面編み
編物組織        　         └ 添毛編みなど
  │
  │                         ┌ シングルデンビー編み
  │           ┌ 基本組織 ─ 一重たて編み ─┼ シングルバンダイク編み
  │           │                          └ シングルコード編み
  │           │
  └ たて編み ─┤                         ┌ ダブルデンビー編み
              │           ┌ 二重たて編み ─┼ ダブルバンダイク編み
              ├ 変化組織 ─┤                ├ ダブルコード編み
              │           │                └ ハーフトリコット編み
              └ その他 ── 裏毛編み・ジャカード編みなど
```

　図1　ニットの分類　［出典：安藤文子，小野幸一，伊藤きよ子ほか：生活材料学，アイ・ケイコーポレーション，2011］

●**よこ編み・たて編み**　よこ編みは1本の糸でよこ方向に編目をつくるもので，たて編みは平行に並べた多数の糸をからませてつくるものである．よこ編み，たて編みとも種類が多く，外観や性質もそれぞれに異なるが，その特徴は次のとおりである．

・たて編みはよこ編みよりもほぐれにくく，ランが生じにくい．
・たて編みは織物より伸びやすく，よこ編みより伸びにくい．
・よこ編みの方が柔軟でドレープ性が大きい．

●**よこ編み**　よこ編みの基本組織は，平編み，リブ編み（ゴム編み），パール編み

であり，これをよこ編みの三原組織とよぶ．

平編み
　シングルニットの基本組織の生地である．天竺編みともいう．表には表目が現れ，裏面は裏目のみが現れるため，編地の表裏がはっきりとわかる．表目は光沢があり滑らかであるため日常よく用いられる．生地は表目の方にカールしやすい．また，ラン（伝線）を起こしやすい欠点もある．用途は広く，肌着，セーター，スポーツシャツ，ソックス，ストッキングなどに利用される．

パール編み
　たて方向に表目，裏目が交互に配列されている組織で，表裏とも裏目がそろっているようにみえる．たて方向に伸縮性が大きく，平編みのように曲がることは少ない．リンクス編みともいい，手編みではガータ編みとよぶ．地厚であり，たて方向の伸縮性がある．主としてセーター類に用いられる．

リブ編み
　ゴム編みともいう．よこ方向に，表目，裏目が交互に配列された組織で，編地は裏表の区別がない．カールはなく，よこ方向の伸縮性が平編みより大きいため，セーターなどの袖口，衿，裾に利用されることが多く，外衣用のジャージーにも用いられる．外観がたて方向に表目と裏目が連なっていることから，形状をあばら骨（rib）に例えてこの名がついたという．

●**たて編み**

トリコット
　編目のつくり方に閉じ目と開き目がある．たて糸はコース1つごとに同じウェールの糸にからまる．

ラッセル
　たてメリヤスのゴム編みのような布が得られる組織で，カーテン，レースなどにこの組織が使われている．ラッセルというたて編機で種々の柄やよこ糸を編み込んだものである．

コースとウエール
　コースは編目のよこ方向にそったループの列をいい，ウエールは編目のたて方向にそったループの列をいう．

開き目と閉じ目
　たて編みの編目には，閉じ目と開き目がある．たて編地は開き目と閉じ目をそれぞれ単一で用いるか，併用するかで外観，柄，物性が変わる．一般には閉じ目の方が多く使用され，開き目よりも編目の安定がよく，しっかりした編地になる．

〔安藤文子〕

その他の布の構造と特徴

●**組み物** 組み物には平打ち組み物に1本組組み物，2本組組み物，網代組組み物，結合組み物などが，また，立体的に構成できる丸打組み物がある．用途は帯締め，携帯ストラップの紐．

●**レース** レース機でより合わせたり，組む，編むなどの技法で透かし目模様を出したり，基布に透かし模様を出す．用途としては，婦人服地，装飾などの付属品，カーテンがある．レースは手工レースと，機械レースに分類できる．

①手工レース
・布レース
　ダーンドネッティング：ネット地を使い，マス目をかがって模様を出す．
　オープワーク：ドロンワークやカットワークがこれに属し，服地やテーブルセ
　　　　　　　　ンターなどに利用される．
・糸レース：マクラメレース，編みレースがある．

②機械レース
・ししゅうレース
　エンブロイダリーレース：基布にししゅうや穴かがりを施したレース．基布に
　　　　　　　　　　　　一面に刺繍したものを，オールオーバー・エンブロ
　　　　　　　　　　　　イダリーという．ネットを基布にししゅうしたもの
　　　　　　　　　　　　をチュールレースという．
　ケミカルレース：基布にししゅうを施した後，基布を化学的に溶かし，ししゅ
　　　　　　　　　う部分を残す．基布は水溶性ビニロンなどを使い，ししゅう
　　　　　　　　　糸は，綿，レーヨン，合成繊維を用いる．
・編みレース
　ラッセルレース：生産性の高いレースで，ラッセルレース機でつくられる．
　カーテンレース：カーテンに使われることが多く，ネット地のたて糸に別の糸
　　　　　　　　　をからみ合わせる．
　チュールレース：チュールにししゅうを施してつくられる．
・ボビンレース（糸レース）
　リバーレース：リバーレース機を使用する．服地や装飾に利用されるもので，
　　　　　　　　たて糸に別の糸をからませてつくる．
　トーションレース：組み物機を使用するもので，細幅のものしかつくれない．

イタリアのトーション地方でつくられ始めた．

●**フェルト**　圧縮フェルト，織りフェルト，ニードルパンチフェルトがある．羊毛，その他の獣毛の縮充性を利用するものは，圧縮フェルト，織りフェルトである．羊毛にアルカリ性の水分と熱を加えると，繊維と繊維がからみ合い，密なフェルトになる．

　圧縮フェルトは，繊維をシート状に重ねて蒸気やアルカリ液に浸し，縮充させて布状にしたもので，織りフェルトは，紡毛織物を起毛して繊維をからみやすくし，強く縮充させたものである．ニードルパンチフェルトは，専用機械の針で突き刺してからませるもので，この方法は毛に限らずポリエステルなど，他の繊維でもつくることができる．用途としては，帽子，アップリケ布，敷物，スカート布，ビリアードクロス，公式テニスボールが挙げられる．

●**不織布**　不織布は繊維をシート状に広げてこれを接合してつくる．接合の方法は機械的，熱，溶剤，薬品による接合方法とこれらを組み合わせた接合がある．

　ほつれにくく方向性にこだわらなくてよいこと，寸法安定性がよいので，芯地，手術着，マスク，フィルター，産業用資材に幅広く使用されている．原料となる繊維は用途によって異なり，洋服の芯地にはレーヨン，ポリエステル，ナイロン，使い捨て衣料は綿，レーヨン，人工皮革の基布やカーペットにはポリエステル，ポリプロピレンが使われる．

●**接着布**（ボンデッド）　接着布はボンデッドファブリックともよばれ，織物，編み物，不織布などの裏と裏を接着剤で接着するか，2枚の布の間にウレタンフォームを入れて熱接着する布である．そのほか，布とフィルム，ビニールシートをはり合わせたフィルムラミネート，ビニールラミネートがある．フォームラミネートは含気率が大きいため保温性に優れている．　　　　　　　　　〔安藤文子〕

📖 **参考文献**

[1]　安藤文子，小野幸一，伊藤きよ子ほか：生活材料学．アイ・ケイコーポレーション，2011．
[2]　文化服装学院 編：アパレル素材論．文化学園文化出版局，2013．

Chapter 5
被服材料 II

天然物の模倣 ——— 106
熱特性 ——— 108
水分特性 ——— 111
電気的特性 ——— 116
光学的特性 ——— 118
運動機能性 ——— 120
衛生機能性 ——— 122
高機能性 ——— 128
その他の高機能素材 ——— 130

天然物の模倣

●シルクライク素材　絹は独特の光沢や着心地，吸湿性，保温性，力学特性などを有しているため，古くから珍重されてきた．合成繊維が普及すると，これらの特徴を合成繊維，特にポリエステルフィラメントで実現する試みが1960年代から活発に行われた．

　絹は三角形の断面形状を有しており，これがプリズムとして作用するために独特の光沢を有している．口金の吐出孔形状の工夫で得られた三角形断面を有するポリエステル繊維は，絹に類似した光沢が実現されている．

　蚕の繭を構成している糸は，2本のフィブロイン繊維とそれを取り巻くセリシンとから構成されている．通常セリシンは絹織物の精練工程で除去され，2本のフィブロイン繊維のみが残る．セリシンが除去されることによって生じた空隙によって織物の中の絹糸が動ける余裕ができ，絹織物独特のドレープ性が生まれる．ポリエステル繊維は強アルカリによって分解するため，ポリエステル織物にアルカリ処理を施すことによって，絹織物と同様のドレープ性が達成されている．通常，ドレープ性の付与のために20〜30％の減量処理がなされている．

　蚕は繭をつくるときに，8の字に首を振りながら糸を吐く．そのため，絹糸には糸と平行な方向に不規則な倦縮や縮れのむらが生じる．これが絹独特のやわらかなふくらみを生む．ポリエステルにおいては，収縮率の異なる2種類の糸を用いて織物にした後に熱処理することで，絹織物に似たふくらみを実現している．また，糸の長手方向にランダムに収縮率の異なる繊維をつくり，これを熱処理することで同様の効果が得られている．

　絹の織物をこすり合わせると「キュッキュッ」と独特の音がする（絹鳴り）．ポリエステル繊維では三角形断面繊維の頂点にわずかなくぼみを設けることで，同様の音がすることが見出されている（図1）．

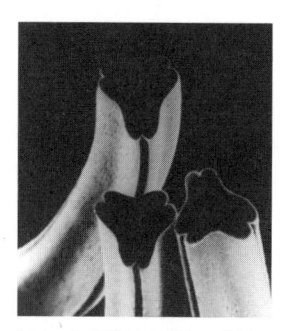

図1　三角断面の頂点にくぼみを設けたポリエステル繊維
［出典：「衣料用ポリエステル繊維技術の系統化調査」，国立科学博物館技術の系統化調査報告 7, p.139, 2007 ; http://sts.kahaku.go.jp/diversity/document/system/pdf/027.pdf］

●レザーライク素材　天然の皮革に似せてつくられた人工の素材をレザーライク素材という．天然皮革は臭い，品質の不均一性，形態安定性，色落ち，カビ，洗濯などの点で，扱いにくさがある．これを改

善すべく，合成素材で皮革に類似したものをつくる努力が続けられてきた．

　織布や編布などの基布に天然皮革の銀面層に相当する表面層を合成高分子で形成させたものを，合成皮革と称している．比較的安価で気軽に取り扱えるものの，風合いなどの特性面で天然皮革とは異なるものである．合成皮革は，衣料品，カバン，家具，靴，サンダルなどに使用されている．

　天然皮革はコラーゲンの微細な繊維が複雑に絡み合って微細な隙間を形成している．ポリエステルなどの極細繊維を3次元的に絡み合わせ，これにポリウレタンなどの弾性樹脂を含浸させて形成したものが，人工皮革である．外観や風合いが天然皮革に類似したものがつくられており，図2に示すように，立毛させてスエード調に仕上げたものは，断面の電子顕微鏡写真でも天然物と区別がつかない．また，性能も天然皮革に近く，例えば指で表面をなでたとき，毛が倒れて文字が書けるなどの特徴を有している．この効果は，極細繊維の立毛が表面を形成しているために実現する．人工皮革は，衣料，自動車のシート，家具，靴，ピアノクッションなどに広く使用されている．

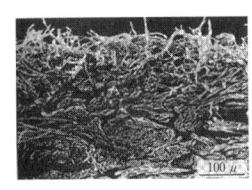

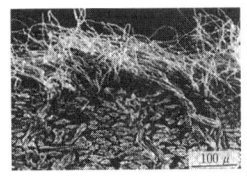

図2　天然スエードとスエード調人工皮革の断面写真　〔出典：中島利誠 編著「新稿　被服材料学—概説と実験」，光生館，p.95，2010〕

●**人工毛皮**　フェイクファーともよばれ，天然の毛皮と見間違うほど精巧なものも製造されている．欧米などでは動物保護の観点から，天然の毛皮を避け人工毛皮を重用する傾向がある．アクリルなどの合成繊維を用いて製造されている．

●**その他の素材**　人類は自然を師として，さまざまな工夫を凝らしてきた．衣料用素材も例外ではない．上記以外にも，例えば，極細繊維によって表面に微細な突起を形成した布は，蓮の葉のように水をはじく性質を有している．また，モルフォ蝶の羽の表面のように微細な構造を形成することによって，色素なしで着色した繊維が開発されている（構造発色繊維）．今後も天然物の模倣，そして天然物を凌駕する素材の開発はなされていくであろう．

〔吉村利夫〕

熱特性

　冬暖かく，夏涼しく着るためには，衣服による保温と放熱の機構を考える必要がある．布の熱移動に加えて，衣服形態，衣服の構造が衣服の保温性および温熱的快適性に関わってくるが，ここでは布の熱特性に関わる機能素材について解説する．

　布は繊維とともに空気と水分を含む複雑な構造の繊維集合体であり，布内部に生じている現象も伝導・対流・輻射などの複合伝熱である．布の構造にもよるが，天然繊維の綿・麻や再生繊維のレーヨン・キュプラなど熱伝導率が高い繊維の場合は，布に触れたときに熱が多く奪われるので，接触冷感が高くなり，着衣時にひんやり感じて夏用衣料に適する．一方，天然繊維の毛のように熱伝導率が低ければ接触冷感は低くなり，冬場に触れても暖かく感じる．布の保温性は繊維の熱伝導率に加えて，繊維と繊維の間，糸と糸の間といった布の空隙部に含まれる空気に大きく影響を受けるため，布はもともとさまざまな材料の中でも軽くて熱伝導性の低い材料ということになる．

●**断熱保温素材**　一般の衣料用布地に含まれる空気の割合は少なくても50％以上で，ニット生地では90％前後，ダウン衣服用生地は98％以上である．衣服の保温性を向上させるには，対流を生じない程度の微小な空気層をつくることが有効で，一般的に織物に比べて厚みのある編物は空気を多く含むので，そのまわりに通気性の低いコートや上着を着用すれば暖かい．また，冬の衣料の代表格であるダウンの材料である水鳥の羽毛（ダウンやフェザー）は細い繊維と繊維の隙間に空気を多く含み，軽くて嵩高く，保温性に優れている．植物繊維の綿は，衣料用繊維の中では熱伝導率が高く夏物衣料のイメージが強いが，繊維の中に空洞がある中空繊維であり，中空部分に大量の密閉空気を抱え込んでいるため，ふとん綿に用いられるなど保温性ももち合わせている．これらの性質を利用して，合成繊維でも極細繊維や中空形状の繊維が製造されている．繊維1本1本を中空構造にすることで通常品よりも約40％も軽量化したものもあり，これらの繊維が冬物衣料やふとん綿，さらに水から出た後に体を冷やさないように水着の材料として用いられている．

●**吸湿発熱保温素材**　物質が水分を収着すると吸着熱とよばれる熱が発生する．羊毛，レーヨン，綿など吸湿性の高い繊維は，汗などの水分を多く収着するため，吸着熱も大きくなる．お風呂やプールから出た後に水滴がついたままだと寒く感

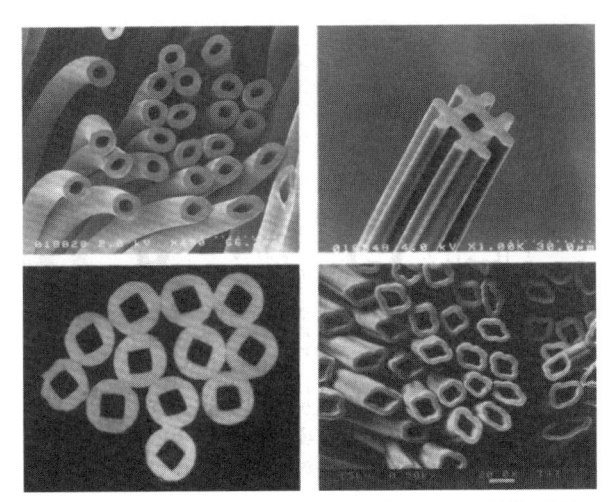

図1 各社の水着用中空糸　[出典：本宮達也「ハイテク繊維の世界」，日刊工業新聞社，1999]

じやすいのは，皮膚上の水分が蒸発するときに熱を奪うためで，これとは逆に吸湿発熱は気体の汗が繊維に吸着することで熱が発生する．合成繊維でもアクリレート系繊維など，綿や羊毛を上まわる吸湿性をもつ繊維が新しく開発されている．

●**蓄熱保温素材**　太陽光の中の特定の波長の電磁波を吸収し，熱エネルギーに変換する効率の高い，炭化ジルコニウムなどの物質を繊維の中や繊維表面に練り込んだ繊維を蓄熱保温繊維といい，スキーウェアなどに商品化されている．例えば炭化ジルコニウムの場合には，波長約 $2\mu m$ 以下の電磁波を吸収して熱エネルギーに変換し，それより長い波長の光は吸収せずに反射する性質がある．この繊維は，普通の繊維と比較して，太陽光にあたって10分後にはその表面温度が3～4℃程度高くなるとの着用結果が発表されている[1]．

●**遠赤外線放射素材**　遠赤外線は太陽光に含まれ，可視光線や紫外線と同じく電磁波の中まで入る．遠赤外線が物体にあたると，物体を構成する分子や分子が形成する格子を振動させて熱を発生させるので，伝導や対流の熱伝達に比べて物体は早く均等に熱せられる．炭火で焼くと内部までふっくらと焼けるのは，炭を燃やすと炭から遠赤外線が放射されるためである．加熱されると遠赤外線を放射する効果が高い珪酸ジルコニウムなどの化合物を，繊維中や繊維表面に練り込んだ繊維のことを遠赤外線放射繊維という[1]．

地球温暖化による猛暑や原発事故による節電の影響で，暑い夏や寒い冬を過度の冷暖房に頼らず快適に過ごす機能的な繊維製品が注目されている．日本の繊維産業は，世界に先駆けていち早く高機能繊維の開発に取り組み，1980年代から本格展開したが，2005年にクールビズやウォームビズが提唱されて以降，快適性を追求した高機能繊維は開発の勢いをますます増している．機能だけでなく，着用感や風合いの面からも開発が進められており，繊維製品は常に進化を続けている．

〔井上真理〕

参考文献
[1]　山﨑義一：繊維のふしぎと面白科学，ソフトバンククリエイティブ，2007.

水分特性

　人間の身体の70%は水分で,汗腺からは常に水蒸気が放湿されている(不感蒸散).暑いと汗をかいて,身体の表面をぬらし,汗が蒸発するときに体温を奪い(気化熱),体温上昇を防ぐ.したがって,被服が水蒸気を吸ったり(吸湿性),透過させたり(透湿性),水を吸ったり(吸水性),汗を吸ったり(吸汗性)する性質は,着心地に大きな影響を及ぼす.さらに,雨などにぬれて体温低下を引き起こさないよう,身を守るためには水を通さない性質(防水性)が必要な場合がある.このような気体の水蒸気や液体の水に関する性質を水分特性とよぶ.水に関わる性質は,体温調節や着心地に大きな影響を与えるため,被服にとって重要な性質といえる.

吸水・吸汗素材

　吸水性と吸汗性をもつように工夫された合成繊維の素材を対象とした名称である.綿や毛などの天然繊維に比べると,合成繊維は本質的に親水性が低い.そこで,繊維の構造,織り方,加工などを工夫して,水や汗をよく吸収できるようにしている.ポリエステル,ナイロン,アクリルのような合成繊維を紡糸する際に,種々の断面形状をもつ繊維をつくり,単位質量あたりの繊維表面積が大きくなるように設計される.また,隙間に毛細管現象によって水分が効果的に入り込むことも考慮して断面形状は設計される.繊維の形状を変える方法には,①繊維の極細化,②繊維断面の異形化(円形でなくすること),③繊維側面に細い溝や孔を形成することがある.木綿では,成分のセルロース分子中に多くのヒドロキシ(水酸基)があるので親水性をもち,また断面が不揃いで,特有の孔(ルーメン)をもつために毛細管現象も起こり,さらに吸水性を増す.しかし,その性質上,吸収された水はなかなか放散されない.一方,毛細管現象のみで吸水性を加えた合成繊維では,本来の疎水性が残るために速乾性が生じる.また,化学反応によって繊維素材に親水性基(ヒドロキシ基[-OH],カルボキシル基[-COOH]など)を導入する方法が併用される.

　繊維関連の各社が独自の工夫をこらした製品が出

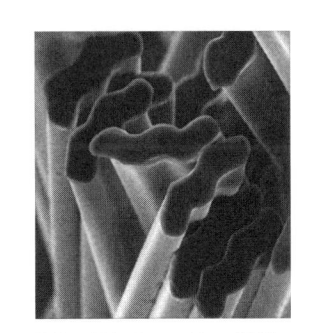

図1　テクノファイン　[提供:旭化成せんい]

されている．繊維の種類ごとに例を挙げる．®は登録商標であることを示す．
●ポリエステル
① 旭化成せんいのポリエステル異形断面繊維テクノファイン®は，W字形の扁平な断面をもつ（図1）．この素材を束ねると，毛細管現象が増大され，水や汗を多量に取り込む．また，肌や他の繊維との摩擦係数が小さくなり，なめらかな肌触りとなる．テクノファインを使用した製品（アクアジョブ）は，スポーツ衣料や寝具に用いられる．
② 東レのセオ・アルファ®は，微細溝をもつ異形断面と丸断面の単繊維をランダムに配列し，さらにねじれを加え繊維間に数μm～10数μmの極細の隙間をつくった繊維束の毛細管構造が，吸水性，拡散性，ドライ感を生み出すとされる．
③ クラレのブリーズライト®はドッグボーン（犬の骨）とよばれる扁平型断面をもつ繊維で，肌に接する面積が小さく，かつ大きな表面積をもつ．
④ ユニチカトレーディングの打ち水　ドライ®は，異形断面繊維が汗を素早く吸収し，蒸発を加速させて気化熱による冷却を行う．
●ナイロン
① 東レのボディクール®は，単糸繊度1.0デシテックス前後の極細繊維で，ひつじ雲型断面（扁平八葉断面）と表現される断面をもつ．
② 東レのキューブ®は，ポリマーアロイ技術により高い吸放湿性をもたせた素材で，ナイロンの機能性をもち，ソフトな風合い，深色性を備える．
●アクリル
アクリル繊維を多孔質化して，毛細管現象により吸水性を増加させた繊維素材である．以下を例として，1980年代には各社によって製品化された．これらは，アクリル繊維の物性を保持し，吸湿性は変わらないが吸水性を増大させており，肌着やタオルなどによく用いられる．
① バイエル社（ドイツ）のDunova（デュノバ）®
② 鐘紡のアクワロン®
③ 旭化成のソルシー®
④ 日本エクスランのアクア®は，多数の微細孔と毛細管で水分を繊維内部に移動し保水する．
⑤ 日本エクスランのコアホット®は，赤外線放射性のアクリルをコアに吸水速乾性をもつ多孔質性のアクリルでカバーした二層構造状素材である．
●アセテート
① 三菱レイヨンテキスタイルのソアロン®は，トリアセテート素材で，セル

ロース繊維を原料とする．公定水分率が高く静電気が起きにくい．肌面に水分を留めず，汗や湿気を蒸発させる際の気化熱効果が高いという．

●複数の繊維を合わせた素材
① 帝人のミクロスター®は，ポリエステル（約50～74%）とナイロン（約26～50%）の超極細繊維からなる高吸水性繊維である．表面積が大きいので，拭き取り用布，ハンカチ，レンズクロス，バスローブ・マットなどに適用されている．
② 旭化成せんいのシュアドライマックス®は，生地の中間層に吸湿・放湿性に優れたキュプラ繊維ベンベルグ®を配置している．
③ 三菱レイヨンテキスタイルのセブロス®は，天然パルプを原料とするジアセテート繊維と特殊ポリエステルを複合したものである．
④ ユニチカトレーディングのクールキャッチプラス®は，ポリエステル/ナイロンからなる．皮膚上の熱を奪いやすい機能繊維を肌側に使用することで，着用時の涼感性が得られる．

●繊維素材に化学反応で親水性基を導入した例
① 東レのアクアウイン®は，ポリエステル繊維の表面に親水性モノマーをグラフト化させたものである．吸・放湿性と吸水性をもっている．
② 日本エクスラン工業のランシールF®は，アクリル繊維に化学処理で親水性基を導入して，架橋剤で繊維分子間を結合した繊維素材である．
　なお，吸水性と吸汗性は併せもたれる性質である場合が多い．機能性をもつ繊維の改良は日進月歩で，新しい商標名が次々と現れてくる．　　〔金澤　等〕

透湿防水素材

　雨の中のテントから湯気が出ている（図2）．このようなことが起こるのか．この現象は，暖かいテント内の水蒸気がテントの外に透湿して，冷たい外気に触れて凝縮して小さな液滴になったのである．水蒸気が水蒸気圧の高い暖かいテント内から，水蒸気圧の低い寒いテント外へと移動したのである．この現象を透湿という．テントの表面ははっ水加工がされているため，雨ははじかれてテント内には侵入できない．このようなテントの素材が透湿防水素材である．
●定義　透湿性は水蒸気を通す性質のことで，防水性は水をはじいたり，通過または浸透させない性質のことである．つまり透湿防水性とは，一般的には水蒸気は通すけれど水は通さない性質のことで，相反する性質のようにみえるこの2つの性質をもつ素材を透湿防水素材とよんでいる．
●用途と効果　用途としては，図3に示すレインウェアなどの雨衣，靴や手袋，

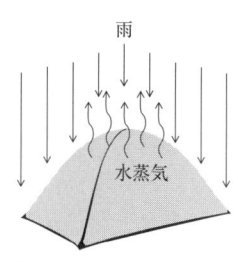

図2 テントから湯気が！

フィッシング，トレッキング，ウィンタースポーツなどのアウトドア用衣服，テント，さらには透湿防水シートとして木造建築物の外壁の屋外側に用いられている．

これらはすべて，透湿防水素材の内側で発生した水蒸気を外に発散することにより内側の結露を防いでいる．さらに雨水などの外部からの液体水は侵入させない．すなわち，衣服であれば人間の身体を濡らさないため，不快な思いもせず体温低下も生じない．テントや建築物に用いると，室内に結露を起こしにくいためカビなどが発生せず，快適な住環境が保てる．

●**透湿防水のメカニズム** なぜ透湿防水が可能になるかというと，図4に示すように，水蒸気の大きさより大きく，雨粒の大きさより小さな孔を素材表面に作り，素材の外側にははっ水処理を行うからである．

実際には，織編物にポリテトラフルオロエチレンの微多孔質膜を張り合わせた二層構造と，織編物で膜をサンドイッチ状にラミネートした三層構造のものがある．織物上にポリウレタン樹脂を発泡したものをコーティ

図3 透湿防水素材を使ったさまざまな製品

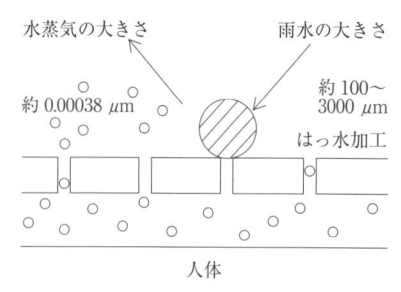

図4 透湿防水のメカニズム

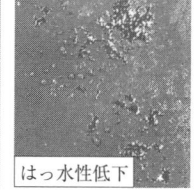

図5 はっ水性の評価

ング加工したもの，極細繊維の高密度織物にはっ水加工を施したものなどもある．
●**透湿防水製品の手入れ**　透湿防水素材は汚れたり濡れたりすると水蒸気の通り道がふさがれるため，透湿性やはっ水性が低下する．透湿性の低下はわかりにくいが，はっ水性の低下は図5に示すように目でみてわかるので，そのようなときには洗濯をして汚れを落とすと機能が回復する．乾燥だけでも効果が回復する．洗濯においては，洗剤や柔軟仕上げ剤，漂白剤などが残ると，それらにより透湿性やはっ水性が低下するため十分なすすぎと乾燥が重要である．　〔牛腸ヒロミ〕

電気的特性

　空気が乾燥して気温が低い冬季はウールなど保温性のよい衣服を重ね着することが多い．乾燥している衣服は接触や摩擦などにより静電気が発生しやすく，また，一般に繊維材料は電気伝導度が 10^{-14}～10^{-16}（$\Omega^{-1}\,cm^{-1}$）と小さく絶縁性であるために発生した静電気がたまりやすく（摩擦帯電），ドアノブなどの金属に触ると火花が飛んだりビリビリしたり不快な電撃を受けることがある．不快なだけではなく，ガソリンスタンドでの引火，電子部品の損傷など深刻な事故の原因ともなる．電撃現象は雷の発生と同じ原理であり，衣服の表面にたまった電荷（帯電）が瞬間的に外部へ放出（放電）されることによる．また，帯電している衣服は静電気力（クーロン力）によりまつわりつきが生じたり，空気中の埃を引き寄せたりして汚れやすくなる．

　静電気は物質と物質の接触・剥離や摩擦のときに物質表面の電子やイオンが移動して一方に偏在している状態である．したがって，接触する物質による静電気の発生量は正負の電荷の違いも含めて，衣服を構成する組成繊維の種類に依存し，同じ繊維組成であっても染料の染着や吸湿状態，糸や布構造による表面摩擦の違いなど数多くの要因の影響を受け，非常に複雑な現象となる．

　静電気による障害を防止するためには，①接触や摩擦による静電気の発生を抑える方法（制電性付与），あるいは，②発生した静電気を速やかに逃がす方法（導電性付与）のいずれかの処理や加工を行うことが必要となる．一般に，電気伝導度が 10^{-8}～10^{-12}（$\Omega^{-1}\,cm^{-1}$）のものを制電性繊維，10^{-7}（$\Omega^{-1}\,cm^{-1}$）より大きいものを導電性繊維と分類する．

●**制電性，導電性物質による後加工**　一般の衣料に広く利用されている加工として，布帛の繊維表面に親水性の被膜を形成することによって表面抵抗を下げて静電気の漏えいをうながす方法である．静電気除去スプレーは最も簡便な例である．親水性成分としては界面活性剤やポリエチレングリコールなどの樹脂が使用されており，吸水性や吸汗性などの機能も同時に付与される．加工が簡便であるが低湿度（30%RH 以下）では効果が低下してしまう，耐久性に乏しいなどの問題がある．高い制電性を後加工で付与する方法として，繊維表面に金属を真空蒸着したりスパッタリングしたりする方法やメッキによる金属の導電性被膜を形成する方法などがある．これらの加工は繊維との密着性があまり強固ではなく，樹脂などをコーティングすることによって耐久性が付与される．あるいは，カーボン

ブラックや金属などを含んだ導電性樹脂をコーティングする方法などが行われている.

●**制電性物質，導電性物質の混合紡糸** 環境によらず耐久性のある制電性や導電性を付与する加工として，繊維に制電性物質として0.5～3%程度の親水性成分を分散して紡糸する方法や，10～20%の導電性の金属やカーボンブラックを加えて紡糸し導電性の繊維を得る方法がある．紡糸技術の進歩により複合紡糸口金を使用した導電性繊維が数多く製造されている．図1はいろいろなタイプの導電性複合繊維断面の光学顕微鏡写真である．黒く見える部分が導電性の金属やカーボンブラックであり，芯鞘構造の繊維はある程度の白度が保たれるが導電性は低下する．一方，表面まで導電性物質が露出している繊維は高い表面導電率をもつが着色は避けられないことになる．

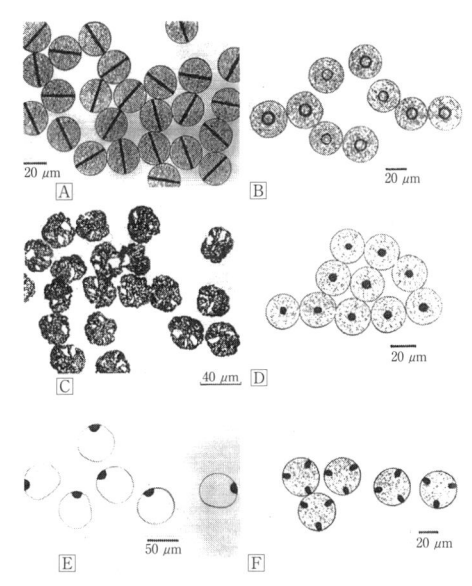

図1 いろいろなタイプの導電性複合繊維断面の光学顕微鏡写真 ［出典：高分子学会 編「高分子ミクロ写真集 目で見る高分子1」，培風館，p.64，1986］

●**制電性繊維，導電性繊維の用途** 繊維が導電性をもつと制電性だけではなく，電磁波遮蔽性も併せてもつようになる．近年ではコンピュータ分野だけではなく自動車や家電などあらゆる製品に電子部品が使われている．電子部品の製造時や使用時に電撃や電磁波による誤動作などを防ぐための電磁波遮蔽用途として産業分野への用途展開が多い．

●**各社の制電性繊維と導電性繊維**[1] 制電性繊維として，東レの「テトロンパレル，ナイロンパレル」，帝人の「テトロンラピア，ナイロンラピア」，ユニチカの「テスカⅡ」，旭化成の「PAS」などが製造されている．また，導電性繊維として，ICI「エピトロピック」，デュポン「アントロン」，クラレ「クラカーボ」，東洋紡「エミナーW」などが代表的な例である． 〔城島栄一郎〕

📖 **参考文献**
[1] 東レリサーチセンター調査研究事業部 編：機能性繊維，東レリサーチセンター，10-54，1994．

光学的特性

波長の長い方から電波, 太陽光線 (赤外線, 可視光線, 紫外線), 電離放射線 (X線, γ線等) を総称して電磁波とよぶ. ここでは, 衣服での遮蔽を対象とする紫外線遮蔽と, 電波領域を遮蔽する電磁波シールド素材について取り上げる.

● 紫外線遮蔽素材

衣服の紫外線遮蔽効果

地上に到達する太陽光に含まれる紫外線は, UV-B (波長 280~315 nm) と UV-A (波長 315~400 nm) である. 1980 年代後半から紫外線 (以下, UV) 防御への関心が高まり, UV 防御を目的とした日傘, 手袋, 帽子などの商品も登場している. これらの商品は, 紫外線吸収剤や散乱剤を練りこむ, あるいは遮蔽効果のある金属フィルムを張り合わせるなどして, UV 防御機能をもたせている. しかしながら, そもそもヒトは服を着ることで, UV 防御がある程度できる. セルロースフィルムは UV-B を透過させ, ポリエステルフィルムは遮蔽するが, これら素材が布になると白布でも綿で 80% 以上 UV を遮蔽できるものもある[1]. 布の UV 防御指標には国際照明委員会が推奨する UPF[2] がある. UPF はヒトの紅斑作用量を加味したもので, UV-B 防御の目安になり, UPF15~24 が Good Protection, UPF25~39 が Very Good Protection, UPF40 以上が Excellent Protection である. この UPF で評価すると, ポリエステル白布では, 薄手の布 (約 0.1 mm) でも優れた UV-B 防御布になる[1]. 色布になると, 黒色でなくても綿布でもカナキン程度の厚さの布で UPF15 以上となり, ごく薄いタフタ布でもポリエステルであれば UPF15 をほとんど超える[3]. さらに綿白布の場合, 蛍光増白剤で UV 防御能は高まるので, 毎日の洗濯の繰り返しで十分に UV 防御能を付与できる[4]. このように, 私たちが着用する普段の衣服自体にも, ある程度の UV 遮蔽効果があることを意識すれば, 夏場, 快適に UV 防御できる.

布の UV 防御加工

UV カット加工は, UV 遮蔽剤を繊維に加工する方法で行われる. 遮蔽剤としては UV を吸収して熱に変える吸収剤と, 光を散乱させる散乱剤が使われる. UV 吸収剤は, もともとフィルムや繊維および染色の耐光劣化を防ぐ目的で開発され, 安息香酸系, サリチル酸系, 桂皮酸系, ベンゾフェノン系の誘導体に大別できる. 安息香酸系, サリチル酸系, 桂皮酸系は, UV-B 波長領域に吸収をもつ UV-B 吸収剤で, ベンゾフェノン系は UV-B と UV-A の両波長にわたって広く

吸収をもつ UV 吸収剤である．散乱剤は微粒子の粉体で，酸化チタンや酸化亜鉛が主流である．繊維加工用の散乱剤としては，これらの金属酸化物のほか，可視光線から近赤外線の反射にも優れた各種セラミックも使われている[5]．1991 年にクラレが UV カット加工した春夏用ブラウスを販売して以降，各社が一斉にUV 防御加工製品を商品展開するようになった[5]．これら加工布については，アパレル製品等品質性能対策協議会にて A 級～C 級の評価基準を定めている[6]．

●**電磁波シールド素材**　繊維を電磁波シールド材として利用する技術は，繊維に金属をメッキして電導性を付与することで，実用化が始まった．電導性材料のほとんどは金属であったが，繊維を基材として使うことで，布帛の特徴が生かされる「柔軟で軽く，かつ強い」電導性素材を提供できるようになった．電導性繊維は織物表面を金属化した構造で，基材に用いられる布帛は薄手のポリエステル高密度織物の場合がほとんどであった[7]．金属を代表とする電導性物質は，電磁波を遮蔽する特徴を有し，電磁波シールド性に優れている．つまり，金属（ステンレス，銅，ニッケルなど）でコーティングしている高密度織物の電導性繊維は，電磁波の漏洩を防げる電磁波シールド素材となる．

　電磁波シールド素材としての電導性繊維を大別すると，金属系（金属表面処理繊維，金属繊維），炭素系（炭素繊維，炭素複合繊維），電導性高分子繊維がある[8]．

　ナノファイバー化することで優れた電導性を付与する電導性ナノファイバーの開発も進んだ．繊維のナノファイバー化は，「超比表面積」「ナノサイズ」「超分子配列」を可能にする．このナノファイバーに金属を蒸着した金属ナノファイバーは，電磁波シールド材として広範囲の利用が期待される．さらに，高分子ナノファイバー上に金属膜をナノレベルでコーティングした金属ナノファイバー不織布は，容易でかつ丈夫な電導性ナノファイバー不織布の製造を可能にした[9]．また，ナノファイバーからなる電導性フィラメントも開発が進んでいる．

〔塩原みゆき〕

参考文献

[1]　佐々木政子，塩原みゆき，齊藤昌子ほか：繊学誌 **64**, 163, 2008.
[2]　CIE 172：2006 UV Protection and Clothing.
[3]　塩原みゆき，佐々木政子，齊藤昌子ほか：繊学誌 **65**, 229, 2009.
[4]　塩原みゆき，佐々木政子，齊藤昌子ほか：繊消誌 **50**, 1020, 2009.
[5]　山崎義一：繊消誌 **33**, 129, 1992.
[6]　紫外線遮蔽加工製品分科会報告書概要および同報告書，1993.
[7]　高木　進：繊学誌（繊維と工業）**67**, 142, 2011.
[8]　繊維便覧（丸善）繊維学会 編，第 2 版，1994.
[9]　金　翼水，金ジョンソク，渡邊　圭ほか：繊学誌（繊維と工業）**67**, 160, 2011.

運動機能性

ヒトが運動したり活動したりすると，身体寸法が変化する．この身体寸法の変化に容易に追随し得る衣服の性能を運動機能性という．衣服の寸法は，最頻姿勢による身体寸法（一般的には正常立位での寸法）に基づき，衣服素材の伸び特性を考慮して定められている．伸縮性に乏しい素材では衣服にゆとりを設ける必要があるが，伸縮性に優れた素材の場合は，身体寸法よりも小さいサイズの衣服であっても身体拘束を感じずに着用することができる．

●**繊維・糸の構造による伸縮性の発現**　布を伸ばすためには力（張力）が必要である．各種布の張力と伸長率との関係を図1に示す．織物はたて糸とよこ糸が直交しているため伸びにくいが，編物は糸がループになっているために糸の形状変化により伸びやすい（図2）．また，天然繊維の中でも，綿や毛のように繊維にねじれやクリンプ（波状）のあるものは，繊維が真っすぐな麻や絹よりも伸びやすい．合成繊維では，熱可塑性を利用して，繊維にけん縮加工を施した糸からなる布は，未加工のフィラメント糸よりも伸びやすい（図3）．

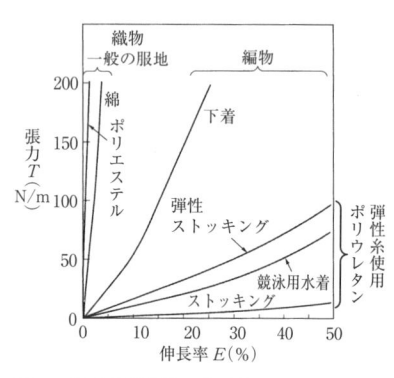

図1　各種衣服素材の伸長率 E に伴う張力 T

●**ストレッチ素材**　伸縮性と弾力性に富む素材をストレッチ素材という．ストレッチ素材には，一般的に「ポリウレタン」が用いられている．アメリカでは，ポリウレタンを「スパンデックス」とよんでいる．ポリウレタンは，ゴムの数倍よく伸びる繊維であり，ゴムに比べて老化・脆化しにくいという特徴をもっている．また，ポリウレタンは，細い繊維を製造することができ，

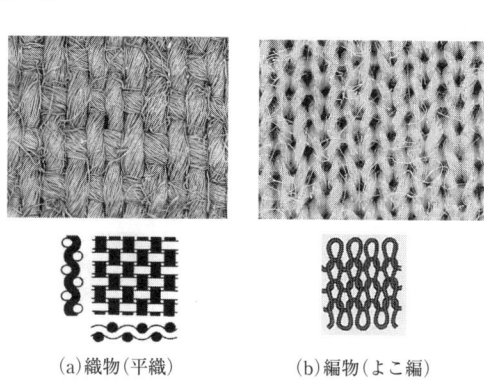

(a) 織物（平織）　　(b) 編物（よこ編）

図2　織物と編物の構造

染色が可能であるため，水着などのスポーツウェアや女性用ファンデーション，肌着やストッキングのほか一般衣料にも利用されている．綿シャツやジーンズなどにポリウレタンを数％使用することで，非常にスリムな衣服であっても窮屈さを感じずに動作できるなど，一般衣料のストレッチ性は大きく向上している．

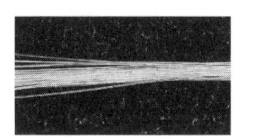

(a) フィラメント糸
まっすぐな繊維であり，伸びが小さい．

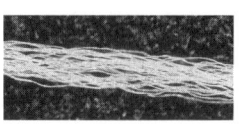

(b) けん縮加工糸
繊維が縮れ（クリンプ）ており，伸びが大きい．

図3　フィラメント糸とけん縮加工糸

　ポリウレタンは，単一で用いられることなく，次の使用形態で他の繊維と複合して用いられる．①ベアヤーン：ポリウレタン弾性糸をそのままベア（裸）ヤーンとして，編布や織布に挿入して使用されている．平編（天竺編）に挿入したものをベア天竺とよび，身体にぴったりと張り付くようなTシャツとなっている．②カバードヤーン：図4に示すように，ポリウレタンを芯糸にして，まわりに他の繊維を巻きつけたものである．例えば，ストッキングでは一般的にナイロンを一重にカバリングしたシングルカバードヤーン（SCY），あるいは二重にカバリングしたダブルカバードヤーン（DCY）がある．ベアヤーンよりも伸びにくいが一般衣料にもよく使われている．③コアスパンヤーン：ポリウレタン弾性糸のまわりに綿などの短繊維を巻きつけた糸である．

　ポリウレタン繊維の太さによって，伸縮性の程度を変化させることができる．しかし，ポリウレタンは，経年変化が大きく，寿命は約3～4年といわれ，合成繊維としては耐用年数が短いのが欠点である．

●ストレッチ性の区分　布のストレッチ特性により，「コンフォート・ストレッチ」（伸び率10～20％），「パフォーマンス・ストレッチ」（伸び率20～40％），「パワー・ストレッチ」（伸び率40％以上）に分類される．たて方向またはよこ方向のいずれか一方のみが伸びやすいものを「ワンウェイ・ストレッチ」，両方向に伸びやすいものを「ツーウェイ・ストレッチ」という．女性用のファンデーションやスポーツウェア（水着，レオタードなど）のように大きな伸びを必要とするものには，ツーウェイ・ストレッチが用いられている．

〔諸岡晴美〕

SCY（シングルカバードヤーン）
…ポリウレタン弾性糸を芯に，ナイロン糸などを一重にカバリングしたもの．

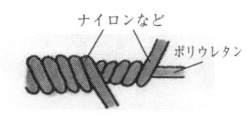

DCY（ダブルカバードヤーン）
…ポリウレタン弾性糸を芯に，ナイロン糸などを二重にカバリングしたもの．

図4　ストッキングなどに使用されているカバードヤーンの構造

衛生機能性

防汚素材

●**防汚素材とは**　汚れやしみを付着しにくくしたり，洗濯で容易に除去されやすくした繊維製品のことを防汚素材という．汚れが繊維に付着しにくいことから，清潔さを維持しやすくて取り扱いが簡単というメリットがある．防汚素材は，その特徴から3つに大別することができる．

① 汚れが付着しにくい素材（Soil Guard）
② 汚れが付着しても，洗濯で容易に除去できる素材（Soil Release）
③ 汚れが付着しにくく，かつ洗濯で容易に除去できる素材（Soil Guard / Soil Release）

繊維表面をフッ素系やシリコン系などの撥水加工剤で処理すると，水溶性汚れが付着しにくくなる．また，繊維表面を有機フッ素系の撥油加工剤などで処理すると，水溶性汚れだけでなく油溶性汚れも付着しにくくなる．一般に，疎水性（親油性）の合成繊維は，帯電しやすいために汚れが付着しやすい．そのため，繊維表面を親水化する帯電防止加工は，汚れが付着しにくくするとともに，洗濯などで汚れを容易に除去しやすくする防汚加工としても有効である．ポリエステル，ポリアミド，ポリウレタンに対して，水酸基，カルボキシル基，オキシエチレン基などの親水基を付与する防汚加工を行うことが多い．

●**汚れ物質と付着のメカニズム**　被服に付着する汚れには，汗腺や皮脂腺からの分泌物，排泄物，垢，血液などの人体由来の汚れ，塵埃，粘土物質，煤煙，鉄物，微生物などをはじめ，食品，化粧品などの生活する上で避けがたい環境由来の汚れがある．これらの汚れを性状によって分類すると，油溶性汚れ，水溶性汚れ，不溶性（固体）汚れに分けられる．その他の汚れとして，カビ（真菌）や細菌などの微生物類もある．実際には，これらの汚れが混合された複雑な成分からなっている．また，汚れが繊維に付着するメカニズムとしては，分子間力，静電気力，化学結合力，浸透・拡散力，繊維との絡み合いなどが挙げられる．

●**防汚素材の技術動向**　疎水性（親油性）の合成繊維に関して，油溶性汚れの付着防止や，汚れの除去されやすさを改良するための親水化技術が多く開発されている．その親水化技術としてフッ素系，シリコン系化合物を利用した繊維の疎水化や撥水撥油化がある．また，これらの防汚性を有する原糸や原綿素材に，プラ

ズマ加工やアルカリ減量加工などを組み合わせた防汚素材の研究も行われている．防汚素材に対する社会的なニーズは非常に多く，さらなる防汚性能の向上や防汚効果の耐久性が求められている．

●**防汚性の評価方法**　防汚素材に対して，汚れの付着しにくさや除去されやすさを正しく定量的に評価する必要がある．そのため，JIS L 1919（繊維製品の防汚性試験方法）や AATTC 130-190 Stain Release 性試験が規定されている．JIS L 1919 では，想定する汚れの種類に応じて ICI 形ピリング試験機を用いて粉体汚れを試験する A 法，親水性汚れを試験する B 法（スプレー法），および親油性汚れを試験する C 法（滴下拭き取り法）に細分化されている．

(1) A 法（ICI 形ピリング試験機を用いる方法）

① A-1 法（密閉形円筒容器を用いる方法）

汚れの付着しにくさ試験として，密閉型円筒容器にゴム管に縫い付けた試験片および粉体汚染物質を入れ，蓋で密閉して段ボール箱を装着した ICI 形ピリング試験機に入れて毎分 60 回転で 20 分間操作する．余分な汚れを取った後，汚染用グレースケールで判定する．また，汚れの除去されやすさ試験として，上記の汚れの付着しにくさ試験で汚れを付着させた試験片の洗濯を行って判定する．

② A-2 法（密閉形樹脂製袋を用いる方法）

汚れの付着しにくさ試験として，密閉型樹脂製袋に試験片と粉体汚染物質を入れ，エアポンプで袋が完全に膨らむまで空気を入れ，ICI 形ピリング試験機に入れて毎分 60 回転で 20 分間操作する．余分な汚れを取った後，汚染用グレースケールで判定する．また，付着した汚れの除去されやすさ試験としては，A-1 法と同じ評価方法を行う．

(2) B 法（スプレー法）

汚れの付着しにくさ試験として，試験片を撥水試験装置の試験片保持枠に取り付けた後，液状の人工汚染物質を散布する．散布後 1 分間放置した後，汚染用グレースケールで判定する．また，付着した汚れの除去されやすさ試験としては，A-1 法と同じ評価方法を行う．

(3) C 法（滴下拭き取り法）

汚れの付着しにくさ試験として，試験片中央に所定の高さから液状の人工汚染物質を滴下する．1 分放置後，汚染用グレースケールで判定する．また，付着した汚れの除去されやすさ試験としては，A-1 法と同じ評価方法を行う．

●**防汚加工マーク**　一般社団法人繊維評価技術協議会では，JIS L 1919 の試験方法をもとにした評価基準や安全性基準の規

図 1　防汚加工マーク

格化を行っている．認証基準を満たす製品に，「防汚加工マーク」(図1) の使用が許可される．なお，ここでいう防汚加工とは，加工剤を使用しない加工方法でもよく，その場合のマークへの剤名表示は加工方法を「加工方法：高密度織物」，「加工方法：カレンダー加工」などのように具体的に記載することになっている．

〔高橋哲也〕

抗菌防臭素材，消臭素材

●**加工技術** 抗菌防臭加工と消臭加工を施した繊維製品は，大別すると後処理加工法と原糸改良加工法によって製造されている．

●**抗菌防臭加工** 前者の加工法で抗菌性を付与するには，スプレー法，浸漬法，パッド法，コーティング法などがある．洗濯耐久性の確保のために，反応性樹脂と繊維との架橋結合や被膜形成可能な合成樹脂を媒介させ，抗菌剤を繊維表面に熱固定している．後者の加工法は，重合段階，重合終了後，紡糸口金直前でベースポリマーや紡糸原液に抗菌剤を混入し，繊維中に練り込む．溶融紡糸に用いる抗菌剤は耐熱性が高く，熱分解しない無機系抗菌剤を使用し，処理濃度の高いマスターチップを紡糸口金直前のベースポリマーに混入・混練する．湿式紡糸の抗菌剤は，無機系化合物や有機系化合物を使用する．

●**消臭加工** 前者の加工法で消臭性を付与するには，スプレー法，浸漬法，パッド法，コーティング法のほかにラミネート法，プリント法がある．一般には浸漬法とパッド法をよく用いる．例えば共重合でカルボキシル基などを導入したり，官能基を有するモノマーや樹脂を繊維に固着させ，官能基と消臭剤を化学結合させている．洗濯耐久性はマイクロカプセルの利用や反応性樹脂を用いた消臭剤の繊維表面固着，皮膜形成可能な多孔質樹脂で確保している．後者の加工法は加工内容によって，原糸固着法，練り込み法，ポリマー改質法に分類できる．例えば東洋紡のサンスカーラDX製品は，原糸固着法で繊維に消臭剤を樹脂で固着させている．練り込み法は，消臭剤成分と臭気物質を直接接触させ，繊維表面に微分散させる必要がある．本条件は，官能基の導入で消臭剤成分を結合させる方法，官能基をもつモノマーや樹脂を繊維に固着させ，官能基と消臭剤成分を化学結合させる．ポリマー改質法の原糸改質紡糸は，容易に消臭剤成分を繊維中に微分散できる．この方法は湿式紡糸可能なアクリルやレーヨンの消臭加工によく用いられる．溶融紡糸可能なポリエステルでは，多孔質繊維や複合繊維化させる．

●**素材と用途** 最近ポリエステルやナイロン，アクリル，綿などの汎用繊維に新機能性を付与した高付加価値素材が開発されている．健康・衛生特性を付与した

素材には，抗菌防臭素材や消臭素材がある．前者は肌触りに優れた綿が，後者は綿やポリエステルが多用され，加工薬剤や加工方法と用途によって表1に示す原材料を一般に使用している．また，抗菌防臭加工と消臭加工製品の用途は，清潔志向と少子高齢化社会の到来で，繊維製品をはじめ日用雑貨品にまで普及した．現在，両加工は，生活関連分野と健康医療や介護福祉分野を中心に開発されている．今後各企業は，差別化，高付加価値化，高機能化を図り，老人・介護向けの複合機能化を模索することから，混紡・混織素材の増加が期待される．

〔中島照夫〕

花粉付着防止素材

●**花粉症とその対策**　スギやヒノキなどから放出される花粉は，乳幼児から高齢者に至るまで全世代のヒトに鼻水，鼻づまり，くしゃみ，目の痒みなどの不快なアレルギー症状を引き起こすことが知られている．花粉症原因植物は，スギやヒノキだけでなく，イネ，ブタクサ，シラカンバなど多種ある．これらの花粉は，地域や開花時期によって異なって飛散する．花粉症は，症状，地域，時期および世代によってさまざまあるものの，生活の質（QOL，クオリティー・オブ・ライフ）の低下を招き，重大な社会問題の1つである．

　花粉症対策には，化学的対症療法と物理的対症療法がある．前者には，処方薬あるいは市販薬を用いた薬物投与がある．後者には，体内への花粉侵入を抑制するために，メガネや衛生用品マスクの着用がある．また，花粉の付着を防止する工夫や特殊加工が施された衣服を着用するなど，その対策は多岐にわたる．布は，物理的対症療法に活用される有用な花粉症対策の材料である．

●**機能付与**　花粉症対策に用いられている布には，花粉を付着しにくくさせる非付着性能，花粉を通過しにくくさせるフィルター性能，あるいは花粉が付着しても落ちやすい脱落性能に優れた機能が要求される．これらの機能を付与し，向上させるためには，さまざまな工夫や加工が布や素材に施されている．

　非付着性能を向上させるためには，樹脂を付着させ，帯電による花粉の付着を防止する制電加工がある．フィルター性能を向上させるためには，超極細繊維を不織布に採用したり，織物では組織を高密度化したりするなど，繊維あるいは糸間隙をできるだけ小さくして花粉を通しにくくする方法がとられる．ちなみに，花粉のサイズはその種類によっても異なるが，日本人が多く罹患しているスギ植物の花粉の粒径は 25〜30 μm である．花粉から防護するために着用されている衛生用マスクでは，ガーゼ（図2）を 12〜24 枚あるいは不織布（図3）を 3〜4 枚に重ねて用いている．これも，フィルター性能の向上を図る方法の1つである．

表1 抗菌防臭・消

種[1]	加工法		加工薬剤	素材[2]	用途
抗菌防臭加工	後処理加工法	a) 抗菌剤と反応性樹脂を用いて繊維表面に熱固定させる方法	多価アルコール系 第四級アンモニウム塩 アミノグルコシッド	綿, 毛, PET PET/綿 PET/綿	肌着, パジャマほか ワーキングウェア 靴下, 肌着, ワーキングウェアほか
		b) 抗菌剤を繊維表面に吸着固定させる方法	ポリアクリロニトリル硫化銅複合体 アルキルアミン誘導体	綿, 毛	靴下 靴下, 肌着, Tシャツ, 寝装ほか
		c) 有機シリコンで第四級アンモニウム塩を繊維表面に固定化させる方法	有機シリコン系第四級アンモニウム塩	綿, 毛, PET, A, N	靴下, 下着, ユニホーム, 寝装ほか
		d) スパッタリング装置で金属を着膜させる方法	純銀	PET	繊維雑貨, 資材用繊維・不織布
	原糸改良加工法	a) 抗菌剤をナイロンやアクリル重合体に混和し, 有機溶剤中に紡糸して蒸熱処理する方法	銀ゼオライト グルコン酸クロールヘキシジン 銀系無機抗菌剤 有機系抗菌剤 キトサン微粒子	N, A, N/綿/Pw N, 毛/N ポリプロピレン A ポリノジック	布団ワタ, 靴下, 枕, ユニホーム 靴下 ウェットスーツ裏地, マット カーペット, 毛布, カーテンほか 肌着, 靴下, 寝装品, シャツほか
		b) 再生繊維の製造段階で脱銅を制御し, 銅化合物を分散させる方法	硫化銅	キュプラ	靴下, 肌着, 礼服, ユニホーム, フィルター, インソール

[1]: 加工の種類, [2]: N:ナイロン, Nf:ナイロンファイバー, A:アクリル, As:アクリルステープル, R:レー

脱落性能を向上させるためには,樹脂加工を施して表面の平滑化が図られている.さらに,繊維に付着した花粉のアレルゲンを不活性化させる成分が添加された製

図2 ガーゼ

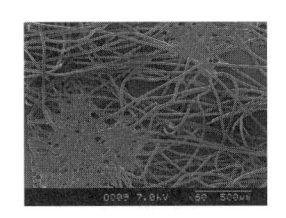

図3 不織布

臭素材と加工方法

種[1]	加工法			加工薬剤	素材[2] など	用途
消臭加工	後処理加工法			茶葉乾留エキス	PET, 抗菌, 防臭併用	
				有機化合物	PET, 抗菌, 難燃	インテリア製品
				含金属無機化合物の多孔質粒体と特殊金属	全加工素材, 抗菌可	肌着, コート, スーツ, シャツ, ユニホーム
				サイクロデキストリン	A/綿	
				特殊無機金属複合化合物	綿, 抗菌, 紫外線遮蔽可	シャツ, 肌着
				複合特殊無機化合物（ゼオライトにCu, Al, Niを担持）	綿, 綿/PET, 抗菌併用	
				フラボノイド系化合物	全素材, 抗菌可	布団カバー, 靴下, カーテン
				特殊高分子ポリマーに無機系金属酸化物を担持	全素材対象, 抗菌防臭併用	ドレスシャツ, インナー, スポーツウェア, 寝装寝具
	原糸加工	原糸固着法		特殊金属類（Cu担持），酸性基	As, 抗菌, 防黴可	カーテン,寝装品,オムツほか
				特殊金属類（Cu, Al, Ni担持）	A, 抗菌可	ペットパット, シーツ, 衣料, 不織布, 介護用品ほか
				金属フタロシアニン誘導体	綿, R, 毛	寝装, 台所用品, 介護用品ほか
		原糸改良加工法	練り込み法	無機化合物	N, PET, 抗菌可	シーツ（介護用）
				ゼオライト系抗菌消臭剤	A, 抗菌可	毛布, シーツ, 肌着, 靴下ほか
				有機化合物	PET	スポーツ衣料, ユニホーム
				紀州備長炭	R	肌着, 靴下, 寝装品, タオル
			ポリマー改質法	酸性基付与（カルボン酸系有機化合物）	N, A, Ts	スポーツウェア, ユニホーム, シーツ, 布団ワタ
				$Cu(II)-Ti(IV)-SiO_2-TiO_2$	PET/N, 抗菌可	スポーツ衣料, 衣料資材, 肌着, 布団, カーペットほか

ヨン，PET：ポリエステル，PETs：ポリエステルステープル，Pw：ポリウレタン，Ts：テトロンステープル

品も開発されている．これらの方法は，衛生用品にだけでなく，外衣やスポーツ衣料など幅広い分野でも活用されている．なお，2013年現在，疑似花粉である石松子（図4）を利用した捕集効果試験や剥落性評価等の試験方法が提案されているが，日本工業規格において採用には至っていない． 〔森島美佳〕

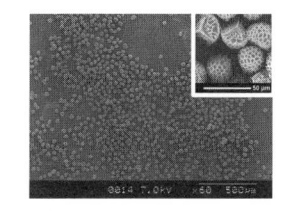

図4 石松子

高機能性

●**構造発色繊維**　布を深い色合いに染めることは，古来人間の抑えがたい欲求の1つであった．しかしながら，染料を使って布を染める方法では，深い色合いを実現するためには多量の染料と水を必要とする．また，染めるときの温度管理や布の染液中での広がり具合などを慎重に調整することが必要である．これらの調整を誤ると，仕上がった布には染めムラができたり，新合繊のようなデリケートな素材の場合には，布が破れたりする．一方自然界では，例えば日本人は"玉虫色"というような言葉で，昆虫の羽根の深い青色を愛で，厨子などの装飾にも使用してきた．ここでは，このような自然の発色に学んで製造されている新しい繊維について述べる．

南米ブラジル，ギアナ等に生息するレテノールモルフォ蝶は，コバルトブルーの透き通るような青さとメタリックな光沢をもつ，世界で最も美しい蝶であるといわれている．このモルフォ蝶の羽の鱗片を電子顕微鏡で観察したものが図1である．鱗片の表面はスリット状のひだが規則正しく平行に並び，ひだのピッチは約700 nmである．断面は約200 nmのピッチではしご状に9〜10の段をもっていることがわかる．可視光の波長は約380〜780 nmであり，スリットの中に入射した光は，壁内部の突起部分で反射，屈折，干渉を繰り返し，増幅されて，深い色を発色するのである．モルフォ蝶では，ブルーの波長を増幅する構造になっており，これがモルフォ蝶が美しいとされるメカニズムである．このようなメカニズムによる発色を構造発色という．

このようなモルフォ蝶の構造発色を取り込んだ繊維（商品名モルフォテックス）が開発されている．図2にモルフォテックスの断面模式図を示す．発色を担うコア部は，ナイロン（屈折率1.53）とポリエステル（屈折率1.58）を約60層交互に積層した構造になって

図1　モルフォ蝶の鱗片（断面）

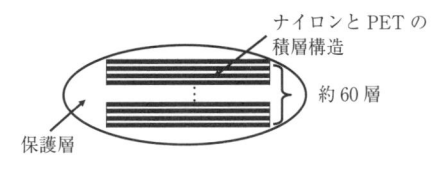

図2　モルフォテックスの断面模式図

いる．コア部のまわりは使用時に積層構造が壊れないように保護層で覆われている．積層構造の一層の厚さは約70〜100 nmである．図3に示すように，積層構造に入射した光はナイロンとポリエステルの屈折率の差に従って，層の界面で屈折と反射を繰り返す．表面に出てきた反射光の間で干渉が生じ，染料を用いることなしに深い色が発色される．製品では，層の厚さを変化させることにより紫，青，緑，赤の発色が可能となっている．

●ポリトリメチレンテレフタレート
合成繊維の項で述べたがポリエステルは現在生産されている単一繊維の中では，最も生産量の多い繊維である．ポリエステルは通常PETともよばれ，飲料に使われている"ペットボトル"の素材と，化学構造は同じである．PETは，Polyethylene Terephthalateの略称で，図4のような化学構造をしており，分子の中に2つのCH_2（メチレン）単位をもっている．同じようなポリエステルで，近年開発されたPTT（ポリトリメチレンテレフタレート）繊維がある．PTTの化学構造は図5のようであり，PETとの違いは，構造中にCH_2単位を1つだけ多くもっていることである．このわずかな構造の違いで，PTTはPETに比べて，ソフトな風合い，ストレッチ性，へたりにくい優れた形態回復性など特徴的な性質をもっている．また，原料の一部であるプロパンジオールが，トウモロコシからバイオ技術（発酵法）によって製造でき，化石資源の消費抑制にも期待がもてる．PTTの生産量は，PETに比べてまだ圧倒的に少ないが，その特性を生かして，掛け布団や枕の中綿に用いられたり，ウールやコットン，ポリウレタンとの混紡により，伸縮性に富んだ素材が提供されている．また，ジュースなどがこぼれても拭き取ることだけで簡単に除去できる，防汚性を生かしたカーペットなどに使用されている．　〔團野哲也〕

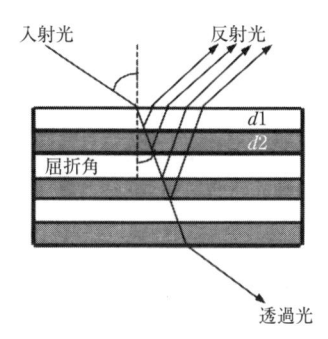

図3　積層構造での光の屈折と反射

図4　PETの化学構造

図5　PTTの化学構造

その他の高機能素材

　地球環境の急激な変化により，近年の日本では，夏は猛暑，冬は寒気による冷え込みが厳しい毎日が少なくない．冬場の寒さは，特に幼児，高齢者，要医療者など弱者にとって，辛いシーズンとなっている．また，近年のエネルギー需要の逼迫からも，"着る暖房"による快適な生活が求められている．このような状況下，インナーメーカー各社は，高機能肌着を開発，販売しており，2014年冬シーズンでは，1億枚以上の高機能肌着を販売目標としている企業もあった．メーカーの商品に提供されている素材は，主に国内の繊維メーカーとの共同開発によるものである．各社とも製品の広告には，保温性，吸湿発熱性を謳っている．それでは，これらの素材の暖かさはどのような仕組みで達成されているのだろうか．表1に各社冬物高機能肌着の組成を示す．この結果をみてみると，E社製品を除いては，各社アクリルとレーヨンまたはキュプラを使用している．また，E社とF社製品には，（ポリ）アクリレート系繊維が利用されていることがわかる．

表1　各社の高機能肌着の組成

メーカー	組　成
A社	アクリル39%，ポリエステル33%，レーヨン20%，ポリウレタン8%
B社	アクリル50%，綿30%，レーヨン13%，ポリウレタン7%
C社	アクリル50%，レーヨン45%，ポリエステル5%
D社	綿45%，アクリル40%，キュプラ10%，ポリウレタン5%
E社	ポリエステル89%，ポリアクリレート系繊維11%
F社	アクリル50%，ナイロン28%，レーヨン15%，指定外繊維（アクリレート系繊維）5%，ポリウレタン2%

●冬物高機能肌着の繊維組成からみた暖かさのメカニズム
アクリル繊維
　まず，多くの製品でアクリルが使われているが，これらの素材に使われているアクリル繊維は，通常の繊維に比べて，約1/3程度の直径のマイクロファイバーとよばれる細いタイプが多い．アクリルの特徴として，熱伝導性がポリエステルなどに比較して20%ほど小さく，熱を伝えにくい，すなわち保温性がよいことが挙げられる．また，マイクロファイバー化することにより，非常にソフトな感触

が得られる．さらに，マイクロファイバーから作られた撚り糸は，毛管作用により水の移動が容易で，着用においては速乾性を提供できる．

レーヨン・キュプラ

次にレーヨンあるいはキュプラも多くの製品で使われている．再生繊維の項で述べたように，再生繊維は他の繊維に比較して，湿潤熱が大きい．したがって，レーヨン，キュプラを使用することにより，着用中に発生した汗を再生繊維が吸湿または吸水して発熱し，暖かさをより体感できるようにしていると考えられる．また，再生繊維で吸収した水分は，マイクロファイバー化されたアクリルにすばやく移動し，短時間で布素材から離脱できるように工夫がなされているものと考えられる．

（ポリ）アクリレート系繊維

E社とF社製品には（ポリ）アクリレート系繊維が用いられている．アクリレート系繊維は，JISの定義に従えば，"単量体がアクリル酸，アクリル酸ナトリウム及びアクリルアミド架橋共重合体から構成された長鎖状合成高分子からなる繊維"ということになり，図1のような一次構造をもつ高分子鎖が，図2のように架橋しているものと考えられる．アクリレート系繊維は，標準状態で20〜30%の水分率を示し，これは，羊毛の2〜3倍程度である．これは，図2のように架橋した高分子の網目の中に，大量の水分子を吸い込むことができるためである．また，湿潤熱も羊毛の3倍程度の値を示すので，吸湿発熱繊維として開発,使用されている．また，アクリレート系繊維は，図1の一次構造に示すように，側鎖にさまざまな官能基を導入できるので，酸やアルカリを中和することが可能であり，臭気成分の除去にも有効であるといわれている．

$(-CH_2-CH-)--(-CH_2-CH-)--(-CH_2-CH-)$
$\quad\quad |\quad\quad\quad\quad\quad\quad |\quad\quad\quad\quad\quad\quad |$
$\quad\quad C=O\quad\quad\quad\quad C=O\quad\quad\quad\quad C=O$
$\quad\quad |\quad\quad\quad\quad\quad\quad |\quad\quad\quad\quad\quad\quad |$
$\quad\quad OH\quad\quad\quad\quad\quad ONa\quad\quad\quad\quad NH_2$

図1 吸湿発熱繊維の推定一次構造

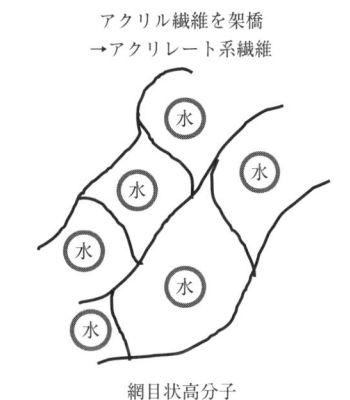

図2 架橋したアクリレート系繊維の推定構造

〔團野哲也〕

Chapter **6**

縫製機器と縫製

裁縫ミシンの発明と縫製原理 —— 134
ミシンの種類 —————————— 136
縫製 ——————————————— 142

裁縫ミシンの発明と縫製原理

人類の衣服着用の歴史は，数十万年以上も遡ることができるが[1]，初期の衣服材料は植物の樹皮や動物の皮のようなものを利用したと考えられる．当然，材料をつなぎ合わせる必要性も生じ，当時は，材料物質に穴をあけ動物の筋や植物の蔓などを通して接合したことが想像される．このあたりが縫製の起源であろう．

時代とともに接合に石や動物の骨を利用した針が利用されるようになり，また，衣服材料も繊維による布や糸が，さらに針には金属が用いられるようになったが，縫合は1本の糸を用いて縫い合わせる手縫い構造が基本であった．

長い間，縫製は手作業でなされたが，やがて機械化が模索されることになる．1589年に英国のWilliam Leeが編機を発明した[2]．これは，1本の糸のループにさらに糸ループを通して（ルーピング，「ミシンの種類」参照）連続させるよこ編方式の編機であった．このループによる連続化は，裁縫ミシン（以下，ミシン）開発の視点から重要で，ミシンが発明される下地となった．

ミシン開発への試みが先人達によってなされた結果，1790年に英国のThomas Saintは，自糸ルーピング（同じ糸同士のルーピング，「ミシンの種類」参照）により生地を縫製する鎖縫いミシン（単環縫いミシン）の特許を取った[3]．さらにいくらかの変遷を経て，1830年にフランス人テーラーのBarthelemy Thimonnierも鎖縫いミシンの特許を取り，衣服製造に用いた[4]．これらのミシンの原理は，縫い糸を通した針を布に貫通し，布の反対側でその糸ループを捕捉して，すでに形成済みのステッチのループに通して連結するものである．

図1に単環縫いミシンの回転ルーパ方式によるステッチ形成原理を示した．(a)から，針糸ループのルーパによる捕捉と，(b)から旧ループとの連結機構が理解できよう．その後，多くの環縫い系のミシンが発明されることになる（種類については「ミシンの種類」参照）が，環縫い系ミシンであれば，必ずルーパ（looper）が存在する．

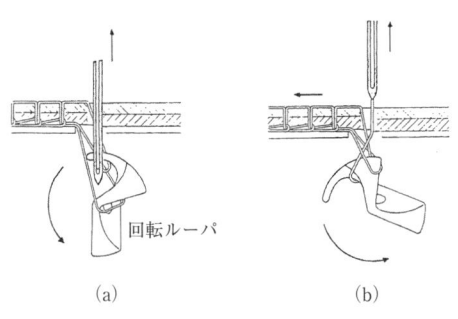

図1　単環縫い（鎖縫い）と回転ルーパ　[出典：石川欣造 監修「アパレル工学事典」，繊維流通研究会，p. 473, 1994]

1832年頃，米国で上記の方式とはまったく異なる縫い原理が，Walter Huntにより開発された[4]．これは「環縫い」とは違って，針に通した糸と，別の糸を交差させて留め合わせる構造のものであった．この縫い方式は多くの人々によって改良されたが，1850年代にElias Howeによって完成度の高いミシンが発明された[4]．このような縫い方式は錠で留めるとの意味から，錠縫い（lockstitch）とよばれたが，現在では「本縫い」とよぶのが一般的である．

　本縫い方式のステッチがどのように構成されるかを図2に示した．二種類の糸を交差させることを他糸レーシング（interlacing，「ミシンの種類」参照）といい，本縫い方式ではこの縫絡点を形成するために独特の工夫が必要になる．図2（a）は小さな糸巻を内蔵したシャットルを針糸ループに通すことにより縫絡点をつくるもので，初期の本縫いミシンに採用された方式である．もう1つは図2（b）のように，ボビンを内蔵した釜を使用して，ボビンまわりをループが通って縫絡点を形成するもので，現在の本縫いミシンは特殊なものを除いてほとんど釜方式を採用している．（b）は半回転釜であるが，このほかに全回転釜もあり，また釜の配置により垂直釜，水平釜など多様な種類がある．

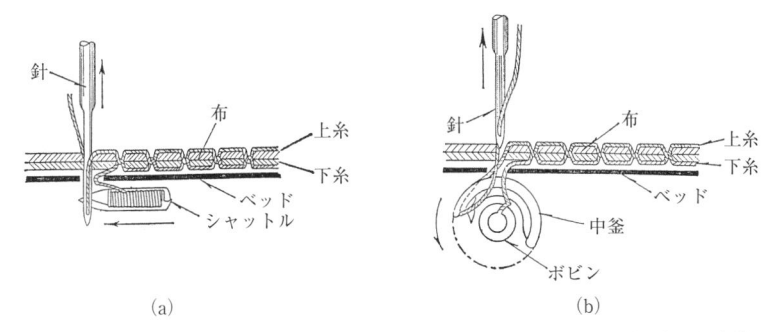

図2　本縫いミシンのステッチ形成原理　[出典：吉田　元「裁縫ミシン」，家政教育社，p.68．1971］

　本縫いミシンの縫い目はほつれにくく，また，締りのよい丈夫な縫い目ができるため，ミシンでは最も使用頻度は高い．欠点はボビン糸（下糸）交換が必要なことであるが，現在では自動交換可能なミシンも開発されている．　　〔島崎恒蔵〕

参考文献
[1] 島崎恒蔵　編著：衣服材料の科学，建帛社，2，2013．
[2] B.P. Corbman：Textiles, McGraw-Hill, 104, 1985.
[3] G.R. Cooper：The Sewing Machine, Smithsonian Institution Press, 4, 1985.
[4] 同上，11．

ミシンの種類

ステッチの種類と表示

　我が国では seam（「縫製」参照）と stitch の用語の意味を混同して使うことがあるが，厳密には使い分ける必要がある．ステッチとは，縫い糸によって縫合された部分の最小の繰り返し単位を指す．ミシンにおいてステッチは，縫い糸のレーシング・ルーピングを基本としたさまざまなステッチ形成原理によって形成される．ステッチの種類は多岐にわたるが，ここでは 1984 年に ISO 4915 に基づいて規格化された JIS L 0120「ステッチ形式の分類と表示記号」[1]により説明する．

(a)他糸ルーピング　　(b)他糸レーシング

図 1　ルーピングとレーシング

　図 1 は，ステッチを構成する基本であるルーピングとレーシングを示したものである．ルーピングとは糸ループの中に糸ループが通ることをいい，両者のループが同じ糸からなるのであれば自糸ルーピング（intralooping），図 1 (a) のように異なった糸からなるのであれば他糸ルーピング（interlooping）という．一方，レーシングとは糸と糸が交差することをいい，図 1 (b) のように両者の糸が異なる糸であれば他糸レーシング（interlacing）という．ルーピングはニットの，レーシングは織物の構成原理と結びついていることが興味深い．

　JIS L 0120 では，ステッチ形式を 100 番台から 600 番台までの 6 クラスに分け，各クラスをさらに細分類して番号を付けている．このうち 200 番台は手縫い，100, 400, 500, 600 番台のクラスは環縫い系であり，クラス分類では圧倒的に環縫い系が多い．以下，各クラスについて具体的に説明する．

クラス 100 番台

　このクラスは 1 本以上の針糸で自糸ルーピングによりステッチが構成されるのが特徴で，単環縫いといわれる（「裁縫ミシンの発明と縫製原理」参照）．規格では 7 種類のステッチ形式があるが，このクラスでよく利用されるのは，図 2 に示したステッチ形式 101 である．3 桁の形式番号のうち，最初の 1 桁

図 2　ステッチ形式 101（単環縫い）

目がクラスを示している.

クラス 200 番台
このクラスは，1本の糸を使って手縫いでつくられるステッチ形式である．このクラスのステッチ形式は13種類あるが，和裁などで最もよく用いられるのは，図3に示したステッチ形式 209 である．

クラス 300 番台
このクラスは2種類の糸（針糸，ボビン糸）が他糸レーシングしてステッチが構成される．このようなステッチを形成するミシンを本縫い (lockstitch) ミシンとよんでいる（「裁縫ミシンの発明と縫製原理」参照）．このクラスのステッチ形式は27種類あるが，このうち図4に示すようなステッチ形式 301 は，1本針本縫いミシンとして最もよく使用されている．

クラス 400 番台
このクラスは2種あるいはそれ以上の糸を使って，他糸ルーピングによりステッチが構成されるのが特徴で，二重環縫いとよばれる．このクラスのステッチ形式は17種類あるが，最も代表的なのは，図5に示すステッチ形式 401 である．

クラス 500 番台
1種類あるいはそれ以上の糸を用い，自糸ルーピングあるいは他糸ルーピングによりステッチが構成される．このクラスの大きな特徴は，少なくとも1種の糸が布の縁をまわることで，このようなステッチを形成するミシンを縁かがり縫いミシン，あるいはオーバーロックミシンとよんでいる．このクラスのステッチ形式は15種類ある

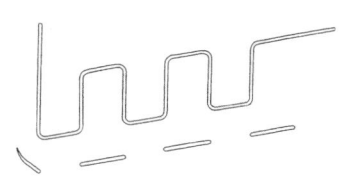

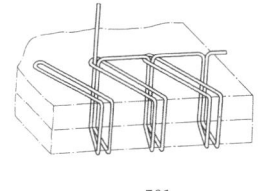

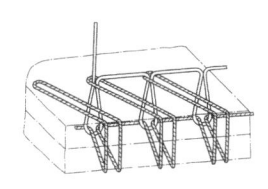

図3　ステッチ形式 209（手縫い）

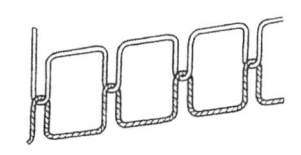

図4　ステッチ形式 301（本縫い）

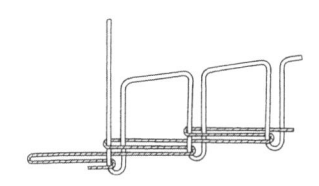

図5　ステッチ形式 401（二重環縫い）

501
(a)

502
(b)

図6　ステッチ形式 500 番台の例（縁かがり縫い）

601　　　　　603

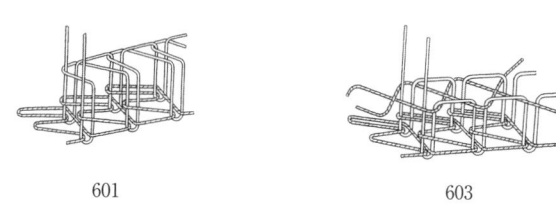

図7　ステッチ形式600番台の例（偏平縫い）

が，図6（a）に示すのは1本の針糸の自糸ルーピングから形成されるステッチ形式501と，（b）に示すのは針糸・ルーパ糸の他糸ルーピングからなる502である．

クラス600番台

2種またはそれ以上の縫い糸により，他糸ルーピングによりステッチが構成されるが，このクラスは縫い糸が布の表面を飾るのが特徴である．このクラスのステッチ形式は9種類あるが，布飾りはステッチ形式601を除いて，飾り糸とルーパ糸によってなされる．このようなステッチ形式を形成するミシンを偏平縫いミシンとよんでいる．図7にステッチ形式601と603を示した．〔島崎恒蔵〕

📖 **参考文献**

[1] 日本規格協会：JIS L 0120「ステッチ形式の分類と表示記号」，2010．

ミシン送りの種類

●**ミシンの布送り**　一般のミシン縫製は，送り歯の上に置かれた布地を押さえ金で押さえて，送り歯の動きを布地に伝えることによって行われる．このようなミシンの送り機構は下送り（図8）とよばれ，布送りは，送り歯の上下運動と水平運動の組み合わせによって可能となる．下送りは，上布が押さえ金の底面を滑る形になるため，上・下布の間に縫いずれ（「縫製」参照）が発生しやすい．このような縫い目に発生する欠点の防止や生産性の向上を目的に，各種のミシン送りが開発されている．代表的なミシン送りを以下に示す．

図8　下送り

●**ミシン送りの種類**

①　差動下送り（図9）　送り歯が前後に分かれ，それぞれ独立した送り量の設定が可能なミシン送りである．図のように送り歯の移動量をLA，LBとおくと，送り量をLA＞LBに設定した場合，縮み縫いミシン（いせ込み縫製，ギャザー縫製）となり，LA＜LBに設定した場合，伸長縫いミシンとなる．ニッ

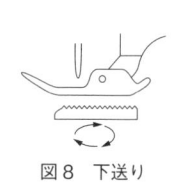

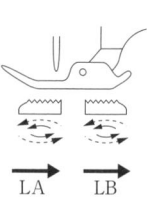

図9　差動下送り

トなどの伸縮素材の縫製には欠くことのできないミシン送りであり，家庭用のロックミシンの送りにも採用されている．

② 差動上下送り（図10） 上送り歯を装着し，下送りとの間に差動送り機能をもつミシン送りである．上送り（LA）と下送り（LB）の比（LA/LB＞1）を小さく設定すると，縫いずれ防止縫製に，差動比をさらに大きく設定すると，上布だけのいせ込み縫製やギャザー縫製が可能となる．

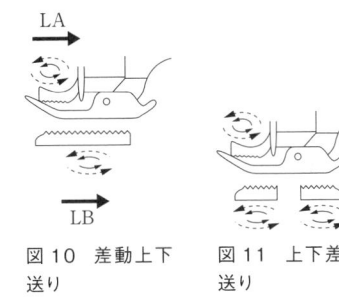

③ 上下差動送り（コンサート送り，図11） 上下差動送りは，上送りと差動下送り機能をもち，それぞれ独立した送りの調整が可能なミシン送りである．上・下布のどちら側でもいせ込み縫製や伸長縫いができるため，縫製が難しい素材の縫製に用いられるほか，マイコン制御による袖山曲線の自動いせ込み縫製ミシンの送りとしても採用されている．

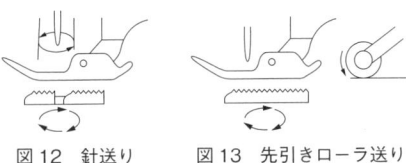

図10 差動上下送り　図11 上下差動送り

図12 針送り　図13 先引きローラ送り

④ 針送り（図12） 厚い布地は縫いずれが特に起こりやすい．縫いずれを防止する目的で考案された送りに針送りがある．針が布を刺したまま下送りとともに前進し布送りが行われるため，布間のずれが生じない．

⑤ 先引きローラー送り（図13） 下送りの前方に先引きローラーを装着して，下送りを補助する送りである．下送りに連動させて布地を少し引っ張り気味に縫製することにより，縫いずれや針貫通の衝撃によって生じる布地の屈曲を軽減させることができるため，シームパッカリング（「縫製」参照）の防止縫製が可能となる．先引きローラー送り以外にも，押さえ金の左右両側に各種ローラーを装着したミシン送りが開発され，素材の性質に合わせて使用されている．

●送り歯　ミシンの送り歯も用途に応じて改良が試みられている．一般の下送りの送り歯の針板上面の高さは，標準の場合は0.8ミリ，薄物0.5～0.6ミリ，極厚物1.2～1.5ミリに設定する．一般に，送り歯は針板に平行に装着されるが，傾きをつける場合がある．送り歯を前下がりに装着すると，ニット地のいさりや縫いずれが生じやすい布地の縫製に有効であり，逆に前上がりに装着すると引っ張り気味の縫製となり，パッカリングが発生しやすい布地の縫製に有効である（図14）．送り歯枚数は少ない方が小まわりが利くが，枚数が多いと直進性，送り力，布地

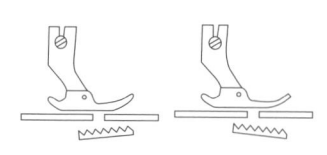

前下がり　　前上がり

図14　送り歯の傾き　[出典：繊維流通研究会「新アパレル工学事典」, p.506, 1994]

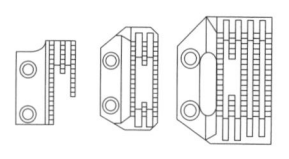

3列歯　　4列歯　　5列歯

図15　送り歯枚数　[出典：JUKI「縫いの基礎知識」, p.53, 2010, http://www.juki.co.jp]

図16　三つ巻き押さえ

の安定がよくなる（図15）．送り歯も通常の山形の送り力の大きいものから，歯傷のつきやすい布地に対する送り歯まで多種類用意されている．

●**押さえ金**　押さえ金も用途に応じて使い分けられている．送りにくい布地には摩擦係数の小さいテフロン製の押さえ金が用いられるほか，サイドローラ押さえやリング押さえのように下送りと同調して上送りを補助する押さえもある．そのほか，縫製効率を上げるために，左右に段がある布地に使用される段付押さえ，裾の始末などに用いられる二つ巻き押さえ，三つ巻き押さえ（図16）などが使用されている．

縫い目欠点を発生させない縫製を行うためには，縫製素材に適合したミシン送り，送り歯，押さえ金の適切な選択が必要である．

天秤の種類

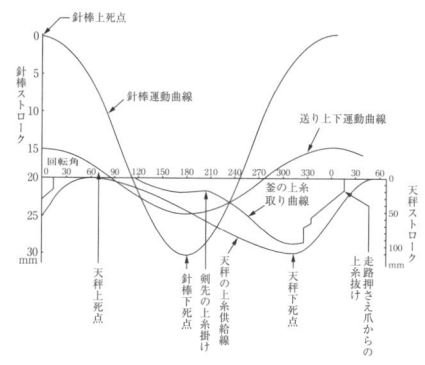

図17　本縫いミシンのモーションダイアグラム　[出典：JUKI「縫いの基礎知識」, p.49, 2010, http://www.juki.co.jp]

縫い目の形成において，ミシンの天秤の機構は下降して針に上糸を補給し，上昇とともに上糸を引き上げて糸締めをする働きがある．図17は，一般の本縫いミシンのモーションダイアグラムである．針棒の上死点を上軸の回転角度0°と設定し，針棒と天秤の運動曲線，送り歯の上下運動曲線，釜糸取り曲線を示している．天秤は，釜が上糸をすくい内釜をくぐるための必要な糸を供給し，内釜が上糸をくぐると速やかに上糸を引き上げる．送りに

要する上糸量を繰り出し，縫い目の形成後は上糸を引き上げて糸を締める．

　天秤の種類は，上軸の回転運動を往復運動に変換したカム天秤，リンク天秤，スライド天秤と，回転運動を回転運動のまま連結する回転天秤に分かれる．各天秤の特徴を簡単に示す．

① カム天秤（図18）　上軸に固定されたカムにより天秤を上下運動させる．糸締めが非常によく，皮革厚物用ミシンにも使用される．家庭用の半回転釜ミシンに多く使用される天秤で，高速縫製には不適である．

② リンク天秤（図19）　本縫いミシンに多く用いられ，現在最も多く使用されている天秤である．上軸の回転運動で天秤クランクをまわし，天秤を上下運動させる．低速から高速縫製までの広範囲の縫製が可能である．

③ 回転天秤（図20）　上軸と一体となって回転する回転板に取り付けられている天秤で，糸締りの風合いがよく，千鳥縫いを行うファンデーションの縫製に多く使われている．

④ スライド天秤（図21）　上軸の回転運動でスライド軸をまわし，天秤の上下往復運動に換えている．上糸の締りがよく，厚物縫製用ミシンに採用されている．高速縫製には不向きである．

⑤ 針棒天秤（図22）　針棒に直接装着され，針棒の運動と同じ上下往復運動を行う天秤である．単環縫いミシンや二重環縫いミシンに採用されている．

〔青山喜久子〕

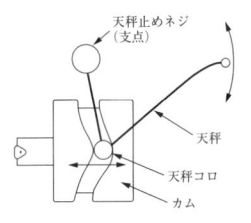

図18　カム天秤　〔出典：JUKI「縫いの基礎知識」，p. 46, http://www.juki.co.jp〕

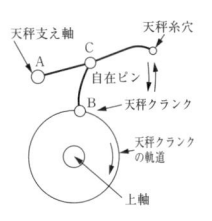

図19　リンク天秤　〔出典：前掲書，p. 46〕

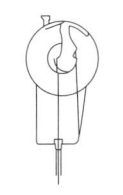

図20　回転天秤　〔出典：前掲書，p. 47〕

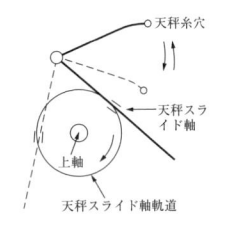

図21　スライド天秤　〔出典：前掲書，p. 46〕

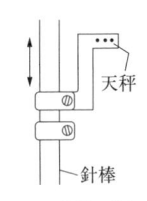

図22　針棒天秤　〔出典：前掲書，p. 47〕

縫製

シームの種類と表示

縫製品製造においては，生地を縫合して各種製品づくりが進められる．ニットでは無縫製衣料（whole garment）も存在するが，通常，生地の接合は，縫い糸とミシン針を用いた裁縫ミシン（sewing machine）により行われる．このような接合部をシーム（seam：縫い目）といい，大部分のシームは stitched seam である．これに対し少数ではあるが，超音波ミシンによる融着シームや接着シーム（接着縫製）も存在する．

シームにはきわめて多くの種類が存在するため，我が国や海外の規格では記号化なども試みられたが，1984年に国際的整合性をもつ ISO 4916 が JIS L 0121「シームの分類と表示記号」[1]として規格化された．JIS L 0121 は，すでに説明した JIS L 0120「ステッチ形式の分類と表示記号」と対をなす規格で，表示記号によりミスや誤解を防止することができるので，縫製仕様書などにおいても両規格を積極的に使用すべきと考える．本稿では JIS L 0121 規格のシーム形式の考え方について述べる．

JIS L 0121 では，シームをクラス1から8まで大分類し，各クラスをさらに小分類し，表示記号（数字）が付けられている．表1は，シームの8つのクラス分類をまとめたものである．ここで布端が直線の場合には特定縁（シームに関係がある縁），波線の場合には非特定縁（シームに直接関係がない縁）を示している．以下，各クラスについて図1を使って説明する

クラス1

2枚以上の布で構成され，2枚の場合には布の同じ側が特定縁となる．このクラスでよく利用されるシーム形式は，(a) の 1.01.01 である．ここで 1.01 の部分はクラスと布の構成を示し，末尾の二桁の数字は針の位置に対応している．なお，(a) の図中の縦の線は針の位置（縫い目線）を示している．シーム形式はステッチ形式（JIS L 0120）と併せて表示することが可能で，1.01.01/301 という表示であれば，一本針本縫いミシン（「ミシンの種類」参照）で縫製したシームを意味する．

クラス2

2枚以上の布で構成され，2枚の場合は，それぞれ相反する側の縁が特定縁で重

表1 シームのクラス分類

布の状態	クラス							
	1	2	3	4	5	6	7	8
（布1）	2枚以上	1枚以上	1枚以上	同一面上でそれぞれ1枚以上	0^{*1} または1枚以上	1枚	1枚以上	—
（布2）	—	1枚以上	—	1枚以上	1枚以上			—
（布3）	—	—	—	—	1枚以上	—	—	—
（布4）	0^{*1} または1枚以上	0^{*1} または1枚以上	1枚以上	0^{*1} または1枚以上	0^{*1} または1枚以上	—	1枚以上	1枚以上
構成枚数	2枚以上	2枚以上	2枚以上	2枚以上	1枚以上	1枚	2枚以上	1枚以上
布の構成例^{*2}								

*1　0は最少枚数で構成する場合には使用しないことを表す．
*2　布の断面は太線，特定縁は細線，非特定縁は波線で示す．

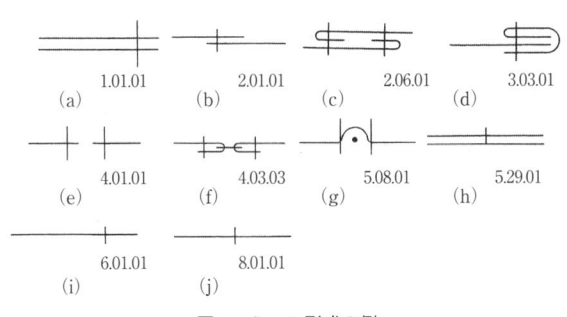

(a) 1.01.01　(b) 2.01.01　(c) 2.06.01　(d) 3.03.01
(e) 4.01.01　(f) 4.03.03　(g) 5.08.01　(h) 5.29.01
(i) 6.01.01　(j) 8.01.01

図1　シーム形式の例

なり合うもの．(b)の2.01.01はシームとして最も簡単な接続法（重ねはぎ）であるが，(c)の2.06.01の折り伏せ縫いも，このクラスに分類される．

クラス3

 2枚以上の布で構成され，2枚の場合は，そのうちの1枚は片側が特定縁で，他の1枚は両側が特定縁であり，前者の縁を後者がくるむもの．（d）の3.03.01の玉縁縫いなどはよくみられる．

クラス4

 2枚以上の布で構成され，2枚の場合は，それぞれ相反する側の縁が特定縁で突きあっているもの．（e）に示した4.01.01の突き合せはぎは，千鳥縫いミシンなどで縫製されることがある．（f）の4.03.03の割はぎもこのクラスのシームである．

クラス5

 1枚以上の布で構成され，1枚の場合は両側が非特定縁のもの．例としては（g）と（h）で示した5.08.01のコーディングや5.29.01のハ刺しが挙げられる．

クラス6

 1枚の布で構成され，片側の縁が特定縁のもの．（i）で示した6.01.01の捨て縫いは縫い代始末によく用いられる．

クラス7

 2枚以上の布で構成され，そのうちの1枚は片側の縁が特定縁，他の布は両側が特定縁のもの．

クラス8

 1枚以上の布で構成され，すべての両側が特定縁のもの．例えば，（j）の8.01.01には刺繍などが相当する．

〔島崎恒蔵〕

参考文献
[1] 日本規格協会：JIS L 0121「シームの分類と表示記号」，2010．

縫製副資材

 縫製素材の主となるものは表地であるが，表地だけでは衣服をつくることはできない．身頃，袖，衿などのパーツを縫い合わせるためには，縫い糸が使われている．さらに衣服を観察すると，開きの部分にはボタンやファスナーなどがついており，衣服の内側には裏地，芯地，中綿，肩パットなどがついている．また，ネームや品質表示やサイズ表示が縫いつけられている．このような材料を縫製副資材という．この中で特に重要と思われる，縫い糸，芯地，裏地，留め具について解説する．

●**縫い糸** 縫い糸はミシン糸と手縫い糸があり，それぞれ工業用と家庭用（図2）に分かれ，用途によって非常に多くの種類がある．工業縫製では縫い糸を大量に

消費するため，糸の巻き取り量は 500〜20,000 m 程度で，ボビンの形もいろいろある．それに対し，家庭用は 100〜1,000 m，手縫い糸は 20〜100 m である．

ミシン糸の素材としては，従来は綿，絹などの天然繊維が使われていたが，現在はポリエステルやナイロンなどの合成繊維が多く使われるようになり，中でも特に丈夫で安価なポリエステル糸の使用が最も多くなっている．

ミシン糸にはスパン糸（紡績糸），フィラメント糸，ウーリー糸，複合糸，モノフィラメント糸などがあり，本縫い，環縫い糸などのさまざまなミシンの性能や縫製素材の特性，縫製部位によってそれぞれ適切な糸を選ぶ必要がある．

モノフィラメント糸は長繊維 1 本の糸で撚りのない糸であるが，その他は図 3 に示すように，ステープル（短繊維）やフィラメントを S 撚りにした単糸を数本合糸して Z 撚りにしてつくられる．ミシン糸の場合は，図 3 のような 3 本合糸のものが多く，撚り方向はミシンの機構上必ず Z 撚りとなっている．手縫い糸は S 撚りのものが多い．

一般に，糸の太さは，長さと質量の関係で太さを表す．その表示方法は，質量を基準にした恒重式番手（英式綿番手など）と，長さを基準にした恒長式番手（デニール D，テックス tex，デシテックス dtex）があるが，ミシン糸などの縫い糸に限っては"呼び"で表示され，"#60（60番）"のように表記される[1]-[4]．"呼び"は数が大きくなるほど細い糸であることを示すが，同じ"呼び"でも糸の種類，素材の種類によって，総繊度（番手）や見かけの太さは異なる．なお，同じ"呼び"であれば，スパン糸の方が太い．図 4 に #60 のスパン糸とフィラメント糸の外観を示すが，両者の太さの違いがよくわかる．衣料用の縫い糸は，#30〜#100 のものが多い．また，縫い糸には縫製や衣服の使用に耐えるだけの強度が必要で，縫い糸の種類とそれぞれの太さ（呼び）ごとに，どの程度の引っ張り強さが必要であるか，その最低値が JIS で定められている[1]-[4]．

図 2　ミシン糸

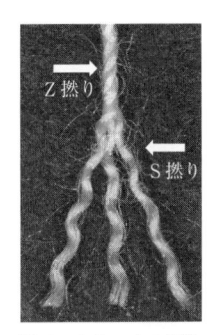

図 3　ミシン糸の構造

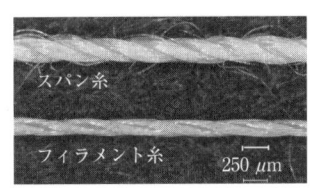

図 4　スパン糸とフィラメント糸の外観（いずれも #60）

さらに，ミシン糸には柔軟性，平滑性，帯電防止性を与えることにより針温の上昇を抑えて，糸切れを減少させるためのオイリング（油剤処理）がされている．
●芯地　芯地は表布の裏側につける布で，衣服のシルエットを整える，型崩れを防ぐなど，表布の性能を補い衣服の品質を向上させるために欠かせないものである．また，表地の伸びなどの変形を抑え，縫製しやすくするなどの役目もある．

芯地には基布の裏側に接着剤がついている接着芯地と，ハ刺しなどにより表地に据える非接着芯地がある．非接着芯地には毛芯をはじめパンピース，スレキなどがあるが，高級紳士服などに使用される．

芯地の主流は接着芯地で，婦人服はほぼ100％，接着芯地が使われている．接着芯地の基布には，織物，ニット，不織布，複合布などさまざまな種類があり，表布の特性や使用部位，衣服の取り扱い方法などによって選択する．接着芯には前述のように基布に接着剤（樹脂）がついており，接着プレス機などを用いて適切な温度と圧力で接着するホットメルトタイプが多く利用されている．接着剤の塗布形状はドット状，ランダムパウダー状，くもの巣状タイプなどがある．使用箇所は，身頃，見返し，前立て，衿，カフスなどで，繰り返し着用や洗濯・クリーニングに十分耐えるだけの接着力が要求される．また，肩，袖ぐり，衿ぐり部分などの伸び止めや裾上げ用などに細くカットされた接着テープもある．
●裏地　裏地は表地の裏側に付けられ，衣服の機能を改善するために使用される．裏地に要求される役割には，次のようなものがある．

①滑りをよくし，着脱のしやすさと動作性を向上させる．②表地のシルエットを整える．③型崩れや摩耗による表地の傷みを防ぐ．④衣服の裏側の縫い代を隠したり，柄物を使ってデザイン性を高めたりして，外観を整える．⑤身体からの汗や汚れを吸収し，表地をきれいに保つ．⑥保温効果がある．⑦表地の透けを防ぐ．

以上のような裏地の機能から，裏地は滑りやすく，しなやかで柔らかく，制電性，吸湿性に優れる素材がよい．このような観点から，以前はキュプラのフィラメント織物（平織，斜文織）が主であったが，近年においては，ポリエステル素材の洗濯などの取り扱いのしやすさや耐久性（特に耐摩耗性）のよさに加え，制電性能を付与した裏地の開発や抗菌防臭加工や吸湿性加工などが施された裏地が登場し，ポリエステル裏地の需要が多くなっている．

また，表地がニットやストレッチ素材などの伸びやすい素材の場合は，裏地にもストレッチ性が要求され，たて編地のトリコット裏地やポリエステル仮撚り加工糸を用いたストレッチ織物裏地も使用される．
●留め具　ボタンは留め具としてばかりでなく，デザイン的効果も大きい．ホッ

クはかぎ形とそれを受ける金具が一組になったもの，スナップは凹型と凸型の一組からなる留め具で，外からはみえない．また，スナップボタンはスナップとボタンが合体したもので，ドットタイプ，リングタイプがある．

ファスナーについては，スライドファスナーは，ジッパー，チャックなどともよばれ，かみ合わせの部分をむし（務歯）といい，スライダー（開閉部品）によって開閉する．面ファスナーはマジックテープとよばれるもので，小さなループが密集したループ面と細かいカギ状フック面を押しつけると，フック部がループに引っかかって貼り付くようになっている．

接着芯は正しい接着条件によりその効果が発揮されるため，適切な温度，圧力，時間を設定して接着する必要がある．接着に関しては，剥離が起きていないか，接着剤がにじみ出ていないか，収縮して硬くなっていないかなどに注意する必要があり，接着が不適切であるとクレームにも結びつく．

そのほか，スカートやズボンのウエスト部分に使用されている芯を，ベルト芯（インサイドベルト）という．

📖 参考文献
[1] 日本規格協会：JIS L 2101「綿縫糸」，2000.
[2] 日本規格協会：JIS L 2310「絹縫糸」，2000.
[3] 日本規格協会：JIS L 2510「ナイロン縫糸」，2000.
[4] 日本規格協会：JIS L 2511「ポリエステル縫糸」，2000.

ミシン針

縫い針にはミシン針と手縫い針がある．ミシン針は家庭用と工業用が，手縫い針は和針とメリケン針がある．ここでは，ミシン針について解説する．

● ミシン針の構造と名称

図5（a），（b）に家庭用ミシン針[1]と工業用ミシン針[2]の構造と名称を示す．

針には上糸を導く長溝があり，ミシンの釜の剣先が針糸ループを捕えやすくするためのえぐりがある．長溝があるのが表側で，えぐりがあるのが後ろ側になる．

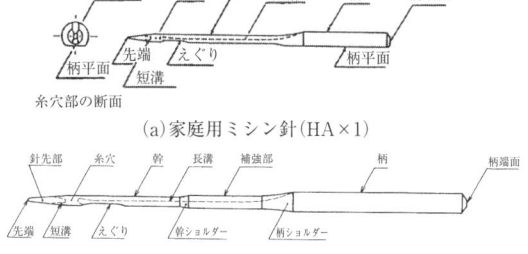

（a）家庭用ミシン針（HA×1）

（b）工業用ミシン針（DA×1 DB×1 DP×5 [22番以下]）

図5 ミシン針の構造と各部の名称

ミシン針の太さは幹の太さで決められ，番号が大きくなるほど太くなり，家庭用は7番（#7）から16番（#16）までである．柄の部分の片方が平らな形状になっているので，ミシンに取りつける際，向きを間違えることがない．一般生地用のほかにニット用，キルト用，極薄生地用，デニム用，レーザー用などがある．

　工業用ミシン針の種類は非常に多く，約5000種あるという[3]．JIS[2]では本縫いやオーバーロックミシンなどの標準機種のミシン針DA×1，DB×1，DP×5，DC×1，DC×27，D×13についてのみ規定されているが，太さは7番から25番までと，家庭用に比べて太い針に幅がある．そのほか，二重環縫い，すくい縫い，ボタンつけ，星縫いなどの各種ミシンについて，それぞれ専用の針があり，太さも多数ある．

　一般的な工業用本縫いミシン針は，針幹の途中で柄の方が少し太くなる形状をしており（二段伸線という），針が揺れるのを防止し，布から針が抜ける時の摩擦を少なくして，針温の上昇を抑える工夫がされている．オーバーロックミシン用などの全長の短い針は，一段伸線になっている．

●**ミシン針の選定**　ミシン針を選ぶ際には，それぞれのミシンで指定された種別の針を選択する必要がある．合わない針を使うと，ステッチがうまく形成されないなどの縫製不良が起こるだけでなく，ミシンのパーツを傷つけることもある．

　次に，針の太さは，生地の厚さと縫い糸の太さとのバランスで選ぶ必要がある．針が太いとパッカリングや地糸切れが発生しやすくなり，針が細すぎると針折れの頻度が多くなる．ミシン針，糸，用途の選択の目安を表2に示す．#18以上の太い針は，靴（ビニール，皮），シート，テントなどの縫製に使用される．

表2　ミシン針と糸および用途の関係

ミシン針	スパン糸	フィラメント糸	用途（例）
#7～8	#100	#80～100	極薄地：羽二重，サテン，デシン，ニット（ハイゲージ）
#9～10	#80	#60～80	薄地：ジョーゼット，オーガンジー，ローン
#11～12	#60	#50～60	普通地：ブロード，薄物ウール，ダブルニット
#13～14	#40～50	#50	中厚地：ギャバジン，サージ
#16	#30～40	#40	厚地：デニム，キャンバス

　工業縫製においては高速で針が生地を貫通するため，生地の織り糸や編み糸を切断してしまう地糸切れが生じることがある．この防止策としては，針先形状を丸めたボールポイント針を使用するとよい．針先形状の写真を図6に示す．上が通常の針（DB×1）で，下がニット用の針（DB×1KN）である．通常の針先は太

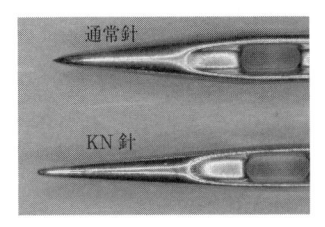

図6 ミシン針の先端形状（#14）

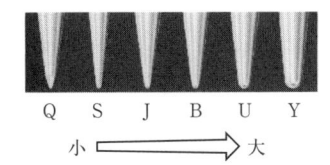

図7 ボールポイント形状の種類
[出典：河内保二「これで納得 縫製工場ムダ取りガイド」, 繊維流通研究会, p.76, 2003]

くて尖っているが，ニット用の針は全体的に細く，先端が丸くなっていることがわかる．この写真は標準的なボールポイント形状（Jボール）であるが，そのほかに図7に示すように，さまざまな大きさのボールがある．ボールの大きさは生地を構成する糸の太さの0.7〜1.4倍がよい[4]とされており，対象となる素材に合わせて適切な先端形状を選ぶことが大切である．

また，布と針間の摩擦による針温上昇が原因で，糸（縫い糸）切れ，地糸切れを起こすことを防ぐために，針にはクロムメッキ，フッ素樹脂やチタンコーティングなどの表面仕上げが施されている．家庭用ミシン針は一般にニッケルメッキである．

〔松梨久仁子〕

参考文献
[1] 日本規格協会：JIS B 9012「家庭用ミシン針」, 2010.
[2] 日本規格協会：JIS B 9076「工業用ミシン針」, 2008.
[3] オルガン針ホームページ「製品情報」: http://organ-needles.com/product/index.php
[4] オルガン針ホームページ「ミシン針リーフレット　ボールポイント針」: http://organ-needles.com/pdf/leaflet/03.pdf

縫製関連機器

　ミシンと同様にアイロンおよびプレス機は，衣服の立体化に欠かすことのできない縫製関連機器である．現在，アイロンとプレス機はそれぞれの用途に応じて使い分けられている．プレス機は能率的であるだけでなく，品質の安定性，外観保持力等について優れているため，縫製工場では用途別に多種類のプレス機が使用されている．

●アイロン・プレス機の種類　工業用アイロンは，電気アイロン（加熱：電熱のみ），蒸気アイロン（加熱：スチームのみ，図8），電蒸アイロン（加熱：電熱とスチームを併用，図9）に分けられ，作業内容によって使い分けられている．プレス

図8 蒸気アイロン
［出典：直本工業のカタログ］

図9 電蒸アイロン
［出典：直本工業のカタログ］

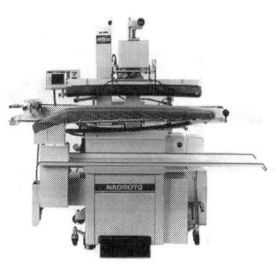

図11 縫い目割りプレス機
［出典：直本工業のカタログ］

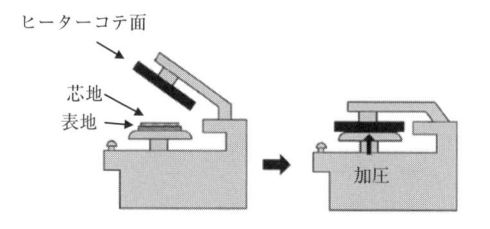

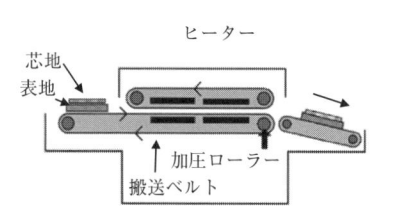

図10 芯接着用プレス機　上：フラット型，下：ローラ型　［出典：冨田明美 編著「アパレル構成学」，朝倉書店，p.97，2012］

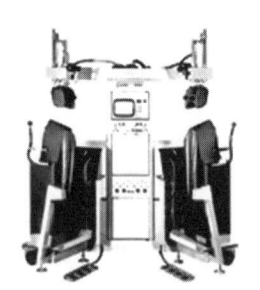

図12 仕上げプレス機
［出典：JUKI「アパレル工場社員テキスト」，p.64，2011，http://www.juki.co.jp］

機は，芯地接着用プレス機（図10），中間プレス機，仕上げプレス機に大別できる．さらに，中間プレス機には地の目通し，縫い目割り（図11），縫い目倒し，折り，くせ取り等を行うプレス機があり，仕上げプレス機には，部位別に仕上げを行う身頃・背脇仕上げプレス機，肩・袖・アームホール仕上げプレス機（図12），ラペル仕上げプレス機と，一貫作業型のプレス機が使用されている．

● アイロン・プレス作業と適正条件
(1) アイロン・プレス作業
　アイロン・プレス機による布地のセットは，布地を加湿，加熱し，形状付与のための加圧をした後，常温常湿に急冷却乾燥することによって行われる．プレス機の各作業は，スチーミング→ベーキング→プレッシング→バキューミングとよ

ばれている．親水性の天然繊維の布地に対しては，水を付与して加熱することにより可塑性を増大させ，目的の形に成形し加圧してセットする．合成繊維は熱可塑性の性質を利用した半永久的な熱セットが可能である．布地のくせ取りは，布地が立体的な曲面を形成するように織糸のずれ変形をセットするものである．また，細番手ウール，新合繊，レーヨン素材は，パーツの段階でプレスすることにより，外観品質，可縫性の向上などの布地の安定を図ることがある．

縫製工場で裁断された各パーツは，縫製準備工程，縫製工程（中間工程），仕上げ工程へと進み，製品となる．以下の各工程で目的に応じた種類のアイロン・プレス機を使用し，衣服が生産されている．アイロン作業は，パーツの縫製および組み立て（アッセンブリー）縫製の各工程間に適宜配置されている．くせ取り以外では，アイロンは布地が伸縮したり地の目をゆがめないように，上から押えるようにかける．プレス作業は，下の各工程に配置されている．

表3　各種繊維に適するアイロン温度（℃）

繊維	アイロン温度
綿	180〜200
麻	180〜200
絹	130〜150
毛	120〜140
レーヨン	110〜150
ポリノジック	110〜150
キュプラ	110〜150
アセテート	110〜130
トリアセテート	110〜130
ナイロン	110〜130
ポリエステル	110〜150
アクリル	90〜110
ビニロン	110〜130
ポリウレタン	90〜110

［出典：文化服装学院 編「アパレル素材論」，文化出版局，p.116，2000 より作成］

①縫製準備工程：芯据え（図10），くせ取り等
②縫製中間工程：パーツ縫製および組み立て縫製の各工程におけるシーム割り（図11），シーム倒し，折り，プリーツ折り等
③仕上げ工程：しわの除去，肩・身頃・袖などの成形（図12）

(2) アイロン・プレスの適正条件

アイロン・プレス作業は，布地の性質や表面構造によって，蒸気量や圧力の調整が必要である．条件が適当でないと布地の伸縮，熱による変色，布地表面にあたり，てかり，毛羽がへたるなどの事故が発生する．素材の性質および布地の外観によって，加熱温度および蒸気量を適正に調整する必要がある．ニットの仕上げプレスは，風合いを損なわないように圧力をかけずに，スチームとバキュームで行う．表3に，各種繊維に適するアイロン温度を示す．　　〔青山喜久子〕

縫製準備工程

　縫製準備工程とは，素材（布）の受け入れから縫製直前までの工程を指す．具体的には検反，スポンジング，延反，裁断，仕分け，芯貼りの各工程よりなる．ここでは，これらの工程について説明する．

●**検反**　縫製工場に納入される生地は，すでにメーカーによる品質チェックが行われているが，縫製工場では別途，独自に検査（検反）を行うことが多い．これを受け入れ検反という．検反は通常，生地を検反機にかけ，これを流しながら目視により行われる．なお，検反には布を折りたたんでおき，検査員が本のページをめくるように検査する「めくり検反」もある．検反は，能率と同時に高度な技術が必要である．

　検反において，もし傷等があれば補修するか，その部分を避けるような措置が取られる．検反作業は，自動化なども試みられているが，人の精度を超える自動機は実現していない．

●**スポンジング**　生地には，製造段階においてさまざまなひずみが残留していることがあり，このひずみを解放しないと，衣服の型崩れに結びつく可能性がある．この生地の安定化は，一般にスポンジング機（sponging machine）を使って効率的に行われる．スポンジング機は，熱と水分（スチーム）を使うことが多いが，素材によっては水分を使わないこともある．また，地の目が曲がっているなどの場合には，これを修正することも必要な作業になる．

　原反は，広げて長時間放置しても，ひずみを解放することができ，これで十分であれば，スポンジングを省略することもある．このような生地の安定化の方法を，「放反」あるいは「放縮」とよんでいる．

●**延反**　耳を基準にたて地・よこ地を揃え，必要枚数だけ生地を整然と積み重ね，裁断が可能な状態にするのが，延反である．延反は通常，延反機により行うが，生地の状態により延反の方法は適切に選択される．例えば無地で表裏のない素材であれば，図13（a）に示すような「折り返し延反」を採用すれば最も効率的な延反となる．しかし，折り返し延反は生地に表裏があり，また毛並みがある（上下方向がある）素材には適用できない．このような場合には，図13（b）に示すような「一方向延反」を採用しなければならない．捺染柄などがある場合も同様である．

　　　（a）折り返し延反　　　　（b）一方向延反
　　　　　　図13　延反の例

●**裁断**　最近はコンピュータによる裁断（CAM）がよく行われる．

この場合には，延反した生地の上面をフィルムで覆い，吸引をかけて素材を固定し，高速度で自動裁断する．

手作業による裁断の場合には，マーキング情報に基づいて，裁断機を用いて重ね布を裁断する．裁断機は種々存在し，ナイフの種類により，たて刃裁断機，丸刃裁断機，バンドナイフ裁断機，金型（ダイ）裁断機などがある．たて刃裁断機は，刃先を選択することで多様な素材に対応できるので，使用頻度は高い．丸刃裁断機は，重ね枚数が少ない場合に使用される裁断機であるが，あまり精密な裁断はできない．これに対し，バンドナイフ裁断機はナイフ幅が狭いために，精密な裁断が可能である．金型裁断機は，きわめて定型的で正確な裁断を要する場合に使用され，金型（ダイ）を用いて油圧により裁断する方法であり，型抜きともよばれる．

このほかに刃を使用しないレーザ裁断機，ウォータジェット裁断機などもあるが，実際にはほとんど使用されていない．

●仕分け　裁断されたパーツ（部品）は，ミスが発生しないように仕分けされる．仕分けされたパーツは，一般に各種の縫製システム（後述）による流れ作業に投じられ，縫製されていくことになる．その際に色やサイズ違いのミスが発生することがよくあるので，管理をしっかりする必要がある．

●芯据え　衣服において芯地は，シルエットなどの形態保持のために必要に応じ使用されている．衣服で芯地が使用されるのは，衿，前身頃，見返し，袖口などであり，必要なパーツに芯地を付属するのが芯据え，あるいは芯貼りとよばれる作業である．

〔島崎恒蔵〕

縫製と仕上げ

アパレルにおける工業縫製は，用途に合わせた各種ミシンを用い分業して，流れ作業で衣服を立体的に組み立てていく（「縫製システム」参照）．1人の職人が最初から最後の仕上げまで行う昔ながらのテーラード仕立てや家庭洋裁とは，同じ服作りであっても大きく異なる．

縫製工程に入る前までに，サージング（生地端のほつれ止めのための縁かがり処理のことで，一般にオーバーロックミシンが使用される）や芯地つけなどの縫製準備工程が終了して，仕分けされた各パーツを，ミシン工程，アイロン，プレス工程，手作業を含むまとめ工程を経て，衣服へと組み立てていく．その流れを図14に示す．

衣服の素材は織物とニットに大きく大別され，両者では使用するミシンが一般には異なる．織物は本縫いミシン，ニットでは環縫い系ミシン（オーバーロック，

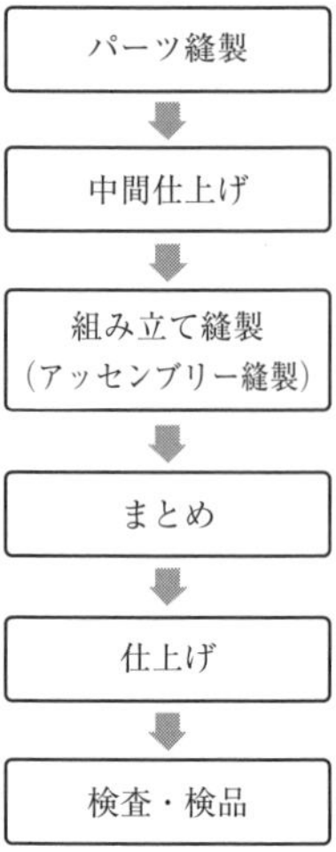

二重環縫い系）を使用する場合が多いが，ジーンズやYシャツなどの脇縫いは二重環縫いとオーバロックを組み合わせたインターロックミシンがよく使われる．

●**パーツ縫製**　身頃，袖，衿，ポケット，裏地などの各パーツを縫う．工業縫製の大きな特徴であるが，正確に裁断されたパーツをノッチ（合印）を利用して縫い合わせを行う．その際，指示どおりにきれいに縫い上げるために，さまざまなアタッチメントを使用する．縫い目をパターンどおりに縫い，縫い代を一定にするためにはガイドを使う．ガイドにはミシンベット，押さえ棒，押さえ金にそれぞれ取りつけるタイプがある．そのほかよく使われるアタッチメントとしては，フェラー（2つ巻き具），ヘマー（3つ巻き具），ホルダー（折り曲げ具），バインダー（縁取り具）の4つの巻き具がある．これらをシームの種類によって使い分けて使用すると，仕上がりも作業効率も向上する．

図14　縫製工程の流れ

また，衿やポケットなどに関しては専用の自動機があり，さらに布端を揃えて縫い代幅を一定に縫製できるエッジコントロールシーマを導入することで，未熟練者でも安定して高品質の製品を効率よく製造できる．

●**中間仕上げ**　アイロンやプレス機を用いて，縫い代割り，折り目づけ，くせとり（伸ばし，追い込み）など形を整える工程で，衣服の出来栄えを大きく左右する．衣服が組み立てられた後では，細かい部分のアイロン，プレス操作はできないので，この段階できれいに整形しておくことは重要である．

アイロン，プレス仕上げは，熱，水分，加圧，時間に依存する．綿や毛などの親水性繊維は，水分付与により繊維分子間の水素結合が切れるため変形しやすくなる．この状態で熱や圧力をかけて形を整えた後，急激に乾燥させるとそのままセットされる．ポリエステルなどの疎水性繊維は熱可塑性があり，熱を加えると柔らかくなるためこの時点で形を整え，急冷することによりセットされた状態を保つことができる．急激な水分除去と冷却はバキュームすることによって行われる．また，加熱温度，加圧・スチーム・バキュームの程度が適切でないと，型崩れ，収縮，テカリ，アタリ，接着芯の糊のしみ出しや剥離など，さまざまな問題が発生するので，生地特性などを十分に把握した上で仕上げの条件を決定する必要がある．

●**組み立て（アッセンブリー）縫製**　肩縫い，脇縫い，袖つけ，衿つけ，ウエストベルトつけ，股下縫いなどを行い，衣服を立体的に仕立てていく作業工程であ

る．パーツ縫製と比べると，曲線部分の縫製がより多く含まれ，布のたて，よこだけでなく，さまざまな角度のバイアス方向における縫製が入ってきたり，いせ込み縫製のような長さの違うパーツ部分の縫い合わせがあるのでかなり難度が高くなる．

●まとめ作業　組み立て縫製が終了した後，ミシンでは縫えない箇所については，手縫いによる作業が行われる．これを"まとめ"という．まとめには，まつり縫いや星止め（星縫いともいう），とじ，パットつけ，ボタンやスナップつけなどがある．以前は，内職として縫製工場外に発注することが多かったが，最近は特殊ミシンも多く開発され，ミシンによるまとめ作業が多くなっている．

●仕上げ　仕上げ工程では，アイロンやプレスによりしわを取り除き，身頃，肩，袖，アームホール，衿などの部分仕上げプレスや，シルエット全体に対しての整形セットが行われる．そして最後に，プレス機の仕上げで残った部分についての仕上げや修正をアイロンによって行う．アイロン，プレスの原理と注意すべき点は，中間仕上げと同様である．

●検査・検品　できあがった衣服は，企画書や指図，仕様書，基準・規格書，製品見本などに従って，服の各部の寸法，縫製，仕上げ，付属品，表示などについて検査する．検査には，抜き取り検査と全数検査があるが，検針器を使った針の混入検査は全数検査である．

〔松梨久仁子〕

縫製システム

　縫製作業においては，工場規模では流れ作業を採用することが多いが，服種，生産規模や期間などによりさまざまな縫製システムが存在する．ここでは具体的にいくつかのシステムを取り上げ，特徴などを述べる．

●丸仕上げ方式　1人の作業者により，すべての作業を行う方式で，例えば見本品製作，特注品製作などがこれにあたる．特に能率を考えて生産にあたるわけではなく，工場生産の方式としてこれが採用されることはない．

●組作業（グループシステム）　5人前後の少人数の作業者でグループを編成し，核となる1人の熟練者を中心に，グループごとに作業を完了する生産方式である．比較的小規模の工場で採用されることが多い．

●シンクロシステム　シンクロとは，同期を取るという意味である．1枚単位での流れ作業による縫製システムであるが，流れ作業のそれぞれの所用時間（ピッチタイム）を揃え，同期が取れるように編成する．1枚流しのシステムであるために単能工向きで，仕掛り品（作業工程に投入される材料）は少なく，生産期間も短くて済む．しかし，ピッチタイムを揃えることが困難だったり，作業員の欠

勤などがあったりすると，影響が大きく表面化する．
●バンドルシステム　パーツを束ね（バンドルをつくり），この束を単位として流す縫製システムである．工程間のバランスは仕掛り量で調整するが，従業員の多能工化が必要である．バンドル単位の流しであるため，仕掛り品は多く，生産期間は長くなるが，作業員の欠勤などの影響は調整しやすい．
●モジュラーシステム　15名程度の比較的少人数の編成で生産する方式で，個々の作業量に過不足が生じた場合には，グループ内で調整可能である．グループ単位で生産するため，チームソーイングとよぶことがある．
●コンベアシステム　工程間の搬送をコンベアにより行う搬送方式のシステムである．コンベアシステムの大きな特徴はセレクタ機能をもっており，他のシステムのように機器の大きなレイアウトは不要な点にある．コンベアシステムは，大きくベルトコンベアとハンガコンベアに分類できる．
　ベルトコンベアシステムは，文字どおりベルトコンベアにより仕掛り品を搬送するものであるが，通常はケース単位にまとめて作業台位置に送るものである．
　一方，ハンガシステムは，中間仕掛り品を一点ずつハンガにつるし，順次所定の場所に搬送して作業を行っていく方式である．
●セル生産方式　新しい生産方式として注目されている方式である．極小ロットの生産において，1人あるいは数人が多能工として連携・機能し，仕掛り品を最低レベル（一点レベル）に維持しつつ高能率に生産することを目指す方式である．

〔島崎恒蔵〕

縫い目の欠点

　既製服の生産には，生産性の向上とともに製品の品質の高度化が求められている．製品の品質には，デザインや素材の品質のほか，縫い目の性能も大きく影響を及ぼす．工業縫製は高速縫製（2000〜3000 spm）で行われるため，縫製によって素材や縫糸の機械的性質や縫い目の外観が損なわれることがある．ここでは，縫製品の品質を低下させる縫い目の欠点について述べる．

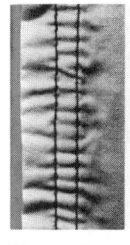

図15　シームパッカリング
（左：縫い縮み，右：縫いずれ）
［出典：日本化学繊維協会「縫製品の欠点解説書」，繊維総合研究所，p.31, 1988］

●シームパッカリング（図15）　シームパッカリングとは，布地の縫い目が縮み，縫い目周辺に発生する細かなしわのことをいい，製品の外観を著しく損ねる縫い目欠点である．工業生産が開始されて以来，さまざまな角度からパッカリング防止策が講じられてきた

が，次々に開発される新素材に対し，パッカリング防止策は重要な課題である．パッカリング発生の原因には，①縫い目の縫い縮みによるものと，②縫いずれによるものがある．①はさらに，縫製条件の設定が原因となるもの（図16）と，素材の性質が原因になるものに分けられ，縫製によって屈曲しひずみを生じやすい軽く，薄く，柔らかい布地はパッカリングが発生しやすい．縫製条件は，布地に対して可能な範囲で負荷がかからないように，条件を調整する必要がある（縫い針・縫い糸は細番手，糸張力・押さえ圧力・縫製速度などは低条件）．②の縫いずれは，下送りミシンのような送りの機構の下布に発生しやすい（図17）．また，表面の摩擦係数が小さい布地の縫合でも生じやすい．縫製工場では縫いずれの起こりやすい布地に対しては，「ミシンの種類」で述べた縫いずれ防止に効果的な，布送りミシン（先引きローラー送り，差動上下送り）を使用して対応している．パッカリング発生の原因にはこの2つ以外に，織糸密度の高い極限構造（ジャム織物）に近い布地の縫製におけるパッカリング発生がある．ミシン糸が布地に進入することにより極限構造を超えるために生ずるパッカリングであり，このような布地のパッカリング防止は難しい．

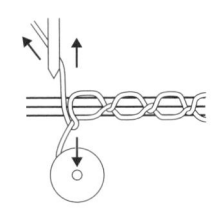

図16 糸張力による布地の座屈 ［出典：筆者作成］

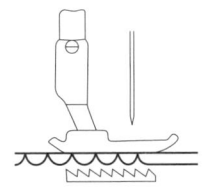

図17 縫いずれ ［出典：冨田明美 編著『アパレル構成学』，朝倉書店，p.100, 2012］

●**縫い目の伸長性** 伸縮性に富むニットや織物の縫製は，縫い目にも伸長性が付与されていなければならない．縫い目の伸長性にはステッチの種類が大きく影響し，ミシン糸の使用量が多い縁かがりステッチ，偏平縫いステッチは伸長性が高いため，ニット縫製一般に使用されている．本縫いステッチの場合，伸長性の高い糸（ナイロン糸）の使用，差動送りの引っ張り送りを併用することによって伸長性のある縫い目となる．

●**縫い伸び** 薄手のメリヤス地（よこ編地）やハイゲージニット地は，縫製により縫い目部分の布地が伸びてしまうことがあり，この縫い伸びも縫い目の欠点となる．縫い伸びしやすい布地の縫製は，布地の状態に応じた差動送り（縮み縫い，「ミシンの種類」参照）を行って所定の長さに縫い上がるように調整する．縫い目に伸長性を要する場合は，上で述べたステッチや縫い糸を選択する．

●**地糸切れ**（図18） 縫製時にミシン針が布地の糸を切断することを地糸切れとよび，部分的な糸の損傷を含めて，ニット地ではラン（伝線）の発生につながるために，防がなければならない縫い目欠点である．ニット地の縫製には，針先を

丸く加工したボールポイント針を布地の糸の太さに合わせて選択して，地糸の切断を防止している．ミシン針は，高速縫製により布地との摩擦熱で高温に上昇するため，布地が合繊の場合，針との接触による溶融切断にも注意が必要である．

●縫い目の笑い　布地に対して縫糸張力が弱く糸の締りが緩いと，縫い目部にミシン糸が露出して縫い目の口があいたようにみえる．この状態を縫い目の笑いとよぶ．布地の厚さに適合した縫糸張力に調整することが必要である．

●縫い目のスリップ（図19）　衣服の縫い目に対して垂直方向に大きな力がかかると，縫い代側に織糸と縫い目がスリップして口が開いてしまうことがあり，この現象を縫い目の滑脱（縫い目のスリップ）とよんでいる．織密度が粗い素材および織糸の表面が滑らかで滑りやすい素材で作られた織物に生じやすい．このような布地を使う場合は，織糸のずれを防ぐために縫い代に接着芯を貼る，縫い代を多くとって縫い代を割るなどの防止策を講じる．

●糸引け・糸返り　糸引け・糸返りとは，ミシン針が布地を貫通する時に，針先が糸にあたり織糸の糸軸方向の移動（糸引け）や回転（糸返り）を生じ，布地の光沢の損傷や柄にくずれが生じる縫い目欠点である．原因は，布地要因とミシン針要因がある．高密度，低伸度，極細糸使いの平坦なフィラメント織物に多く発生する．ミシン針の貫通力を減ずるために，細い針，表面加工した針を選択する．先端が鋭利なミシン針を用いて織糸を切断するという対処法もある．

●目飛び　ミシン糸が部分的に飛んで，縫い目を構成しない状態を目飛びという．一般には，ミシン針の種類や針先の向き，位置などの取り付け方の不適正，針先端の曲がりなどが原因で発生するが，伸長性が高いミシン糸を使用する場合にも，目飛びは発生しやすい．これは，上下糸が交絡するために必要なループの形成が，ミシン糸の伸長によって不十分になるためである．〔青山喜久子〕

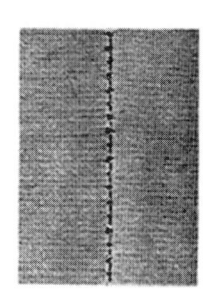

図18　地糸切れ　[出典：日本化学繊維協会監修「縫製品の欠点解説書」，繊維総合研究所，p.33，1988]

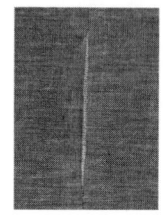

図19　縫い目のスリップ　[出典：前掲書，p.15]

Chapter 7
染色加工

染料の種類と原理 ── 160
染色方法の種類 ── 168
捺染 ── 174
染色堅ろう度 ── 176
一般仕上げ加工 ── 178
機能加工 ── 182

染料の種類と原理

天然染料（1）

　自然の中のさまざまな美しい色を自らの身にまといたいと思うことは，多くの人々がもつ欲求である．人々は古来，自然界の植物および動物から得た染料（それぞれ植物染料および動物染料という．染料とは有色物質で，繊維その他に水またはその他の媒体から染めつくことのできる物質のことをいう）のもつさまざまな色を装飾に用いてきた．また，布に色をうつすためのさまざまな方法を試みてきた．1856年のパーキンによる合成染料の発見以来，それまでは一般の家庭でも行われていた天然染料による染色は，一部を除き日光や洗たくなどに対して堅ろう性が弱く，染色方法が複雑で質的にも量的にも気候など自然条件に影響されるため，合成染料を用いた染色へと急速に変化し，染色方法も装置産業化され，天然染料はわずかに伝統工芸の世界や地場産業地の織物業者等で使用されるのみになってしまった．しかし，近年我が国では物質的な面で生活が豊かになり，生活環境における天然物志向や合成化学品による環境汚染を危惧する人々が多くなってきて，天然物が見直されつつある．図1に藍草の一種であるたで藍を示した．

図1　たで藍

●**植物染料**　植物から水で染料を抽出して染浴とするが，この中には1種類の色素（色をもつ物質）だけが含まれていることはなく，数種類の色素類が含まれていることが多い．さらに，天然色素の分子（アグリゴン）は水に難溶性のものが多く，植物組織内では配糖体の形で水溶性になっている．図2に楊梅に含まれる色素の配糖体とアグリゴンを示した．染浴には色素のほかにペクチン，多糖類，脂肪，タンパク質等の成分が含まれている．このような染浴を用いた染色では，

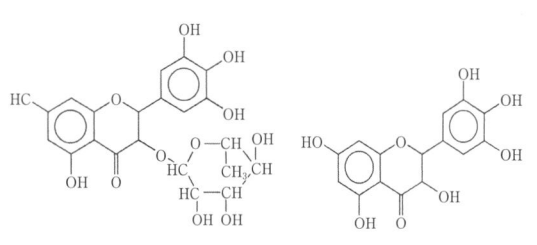

図2　楊梅に主として含まれる色素（左：ミリシトリン［配糖体］　右：ミリセチン［アグリゴン］）

表1 植物染料の分類

色調範囲	植物名	科名	使用部位	主成分	主色素	染色方法 染浴	染色方法 処理
黄～茶	苅安（かりやす）	イネ科	全草	フラボン類	ルテオリン	中性	後媒染
黄～茶	黄蘗（きはだ）	ミカン科	樹皮	アルカロイド類	ベルベリン	中性	—
黄～茶	黄蓮（おうれん）	キンポウゲ科	根茎	アルカロイド類	パルマチン	中性	—
黄～茶	楊梅（やまもも）	ヤマモモ科	樹皮	フラボノール類	ミリセチン	中性	後媒染
黄～茶	石榴（ざくろ）	ザクロ科	全木	ポリフェノール類	タンニン	中性	後媒染
黄～橙	梔子（くちなし）	アカネ科	果実	キサントフィル類	クロセチン	弱酸性	後媒染
黄	鬱金（うこん）	ショウガ科	根茎	ジケトン類	クルクミン	中性	後媒染
黄	槐（えんじゅ）	マメ科	花蕾	フラボノール類	クェルセチン	中性	後媒染
赤	茜（あかね）	アカネ科	根茎	アントラキノン類	アリザリンほか	中性～弱アルカリ性	先媒染
赤～紫	紅花（べにばな）	キク科	花弁	カルコン類	カーサモン	アルカリに溶解	酸顕色
橙～紫	蘇枋（すおう）	マメ科	心材	ベンゾピラン類	ブラジリン	中性	後媒染
紫	紫草（むらさき）	ムラサキ科	根茎	ナフトキノン類	シコニン	中性～弱アルカリ性	先媒染
赤茶～黒	檳榔樹（びんろうじゅ）	ヤシ科	種子	ポリフェノール類	タンニン	弱酸性	後媒染
青	藍（あい）	タデ科	葉	インドール類	インジゴ	アルカリ性還元	空気酸化

単一色素による染色と比較すると鮮明さを欠くことになるが，色素複合による中間的自然色が得られ独特の色相を呈する．

　自然界の植物はきわめて多いが，それらの中で特に色素量を多く抽出でき，古来染色に用いられてきた主な植物名，科名，使用部位，主成分，主色素，染色方法，色調範囲を表1に示した．

●**植物染料を用いた染色**　植物染料の抽出は，植物に水を加え加熱して行うことが一般的であるが，水に酸またはアルカリを添加してpHを調整することにより，効果的に染料を抽出することができる場合がある．植物染料による染色では多くの場合，染料の繊維へ親和性を増し，堅ろう度を高めるために媒染を行う．植物染料の種類により，先媒染が適するものがあるが，多くの場合，後媒染が行われる．以前は灰汁などを用いて媒染を行っていた．灰汁に含まれる金属成分の種類によって微妙に色相が異なる．今日では，灰汁の入手が困難となり，媒染剤には金属塩化合物（アルミニウム，銅，錫，鉄などの塩類）が多く用いられる．使用

する媒染剤やその組み合わせにより多彩な色相を得ることができる．また，植物染料を用いた一般的染色法のみで染色できない特殊な植物染料には，藍，紫草，紅花などがある．

　植物染料を用いた染色において，絹や羊毛の場合は染料の染着性は高いが，綿や麻の場合には染料の染着性が高い植物染料と低い植物染料とがある．黄蘗や黄蓮を除くアニオン性や非イオン性の植物染料を用いた綿や麻の染色では，布をカチオン性の処理剤で前処理を行うことにより，染着性を増すことができる．

〔道明美保子〕

天然染料 (2)

　天然染料という言葉からは「草木染め」が連想され，一般的には植物による染色であるというイメージをもつ人が多い．しかしながら，動物性の天然物として虫や貝も染料として使われてきた歴史がある．ここでは3種類のカイガラムシとアクキガイ科の貝からとれる動物染料を紹介する．

●カイガラムシ　ラック，コチニール，ケルメスなどのカイガラムシが赤系統の色素を体内にもっており，これらを染料として利用した歴史がある．臙脂虫はその名のとおり体内に臙脂色の色素をもつ虫という意味である．これらの色素はそれぞれ化学構造も似ており，茜の色素成分であるアリザリンとも共通するアントラキノン系の色素である．

・ラックカイガラムシ（*Laccifer lacca Kerr*，図3）は，ライチ，イヌナツメの木などに生息し，中国南部，南アジアから東南アジアで採集される．この虫が分泌する樹脂状の物質（スティックラック）は，樹脂と色素に分離精製されて利用される．チベット仏教僧の臙脂色の法衣はこの色素で染めたものであったとのことである．ブータンでは，現在でも染色材料としてラックカイガラムシを養殖し，染色に用いている．インドや東南アジアの伝統的な技法でつくられる絣にもラックによる染色が用いられる．

　日本には，奈良時代にはもたらされており，正倉院に枝ごとのスティックラックが収蔵されている．江戸時代には，ラックを精製して木綿（棉）のワタ（綿）に色素を染み込ませた臙脂綿を中国から輸入し，絵画の絵の具や更紗，友禅染，沖縄の紅型に用いていた．また，紫鉱，花没薬ともよばれ，薬として用いられていた．

　ラックの色素成分は，ラッカイン酸（図4）であ

図3　枝につくラックカイガラムシの分泌物（ヤディ，ブータン）［撮影：永野昌博］

る．耐熱，耐光性は高く，抽出液の色調は，pH によって異なり，酸性では橙色，中性で赤色，アルカリ性では赤紫色を呈する．食品添加物としても利用されている．ラックの染色は，酸性条件で行い，絹，羊毛に対してよく染着する．アルミ媒染で牡丹色から臙脂色，錫媒染で赤色，銅媒染で赤紫色を染める．

A : R = $CH_2CH_2COCH_3$
B : R = CH_2CH_2OH
C : R = $CH_2CH_2NHCOOH$
E : R = $CH_2CH_2NH_2$

図4　ラッカイン酸の化学構造

・原産地がメキシコのコチニールカイガラムシ（*Dactylopius coccus* Costa，図5）は，中南米に生育するウチワサボテンにつく虫であり，その雌虫を産卵の前に採集し，乾燥させたものが染料として使われる．現在では，そのほとんどがペルー産のものである．

図5　ウチワサボテンにつくコチニール（リマ，ペルー）［撮影：駒城素子］

中南米では，古くから使われており，マヤ文明，アンデス文明の遺跡から，コチニールで染めた染織品が発掘されている．スペインの中南米侵略後，ヨーロッパにもたらされ，軍服やフランスのゴブラン織りなどに使われた．桃山時代から江戸時代にかけて，日本にもコチニール染めの染織品が南蛮貿易により渡来し，戦国武将たちはそれを羽織に仕立てさせていた．

図6　カルミン酸の化学構造

コチニールの色素成分はカルミン酸（図6）である．耐熱，耐光性は高く抽出液の色調は，ラッカイン酸と同様に pH によって異なる．
・ケルメスカイガラムシ（*Kermes vermilio* Planch）は，地中海産のケルメスガシというブナ科の樹木に，ラックと同じように雌が丸い小さな空洞をつくりながら寄生する虫である．地中海沿岸諸国では，16世紀にスペインが中南米を征服する前は，赤の染料としてケルメスが用いられていたが，サボテンに寄生するコチニールの方が大量に取れてよく色が出るため，これを容易に手に入れるようになり，ケルメスの生産と技術は衰退した．

ケルメスの色素成分はケルメス酸（図7）である．ケルメスは，明礬で発色させて，やや青みのある深

図7　ケルメス酸の化学構造

い紅色に染色する．

●**アクキガイ科の貝** アクキガイ科の貝は巻貝であり，内臓（パープル腺）に紫色の色素になる物質を含んでおり，これによる染色を貝紫染めとよぶ．紀元前3000年頃，古代フェニキア人がシリアツブリボラ（Purple dye murex, *Bolinus brandaris*, 図8）による染色を始めたといわれている．ティリアンパープル，帝王紫ともよばれ，貝紫染めの布は皇帝など高貴な人が身に纏った．カエサルやクレオパトラが愛したとも伝えられている．日本では，紫といえば紫草という植物が用いられたといわれてきたが，吉野ヶ里遺跡から貝紫染めの絹織物片が発掘され，弥生時代に貝紫染めが存在したことが確認されている．

　パープル腺の粘液は黄色であるが，摺り染めをして酸化すると紫色に発色する．色素は6,6'-ジブロムインジゴ（図9）であり，藍の色素であるインジゴに臭素が2つついた化学構造をしている．還元状態で染色して酸化させると発色するという性質も共通であり，いずれも建て染め染料に分類される（「染色方法の種類」参照）．

〔都甲由紀子〕

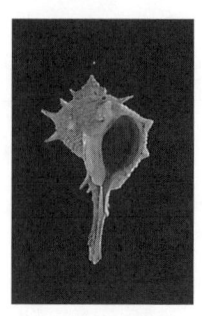

図8　シリアツブリボラ［出典：R.T.アボット，S.P.ダンス「世界海産貝類大図鑑」，平凡社，p.142, 1998］

図9　6,6'-ジブロムインジゴの化学構造

合成染料

●**合成染料の分類と特徴**　合成染料は化学的あるいは構造的な観点と染色性あるいは応用的見地からの2方面からの分類がある．化学構造的観点からの分類と特徴および染料例を表2に示した．

　染料は繊維染色に使用する量が圧倒的に多く，これに次いで皮革，紙，木材，合成樹脂，油脂，蝋，塗料，食料品の着色あるいは少量ではあるが医薬，化粧品，指示薬，写真感光剤，顕微鏡，発煙信号筒にも使用されている．

●**機能性色素**　上記の染料に対し，特殊な機能を活用するように設計されたものを機能性色素とよび，ニューフロンティア材料の一分野になっている．染顔料の開発は一般的には，染着機能をもつ，より堅ろうな色素に重点が置かれてきたので，指示薬を除けば堅ろう度に劣る色素はあまり関心をもたれなかった．pH指示薬は，助色団や発色団におけるプロトンの付加・脱離により色素が変色すると

表2 合成染料の分類と特徴

染料	特徴	染料例の化学構造
ニトロ染料	発色団としてニトロ基を含有するもので，日光，洗濯堅ろう度が弱く，繊維上で昇華するので数は少ない．例：C.I. Acid Yellow 1	
ジフェニルメタン染料	オーラミンを代表とするジフェニルメタン誘導体で，その数はきわめて少なく，日光堅ろう度も不良である．例：C.I. Basic Yellow 2	
トリフェニルメタン染料	トリフェニルメタンの誘導体で，主として塩基性および酸性染料で，色価は高いが毒性が懸念され，日光堅ろう度も弱い．例：C.I. Basic Green 4	
アゾ染料	分子内にアゾ基を有するきわめて多種類，他系統の染料を包含し，工業的に重要な多数の染料を含んでいる．例：C.I. Acid Orange 12	
ピラゾロン染料	タートラジンのように分子内にピラゾロン環を有する比較的堅ろうな黄色系染料で，多くの場合アゾ染料に入れられている．例：C.I. Acid Yellow1 1	
スチルベン染料	スチルベンの誘導体で黄色直接染料が多く，構造的にはアゾ染料の一種であり，蛍光染料がこの部類に属する．例：C.I. Direct Yellow 12	
キノリン染料	キノリンイエローを代表とし，キノリン環を有する染料であるが，イソキノリン誘導体も含まれ，キノフタロン染料ともいわれる．例：C.I. Acid Yellow 3	
アゾメチン染料	分子内に-CH＝N-，＝CH-N＝(Aldimine 結合) を有する染料で，その数は少ない．例：C.I. Basic Red 12	
キサンテン染料	ピロニン染料とも称され，エオシン，ローダミンのように華麗な赤色系の酸性，塩基性染料が多い．日光堅ろう度は比較的弱い．例：C.I. Acid Red 94	
アクリジン染料	発色団としてアクリジン環を有するものを総称しているい，黄色および橙色塩基性染料であるが，日光堅ろう度が弱く，染料としての重要性は低い，むしろ殺菌剤，消毒剤としての用途がある．例：C.I. Basic Orange 14	
アジン染料	合成染料最初のものと称せられるモーブのように分子内にアジン環を有する，主として塩基性染料である．例：C. I. Basic Red 2	

染料種	説明	構造例
オキサジン染料	染料分子内に発色団としてオキサジン環を有する多くは青紫色系の染料で，その数は比較的少ない．例：C.I. Basic Blue 3	
チアジン染料	発色団としてチアジン環を有する比較的種類の少ない，主として塩基性染料である．例：C.I. Basic Blue 25	
チアゾール染料	発色団としてチアゾール環を有する主要な直接染料に属するものが多く，一般に黄色系直接染料が多いが，数は比較的少ない．例：C.I. Direct Yellow 28	
硫化染料	硫黄溶融によって製造され，一般に鮮明度を欠くが，廉価・堅ろうな染料として需要が多い．鮮明な赤色がない．絹・毛などを害するおそれがあり，綿は長期保存により脆化変色する．例：C.I. Sulphur Blue 13	
酸化染料	アニリンブラックなどのように厳密には染料ではないが，被染体上で酸化して染料を生成させる中間体で，毛皮や頭髪の染色に用いられる．堅ろうであるが毒性が懸念される．例：Anilline Black	
ナフタリミド染料	発色団としてナフタルイミドを有する比較的少数の染料である．例：C.I. Disperse Yellow 11	
インジゴイド染料	インド藍のように太古より用いられた天然染料も含まれ，元来建染染料であるが，スルホン化して酸性染料としたものもある．例：C.I. Vat Blue 1	
ベンゾキノンおよびナフトキノン染料	キノリン構造を有するベンゼン，ナフタレン系の建染染料で，アジン，チアジン，カルバゾール環を有するものが多く，毛の染色に用いる．例：Helindon Red CR	
アントラキノン染料	アントラキノン誘導体で媒染，建染，直接，酸性，分散，反応性染料など多系統あり，色相は全領域にわたり堅ろうで鮮明である．例：C.I. Disperse Red 15	
フタロシアニン染料	フタロシアニン誘導体で銅，ニッケルなどの金属錯体と金属を含有しないものがある．青，緑色系のものが多く堅ろう度に優れる．例：C.I. Direct Blue 86	
反応性染料	酸性染料に繊維と直接反応して結合する反応性基を導入した構造を有する．現在繊維染色用として多方面で使用されている．例：C.I. Reactive Blue 4	
蛍光染料	染料は無色・淡黄色であるが，強い紫色蛍光を放射し，繊維などを光学的に漂白するので蛍光増白剤と称される．日光堅ろう度は不良．例：C.I. Fluorescent Brightening Agent 162	

図10 機能性色素の発色形態

いうような欠点を特異な機能として，うまく利用しているわけである．このような酸のみならず，光，熱，電気などのわずかなエネルギーによっても消色・変色する色素，発色する色素前駆体（カラーフォーマー）や物性変化をもたらす機能材料などが提案されるようになった．新

図11 感光変色性衣料

しい機能性（酸発色性，昇華転写性，光伝導性，半導体レーザー感受性，帯電性，二色性，エレクトロクロミック性，非線形など）をもつ色素の探索と先端技術（小型発熱素子，電子写真技術，レーザー技術，ピエゾ素子，液晶素子など）から，エレクトロニクス用色素が開発され機能性色素として展開され，衣料分野では環境対応型衣料の開発も試みられている．機能性色素の発色形態を図10に，感光変色性衣料例を図11に示す．

〔織田博則〕

染色方法の種類

浸染（1）

　染色の方法のうち，糸や布を染液に浸漬して加熱し染色することを浸染（しんぜん，しんせん）といい，捺染と区別する．主として無地染め用であるが，絞り染めなどによる模様染めにも用いられる．染液は一般に染料および染色助剤の水溶液である．被染物（繊維の種類，糸・織物・編物・縫製品の別）と染料の部属・種類によって，それぞれに適した染色条件（染液のpH，温度，圧力など）が適用される．工業的には，バッチ式処理による吸尽染色と，連続式処理による連続染色があり，種々の染色機が用いられる．

●**直接染法**　浸染のうち，直接染料・酸性染料・塩基性染料はこの染色法による．原理的にはごく単純な染色法で，染液に繊維を浸すと染料が繊維に吸着して染色される．その際の染着機構は染料分子と繊維分子の間の直接の結合による．染色速度を調整して均染性を高める（染むらを防ぐ）ために，塩や酸が助剤として添加される．

　適用される染料と繊維の組み合わせとしては，①直接染料と綿・麻・レーヨンなどセルロース系繊維，②酸性染料と絹・羊毛などタンパク質系繊維やナイロンなどポリアミド系繊維，③塩基性染料とタンパク質系繊維・ポリアミド系繊維やアクリル系合成繊維，が挙げられる（図1）．①の組み合わせでは，水素結合やファンデルワールス結合によって，また，②③の組み合わせではイオン結合によって，染料分子と繊維分子が結合し染着が起こる．

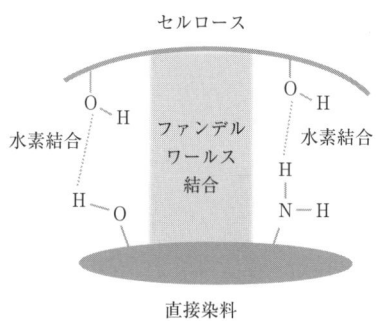

(a) 直接染料とセルロース分子

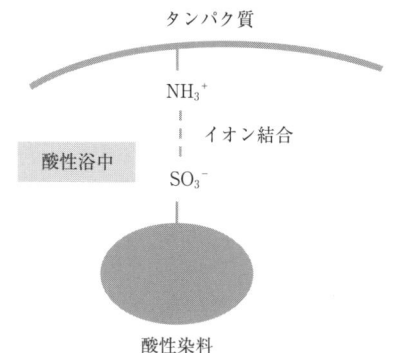

(b) 酸性染料とタンパク質分子

図1　染料分子と繊維分子の結合

直接染法は簡便であるが，概して染色堅ろう度にすぐれた染色物を得にくい．特に直接染料による綿の染色物は洗濯堅ろう度・湿潤堅ろう度に乏しく，色落ちや色泣きを生じやすい．これを防ぐには，色止め剤（フィックス剤）による後処理が行われる．

●**媒染染法**　一般には媒染染料による染色法をいう．媒染染料は繊維に対する親和性に乏しく，繊維と直接結合しないため，媒染剤を介して染着させる工程を要する．この工程を媒染といい，染料の固着・発色・染色堅ろう度の向上に効果がある．天然染料の多くはこの染色法による．合成染料では，酸性染料と媒染染料の性質をあわせもつ酸性媒染染料や，塩基性染料による綿の染色においてあらかじめタンニン酸で処理する場合にも適用される．

媒染剤としてよく用いられるのは種々の金属塩である．アルミニウム，鉄，クロム，錫，銅などの金属イオンが染料分子と配位結合を形成する．酸性媒染染料にはクロムが用いられる．そのほか，タンニン酸や天然染料には灰汁も用いられる．灰汁は藁灰や木灰を水に浸して得られる上澄みで，アルカリに微量の金属イオンを含む．

染色と媒染の工程の順によって，主に先媒染と後媒染がある．先媒染は，染色の前に繊維を媒染剤で処理することで，例えばタンパク質分子と金属イオンが配位結合して「染着座席」を形成する．その後染色すると，さらに染料分子とも配位結合が生じる．先媒染は主として染着量の増加を目的とする．後媒染は，染料を繊維に染着させた後に媒染剤で処理することで，主に固着と発色が目的である．

媒染がもたらす発色の効果は，染料分子が金属イオンを介して繊維分子と結合すると，電子の移動が生じることに起因する．染料分子の吸収が長波長側に（例えば黄色から赤色に）シフトし，深色効果とよばれる（図2）．同じ染料でも用いる媒染剤の種類によって染色物は異なる色調を示す．

〔谷田貝麻美子〕

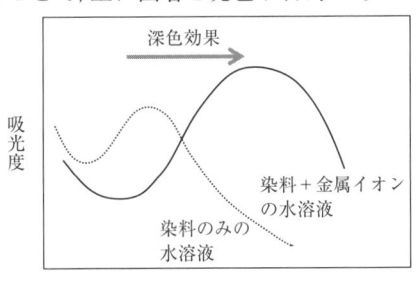

図2　吸収スペクトルからみた染料分子と金属イオンとの結合による色調変化

浸染（2）

　一般に，染色を行う場合，まず染料を水に溶かし，それを繊維の中にしみ込ませ，繊維と結合させることによって行う．絵具やペンキの場合のように，液中に分散している色素の微粒子（顔料）を表面に塗って着色するのとは大きく異なる．塗るようにして染める引き染めや，印刷するように染める捺染も含め，染料を用いる場合，その色素は水に溶けた状態（色素が分子レベルで分散した状態）で，繊維の内部（繊維分子と繊維分子の間）に侵入させることが必要となる．しみこんだあと，水洗い等で流れ出なければ，着色された状態が維持されるので，「染まった」ということになる．

　したがって，染料は水溶性であることが多いが，水に不溶の色素を化学的に還元（酸化の逆の化学反応）し，水溶性にして繊維にしみこませ，繊維内部で酸化によってもとの色素に戻すことで染色を行う還元染法や，水に不溶の色素を繊維内部で生成させる（このとき色が生まれる）発色染法では，染着する染料は水に不溶である．

●**還元染法**　還元染法に用いられる染料には，建染染料（バット染料）や硫化染料がある．古くから用いられてきた天然染料の代表格である藍は，建染染料に分類される．建染染料や硫化染料の色素は水に不溶であるが，還元することでアルカリ性の水に可溶となる．還元された色素は，空気中の酸素によって酸化されてもとの色素に戻るので，繊維にしみこませた後，酸化させる．この色素は水に不溶であるので，水洗いで溶け出ることはなく，染色が達成されることになる（図3）．この還元する操作のことを「建てる」というので，また，その時に使う浴（バット）から，この染料部属名がつけられている．

　現在，この還元には化学薬品が使われるが，古くから行われてきた藍染めでは，発酵によって藍の色素のインジゴを還元している．日本の伝統的な藍染めは，土の中に埋め込んだ瓶の中に，すくも（藍植物の葉を発酵させてつくった藍の染料）・小麦ふすま（発酵のための栄養源）・灰汁（アルカリ）を入れ，1週間ほど放置する．還元されたインジゴが水面において酸化され，青い泡（これを藍の華と称する）がたつと染めることができるようになる（図4）．液につけた布や糸は，引き上げると黄みを帯びているが，空気にさらすとみるみる青く発色してくる．

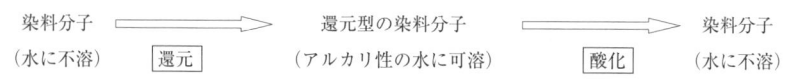

染料分子　　→　　還元型の染料分子　　→　　染料分子
（水に不溶）　還元　（アルカリ性の水に可溶）　酸化　（水に不溶）

図3　還元染法における染色過程

下漬剤分子 + 顕色剤分子 →(カップリング)→ ナフトール染料分子

図6 ナフトール染料の生成

この昔ながらの藍建ては，熟練を要する作業である（図5）．

　藍の色素であるインジゴは，天然の色素であるが，19世紀末に化学的な合成にも成功し，このことは，ノーベル賞の対象にもなった．インジゴの化学構造をヒントにさまざまな合成の建て染め染料が生まれた．これらの染料分子のうち，化学構造の骨格がアントラセン（anthracene）のものに，インジゴの「ind」との合成語として，インダンスレン（indanthrene）染料という名称が付けられたため，略してスレン染料とよばれている．

　硫化染料は硫黄を含む染料であり，鮮明な色は得られないが安価であることが特徴である．硫黄が含まれていることから，酸化によって硫酸が生成し，繊維を弱くするトラブルが起こることがある．建染染料や硫化染料は，主に綿を染める染料として用いられる．

図4　藍の華

図5　藍染め

●**発色染法**　発色染法に用いられる代表的な染料としては，ナフトール染料（別名，アゾイック染料）がある．ナフトールという物質の仲間を下漬剤に，下漬剤とカップリング反応を起こす水溶性の薬剤（ジアゾニウム塩）を顕色剤として用い，水に溶かした下漬剤を繊維にしみこませた後，顕色剤の水溶液に投入して染色する．この2種類の物質は，化学反応を起こし，繊維内で瞬時にアゾ色素を生成する．アゾ色素は他の多くの部属の染料としても使われているが，その多くは，水に溶ける性質が化学的に付与されている．水に溶けて繊維内部に侵入したあと，繊維分子と何らかの結合力がある場合には染着する．それに対してナフトール染料としてのアゾ色素は水に不溶性であるので，繊維内部で生成させることで染色が実現できる（図6）．主に綿を染める染料として用いられる．

　なお，酸化によって発色してくる薬剤を繊維にしみこませ，染色に用いる場合もある．これを酸化染料という．

〔牛田　智〕

浸染 (3)

浸染方法の (3) として，反応染法，分散染法が挙げられる．反応染法は，染料を繊維に反応させて化学的に結合させて染める染法である．一方，分散染法は，染料が水に難溶性のため，分散剤を加えて水に分散させて染める染法である．

●**反応染法**　反応染法に属す染料を反応染料（Reactive Dye）とよぶ．繊維中の官能基（ヒドロキシル基）と化学反応し，共有結合（エーテル結合）により染着する染料である．1956年，セルロース繊維用反応染料として，イギリスのICI社がプロシオン M 染料（Procion M）を発表し，セルロース繊維をはじめ，羊毛，絹，ナイロン等の染色にも使用されている最も歴史の新しい染料である．染料は図7のように発色団と，反応基からなり，色素母体は色を表し，反応基は繊維と結合する．主な反応基にはトリアジン基，ビニルスルホン基，ピリミジン基がある．反応基と繊維との反応方法には，図8に示す置換型反応と，図9に示す付加型反応があり，トリアジン型，ピリミジン型は置換型反応，ビニルスルホン型は付加型反応により，繊維と結合する．反応基の反応性により，染色温度が異なり，低温型（30～40℃），中温型（50～60℃），高温型（80～90℃）に分類される．近年，置換型の反応基に付加型反応基を組み合わせた二官能型反応染料も出まわるようになった．まず，比較的多量の無機塩（硫酸ナトリウム）と染料を加えた染浴に布を浸漬し，十分染料を繊維中へ吸着させる．次に，染色途中で炭酸ナトリウムを添加し，吸着された染料を繊維へ固着させる．最後に，ソーピング剤でソーピングを行い，不活性染料と，繊維と結合しなかった染料を除去する．染色物の色相は鮮明であり，共有結合により染着するので，染色堅ろう性が高く，洗濯，摩擦堅ろう性に優れている．

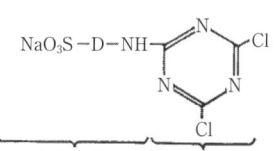

図7　置換型反応染料の化学構造　［出典：奥山春彦，水梨サワ子 監修『染色学』，相川書房，p.92, 1983］

●**分散染法**　分散染法に属す染料を分散

図8　置換型反応染料とセルロースとの反応　［出典：平沢猛男ほか『被服整理と染色』，建帛社，p.178, 1982］

$$D-SO_2-CH_2-CH_2-OSO_3Na \xrightarrow{\text{アルカリ}} D-SO_2-CH=CH_2 + Na_2SO_4 + H_2O$$
ビニルスルホン系反応染料
$$D-SO_2-CH=CH_2 + HO-Cell \longrightarrow D-SO_2-CH_2-CH_2-O-Cell$$
セルロースと結合

図9　付加型反応染料とセルロースとの反応　［出典：平沢猛男ほか「被服整理と染色」, 建帛社, p.178, 1982］

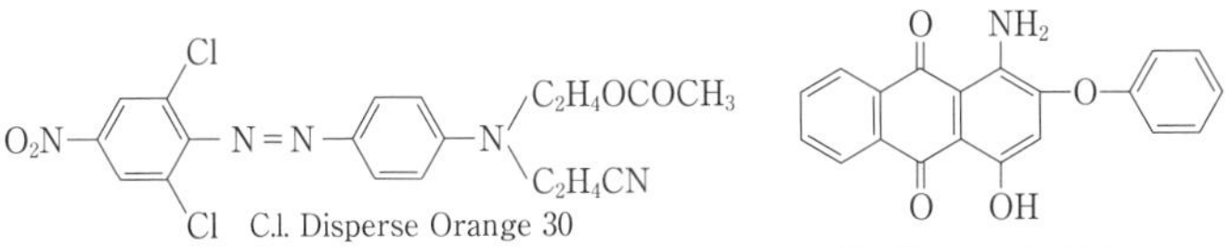

C.I. Disperse Orange 30

C.I. Disperse Red 60

図10　分散染料　［出典：日本学術振興会, 繊維・高分子機能加工第120委員会編（学振版）「染色機能加工要論」, 色染社, p.59, 2004］

染料（Disperse Dye）とよぶ（図10）．1923年にアセテート繊維用として工業化されたが，疎水性繊維の染色に用いられ，現在は分散染料の90％以上がポリエステル繊維用として用いられている．ポリエステルは繊維基質の結晶化度が高く，分子配列がよく，緻密な構造をもつ．そのため，染料や水分子の侵入が困難であり，疎水性が大きい．つまり，セルロース繊維のように水で膨潤しないので，小さな隙間しかなく染料や水分子が侵入しにくい．そこで，分子量が比較的小さく，難溶性の分散染料を界面活性剤により水中に微分子分散させ，わずかに水に溶けた染料分子が繊維中の小さな隙間に拡散する．これを繰り返しながら繊維に染料が染着する．分子量が小さいため，色相は鮮明である．分散染料で染色する場合，ナイロン・アクリル繊維は100℃，アセテート繊維は80～100℃で染める．ポリエステル繊維は100℃以下の温度では淡色にしか染まらないため，染料の拡散速度を増加させるために，キャリア染色法，高温染色法，サーモゾル法が用いられる．キャリア染色法はフェノール類等のキャリアを用い，ポリエステル繊維の重合分子間の結合力を弱め，染料や水の拡散速度を増加させて染色する．高温染色法はポリエステル繊維を125～135℃の高温で染色する方法で，染料の水相への溶解度や溶解速度が増し，繊維の内部構造が緩み，染料分子が通過できる隙間がつくられ，染色が進行する．サーモゾル法は適当な分散剤と糊剤を配合した染液を布にパッドしたのち乾燥し，高温乾熱処理（180℃で60～90秒）することによって，染料を繊維内に拡散させる．洗濯堅ろう性は良好である．昇華堅ろう性が問題となる場合があるが，アイロンがけ程度なら問題はない．　　　　〔小林泰子〕

捺染

染料・顔料などの色材を含むのり（色のり）を使って，布地に着色模様を表す染色法を捺染（プリント）という．京都の型友禅，江戸小紋，沖縄の紅型，インド更紗などは伝統工芸的な手捺染である．現在の繊維産業では機械による捺染が行われており，多色の複雑で精巧なデザインを忠実に再現することがより強く求められ，捺染によって布地の審美性や付加価値が高められている．

●**捺染方式** 捺染方式は，布への模様の表し方によって直接捺染，抜染，防染に分類される．

直接捺染とは，のり剤に染料や顔料などの色材と固着・発色に必要な薬剤（助剤）を混ぜた色のりを布に直接印捺し模様を表す方法である．のり剤は水溶性の天然または合成高分子が用いられ，染料や顔料などの色材や固着および発色に必要な助剤との相溶性，印捺性などを考慮して単独または配合して使用される．のりの代わりに顔料と繊維の接合剤としてバインダーといわれる樹脂を用いて顔料を印捺し，乾熱処理によって布に固着させる顔料捺染もある．

抜染とは，あらかじめ浸染によって地染めした布に抜染のりを印捺し，布地に染着している色素をのりに添加された抜染剤によって還元または分解して印捺部分に模様を表す方法である．抜染部分が白色になる白色抜染，地染めとは異なる色で，抜染のりに安定な染料を抜染のりに加え印捺し，地染め部分と異色に着色する着色抜染がある．

防染とは，防染剤を含む防染のりを印捺して染料の浸透を防ぐようにして地染めすることで模様を表す方法である．防染のりの印捺部分が白地になる白色防染（白防）と，防染剤に地染めの染料と異色の染料を入れ着色する着色防染（着防）がある．

●**印捺方式** 捺染の一般工程は，捺染デザインおよび捺染型作製，布地の精練漂白，捺染のり調製などの準備から始まり，印捺，乾燥，固着（蒸し），ソーピング，水洗，乾燥を経て完成する．印捺方式としては製版型捺染と無製版捺染に分類される．

製版型捺染にはスクリーン捺染（孔版），ローラ捺染（凹版），転写捺染（平版）などがある．図1はスクリーン捺染の一例であるが，樹脂で固めたスクリーン（紗）などにデザイン模様を孔彫し，スキージといわれるへらを用いて孔部から色のりをしごくことによって透過させ布地に印捺する．ハンドスクリーン捺染，フ

ラットスクリーン捺染，ロータリスクリーン捺染がある．

図2はローラ捺染の2色捺染の例である．金属ロールに模様を彫刻し（A, A'），その凹部にファーニッシャー（B, B'）によって色のり（C, C'）を充填し，ドクター（D, D'）で余分な色のりをそぎ取り，のり量を調整する．彫刻ロールが回転し，布に押圧することで印捺する．連続式のため捺染速度が速く効率的である．転写捺染は，紙やフィルムの転写紙に分散染料や顔料インクなどを印刷し，これを布に圧着加熱して印捺する．昇華しやすい分散染料を用いて合成繊維に転写する乾式昇華転写法が一般的である．

無製版捺染にはインクジェット捺染がある（図3）．デザインをデジタル化し，コンピュータ制御によってノズルから色材を布に噴射し，直接プリントする．いわゆるインクジェット方式であり，色のりごとの製版型を必要としない捺染である．鮮明で堅ろうな仕上がりを得るために，布にはにじみ防止剤や染料固着剤による前処理が必要であるが，デザインや色の変更が容易であるため，見本作製や多品種少ロット生産に迅速な応対（クイックレスポンス）ができる．また，CADと連動してパターン作図に合わせた着分での捺染も可能になっている．

〔長嶋直子〕

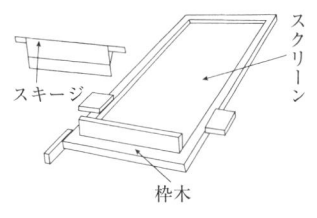

図1 スクリーン捺染枠とスキージ
［出典：蟹井松正ら「染色化学Ⅲ」，実教出版，p.234，1975］

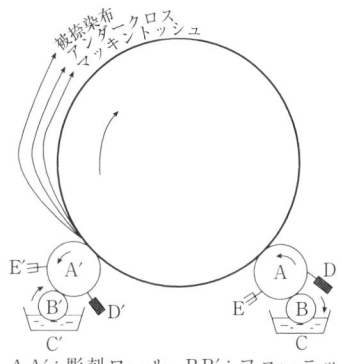

A, A'：彫刻ロール，B, B'：ファーニッシャー，C, C'：カラーボックス（色のり），D, D'：ドクター，E, E'：リントドクター

図2 ローラ捺染の機構（2色捺染）
［出典：伊藤 博ら「実用染色講座，三訂版」，色染社，p.242，1997］

図3 ベルト搬送方式・デジタル捺染インクジェットプリンタ（Tx500-1800B）©2013 MIMAKI ENGINEERING

染色堅ろう度

染色物の色の安定性（丈夫さ）を染色堅ろう度という．繊維製品の多くは染色されており，日常の使用にあたっては，日光によって色があせない，洗濯しても色落ちしない，色がほかの洗濯物に移らないなど重要な品質である．染色堅ろう度には染色物が加工工程中や使用中受ける種々の作用によって，日光（耐光），洗濯，汗，摩擦，水，塩素，海水，ドライクリーニングなどの種類がある．

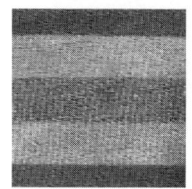

●**洗濯堅ろう度** 染色物の洗濯に対する色の安定性をいう．洗濯堅ろう度が低い染色物では，図1のように色落ちによる「変退色」や染料が周辺ににじみ出る「泣き出し」，また，ほかの洗濯物に色が移る「汚染」などを生じる．若者に人気のジーンズも，一般的に洗濯操作に伴う色落ちや汚染を生じる．これに関して，1976年大丸デパートは業界初のデメリット表示を導入してほかの洗濯物と分けて洗うよう注意を喚起した．

図1 タオルの洗濯による色落ちと泣き出し
洗濯前に中明度だった中央の縞が洗濯後色落ちによって明るく変色し，隣接縞に泣き出しがみられる

染料の種類では，水に溶けやすい直接染料，酸性染料は堅ろう度が低いが，水溶性であっても反応染料のように繊維と染料の結合が強固な場合や水に溶けにくい建染染料やナフトール染料の堅ろう度は高い．しかし，このような染料でも染色後のソーピング処理が不十分で未固着染料が残留したり，摩擦に弱かったり，経年変化で染料が変化した場合は洗濯液中に染料が容易に脱落するため，堅ろう度は低くなる．また，分散染料は水難溶性であるが洗剤液中には溶出する場合もある．

●**摩擦堅ろう度** 染色物の摩擦に対する色の安定性をいう．顔料，建染染料，ナフトール染料は摩擦堅ろう度が低い．建染染料はジーンズによく用いられるが，日常生活でよく擦られる膝やその上下は色落ちしている（図2）．摩擦堅ろう度の要因は染料の種類や表面染着，未固着染料などの染着状態のほかに，布の摩擦係数や湿潤などの影響も大きい．特に綿，絹，レーヨン，皮革製品の濃色・湿潤状態では摩擦堅ろう度

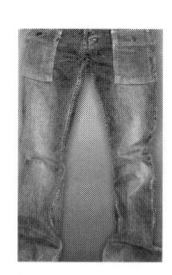

図2 ジーンズの色落ち

が劣悪となる場合がある．

●日光（耐光）堅ろう度　染色物の日光に対する色の安定性をいう．染料は光を吸収して酸化，還元，異性化などの光化学反応によって変退色する．紫外線による影響が大きいが，変退色の速度は温度，湿度，染められる繊維の種類や人体の汗など，諸要因の複雑な影響を受ける．そのため，汗堅ろう度と日光堅ろう度は個別には良好でも，汗と日光の複合作用で著しい変退色を生じるなどが，苦情事例として報告されている．

●汗堅ろう度　染色物の汗に対する色の安定性をいう．水溶性の染料や水溶性でなくても十分なソーピング処理がなされていない染色物では，汗による染料の泣き出しがあり，特に脇の下でほかのものを汚染する．また，汗の成分に含まれるアンモニア，乳酸，アミノ酸などの微量の代謝生成物が染色物に影響を与え，汗をかく部位だけに変退色が観察されることがある．スポーツウェアや夏用のジャケットなどで，汗をかく部位の表側だけに変退色がみられる場合は光と汗の複合作用による変退色である．

●染色堅ろう度試験　アパレル企業などは消費者に販売する前に製品の染色堅ろう度を調べるのが一般的である．日本ではJIS規格で試験方法が定められており，国際的にはISO規格がある．各堅ろう度は染色物の「変退色」とほかの白布に色が移る「汚染」の程度を，それぞれ変退色用グレースケールと汚染用グレースケールを用いて1～5級で評価される．級数は半階級刻みで，数値の大きい方が堅ろう度は高い．ただし，日光堅ろう度のみ1～8級で判定にはブルースケールが用いられる．例えば摩擦堅ろう度試験では，図3のような試験機を用いて試験し，図4のように試験後の試料の汚染の程度を汚染用グレースケールと比較して，汚染の程度が最も近い等級を判定する．

●染色堅ろう度と苦情　衣料品の苦情には変退色関連が多いが，劣悪な染色堅ろう度のほかに不適切な取り扱いや着用状況など，原因の所在はさまざまで，正確な再現実験が必要とされる．染色物の特性から通常の取り扱いでトラブルが予測される場合には，デメリット表示や注意書きで情報を伝えることが多くなっている．　　　〔菅沼恵子〕

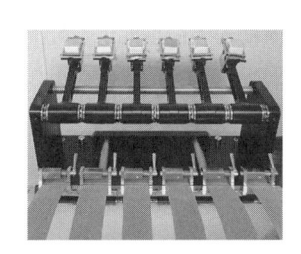

図3　摩擦堅ろう度試験機

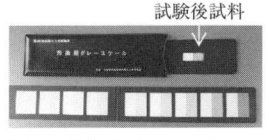

図4　汚染用グレースケールによる摩擦堅ろう度試験結果の判定

一般仕上げ加工

● アルカリ減量加工 (alkari peeling treatment, weight reduction by alkari)

ポリエステル生地を高温のアルカリ水溶液に浸漬し，エステル結合の加水分解で繊維表面を一部溶解して繊維を細くする加工で，柔らかでドレープ性のある風合いの布を作り出すことができる．工業的には水酸化ナトリウムが一般的で，加水分解は図1の化学反応式に示す．水溶性のテレフタル酸ナトリウムとエチレングリコールは，繊維から溶解除去される．この加工は，絹織物の精練工程でセリシンが溶解除去され繊維が細くなり，織糸クリンプが増大し，ふくらみがあり柔らかでドレープ性に富む絹織物が得られることにヒントを得たものである．ポリエステル繊維表面を重量で10～30%を溶解除去すると，図2の顕微鏡写真にみられるように，繊維表面に微少なディンプルが生じ，繊維径が細くなり織糸や織物がルーズになる．減量加工の程度により，ポリエステル生地のドレープ性は図3のように変化するが，高濃度のアルカリ液中で，95～100℃で，おおよそ30～60分の処理を行うか，アルカリ液をパッティング後にスチーム処理する方法などがある．

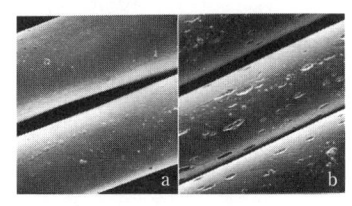

図1 ポリエステルの水酸化ナトリウムによる加水分解反応

図2 アルカリ減量加工繊維顕微鏡写真 (SEM.×2,300)［出典：繊維学会 編『図説 繊維の形態』，朝倉書店，pp. 242～243，1982］

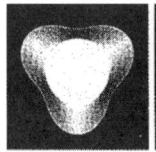

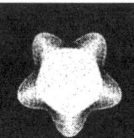

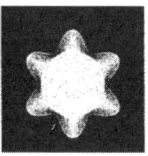

図3 アルカリ減量加工によるポリエステル織物のドレープ係数の変化 ［出典：松平光男「アルカリ減量加工によるポリエステル織物の各種ドレープ係数の変化」，金沢大学教育学部紀要（自然科学編），pp. 35～39，2002 より抜粋］

減量率はポリエステル繊維の種類，密度，織物構造，アルカリ濃度，処理方法，浴比，助剤などによって異なる．しかし，減量率が高すぎると，織物の強度の低下や織物の目寄れの発生などの欠点が発現し，繊維製品の損傷や苦情につながるため，過度の減量は好ましくない．

現在市販されているポリエステル織物は，異収縮混繊糸，多角断面，極細製糸をベースとし，これらにアルカリ減量加工，かさ高風合い加工などを行っている．微細繊維，複合繊維に減量を行うことで，天然繊維では得られない独特の風合いや機能を有する新しい繊維素材が作り出される．

アルカリ減量加工は，①布の風合いの改善（シルクライク素材，新合繊の製造），②機能性の付与（抗ピル性，吸湿・吸水性の付与，防汚性の改良），③微粒子ブレンドによる布表面の凹凸化（布の深色性や発色性の向上），④装飾的模様の付与（オパール加工など），⑤繊維先端の先細化（筆ペンやブラシ先端の繊維の先細加工），⑥極細・超極細繊維の製造（分割，溶割）など，用途が多様である．

衣服用のポリエステル織物では，特に風合いを重視した婦人用のワンピースやブラウスの生地，ブラックフォーマル生地に加工されている．

●**シルケット加工（mercerization, mercerizing）** 綿や麻などのセルロース系繊維は，親水性が高いため水で膨潤収縮しやすく，しわになりやすい欠点がある．綿布や綿糸を濃い水酸化ナトリウムの水溶液で処理し，光沢，強度，寸法安定性，染色性などを向上させる加工である．また，光沢の少ない天然繊維の綿に，絹のような光沢を付与するもので，日本ではシルケット加工とよばれるが，欧米では1850年イギリスでこの特許を取得したJon Mercerの名から，マーセライズ加工（mercerization）ともいい，通常，染色工程の前段階で行われ，セルロース繊維に大きな付加価値を与える重要な加工である．

セルロース繊維の綿はアルカリに強く希薄なアルカリにはほとんど影響を受けないが，水酸化ナトリウムのアルカリ溶液で処理すると繊維は膨潤して太さ方向の径が増し，長さ方向に収縮する．この加工により，繊維は膨潤し長さ方向に縮むが，水素結合が切れて構造が緩むため，結晶構造が変化し，吸湿性，吸水性，染色性が向上する．その後，高濃度アルカリ液で綿の綛糸や織物が縮まないよう緊張させた状態で処理すると，図4にみられるように綿繊維に特有の天然よりは消失し平滑な表面になり，扁平なそら豆型の断面も円形に近づき，中空のルーメンも小さくなることが発見された．この形状は水洗しても保たれ，綿繊維には絹のような光沢が付与されることから，シルケット加工として多くの綿糸，綿織物に広く行われている．繊維構造は，水酸化ナトリウムにより綿の結晶構造の一部がアルカリセルロースを経てセルロースⅠ型からⅡ型に変化し，結晶周辺の繊維

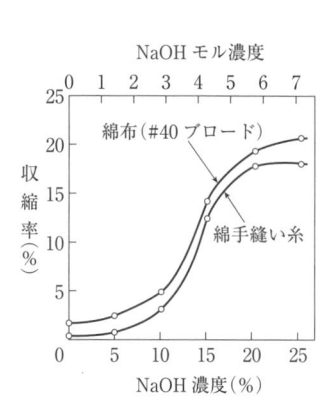

図5 綿のアルカリによる膨潤収縮曲線 [出典：石川欣造「被服材料実験書」, 同文書院, p.78, 2000]

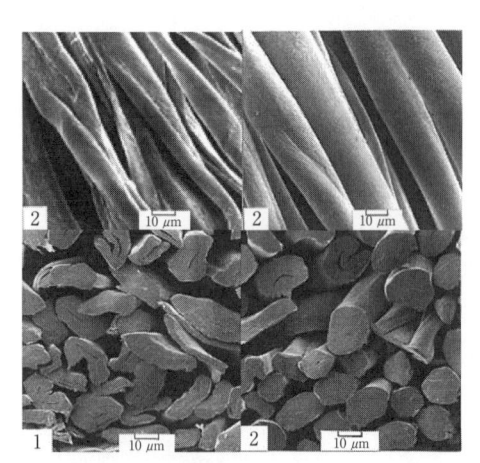

図4 綿繊維の顕微鏡写真（左：未加工, 右：シルケット加工済み, 上段：側面, 下段：断面）[出典：皆川基「繊維製品の事典」, 色染社, pp.40〜41, 1980]

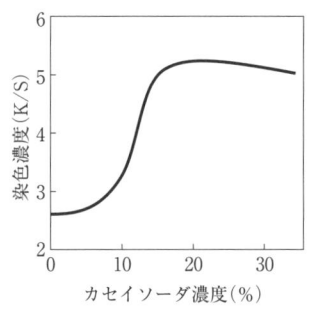

図6 カセイソーダ濃度と染色濃度の関係 [出典：「繊維の百科事典」, 丸善, p.627, 2002]

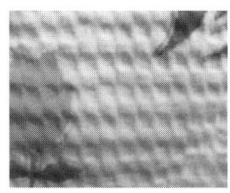

図7 リップル加工による生地

構造が組み替えられるため, 結晶配向度が上がり, 強度もやや向上する.

水酸化ナトリウムの効果は, 水溶液濃度に影響され, 図5のように15〜20%で上昇し, 図6のように染色性も向上する. また, 温度は低い温度では膨潤が大きく光沢が高く, 風合いは固くなり擬麻加工のような効果が得られる. 液温が高い場合は膨潤度が低く光沢が低く, 風合いは柔らかい.

マーセル化に関連した加工にはマーセル化染色法やリップル加工がある. リップル加工は綿布を緊張せずに高濃度の水酸化ナトリウムを含む糊で印捺すると, その部分が収縮して, 図7に示すように布表面に凹凸の立体を表現する方法で, 夏物の服地や浴衣などに多く加工されている.

液体アンモニアによっても綿の防縮性は向上し, 柔軟な風合いと防しわ性が得られる技術が1969年に開発され, 液体アンモニア加工（Liquid ammonia process）とよばれる. マイナス33.4℃の液体アンモニアに綿織物を浸漬するが, 処理速

度が速く，アルカリ除去が容易で排水問題がないため広く普及している．アンモニアはセルロースの結晶に浸透しセルロース分子間の間隔を広げるため，結晶構造がやや疎なセルロースⅢ型に変化する．柔軟な風合いの織物が得られるにもかかわらず，引張強度や耐摩耗性も高く，寸法安定性，防しわ性のある布に仕上がる．1990年代には，液体アンモニア加工は，樹脂加工，縫製技術と結びついて，形態安定加工へと発展し，高い防しわ性，ソフトな風合いをもった形態安定性のある綿製品が誕生する．

● サンフォライズ加工（sanforizing）　圧縮収縮仕上げ加工ともいわれる．アメリカのクルエット・ピーボデー社が，特許権，商標権をもつ防縮加工の一種で，発明者サンフォード・クルエット（Sanford Cluett）の名に由来する．織物のたて方向の収縮を少なくする加工であり，シルケット加工，樹脂加工，液体アンモニア加工とともに，綿織物の代表的な加工である．アメリカでは1930年代後半から普及していたが，我が国では1947年以降に普及し，現在は同一の原理のもとに開発された類似の加工方法も多く開発され，綿織物の防縮加工には欠かせない工程として広く用いられている．

綿織物は，製造中に，織布，精錬，漂白，反染などの各工程で，たて方向に引き伸ばされ伸長している．これら製造工程で発生した伸びを，たて方向に縮め戻すのが，サンフォライズ加工である．薬材を用いず，機械的加工で織物の収縮率をたて・よこ方向ともに1%以内に抑えるもので，現在の綿織物はほとんどにこの加工が施されている．防縮に厚いブランケットを湾曲させたときの内周と外周の長さの差を利用するものや，厚いゴムベルトを2本のロールで圧縮した時のゴム表面の伸びと圧縮解放後の緩みを利用する方法がある．この効果を得るため，綿などの原反を洗濯してあらかじめ収縮率を求め，それに基づいた生地の押し込み量を決定し，生地をオーバーフィードさせながら，蒸気プレスを行い，収縮の起こりにくい織物に加工する．オーバーフィードとは，図8のように，生地を強制的にたて方向に余分に送り込み，押し込めることで，生地は揉みほぐされた状態になり，揉みの効果により織物の構造が変化し，防縮性のほか風合いの調節や伸縮性の付与などの効果も得られる．

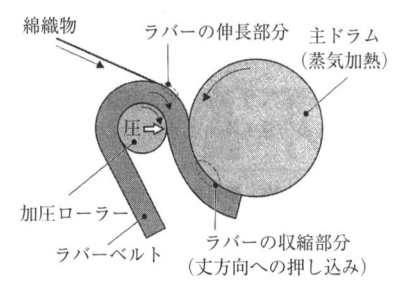

図8　サンフォライズ加工の原理図　〔出典：日本繊維技術士センター「繊維の種類と加工が一番わかる」，技術評論社，p.141，2012〕

〔牟田　緑〕

機能加工

形態，外観に関する加工

　被服原料の天然繊維と化学繊維は，歴史的にみるとそれぞれの長所短所が指摘され影響し合いながら競合し，改良され，また補い合いながら，より望ましい機能をもつ被服材料として供給されてきた．合成繊維は本題の防縮，防シワ，形態安定性などの特性や優れた加工特性（プリーツ性，かさ高性，伸縮性の付与）などをもち備えており，これらの特性に劣る天然繊維，特に綿等のセルロース系繊維では，防シワ加工に始まる繊維製品の整容性にかかわる加工の研究開発に力が注がれてきた．ここでは，セルロース系繊維での防シワ加工，防縮加工，形態安定加工について解説する．

●**防縮・防シワ加工**　汎用的繊維である綿，麻，レーヨンなどのセルロース系繊維では，古くから防縮加工や防シワ加工が検討されてきた．1926年には世界初の樹脂加工の特許が出願されている．特許は尿素ホルムアルデヒドを適用した樹脂加工で，その工業化はレーヨンスフ織物から始められた．

　セルロース系繊維織物がシワを生じやすいのは，吸湿状態で水分子がセルロースの高分子鎖間の水素結合を切断し，また，水分子が可塑剤的に働くため，外力によってセルロース分子が相互に動きやすく，その結果「変形」すなわち，「シワ状態」となり，乾燥時に分子間の水素結合を形成して，その形状が固定されるためである．

　水分子のこのような作用は，セルロース分子の集合状態が疎な非晶領域で生じると考えられたことから，その当時から，この部分のセルロース分子どうしを動きにくくしてやれば，変形されても分子はずれにくく，シワがつきにくくなると考えられ（図1を参照），樹脂による架橋結合が検討されてきた．今日では，セルロース系織物において不可欠な加工にまで普及している．

　日本での防縮・防シワ加工は，1938年に尿素ホルムアルデヒドを適用した樹脂加工が一部実用化され，その後もさまざまな樹脂加工剤が用いられ開発が進められた．これらの樹脂加工によって，防縮性および乾燥状態での防シワ効果

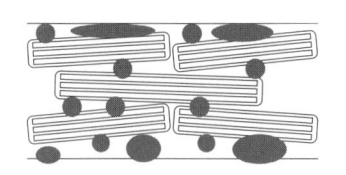

●：従来樹脂加工による架橋構造

図1　樹脂加工のイメージ図

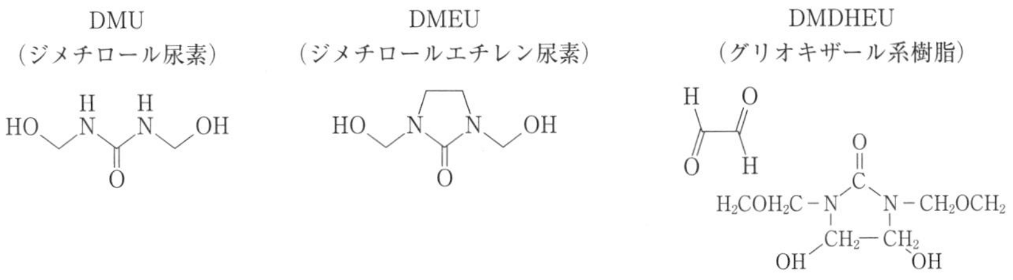

DMU	DMEU	DMDHEU
（ジメチロール尿素）	（ジメチロールエチレン尿素）	（グリオキザール系樹脂）

図2　樹脂加工剤

が向上し，一応の成果が認められたが，加工布の強度低下や塩素傷害と遊離ホルマリンの問題が生じた．そのため，その弊害が少ないグリオキザール系樹脂など（図2）が用いられる．

　その後，1955～1965年にかけて，綿布を洗濯後にアイロンがけを必要とせず，シワを残さずにそのまま着用できることを目的としたW＆W加工が開発された．この加工は，これまでの乾燥時の防シワ性からさらに発展したセルロース系織物に湿防シワ性を付与するものであった．綿織物の防シワ性の改善という面においては，W＆W加工は一応の成功をおさめたが，W＆W加工を施された縫製品では，縫い目の引きつり防止あるいは折り目やプリーツを固定することは困難であった．そこで，永久的な折り目を付与する加工，すなわちパーマネントプレス加工（Permanent Press：PP加工）またはデュラブルプレス加工（Durable Press：DP加工）の研究が始められ，1965年にKoraton法が実用化された．

　W＆W加工までの樹脂加工は，セルロース系繊維の「布帛」を繊維加工剤の水溶液に酸触媒を加えた樹脂液を用いて，パッド（樹脂液浸漬）・ドライ（水の除去）・キュア（熱処理）法の工程で処理するものであったが，PP加工では，綿または綿／ポリエステル混紡織物の「縫製品」で樹脂を架橋させることにある．その方法は，ポストキュア（Post Cure）加工とプレキュア（Pre Cure）加工とに大別される．現在，加工製品の90%はポストキュア加工で行われている．ポストキュア法とは，樹脂を中間加工した布を縫製し，衣服に仕立てた後にキュアする方法である．

●形態安定加工　PP加工は，防シワ性のみでなく形態安定性も要求されるため，布への樹脂の付着量が通常の樹脂加工よりも多くなり，その結果，引き裂き強度や耐摩耗強度が低下する．そのため，純綿織物では十分な加工効果が得がたく，綿／ポリエステル混紡織物に行われる場合が多い．混紡布では，ポリエステル繊維による強度補強と熱固定の両効果がかなりのウェートを占め，機能的には市場に受け入れられた．

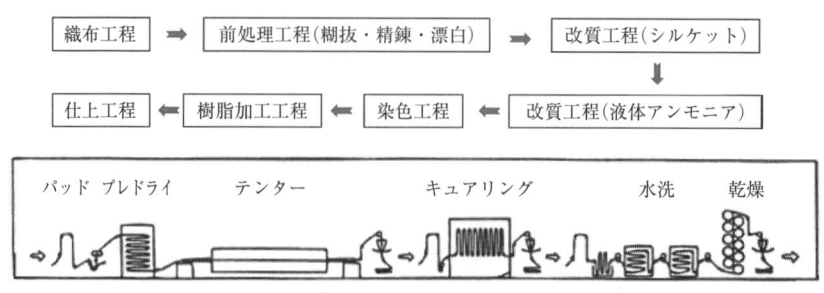

```
織布工程 → 前処理工程(糊抜・精錬・漂白) → 改質工程(シルケット)
                                                    ↓
仕上工程 ← 樹脂加工工程 ← 染色工程 ← 改質工程(液体アンモニア)
```

パッド　プレドライ　　テンター　　　　キュアリング　　　水洗　　乾燥

図3　樹脂加工工程図

ところが，市場では純綿織物での形態安定に対する要求は根強く，その後も技術開発が続けられ，満足のいく形態安定性を得るには，「綿織物の強度低下や風合い変化を最小限にして，形態安定・形状記憶性を付与するには，綿の繊維束（フィブリル）の不均一性による内部ひずみおよび紡績，製布，加工の工程で生じる糸や布帛内部のひずみを緩和し，さらに樹脂による架橋を均一にすることが必要である」と考えられるようになった．このひずみを緩和させる方法には，古くから知られている水酸化ナトリウム水溶液や液体アンモニアで処理するマーセル化がある．綿繊維はマーセル化加工を受けると，繊維の捩れの戻り，断面の円形化，結晶構造および非晶構造の変化などが生じ，綿織物に防縮性や寸法安定性が付与される．ここで，形態安定化に向けてマーセル化と樹脂加工を組み合わせた技術開発が進められた．1993年には形態安定繊維（加工），形状記憶繊維あるいはノーアイロンシャツ等のキャッチフレーズのもとに，各社からセルロース系繊維混紡あるいは純綿の防縮・防シワ加工商品の販売が開始され，現在定番品となっている．

実際に行われている形態安定加工はポストキュア法が主体で，加工工場での製造工程は図3のようになっている．

現在，このようにして製造された綿100%の形態安定シャツの形態安定性はＷ＆Ｗ性4級と評価されており，洗濯後の小ジワがほとんど目立たないレベルに達している．　　　　　　　　　　　　　　　　　　　　　　〔上甲恭平〕

性能に関する加工

●撥水，撥油，防汚加工　撥水加工は水をはじく加工，撥油加工は油をはじく加工，防汚加工は汚れを防ぐ加工であり，防水加工は雨などの水滴の浸入を防ぐ加工である．防水加工と撥水加工との違いは，防水加工は水の布への浸透・吸着を

完全に防止するのに対し，撥水加工は布表面と水との界面張力を低下させる加工であり，織目の間隔はふさがず，空気や水蒸気は透過できるので，通気性防水加工あるいは通気性撥水加工とよばれている．撥水剤としては，一時性のパラフィン系，耐久性のあるフッ素系，シリコーン系樹脂が用いられてきたが，

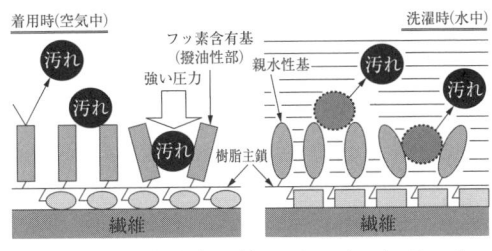

図4 1フッ素系防汚加工剤のメカニズム（フリップ-フロップ現象）［出典：西川　誠「繊維用機能加工：防汚加工の種類とメカニズム」，繊維機械学会誌，66(3)，p.163, 2013］

最近は，撥水性と撥油性を兼ね備えたフッ素系樹脂が防汚加工剤として用いられている．

　汚れには，大きく分けるとしょう油，ジュースなどの水溶性汚れ，機械油，サラダ油などの油性汚れ，土砂などの固体汚れがある．防汚加工は，これらの汚れをつきにくくする，洗濯などにより落ちやすくする加工である．防汚加工には，大別すると，繊維製品に汚れをつきにくくするSG型（Soil Guard finish），ついた汚れを洗濯などにより落ちやすくするSR型（Soil Release finish），両方の性質を持つSGR型（Soil Guard & Release finish）に分かれる．防汚加工剤としてはフッ素系防汚加工剤，ポリエステル樹脂に大別され，フッ素系防汚加工剤は，綿，綿／ポリエステル混紡，ポリエステル，ナイロンに使用され，ポリエステル樹脂は，ポリエステルなどの合成繊維に使用される．フッ素系防汚加工剤は，空気中では繊維表面で疎水性のフッ素成分が外側に，親水性成分は内側に向けて配向し，汚れの付着を防ぐとともに，繊維内部への汚れの浸透・拡散を防ぐ．一方，洗濯時，水中においては，これらが反転し，外側にあったフッ素成分が内側に配向し，内側に配向していた親水性成分が外側に配向することにより繊維表面を親水化し，繊維表面の汚れを水中に押し出して，繊維表面から汚れを脱離させる作用をする．このような環境の変化でポリマーの構造が変化するメカニズムをフリップ-フロップ（Flip-Flop）現象という（図4）．最近，フッ素系防汚加工剤は，環境および健康へのリスクが懸念されるPFDA（パーフルオロオクタン酸）を含まない環境適合型フッ素系防汚加工剤が開発されている．ポリエステル樹脂は，繊維表面を親水化し，洗濯時に汚れの脱離性を高めるものである．繊維評価技術協議会では，繊維製品の防汚加工評価基準を策定し，2012年10月より防汚加工マークの認証を始めている．

●帯電防止加工　冬の空気が乾燥した時には，ドアの取っ手などにふれた時に電

表1 燃焼性からみた繊維の分類

分類	繊維の種類
易燃性繊維	綿,レーヨン,キュプラ,アセテート,アクリル
可燃性繊維	毛,絹,ポリエステル,ナイロン
難燃性繊維	ポリ塩化ビニル,ポリクラール,アクリル系,難燃ポリエステル
不燃性繊維	ガラス繊維,炭素繊維,金属繊維

撃ショックを受けることがある.これは,履物の底とカーペットなどの床材との摩擦により発生した静電気が,人体に帯電したことによるものである.このほかに,静電気の例としては,衣服のまつわりつきなどもある.ポリエステルのような合成繊維は疎水性であるため,摩擦により静電気が発生しやすく,まつわりつきや空気中の汚れをひきつけるという問題を引き起こす.静電気の発生を抑制するには,発生した静電気を漏洩させるか,放電をさせて電荷を消失させることである.合成繊維は,紡糸液またはポリマーの中に帯電防止剤を練りこむ,導電性繊維をブレンドすることなどにより帯電防止を図っている.帯電防止加工剤には,耐洗濯性,耐摩耗性があり,処理がしやすい,毒性が低いことなどが求められ,ポリグリコール誘導体のような親水性重合物や各種界面活性剤が用いられる.加工は,水溶液をスプレーする方法および水溶液に浸漬乾燥処理する方法により加工される.市販の帯電防止剤は,カチオン系界面活性剤が主に使われ,スプレーにより処理されている.

●**難燃加工** 難燃性とは,物質が炎に触れている間は燃焼を続けるが,炎を遠ざけると燃焼がとまり,自然と消火する性質(自己消炎性)と定義されている.この性質を繊維製品に付与するのが難燃加工であり,防炎加工,防火加工ともいう.繊維は,燃えやすさ,すなわち燃焼性により表1に示すように4種類に分類される.難燃加工は,易燃性繊維,可燃性繊維を対象とする.物質は,可燃物,酸素,熱(火源)の3要素がそろうと,燃焼する.燃焼挙動はきわめて複雑である(図5).繊維のような有機物は火源の熱で熱分解し,可燃性の熱分解ガスが生成する.このガスが空気と混合し,着火し,炎を上げて燃焼を始める.炎の内部や外縁ではラジカル連鎖的に複雑な反応が進み,完全燃焼すると,最終的に炭酸ガスと水が生成する.一連の反応で生成する熱は,繊維の未分解部分に伝えられ,そこで新たな熱分解が開始し,燃焼が継続する.難燃化はこの連鎖を断ち切ることにより可能となる.難燃化は,①炭化を促進させ,可燃性の熱分解ガスの発生を抑え,②難燃化物質が炎の中でラジカルスカベンジャーとして働き,酸化の連鎖を切断し,酸化熱の発生を抑制する,③不燃性の無機化合物が融解して繊維表面を

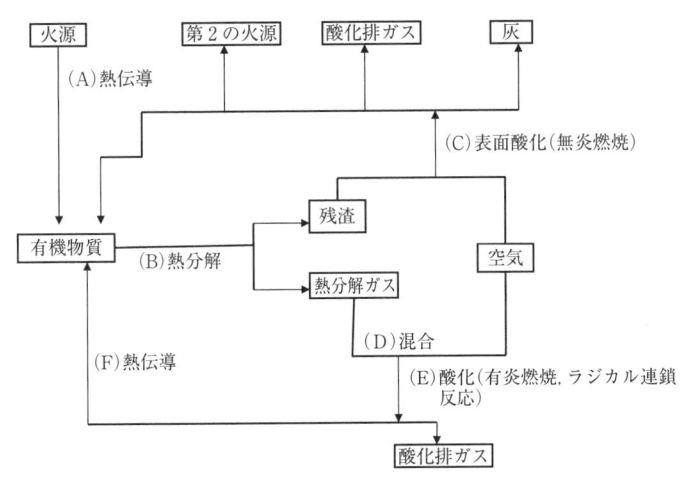

図5 有機物の燃焼サイクル ［出典：繊維学会 編「最新の衣料素材 化学繊維編―基礎データと試料」，文化出版局，pp.59-62, 1993をもとに作成］

覆い，熱分解ガスの放出を妨害し，空気との接触を防ぐ，④結晶水をもつ無機化合物の結晶水の放出と吸熱により温度上昇を抑える，などが寄与する．難燃性を評価する試験法には，国際標準化機構（ISO）において，世界で統一した評価法の開発が進められているが，現在，日本では，燃焼性試験法と燃焼持続に必要な最小酸素濃度を求める酸素指数（LOI）法がある．LOI 26以上を難燃性としている．難燃化に有効な元素には，ホウ素，リン，窒素，アンチモン，ハロゲンなどが知られている．2種以上の元素（例えば，リンと窒素）が共存すると，その相乗作用により難燃効果が増大することがある．難燃化の手法には，難燃剤を重合時に共重合させるか，製糸時にブレンドする方法，繊維製品に難燃剤を後加工する方法が挙げられる．繊維製品に使用される難燃剤は，安全性，環境負荷低減に配慮したものが求められている．世界各国で有機化学物質関連規制が実施され，ハロゲンはその規制の対象となっている．脱ハロゲン化の動きが急速に進み，ノンハロゲン系難燃剤とリン系の難燃剤が注目されている． 〔増子富美〕

微生物対応加工

衣服の快適性を追求した微生物対応の仕上げ加工には，抗菌防臭加工と制菌加工がある．両仕上げ加工は，布に特殊な機能性を付与し，その用途により一層近づけた繊維製品で，各社が差別化をねらっている．

● 抗菌防臭加工
開発経緯

　我が国の抗菌防臭加工は，戦後アメリカからサニタイズ加工が導入された．当初は各社で種々考案され，抗菌加工，防黴加工，防臭加工などの名称が付けられた．これらを総称して衛生加工とよんだ．各社で表示方法や加工効果，安全性に関する考え方が異なり，消費者に混乱を招いた．1971年，通産省（現・経済産業省）は繊維製品安全対策会議を設置し，これらの諸問題を統一化するため，1983年2月に繊維製品衛生加工協議会（1997年4月に繊維製品新機能評価協議会 [JAFET : Japanese Association for the Functional Evaluation of Textiles] に改称，さらに2002年6月から繊維評価技術協議会と統合）が発足した．本協議会は抗菌防臭加工繊維製品の健全で魅力ある開発や発展に寄与するため，製品の表示方法，評価方法，効力基準値，安全性基準など自主基準値を設け，SEK（繊維製品衛生加工協議会，Association of Antibacterial Treatment for Textiles, Japan）認定制度を運用した．基準に適合した製品は，品質保証としてSEKマークを付けた．

目的

　揮発性悪臭物質は，人体皮膚面から繊維表面に付着移行した汗・皮脂・垢などの代謝老廃物を，皮膚常在細菌や外部の細菌類が栄養源とし，繊維上で増殖して代謝産物を産生して発生する．この微生物の増殖を制御し，揮発性悪臭物質の発生を抑制する加工が抗菌防臭加工である．したがって，付記用語は「繊維上の菌の増殖を抑制し防臭効果を示します」である．

● 制菌加工
開発経緯

　制菌加工は，1980年頃からMRSA（Methicillin Resistant *Staphylococcus aureus*）感染症患者が急増し，その一対応策として医療用抗菌防臭加工繊維製品が注目された．JAFETは，制菌加工繊維製品の健全な育成を図るため，抗菌防臭加工と同様に1996年11月に制菌加工部会を発足させた．本加工部会は，抗菌防臭加工とは全く異なるコンセプト（メディカルヘルスケアに貢献）として，新たに制菌効果を訴求する制菌加工の自主基準を検討した．SEKマーク認証制度は，一般用途が1998年2月から，特定用途は1998年9月から開始した．

目的

　目的は生活環境（リビングライフ），ケア環境（在宅看護などのヘルスケア，病院などのメディカルケア）の向上である．制菌加工製品は，一般用途と特定用途製品に大別できる．前者は一般家庭で使用する製品，後者は病院，老人福祉施設，

児童福祉施設，助産婦施設など医療機関ならびにそれに準ずる施設で使用する製品を対象とする．両加工法の概要は，「5．被服材料Ⅱ」の「衛生機能性」と同項目の表1および参考文献[1]を参照のこと．付記用語は，「繊維上の菌の増殖を抑制します」である．

●**抗菌性の評価** 抗菌性を評価するための我が国の試験方法には，「繊維製品の抗菌性試験法及び抗菌効果JIS L 1902：2008」がある．本試験法は，定性試験のハロー法（Halo Method），定量試験を菌液吸収法（Absorption Method）と菌転写法（Printing Method）に分け，計3試験法から，また（生菌数測定方法として（コロニーカウント法と発光測定法（ATP法）からそれぞれ構成されている．繊維製品の細菌に対する抗菌性能を精度よく，適正に評価し，加工種（抗菌防臭加工と制菌加工の一般用途および特殊用途製品）別に，試験菌や試験方法および抗菌効果が対応できる．現在ある抗菌性試験法中，最も実着および使用条件に近く，溶出型および非溶出型の加工薬剤で処理した繊維製品でも，また，菌転写法は乾燥下（相対湿度80％以下）の使用条件下の繊維製品においても効力評価が適正に行える．

適用範囲

　適用範囲は，抗菌防臭加工または制菌加工を施した繊維製品を対象とし，繊維以外の抗菌加工製品（プラスチック，金属，セラミックス，木材，紙などの材料および製品）については，「抗菌加工製品—抗菌性試験方法・抗菌効果 JIS Z 2801：2000」を適用する．安全性，抗菌効果の持続性，製品への表示，消費者団体との連携と情報交換窓口の設置などは，本JIS規格中に規定せず，抗菌加工製品のガイドラインに表示されている．

●**国際規格**　「ISO 20743 Textiles-determination of antibacterial activity of antibacterial finished products：2007」（抗菌加工繊維製品の抗菌性試験方法）は，菌液吸収法，転写法（Transfer Method），菌転写法の3試験法，また生菌数測定方法としてコロニーカウント法と発光測定法から構成されている．菌液吸収法と菌転写法は，我が国の「繊維製品の抗菌性試験方法・抗菌効果 JIS L 1902」から，転写法はフランス標準化「XPG39-010」を改良した試験法である．　　　　〔中島照夫〕

📖 **参考文献**

[1] 中島照夫：におい・かおり環境学会誌 **40** (5), 306-325, 2009.

Chapter **8**

織物の種類と特徴

織物の種類と特徴 —————— 192
綿織物 ————————————— 194
毛織物 ————————————— 204
絹・化合繊織物 ——————— 212
麻織物 ————————————— 220
その他の織物 ————————— 222

織物の種類と特徴

　わたしたちの衣服として用いられる織物には，織物の構造や組織，織物を構成する繊維や糸の種類，さらに加工の種類により，数多くの種類が存在する．そして，それらの織物一つ一つには名前があり，歴史がある．

　織物は世界各地でその地方独特の伝統技術と生活の知恵によってつくられてきたものである．その歴史を鑑みると，麻織物，綿織物，毛織物，絹織物などの天然繊維の織物の歴史は，素材別に違ったルートで発展してきたことがわかる．それは，厳しい自然から身を守るために，その土地の気候風土に適した織物がその地方地方で工夫され，発展してきたからである．さらに歴史を紐解くと，世界中の国々が織物の取引をもとに争いを繰り返しながら，経済や産業が発展してきたといっても過言ではない．例えば，絹は中国とシルクロード，綿はインドの植民地化とイギリス，そしてアメリカ南北戦争，毛はフランドル地方とスペインやイギリスなどが挙げられる．これらの歴史を知るにつれ，織物の名前には，その織物が生まれ，発展してきたその国や地方の足跡がうかがい知れる．織物の名称から織物がたどってきた道をさかのぼるのも大変興味深いことである．

　現在はグローバル化され，世界中のどこの織物でも，手に入らないものはなくなった．また，化学繊維の発展も目覚ましく，天然繊維に似せた織物や天然繊維の性質以上の性質をもたせた織物，今までにない画期的な織物まで存在するようになった．しかし，環境問題，労働問題など織物にまつわる新たな問題も発生していることも，同様に知っていただきたい．

　さて，本章の織物の分類についてであるが，織物を詳細にみると，染色・仕上げ加工などの加工要因，織密度や組織など織物の構造要因，糸の太さ，糸の撚りなどの糸要因によって外観や性質が変化するが，さらに糸を構成する繊維の影響はきわめて大きく，繊維の種類，繊維の太さ（繊度），捲縮など繊維要因が糸や織物の構造や性質を大きく変化させることになる．

　このような理由から，織物の分類の仕方にはいろいろなものがあるが，ここでは織物を「綿織物」「毛織物」「絹・化合繊（フィラメント）織物」「麻織物」のように素材別に分類し，次に織物の基本組織である三原組織「平織」「斜文織」「朱子織」とその他に分類した．また，衣服の素材として多く用いられるレース，特殊な構造をもち織物の分類からはみ出すもの，複合素材などは「その他の織物」に分類した．織物の選定は，数多くある織物の中からできるだけ身近に用いられ

表1　織物の分類と名前

綿織物	平織	ウエザークロス，オックスフォード，ガーゼ，金巾，キャンバス，ギンガム，クレープ，コード織，サッカー，シーティング，シャンブレー，綿シャークスキン，ブロード，ボイル，ポプリン，ローン，バスケット織
	斜文織	ギャバジン，チノ，デニム，綿ビエラ，太綾
	朱子織	サテン，サテンドリル，ダマスクス
	その他	カットボイル，コーデュロイ，ジャカード，スエード・クロス，タオル，ドビー・クロス，ネル，蜂巣織，ピケ，別珍，リップル，レノクロス
毛織物	平織	エタミン，シャリー，トロピカル，ヘアクロス，ボイル，ポーラ，ホームスパン
	斜文織	カルゼ，ギャバジン，キャバルリーツイル，クレバネット，サクソニー，サージ，シャークスキン，ダッフル，ツイード，ビエラ，フラノ，ヘリンボーン，メルトン
	朱子織	ドスキン，ベネシャン
	その他	アムンゼン，グレンチェック，タータンチェック，千鳥格子，バラシャ，ビーバークロス，プリベラ，リバーシブル
絹・化合繊（フィラメント）織物	平織	グログラン，クレープデシン，シホンクレープ，シャンタン，ジョーゼットクレープ，タフタ，縮緬，紬，羽二重，パレスクレープ，ファイユ，フジェット，富士絹，フラットクレープ，ポンジー，銘仙
	斜文織	ツイル，フランス綾
	朱子織	サテン，緞子，綸子
	その他	紗，ブロケード，ベルベット，モアレ，羅，絽
麻織物		キャンブリック，クラッシュ・リネン，帆布，ブッチャーズ・リネン，ラミーシーティング
その他の織物		エンブロイダリーレース，キルティング，ケミカルレース，合成皮革，ゴブラン，シェニールクロス，人工皮革，チュール，風通織，不織布，フリース，ラッセルレース，リバーレース

るもの，あるいはよく耳にする織物などを選んだ．また，各織物は五十音順に記し，織物名（英語名），用途，織物の特徴を述べた．さらに織物の外観写真を載せることで，できるだけ織物の特徴を容易に理解できるようにした．掲載している織物名を表1に示す．　　　　　　　　　　　　　　　　〔平井郁子〕

綿織物

平織

●ウエザークロス（weather cloth）
用途：レインコート，ブルゾン，アウトドア用衣服
　エジプト綿使いの高級綿糸を用いて織り上げ，綿特有の自然な光沢があり，高密度で丈夫な綿織物である．薄く，軽く，張りとコシがあるのが特徴である．撥水加工や防水加工を施してある．もともとは軍服用で，悪天候に用いる丈夫で防水性の高い織物を総称してウエザークロスとよぶ．

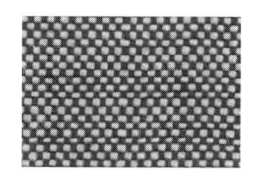

●オックスフォード（oxford）
用途：婦人服，子ども服，ワイシャツ，スポーツシャツ
　比較的厚地の柔軟な光沢のあるななこ織の織物である．たて糸に綿コーマ糸20～50番手単糸，よこ糸に綿14～30番手単糸をそれぞれ2本あるいはそれ以上の本数を引きそろえて織ったもの．しなやかで膨らみがあり，光沢がある．たて糸，よこ糸に隙間があるため通気性もよい．反染めのほか，たて糸先染め，よこ糸晒糸の交織がある．

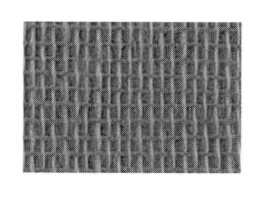

●ガーゼ（gauze）
用途：衛生材料，下着，ハンカチ，ベビー肌着
　医療用のガーゼや包帯として知られ，目が粗く柔らかな薄手の平織物である．たて糸，よこ糸に40番手の甘撚りの単糸を用い，たて・よこ糸密度合計60～120本/2.54 cm（inch）の粗い平織に織ったもの．医療用は糊や蛍光漂白剤を含んでいてはならないとされるが，衣料用は極薄糊を用いる．平織のほか，二重織のものもある．

●金巾（shirting）
用途：エプロン，シーツ，テーブルクロス，裏地
　たて糸，よこ糸に25～50番手の単糸を用い，たて糸・

よこ糸密度が 90～140 本/2.54 cm でやや密に織った薄地の綿織物である．織ったままのものを生地金巾または生金巾といい，代表的なものに粗布，細布，ローンがある．精練，漂白し片面あるいは両面に糊づけして柔らかく仕上げたものを晒金巾といい，キャンブリック，キャラコがある．

●キャンバス（canvas）
用途：カジュアルウェア，鞄，画布，芯地，帆布

たて糸，よこ糸に太番手の双糸または引きそろえ糸を使って，組織を密に織ったものである．一重の織物としては最も厚くて丈夫である．キャンバス，ダック，帆布は同じ意味で用いられるが，一般に軽めのものはキャンバス，厚めの物はダックや帆布をさす．

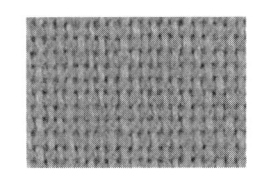

●ギンガム（gingham）
用途：ブラウス，シャツ，ワンピース，エプロン

たて糸，よこ糸に色糸または晒糸を用いて格子柄やたて縞柄を出す平織物である．ギンガムチェックとよばれる格子柄が代表的である．縞柄はギンガムストライプとよばれる．たて糸，よこ糸に同じ番手の 20～50 番手の単糸を用い，たて・よこほぼ同じ密度にする．糸はコーマ糸を使いシルケット加工，サンフォライズ加工をする．

●クレープ（striped crape）
用途：ブラウス，ワンピース

片縮緬で，たて糸に普通撚糸，よこ糸に同一方向の強撚糸を用いて製織後，整理工程でよこ糸を縮ませてしぼを出した平織物である．80 番手の綿糸をたて・よこに用い，よこ糸の撚り回数を 40 回/2.54 cm にしたものは，柔軟で肌触りがよい高級品である．60 番手を用いた一般的なものもある．

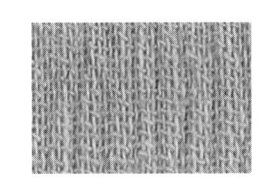

●コード織（cord weave）
用途：夏用スーツ，ジャケット，シャツ地

綿コード織は，たて方向に太糸または引きそろえ糸でコード状の畝を現した織物である．コード・レーンともいう．たて糸に綿コーマ 30～40 番手単糸の色糸と綿

コーマ10〜20番手双糸の太い晒糸を数本ずつ引きそろえたものを交互に配列し，よこ糸に綿コーマ30〜40番手単糸の晒糸を用いて平織にして，畝を出している．シャンブレー風の地合いと白いコードは素朴な涼感をもっている．シャキッとした手触りとやや硬めの風合いが初夏から盛夏にかけての衣料に用いられる．

●サッカー（sheer sucker）

用途：カジュアルウェア，子ども服，パジャマ

シアサッカーともいわれるもので，織物のたて方向に波状の凹凸のある部分と平らな部分とが交互に配列し，縞を表す織物である．これは製織のとき，波状の部分のたて糸を平たい部分のたて糸よりも張力を緩くすることから織り出されるもので，無地，縞，格子柄がある．綿30〜40番手使いの平織物をいう．凹凸があるので肌にべとつかず，清涼感がある．また，しわになりにくい織物である．

●シーティング（sheeting）

用途：シーツ，カバー，手芸用，インテリア用品

たて糸，よこ糸に20番手以下の太番手糸を用い，たて糸，よこ糸がほぼ同じ密度のやや粗めの綿平織物である．アメリカではシーツ用の平織物を指すが，日本では粗布，細布，天竺のことをいう．

●シャンブレー（chambray）

用途：婦人子ども服，ブラウス，シャツ，室内装飾

たて糸に20〜50番手の色糸，よこ糸に同程度の太さの晒糸またはたて糸と異なった色糸を用いた平織物である．よこ糸に晒糸を用いると布面に霜降り風の効果があらわれる．よこ糸に異なる色糸を用いると，光の角度や，見る方向によって色が微妙に変化して見える．それが玉虫の羽に似ているため玉虫織ともいう．シャンブレーの名はフランスの地名Cambraiからきている．

●綿シャークスキン（cotton shark skin）

用途：夏のシャツ，ドレス，スカート，子ども服

シャークスキンは，たて糸，よこ糸を2本以上引きそろえて平織に織ったななこ織の織物である．太目の糸を密に織り込んで糸の盛り上がりがはっきりみえるように織り上げる．比較的厚地の織物でサメ皮のように硬く，さらりとした手触りの織物である．白地が多いが，淡色の無地染めもある．

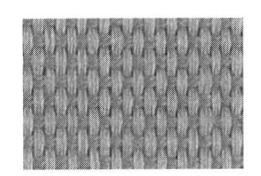

●ブロード（broad cloth）
用途：婦人服，ワイシャツ，テーブルクロス

たて糸密度を多くして，よこ糸をカバーするように織るため布面によこ方向の畝が現れる織物である．たて糸，よこ糸にコーマ糸40番手の単糸または60番手以上の双糸を用いる．シルケット加工が施されたものは地合いが密で，絹のような光沢と繊細なよこ畝があり，柔らかな手触りの織物である．ブロードクロスの名は米国からきたものである．

●ボイル（voile）
用途：婦人ドレス，子ども服，シャツ，ブラウス

たて糸，よこ糸に強撚糸を用いた透かし目のある薄地織物である．たて糸，よこ糸の強撚糸には上撚り1,000～1,700回/mを掛けた綿コーマ糸の40～50番手単糸または100番手双糸などを用いる．たて糸・よこ糸密度は約60本/2.54 cm程度で，ガス焼き，シルケット加工をする．ボイルには本ボイル（たて，よこ双糸），半ボイル（たて双糸，よこ単糸），単糸ボイル（たて，よこ単糸）がある．粗い目のため通気性がよく，コシがあってさらっとした感触がある．

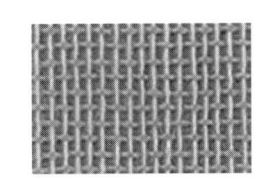

●ポプリン（poplin）
用途：シャツ，ブラウス，婦人服，布団側地，パジャマ

たて糸，よこ糸に30～50番手の綿コーマ糸を用いた平織物である．たて糸密度はよこ糸密度の1.5～2倍であるためよこ糸方向に畝が現れる．本来，たて糸に絹，よこ糸にウールを用い，教会で着る法衣に用いられていたが，現在は密に織られた綿織物で，シルケット加工により光沢がある．

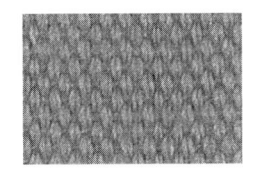

●ローン（lawn）
用途：ワンピース，ブラウス
　薄地でソフトな手触りの中にも麻の触感をもった織物で，たて糸に60〜80番手，よこ糸に80〜140番手のコーマ糸の単糸を用い，少し粗く織った平織物である．晒，無地染め，捺染などを施し，薄糊仕上げをする．光沢があり，ソフトで腰がある．金巾の一種である．

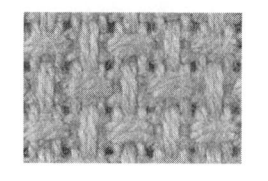

●バスケット織（basket cloth）
用途：刺繍の基布
　たて糸，よこ糸に2本または3本〜4本の糸を引きそろえて織るななこ織である．織目にやや隙間ができ，ざっくりとした織物である．籠（バスケット）の編み目のように太く，はっきりしているところからバスケットの名前が付いた．

斜文織（綾織）

●ギャバジン（cotton gabardine）
用途：コート，スーツ，スラックス
　斜文線がよこ糸の方向に対して45°以上をなすようにたて糸密度を多くした2/2または3/1の斜文織物である．たて糸，よこ糸に30〜40番手の双糸を用い，たて糸110〜140本/2.54 cm，よこ糸56〜65本/2.54 cmの密度で織った織物である．たて糸密度がよこ糸密度の倍以上あるので，正則斜文の組織であっても，斜文線が急角度に現れる．丈夫でコシのしっかりした織物で，一般に無地染めである．

●チノ（chino）
用途：カジュアルウェア，作業服，パンツ，ユニホーム
　英米で軍服に使われていた丈夫な斜文織物である．たて糸にコーマ糸の30〜36番手双糸，よこ糸にコーマ糸の20〜24番手双糸を用い，2/1，3/1の斜文組織で，シルケット加工，サンフォライズ加工を施し，カーキ色に染めたものである．もともと英国でつくられインド，中国に輸出されていたものが，第一次大戦時フィリピン駐留

の米軍が軍服用に中国から購入したことから，チノの名前が付いた．

● デニム（denim）
用途：ジーンズ，カジュアルウェア，子ども服，作業服地
　たて糸に 20 番手以下のインジゴ染めの色糸，よこ糸にたて糸より細めの晒糸または色糸を用いて，2/1 または 3/1 に織った斜文織物である．たて糸密度は 60〜90 本/2.54 cm，よこ糸密度は 40〜50 本/2.54 cm である．布表にはたて糸が多く現れるため，たて糸の色が強く現れる．裏はよこ糸が多く出る．デニムの厚さは 1 平方ヤードあたりの重さオンス（1 オンス＝28.3 g）で表す．厚手は 14 オンス，薄手は 7 オンスがある．

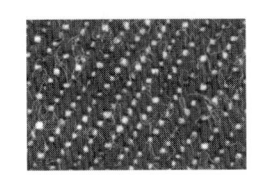

● 綿ビエラ（cotton biera）
用途：カジュアルウェア，パジャマ
　たて糸，よこ糸に 30〜40 番手のコーマ糸を用いて 2/2 の斜文に織り，軽く起毛した織物を綿ビエラとよんでいる．手触りがソフトで，軽く，温かい布地である．このほか，綿と羊毛をそれぞれ 50% 混紡した糸で織り，縮絨，薄起毛させフランネル加工をしたものがある．

● 太綾（drill）
用途：運動服，作業服，足袋の底地，テント
　たて糸，よこ糸に 20 番手以下の太い単糸を用いた中厚地の斜文織物の総称である．ドリルともいう．2/2 または 2/1 の織物で，白地または無地染めを雲斎（うんさい）といい，たて糸 50〜80 本/2.54cm，よこ糸 50 本/2.54 cm の密度である．3/1 または 3/2 に織ったものを葛城（かつらぎ）といい，たて糸 70〜100 本/2.54 cm，よこ糸 50 本/2.54 cm の密度である．葛城は雲斎よりも糸密度が多く，斜文線が急になっている．

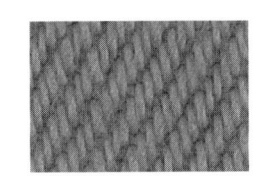

朱子織

● サテン（satin）
用途：スーツ，パンツ，ワンピース
　朱子織物で，布面にたて糸が多く現れたものをたて朱

子（図例），よこ糸が多く現れたものをよこ朱子という．5枚朱子，8枚朱子が多い．綿朱子を綿サテンといい，サテンドリルより細い糸を用いたものを指す．たて糸・よこ糸に40〜60番手のコーマ糸を用いたものが多く，たて朱子はたて糸を，よこ朱子はよこ糸を緻密に打ち込む．手触りが滑らかで光沢感があり，美しいドレープ性，しわがつきにくいなどの特徴をもつ．

●サテンドリル（satin drill）
用途：作業服，婦人子ども服

たて糸に20番手以下の太い糸を用い，よこ糸はたて糸よりやや細い糸を用いた5枚たて朱子織物である．密度はたて糸の方が多く，たて糸100〜120本/2.54 cm，よこ糸45本〜65本/2.54 cm程度のものが多い．畝が急なギャバジンのように見え，ドリル（太綾）のような厚みをもち，ドリルよりコシがしなやかで，柔らかい光沢をもっている．

●ダマスクス（damask）
用途：カーテン，ドレス，テーブルクロス

たて糸，よこ糸にシルケット加工をした糸を用い，ジャカード織機で花柄や装飾的な模様を大きなリピートで織り出した文織物である．たて朱子の地によこ朱子で模様を織り出し，たて・よこのコントラストと光沢により地と模様を際立たせた豪華な織物である．

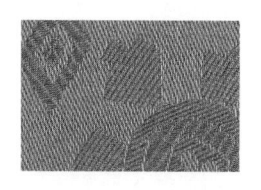

その他

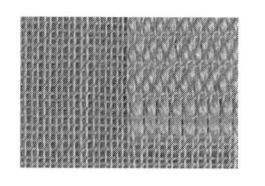

●カットボイル（cut voile）
用途：夏用婦人ドレス，シャツ地

ボイル地の基布にドビー柄またはジャカード柄をとびとびに織り込み，裏側の浮き糸を切り取り，毛羽立てて刺繍風の効果をもたせた織物である．毛羽立てにより飾糸の切り口が膨れ上がって，糸が抜けにくくなる．織り口を表側に使うこともできる．薄い布地に透かし模様が美しく，ドライタッチで清涼感がある．

●コーデュロイ（corduroy）
用途：カジュアルウェア，子ども服，パンツ

　毛羽がたて方向に畝となるパイル織物である．コール天ともいう．たて糸，よこ糸，パイル糸で織る．よこ糸とよこ糸の間に2本または4本のパイルよこ糸（毛よこ）を打ち込む．5本または7本以上のたて糸の上に浮き，たて糸の中に織り込まれる．浮いたパイルよこ糸部分を剪毛ナイフで切ると，その部分がパイル（毛羽）になる．2.54 cm あたりの畝の本数により鬼コール（6本），中太コール（9本），細コール（15本），極細コール（20本以上）に分けられる．

●ジャカード（jacquard）
用途：高級婦人衣服，室内装飾

　ジャカード織機で織った紋織物の総称である．ジャカード織機はフランスのジョセフ・マリー・ジャカール（1752～1834）が発明した紋織機のことである．綜絖を用いず小孔をあけた紋紙によりたて糸を操作することで，複雑な紋様の布を織ることができる．

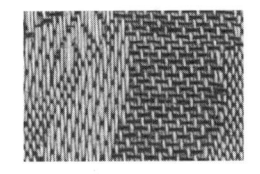

●スエード・クロス（suede cloth）
用途：コート，ジャンパー，スラックス

　スエードの外観に似せて片面を起毛し毛羽を短く剪毛した織物である．組織は平織，斜文織もあるが，特によこ朱子の変形が多く，たて糸には20～30番手の単糸または30～60番手双糸などの丈夫な糸を，よこ糸には柔らかく紡いだ10～20番手単糸を使う．よこ糸を起毛するため，たて糸に比べかなり太く，甘撚りのものを使い，糸密度も多くする．コシがあり滑らかな光沢，きめ細かい毛羽が柔らかく，厚みがあるのが特徴である．

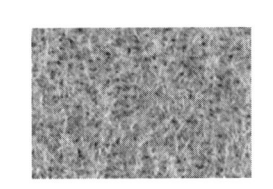

●タオル（towel）
用途：バスタオル，タオルケット，ハンカチ

　タオル地のことである．タオル織機で布面に大きいパイル（輪奈）を表した織物である．たて糸，よこ糸，パイル用たて糸で製織する．パイルの出し方により片面タオル，両面タオル，柄のあるドビータオル，ジャカード

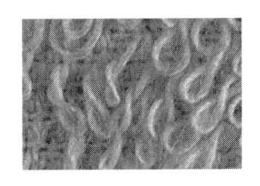

タオルがある．パイルをカットし，ベルベットのような美しい表面にしたものもある．撚りの甘いパイルが表面を覆っているので，吸水性に優れ，水分の蒸発もよい．柔らかい肌触りとボリューム感がある．

●ドビー・クロス（dobby cloth）

用途：ワイシャツ，ブラウス

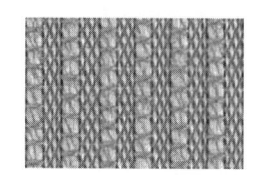

ドビー装置を用いて小柄な模様を織り出した織物である．模様はストライプ，ドット，幾何学模様，花模様など種類が豊富で，ジャカードより小柄である．小さい模様が連なった縞柄のものを特にドビー・クロスという．

●ネル（cotton flannel）

用途：下着，乳幼児服，防寒衣料，パジャマ

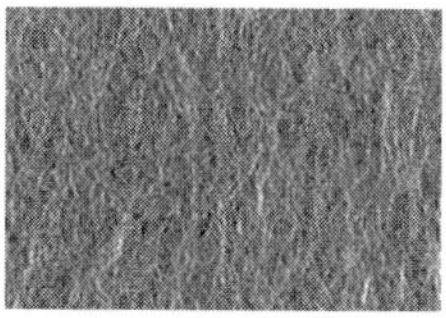

綿フランネルのことをいう．甘撚りの太番手の糸を用い，平織または1/2, 2/2の斜文織で両面または片面を起毛した織物．たて糸には20番手の単糸，よこ糸は10番手から8番手の甘撚りの単糸を使う．よこ糸に20番手の双糸を使うこともある．肌触りが柔らかく，保温性に富み暖かい．

●蜂巣織（honey comb fabric）

用途：子ども服，婦人服，シーツ，タオル，ふきん

浮き糸を四角形に使ってマス型の凹凸を織り出した織物である．ちょうど蜂の巣に似ているところから蜂巣織とよばれている．ワッフル織，升織ともいう．シーツ用には10～20番手，衣服用には40～60番手の糸を用いシルケット加工により陰影を強調する．地厚で肌触りのよさが特徴で，夏はさらっとした触感が好まれ，冬は保温性があり温かい．

●ピケ（pique）

用途：ジャケット，ドレス，夏季帽子地

たて方向またはよこ方向に太目の畝を織り出した厚手の丈夫な織物である．二重織りの一種で，たて糸とよこ糸を組み合わせる接結点により畝をつくり出す．畝をさらに明確に盛り上げるため，多くは畝の裏に芯糸を入れる．張り，コシがあり，肌触りがさらりとしているため，

夏のジャケット，ドレスに用いられる．

●**別珍**（velveteen）

用途：コート，子ども服，婦人服，椅子張り地

　ベルベティーンのあて字として別珍といわれている．短い毛羽が織物の表面を一様に覆っている綿のよこ毛ビロード織物である．よこ糸に地糸とパイル糸を織り込み，パイル糸を切って毛羽を出す．平織あるいは斜文織がある．手触りは柔らかく，光沢や色調も美しい．暖かいので冬の衣服に優れている．

●**リップル**（ripple）

用途：婦人ドレス，シャツ地，子ども浴衣地

　リップル（クリンプ）加工により布面に縮みを表した織物である．リップル加工は，綿織物を濃厚な苛性ソーダ溶液で処理すると繊維が収縮する性質を利用したもので，苛性ソーダを含む糊をプリントする方法，樹脂で防染して苛性ソーダ溶液中を通す方法などがある．苛性ソーダが付いている部分が収縮して自然な美しい縮みを表す．

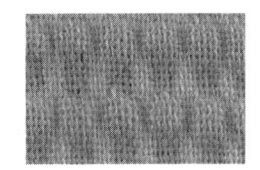

●**レノクロス**（leno cloth）

用途：夏のドレス，子ども服，肌着，カーテン

　からみ織物のことで，たて糸をよこ糸にからませて織るため，布地に透かし目ができ，涼しい感じの織物である．夏の着物として紗や絽がある．洋服地にはドビーやジャカード織機を用いて幾何学模様や花模様などがある．コットンレノは綿の優れた吸湿性とからみ織りの通気性とが加わり，夏の衣服に適した生地である．

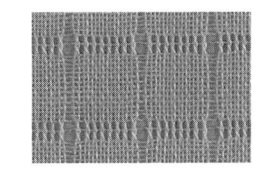

［平井郁子］

毛織物

平織物

●エタミン（etamine） 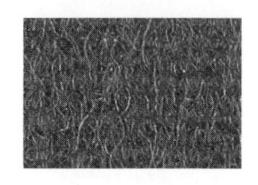
用途：婦人用ドレス・スカート
　薄地，軽量で地合いの透き通った光沢のある梳毛平織物である．現在は，綿の細番手単糸や麻糸などで粗く織った紗織または網状の織物もいう．エタミンとはフランス語の篩の意味で元来は篩用の布として用いられた．

●シャリー（challis） 
用途：ネクタイ，スカーフ，婦人ドレス，ブラウス
　モスリンによく似た織物でしなやかで軽く，手触りの柔らかい平織物である．たて糸，よこ糸に梳毛単糸を用いる．主に捺染をして，ネクタイやスカーフ，ドレスに用いられる．

●トロピカル（tropical） 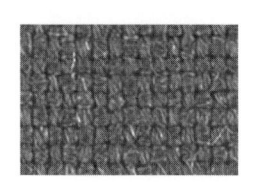
用途：夏向きの紳士スーツ，スラックス，婦人子ども服
　ポーラに少し似た感じの夏服用の薄地の梳毛織物である．たて・よこ糸の密度をやや粗くし，通常は後染めであり，製織後，反染めし，クリア仕上げにより毛羽を取り除く．布面は平らで，さらっとした手触りで風通しがよい．

●ヘアクロス（hair cloth） 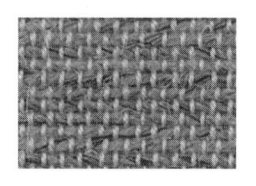
用途：毛芯，室内装飾用布
　馬毛などの獣毛糸を織り込んだ硬くて弾性のある薄地の平織物である．通常はたて糸は綿，亜麻を用い，よこ糸に馬毛，山羊毛，ラクダ毛などを用いる．スーツの型を整えるための芯地に使用される．現在は各種繊維を用いてそれに似せた織物をいう．

●ボイル（voile）
用途：夏用婦人子ども服，シャツ，ハンカチーフ
　細めの糸に強撚を施したものをたて糸，よこ糸に用い，たて・よこ糸の密度を粗くした半透明の薄地平織物である．亜麻風のさらりとして通気性に富み，柔らかなドレープ性があるために夏季用衣料に用いられる．

●ポーラ（poral）
用途：夏向け紳士服，婦人服
　たて糸，よこ糸にポーラ糸（強撚の梳毛糸）を用いた織りの粗い，通気性のある平織物である．たて糸に順撚り（単糸を撚り合わせて双糸や三子糸にする場合，単糸の撚りと反対の方向に撚りをかけること）と逆撚り（単糸の撚りと同じ方向に上撚りをかけること）のポーラ糸を交互に配列し，よこ糸も順撚りと逆撚りのポーラ糸を交互に用いる．通気性のよい縮(ちぢみ)のような風合いをもつ．糸を異色にしたものは三(み)つ杢(もく)ポーラという．

●ホームスパン（home spun）
用途：紳士，婦人ジャケットなど
　英国スコッチ種羊毛の太い紡毛糸を用いた平織もしくは斜文織の織物である．本来,伝統的な手法で手紡ぎし，手織したものであるが,現在は機械紡績糸で機械織りで，手紡ぎ，手織りの風合いと外観を出している．仕上げで縮絨しないため手触りが粗く剛(かた)い．

斜文織

●カルゼ（karsey）
用途：軍服，コート，スラックスなど
　急斜文または畝織を縮絨加工し，表面に光沢のある目の詰んだ紡毛織物である．英国サフォーク州カージーで織られたことからこの名前がある．カージーともいう．たて糸，よこ糸ともに，ばら毛染めした杢糸，霜降り糸，またはよこ糸に色糸を用いる．本来はチェビオット種の羊毛または雑種羊毛による紡毛糸を用い，3/2急斜文または朱子組織とし，ビーバー仕上げ（表面の毛羽を一方

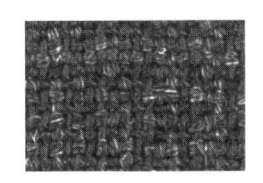

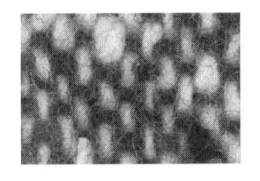

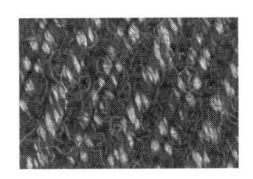

向に揃えて伏せる）をした織物である．

●ギャバジン（gabardine）

用途：コート，レインコート，スーツ，制服

　主に 2/2（または 2/1）の斜文組織で斜文線を 45°以上の傾斜にした緻密な表面をもつ梳毛織物である．略してギャバともいう．反染めのほか，トップ染め，チーズ染め糸の交撚で霜降り効果を出したものもある．クリア仕上げをする．たて糸・よこ糸に綿糸を用いたものを綿ギャバ，あるいは綿ギャバジンという．

●キャバルリーツイル（cavalry twill）

用途：ジャケット，ズボン，ユニフォーム

　撚り数の多い双糸を用い，斜文線が 65°程度の急傾斜の二重斜文畝組織の梳毛または紡毛織物である．騎兵（キャバルリー）のズボンに用いられた素材でその名がある．弾力性と耐久性を兼ね備えている．2つの細い斜文線が密接して太目の1つの斜文線になっているのが特徴である．二重畝ギャバジン，またはトリコティン（tricotine）ともいう．

●クレバネット（cravanette）

用途：コート，スーツなど

　本来梳毛サージのような先染毛織物に防水加工をほどこしたもので英国の Cravanette 社の商標名である．たて糸の密度をよこ糸の密度より多くして織るので，斜文線が急角度になり雨にぬれても水切がよい．

●サクソニー（saxony）

用途：スーツ，ジャケット

　ドイツ北部のサキソニー地方産のメリノ羊毛を用いた梳毛織物であり，その名がある．現在は，オーストラリア，メリノ羊毛を用いた 2/2 斜文組織の紡毛織物を 20～25% 縮絨して織り目を詰めて毛羽で覆ういわゆるメルトン仕上げをしたもので，上質で柔軟な手触りである．

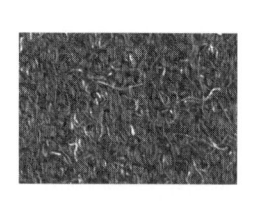

● サージ (serge)
用途：制服，スーツ，スカート，スラックスなど

　斜文線がよこ糸の方向に対し，おおむね 45°の 2/2 斜文組織の丈夫な梳毛織物である．たて糸，よこ糸とも 30～60 番手（メートル番手）の双糸を用いる．織物表面は毛羽をなくすためクリアカット仕上げをしている．風合いがよく，耐久性に優れ，実用的な素材の一つである．用途は非常に広範囲である．

● シャークスキン (shark skin)
用途：スーツ，スプリングコートなど

　たて糸，よこ糸ともに濃色と白色を撚り合わせた杢糸と濃色の無地の糸を交互に配列して 2/2 斜文組織とし，布面をきれいに剪毛する．織物表面は濃色と白色の細かい階段状の模様を現す．この模様は魚の鮫の肌に類似しているのでこの名がある．斜文線は右上がりであるが，階段状の模様は左上がりを現している．

● ダッフル (duffle)
用途：コート，毛布

　毛羽で覆われている斜文織の厚地の紡毛織物である．縮絨して両面を起毛したもので，非常に重い織物である．第 2 次大戦中に連合軍の海軍が防水加工したフード付きコートとして用いたので，ダッフルコートで有名になった．ダッフルはベルギーの小さな町の名前で，最初に織物がつくられたことによりこの名が付いた．

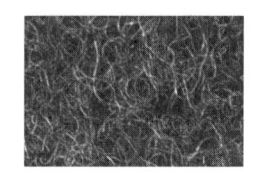

● ツイード (tweed)
用途：紳士婦人用の秋冬ジャケット，コート

　太い雑種の羊毛を用いた紡毛織物である．製織後，縮絨や起毛をしない，厚地で粗く，剛い織物である．本来は英国スコットランドのツイード川近辺の地方でチェビオット種の羊毛を用いてつくられた 2/2 斜文組織のホームスパン織物の総称である．斜文織，杉綾，無地や大柄な格子柄もある．

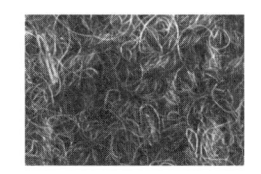

●ビエラ (viyella)
用途：カジュアルウェア，ドレス，下着
　柔らかい手触りで梳毛フランネルに似た風合いの薄手の斜文織物である．軽く，暖かく，柔らかな触感をもつ．毛 50%〜55%，綿 45〜50% の混紡糸を用いて 2/2 の斜文に織り，縮絨，薄起毛加工をする．ビエラの名は英国 Williams Hollins 社の商標である．

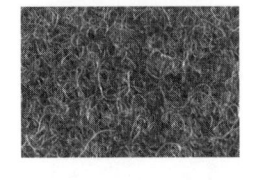

●フラノ (flano)
用途：スーツ，スラックス，スカート
　平織または斜文織で，軽く縮絨起毛，剪毛して毛羽をそろえた手触りの柔らかい織物である．比較的薄地の紡毛織物でフランネルの一種で洋服に用いられるものをフラノと称している．スポーティな感じのする布である．

●ヘリンボーン [herringbone]
用途：紳士婦人のジャケット，コート
　斜文織の変化組織の織物である．等間隔で隣り合う縞の斜文組織を左上がりと右上がり交互になっている織物である．ニシンの骨 (herringbone) に似ていることからこの名がある．日本では杉綾,山形斜文の名前がある．梳毛，紡毛織物に多いが，最近は，綿や化合繊維織物もある．

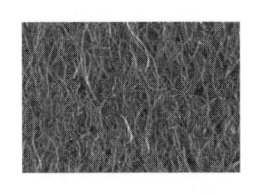

●メルトン (melton)
用途：オーバー，ジャケット
　たて糸，よこ糸ともに紡毛糸 5〜14 番手（メートル番手）単糸を用い，2/2 斜文組織の重い目付けの織物である．強く縮絨し，布面を毛羽で覆ったやや硬い触感の厚地紡毛織物である．たて糸，よこ糸に梳毛糸，あるいはたて糸に綿糸，よこ糸に紡毛糸を用いることもある．

朱子織

●ドスキン（doeskin）

用途：フォーマルウェア，コート，スーツ

　5枚，8枚朱子組織の柔軟で光沢のある目の詰んだ厚地の高級梳毛織物である．牡鹿（doe）のなめし革に似た表面状態からこの名がある．製織後，縮絨，起毛した後，毛羽を一方向に伏せて比較的短く剪毛し，釜蒸絨によりセットする．織り目は緻密で柔軟な手触りと穏やかな光沢をもつ．酸性媒染染料による黒の無地染めが多い．

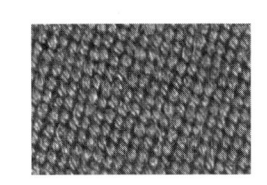

●ベネシャン（venetian）

用途：紳士スーツ，コート，婦人服

　朱子または斜文の変化組織で，朱子綾ともよばれている．たて密度をよこ密度の約2倍とするため，斜文線は急角度で，はっきりしており，たて朱子織物のような光沢がある．梳毛織物ではクリア仕上げ，紡毛織物は縮絨し，剪毛してクリア仕上げをする．イタリアのベニスで取引されていたので，この名が付けられたともいわれている．なお，同じ組織で綿織物，ポリエステル加工糸織物もある．

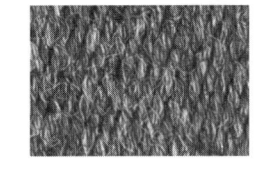

その他

●アムンゼン（amunzen）

用途：婦人服一般など

　梨地織物の一種で変わり斜文組織である．薄地の梳毛織物である．地合いが密でたて糸，よこ糸密度の均斉が取れ，手触りがよく，織物表面は梨地組織のざらざらした凹凸感がある．無地染めのほか，捺染，糸染めのチェック柄もある．なお，綿織物，ポリエステル加工糸織物もある．織物名はノルウェーの探検家アムンゼンの名にちなむ．

● グレンチェック (glen check)

用途：スーツ，コート，ブレザー

　英国スコットランドのグレンアーカート産の格子柄の織物である．先染めのたて糸・よこ糸を紺色または黒色2本，白色2本，あるいは紺色または黒色4本，白色4本を繰り返しで配列した，斜文組織またはななこ組織にした大柄の格子柄である．黒と白の組み合わせが多いが，3色以上のものもある．本来は梳毛織物であったが紡毛や合繊も多い．

● タータンチェック (tartan check)

用途：ジャケット，スカート，ドレス

　斜文織の格子柄の織物である．格子柄は，本来はスコットランドのハイランド地方で生まれた伝統的な柄で氏族（クラン）や家紋（エンブレム）を象徴するものである．スコットランドでは民族衣装キルト（スカート）などに用いられてきた．現在ではファッションに幅広く用いられている．

● 千鳥格子 (hound's tooth)

用途：ジャケット，スラックス，スカート

　千鳥が飛んでいるような小さな柄で構成している格子柄である．小鳥格子，ハウンドトゥースチェックなどと同義語である．これより大柄をジャイアント・ハウンズ・トゥース，小さいものをシェパード・チェックという．変化形にはスターチェック，ガンクラブチェック，ハーリキンチェックなどの名称がある．

● バラシャ (barathea)

用途：スーツ，礼服，ユニフォーム，ズボン

　変化よこ畝組織の梳毛織物である．たて糸，よこ糸ともに細い糸を用いる．礼服用は黒無地を縮絨，起毛，剪毛する．たて糸に絹，よこ糸に梳毛糸を用いた交織ものや，合成繊維を用いたものもある．バラシアは商標名で，本来はアームア（armure）織といい，フランス語の甲冑・鎧の意味から鎖かたびらに似た表面感をもつ．

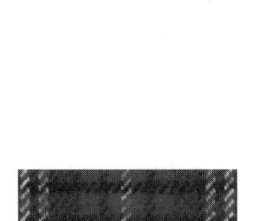

● ビーバークロス（beaver cloth）
用途：コート，スラックス，帽子

　毛足が寝た柔らかい肉厚の毛織物である．ビーバーの毛並に似ていることからこの名がある．たて糸，よこ糸ともに太番手の紡毛糸を用い，朱子織，斜文織などに織り，製織後に縮絨，起毛，剪毛，ブラシングを繰り返し，毛羽を一方向に伏せ，光沢のある柔らかさを出す．毛羽がやや長く手触りが柔軟である．織り目はみえない．黒，紺，茶など，濃色の無地染めやばら毛染めの霜降り地が多い．

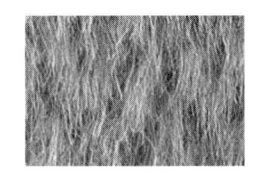

● プリペラ（pripela）
用途：婦人服，ジャケット，スカート

　布面の凹凸を強調した立体感のあるツイード調の織物である．たて，よことも太い糸と細い糸を混用することにより，布面の凹凸を強調した立体感のある織物である．太い糸に節糸を用いて，効果を大きくする場合もある．毛のほか柞蚕絹，綿などを用いたものがある．

● リバーシブル（reversible）
用途：リバーシブルコート，ジャケット

　布地としては二重織物である．「逆にできる，裏返しのできる」などの意味で表裏反転して使えるものである．両面使いのコート，あるいはこの布のもつ張りをドレスのシルエットづくりに応用している．ダブルフェース，ツーフェースなどと同義語である．　　　　［野田隆弘］

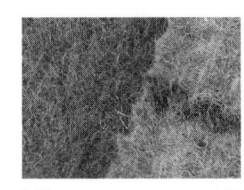

（表）　　　　　　　（裏）

絹・化合繊織物

平織物

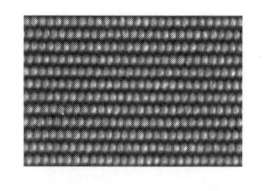

●グログラン（grosgrain）
用途：婦人用コート，スーツ，ドレス，帽子のリボン

よこ畝のある平織物である．本来はたて糸に細い生糸を用い，よこ糸に太い生糸を用いた絹織物である．たて糸の密度が高く，太いよこ糸により，表面によこ畝を現している．ファイユに比べて，やや丸みのある畝とやや硬い地合いを特徴とする．現在は化合繊維や綿のものが多い．

●クレープデシン（crepe de Chine）
用途：ワンピース，ブラウス，裏地

単にデシンということが多い．たて糸に無撚糸を用い，よこ糸にたて糸と同じ，あるいはやや太目のS撚り，Z撚りの強撚糸を2本交互に打ち込んだ絹の平織物である．和装分野では重めのものは縮緬（ちりめん），やや軽目のものはクレープデシンと分けているが，その区分は明確ではない．

●シフォンクレープ（chiffon crepe）
用途：婦人用ヴェール，スカーフ，ブラウス

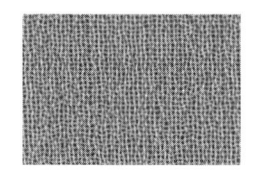

たて糸，よこ糸に片撚りの生糸を用い，密度を比較的粗く織った平織物である．単にシフォン（chiffon）ともよばれている．無精練のものは張りのある風合いとなり，精練したものは柔らかい．後練りの場合，完全にセリシンを落とさず，半練りにして，やや硬めの織物に仕上げる．

●シャンタン（shantung）
用途：婦人ドレス，ブラウス，フリル，ベール

　絹紬の1つで，たて糸に柞蚕（野蚕）糸，よこ糸に節のある柞蚕紬糸や玉糸を用いた織物である．この名称は柞蚕紬糸の主要産地である中国山東省（Shangdong）にちなむ．

●ジョーゼットクレープ（georgette crepe）
用途：ドレス，ブラウス，スカーフ

　たて糸，よこ糸にS撚り，Z撚りの強撚糸を2本ずつ交互に配列した比較的粗い平織物で，単にジョーゼットともいう．経緯縮緬と同義語である．薄地できめ細かいしぼとしゃり感が特徴である．さらりとして，ドレープ性がある．本来は絹織物であるが，レーヨン，アセテート，合繊などのフィラメント糸が用いられている．

●タフタ（taffeta）
用途：婦人服，イブニングドレス，コート，裏地

　本来，たて糸に諸撚りの本練り糸，よこ糸に片撚りの本練り糸を使った緻密な絹の平織物である．よこ畝があり，中程度の厚みの織物である．現在はナイロンやポリエステルの極細マイクロファイバーを高密度で織り上げたものもある．

●縮緬（crepe）
用途：着物，ワンピース，ブラウス

　たて糸に無撚生糸を用い，よこ糸にたて糸と同じ，あるいはやや太目のS撚り，Z撚りの強撚糸を2本ずつ交互に打ち込んだ織物である．糸の太さや織密度により厚地から薄地のものがあり，各種のしぼ立て加工によって緻密なしぼが現れる．この変形として一越縮緬，鶉縮緬などがある．後染め着尺ともいわれ，絵羽，友禅，小紋などに用いられる．

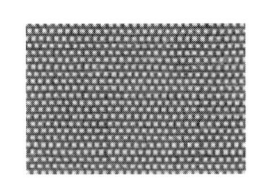

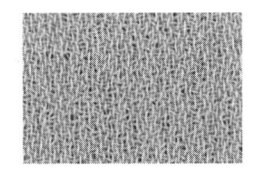

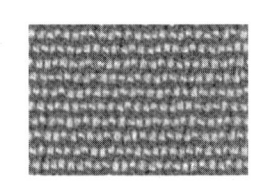

●紬 (tsumugi)
用途：和服着尺地，ワンピース，スーツ

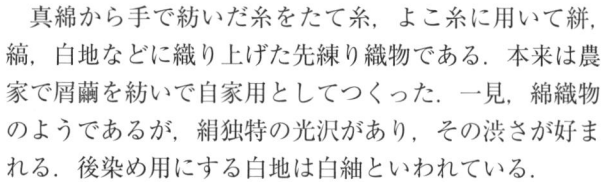

　真綿から手で紡いだ糸をたて糸，よこ糸に用いて絣，縞，白地などに織り上げた先練り織物である．本来は農家で屑繭を紡いで自家用としてつくった．一見，綿織物のようであるが，絹独特の光沢があり，その渋さが好まれる．後染め用にする白地は白紬といわれている．

●羽二重 (habutae)
用途：和装の着尺地，襦袢，ドレス，ブラウス，裏地

　後練り薄地絹織物の一つで，たて糸，よこ糸に無撚の生糸を用いる．たて糸を数本引き揃えて，無撚のまま，糊つけしたものを用い，よこ糸もたて糸と同様に無撚の生糸数本を引きそろえる．引きそろえ本数は羽二重の目付により異なる．目付により薄地羽二重（軽目羽二重）と重目羽二重に区別される．

●パレスクレープ (palace crepe)
用途：婦人用ドレス，ブラウス，カーテン

　たて糸に無撚または甘撚りの生糸，よこ糸にＳ撚りとＺ撚りの強撚生糸を２本交互に打ち込んだ平織物である．単にパレスともいわれる．フラットクレープによく似た織物で縮緬の一種である．クレープデシンなどに比べてよこ糸の撚り数が少なく，たて糸の密度がよこ糸よりも約20～30％多いため，しぼは目立たない．無地物のほか，縞もの，斜文組織や朱子組織で模様を出した紋パレスなどがある．

●ファイユ (faile)
用途：婦人コート，スーツ，帽子

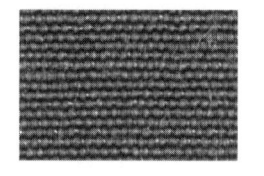

　先染めのよこ畝のある織物で，扁平な畝が特徴である．本来は絹織物で，たて糸には先染め糸または本練り糸を用い，よこ糸に太い先染め，半練りまたは本練りの糸を２本以上打ち込んでよこ畝をつくる．化合繊維フィラメント糸のものも多い．

● フジエット (fujiette)
用途：婦人服地，シャツ，裏地

　もともとはたて糸に無撚のレーヨン長繊維糸，よこ糸にレーヨン短繊維糸を用いた平組織の後染め織物である．富士絹の風合いに似せたもので略してエットともいわれる．現在では，たて糸にポリエステル長繊維糸，よこ糸に加工糸または短繊維糸を用いるものが多い．

● 富士絹 (Fuji silk)
用途：和装裾まわり，襦袢，ブラウス，ワイシャツ

　たて糸，よこ糸に絹紡糸を用いた平織物である．羽二重に似た風合いで柔軟で温かい感じの落ち着いた光沢の薄地織物である．絹紡糸は屑繭，生糸の屑などを紡績してつくった絹糸である．本来は富士紡績（現在の富士紡ホールディングス）の商標である．

● フラットクレープ (flat crepe)
用途：婦人服，ブラウス，裏地，肌着

　縮緬の一種で，たて糸に無撚の生糸，よこ糸にS撚り，Z撚りに強撚生糸（クレープ撚り糸）を2本交互に打ち込んだ平織組織の織物である．たて糸，よこ糸密度はクレープデシンや縮緬よりも10～20%多く，しぼ立ちが低く平滑な外観をしている．単に「フラット」ともいわれている．

● ポンジー (pongee)
用途：夏用ドレス，シャツ，ブラウス，裏地

　手で紡いだ柞蚕糸を用いた手織の平組織である．たて糸には細く均斉な糸，よこ糸には節糸を用いるのが特徴である．そのため節の出たよこ畝効果や，不規則な野趣味のある表面感となる．膨らみ感はあるが，粗硬な感触で独特の光沢をもっている．柞蚕糸は精練性や染色性が悪いために，織物は自然の黄褐色のままで用いることが多い．薄地の通常品を絹紬，厚いものを絹緞ともいう．現在は生糸，玉糸，絹紡糸やレーヨン短繊維糸などを交織して似せたものが多い．

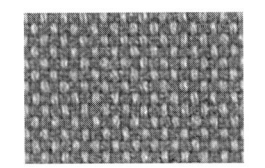

●銘仙（meisen）
用途：着尺地

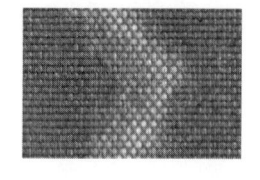

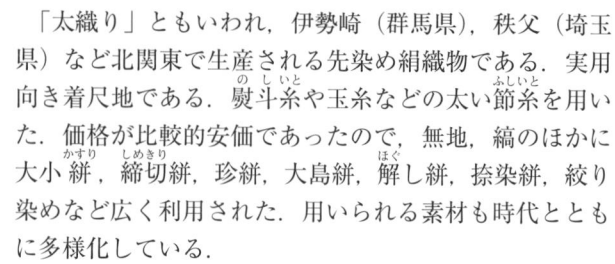

「太織り」ともいわれ，伊勢崎（群馬県），秩父（埼玉県）など北関東で生産される先染め絹織物である．実用向き着尺地である．熨斗糸や玉糸などの太い節糸を用いた．価格が比較的安価であったので，無地，縞のほかに大小絣，締切絣，珍絣，大島絣，解し絣，捺染絣，絞り染めなど広く利用された．用いられる素材も時代とともに多様化している．

斜文織物

●ツイル（twill weave）
用途：作業着，ズボン，上着

織物組織の三原組織の一つで，斜めに畝がある斜文織の総称である．最小単位の斜文織物を，三枚斜文（三つ綾）という．たて糸の規則的な配列のため，一般的には右上がりの斜文線が生じるが，規格により左上がりの場合もある．織物の表面は平織に比べて平滑である．よこ糸の打ち込み本数が多いので，地厚な織物となる．化合繊維織物，綿など，各種の素材がある．

●フランス綾（fancy twill）
用途：ドレス，裏地

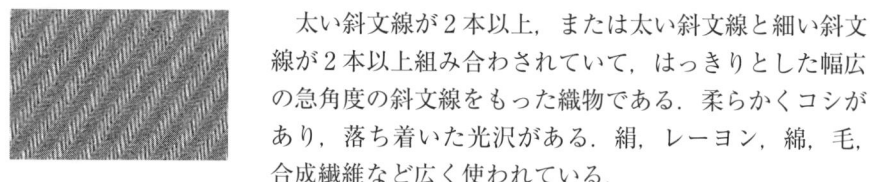

太い斜文線が2本以上，または太い斜文線と細い斜文線が2本以上組み合わされていて，はっきりとした幅広の急角度の斜文線をもった織物である．柔らかくコシがあり，落ち着いた光沢がある．絹，レーヨン，綿，毛，合成繊維など広く使われている．

朱子織物

● サテン（5枚朱子）（five-harness satin）
用途：ウェディングドレス，ナイトウェア，裏地

　織物の三原組織の一つである朱子織物である．サテンという場合は，絹や化合繊維フィラメントの細い糸使いで光沢の強い織物の場合が多い．浮き糸が多いので摩擦などには弱いが，滑らかな手触りと光沢が特徴である．5枚朱子は，たて糸，よこ糸5本で一完全織物組織のものである．

● 緞子（donsu）
用途：打掛，帯地，座布団地，テーブルクロス

　絹織物の一種で先練絹糸を用い，たて朱子組織にその裏組織であるよこ朱子組織を模様で現した先染織物である．ジャカード織機による織り柄が特徴である．たて糸，よこ糸に異色の色糸を使用し，朱子組織だけでなく斜文地に変化朱子組織で模様を出したものもある．

● 綸子（rinzu）
用途：和服地，打掛，訪問着，長襦袢，伊達衿

　昼夜5枚朱子組織の模様をもつ後染め絹紋織物である．たて糸，よこ糸とも生糸の無撚糸を用いてジャカード織機により地組織はたて朱子，模様部分はよこ朱子で織り上げたもの．製織後に精練して白地に仕上げたもの．強撚の細い糸で織った厚手のものを駒綸子，甘撚りの太い糸で織ったものを平綸子という．

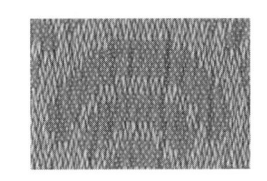

その他

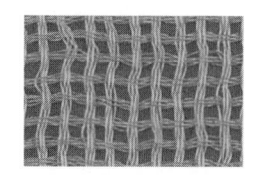

● 紗(しゃ)(plain gauge)

用途:盛夏用高級和服地

　先染めでからみ織(捩り織)の一種である.捩るたて糸(捩りたて糸)と捩られるたて糸(地たて糸)が一組となってよこ糸1本ごとにその位置を転じて(綟って)織られた薄地織物である.

● ブロケード(brocade)

用途:(厚地)壁掛け,カーテン,(薄地)婦人服,ネクタイ

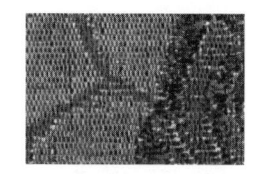

　ジャカード装置を用い,色糸や金糸,銀糸で豊かな文様を織り出した豪華な織物である.斜文織や朱子織の地組織によこ糸で文様を出す絵緯糸を用い,大柄の模様を刺繍のように浮き上がらせた紋織物である.

● ベルベット(velvet)

用途:婦人子ども服,コート,鉄道車両・バス座席シート

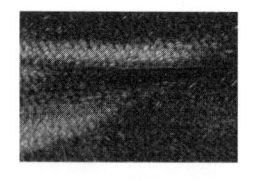

　織物の表面に毛羽のようなカットパイルをもつ織物である.たて糸の一部をカットしてパイルをつくるたてパイル織物である.和名をビロード(天鵞絨)という.滑らかな手触りと上品な光沢をもつ織物である.絹やレーヨンなどのフィラメント糸が用いられる.

● モアレ(moire)

用途:婦人服,ドレス

　布上に木目,波紋状が現れた織物である.モアレ加工をした織物で,モアレを彫刻したロール,または多数の平行な横線を彫刻したロールで型付けする方法と畝のある布2枚を重ねてカレンダーに通す方法が実用化されている.よこ糸が圧迫された部分と圧迫されない部分とで,光の反射に差が生じ木目模様となる.

● 羅 (ra)

用途：袈裟，半臂，帯

　透けるような薄地のからみ織物の一種で，たて糸がよこ糸数本ごとに複雑にからみ，さらに1本のたて糸が左右交互にからみ合って，編物に似た外観をしている織物である．本来は絹が用いられているが，ペルーのインカ文明以前の染織品中に綿による羅が発見されている．

● 絽 (leno)

用途：盛夏用高級和服地

　後染めで絽（平絽），絽縮緬，駒絽などの種類がある．からみ織（捩り織）の一種で，捩るたて糸（捩りたて糸）と捩られるたて糸（地たて糸）が一組になって，よこ糸3本以上で地たて糸と捩りたて糸の左右位置を転じて（捩って）織った，隙間のある薄地織物である．

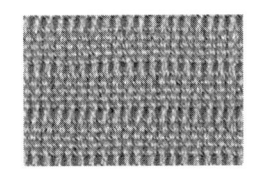

［野田隆弘］

麻織物

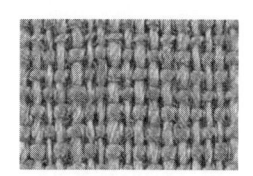

●キャンブリック（cambric）
用途：シャツ，ブラウス，子ども服，テーブルクロス
　もともとフランス北部のキャンブレイ Cambrai で織られていたソフトでしゃり感のある麻織物．たて糸，よこ糸に亜麻糸 100 番手以上の単糸で織られた薄地の平織物．

●クラッシュ・リネン（crash linen）
用途：紳士ジャケット，テーブルクロス，刺繍用クロス
　クラッシュはロシア語の krashenina（染めたリネン織物）が語源である．色つきの繊度にむらのある太い亜麻の節糸を使い，平織に織った粗布のことをいう．20〜50 番手（麻番手）単糸を用いて織ったものが多い．やや肉厚で，光沢がある．白地か生成りのままの色のものが多い．

●帆布（sail cloth）
用途：船の帆，テント，シート，鞄
　もとは，強さと耐久性に優れた亜麻を用いた未漂白の厚手で張りのある平織物である．たて糸に太番手の双糸，よこ糸に同じ太番手の単糸を密に織り込む．麻のほかに綿帆布がある．そのほか，ナイロン，ポリエステルなどもある．キャンバスともいう．

●ブッチャーズ・リネン（butcher's linen）
用途：夏用ジャケット
　もとは青と白の組み合わせで知られる肉屋（ブッチャー）のエプロン生地としてつくられた丈夫で厚手な織物である．ドビー織機を用いて粗いリネン糸（亜麻糸）を平織とななこ織の組み合わせで織ったもの．表面に凹凸感があり，さらりとした肌触りが特徴である．

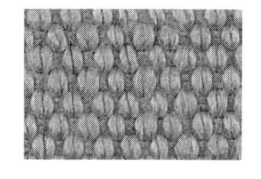

●ラミーシーティング（ramie sheeting）
用途：シャツ，ドレス

ラミー（苧麻）を使った麻のシーティングである．吸湿性に富み，麻独特の強さとしゃり感，光沢をもっている．　　　　　　　　　　　　　　　〔平井郁子〕

その他の織物

●エンブロイダリーレース（embroidery lace）
用途：ドレス，ブラウス
　布にエンブロイダリーレース機で刺繍を施したものである．穴をあけて模様を描き出したものもある．服地として使われる広幅のもののうち，布全面に刺繍を施したものをオールオーバーレースといい，ローンのような薄い布に使われる．

●キルティング（quilting）
用途：コート，スカート，掛け布団
　2枚の布の間に芯や綿をはさみ，ステッチによって一体化したものである．ステッチは綿が移動したり，偏りを防ぐために装飾的に施される．

●ケミカルレース（chemical lace）
用途：ウエディングドレス，フォーマルウェア
　絹や水溶性ビニロンの基布に機械で刺繍した後，薬品や熱湯でビニロンを溶解させ，刺繍糸の部分を残したレースである．一見豪華な糸レースのようにみえるものが多い．モチーフを切り離して立体装飾に使うことができる．

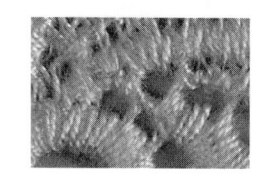

●合成皮革（synthetic leather）
用途：ブルゾン，コート，靴，鞄，車の内装材
　天然皮革に表面を似せてつくったものである．織物や編物の基布に塩化ビニル，ポリウレタン樹脂などの合成樹脂を含浸またはコーティングし，外観や触感を天然皮革風にしたものである．かつては塩ビレザーが主流であったが，現在はポリウレタンコーティングが主流となっている．柔らかく，弾力性があり，風合いもよい．

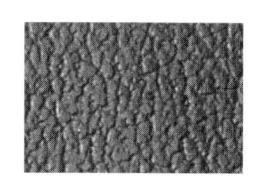

●ゴブラン（gobelin）
用途：タペストリー，カーテン，テーブルクロス，鞄

綴れ織物の一種である．本来ゴブランとは，15世紀フランスのゴブラン製作所で織られた手織の重厚なタペストリーのことを指し，たて糸に亜麻，よこ糸に羊毛を用いて織られていた．ルイ14世の時代はゴブラン織物の極盛であった．現在は機械織りの大衆製品もあり，各種繊維が用いられ，欧州の綴れ織物の総称となっている．

● シェニールクロス（chenille cloth）
用途：ハンカチ，テーブルクロス，ポーチ，バッグ

　シェニールヤーンをよこ糸に用いた織物である．再織の一種で，デザイン原画をもとに下織をつくり，これをたてに裁断し，撚りを掛けた毛羽の多い糸（シェニールヤーン）をよこ糸にして柄を合わせて織り，デザイン原画を再現する精密な織物である．シェニールとは毛虫の意味である．

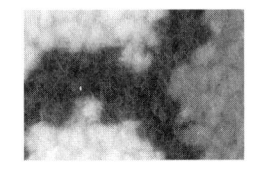

● 人工皮革（artificial leather）
用途：靴，鞄，カーシート，ジャケット，ドレス

　天然皮革に構造や風合いを似せてつくったものである．超極細繊維のポリエステル，ナイロン繊維からなる不織布に微多孔性のポリウレタン樹脂を充填させ，表面を起毛させたスエード調タイプと，表面にさらにポリウレタン樹脂を積層させ，エンボス加工を施した銀面付きタイプがある．

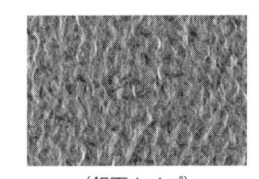

（銀面タイプ）

● チュール（tulle）
用途：ドレス，ベール

　チュール目ともいわれる亀甲形の網目が繋がっているネットである．たて編みのラッセル編み機でつくるナイロン，ポリエステルのラッセルチュールが大部分を占めている．柄を編み込んで模様を出したものをチュールレースという．

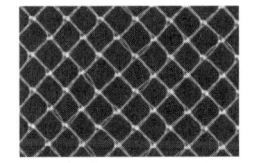

● 風通織（reversible figured double cloth）
用途：帯，和装コート，婦人服

　たて・よこ二重織りである．重ね組織の表と裏の位置を交換して模様を現した織物で，断面は袋状になっている．二重風通織ともいう．表組織と裏組織が交錯し密着

しているため柔らかく，厚地のものから薄地のものまである．各種繊維が用いられている．

●不織布（nonwoven fabric）
用途：芯地，医療検査着，カーペット，スリッパ，ふきん
　織る，編むという方法を用いないで，繊維の集合体をシート状（布状）に広げ繊維を結合したものである．繊維の結合方法には，熱による融着，樹脂による接着，機械的な絡合などがある．

●フリース（fleece）
用途：アウトドア用，コート，ジャケット
　本来は1頭の羊から刈り取った1枚続きの毛皮のような羊毛のことをいう．最近では羊毛フリースに似せてフリース仕上げを施した紡毛織物，表面を両面起毛したポリエステルのニット地やそれを用いたカジュアルなジャケットのことをいうことが多い．軽くて保温性に富む．

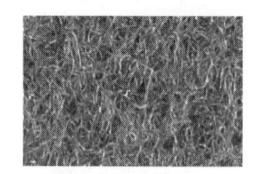

●ラッセルレース（raschel lace）
用途：婦人服，下着，カーテン
　機械レースの一つで，たて編みのラッセル編機によるレース生地である．薄く平らに仕上がる．透き目の地組織は亀甲形のチュールと四角目のマーキゼットがある．

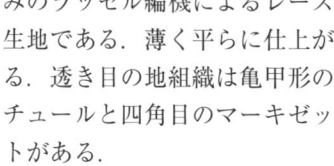

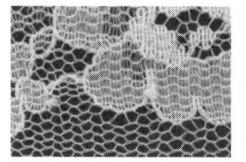

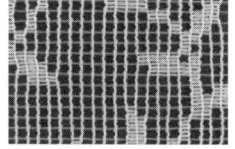

●リバーレース（leavers lace）
用途：ドレス，縁飾り
　リバーレース機による繊細で優美なレース生地である．細い糸を撚り合わせて複雑な組織のチュールをつくるもので，1万本以上の柄糸や芯糸を用いる．機械レースの中でも糸を撚り合わせるリバーレースは，熟練した職人の手を必要とする手工芸に近いレースである．古くは組みひもや網をルーツとするレースで，装飾品として16世紀のヨーロッパで生まれた．リバーレースは王侯貴族の富と権力の象徴であった．18世紀の産業革命を機に機械化し，一般に普及した．　　　　〔平井郁子〕

参考文献

繊維総合辞典編集委員会 編:繊維総合辞典,繊研新聞社,2012.
田中千代:新・田中千代服飾辞典,同文書院,1991.
テキスタイル辞典委員会 編:テキスタイル辞典,日本衣料管理協会,1991.
服装文化協会 編:増補版服装大百科事典,文化出版局,1976.
日比 輝,福升 浩:Handbook of cotton fabrics,日本綿業振興会,1998.
田中道一:洋服地の事典,みずしま加工,2007.
日本規格協会 編:JISハンドブック 31 繊維,日本規格協会,2013.

Chapter 9

衣服の設計製作

衣服生産の仕組み1 ———— 228
衣服生産の仕組み2 ———— 230
アパレルの企画 ———— 234
工業用ボディ ———— 236
プロダクトパターン ———— 238
アパレルの縫製 ———— 240
アパレルの仕上げ ———— 242
縫製の管理と能率化 ———— 244
製品の評価 ———— 246

衣服生産の仕組み 1

●**アパレル産業** アパレル産業では，商品である衣服を生産・販売する過程を川の流れに例えて3つに分け，「川上」「川中」「川下」とよぶ．繊維素材やテキスタイルを生産・供給する段階を「川上」，そのアパレル資材を用いて最終製品である衣服を生産・供給する段階を「川中」，さらに最終製品を消費者に供給する最終段階を「川下」ととらえている．しかし，1990年代には，創（商品企画：クリエーション）・工（生産：テクノロジー）・商（販売：ビジネス）という新しい概念が生まれ，この頃からアパレル産業がファッション産業とよばれるようになった．

衣服生産は，「川中」とよばれる段階であり，主に「創」と「工」に関係し，図1の企画から生産までをさす．企画を行うアパレルメーカーは，サンプルメーキング，パターン，グレーディング，マーキング，縫製仕様書などの生産指示書の作成までの設計工程を担当し，縫製準備および縫製の生産工程は縫製工場が担当

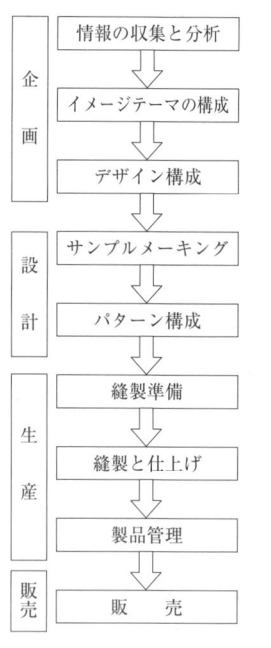

企画	情報の収集と分析	ブランドコンセプトの作成 情報収集と分析・予測	創
	↓		
	イメージテーマの構成	シーズンコンセプトの設定 色柄，素材，デザインの分析 ブランド別アイテム構成，価格の検討	
	↓		
	デザイン構成	基本シルエットの決定 デザイン決定 デザイン画作成	
設計	サンプルメーキング	デザインパターン作成 サンプルメーキング サンプルチェック，展示会開催，価格の設定	工
	↓		
	パターン構成	プロダクトパターン作成 グレーディング，マーキング 縫製仕様書作成	
生産	縫製準備	布地の前処理，延反 裁断，仕分け 芯貼り	
	↓		
	縫製と仕上げ	パーツ縫製 アッセンブリー縫製 アイロンプレス，まとめ	
	↓		
	製品管理	仕上げプレス 検品 梱包，配送	商
販売	販　売	百貨店，量販店，専門店	

図1　アパレル商品の企画から販売まで

する.

●創・工・商の企業間分担　アパレルメーカーという言葉からは，アパレルを生産する企業のような印象を受けるが，主に商品計画，ブランド運営，小売企業への卸販売などを行う．アパレルメーカーの中には，アパレル商品の創・工・商のすべて，すなわち企画から製造・小売までを行う SPA（Speciality Store of Private Label Apparel：製造小売業）も多い．また，近年では，創・工・商の一連の作業における企業間分担がみられ，OEM（Original Equipment Manufacturing）や ODM（Original Design Manufacturing）などのビジネス形態もある．OEM と ODM の場合は，商品は販路をもつ納入先企業のブランド名で売り出される．OEM は「工」のみを担当する企業で，納入先企業は「創」「商」を行い，一方，ODM は「創」と「工」を担当する企業で，納入先企業は「商」のみを行う（図2）．

	SPA	OEM	ODM
創（商品企画：クリエーション）	企業1 ↓	企業1 ↓	企業2 ⁞
工（生産：テクノロジー）	企業1	企業2 ⁞	企業2 ↓
商（販売：ビジネス）	企業1 ↓	企業1 ↓	企業1 ↓

※企業1のブランド名で商品は売り出される

図2　企業間の創・工・商の分担

●情報技術の導入　アパレル生産の現場では，早期からコンピュータ支援技術が導入されており，工程設計およびパターンメーキング，グレーディング，マーキングには CAD（Computer Aided Design）が，裁断には CAM（Computer Aided Manufacturing）が導入されている．また，近年では，SCM（Supply Chain Management，サプライチェーン［供給連鎖］）とよばれる，資材の調達から販売までのモノの流れの情報を瞬時に伝え，無駄なく商品を企画・設計・製造・販売できるシステムもある．この SCM が可能になった背景には，POS システム（Point Of Sale System，販売時点情報管理システム）がある．POS システムは，購入された商品と購入した消費者の情報が1箇所に集められて，管理されるシステムのことである．このように，店頭情報を統合的に把握することによって消費者ニーズが把握でき，シーズン中の追加生産を短期間に実施することが可能になっている．また，在庫を削減し，生産を合理化・効率化することにつながっており，情報技術の進歩とともに，アパレル生産は大きく変化している．

〔川上　梅〕

衣服生産の仕組み 2

●**アパレル産業** ファッションアパレル産業は，衣服の生産から流通の過程を川の流れにたとえて，川上，川中，川下に区分している．川上は繊維・テキスタイル産業，川中はアパレルの企画，製造業，川下は流通販売業と位置づけられている．その流れに沿って，衣服は生産される．

●**衣服の生産工程(1)** ブランドコンセプト，情報収集，分析に基づき企画されたアパレルは（表1），図1に示す流れで，生産される．まずデザインが考案され，デザインパターンがつくられると，アパレルCAD（Computer Aided Design）システムによりコンピュータに型紙が入力され，デザイン修正→ファーストパターンの作成→サンプルメーキング（3Dシミュレーション）→プロダクトパターンの作成→グレーディング→縫い代付け→マーキングが行われる．これに細部の要領を記載した縫製仕様書をつけて縫製メーカーにデータが送られ，縫製仕様書に従って衣服が生産される．

なお，アパレルCADシステムとは，コンピュータを用いたパターンメーキン

表1　アパレル企画の流れ

アパレルメーカー	(1) 商品企画	a．ブランドコンセプトの作成
		b．情報収集・分析・予測
		c．シーズンコンセプトの設定
	(2) 製品企画	d．商品開発の計画
		e．商品構成の計画
	(3) 生産企画	f．サンプルメーキング（デザインパターン）
		g．価格の設定
		h．工業用パターン，グレーディング，マーキング
		i．生産指示書の作成
		j．展示会
		k．商品別の販売予算，利益予算の作成と管理
		l．最終生産数量・納期決定，生産依頼
縫製工場	(4) 製造企画	m．生産
		n．店頭納期
		o．店頭販売，期中企画・生産

グのことで，ファーストパターンはデザインパターンともいい，デザイナーの求める美しさ，シルエットを重視してつくられるものである．サンプルメーキングとは，量産パターン前のデザインパターンでイメージを確認するために布で試作する工程である．また，プロダクトパターンとは，縫い代やサイズ展開を施した量産用のパターンである．

●衣服の生産工程（2）
衣服の生産は縫製工場の布の受け入れから始まる．まずは布に傷などの問題がないかを調べる検反を経て，スポンジング・放反が行われるが，この工程は布の製造時に発生するひずみを除去する工程である．その後布の耳を揃えて延反するが，その方法には折り返し延反と一方向延反がある．柄の方向性や毛並みがある場合は一方向延反で行う．延反された布はアパレルCADでつくられたプロダクトパターンのデータでマーキングされ，裁断される．裁断された布は仕分けされパーツごとに束ねられて，次の工程に送られる．次に衿や前身頃，見返しには芯地が貼付されるが，多くの場合接着芯地が用いられている．その後各パーツは縫製工程に投入される．縫製工程はパーツ縫製，アッセンブリー（組み立て）縫製，仕上げより行われ，衣服生産が完了する．

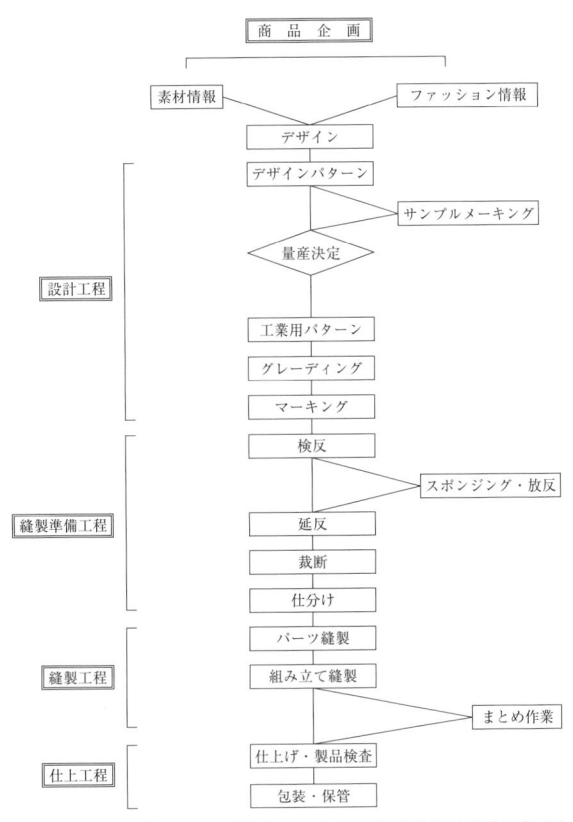

図1　衣服の生産の流れ　[出典：日本衣料管理協会刊行委員会　編「繊維製品の基礎知識」，第2部　家庭用繊維製品の製造と品質, p. 34, 2012]

アパレルの企画・設計

●**アパレルの企画**　アパレルの企画は商品分析が重要な意味をもつ．ポジショニング，サイズ，形態，素材構成，縫製，仕上げ，商品のプレゼンテーションのあり方を総合的に分析し，商品の位置づけ，スタイル，デザイン，流行，質，価値をターゲットに対応させて商品の企画を設定する．しかし，購買に結びつくかどうかはきわめて不確定な要素であるため，社会経済情勢を的確に捉え，ファッション予測をし，リスクを軽減することが不可欠である．同時に商品を市場に送り出すためのセールスプロモーションも行われている．

商品のポジショニングは機能性 vs 審美性，耐久性 vs 使い捨て，基本 vs 流行，安い vs 高い，季節感の有無などによって決定する．これらはデザインのみならず素材構成にも大きく左右される．また，生産工程の決定においては素材や衣服の技術的情報が加味されるため，アパレルの商品価値において，スタイルやデザインのみではなく，素材の組成，基本物性，色，柄，風合いなどが重要な要素となる．アパレル商品企画のプロセスの概念を図2に示す．

●**アパレルの設計**　企画を具体化するのがアパレルの設計である．アパレル設計

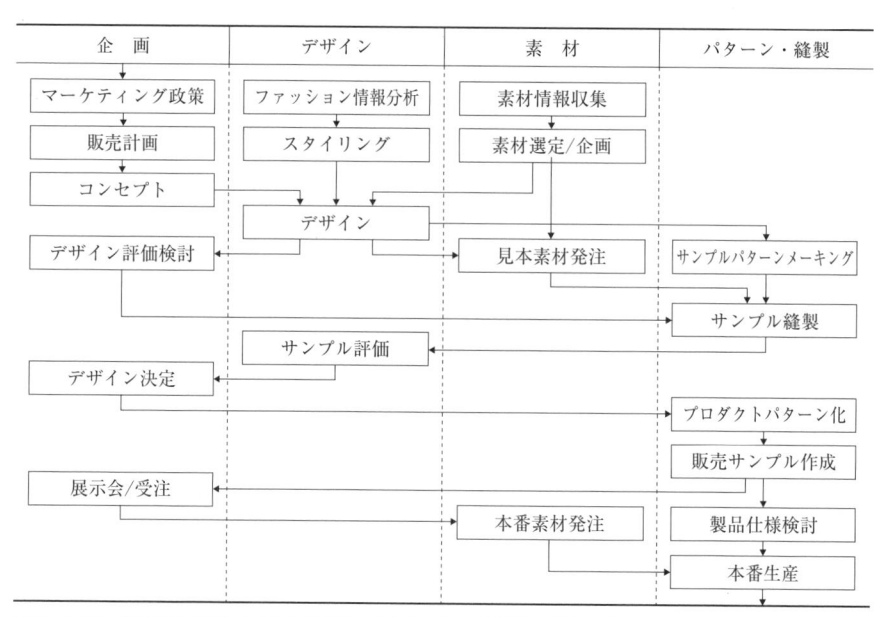

図2　アパレル商品企画のプロセス概念図　［出典：日本衣料管理協会刊行委員会 編「繊維製品の基礎知識」，第2部　家庭用繊維製品の製造と品質，p.2, 2012］

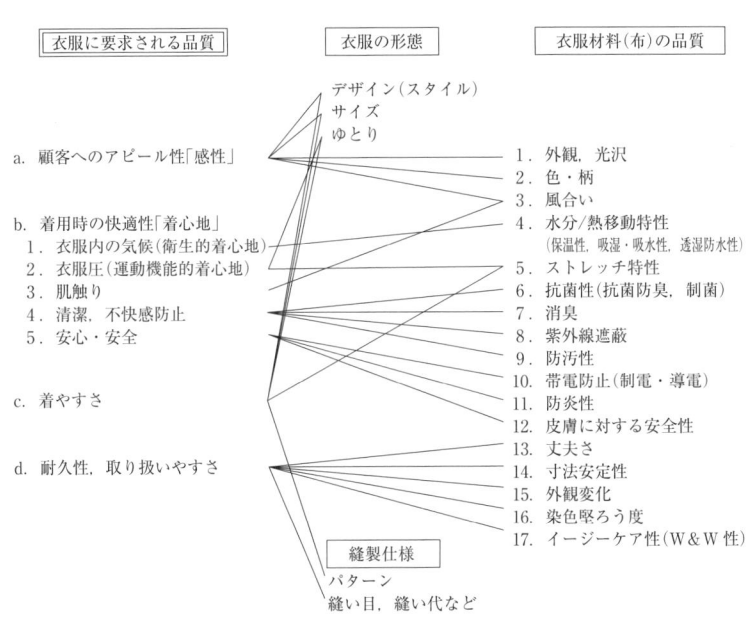

衣服に要求される品質	衣服の形態	衣服材料(布)の品質
a. 顧客へのアピール性「感性」 b. 着用時の快適性「着心地」 　1. 衣服内の気候(衛生的着心地) 　2. 衣服圧(運動機能的着心地) 　3. 肌触り 　4. 清潔, 不快感防止 　5. 安心・安全 c. 着やすさ d. 耐久性, 取り扱いやすさ	デザイン(スタイル) サイズ ゆとり 縫製仕様 パターン 縫い目, 縫い代など	1. 外観, 光沢 2. 色・柄 3. 風合い 4. 水分/熱移動特性 　(保温性, 吸湿・吸水性, 透湿防水性) 5. ストレッチ特性 6. 抗菌性(抗菌防臭, 制菌) 7. 消臭 8. 紫外線遮蔽 9. 防汚性 10. 帯電防止(制電・導電) 11. 防炎性 12. 皮膚に対する安全性 13. 丈夫さ 14. 寸法安定性 15. 外観変化 16. 染色堅ろう度 17. イージーケア性(W&W性)

図3　衣服に要求される品質と設計要因　［出典：日本衣料管理協会刊行委員会 編「繊維製品の基礎知識」, 第2部　家庭用繊維製品の製造と品質, p.5, 2012］

に要求される要因は図3に示すとおり, ①顧客へのアピール性, ②着用時の快適性, ③着やすさ, ④耐久性, 取り扱いやすさである. 顧客へのアピールには色や柄, 流行, 着用目的, デザイン, サイズ設定などが関係する. 着用時の快適性には, 素材の通気性, 保温性, 吸湿・吸水性, 伸度, 厚さ, 重量, 風合いなどが関係し, 素材特性が重要な要素となる. また, 快適性にも着やすさにも衣服のフィット性が関係し, 体型に適合するパターンの設計が求められる. そのためにはターゲットとなる年代の体型特徴を的確に捉え, パターンに活かす必要がある. また, 快適性, 着やすさを向上させるためには人の動作への適合性を配慮する必要がある. ストレッチ素材を用いるのも一方法であるが, 適切な部位に適切なゆとり量を配置したパターン設計が求められる. また, 衣服パターンをさまざまな体型・姿勢に適合させる必要があり, そのための3次元パターンメーキングや3次元グレーディングも進展している. 耐久性, 取り扱いやすさは衣服素材や縫製の適否に左右されるが, 衣服設計上衣服素材に求められる性能は, 裁断のしやすさ, 縫製のしやすさ, 仕立て栄えすること, 着用中型崩れしないことである.

〔大塚美智子〕

アパレルの企画

　新しいアパレル商品を企画するには，消費者ニーズを予測して製品を企画する必要がある．予測には次シーズンの予測から2週間先の予測まであるが，後者の場合は，主にシーズン中に行う企画の軌道修正である．一方，前者の場合は，ファッション情報と市場調査から得られる情報の収集と分析に大別できる．

　シーズンごとの企画に先立ち，市場を細分化し，ターゲットを設定しなければならない．細分化する場合には，性別，年齢のほかに，ファッションの先進性への価値観，ファッション志向，所得などを考慮する．ターゲットを決めたら，ブランドのコンセプトを明らかにする．ブランドの分類の1つに，価格帯に注目した分類がある．

●**情報の収集と分析**　一般的にアパレル業界では，1年のシーズンを春夏と秋冬の2回に大きく分けて商品を企画する場合が多い．秋冬シーズンの企画は1年前の9月頃より，同様に春夏シーズンは，1年前の3月頃から検討が開始され，7つのサブシーズンに分けて企画を行うことも多い．

　まず，次シーズンに，どのようなファッションが注目されるのかを，市場調査やファッション情報などを収集・分析して予測する．市場調査から得られる情報とは，購買層のライフスタイル情報，小売店の売れ筋情報，素材メーカーの開発および需給情報などである．また，ファッション情報とは，色，テキスタイル，そしてシルエットとデザインの順に発信される情報であり，まず，実シーズンの2年前に決定されるインターカラーを受けて，JAFCA（ジャフカ＝日本流行色協会）は，実シーズンの約1年半前にトレンドカラーを発表する．次に，実シーズンの約1年前にはテキスタイル展示会が，約半年前にはパリ・ミラノ・ロンドン・ニューヨーク・東京などの大都市でファッションショーが開催される．そして，これらの情報が集約され，各情報機関からファッション情報として発信される．

●**イメージテーマの構成**　次に，ブランドイメージを維持しつつ，商品構成，デザイニング，展開方法などについてのシーズンコンセプトを決め，ターゲット別に具体的なアイテムをイメージしたスタイリングテーマを設定する．例えば，シーズンコンセプトのライフスタイルが〈スローライフ〉であれば，スタイリングテーマは，〈ナチュラル・エレガンス〉などと，より具体的に設定する．

　基本的なシーズンコンセプトとスタイリングテーマが決まると，具体的な商品の企画に入る．商品コンセプト別に，色を選び，さらにイメージに合った柄を選

ぶ．素材はコンセプトテーマに合ったものを選ぶ．デザインは，シルエットから，カラー，スリーブ，ポケットなどのディテールまでを決定する．商品構成とは，商品のアイテム，色，サイズとその数量を取り揃えることである．シーズンコンセプトとスタイリング方針に基づいて，ワンピース，ジャケット，スカートといったようなアイテム別の構成比率を検討する．

●**デザイン構成**　アイテム構成の次に，アイテムごとの「型紙（デザイン数）」を検討してデザインを決定し，デザイン画を作成する．そして，デザインごとの「色」と「サイズ」の構成を組み立てていく．この間に，VMD（Visual MerchanDising：ビジュアルマーチャンダイジング）の1つであるショーイングディスプレイ企画やテレビCMや動画などの広告企画などのプロモーション企画を行う．

●**近年の商品企画はコレクション情報重視**　従来は，シーズンごとのテーマや素材，カラー，スタイルなどに基づいて，約1年前から検討が開始されてきたが，コレクション発表後に商品を企画・開発するほうが無駄なく容易に売れ筋商品をみつけることができるという理由から，近年はコレクション発表後に商品企画を開始する傾向がみられる．コレクションとは，前出のように，主にニューヨーク，ロンドン，ミラノ，パリの各都市で開催されるコレクションであり，2月〜3月にその年の秋冬シーズンコレクション，9月〜10月に翌年の春夏シーズンコレクションが開催される．これら2回のコレクションに先駆けて6月〜7月にリゾートコレクション，12月〜1月にプレフォールコレクションが発表されている．約半年前のコレクション発表後では，実シーズンに商品が間に合わない場合も多く，実際には約10カ月前のリゾートコレクション発表後の7月に春，プレフォールコレクション発表後の1月に，秋の立ち上がり商品を検討し始める動きが広がりつつある．

〔川上　梅〕

参考文献

[1]　内藤郁代：感性分類とトレンド分析，ファッション教育社，2003．

工業用ボディ

　衣服の設計製作で用いられるボディは「人台」ともよばれ，JIS L 0122 縫製用語[1]に，「人台とは，人体に似せた形を持ち，外側を布などで覆ったもの．ダミーともいう」と定義されている．対応英語は dress form, body stand, dummy と記述されている．アメリカで100年以上の歴史をもつウルフフォームカンパニー（ボディメーカー）では form という言葉を用いており，ボディの名称は日本独自の表現と考えられる．

　ボディはクチュリエ用と工業用の2種類に大別される．クチュリエ用ボディは注文服をつくる際に用いられ，デザインや顧客の体型に応じてボディを修正できるように工夫されている．ウエストラインはどこに設定してもよいようになだらかにつくられ，バストラインの位置もはっきりとさせず，デザインや顧客のバストポイントの位置により合わせられる．したがって，自由度の高いクリエーションを目指すには最適のボディといえる．オートクチュールのメゾンでは，顧客一人一人専用のボディが用意されている．

　他方，工業用ボディは，多様な人々が使ってもそのボディから製作されるパターンが均一であるように，平面との整合性を考え，ボディの形や張り生地の縫い目線を設定し，作業性を高めるように工夫しているという[2]．バックネックポイントからウエストラインまで（背丈）や，乳下がりの採寸値を表記しなければならないため，工業用ボディでは，ウエストラインやバストラインの位置は明確に示されるという[2]．

　工業用ボディの種類は多種多様である．まずターゲットとなる性別，年齢層別に，男性，女性，ジュニア，子ども，幼児，シルバー，マタニティ用など，体型別にA体型，B体型，Y体型，レギュラー，スリム，トール，プチ用など，服種・アイテム別にインナー，アウター，水着・レオタード，ドレス，ジャケット，コート用などがつくられている．また，一般的なトルソー型，股付きトルソーのクロッチド型，ウエストから下部のパンツ型，スカート型，フルレングス型など，ボディの形もさまざまである．最近では頭部付きボディも開発が進んでいる．さらにボディの素材と硬さ，ゆるみのあるなし，立体裁断用とディスプレイ用などに分けられ，それぞれにいくつかのサイズが用意されている．各ブランドではターゲットに近く，設計コンセプトに近いボディを選択，あるいは開発して用いる．

　また，立体裁断用ボディには一般的にバストに5cm，ヒップに3cm程度のゆ

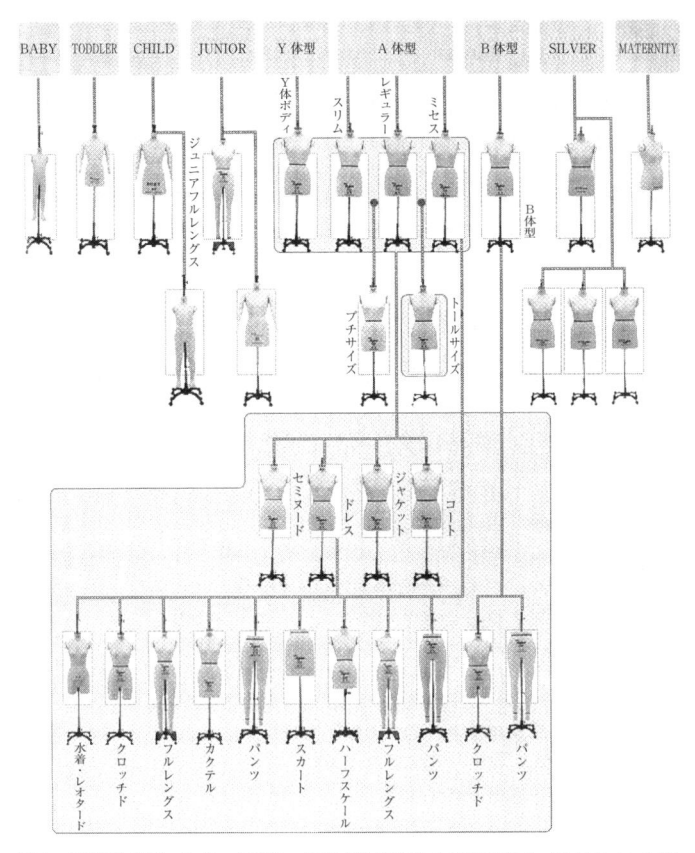

図1 工業用ボディの例 ［出典：日本衣料管理協会刊行委員会 編「アパレル設計論 アパレル生産論」，日本衣料管理協会，p. 159, 2013］

とりが加えられている．そして，表面を滑らかなカーブにつくり直し，美しい衣服を製作できるよう工夫が施されている．図1に例を示す． 〔高部啓子〕

参考文献
[1] 日本規格協会：JIS L 0122 縫製用語
[2] http://www.kiiya.co.jp/

プロダクトパターン

≈≈≈≈≈≈≈≈≈≈≈≈≈≈≈≈≈≈≈≈≈≈≈≈≈≈≈≈≈≈≈≈

　プロダクトパターンとは，量産化するためのパターンである．アパレルは，均一な品質で着心地のよい商品を提供しなければならない．したがって，デザイン，素材特性，サイズ，縫製仕様および工程，コストを考慮したものとなる．
　このためにはまず，商品企画で決定したデザイン画と布地情報をもとに，パターンメーキングを行う．その方法にはドレーピング（立体裁断）とドラフティング（平面作図）があるが現場では両者を併用し，ファーストパターンを作成している．このパターンを使用し，シーチング（粗布）で仮縫いを行いフォルムやディテールのバランスを検討する．その後実際の布でサンプルを製作し，基準サイズのモデルに試着してもらい，イメージ，布地の風合い，体型適合性（あまりじわやつれじわの状態），運動適応性（日常動作の支障），着心地，外観，出来上がり寸法，縫製仕様が適切か否かを検討し，パターン修正を行う．その修正後のパターンをサンプルパターンという．これを用いてパーツ展開を行い，パーツパターンを作成する．その次に縫い代付け，印付け，グレーディング処理（他のサイズ展開）を行った後の最終パターンを，プロダクトパターンあるいは工業パターンとよぶ．
　このパターンは，縫製ミスの防止や作業効率化および品質の安定化を図り，素材特性に合わせた生産効率の高いパターン形状が要求される．そこで現在は，パターンメーキングの道具として，正確に高速処理ができ，かつ記録保存やデータ通信が可能なアパレル CAD（Computer Aided Design）を活用している．

●**パーツパターンの作成**　まず，2 枚の布を重ねて仕立てるカフスや衿のパターンは，着用時に布が環状を描くことから，表地の厚さを考慮した外のりと内のりの差寸を処理する．この操作をパターン展開という．図 1 のステンカラーの表衿は，さらに折り返るので 2 方向の差寸を展開してパーツパターンを作成する．次に表地のほか芯地や裏地の特性に合わせてパーツパターンを作成する．

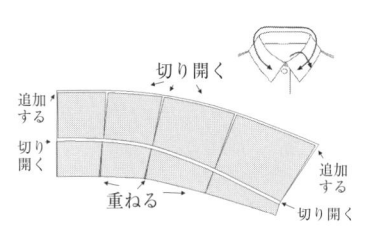

図 1　パターン展開
ステンカラーの表衿の例

●**縫い代付け**　縫合には，2 枚のパーツの角とパーツの外辺（裁ち端）を正確に重ね合わせることが要求される．そのため縫合のパーツ同士の外辺の長さは基本的に同寸で，縫い代は出来上がり線に平行に付けら

れる．縫い代分量は，縫い代の処理方法（割る，片倒し），カーブ形状，布地の物性，ほつれやすさを考慮して決める．縫い代の角の形状は，縫いの順番や縫い代処理の方法で異なる．

●**印付け** 印にはノッチ（切り込み）とドリルホール（目打ち穴）がある．ノッチは，縫合する双方のパーツに付けられる合印と，縫合の順序や縫い方向を示す縫い代ノッチがある．その形状は，3～5 mm の切り込みを入れた切り込みノッチが一般的だが，ほかに三角状に突出した凸ノッチなど，布地の特性により使い分けている．ドリルホールは，パーツ内部に位置するポケット付け位置やダーツ先のポイントに印すが，布に穴を開けて示す場合はポイントの手前に印す．図 2 にスカートの表布のパターンを示す．

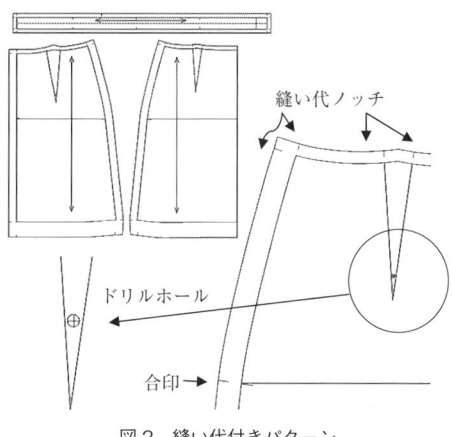

図 2 縫い代付きパターン

●**グレーディング処理** グレーディングは，基準となるサイズのマスターパターンを拡大・縮小し，他のサイズのパターンに展開することをさす．この作業は，もとのデザインイメージや着心地を損ねない配慮が必要となる．そのためには，人体の構造とサイズによる各部の寸法変化量を把握する必要がある．その増減量は，ブランドごとにターゲットの体型に即した量が決められている．グレーディング作業は，パターンの外周ポイントを，X，Y 軸方向に移動するピッチ方式と，パターン上の設定線をカットし分割したパターンを離したり，重ねたりするブロック方式がある．アパレル CAD を用いることでいずれも自動的にポイント移動と線形上の補間処理が瞬時に実行される．図 3 は後ろスカートのネスト（重合）図である．

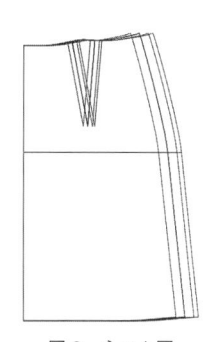

図 3 ネスト図

〔渡部旬子〕

📖 参考文献

[1] 高部啓子，大塚美智子，渡辺旬子ほか：アパレル設計論　アパレル生産論，日本衣料管理協会，2013．

アパレルの縫製

　アパレルメーカーは，商品企画および設計を行い，縫製を別会社の工場に依頼するのがほとんどである．縫製工場はそれぞれの得意とする専門の服種に分かれている．ジャケットやコートと，シャツやパンツなどのように，用いる布地の厚さやしなやかさが違うことで，縫製機器の設備や要求される技術が異なる．したがって，工場は複数社のアパレル商品を製作している．

●**縫製情報と工程分析**　アパレルメーカーは，縫製工場にプロダクトパターン，加工・裁断・芯貼り指図書と縫製仕様書を渡し依頼する．指図書とは，生産する数量と裁断する布地の情報，接着芯を貼るための機械条件などが記載されている．縫製仕様書とは，企画が求める品質をつくり出すための縫製情報で，発注情報，製品図（出来上がりのバランスを画いた図），規格寸法，布地サンプル，仕立て方や縫代処理方法，縫製機器の種類と針目数，副資材の明細等が記載されている．このほかにアパレルは，布地や副資材をそれぞれの会社に発注し，直接縫製工場に輸送する手配をする．

　縫製工場では，上記の情報と材料をもとにメーカーの意向に従い生産する．まず量産にさきがけて１着分だけ縫い上げ，縫製時間の見積もり，縫製手順や問題が発生しないように検討する．これを先上げサンプルまたは１点先上げとよぶ．その結果から工程分析表を作成する．工程分析は，仕事の流れを記号で表し，ポケットや衿，袖などの部品加工と身頃との組み立て順序を明確にし，使用機器を決める．図１は，ジャケットの衿づくりの事例である．この表を利用し，生産枚数と加工時間に合わせた作業人数，作業分担，人と機械の配置（工場レイアウト），１日の生産数，加工賃等を割りだす．

●**縫製準備**　布地は，メーカーから納品された原反を裁断に先立ち点検をする．目的は欠点の有無やその位置を特定し，欠点部を取り除くことにあり，受入検反という．次に加工・裁断・芯貼り指図書に記載されている

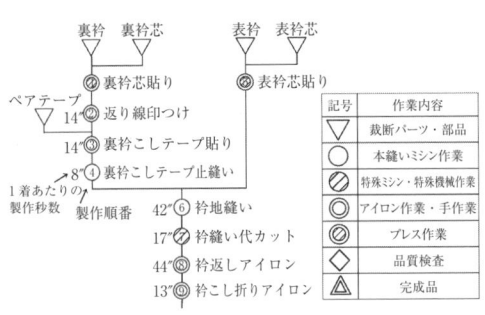

図１　工程分析表　［出典：文化服装学院 編：文化ファッション大系服飾関連専門講座⑦アパレル生産管理，文化出版局，2010］

内容に従い,地直し,延反,裁断,接着芯貼りを行う.裁断は布地を積層して行う.まずCAD（Computer Aided Design）システムで作成されたパターンをマーキング（型入れ）し,裁断データに変換後,裁断機を制御するCAM（Computer Aided Manufacturing）システムに取り込み,正確な位置を自動的に高速裁断する.

●**縫製機器**　縫製は,工程分析表の順序と指定機器を使用し,縫製仕様書に則って縫製する.工業用ミシンと縫いの種類を2つに大別すると,2本の糸が上下にからみ合い結節され,返し縫いにより解けにくい縫い目を形成する本縫いミシンと,1本または複数の糸が連鎖状にからむことで伸縮性に富む縫い目を形成する環縫いミシンがある.主に本縫いミシンは縫合,環縫いミシンは伸縮性の布の縫合や裁ち端のしまつに用いられる.このほかに補助装置とミシンを組み合わせた自動ミシンが多機種ある.図2は,衿やカフスのように表裏2枚のパーツを縫合する場合,縫いたい位置に溝が掘ってある型に布を挟み,ミシンにセットするとガイドが溝に沿って自動的に縫うパターンシーマである.図3はボタン供給機とボタン付けミシンを組み合わせたミシンである.ボタンをバラバラに投入しても表側に返し1個ずつミシンにセットされ,ボタンサイズと縫いパターンに従い,ボタンが付けられる機械である.現在はコンピュータ技術の発達により0.1 mm単位で縫い目が制御できることから,多くの自動機が工場で使用されている.縫製工場では,品質の均一化や工程の省力化による生産性の向上はもとより,熟練技術者の確保難から,脱技能化・脱習熟化を図るための道具や機械が導入されている.

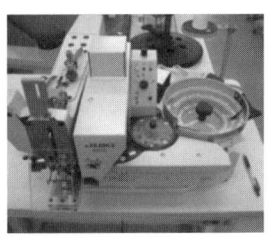

図2　パターンシーマ　　図3　ボタン付けミシン

〔渡部旬子〕

📖 **参考文献**

[1]　高部啓子,大塚美智子,渡部旬子ほか：アパレル設計論・アパレル生産論,日本衣料管理協会,2013.
[2]　文化服装学院 編：文化ファッション大系服飾関連専門講座⑦アパレル生産管理,文化出版局,2010.

アパレルの仕上げ

　アパレルの仕上げとは，縫製後のアイロンがけやプレス加工のことである．縫製工程中に行う作業とは目的が異なる．工程中の作業を中間アイロン，中間プレスとよび，パーツを立体化させるためのくせとり，縫い目割りや倒し，縫い端の押さえや折り目セットなどである．仕上げの目的は，立体的に仕立てられた製品の布地の風合いや布面の特徴を活かすことと，縫製上の修正，規格寸法に調整，全体のシルエットの整形など，商品の最終的な形づくりである．

　布地をセットするには，熱を加えて繊維の可塑性（変形する性質）を高めて，力を加え形状をつくり，冷却してそれを固定する．そこに水分を付与することは，繊維の可塑性を増大させる作用と熱の伝導と拡散につながる．縫い目割りや倒しにはある程度の圧力をかけてセットする必要がある．しかし，圧力をかけ過ぎると布地の風合いや布面を損ねたり（つぶれやテカリ），縫い代のあたり（跡）が発生する．したがって，仕立てられたものはおおむね環状であるため，使用する機器や要求される性能は異なる．

　そこで，縫製後工場内で仕上げを行うところもあるが，特殊な仕様の場合，専用機器や特殊技術と知識のある仕上げ専門の業者に依頼することがある．また，海外で縫製された製品の多くは，工場よりダンボール箱にたたまれて梱包され，輸送されてくるため，国内の専門業者で仕上げ加工されている．

●**アイロンとボイラー（自動電気蒸気発生機）**　工業アイロンの種類は，電蒸（電気蒸気）アイロン，ヒートレススチームアイロンの2種がある．いずれもボイラーとセットで使用される．ボイラーの性能は最高蒸気圧で異なり，一般的な布は3 kg/cm^2 程度の蒸気圧で使用している．蒸気圧が高いほど布地を通過する速度が速く，熱の伝わる時間も早くなる．つまり蒸気圧が高いほど作業の能力が上がることになるが，繊維の特性によって一概に言い切れない．電蒸アイロンは，ヒーターが内蔵され底面温度を110〜210℃に設定することが可能である．ヒートレススチームアイロンは，蒸気温度のみで布地を加熱し，底面温度が最高130℃程度のため，高温が必要な麻には加圧も必要となり仕上げには不向きであるが，熱に弱い繊維には有効である．

●**アイロン台**　アイロン台は，単なる作業台ではなく，前述した布地のセット性を高めるための役割を担っている．アイロンから噴射されるスチームと熱により，高温多湿になった布地を，急速に乾燥・冷却しなければセットされずにもと

に戻ってしまう．そこでアイロン台には，真空により空気を吸い込むバキュームやサクション（吸引）機能と逆のブロー（吹き上げ）機能が付与され，セット効果を高める装置がついている．仕上げには布地とアイロン面に圧力がかからないブロー機能を主に使用する．台は平らな部分にアイロンをかける平台と胸，腰，袖など曲面に合わせてつくられたアイロン馬が付属されている．図1は，アイロン台にアイロンとボイラーがセットされた一体型のものである．

●**仕上げプレス機と立体仕上げ機（フィニッシャー）** 仕上げプレス機（図2）は，2つのコテの間に製品の一部分をはさんで立体的にプレスする機械である．双方のコテが蒸気噴射やバキューム機能を有し，使い分けができる．さらに吹き上げや加圧調整機能もあり，コンピュータのプログラムによりシステム化されている．ゆえに熟練者でなくとも効率よく均一な品質に仕上げることが可能であるが，コテの形状が固定されているので汎用性に乏しいといえる．しかし，ジャケットやワイシャツの専門工場では有効に活用されている．立体仕上げ機（図3）は3種ある．①は製品を人体型の風袋に着せて内側からスチームを噴射する機器である．人体型の風袋の交換や変形が可能なことから多く利用されている．②はパンツやスカートのウエストを機械にセットし裾押さえの治具を用いて製品そのものを膨らませて仕上げる機器．ほかにハンガーにかけた状態で加工する機器がある．これにはベルトコンベアで自動搬送して高速処理するものもある．

いずれも，蒸気圧，熱風温度，風量調整が可能で，高機能な機種は冷風設定もできる．〔渡部旬子〕

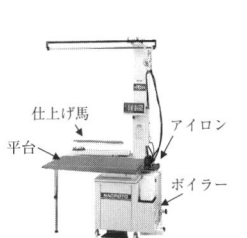

図1　一体型アイロン台
〔出典：「ASAHI HIGH QUALITY PRODUCTS 総合カタログ」〕

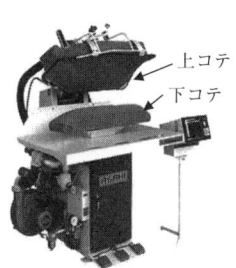

図2　仕上げプレス機
〔出典：「ASAHI HIGH QUALITY PRODUCTS 総合カタログ」〕

①ボディフィニッシャー

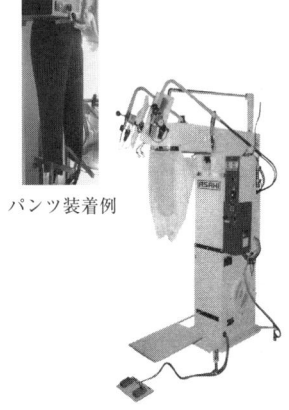

②パンツ・スカートフィニッシャー

図3　立体仕上げ機　〔出典：「ASAHI HIGH QUALITY PRODUCTS 総合カタログ」〕

縫製の管理と能率化

　衣服生産のためには，人（Man），材料（Material），機械（Machine）の3要素（3M）を統合して，合理的な技術と工程を組み合わせて，生産方式を構成することが必要である．そして，生産の能率化のために，ムリ・ムダ・ムラをできるだけ排除することが，品質のよい商品を生み出すことにつながる．衣服生産の全工程は，裁断，縫製，仕上げの3つに分類されるが，中でも縫製作業は工程数が多く，複雑な作業内容が多い．そこで，ここでは，縫製作業を例に取り，人間の動作研究と時間研究に基づき工程分析を行い，作業標準を作成するまでの過程を説明する．

●**動作研究**　まず，短い時間で容易に作業できるような標準動作を設定する必要があり，作業時間を短縮するためには，動作の速さよりもむしろ，ムリ・ムダ・ムラのない動作が重要となる．ギルブレス（F. B. Gilbreth）が考案したサーブリック分析では，さまざまな作業に共通する基本動作を18種類の動素（サーブリック）に分解し，無駄な動作を省いてサーブリック数を減らす．そして，表1の動作経済の4原則に従い，動作の順序を変えて，経済的な動作を求めることで，標準動作を作成する．

●**時間研究**　標準動作が決まると，次に各作業に要する標準時間を設定する．この標準時間の設定には，正確な時間を設定するための時間研究が必要となる．標準時間とは，標準的な熟練度をもった作業者が，①現在，②実施可能な最善の方法と条件のもとで，③無理のない良好な努力をもって，④所定の作業条件と，⑤適正なゆとりを含んで，⑥1単位1サイクルの作業を行うのに要する時間をいう．

●**作業標準**　生産管理の目標を達成するためには，工程分析で行った動作研究や時間研究に基づいて，ムリ・ムダ・ムラのない合理的な作業標準を設計しなければならない．作業標準は次のような具体的な設計手順に従い設定する．①作業単位を決める，②主な作業ステップに分ける，③作業内容・作業場所，材料，道具などを図解する，④①〜③に基づき，表1の動作経済の法則や作業改善のチェックシートなどを用いて改善策を検討する．

　表2は，メンズニットシャツのポケットつけの作業標準における標準時間の一例である．標準時間は，稼働時間に余裕時間を加えて設定し，それらの比率は管理・システムの良否，工程作業特性（使用機器，対象材料，受け持ち工程数・時間など）によって変更する．すなわち，標準時間は，工程別に稼働時間と余裕時

表1 動作経済の4原則

(1) 基本動作の数を少なくする	・ムダな動作を減らす ・目の動きを少なくする
(2) 動作を同時に行う	・両手の動作は同時に始め，同時に終わらせる ・両手と同時に，手以外の身体部位を使う
(3) 動作の距離を短くする	・動作は最短距離で行う ・作業域はできる限り狭くする
(4) 動作を楽にする	・仕事のやりやすい照明になっているか ・急激に方向を変えるような手の動きはないか

表2 作業標準時間の例

順序番号	作業動作内容	標準時間（秒）
1	左横置き台より前身頃を取り，ミシンテーブル上に置く	2.0
2	ミシンテーブル右横よりポケットを取り，前身頃縫いつけ位置の印に合わせる	3.5
3	ポケットを前身頃に手で押さえながら押さえ金の下に運ぶ	1.5
4	ポケットを縫いつける	20.0
5	ポケットを縫いつけた前身頃を右横置き台に置く	5.0
	合計	32.0

〔出典：「アパレル製造企画」，第2版，文化出版局，2010〕

間を測定し，無駄な時間を改善・除去して設定する．標準時間＝稼働時間×(1＋余裕率) であるから，例えば，稼働時間が30秒で余裕率10%であれば，標準時間＝30×(1＋0.1)＝33(秒) となる．

●**工程管理** 基準品質（Q : Quality）のものを，予定原価（C : Cost）で，予定期間（D : Delivery）に予定数量をつくり上げるための管理が生産管理である．この中の予定期間（D）内に予定数量を生産することを主目的とした管理が工程管理である．ここでは，前述の人（Man），材料（Material），機械（Machine）の3Mに，方法（Method）を加えた4Mとよぶ要素が重要になる．商品の品種や生産量に応じて，ものの流し方と機種別あるいは工程順のレイアウトが異なり，生産の方式は丸縫い方式（個別生産方式）と分業方式（グループシステム，バンドルシステム，シンクロシステム，バンドルシンクロシステム）に分類できる．

〔川上　梅〕

製品の評価

　人が個々の衣服に求めることは，着用目的や着用機会，着用者によってもさまざまである．消費者が衣服に求め期待している性質・性能（表1）のことを要求品質というが，一着の衣服に対する要求が単独であることはまれで，一般的には複合的に組み合わさっている．なかでも，身体に適合して着心地よく，動きやすく，仕上がりが整っており着栄えがして，繰り返しの着用に耐え，経済性があるものが人々に歓迎されることはいうまでもなく，そのような衣服が作り手側の到達すべき目標といってもよい．したがって，アパレル製品の評価は，TPOや着用者によってさまざまに要求度が異なる衣服の要求品質を幅広く保証できているか，各性能・性質を多角的に検査し，総合的に評価することになる．そしてこの評価結果は，消費者の安心のためであるほかに，衣服の提供側にとっても，次の企画・生産に活かす大切なデータとなる．

●**品質の評価内容**　アパレル製品の品質評価は，製品を企画・製造・販売するアパレルメーカーや小売店が行うが，多くの場合，第三者である検査機関を利用して行っている．繊維製品の性能・品質は，材料である繊維や糸・布によって大きく影響を受けるので，検査機関で行われる品質性能評価試験は，衣料の外観や縫製の検査のほかに，衣服材料特性が多く含まれた物理的，化学的な試験内容が主となっている（表2）．これらの試験は一般に検査機関や大手小売店の定めた基準によって判定されているが，近年マーケットのグローバル化にともない，海外の

表1　衣服に求められる性質・性能

身体的・生理的な着心地のよさ	フィット性（身体寸法への適応） 運動機能性（動きやすさ，着脱のしやすさ） 暑さ寒さへの適応機能 触覚的快適性（肌触り，柔らかさなど）
社会的・心理的な装いの満足感	審美性（シルエット，色，柄，縫製などの美しさ） 流行，ファッション性，希少性，新奇性，ブランド
経済性	価格 扱いやすさ（洗濯のしやすさ，保管のしやすさ） 形態安定性（型くずれのしにくさ，しわのつきにくさ） 耐久性（布の丈夫さ，縫い目の強さ，染色堅牢度）

［出典：日本衣料管理協会刊行委員会 編「アパレル設計論　アパレル生産論」，日本衣料管理協会，p. 237, 2013］

表2 アパレル製品の品質性能評価試験項目

試験項目	内　　容
基礎品質に関する試験	繊度，密度，厚さ，目付，幅，長さ，布目曲りなどの測定
染色堅ろう度に関する試験	洗濯，汗，摩擦，耐光，ドライクリーニング，ウェザーリングなど
組成に関する試験	繊維鑑別，繊維混用率測定，羽毛分布など
寸法変化に関する試験	洗濯，ドライクリーニング，プレスなどの処理による寸法変化（収縮率）など
安全・衛生に関する試験	燃焼性，表面フラッシュ，抗菌防臭性能，消臭性能，遊離ホルムアルデヒドの定量など
強度に関する試験	引張り強さ，破断強さ，引裂き強さ，摩擦強さ，縫い目強さ，接着強さなど
分析に関する試験	油脂分測定，染料鑑別，元素分析，電子顕微鏡写真撮影，蛍光X線分析，赤外分析，紫外線透過率など
生地の表面変化に関する試験	ピリング，スナッグ，洗濯後のしわ，パッカリング，パイル保持性など
着心地に関する試験	KESによる風合い測定，静電気測定，吸水性，耐水性，放湿性，透湿度，保温性，伸縮性，通気性，冷感性など
製品に関する試験	形態安定性，耐洗濯性，耐ドライクリーニング性，外観縫製など

［出典：日本繊維製品品質技術センターのホームページ http://www.qtec.or.jp/jp/index.php?id=485 より作成］

規格（国際規格のISO，アメリカのAATCCなど）を適用する企業も増えている．
　一方，審美性や着用感など，人の判断が関わる評価項目については明確な判断基準はなく，アパレルメーカーがそれぞれ官能評価などで総合的に判断している．官能評価は，物理・化学的測定にくらべて客観性・再現性に乏しい側面はあるが，人が着て初めて真価が問われる衣服としては，着用感や人に与えるイメージは要求性能として重要度が高い項目であるため，人の感覚評価も欠かせない．したがって，裏付けとなる客観データと合わせて信頼性を担保しながら活用することが求められる．　　　　　　　　　　　　　　　　　　　　　〔石垣理子〕

Chapter 10
衣服の取り扱い

衣服に付着する汚れ ——————— 250
衣服の損傷 ——————————— 252
洗剤の種類と成分 ——————— 254
界面活性剤の種類とはたらき —— 256
汚れ除去の仕組み ——————— 258
洗濯機と乾燥機 ———————— 260
洗濯の条件 —————————— 262
洗濯が環境に及ぼす影響 ———— 264
漂白剤の種類と使用法 ————— 266
柔軟仕上げと糊付け —————— 268
アイロン仕上げ ———————— 270
しみ抜きの方法と注意点 ———— 272
衣類の保管方法 ———————— 274
衣類の虫害と防虫剤 —————— 276
衣類の補修処理 ———————— 278
ドライクリーニング —————— 280

衣服に付着する汚れ

衣服にはさまざまな汚れが付着する．人体自身が汚染源になるとともに，人体外部からは実にさまざまな種類の汚れが衣服に付着する．人体からの汚れは汗，皮脂，剥がれ落ちた表皮角質層，糞尿ほかの分泌物などがあり，下着や靴下，ワイシャツなどの主要な汚染源となっている．人体外部からは空気中に舞っている砂埃や煤煙，そしてソースや醬油，焼肉の煙に含まれる成分，筆記具のインクなどのほか，洗濯時に他の衣類から洗浄液中に脱離した汚れが付着してしまう場合もある．そのほか，健康面に関連する細菌，ウィルス，花粉等の汚れにも注意が必要である．

衣服の管理において，これらの汚れを除去することは非常に重要なプロセスに位置付けられるが，そこでは汚れの性質を理解することが要求される．

●**人体からの汚れの成分**　人体からの汚れは汗腺，皮脂腺からの分泌物が多く，人体部位，季節差，運動の有無，また個人差によって大きく変化するが，一般には，その約7～8割が油性成分，残りがタンパク質・アミノ酸と無機物が占めている．油性成分には一般の脂肪成分であるトリグリセリド（トリアシルグリセロール）が約1/3，その分解生成物であるジグリセリド，モノグリセリド，脂肪酸が約1/3，そのほかにコレステロール，コレステロールエステル，ワックス類などが1/3を占めると考えられる．そのほか，表皮角質層はタンパク質成分でできており，皮膚の細胞に含まれる水分を保持する成分（MNF）にもアミノ酸類が含まれている．汗からはナトリウム，塩素をはじめとする無機成分の汚れが発生する．

●**付着の形態**　汚れがどのように付着しているか，つまり汚れの付着形態は，顕微鏡で観察できるレベルのマクロな視点と，分子レベルでのミクロな視点で分けて捉えることができる（図1）．マクロな視点では，糸を構成する繊維間隙や，織物の糸と糸の交差部などに砂の粒子などが挟み込まれた形で付着している場合，また

織物の構造に基因した付着

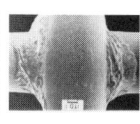

フィラメントの交差部に油汚れが凝集して付着している様子．局所的に汚れが集中して付着している様子がわかる

分子レベルの付着力

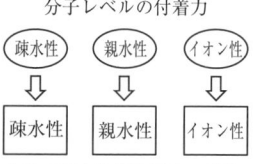

疎水性　親水性　イオン性
　↓　　　↓　　　↓
疎水性　親水性　イオン性

分子の疎水性部分同士，親水性部分同士（水素結合など），陰イオン性-陽イオン性の組み合わせなど

図1　機械的付着と分子レベルの付着

表1 汚れの性状別分類

水溶性汚れ	易溶性	食塩, 糖分	水系洗浄では除去自体は問題なし. すすぎの効果に注意. 非水系洗浄では除去困難.
	難溶性	色素, 変性蛋白質等	弱アルカリ・弱酸・弱い酸化剤等の処理で可溶に.
油性汚れ (有機溶剤に可溶)	強極性	脂肪酸	弱アルカリ液や界面活性剤水溶液で除去可能.
	中極性	動植物油脂	非水系洗浄で除去容易. 界面活性剤水溶液での分離型洗浄可だが, 強アルカリ液での処理で洗浄効果大. エイジングで固体状に変化.
	無極性	鉱油	水系洗浄では除去困難. 非水系洗浄か高濃度の界面活性剤処理が有効.
固体汚れ (水, 有機溶剤に不溶)	親水性	泥, 酸化鉄炭酸 Ca など	弱アルカリ・界面活性剤液での洗浄で分散性大. 酸・還元剤・キレート剤等の処理も有効. 機械力が必要.
	疎水性	カーボンブラック	界面活性剤水溶液が必要. 機械力が必要. 活性剤濃度の効果あり. アルカリ効果は疑問.

は油汚れがそれらの間隙を埋めるように付着している場合などは，機械的付着としてマクロな視点で捉えることができる．一方，汚れと繊維とが分子的に引き付け合う構造をとっている場合はミクロな視点で捉えることができる．ミクロな視点では油性の汚れは油性の性質の強い繊維との間に大きな結合力が生じ，親水性の性質を有した汚れは親水性の性質の強いセルロース（木綿，麻，レーヨンなど）やタンパク質系の繊維（絹，羊毛など）との間に強い結合力を生じやすいと理解することができる．

●**性状別の汚れの分類** 汚れを落とす操作の観点からは，汚れは3種類に分類される（表1）．水で溶解することのできる水溶性汚れ，油性の性質のシンナーやベンジンなどの有機溶剤で溶解することのできる油性汚れ，そして水にも有機溶剤にも溶解しにくい固体汚れである．また，水溶性汚れは，さらに易溶性汚れと難溶性汚れ，油性汚れは強極性汚れ，中極性汚れ，無極性汚れの3種に，固体汚れは表面が親水性か親油性かで分けて捉えるとよい．

水または洗剤水溶液で洗浄する場合は，水とのなじみの悪い無極性の油汚れや無極性の固体汚れが落としにくい汚れとなる．一方で，有機溶剤を用いるドライクリーニングでは，非常に水になじみやすい食塩や砂糖などの水溶性汚れがきわめて厄介な汚れになる．汚れの種類によって，効果的な除去方法がまったく異なってくる点に注意が必要である． 〔大矢　勝〕

衣服の損傷

　衣類の損傷は衣類廃棄の原因となるもので，衣服管理において非常に重要なポイントとなる．衣服の構成から弱い部分であるボタン，ホックの脱落や縫い糸のほつれをはじめとして，摩擦や引っ掻きによる機械的な布地の傷み，空気中の酸素や太陽光線中の紫外線による化学的な酸化劣化，また，洗濯時には繊維が水分を吸収して傷みやすくなった状態で，摩擦やねじれの作用が加わるため，繊維の脱落による布地の薄化や，繊維の膨潤による衣類の収縮が起こる．

●**機械的な要因による損傷**　複雑な形状の衣服の中でも，ボタンやホックなどは外部環境との接触で局所的に大きな外力が加わり，接続部やボタン本体等に損傷が発生しやすい．また，ソックスと靴，衣服の袖部と腕時計，スラックスの裾部分と靴，手を入れるポケット部分，ほかに衣服同士が摩擦しやすい部分では，その摩擦による生地の損傷が起こりやすい．ほかに，針状の突起物などに衣服を引っかけてしまった場合などにも掻き傷（鉤裂き）が生じる．生地自体が薄くなってしまった場合は対応が難しいが，布の切断や微小な穴が開いた時などは，掛け接ぎ（関東では「かけはぎ」，関西では「かけつぎ」とよぶ）で対応できる．これは，共布から抜き取った糸を生地に織り込む方法（織り込み式），または損傷部を切り取って共布を差し込む方法（差し込み式）で，その損傷がほとんどわからないように修復する手法である．

●**化学的な反応による損傷**　繊維は有機物であるため，化学的なストレスを受けやすい．漂白剤水溶液を飛散してしまった場合などは当然のこと，太陽光線にある程度以上の時間暴露する，また，単に空気に触れているだけでも化学的な反応が起こる．

　空気中の酸素はそれ自体が不安定で，ほかの物質を酸化しやすい性質があるが，紫外線や加熱を伴うと活性酸素が生じて激しい酸化作用を引き起こす．特に，水にぬれた状態で太陽光線を受けると活性酸素の発生が著し

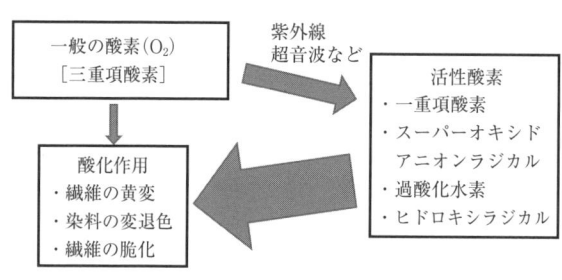

図1　酸素による酸化の概念図

く，大きな酸化作用で繊維が損傷する（図1）．最も注意すべきは絹や羊毛などのタンパク質繊維で，酸化反応を受けて黄変し，強度も低下する．収納時に新鮮な空気に触れる部分のみが黄変してしまう場合も多い．木綿や麻，ナイロンなども，それほど化学的に安定ではないため，ある程度は酸化される．また，染料は色素であるため光線を吸収しやすく，酸化作用で分子の一部が破壊されて変退色が起こりやすい．特に濃色のものほど光線を吸収しやすく，化学反応を起こしやすい．

●**洗濯による損傷**　木綿や麻などのセルロース繊維，絹や毛などのタンパク質繊維は，洗濯時に繊維が水分を吸収して膨潤する．すると，繊維は強度を低下させるとともに，乾燥時の分子の並び具合が変化してしまい，型崩れやシワの原因となる．特に，織物の場合は膨潤によって糸間隙が狭まり，布としての収縮現象を引き起こす（図2）．

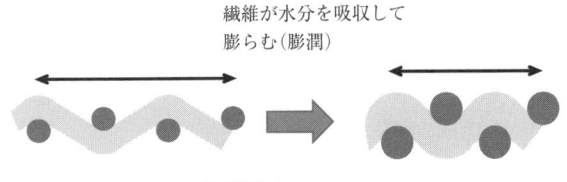

繊維が水分を吸収して膨らむ（膨潤）

糸が膨らむ
⇒糸のウェーブが激しくなる
⇒布地は分厚くなり縮む

図2　繊維の膨潤による布地の収縮

また，弱くなった湿潤状態で布同士を擦り合わせる洗濯プロセスでは，布表面から繊維屑が抜け落ちていき，布の薄化が進みやすい．特に注意すべきは洗濯におけるすすぎの場面である．洗剤水溶液を用いて洗濯操作を行っている場合は，洗剤成分が布同士の摩擦を抑える役割を果たして損傷が抑えられるが，すすぎ時には比較的大きな摩擦力が生じる．長時間のすすぎは布の損傷に直結する．

また，乾燥機での処理では，比較的長時間にわたって乾燥した布同士を擦り合わせる機会を与えるので，布の損傷の大きな原因になる．このように，洗濯機による洗濯と乾燥機による乾燥のプロセスでは，特に衣類の損傷が大きいことに注意が必要である．

〔大矢　勝〕

洗剤の種類と成分

　洗浄用の化学商品には，界面活性剤を主体にした洗剤と，界面活性剤以外の物質を主成分とした洗浄剤や漂白剤などがある．衣類の洗濯用洗剤（石けんも含む）も界面活性剤を主成分としているが，弱アルカリ性洗剤と中性洗剤に分けられる．この分類は，標準使用濃度に希釈した洗剤液の酸性・アルカリ性の度合いによるものであるが，弱アルカリ性洗剤は汚れ除去の効率を高めることを優先した洗剤，中性洗剤は衣類の損傷をできるだけ抑えることを優先した洗剤であると理解できる．

　一般の洗濯用洗剤には，界面活性剤とアルカリ剤以外にも，水軟化剤，再汚染防止剤，漂白活性化剤，酵素，蛍光増白剤などの成分が適宜配合されている．

●アルカリ剤の効果　水を媒体として用いる洗浄では，アルカリ剤はさまざまな働きで汚れの除去力を増大する．繊維も汚れも，アルカリ側の水中では負の表面電位を帯びることになる．すると，負の表面電位を帯びた固体表面同士の間に，陽イオンとともに水分子が入り込む．結果として負の表面電位を有した固体表面間に反発力が生まれる（図1）．洗浄ではこの反発力が非常に大きな力を発揮し，汚れ落としに貢献する．

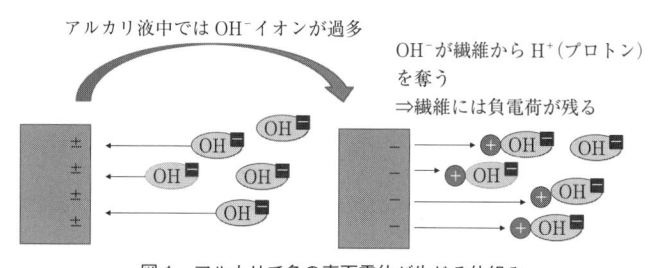

図1　アルカリで負の表面電位が生じる仕組み

　また，弱アルカリの条件では，皮脂汚れの中の脂肪酸を石けんに変える化学変化も起こり，タンパク質汚れの溶解性も高める．一方で，アルカリ剤は繊維を傷めやすい性質があり，特にタンパク質繊維である絹や毛のタンパク質構造を損傷しやすい．ほかに，色素の溶解性も高まるため，色落ちしやすくなる．タンパク質繊維以外のセルロース系繊維（木綿，麻，レーヨンなど）でも繊維を膨潤させ

て型崩れしやすくなるので，デリケートな衣類を洗濯する時には中性洗剤を用いることが望ましい．

●**水軟化剤**　洗濯に関連する重要な水の性質に硬度がある．これは水中に含まれる Ca イオンと Mg イオンの量を指し，硬度の高い水を硬水，低い水を軟水とよぶ．Ca イオンや Mg イオンは界面活性剤の作用の妨害のほか，汚れの凝集，繊維と汚れを結びつける効果など，洗浄にとっての大きな阻害要因となる．それらの弊害をなくすため，洗剤には Ca イオンや Mg イオンを捉える軟化剤が含まれている．粉末洗剤ではゼオライトという物質が，液体洗剤では各種有機酸などが含まれている．

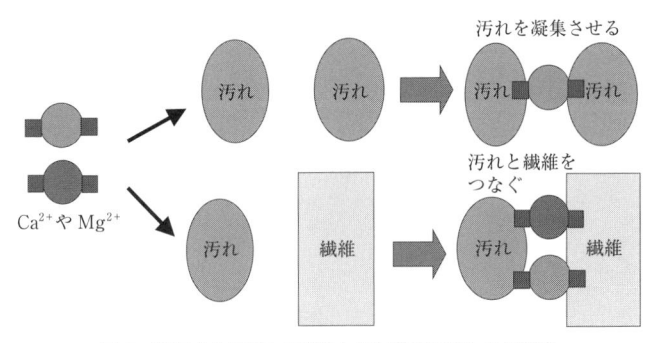

図2　硬度成分が汚れの凝集と再付着の原因となる理由

●**その他の添加剤**　洗剤には界面活性剤，アルカリ剤以外にもさまざまな成分が含まれている．再汚染防止剤は繊維表面に吸着して負の表面電位を高めて汚れの再付着を防ぐというもので，CMC（カルボキシメチルセルロース）やポリアクリル酸などの各種水溶性高分子が用いられている．

漂白剤配合タイプの洗剤には，漂白活性化剤が配合されている．これは酸素系漂白剤とともに洗剤に配合され，酸素系漂白剤から発生する過酸化水素（H_2O_2）と結びついて漂白作用のある過酸（R-COOOH）に変化するものである．この過酸は界面活性剤のような吸着性があるため，汚れに吸着して酸化作用を発現するので，少量の配合で効果が得られる．

その他の成分として，酵素や蛍光増白剤が挙げられる．酵素としては，タンパク質を分解するプロテアーゼ，油脂を分解するリパーゼ，セルロースを分解するセルラーゼなどが洗剤に配合されている．蛍光増白剤は紫〜青色領域の蛍光を発して黄ばみを打ち消すもので，白物衣類の洗濯用洗剤に配合されている．

〔大矢　勝〕

界面活性剤の種類とはたらき

　界面活性剤は1つの分子の中に，水になじみやすい親水基と油の性質を有する疎水基を有する物質で，その親水基の種類によって陰イオン界面活性剤（アニオン界面活性剤），陽イオン界面活性剤（カチオン界面活性剤），両性界面活性剤，そして非イオン界面活性剤（ノニオン界面活性剤）に分けられる．洗濯用洗剤には主として陰イオン界面活性剤と非イオン界面活性剤が配合されている．この界面活性剤は，水の表面張力を下げて浸透湿潤，乳化，可溶化，分散，起泡などの作用がある．

●**界面活性剤の一般的構造**　一般的な界面活性剤の疎水基は，石油成分の主な構造と同じ炭化水素鎖でできている．その種類の違いは親水基で，洗剤には陰イオン界面活性剤や非イオン界面活性剤が含まれている．陰イオン界面活性剤は水中で対イオンである陽イオン（Na^+ など）と離れ離れになって，界面活性剤本体は陰イオンとして存在する．水溶性が高く扱いやすいが，硬度成分に阻害されやすく安定性に劣る．非イオン界面活性剤は硬度成分にほとんど影響を受けず安定である．

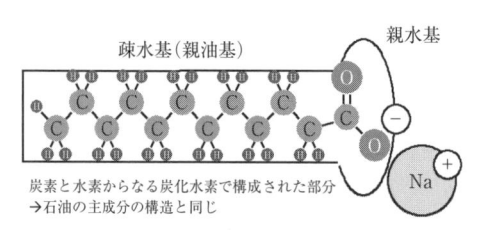

図1　石けんの分子構造

●**洗剤に用いられる界面活性剤**　陰イオン界面活性剤として洗剤成分によく用いられるものには，石けん（図1）をはじめとして，直鎖アルキルベンゼンスルホン酸塩（略称：LAS），アルキルエーテル硫酸エステル塩（略称：AES，別称：アルコールエトキシサルフェート，ポリオキシエチレンアルキルエーテル硫酸塩），α スルホ脂肪酸メチルエステルナトリウム（略称：MES）などがある．非イオン界面活性剤にはポリオキシエチレンアルキルエーテル（略称：AE，別称：アルコールエトキシレート），ポリオキシエチレン脂肪酸メチルエステル（略称：MEE，別称：脂肪酸メチルエステルエトキシレート）などがある（表1）．

●**界面活性剤のはたらき**　界面活性剤は水と空気の界面に吸着して，水の表面張力を下げる働きがある．一般に界面活性剤濃度の対数に対してほぼ直線的に表面張力は低下する．その後水表面が界面活性剤の単分子膜で覆われると，表面張力

表1　各種界面活性剤の分子構造

界面活性剤の名称	化学式
石けん	$CH_3CH_2-\cdots\cdots-CH_2-COO^-\cdot Na^+$
LAS（直鎖アルキルベンゼンスルホン酸塩）	$CH_3CH_2-\cdots\cdots-CH_2-\bigcirc-SO_3^-\cdot Na^+$
AES（アルコールエトキシサルフェート）	$CH_3CH_2-\cdots\cdots-CH_2-O-(CH_2CH_2O)_n-SO_3^-\cdot Na^+$
MES（脂肪酸メチルエステルスルホン酸塩）	$CH_3CH-\cdots\cdots-CH_2CH(SO_3^-\cdot Na^+)COOCH_3$
AE（アルコールエトキシレート）	$CH_3CH_2-\cdots\cdots-CH_2-O-(CH_2CH_2O)_n-H$
MEE（脂肪酸メチルエステルエトキシレート）	$CH_3CH_2-\cdots\cdots-CH_2CO-(CH_2CH_2O)_n-OCH_3$

は一定値を示すようになる．それ以降はミセルとよばれる界面活性剤の会合体が形成されるので，表面張力が一定になる濃度を臨界ミセル濃度（略称は critical micelle concentration の頭文字から cmc）とよぶ．

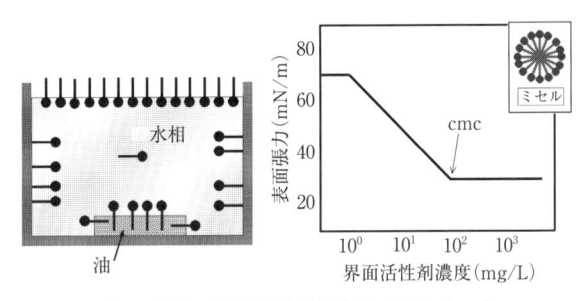

図2　吸着，表面張力と臨界ミセル濃度（cmc）

　表面張力は水の表面積をできるだけ小さく保とうとする力で，この力が下げられると水の表面は変形しやすくなる．すると異物が水の中に入り込みやすく，また水が固体表面に広がりやすくなる．結果的にモノに浸み込みやすく，また，モノをぬらしやすくする作用が生まれる．これを界面活性剤の浸透・湿潤作用とよぶ．そのほかに，界面活性剤には油と水とをなじませる乳化作用，泡立ちをよくする起泡作用などがある．

〔大矢　勝〕

汚れ除去の仕組み

　汚れの除去の仕組みは3つのパターンに分けて捉えると理解しやすい．繊維から汚れを引きはがす分離型洗浄，汚れを溶解して取り除く溶解型洗浄，そして汚れを化学反応で分解する分解型洗浄の3パターンである．一般の洗濯では油汚れや固体汚れが分離型洗浄の機構で除去され，汗の成分などは溶解型洗浄で除去される．分解型洗浄の機構は漂白剤での処理の際にみられる．界面活性剤による分離型洗浄は，汚れと繊維の表面に界面活性剤が吸着することにより進行するが，汚れが液体状油の場合にはローリングアップという作用が働いて，油滴が収縮して最終的には浮力で浮き上がるように除去が進む．

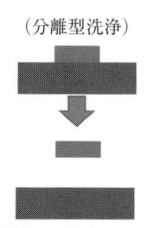

（分離型洗浄）界面活性剤やアルカリの作用で引きはがすように汚れが除去される．

（溶解型洗浄）水や有機溶剤に汚れが溶けて除去される．

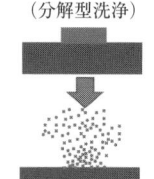

（分解型洗浄）酸化漂白剤などで汚れが化学分解されて除去される．

図1　3種の洗浄パターン

●**3種の除去メカニズム**　汚れの除去メカニズムは，分離型，溶解型，分解型に分けて捉えることができる（図1）．一般の洗濯では界面活性剤とアルカリ剤が作用して繊維から汚れを引きはがすような形で分離型洗浄が進行する．引きはがされた汚れの成分には変化がないので，再び汚れが繊維に付着する現象である再汚染が問題になる．再汚染防止作用は再汚染防止剤や界面活性剤，アルカリ剤などにみられる．食塩や糖分の汚れは溶解型洗浄で除去される．また，ドライクリーニングで油性汚れが除去されるのも，溶解型の洗浄機構による．衣類は傷みやすいので洗濯では分解型洗浄は少ないが，漂白剤などを用いて汚れを分解する手法は，分解型洗浄にあてはまる．

●**界面活性剤の一般的汚れ除去メカニズム**　界面活性剤が汚れを除去する仕組みとして，①界面活性剤が汚れと繊維の表面に吸着する，②界面活性剤が汚れと繊維の接触面にも入り込み吸着する，③界面活性剤の吸着によって繊維と汚れの間の結合力が弱まる，④洗濯機の液流によって付着力の弱まった汚れが繊維外に押し出されて除去される，のステップが考えられる（図2）．このように汚れと繊維

に界面活性剤が吸着した状態では，双方の界面活性剤の親水基が水分子を抱え込んでいるため，再び汚れが繊維と直接接触することが妨げられる．そのため，再汚染防止の機構も働く．

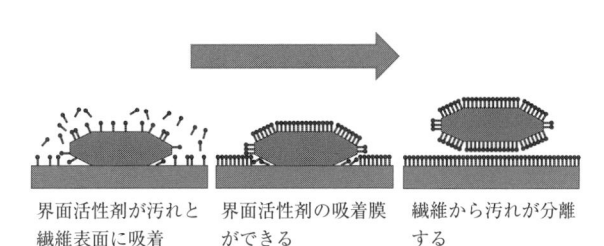

界面活性剤が汚れと　　界面活性剤の吸着膜　　繊維から汚れが分離
繊維表面に吸着　　　　ができる　　　　　　　する

図2　界面活性剤による汚れ除去過程モデル

●ローリングアップ　界面活性剤は液状の油汚れに対して，特にローリングアップ（巻き上げ）とよばれる作用が働く（図3）．界面活性剤は界面活性剤水溶液と接触する界面，つまり繊維と洗剤液の間に形成される界面に働く張力（界面張力）を引き下げる．すると，油滴を繊維表面に広げようとする力が弱まるので，油滴は収縮するように形を変える．いったん油滴が収縮すると，水中での油汚れの浮力，そして洗濯中の液流によって容易に油汚れが除去される．除去された油汚れの表面には界面活性剤が吸着し，洗剤液中で乳化された状態で安定に保持されるので再汚染の心配もない．

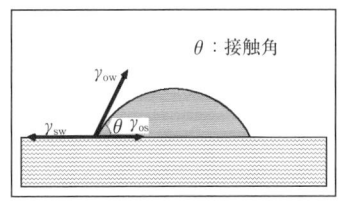

θ：接触角

界面活性剤は γ_{sw} の値を小さくする．γ_{os} には変化がないので，結果的には γ_{os} が相対的に大きくなり，巻き上げを推進する．

$\gamma_{sw} = \gamma_{os} + \cos\theta \cdot \gamma_{ow}$

γ_{sw}：繊維と水の界面張力
γ_{ow}：油汚れと水の界面張力
γ_{os}：油汚れと繊維の界面張力

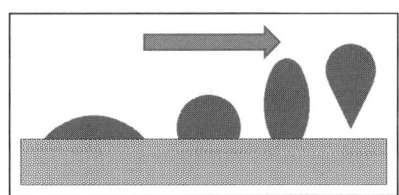

図3　巻き上げ作用と界面張力

〔大矢　勝〕

洗濯機と乾燥機

　洗濯は従来，手洗いで行われていた．非常に苛酷な家事労働であったが，洗濯機の登場によって電力による機械力に代替させることが可能となった．欧州では回転ドラム式，米国では攪拌式，そして日本では渦巻き式の洗濯機が主体として用いられてきた．しかし，日本では1999～2000年頃から回転ドラム式の洗濯機が普及し始め，2011年では出荷量の30%以上，出荷額の50%以上を回転ドラム式洗濯機が占めている．乾燥機は洗濯機と別物であったが，回転ドラム式洗濯機の場合，その動きが乾燥機にも適応できるため，ドラム式洗濯乾燥機として流通している．

　洗濯機および乾燥機の開発の方向性は，以前は便利さや自動化を目指したものが多かったが，近年はいかに環境負荷を少なくするかという点に注目が集まっている．洗濯機では水の使用量を少なくする試みが，乾燥機では消費電力を少なくする手法などに工夫が凝らされている．

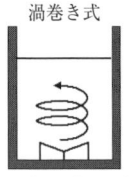

図1　洗濯機の3種の基本構造

渦巻き式　地域：日本・アジア　低温・高浴比　機械力大
攪拌式　地域：米国　中温・中浴比　機械力中
回転ドラム式　地域：欧州　高温・低浴比　機械力小

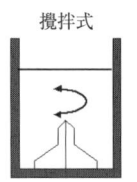

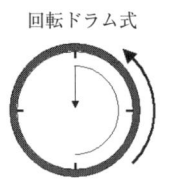

● **洗濯機の3つの基本構造**　洗濯機の基本的な仕組みは，回転ドラム式，攪拌式，渦巻き式の3タイプである（図1）．回転ドラム式は回転ドラムの底部に少量の洗剤液を入れて衣類をドラム内で回転させるもので，洗剤液を含んだ衣類がドラム内で持ち上げられて，下部にたたきつけられる力を利用するものである．使用水量を少なく抑えることができる機構で，非常に高温で洗浄する習慣のあった欧州で受け入れられた．

　攪拌式洗濯機は，大きな攪拌翼が反転して衣類に機械力を与えて洗浄するもので，米国で主体として用いられてきた．渦巻き式洗濯機は日本を中心に普及してきたもので，洗濯機底面に備え付けられたパルセーターとよばれる回転翼が高速回転し，洗濯機内に渦流を引き起こして大きな機械力で汚れを除去するものである．他の洗濯機に比較して使用水量が多くなるという特徴がある．

● **日本の洗濯機・乾燥機の歴史**　日本では洗濯機の登場時期にはドラム式，攪拌

式，噴流式，そして渦巻き式など種々のタイプが販売されていたが，1955年頃から1槽式の渦巻き式洗濯機が大部分を占めるようになった．1963年から脱水槽のついた2槽式洗濯機に切り替わったが，当時の洗濯機容量は30Lの洗剤液で1kgの衣類を洗濯する比率（浴比1:30）が採用されていた．1960年代後半から容量が大きく，浴比が小さいタイプが出始め，パルセーターの形状や洗濯槽の大型化によって洗濯機は多様化した．その間，IT技術の発展とともに家電品にもマイコン技術が導入されるようになったが，洗濯機に関しても水量や洗濯時間等を自動的に制御するためのマイコン技術が取り入れられた．

日本では洗濯物は天日で乾燥するというのが一般的な習慣で，街路から物干しがみえることにも大きな抵抗がないので，乾燥機の普及は比較的遅かった．しかし，社会情勢の変化も相まって，乾燥機が普及してきた．特に回転ドラム式洗濯機は基本的に乾燥機能が付随しているので，乾燥機の普及に拍車をかけた．

●環境問題への対応　洗濯機，乾燥機の最大の課題は環境対応である．特に省資源・省エネルギーに向けた取り組みが多く，洗濯機では浴比を低下させて使用水量と洗剤使用量を少なくするという方向，乾燥機では乾燥プロセスで消費する電力量を軽減するための工夫が検討されてきた．例えばヒートポンプは，加熱に用いたエネルギーを空気中の水蒸気圧の減少に再利用するという機構で，環境配慮型技術として高く評価された．

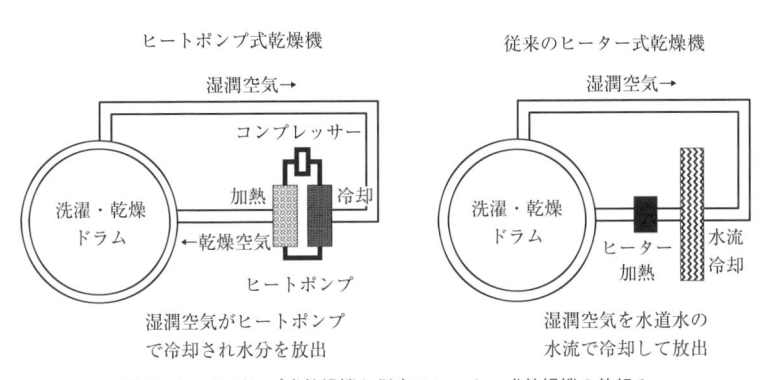

図2　ヒートポンプ式乾燥機と従来のヒーター式乾燥機の仕組み

〔大矢　勝〕

洗濯の条件

着用し，汚れた衣服を清潔にするために洗濯する．その際，図1のとおりさまざまな条件が整っている必要がある．洗濯用水，洗剤の種類と濃度，温度などの化学的側面と，機械力，浴比，洗濯時間などの物理的側面である．洗濯物に対して洗濯の条件が適切であれば，衣類の風合いや染色を損なうことなく汚れを除去し，衣服を快適に保つことができる．

●洗濯用水，洗剤濃度，洗濯温度

① 洗濯用水：水の硬度が高いと，石けんの場合は金属石けんを生じ洗浄力が著しく低下するた

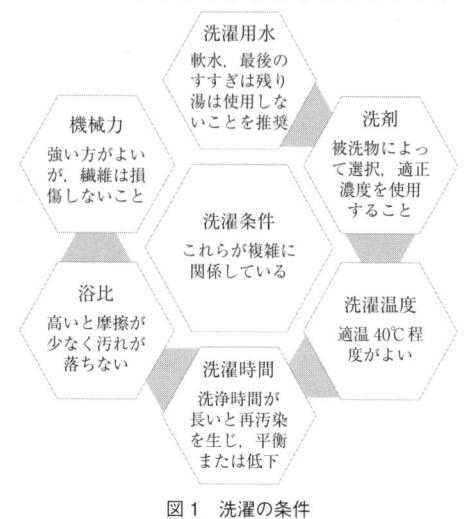

図1 洗濯の条件

め，また，合成洗剤の場合は洗浄効果が低下する．洗濯用水には軟水がよい．また，洗濯用水として風呂の残り湯を使用する場合が多くなっている．残り湯の使用は省エネルギー，省資源にも有効であるが，残り湯中の菌による臭いの発生が懸念されるため，すすぎには使用しないことを推奨する．

② 洗剤濃度：一般に洗剤濃度が増加すると洗浄力は高くなるが，ある限度を超すとかえって洗浄力は低下する場合がある（図2）．この濃度は cmc（critical micelle concentration：臨界ミセル濃度）よりも高濃度側にある．洗剤の使いすぎは，洗剤の無駄遣いになるのみでなく，繊維への吸着量が増しすぎが困難となり，水の使用量が多くなるとともに時間，エネルギーの損失を生ずる一因となる．したがって，標準使用量をもとに適正濃度を使用する．

③ 洗濯温度：温度が高いほど洗浄効果は高くなるが，繊維，染色堅ろう度などによっては洗濯物が損傷することがある．繊維の種類にもよるが，人体から衣類に付着する脂肪汚れの除去を考慮し，30～40℃程度が望ましい．日本では洗濯温度が一般に低温である．特に冬の寒い時期の洗濯には，温水が利用できる環境を整えることが望まれる．なお，高温洗濯が主流のヨーロッパにおける中温化など，

世界的には省エネルギー志向を示している．

●**時間，浴比，機械作用**

① 時間：洗濯時間が長いほど汚れの除去率が上昇するが，10分以上洗濯すると洗浄力はほとんど変化がなくなり，かえって繊維の損傷を大きくする．汚れの脱離と再付着が平衡に達するためである．

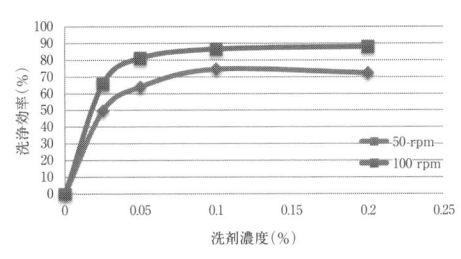

図2 洗浄濃度と機械力が洗浄効果に及ぼす影響．市販洗剤にて，湿式人工汚染布を用い，ターゴとメーターにて，40℃，20分間洗浄した．洗浄前後の反射率からK/S値を求め，洗浄効率を算出した．標準使用量：0.06%

② 浴比：洗濯物と水の重量の比を浴比とよぶ．浴比1:30とは洗濯物量1kgに対して水量が30Lである．浴比の大小は洗浄率に関係し，洗濯物量が多く浴比が小さいと洗濯物の移動が少なく，洗濯物同士の摩擦も少なくなるため洗浄率が低下する．また，浴比が大きくなると洗濯物の移動は多くなるが，洗濯物同士の摩擦が減少するため洗浄率が低下する．

③ 機械作用：洗濯機を用いる場合と手洗いの場合がある．洗濯機を使用する場合は，機械力が大きければ洗浄速度も上昇し，洗濯時間が短縮され汚れの除去率も大きくなるが，繊維の損傷，変形，ほつれを生じる．できるだけ繊維の損傷が少なく，汚れが落ちる程度の機械力がよい．手洗いには弱い作用（振り出し洗い），普通の作用（押しつけ洗い，つかみ洗い，手もみ洗い，踏み洗い），強い作用（たたき洗い，はけ洗い，ささら洗い，板もみ洗い）がある．たたき洗い＞はけ洗い＞手もみ洗い＞板もみ洗い＞つかみ洗い＞押し洗いの順に洗浄作用が高い．

●**洗濯にあたって**

取り扱い絵表示を確認し，洗濯物に付着している汚れの種類や量，染色状態など洗濯物の状態を把握し（表1），ドライクリーニングを含む適切な条件で洗濯する．

表1 洗濯物の状態

汚れ	量の多少，汚れ成分，汚れの性質，付着状態
染色状態	洗濯に対する堅ろう性，使用染料，色
繊維	疎水性繊維，親水性繊維
織り	密度，風合い，構造
形状	型くずれ，形状記憶，W＆W加工など

〔下村久美子〕

きょうにおよぼすえいきょう

洗濯が環境に及ぼす影響

　洗濯は，汚れた衣服から水と洗剤，機械力を用いて汚れをはぎとり，環境中に排出する操作であるので，家庭洗濯が環境に及ぼす影響は大きい．1日1人あたりの生活用水は300L，そのうち約16%の50L程度を洗濯用水として使用している．現在，水質汚濁の原因の60〜70%は家庭排水で，このうち洗濯による排水は約10%程度である．そのため節水と排水量の低減のためには，洗濯にお風呂の残り湯を使用することは有効である．また，家庭用洗剤の全消費量のうち洗濯用は60%である．洗濯による有機汚濁は，衣類の有機汚れと洗剤に含まれる界面活性剤や蛍光増白剤などによるものである．したがって，洗濯用洗剤の使用量を削減する必要がある．

●**洗剤にかかわる環境問題（表1）**　これまでに洗剤が原因として取り上げられた環境問題は，河川の発泡問題と湖沼の富栄養化問題である．発泡問題は，合成洗剤が販売された当初に，生分解性の悪いハードタイプのABS（Alkylbenzene Sulfonate：アルキルベンゼンスルホン酸塩）を用いていたことから，これが河川に残留したことによる．そのため，これを解決するためLAS（Linear Alkylbenzene Sulfonate：直鎖アルキルベンゼンスルホン酸ナトリウム）が用いられ，洗剤のソフト化が行われた．この富栄養化問題では，洗剤中に配合されたビルダーのトリポリリン酸ナトリウム成分によって藻類が大量発生したとされた．これ以降日本では洗剤を無リン化している．しかし，実際にはリン分としては農業肥料や人畜の排泄物などが多く，洗濯による富栄養化への影響は10%程度であった．

●**洗剤成分の生分解性（図1）**　環境中の洗剤成分の生分解性は注目すべきである．分解性が悪いと，水中に残留

表1　洗剤にかかわる社会状況と環境問題

年	環境関連事項
1951	日本初の石油系合成洗剤誕生
1963	家庭法による合成洗剤表示義務化
1964	河川発泡問題
1971	琵琶湖藻類大量発生
1978	閉鎖系水域水質汚濁防止法改定
1980	滋賀県，琵琶湖富栄養化防止条例施行
1980	無リン合成洗剤販売
1981	霞ヶ浦富栄養化防止条例成立
1983	厚生省による「洗剤の毒性とその評価」
1993	環境対応容器への転換進行
1997	容器包装リサイクル法施行
1997	家庭用品常時法規定大幅改訂
2001	PRTR法施行
2004	大気汚染法改定
2006	揮発性有機化合物（VOC）排出規制

し水生生物にも影響する可能性が高くなるためである．ソフト化によって使用された LAS は，TOC（Total Organic Carbon：全有機炭素）ベースの生分解性において，ほかの界面活性剤より劣り，究極分解までの時間が他の界面活性剤より長い．1990 年以降，LAS などの界面活性剤を対象とした環境基準づくりが行われ，継続的な生態系への安全性確認と環境影響評価が行われている．また，洗濯に使用した後の排水中の界面活性剤や蛍光増白剤の種類によっては，分解されずに水中にとどまる種類もある．また，洗剤成分中に軟化剤として添加されている EDTA（Ethylenediaminetetraacetic Acid：エチレンジアミン四酢酸）の分解性は低い．これらについても解決する必要がある．

易分解性　脂肪酸—糖型界面活性剤
石けん　高級アルコール硫酸エステル塩
ポリオキシエチレンアルキルエーテル

LAS（直鎖アルキルベンゼンスルホン酸ナトリウム）

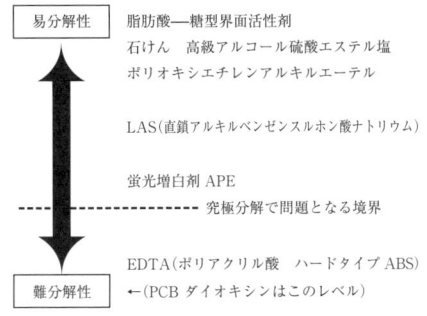

蛍光増白剤 APE
-------------- 究極分解で問題となる境界

EDTA（ポリアクリル酸　ハードタイプ ABS）
難分解性　←（PCB ダイオキシンはこのレベル）

図 1　洗剤成分の生分解性　〔出典：大矢　勝「図解入門　よくわかる最新洗浄・洗剤の基本と仕組み」，秀和システム，p. 221，2011〕

●洗濯と LCA（Life Cycle Assessment：ライフ・サイクル・アセスメント）　近年，生分解性の優れた界面活性剤や，超濃縮洗剤の製造開発による洗剤使用量の低量化，すすぎ回数の減少など，環境配慮型の洗剤が開発されてきている．また，世界的な省資源，省エネルギー志向から，洗剤や洗剤容器，洗濯機の製造工程にも，製品の原料の調達から製造，流通，廃棄までを，二酸化炭素消費量やエネルギー消費量を見積もり評価する LCA の手法も導入されている．

●ドライクリーニング溶剤と環境　ドライクリーニングに使用する有機溶剤は，地球環境やオゾン層の破壊，地下水汚染など，環境配慮や安全性の面から注目されている．中でもテトラクロロエチレンは毒性があるため，2001 年に制定された PRTR（Pollutant Release and Transfer Register：化学物質排出移動）法で，指定物質として環境への排出量を報告することが義務づけられている．これは指定物質の排出，移動量を国が集計し，公表する制度である．また，2004 年に大気汚染防止法が改訂され，VOC（Volatile Organic Compounds：揮発有機化合物）の排出抑制が制定され，2006 年より VOC 排出規制が開始され，現在自主規制が実施されている．　　　　　　　　　　　　　　　　　　　　　　　　〔下村久美子〕

漂白剤の種類と使用法

　衣類を購入後，着用，洗濯を繰り返す．しかし，通常の洗濯ではとりきれない色素が残り，この色素が蓄積して黒ずみや黄変を生じ，洗浄効果が十分得られない場合がある．これらの原因は，繊維自体の黄変や蛍光増白剤の脱落，さらに洗濯では取り除けない汚れの蓄積によるものである．また，黄変の原因は繊維に残った脂肪汚れの酸化による場合や，布に吸着された洗剤や加工剤の変質，鉄分を含んだ水を使用することによる．これらの色素を化学的に分解し，白さを得る方法を漂白という．洗剤中に漂白剤が配合されている市販洗剤もあるが，漂白剤を別途使用する場合が多い．なお，漂白剤が開発される以前の漂白法として，天日晒や雪晒が行われていた．これは，紫外線の作用で生じる酸化反応による色素の分解である．

●**漂白剤の種類**　表1に漂白剤の分類を示す．これらの漂白剤は，漂白剤として市販されている以外に，洗剤中に配合されている場合もある．

●**塩素系漂白剤**　主成分は次亜塩素酸ナトリウムで，家庭用の漂白剤は5～6%の有効塩素量を含んでいる．液性はアルカリ性で，pH5以下では塩素ガスを発生する分解反応が生じるため，pH11～12に調整されている．市販品には「酸性タイプと使用不可や危険」などと表示されている．塩素系漂白剤は白物に使用する

表1　漂白剤の分類

分類	酸化型			還元型
	塩素系	酸素系		
主成分	次亜塩素酸ナトリウム	過炭酸ナトリウム	過酸化水素	ハイドロサルファイト
液性	アルカリ性	弱アルカリ性	弱酸性	弱アルカリ性
形状	液体	粉末	液体	粉末
処理温度	常温	常温～40℃		40℃
漂白力	◎	○	○	△
適用繊維	綿，麻，化繊	毛，絹以外の繊維	毛，絹にも使用可能	毛，絹の抜染剤であった
適用	色柄物，絹，毛，ポリウレタンは使用不可　樹脂加工，蛍光増白したものに使うと黄ばむ場合がある	色柄物，樹脂加工品にも使用可能　金属のボタンは変質のおそれがある		塩素系漂白剤で黄変したものをもとに戻す　鉄分の多い水で変色した場合適用

ことはできるが，色柄物は退色するため使用できない．また，対象とする繊維は綿とポリエステルなどの化学繊維であり，絹や毛，ポリウレタン，蛍光増白や樹脂加工が施してある布に使用するとクロラミン（chloramine：アンモニアの水素原子を塩素原子で置換した化合物）を生成し，黄ばみを生じるため使用できない．使用方法はつけ置き漂白が主である．繊維をいためるため必ず常温で，使用濃度，つけ置き時間を注意して使用する．漂白する場合は，取り扱い絵表示（図1）を確認してから漂白する．なお，塩素系漂白剤は，長期保存により塩素が分解し漂白効果が低下するので，ふたはきちんと締め，早めに使用する．

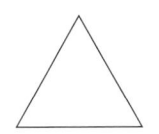

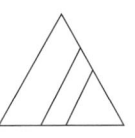

●酸素系漂白剤　漂白効果は塩素系ほど強力ではないが，基本的には毛と絹以外のすべての繊維，色柄もの，樹脂加工製品にも使用可能である．過炭酸ナトリウム（顆粒），過酸化水素（液体）ともに，40℃程度の湯で用いると効果が上がる．なお，毛，絹の漂白には，液体の過酸化水素が使用できなくはないが，取り扱いは十分注意する．

●還元型漂白剤　ハイドロサルファイトは，本来，絹，毛の色抜き剤であった．主として，塩素系漂白剤を使用して黄変した場合と，鉄分の多い水で変色した布地を白くする場合に用いる．

●漂白剤使用方法の注意点（図2）
① 衣類の取り扱い絵表示を確認する．
② 一般に洗濯後に用いる．
③ 初めて使用する衣類の場合は，目立たないところで色落ちを確認する．
④ 漂白剤を十分溶かしてから衣類を処理する．
⑤ 洗濯後の場合はすすいでから，乾いている場合はあらかじめ水につけてから漂白する．
⑥ 漂白後は十分にすすぎ，漂白剤成分が残留しないようにする．
⑦ 漂白剤を溶かす容器は，アルマイトなどの金属容器の使用はさける．
⑧ 使用する漂白剤によって，使用温度，濃度，処理時間を守る．

図1　ISO 表示による漂白剤の取り扱い絵表示

図2　漂白剤使用方法の注意点

〔下村久美子〕

柔軟仕上げと糊付け

衣類の着用と洗濯を繰り返すと徐々に硬くなり，肌触りも低下し着心地が悪くなる．また，冬期は繊維の摩擦によって静電気が発生し，まとわりつきの原因となる．これらは，衣類に付着した柔軟仕上げ加工剤の脱離や繊維自体の脆化と縮みが原因である．そこで，衣類を柔らかく仕上げ，静電気を防ぐために柔軟剤を用いる．近年では，衣服に香り付けすることも大切な用途の1つとなり，さまざまな香りの柔軟剤がみられ，製品によっては抗菌や，防臭作用を付加したものも市販されている．現在，我が国では国内の70％以上の家庭で使用されている．

糊付け剤は，繊維に張りやコシを与えることが主な目的であるが，種類によっては汚れを付着しにくく，とれやすい状態にする．洗濯後にこれらを上手に使用することによって，衣服や繊維製品をより快適な状態に仕上げることができる．

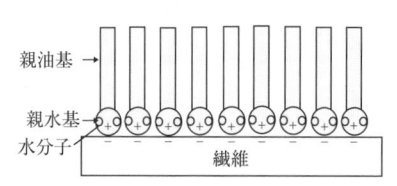

図1 柔軟仕上げ剤のしくみ（繊維表面に柔軟剤成分の陽イオン界面活性剤が付着し，繊維表面に油膜をつくり，滑らかとなる．また，親水基中の水分により帯電を抑える）
［出典：花王家事ナビ http://www.kao.com/jp/kajinavi/k:hon_01_05.html を基に作成］

●**柔軟仕上げ剤の種類としくみ** 柔軟仕上げ剤には，すすぎの最終段階で使用するタイプと，乾燥時に用いるタイプのものがある．いずれも主成分は，繊維への吸着性に優れている陽イオン界面活性剤が使用されている．使用されている陽イオン界面活性剤は，炭素数が16〜18で2本の疎水性長鎖基を有する第四級アンモニウム塩で，アルキルトリメチルアンモニウム塩，ジアルキルジメチルアンモニウム塩などである．柔軟剤中の陽イオン界面活性剤は，水中でマイナスに帯電した繊維表面に付着し，保護膜の役割をする．しかし，図1のように疎水基が表面をおおうため，柔軟剤が付着すると吸水性が低下する．その改善のために疎水基部分に二重結合を入れたものは吸水性に影響しないが，風合いや静電気防止作用はやや劣る．

●**柔軟仕上げ剤の使用方法** 柔軟剤はすすぎの最終段階で使用する．この理由は，陰イオン界面活性剤を含む洗濯用洗剤と柔軟剤を同浴で使用すると互いに吸着し，効果が十分発揮できないためである．全自動洗濯機の場合は，洗濯開始前に柔軟剤投入口に入れておき，自動的にすすぎの最終段階に添加されるようにプログラムされている．現在，柔軟仕上げ剤配合の洗剤も市販されているが，洗浄

効果および柔軟効果がやや低いとされる．また，乾燥時に用いるタイプの柔軟剤は不織布に柔軟剤を含ませたもので，乾燥機中にシートを投入して利用する．欧米で需要が高く，日本で販売されたが1%程度の需要にとどまり利用率が低い．

柔軟剤の使用目的として，香り付けも付加価値として広く利用されているが，その一方で香りにより気分が悪くなる，不快になるなどの被害も報告されている．使用にあたっては環境負荷も考慮し，適量を用いる．

●**糊付け剤の種類** 糊付けは衣服の仕上げ効果を増し，衣服としての性能を高める．すなわち，布に適度な硬さと張りを与え，形を整え，生地の毛羽立ちを抑えて表面を滑らかにし，適度の光沢を与える．さらに汚れが布地の深部まで付着するのを防ぎ，洗濯時に汚れ

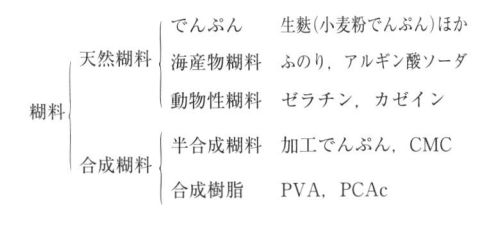

		でんぷん	生麩(小麦粉でんぷん)ほか
	天然糊料	海産物糊料	ふのり，アルギン酸ソーダ
糊料		動物性糊料	ゼラチン，カゼイン
	合成糊料	半合成糊料	加工でんぷん，CMC
		合成樹脂	PVA，PCAc

図2 糊料の分類

を落ちやすくする効果もある．糊料の分類を図2に示す．でんぷん類が主として用いられた時代もあったが，現在は各種の合成糊料が使用されている．また，表1に主な糊料の成分と特徴を示す．

表1 糊料の種類と特徴

分類	天然高分子	半合成	合成高分子	
成分	でんぷん糊	パルプ	アセチレン	
	米粉，生麩（小麦粉でんぷん），片栗粉（ジャガイモでんぷん）など	カルボキシメチルセルロース（CMC）	ポリビニルアルコール（PVA）	ポリ酢酸ビニル（PVAc）
特徴	張りが強く硬い	汚れをしみ込ませず，洗濯の際に汚れを落ちやすくする	どんな繊維にも使用可能で，色の濃い物につけてもむらにならないので，使いやすい	
	高温多湿でカビを生じ，長期保存には向かない			

●**糊付け剤の使用方法** 使用方法は糊付け剤の種類によっても違うが，現在市販されている液状のものは，すすぎの最終段階で必要量を添加して糊剤を付着したあと，脱水，乾燥する．スプレー式の場合は，アイロン仕上げ時にスプレーし，糊剤を繊維に噴霧して使用する．汚れやすい衿首まわりや手首まわりに糊剤を付着して仕上げると，汚れが落ちやすく有効である．なお，長期保存する場合は保存中に虫害やカビの原因になるため，天然糊料は適さない．また，和服をほどいて反物状とし洗い張りする板張りや伸子張りには，天然糊料のふのりが用いられる．

〔下村久美子〕

アイロン仕上げ

洗濯後，一般に綿シャツなどのしわになりやすい素材は，アイロン仕上げにより見栄えよく仕上げる．アイロンは幕末頃に業務用として海外から導入され，家庭用としては明治時代に炭火アイロンがあった．現在のアイロンは昭和に入ってから普及し，昭和30年代には多くの家庭に普及した．アイロンがけは手作業に頼るしかなく，家事労働の中でも敬遠される作業であろう．そのため，アイロンがけの軽減を目指して，しわになりにくい合成繊維の開発や，ウォッシュアンドウェア加工によるノーアイロンの製品が開発されている．また，洗濯および乾燥時の温風仕上げなどによって，しわになりにくいタイプの洗濯機の開発も行われているが，アイロンは家庭の必需品である．

●**アイロン仕上げの効果** アイロン仕上げは，水分と熱および圧力の作用により，繊維に可塑性を与えてしわを伸ばし，折り目をつけて形を整える操作である．アイロンがけの際は，生地の収縮や黄変を避けなければならない．繊維は一般に加熱の程度によって，着色，収縮，伸長，軟化，溶融，硬化，強度の低下などの変化を起こすため，必要以上の高温でアイロン仕上げをしないことが重要である．複数の繊維の組み合わせによる生地の場合は，最低温度の適正温度をもつ繊維に合わせてアイロンをかける（表1）．また，表2に示す衣類の取り扱い絵表示によって，適正温度を確認する．

仕上げのために水分が必要な繊維は，熱可塑性の低い綿，麻，レーヨン，毛である．熱可塑性の高い合成繊維には必要ない．また，テカリが発生しないように当て布を用いる．当て布はアイロンがけによって変色，黄変，硬化，接着などの原因となる染料，樹脂，柔軟剤などの加工剤には有効である．

●**アイロンの形態** 一般家庭のアイロンは消費電力1,200～1,400W，重さ1kg前後のものが主流である．アイロンがけによる仕上げはアイロンの重さ，圧力よりも温度と水分の効果が大きく，最近のアイロンは軽量化している．目的に応じてスチームの強度の変更，霧吹き機能，オートパワーオフ機能，また，操作性からコードレスアイロン

表1 繊維別アイロンの適正温度

繊維の種類	適正温度（℃）
綿・麻	180～210
毛	140～160
絹	140～160
レーヨン	140～160
アセテート	120～140
ナイロン	120～140
ポリエステル	120～160
アクリル	80～120
ポリウレタン	80～120

など，さまざまな機能が付与されている．底面がフッ素樹脂やチタンなどによってコーティングされ，糊や繊維が付着せず，すべりがよく，衣類の光沢発生率が少なくなってきている．また，衣服をハンガーにかけたまま蒸気をあて，しわをのばすタイプもある．

●**使用上の注意と仕上げ例**　一般に，綿，麻，レーヨンなどは布地の表から，絹物は裏から，毛織物は湿った当て布をして表から，合成繊維は乾いた当て布をして表からかける．毛足の長い繊維は，蒸気を吹き付けると毛足が収縮し縮れやすいので，スチームアイロンは避け，ドライアイロンで裏側から軽くかける．また，湿気を与えた場合は完全に乾燥させておかないと，型くずれやしわを生じやすいので注意する．編物製品などふんわり仕上げたい場合は，アイロンを浮かせるようにして蒸気のみで仕上げるとよい．

　アイロンがけの手順は，さまざまな方法が提案されている．ここでは，その一例を示す[1]．（シャツの場合）霧吹きで全体を湿らせた後にドライアイロンで仕上げる．仕上げる順は，袖→袖口（カフス）→胴まわり→衿の順にかける．衿は最も目立つので仕上げの最後にする．（毛のパンツにラインを入れる場合）当て布をしてスチームアイロンをかけ，全体が乾いた後，当て布をしたままスチームをとめてアイロンをかけるときれいなラインに仕上がる．なお，伝統的な仕上げ方法を表3に挙げる．敷き伸し仕上げは，シーツの仕上げやプリーツスカートなどに応用できる．

〔下村久美子〕

表2　ISOアイロンの適正温度絵表示

ISO 記号	記号の意味
（・・・）	アイロン底面の最高温度が200℃でアイロンがけする
（・・）	アイロン底面の最高温度が150℃でアイロンがけする
（・）	アイロン底面の最高温度が110℃でアイロンがけする．スチームアイロンは危険
✕	アイロン禁止．スチームアイロン危険

表3　伝統的な仕上げ方法

名　称	方　　法
敷き伸し	衣類を敷き，上から押さえる
湯伸し	水蒸気を布にあて，布の経緯に張力をかけて整える
板張り	張板に糊をつけて解いた布を張り付けて乾燥させる（絹や木綿などの和服地や弱った布にも応用できる）
伸子張り	反物によこ方向に伸子を張り，たて方向に張力をかけて張る

📖 **参考文献**

[1]　古田　武：クリーニング革命，中央精版，213-215，2012．

しみ抜きの方法と注意点

　しみは，衣服に付着した部分的な汚れであり，しみ抜きは衣服全体を洗濯しないで，その部分の汚れだけを除去することである．衣服にしみが付着すると外観が悪くなる．長時間放置すると繊維の変色や脆化が起こったり，しみを栄養源とする虫害を受けたり，かびが発生したりする．さらに，しみは時間とともに変質し繊維内部に浸透していくため，除去が困難になる．したがって，できるだけ早くしみを除去する必要がある．

●**しみ抜きの方法**　しみは日常生活のさまざまな機会に付着し，種類は多種多様であり，水溶性のしみ，油性のしみ，泥やすすなどの不溶性のしみ，血液などタンパク質を多く含むしみなどに分類される．これらのしみは，表1に示すように，物理的方法，化学的方法，その他の方法を用いて除去することができる．

●**しみ抜きの手順**
　① 固形物を取り除き，周囲のホコリをたたいて落とす．
　② しみの性質を見極める．汚れの原因がわからない場合は，水を1滴たらして浸み込んでいくようなら水溶性，はじくようなら油性と判断する．ただし，汚れが乾燥していると水溶性であってもはじく場合があるので，水を垂らした後，少し時間をかけて確認する．
　③ 裏からたたいて吸い取る（図1）．しみを広げないように周囲から中央に向かって進める．
　④ しみ抜き後の輪じみを処理する．しみ抜きをした部分のまわりに霧を吹きかけ，乾布で押さえることを繰り返して周囲をぼかす．
　⑤ 日陰で自然乾燥する．

図1　しみ抜き作業のコツと便利な道具の作り方　［出典：工藤千草「家庭で行う上手なしみ抜き」，洗濯の科学 **58** (4), p.31, 洗濯科学協会，2013］

表1　しみの種類に応じたしみ抜き手順

	しみの種類	ステップ1	ステップ2	ステップ3
食品	しょう油・ソース・コーヒー・カレー・果汁・ケチャップ・赤ワイン・牛乳	水またはぬるま湯でたたく	洗剤液でたたく	繊維にあった漂白剤で漂白
食品	マヨネーズ・バター・チョコレート	ベンジンでたたく	洗剤液でたたく	繊維にあった漂白剤で漂白
食品	チューインガム	氷で冷やして固め，手ではがし取る	ベンジンでたたく	洗剤液でたたく
分泌物	衿あか	ベンジンでたたく	洗剤液でたたく	繊維にあった漂白剤で漂白
分泌物	血液	水でたたく	洗剤液でたたく	繊維にあった漂白剤で漂白
化粧品	口紅・ファンデーション	アルコールとベンジンで交互にたたく	洗剤液でたたく	―
化粧品	マニキュア	アセトン（除光液）でたたく	―	―
文房具	ボールペン・朱肉	アルコールまたはベンジンでたたく	洗剤液でたたく	繊維にあった漂白剤で漂白
文房具	墨	水で洗った後，洗剤を混ぜたご飯粒をしみの部分に練り込み，ヘラでしごく	水で墨を流しながら繰り返す	―
その他	泥はね	乾燥させ，軽く揉んで固形物を落とす	固形石けんを付けヘラでしごく	―
その他	鉄さび	還元漂白剤の温液でたたくか，つけ込む	―	―
その他	草の汁	洗剤液でたたく	繊維にあった漂白剤で漂白	―
その他	花粉	アルコールでたたく	洗剤液でたたく	繊維にあった漂白剤で漂白

［出典：工藤千草「家庭で行う上手なしみ抜き」，洗濯の科学 58 (4)，p. 32，洗濯科学協会，2013］

●しみ抜きにおける注意点　汚れの成分は時間とともに変化して落ちにくくなるため，しみがついたら，できるだけ早くしみ抜きをすることが重要である．例えば，しょう油など水溶性の汚れが付いた場合，その場でティッシュペーパーなどでつまみ取り，また，バターなどの油性汚れの場合は，乾いたティッシュペーパーで油分をできるだけつまんで吸い取っておく．応急処置においては，汚れをつまみとることが基本であり，擦らないようにする．

　家庭でしみ抜き処理を行う場合は，しみを加熱しないことが大切である．タンパク質を含むしみを高温で処理すると，変性凝固して取れにくくなるので，アイロンなどで加熱してはいけない．　　　　　　　　　　　　　　〔後藤純子〕

衣類の保管方法

　衣類は，着用のほか洗濯などの取り扱いによっても損傷を受けるが，保管中にもかびや虫などによる被害を受ける．特に我が国では季節によって温度，湿度などが大きく変動するので，季節に合わせて衣服を取り替える「衣替え」の習慣があり，適切な衣類の保管をする必要がある．保管中の衣類に損傷を及ぼす要因には，虫害，かび，湿気などがある．

●**かび**　かびは，空気中・土壌中・水中のいたるところに存在し，その胞子が衣類に付着し，適当な温度・湿度・栄養源があれば急速に繁殖する．かびが最も繁殖しやすい環境は，温度20～35℃，湿度80％以上で，栄養源は繊維自身のほか，食物などの汚れやしみ，糊などである．かびによる害は繊維の着色，脆化，かび臭などで，衣服の品質を著しく低下させるものである．かびは生育すると胞子をつくるが，この胞子はかびの種類によって黒，赤，黄，青など特有の色素をもっているため，繊維の着色が起こり，著しく外観を損なう．また，繊維そのものがかびの栄養源として分解されるので，繊維の重合度が下がり，強度や伸度が大きく低下する．

　かびの発生を防ぐには，かびの発育に必要な温度・湿度・栄養源を与えないようにすることである．保管前に，汚れやしみを除去すること，保管する衣類には糊付けを行わないこと，十分に乾燥し湿度の低いところに保管することなどが重要である．また，綿や麻など吸湿性の高いセルロース繊維はかびが発生しやすく，合成繊維はかびに対して抵抗性があるなど，繊維の種類によってかびに対する抵抗性は異なるので，衣類の素材により適切な対応をする必要がある．

●**湿気**　衣類を高温・多湿の環境に保管すると，虫害が増加したり，かびなどの微生物の繁殖を促進したりする．また，繊維には吸湿によって膨潤し，変形したり型崩れを起こしたり，しわになりやすくなったりするものが多い．特に，絹織物は湿度40％以上の環境下に保管すると，黄変したり脆化したりするので注意が必要である．

　湿気を防止するためには，衣類を密閉できる容器に入れ，乾燥剤や防湿剤を使用するとよい．家庭でよく使われる乾燥剤・防湿剤には，シリカゲルや塩化カルシウムなどがある．塩化カルシウムは，潮解性（空気中の水を取り込んで自発的に水溶液になる性質）をもっているため，保水剤を混入して，吸水するとゼリー状になる製品が市販されている．

●**保管方法**　衣類に汚れが付着していると，虫害やかびの害が大きくなるだけでなく，繊維の変退色や脆化を助長する．汚れだけでなく，洗剤，仕上げ剤，糊剤なども保管中の衣類の変質や変色に影響を与えるので，保管前には洗剤で汚れなどを完全に除去し，洗剤成分が繊維に残留しないよう，すすぎを十分に行う．天然糊剤はかびや虫害が発生しやすいので，完全に除去しておく．また，保管する際にはアイロンがけを行い，形を整えてから，湿気や蒸気を十分に取り除き収納する．クリーニング後の衣類はビニール袋から出して乾燥させてから収納する．

　収納容器には，衣類の素材，種類，形態，所持量，使用時の便利さ，保存場所などを考慮して，たんす（洋服だんす，整理だんす，衣装だんす，和だんす），衣装箱，トランク，箱（茶箱，段ボール箱），ビニール保管袋などが使い分けられている．洋服など立体的な構成のものをたたんでしまう場合は，しわ，折れ目，型崩れなどを防ぐために，何枚も重ねずに収納できるよう浅いものを用いるとよい．洋服ダンスにかける場合も，厚みのあるハンガーを使用し，過密にならないよう注意する．

　保管場所としては，年間を通して温度差の少ない，日陰の乾燥した場所が望ましい．押入れなどを利用する場合は，湿度の影響の小さい上段に収納したり，木製のすのこを敷いて風通しをよくするのがよい．

　絹の和服の保存には，昔から畳紙とよばれる和紙が用いられてきた．和紙は吸湿性が高く，衣類自体の湿度が高いときには衣類から湿気を奪い，外気の湿度が高いときには和紙がその湿気を吸い，和紙内の衣類が外気と遮断されるため，衣類を常に低湿度状態に保つ特性をもっている．

●**虫干し**　我が国では昔から，収納している衣服を取り出して風にあて，保管中に湿気をもった衣服を乾燥させる「虫干し」という行為が行われてきた．夏の土用のころ（7月末〜8月初め）に行われるものは土用干し，冬（1月末〜2月末）に行われるものは寒干しという．土用干しの時期は，害虫の成虫の活動期のため成虫が飛来して産卵すると，後に虫害を生じる可能性がある．したがって，土用干しの場合は，室内で風通しを行ったり，アイロンの熱によって殺虫したり，防虫剤などを利用する工夫が必要である．一方，寒干しは害虫の心配がなく，乾燥期のため虫干しを行うには好条件である．　　　　　　　　　　〔後藤純子〕

衣類の虫害と防虫剤

●**衣類の虫害** 衣類は保管中に虫害を受けることがある．主として毛や毛皮が食害を受けるが，絹も被害を受けることがある．我が国に多い害虫は，イガ，コイガ，ヒメマルカツオブシムシ，ヒメカツオブシムシである（図1）．いずれも幼虫期に食害し，成虫になれば繊維を食害することはない．しかし，成虫は繊維に産卵するので，防除しなければ被害を繰り返すことになる．虫害は環境の温度，湿度に大きく影響され，最も害が大きいのは温度25〜30℃，湿度50〜80％の状態の時である．我が国においては，3月〜11月が幼虫の活動期で，高温多湿の6月〜8月が最盛期であるが，現在のような暖房のきいた気密性の高い住環境においては，冬季でも食害を受けることがある．一般に害虫は暗所で通風の少ない場所を好むため，クローゼットの奥などに保管されている衣類に集まって，汚れている場所や折り目などを食害する[1]．

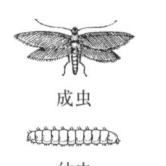

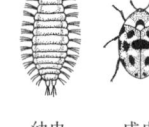

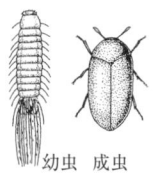

図1 衣類の主な害虫 ［出典：小林茂雄ほか「改訂 衣生活論—装いを科学する」，アイ・ケイ・コーポレーション，p.126，2006］

●**防虫法** 虫害を防ぐには，各種の防虫剤が用いられる．防虫剤には忌避剤（嫌って避ける）タイプと殺虫剤タイプがある．また，脱酸素剤を用いる方法や，虫に対して毒性をもつ不揮発性の防虫加工も行われる．

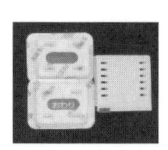

図2 市販されているピレスロイド系防虫剤効果がなくなると「おわり」と表示されたり，交換時期を設定しておくタイプのものがある

① 防虫剤：薬剤のガスを発生し，害虫を忌避して食害を防ぐタイプの樟脳，ナフタリン，パラジクロルベンゼンや，殺虫成分を蒸散して殺虫効果を示すピレスロイド系エンペントリンがある．主な特徴と取り扱いの注意を表1に示す．昇華性の防虫剤から発生するガスは空気より重いので，衣類の上に置いて使用する．また，併用すると液化して衣類にしみをつけるので注意する．一方，エンペントリンは無臭で，人体に対する毒性が低いなどの理由で急速に普及しているが，無臭のため取り換え時期を忘れないよう，インジケーターやシールで有効期限をチェックする必要がある（図2）．

表1 主な衣料用防虫剤

タイプ	防虫剤	特徴	取り扱いの注意事項
昇華性	樟脳 $C_{10}H_{16}O$	・穏やかな作用，忌避効果はあるが殺虫効果は小さい ・金糸や銀糸などが変色を起こさないことから，和服などの絹製品に多用される	◎特有の刺激臭がある ◎昇華性[*1]の防虫剤どうし併用しない（反応を避ける）
昇華性	ナフタリン $C_{10}H_8$	・昇華が遅く効果は低い．持続性がある ・金属に損傷を及ぼさない	
昇華性	パラジクロルベンゼン $C_6H_4Cl_2$	・昇華が速く，速効性がある．長もちしない ・金糸，銀糸，ラメなどが光沢を失ったり，黒く変質することがある	
蒸散性	ピレスロイド系 $C_{18}H_{26}O_2$ （エンペントリンほか）	・微量でも高い防虫効果と持続性がある ・蒸散性[*2]のほかに，接触性タイプ（防虫加工をほどこした収納具など）がある	◎刺激臭がなく，ほぼ無臭 ◎効果終了を文字等で表示 ◎昇華性の防虫剤と併用可能

[出典：山口庸子，生野晴美 編著「新版 衣生活論—持続可能な消費に向けて」，アイ・ケイ・コーポレーション，p.107，2012]
*1 昇華とは，個体が液体にならないで，直接気体に変わる現象．
*2 液状の防虫剤が不織布などのボードに含浸されていて，蒸散するタイプ．

② 脱酸素剤：防虫剤のように薬剤を用いるのではなく，衣服を脱酸素剤とともに容器に入れて密閉し，容器中の酸素を除去して殺虫効果を得る方法である．脱酸素剤の量が十分で，密閉が完全であれば殺虫効果は大きい．薬剤を使わないので安全性が高い．また，容器内の酸素を除去するので，かび，黄変，変色，変質などを防ぐことができる[2]．

③ 防虫加工：繊維の染色工程または加工工程で，繊維に薬剤を吸着させ，繊維そのものに持続的な防虫効果を与えるものである．防虫剤の使用ができないカーペットなどに用いられる． 〔後藤純子〕

参考文献
[1] 増子富美，齊藤昌子，牛腸ヒロミほか：被服管理学，朝倉書店，84-86，2012．
[2] 片山倫子 編：衣服管理の科学，建帛社，116-123，2002．

衣類の補修処理

　衣類は着用中にボタンが取れたり，スカートやズボンの裾縫いがほつれたり，何かに引っ掛けて破れたりすることがある．また，保管中に虫害を受けて穴が開いてしまったり，変退色を起こしたりすることもある．衣類に何らかの損傷を受けた状態では，心理的に着用したくなくなったり，外観が悪くなったりするので，適切な処理をすることが大切である．虫食い穴やこげ穴などの補修には，共糸を使って穴を織り込んで修復していく「かけつぎ」という方法があり，もとの状態に近づけることができるが，高い技術を要する．最近では，家庭で簡単に衣類を補修することができる道具が市販されており，針と糸を使わずに補修修理を行うことも可能である．また，変退色については，専門業者に依頼して染め直しを行うことができる．

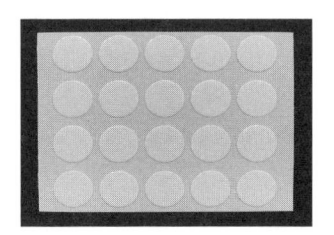

図1　両面シール

図2　両面接着テープ

図3　接着ジェル

●**裾上げ**　スカートやズボンの裾上げには，貼るだけのシールタイプ（図1）やアイロンで接着させるテープタイプ（図2），塗布してアイロンで接着させるジェルタイプ（図3）などがある．シールタイプは，貼りつける面の油や汚れを除去し，乾いた状態で貼りつけ，上から圧力を加えて密着させるだけの簡単な処理でよいが，洗濯やドライクリーニングはできないため，応急処置として利用するのがよい．テープタイプには薄手用，普通地～厚地用があり，テープ自体が伸縮するタイプもあるので，ニット素材などには伸縮タイプを使用するとよい．貼る位置にテープを置き，貼り合わせる布ではさんで，あて布をあててアイロン（中温）で接着する．ジェルタイプは，貼り合わせたい布の間にジェルをむらなく塗布し，アイロン（中温）で接着する．テープタイプとジェルタイプは，どちらも洗濯やドライクリーニングを行うことが可能である．繊維素材によっては，中温のアイロンがかけられないものもあるので，注意する．

●**穴やカギザキなどの補修**　カギザキ，虫食い穴，こげ穴を家庭で簡単に補修する道具としては，カギザキ部分に貼るだけのシールタイプ，カギザキなどの裏からアイロンで接着する補修布やテープタイプ（図4），カギザキ部や，穴をふさぐ共布を接着するためのジェルやパウダー（図5）などがある．シールタイプは，カギザキや虫食い穴に布の裏から貼るだけの簡単な処理であるが，裾上げ用の両面シール同様，洗濯やドライクリーニングには適さない応急処置である．補修布や補修テープは，カギザキ部分を覆う大きさにカットし，樹脂面を衣類の裏側にあて，あて布の上からアイロン（中温）で接着する．虫食い

図4　補修布，補修テープ

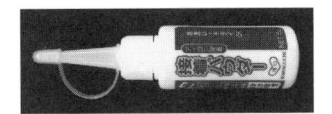

図5　接着パウダー

などの穴を補修する場合は，補修箇所の穴のまわりをはさみで切り，同じ大きさの共布を穴にはめ込み，裏から補修箇所を覆う大きさにカットした補修布などをあてて，アイロンで接着する．洗濯やドライクリーニングを行うことは可能である．普通地～厚地用，ナイロン用，ジャージ用のものや，大きさ，色についても数種類のものが市販されているので，衣類の色や素材，補修箇所の大きさに合わせて使用するとよい．ジェルやパウダーは，補修箇所に補強布を接着させる場合に用いる．どちらも，補強布の接着にはアイロン（中温）を使用する．また，洗濯やドライクリーニングを行うことが可能である．　　　　　　〔後藤純子〕

ドライクリーニング

水洗いすると縮んだり型崩れしたり，色が落ちたりするような衣類を，水の代わりに有機溶剤を用いて洗浄する方法を，ドライクリーニングという．ドライクリーニングは家庭で行うことはできないため，クリーニング業者が行う．ランドリー，ウェットクリーニングと合わせて，商業洗濯とよばれている．

●特徴　ドライクリーニングは，溶剤を使用するため油性汚れの除去に優れており，乾燥が早く，仕上げが容易である．また，水洗いによる衣類の収縮や伸長，型崩れを起こしにくく，風合いや光沢の変化，色落ちが少ない．一方，水溶性汚れの除去には不向きで，再汚染しやすいという欠点をもつ．溶剤によっては人体に悪影響を及ぼしたり，引火・爆発の危険性があったり，環境汚染の原因になるものもある．そのため，溶剤の回収・精製・再使用を行うための特別な施設が必要である．

●溶剤　現在用いられている溶剤には，表1に示すように，石油系溶剤，パークロロエチレン（テトラクロロエチレン），ふっ素系溶剤などがある．石油系溶剤は油脂溶解力が小さいため，洗浄力が穏やかであるが，繊維，染色，加工への影響が少ないので，デリケートな衣類の洗浄に適している．パークロロエチレンは，

表1　ドライクリーニング溶剤の特性（クリーニング綜合研究所，2011）

	塩素系溶剤 テトラクロロエチレン	ふっ素系溶剤 HFC-365 mfc	石油系溶剤 （炭化水素化合物）
化学構造	C_2Cl_4	$CF_3CH_2CF_2CH_3$	炭化水素混合物
沸点（℃）	121	40.2	150〜210
溶解力（カウリブタノール価[*1]）	90	13	27〜45
水の溶解度（g/100 g, 20℃）	0.008	0.09	0.007
引火性	なし	なし	あり
比重（20℃）	1.63	1.26	0.77〜0.82
表面張力（dyn/cm, 20℃）	32.3	15	20〜50
管理濃度[*2]（ppm）	50	—	—
許容濃度[*3]（ppm）	—	—	100（ガソリン）

［出典：増子富美，齊藤昌子，牛腸ヒロミほか「被服管理学」，朝倉書店，p.38，2012］

*1 カウリブタノール価：石油系溶剤の樹脂に対する溶解力を試験するために考案されたもの．カウリブタノール価の大きいものほど樹脂に対する溶解力が大．
*2 管理濃度：厚生労働省が設定．
*3 許容濃度：日本産業衛生学会が設定．

油脂溶解力が大きいため洗浄力が高く，石油系溶剤に比べて洗浄時間が短くて済む．しかし，長期毒性を有しているため，大気汚染防止法，水質汚濁防止法などにより規制され，機械は密閉構造になっている．ふっ素系溶剤は不燃性で毒性も少ない．溶解力が小さいことから，デリケートな衣類の洗浄に適しているが，機械力による風合い変化や，ボタン・樹脂に損傷を与えることがある．そのほか，フロン，臭素系，シリコーン，柑橘系など環境に配慮したさまざまな溶剤が開発されているが，装置や価格，洗浄性，汎用性などの問題で急速な普及には至っていない．

●洗剤　溶剤だけでは洗浄力が十分でないため，一般にドライソープといわれる洗剤が用いられる．ドライソープとしては，水溶性汚れの除去率が高いこと，汚れの再汚染を防止できるだけの乳化性，懸濁性をもつこと，衣類の風合いを低下させないこと，悪臭がないことなどが求められる．しかし，これらの条件をすべて満足させることは困難であるため，界面活性剤の組み合わせを変えた，数多くの配合洗剤を使用している．

●機器　ドライクリーニングでは，それぞれの溶剤に対応した専用の洗浄機を使用する．ふっ素系溶剤（HFC-365mfc）用の洗浄機（図1）は，洗浄から乾燥までを行うことができるホットマシンで，溶剤の回収装置が内蔵されている．石油系溶剤の洗浄機には，洗浄から乾燥までを行うことのできるホットマシンと，洗浄・脱液のみを行うコールドマシン（図2）がある．洗浄が終わると，各種仕上げ機で仕上げを行う．仕上げにはプレス機を使用し，衣類をはさんで加圧して，乾燥と仕上げを同時に行う．ズボン腰部を立体的に仕上げるパンツトッパーや上着などを仕上げる人体型プレスなど，各種仕上げ機がある．

〔後藤純子〕

図1　ふっ素系溶剤用ドライクリーニング機（ホットマシン）
〔写真提供：東京洗染機械製作所〕

図2　石油系溶剤用ドライクリーニング機（コールドマシン）〔写真提供：TOSEI〕

Chapter 11
衣服と社会

ブランドの影響 ──────── 284
社会規範と衣服 ──────── 286
リユースの普及 ──────── 288
ハンドメイドの普及 ─────── 290
流行の理論 ───────── 292
消費の二極化 ──────── 294
クールジャパンの中での衣類 ─── 296
衣服とステイタス ──────── 299
アートとファッション ─────── 302
情報発信と表現 ──────── 304
情報受信と衣類 ──────── 306
経済動向の中での流行 ────── 308

ブランドの影響

　ブランドという言葉は，誰もが聞いたことがある言葉の1つである．例えば，人気のある洋服や鞄などの商品にもブランドがある．商品だけではなく，有名な学校もブランド校という．このように多くのものがブランドとよばれている．物だけではなく，ブランド戦略など会社の方針にも使われている．

●**ブランドの始まり**　ブランドは一般的にはアメリカで始まったといわれている．アメリカでは，広大な土地に放牧された牛を自分の牛か他人の牛か見分けるために，牛の体に自分の名前の頭文字や記号を焼印したという．いわば自分の牛だという目印だったのだ．この目印である焼印がブランドの起源だといわれている．

●**ブランドへの信頼**　小麦粉の袋に会社の名前を入れて販売したことが，消費者からのブランドに対する信用の始まりとなった．

　昔のアメリカでは，小麦粉はセメント袋のようなものに詰められて，重さで販売されていた．外からは中に入れられている小麦粉はみえない．悪質な業者は袋の中に石を入れて，わざと袋を重たくして売る者もあった．また，衛生管理もせずに，虫やねずみの死体が入っているようなものもあった．良心的な業者は，きちんと目方どおりの小麦粉を袋に詰めていた．また，衛生的管理もして消費者をだましたりはしないのだが，どの小麦粉の袋が良心的な業者のものか，買う側の消費者にはわからなかった．そこで，良心的な業者が小麦粉の袋に自分たちの会社のマークを入れた．消費者はそのマークの入った小麦粉の袋を選ぶようになったのである．悪質業者の小麦粉と良心的業者の小麦粉との商品の差別化が，ブランドの商品ならば信用ができて安心だという意識につながっていったのである．

●**ブランド志向**　差別化から始まったブランドであったが，ブランド品のよさを世界中の多くの人々が知るようになった．ブランド品に対する信頼が，いっそうブランドの品質を高めることにもなったのである．売る側もブランドの名に恥じない商品やサービスを心がけるようになったからである．その心がけは日本では「のれん」という考え方に近い．そのうちに，ブランドではない商品よりも，なるべくブランドの商品を買おうとする人々が現れた．特に日本では1900年代の中頃から始まった高度経済成長の頃に，海外からたくさんの有名ブランドが日本に出店してきた．ブランド品を選んで，買い集めようとする人々の意識のことをブランド志向というようになった．バブルがはじけてしまった後も，ブランドに対

する人々の意識に大きな変化はなかったが，不景気になったために高額なブランド商品を購入する人々は少なくなった．ただし，ブランド品は品質もよく優れたよい商品であるという意識は残ったので，ギフトなどにはブランド品を購入するという気持ちや行動は今も続いているのである．かつて 1995 年 11 月の大阪市周辺に勤務する女性就労者 500 人に対する調査では，有名な海外ブランドの鞄を所持している者が半数以上にのぼった．所持しているブランドと今後購入したいと希望するブランドのランキングを表1に示した．

表1 所持ブランドと購入希望ブランドのランキング

順位	現在所持しているブランド	順位	購入を希望するブランド
1位	ユリエ ニタニ（YURIE NITANI）	1位	シャネル（CHANEL）
2位	エルメス（HERMES）	2位	ルイ・ヴィトン（LOUIS VUITTON）
3位	フェンディ（FENDI）	3位	プラダ（PRADA）
3位	マリ クレール（Marie Claire）	3位	フェラガモ（Salvatore Ferragamo）
4位	エトロ（ETRO）	3位	フェンディ（FENDI）
4位	エムシィエム（MCM）	4位	エルメス（HERMES）
5位	ルイ・ヴィトン（LOUIS VUITTON）	5位	パロマ ピカソ（Paloma Picaso）
6位	プラダ（PRADA）	5位	コーチ（COACH）

〔出典：辻 幸恵「ブランドと日本人」，白桃書房，p. 135 表 9-2，1998 から抜粋〕

●**ブランド構築** 品質を高めても，誰も知らない商品はなかなか売れないものである．また，会社の名前が世間に知られていなければ，会社への信用も低い．そのような状態では利益が得られないので，多くの会社は自社の商品をブランドにしようと思うのである．これをブランド構築という．

●**ブランドパワー** 現在は，衣食住のすべての分野でブランド品が存在している．ブランド品は会社への信用と多くの利益をもたらしてくれるからである．ブランドの底力は，その商品やサービスのいわばファンをつくってくれるところにある．ファンはいつも同じブランドを利用してくれる．また，ファンはブランドを愛してくれるので，時にはアドバイスもしてくれる．それは品質を向上させていくために必要な情報となる．だからこそ，多くの会社がブランドになりたいと願っているのである．

〔辻 幸恵〕

社会規範と衣服

　社会規範とは，ある社会の中でのルールである．常識ともいえる．法律のように破れば罰せられるということはないが，逸脱すると白い目でみられてしまう．社会生活をする上で，この規範は日常生活の中での装い，すなわち衣服を通じて判断されてしまうことが多いのである．

●**TPOと装い**　TPOとは時（Time），場所（Place），状況（Occasion）という3つの頭文字の意味である．装いとTPOは深い関係にある．これは服装には時と場所，そして状況によって，着てはいけないというタブーに近いものがあるということを表している．運動会や遠足の行事の時に，フリルのたくさんついたブラウスやかかとの高い靴を着用している人は少ない．運動会は，動きやすい服装で参加することを求められている．遠足も歩きやすい靴を履いてくることを求められているからである．

●**社会規範と装い**　例えば，葬式に参列するために寺に行く．そこでは，その場にふさわしいとされる黒色の喪服を着ることが暗黙の了解となる．たとえ個人的に赤色やTシャツが好きであったとしても，葬式の場面では赤いTシャツとジーパンという装いはそぐわない．また，結婚式によばれたときにも，ウエディングにふさわしい服装がある．その場に合わない服装をしていたとしても罰せられることはない．ただし，他人からの視線は冷たいものになるであろう．場所柄をわきまえない人間，つまり非常識な人間だと思われてしまうのである．例えば，結婚式で花嫁が着るウエディングドレスは，圧倒的に白色が多い（図1）．友人や親族として招待された場合には，花嫁の色とされている白い洋服を着て参列することは少ない．もちろん，白い色を着てはいけないと規定されてはいないのだが，暗黙の了解事項である．葬式にしても結婚式にしても冠婚葬祭の場面での装いは，常識が問われることになる．

図1　ウエディングフォーマル

●**生活場面の中での着装基準**　生活場面において，何を重視して装いを決めているのかという研究がある．着装を考える上で重要な社会的な7場面とこれらの場面に対して，着装基準として8つの基準の一例を挙げてみた（表1）．

表1　生活場面の中での着装基準

社会的場面（7場面）	着装基準（8場面）
1. 病院へ見舞いに行く	1. 伝統やしきたりに合っている
2. 学校へ通学する	2. 自分の職業や地位にふさわしい
3. 結婚披露宴に出席する	3. 場所柄や雰囲気に合っている
4. 繁華街に出かける	4. 自分らしさを表現できる
5. 葬式や通夜に参列する	5. デザイン・素材・色・柄などが流行している
6. 職場へ出勤する	6. 着心地がよい
7. 遊園地へ遊びに行く	7. 活動しやすい
	8. 洗濯や手入れが簡単である

［出典：阿部久美子，高木　修，神山　進，牛田聡子，辻　幸恵「着装規範に関する研究（第3報）—生活場面と着装基準の評定に基づく着装規範意識の構造化」，繊維製品消費科学 41 (11), p.12 表1, 2000 から引用］

　この着装基準（8場面）の中で社会規範と関係がある項目は，「伝統やしきたりに合っている」「自分の職業や地位にふさわしい」「場所柄や雰囲気に合っている」の3つである．若い人々にとっては，「場所柄や雰囲気に合っている」ことが衣服の選択には重視されよう．かつて世間で流行したKY（空気がよめない）とは，まさに「場所柄や雰囲気に合っていない」ということである．

●生活場面の中での着装意識　人々は社会的場面において，「フォーマル」「セミフォーマル」「インフォーマル」の3場面に分類をして意識をしている．特に「フォーマル」な場面は，冠婚葬祭に結びついている場合が多い．そこでは，人々は「伝統やしきたりに合っている」「自分の職業や地位にふさわしい」「場所柄や雰囲気に合っている」の3項目を重視する．「インフォーマル」な場面では，「着心地がよい」「洗濯や手入れが簡単である」など快適性が重視される．代表例としては，下着などのインナーが挙げられる．また，「インフォーマル」な装いのことを「カジュアル」ともよぶ．どちらかといえば日常着のイメージである．大学生ならば，「学校へ通学する」という場面などが例示できる．「セミフォーマル」な場面は，友人と「繁華街に出かける」がイメージとして近い．

　つまり，着装が意識されやすいのは，どちらかといえば「フォーマル」や「セミフォーマル」の場面が多く，周囲との調和が重視されている．これを「社会的調和」ともいう．社会規範に沿った衣類は，文化とも深くむすびついている．生活する上で，社会の常識や暗黙の了解を知る背景には，その社会の文化や慣習の影響もある．

〔辻　幸恵〕

リユースの普及

　3Rという言葉が世の中で定着してきた．これらはリデュース（Reduce），リユース（Reuse），リサイクル（Recycle）の3つである．リユースとは再利用の意味である．利用というが，あるものをそのままもう一度活用するということで，リサイクルとは少し意味が異なる．リサイクルは製品をもう一度素材に戻して，そこから新しい製品をつくり出すような時に用いる言葉である．身近な例としては，ペットボトルを回収して，そこからポリエステル繊維を再生するマテリアルリサイクルが行われている．このポリエステル繊維が布になり，また新しい洋服をつくり出すのである．すでに2000年の初め頃には，ポリエステル繊維のリサイクルは実用化されていた．

●リ・ファッションの3R　リ・ファッションの3Rとは，生地が傷んだところを補修して使うリペア（Repair），既製服を自分の体型に合わせるリフォーム（Reform），あるもののデザインや用途を変えるリメイク（Remake）の3つのことである（図1）．リユースはこの中には入っていないが，再びそのまま使用するという意味では，身近な例としては古着が挙げられる．また，中古品のブランドセール市などは，リユースされるべき鞄や衣類が売られるイベントである．

　さて，古着にアレンジをして利用する者もいる．この自分なりのアレンジが，リフォームやリメイクにあたる．最近は「デコる」と称して，携帯電話の上にビーズを貼り付けたり，ネイルを派手に盛り付けたりすることが流行している．もともとの製品に工夫を加えて自分なりの個性を表現することも，同じように受け入れられている．一からつくることは技術が必要であるが，既製品に付け足してオリジナリティを出すことは，難しいことではない．誰にでもできる作業である．

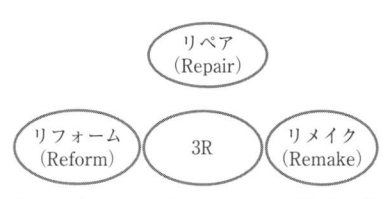

図1　リ・ファッションの3R　［出典：辻幸恵作成］

●古着と若者の感覚　古くなれば着物も衣類も薄汚れてくる．かつて古い着物や衣類は汚いものであった．しかし現在は，古着に対するイメージも変化してきて，汚い，不衛生というイメージは少なくなってきた．これは下取り業者や販売業者が，クリーニングやしみぬきを徹底して行った努力の結果でもある．若者には古着や中古品に対する汚さへの嫌悪感よりも，「もったいない」という感覚があり，

まだ使用できそうなものは使用したいと考えているのである．よって，自ら中古品を買い求めることもするし，不要になった鞄や洋服を買い取ってくれる店舗に持ち込み，それらを売ることに抵抗感は少ない．例えば，リユースショップ・中古品販売店で購入する割合は，全体の約半数といわれている．その他は，ネットオークションで購入，フリーマーケット等で購入，知人などからの購入と続いている（平成21年度環境省調査より）．また，品目の内訳は衣類，パソコン，書籍がいずれも約14%を占める．

●**中古品に対する選択基準**　鞄や衣類等を含む中古品に関する意識調査の結果を例示する（図2）．これは，2008年に関西圏に在住する大学生600名を対象とした調査である．

　中古品を選択する主な要因は3つであった．リユースで手に入れた品物を「見せびらかし」たいというのは，よい商品だと周囲にも理解してもらいたいという気持ちである．「現在の安全」は，リユースならではの傷や汚れを含めて，ファスナーなどが壊れていないことである．「長期視野」

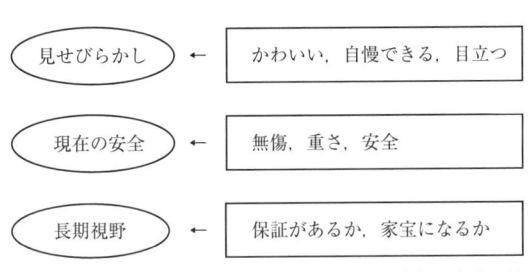

見せびらかし ← かわいい，自慢できる，目立つ

現在の安全 ← 無傷，重さ，安全

長期視野 ← 保証があるか，家宝になるか

図2　中古品の選択基準　[出典：辻　幸恵「消費者の商品に対する選択基準の変化」，追手門経営論集 15(1)，pp.113-114，2009参照]

とは，ジーパンやコートなどではビンテージとよばれる特別な価値を有する中古品があるということである．このようなことは衣服だけではなく，楽器や野球道具にもある．

●**リユースの時代**　ゴミを減らし無駄を減らすことは，持続可能な社会をつくることにつながる．リユースは個人の売買も増加し，市場も拡大する．インターネットの利用によって今後も拡大の余地はある．また，若者の古着に対する意識も変化してきている．リユースは3Rの中では最も手軽に，誰もが日常生活の中でできる行為である．今後も普及していく消費者行動の1つである．

〔辻　幸恵〕

ハンドメイドの普及

　ハンドメイドの作品を販売するイベントが，全国各地で開催されている．ここでいうハンドメイドの作品とは，手芸やアクセサリー等のことを指す．手芸にはさまざまなジャンルが存在する．裁縫，刺繍，編物等その種類は多岐にわたる．それらのイベントの多くは，「〇〇〇手作り市」や「クリエーターズ〇〇〇」等のタイトルが付けられ，ハンドメイドの作品を販売するイベントであることをアピールしている．また，作り手自らが販売しているのが特徴である．

　ハンドメイドの商品を販売するイベントの存在は古くからあるが，2000 年頃より増加傾向にある．ハンドメイドに関するイベントが特に活発に行われている京都では，毎月どこかでさまざまな規模の手作り市が開催されており，その数は 30〜40 箇所にのぼるといわれている．つまり，平均すれば毎日どこかでイベントが開催されているといっても過言ではない．

　ハンドメイドが普及している要因としては，以下の 4 つが考えられる．
　① 大量生産・大量消費への反発
　② 商品レベルの向上
　③ 簡単に販売できる環境の整備
　④ ソーシャル・ネットワーキング・サービスの普及

　1 つ目の「大量生産・大量消費への反発」については，以下のことが考えられる．大量生産・大量消費された時代では，誰もが同じ品物をもつことが重要視され，有名海外ブランド品を所持することがステイタスであった．しかし，それらのブランド品も，リサイクルショップ等から安く購入することができるようになったために，以前のようにステイタスを感じる消費者が少なくなった．そのような状況の中で，消費者は誰もが知っている品物ではなく，自分だけが知っている品物に魅力を感じるようになった．オリジナリティがある品物に魅力を感じるようになったのである．ハンドメイドの商品は手作り品であるので，すべて「一点モノ」である．この世に 1 つしかない品物である．世の中に広く認知されていない作り手の商品を購入することにより，他人とは違う商品を所持する優越感も味わえるのである．

　2 つ目の「商品レベルの向上」については，以下のことが要因である．以前は出版物を参考に，あるいは教室に通って技術を得るしか方法がなかったが，インターネットの普及により，商品の情報が簡単に入手できるようになった．また，作り

手がホームページやブログ等で商品を紹介するので，商品をみる機会も増えた．そのことによって商品レベルの向上がなされている．例えば，各地の百貨店で，ハンドメイドの作り手たちを集めたイベントが開催されている．百貨店は品質の優れた商品，優れたサービスを提供する場である．そこでハンドメイドの商品が取り扱われているのは，ハンドメイドの商品レベルが向上しているからである．

　3つ目の「簡単に販売できる環境の整備」が，ハンドメイドの普及に一番大きな影響を与えていると考えられる．簡単に販売できる環境とは，インターネット利用である．つまり，ハンドメイドの商品を誰もが簡単に販売でき，購入することができるインターネットの普及が環境をつくったのである．このきっかけは，アメリカのハンドメイド商品専門のショッピングサイトである「etsy（エッツィー）」である．2005年にサービスを開始した「etsy」は従来，インターネットで個人が商品を販売する際に必要だった高額な経費を数ドル程度にまで下げることにより，誰もが簡単にハンドメイドの商品を販売できる環境をつくり出した．このサービスは，2013年時点でも右肩上がりに成長を続けている．このサービスの成功により，日本でも同様のサービスが数多く存在することになった．従来，日本において個人が，インターネットで商品の販売を行うための費用は高額であり，誰もが簡単にできるものではなかった．しかし，「etsy」と同様のサービスでは数十円程度で商品の販売が可能になった．

　4つ目の「ソーシャル・ネットワーキング・サービスの普及」について述べる．上記のインターネットのサービスの整備と同時に，ソーシャル・ネットワーキング・サービス（以下，SNS）の普及も，ハンドメイドの普及に影響を与える．つまり，SNS（ツイッターやフェイスブック等）の普及により，ハンドメイド商品の作り手がSNSの発達により告知手段を手に入れることができたのである．例えば，SNSによって作り手と買い手がつながることにより，新作の商品の情報を手に入れることが可能になった．従来の広告方法では，個人の作り手が新作の情報を告知することは，金銭的に不可能であった．また，SNSを使用することによって，作り手と買い手が直接つながることにより，買い手は作り手から，さまざまな情報（例えば商品づくりのこだわりや素材についてなど）を得ることが可能になったことも，普及の要因であると考えられる．　　　　　　　　　　　〔田中健一〕

流行の理論

　流行とは，ある現象が一時的に広く世間一般に受け入れられること，はやりともいう．それらは音楽，装い，ゲーム，映画，アニメ，思想や生活スタイルなどジャンルは多様である．今まではファッションに流行をみることが多かった．これは特に若い女性たちが，一斉に同じような装いをするので目立ったからである．流行には一定の傾向がみられる．それを流行の理論という．有名なものには，トリクルダウン・セオリーをファッションの流れに取り入れた，ドイツの社会学者であるジンメル（Simmel Georg, 1858～1918）の説がある．

●**トリクルダウン理論**　日本では滴下理論と訳されている．もともとはバーナード・デ・マンデヴィル（Bernard de Mandeville, 1670-1733）が，『蜂の寓話』（The Fable of the Bee）の中で書いたといわれている経済効果の話であった．それをジンメルが，新たにファッション理論として応用したのである（図1）．つまり，王族がオーダーメイドの衣服を，パーティーに集まってきた貴族たちに披露する．貴族たちは，王や王妃が着用した衣服等を手本として，よく似たスタイルに仕立ててくる．まねをされる側の王や王妃は，次々と新しい衣服を仕立ててくる．貴族も何度か同じ服を着た後には，豊かな市民（大富豪）に買い取らせたり格下の貴族に払い下げたりして，また新しい衣服のスタイルをまねする．豊かな市民の手もとにきた衣服等は彼らが何度か着た後に，やがて屋敷の使用人たちを通じて市民層に流れた．

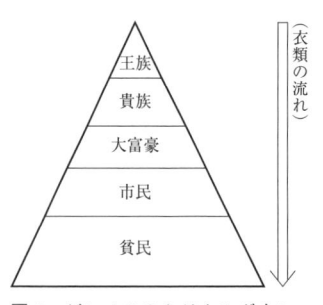

図1　ジンメルのトリクルダウン・セオリーのイメージ図　［出典：辻幸恵作成］

　そして多くの市民が着古した後は，最下層の人々がゴミとなった衣服を拾って着たといわれている．その間に衣服は一度も洗濯をされなかった．洗濯をする風習はもっと後の世になるからである．このため衣服は時間がたって古くなればなるほど，しらみや蚤がわき，異臭をはなった．コレラ等の伝染病が蔓延した原因の中には，階層間の衣服の伝播も考えられている．王や王妃から発信された衣服のスタイルは，身分の高い貴族に受け入れられ，次に市民の中で財力のある富豪たちへ，さらに一般の市民，貧しい市民へと続き，最後にはその下の階層にあた

る貧民層に流れた．下層にいくほど人口が増える．王や王妃といった最高の身分をもつ権力者から，衣服の流行が広がっていったのである（図1）．この流れは現在も変化がない．つまり，王ではないが，カリスマとよばれる一部の人々が用いたファッションを，その周囲のフォロワーがまねをする．それから広く多くの人々がまねをして，最後には流行に敏感ではない人々が，バーゲンなどを利用して安く，そのスタイルを手に入れていくのである．また，上から下への流れだけではなく，アメリカのヒップホップやヒッピースタイルは，下の階層から上の階層へとファッションが流れていったので,下から上への流れも今日ではみられる．

●**流行の心理と商品のライフサイクル**　ジンメルはファッションの流れを説明しただけではなく，人間の心理が流行に影響を及ぼすと説明をしている．それは「差別化」と「同調」という心理である．差別化とは人と同じになるのが嫌だという気持ちである．現在では，同じ服装をしていると「かぶった」といって嫌がられる．同調とは，人がしているから自分もまねをしたくなることである．この同調が強い人ほど，流行を取り入れるのである．

　新製品として売り出す時（導入期）には，まだ流行するかどうかはわからない．そのうちに，どんどん売れるようになる成長期が流行している時期にあたる．やがて，安定した売れ行きを確保できるようになり，これが成熟期である．ここでの商品は流行ではなく，いつでもどこにでもある定番商品になる．そして，その商品に

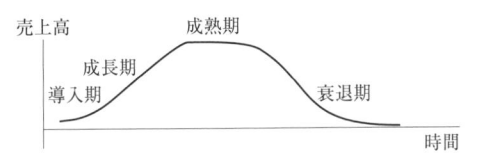

図2　一般的な製品ライフサイクル・パターン　〔出典：廣田章光，石井　淳蔵　編著『1からのマーケティング』（第2版），碩学舎，p. 250，図12-7 一般的な製品ライフサイクル・パターン，2004を引用〕

人々が飽きて売れなくなってきた時期を衰退期という．これで商品のライフサイクルは終わりになる（図2）．導入期では，流行にめざとい人々が，他者と差別化をはかるために購入する．それをみたフォロワーたちが，どんどん同じような商品を求める．これが同調である．しかし，同時にこの時期はまだ流行に敏感な人々が多いので，流行に敏感ではない人々との差別化の時期にもあたる．この同調と差別化の両者が流行を生む．成熟期も同調の気持ちが強い．みんなと同じようなスタイルで無難なファッションを求めている．最後の衰退期は同調でも差別化でもなく，自然に遠ざかっていく気持ちである．なんとなく，今は誰もそれを着用していないことを感じ，流行おくれを感じるのである．　　〔辻　幸恵〕

消費の二極化

消費とは何かを使用することで，多くは商品やサービスを利用する場合に用いる．商品価値に対する考え方が2つに分かれてしまったことを消費の二極化という．商品価値とは，商品を使用して，多くの人々がその商品から獲得したいと思っているものである．そこには経済的，理論的，宗教的，審美的，社会的，権力的などの価値が存在するといわれている．それらの具体例を表1にまとめた．

表1　商品価値とその例

商品価値	具体的な重視事項
経済的：	倹約，質素，実用，耐久
機能的：	安全，保護，清潔，使い心地
理論的：	法則，原理
審美的：	美，魅力，歓喜，快楽
探求的：	変化，冒険，自由
宗教的：	慎み，献身，救い
政治的：	権力，地位，名誉
対人調和的：	協調，ルール，伝統，慣習

[出典：神山　進『消費者の心理と行動―リスク知覚とマーケティング対応』，中央経済社，p.136, 1998参照]

主に経済的価値と機能的価値が，価格の二極化という現象を生んでいる．もちろん，これらの価値の背景には，商品そのものの機能が低価格でも向上したことや技術の発展によって，大量生産が可能になったこともある．

しかし，多くの場合は，従来の価値観とは異なる価値観によって変化が生じているのである．昭和の高度成長期の日本では「一億総中流」とよばれ，消費形態が似ていた．隣の家がピアノを買ったからうちもほしいというように，皆が同じような商品をほしがっていた．社会の中で，多くの人々が同じ商品価値を求めていると，同じような生活スタイルになるのである．

●**価格の二極化**　価格は定価とよばれて商品価値の目安になる．よって，同じ種類の商品なのに大幅に価格が異なるということは，今までは少なかった．しかし，まったく同じ商品ではなくても，同じような用途の商品には価格差がある．例えば，100円ショップに行けば，台所用品，文具，手芸品，食器，化粧品，衣料品，装飾品などが並んでいる．これらは百貨店や専門店でも販売されているが，100円ショップとの価格の差が大きい．化粧品などは，有名なメーカーの商品はブランド品なので高額である．100円ショップに置かれている化粧品は，数も種類も専門店と比較すれば少ないが，確実に価格は安いのである．同様に手袋，鞄，靴下なども専門店と比較すれば，大きな価格の差が生じている．

●**二極化の生活**　若い女性が，海外有名ブランドの1つであるルイ・ヴィトンの鞄をもって，100円ショップで買い物をしている写真が，新聞に掲載されたこと

があった．この記事が伝えたかったことは，彼女が質素な生活をしているわけではなく，自分のこだわりのある鞄にはふんだんにお金を使い，こだわりの少ない日常品を100円ショップで選んでいるという現状であった．この若

ミドル世代	若者世代
自動車　旅行	LCC（格安航空会社）の利用
酒　テレビ	スイーツ男子　スマートフォン

図1　嫌消費と世代の差　〔出典：辻　幸恵作成〕

い女性が特別な生活をしているのではなく，多くの若者たちは，このようにお金をかけるべき商品とそうではない商品を区別していると伝えたかったのだ．身のまわりのすべてのものを高額なブランド品でそろえることは経済的に難しい．それならば，何にこだわるかを決めて，それらにはお金をかける生活なのである．この現象は当時の社会には少なからず影響を与えた．なぜならば，その後すぐに「車離れ」「テレビ離れ」を代表とした，若者たちの消費が活発ではない現象が指摘されたからだ．この現象を嫌消費という．しかし，嫌消費は世代間の差による意識の差が原因である（図1）．

●**若者の嫌消費**　若者たちが消費しなくなったわけではない．商品価値に対する考え方が個別になり，1つの傾向を示さなくなっただけである．また，「テレビ離れ」という現象は，テレビをみなくてもインターネットの検索によって，リアルタイムのニュースを知ることができるし，気に入ったテレビ番組は録画ができるようになったからである．また，スマートフォンで気に入った番組や映画をみることも可能になったためである．技術向上が生活形態を変えているのだ．

●**ファッションの二極化**　ファッション商品についても例外ではなく，二極化が進んでいる．例えば，普段着は特にこだわることもなく，低価格の商品を選択していても，特別な外出の時には勝負服といわれるように，洋服も鞄も靴もしっかりコーディネートをする．これは消費者が合理的になったからである．また，耐久性に優れて長年，着用できる衣類とファストファッションのように，その時だけに着て楽しむ衣類との差別化もなされている．これもファッションの二極化といえる．もともとファッションは流行と同じように考えられてきたが，耐久性に優れた職人の手づくりの鞄は若者にも人気があり，注文をしてから何年も待つような状態も一方では存在している．つまり，ファッションの二極化を起こしている要因は「こだわり」である．何にこだわるのかによって，選択されるファッションが決まるのである．

〔辻　幸恵〕

クールジャパンの中での衣類

クールジャパン（Cool Japan）とは，日本発のポップカルチャー――アニメーション，コンピュータゲーム，漫画から，日本料理，服飾まで――に対して，もっぱら欧米の若年層が見出した「かっこよさ」に対する価値観のこと．いまや国際語として定着した「KAWAII」（かわいい）に代表されるように，クールジャパンと総称される文物には，少なからず倒錯的な性向があることは否めない．衣類に即していえば，「コスプレ」にその顕著な例証をみることができる．

●**コスプレ** コスプレとは，「コスチュームプレー」という和製英語の省略形で，漫画・アニメ・コンピュータゲームなどの登場人物の衣装・ヘアスタイルなどをそっくりそのまままねて衣装・変身することである．

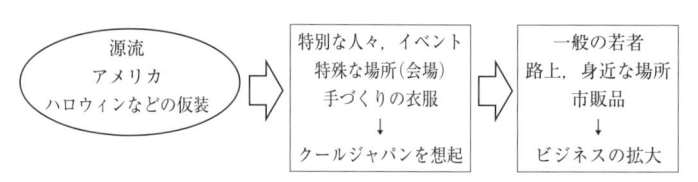

図1 コスプレの普及 ［出典：辻 幸恵・梅村 修著「アート・マーケティング」，白桃書房，2006より］

コスプレの衣装は，もともとは手づくりのものが多かった．現在では市販されている（図1）．しかも店舗だけではなく，インターネットでの販売もなされている．アニメなどに関する大きなイベントや同人誌の販売会場では，コスプレのコンクールなども開催され，衣装も販売されている場合がある．そのほかではビジュアル系のバンドのコンサート会場などでも，コスプレをしたファンをみかけることがある．源流は仮装パーティーである．アメリカでは，ハロウィンに子どもたちが魔女や黒猫の粉装をする伝統がある．あるキャラクターになりきるという意味では同じである．1980年頃は，コスプレをする者もいたが，あくまで特別な存在であった．それが1985年頃から増え始め，現在では，特にアニメや同人誌のイベントに限らず，文化祭や休日の路上などでも気軽にコスプレをしている若者がいる．また，1990年代の終わりには，喫茶店などで店員がコスプレをして接客する店も出現した．個人的な装いからビジネスへと拡大していったのである．コスプレはサブ・カルチャーとして扱われ，オタクから発祥したとされているが，

このように若者にとっては特別な装いではない．コスプレが受け入れられた流れを図 1 に示した．

●**日本の若者の傾向**　男性用ファッション雑誌である『MEN'S NON-NO（メンズノンノ）』の 2010 年 1 月号の表紙を漫画『ONE PIECE（ワンピース）』の主人公であるモンキー・D・ルフィが飾った．漫画の登場人物では初めてである．その後，2011 年 3 月号でもモンキー・D・ルフィが表紙を飾っている．このように漫画の登場人物がファッション雑誌の表紙を飾っても，多くの若者たちは違和感なく受け入れている．日本の若者にとって，トレンドの俳優やモデルたちと同様にアニメの登場人物のファッションも受け入れられるのである．

●**和洋折衷の装い**　若者たちは和洋折衷の装いを好む．例えば，浴衣にバスケットシューズ，スニーカー，サンダルを履く．歩きやすさを優先すれば，下駄や草履よりもはるかに歩きやすい．また，帯もリボンの感覚で巻いているので，後姿からは巨大なリボンにみえる．浴衣の丈も一定ではなく，膝上の丈もあり，ミニスカートの感覚である．浴衣の柄も従来の自然界の図柄だけではなく，乗り物，目玉などの人体の一部，西洋の草花をあしらったものもある（図 2）．浴衣だけではなく，はかまに靴を履くスタイルはずいぶん前からみられている．動きやすさやファッション性を追求する若者にとって，伝統的な着物は和洋折衷の装いとなっている．一方，洋服でも鯉や竜虎の T シャツやジーンズに桜吹雪や富士山をあしらう和柄が人気を博した．夏にはジーンズに下駄を履く装いもみられた．和のテイストを取り入れた装いは，2008 年前後を中心に人気があった．もちろんその頃は和ブーム，アジアンテイストがブームであったため，装いだけではなく，食も和ブームであった．

図 2　新しい装いの浴衣

●**クールジャパンのイメージ**　g.u.（ジーユー）は，2006 年に創立されたファーストリテイリンググループのカジュアル衣料品および装飾品の企画・製造・販売をする企業である．低価格ブランドで若者に人気がある．g.u. のイメージキャラクターに 2012 年秋に起用されたアーティストは，どこかアニメを想起させるファッション感覚をもっているといわれている．彼女は「ファッションモンスター」をコンセプトに発売される衣服のイメージキャラクターとして採用された．新キャラクターの発表会には，「モンスター」にちなんでドラキュラをイメージした黒い衣裳で登場した．クールジャパンのイメージがアニメを想起させるので，

彼女の装いは生身の人間が発するクールジャパンの装いである．分厚い底をもつ靴，白いタイツ，大きな頭のリボン，目玉をモチーフにした髪留めなどの個々のデザインもさることながら，それらを着こなし，トータルファッションとして確立している．　　　　　　　　　　　　　　　　　　　　　　　〔梅村　修〕

衣服とステイタス

　衣服はその着用者の地位や役割を表現していることがある．これは身分階級がある社会ではあたり前ではあるが，身分社会とはいえない日本でも同様の傾向がみられる．

　例えば，病院の中で白衣を着た40～50歳くらいの男性に会えば，多くの人々は彼を医師だと思うだろう．これは「病院内での白衣」という服装が，医師であることを示唆しているためである．

　このように，人々は外見で，他者の身分や役割を判断してしまうのである．

図1　ビジネススーツで働く女性

●**外見のパワー**　一般的にパワーとは行為力，力量，遂行や生産する才能という意味合いがある．みた目で判断されてしまう衣服はそれ自体がパワーの表現である．

　多くは制服にみられる．例えば警察官，パイロット，看護師などが挙げられる．もちろん中学校や高校での制服も同様である．これらは所属を表している．

　また，制服ではないが，スーツはビジネスパーソンを表していることが多い（図1）．つまり，ビジネス・スーツが着用者の能力や資質を表現し，信用を勝ち得る衣服なのである．スーツだけではなく，鞄もその持ち主の身分や役割を示す．頑丈なビジネスバッグをもっていれば，サラリーマンだとみられる．女性においてはブランド品のケリーバッグをもっていれば，役職者だと思われる．

●**若者の価値観**　現代の若者の価値観を彼らの親世代と比較してみる．

　親世代が青春時代の1970年代は，日本に次々とアメリカやヨーロッパの企業が進出してきた．食文化も輸入され，マクドナルド（1971年）やミスタードーナツ（1971年）が国内で出店した．ファッション雑誌も1970年に『an・an（アンアン）』が，1971年に『non-no（ノンノ）』が創刊され，アンノン族が台頭する．この時代の若者たちは欧米への傾倒があり，ファッションも反社会的なもの（ヒッピースタイル）も受け入れられた．衣服によるステイタスの表現よりも，自由な表現として，カジュアルを楽しんだ世代といえよう．

　このように昭和に青春期であった親世代と比較をすると，平成に青春期である

若者は衣服への規範意識が高い.

また,衣服のステイタスについての配慮もある.例えば,大学は高校とは異なり,制服をもたない学校が多いが,入学式にはほとんどの者がスーツで参列する.就職活動もスーツで行う.成人式も男子はスーツ,女子は振袖,はかま,ワンピースなどのフォーマルな装いで参列することが多い.親世代には見受けられたジーンズ姿や平服での参列の数はきわめて少ない.これは,常識の範囲から逸脱したくないという保守的な価値観からの行動である.

若者たちには,華美で奇抜な贅沢品よりも,身分相応の商品かあるいは身の丈よりも少しだけ贅沢な商品が売れ筋である.バブルが崩壊した後に生まれ育った若者たちにとって,衣服のステイタスとはその場に合致したもので,なおかつ等身大の自分を表現するものである.

●**ステイタスの実態** 日本において身分を明確に差別化することは少ない.大学でも最近は,教授たちだけの食堂を有するところは減ってきている.学生たちも教授たちも同じ場所で食事をとり,あるいは互いにジーンズをはいて大学に来ることに何の抵抗もない.

ただし,この現象だけをみてフラットな社会だと判断できるわけではない.現在の日本においては,かつてのトリクルダウン理論のように,階層間を上から下へとファッションが流れていくわけではない.それはステイタスをもった人間が身分的にはいないからである.

それよりも図2に示したように,デザイナーたちの提案によって,アパレル・メーカーが製品化していく.提案された衣服を受け止めるか否かは消費者の選択による.消費者が提案を受け入れたとしても,メガヒットのような現象は起こらない.なぜならば,生産ロットをひかえ,在庫を抱えるリスクをメーカーが負わないからである.

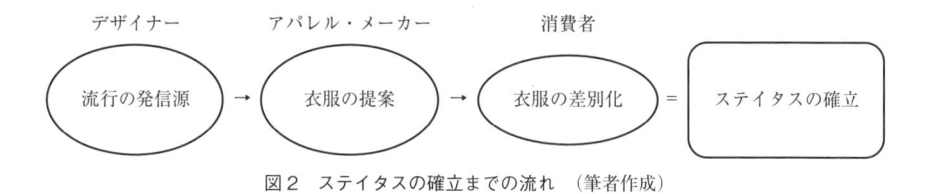

```
  デザイナー        アパレル・メーカー       消費者
  ⬭流行の発信源  →  ⬭衣服の提案  →  ⬭衣服の差別化  = [ステイタスの確立]
```

図2 ステイタスの確立までの流れ (筆者作成)

結果として,短い期間のうちにある種の流行がみられるようになり,流行に敏感な者たちだけが装うことになる.これは,流行に敏感であるというファッションリーダーというステイタスである.

このように現時点での日本での衣服のステイタスは，社会的な身分よりも流行への感性によって成立する（図2）．もちろん，伝統的な装いで品質を重視する場面も存在するが，そのような場面に遭遇することは，特に若者においては少ない．ステイタスは，役割という意味合いと感性によって成立することが多いのが実態である．〔辻　幸恵〕

アートとファッション

アートは芸術と訳される．従来は高尚な鑑賞物としてのアートが主流であった．例えば，学校の美術の教科書に出てくるような絵画や彫刻のイメージである．しかし，アートは美術館や博物館で鑑賞するものという固定観念は，狭い見方である．アートは現在では，カジュアル・ファッションにも取り入れられているからだ．

●**現代アートとファッション**　第二次世界大戦後，美術の中心はフランスからアメリカへ移った．やがてポップ・アートが花開く．ホップ・アートとは，Popular Art の縮約形である．また Pop（発掘する，弾けさせる），Popping（気分が弾むような）という意味もある．大衆的な素材を用いて，既成の芸術観を打破した．アメリカでは 1960 年代に，アンディー・ウォーホル（Andy Warhol, 1922～1987），ロイ・リキテンシュタイン（Roy Lichtenstein, 1923～1997），トム・ウェッセルマン（Tom Weseslmann, 1931～2004）たちが人気を博した．

●**作品の価値**　アート作品は希少価値がある．それは複製ではない限り，多くの場合 1 点しか存在しないからである．洋服でいえば，オートクチュール（注文服）である．もちろん，アート作品でも版画のように複数の作品が同時に世に出ることもあるが，版画にしても何刷目かによって価値が異なってくる．多くの場合はシリアルナンバーがつけられているので，やはりその番号の作品はこの世の中では 1 つだけになる．そのような中でポップ・アートは素材の目新しさだけではなく，複製を許したアートでもあった．複製が許されるということは，大量生産ができるということでもある．

●**コラボ T シャツ**　コラボとはコラボレーションの略語である．コラボ T シャツというのは，最近では，ユニクロが他企業と提携をして T シャツのデザインをすることを総称している．企業ばかりではなく，『ONE PIECE』というアニメの登場人物をあしらった T シャツをつくったり，アーティストと組んでアート T シャツをつくったりした．アーティストとのコラボ T シャツは話題になった．コラボをしたアーティストの中に，先に述べたようなポップ・アートの作家たちがいた．彼らの作品がカジュアル・ファッションの代表格である T シャツにデザインされたのである．

●**若者の周辺のアート**　コンビニエンス・ストアに並ぶ雑貨や食料品のパッケージにも，フォルム（形態），イメージ（形象），記号（サイン），図像（イコン），

文字（カリグラフィー）とアートの領域に近いものもある．それらは普段，若者たちが何気なく手にとるものである．電車の中のつり広告にしても，おもしろいキャッチコピーを配したデザイン性の高いものがある．若者たちの日常生活の中には，限りなくアートに近いものたちが溢れている（図1）．この中にファッションも含まれてくる．

図1　従来のアートと現代のアートとの相違　〔出典：辻　幸恵・梅村　修「アート・マーケティング」，第3章　日本におけるアートの移り変わり，白桃書房，2006より梅村　修が抜粋して作成〕

従来のアート
芸術家による
個別の価値観
美術館・博物館

現在のアート
芸術家，技術者，愛好家による
個別の価値観と協力的志向
複製，コピー，まね，俗悪なものまで含む

コラボTシャツ以外にもファッションにアート性を感じるものがある．例えば，クロックス（軽い合成樹脂製の靴．アメリカに本社を置く企業名）のサンダルの前面の穴に，自由に配置ができるボタンのようなアクセサリーがある（図2）．1つ1つは安価であるが，自分の感性でいくつでも配置することが可能である．既製品に手を加えることによって，オリジナリティと自分だけの感性が加えられた靴を楽しむことが可能になる．また，携帯電話をビーズなどで盛り上げるように装飾することも，オリジナル作品と同じである．彼らはそれらを「デコる」あるいは「盛る」という表現をする．ネイルも同じ傾向がある．自由に自分の爪を彩色し，好みの絵を描くことが可能になる．

図2　若者に人気のクロックス

●**雑貨とアート**　最もアート性が高いファッション商品には，雑貨を挙げることができる．雑貨はアクセサリー，小物，インテリアを含み幅広い商品群である．

2012年以降は雑貨ブームとよばれている．この雑貨の中に，手づくり作品が含まれ，手づくり雑貨として販売されている．多くは「手づくり市」「ハンドメイド市」とよばれるようなイベントなどでの販売が多いが，店舗やインターネットでも販売されている．この雑貨の中には，プロの作家がつくった作品も含まれており，アート性をおびた商品もある．若者たちの心をとらえるのは，こうした作家作品である．ファンになればイベント会場に出向き，作家と直接話をすることも新しい作品をみることも楽しみになる．このように，もはやアートをファッションに取り込むことは特別なことではなく，多くの機会が日常生活の中で埋もれている．今後もアート性をおびたファッションは，絶えず形を変えながら，我々の身のまわりに存在するであろう．

〔梅村　修〕

情報発信と表現

　情報とは，ある事柄についての知らせという意味がある．ただし，単なる知らせだけではなく，物事の良し悪しを判断するための知識でもある．よって，情報を発信するということは，多くの人々に向けて人々の役に立つような知識を伝達する行為といえよう．

●**ファッション情報**　ファッション情報には2種類ある．1つはファッションアイテムそのものの情報である．これらには，名称（商品名，品種，メーカー名，ブランド名），色，サイズ，デザイン，素材（原材料，配合成分），重量，加工方法，製造時期，品質，価格，クリーニングの取り扱いなどが含まれる．もう1つは，流行の情報である．はやりの着こなし，スタイル，化粧方法，デザインなど最先端の事象である．これらはファッション雑誌に掲載されたり，メディアで紹介されたりすることが多い．

●**ファッションと情報発信としてのツール**　ファッション雑誌以外にも情報を発信するツールがある．例えば，インターネット上でもファッションアイテムは販売されているので，インターネット（パソコン）もツールの1つである．メディアは新聞，ラジオ，テレビという従来どおり情報を発信するツール以外にも，ブログ，ツイッター，フェイスブックなど，携帯電話やスマートフォンからの発信も可能である．動画を手もちのスマートフォンなどからでも発信できるので，リアルタイムでの情報の伝達が可能になった．

●**アイドマモデルと情報発信**　アイドマモデルとは，消費者がいかに物事に興味をもち，購入に至るかということを5つの段階に分けて説明したものである．5つの段階とは，Attention（注意），Interest（興味），Desire（欲求），Memory（記憶），Action（行為）である（表1）．それぞれの頭文字をとってアイドマとよばれている．これはアメリカのローランド・ホールが提唱した．消費者が広告をどのように受け止め，情報を理解して，最終的に購入するかという流れを示している．これを情報発信の具体的手法と併せて考えると次のようになる．

　例えば，演出で人目をひく時は，わざと鮮やかで派手な色を使用し，驚くような斬新な画像を用いる．これがAttention（注意）である．これは何だろうと興味をもってもらうために，逆にわざとモノトーンでレトロな演出もある．「ほしい」という欲求を抱いてもらうように，商品やサービスに特典を付けることもある．わかりやすいキャッチコピーや親しみやすいキャラクターをつくり，商品名

表1 アイドマモデルと具体的手法

アイドマの法則	具体的な表現手法
Attention（注意）	：演出で人目をひく．目立つようにする．話題になる．
↓	
Interest（興味）	：最新情報で興味をひく．
↓	
Desire（欲求）	：価値を提示して欲しい気持ちを喚起させる．
↓	
Memory（記憶）	：商品やサービスの名前を印象づける．
↓	
Action（行為）	：実際の購入という行為を起こさせるために，手に入れる方法を提示する．

［出典：宣伝会議 編「マーケティング・コミュニケーション大辞典」，宣伝会議，p.5, 2006 に辻 幸恵が加筆］

あるいはブランド名を覚えてもらう必要がある．これが Memory（記憶）となって，消費者に認知されるのである．最後に購入という行為に至るように商品やサービスを得やすい環境を整える．インターネット販売や通信販売を活用し，全国どこからでも発注ができるシステムをもっているならば，そのシステム自体を人々に認知してもらうことも必要である．

●**表現方法** 情報の表現方法では，身近な例として広告が挙げられる．広告は企業から発信される．電車内のつり広告，街中にある看板，電飾に彩られた電光掲示板，TV 広告などである．広告は商品の売れ行きやイベントの集客を左右する大事な要因となる．人々の心に残る広告は，インパクトがある言葉，動画，キャッチコピー，モデル，ストーリー性など，他の広告とは異なる要因をもっている．時代を表すような広告もあれば，普遍的な手法で繰り返しアピールをする広告もある．多くの広告は，他社との差別化をうたい，商品の優位性について表現している．表現方法は表現媒体によって異なるが，顧客となる対象者に興味を抱いてもらうために，事前に調査をした結果を用いて，表現方法を検討することが一般的である．これをマーケティング・リサーチという．

●**個人からの発信** 情報として発信することができるのは企業だけではない．個人からも情報を発信しているのである．それはスマートフォンなどのツールを使用するだけではない．例えば，化粧は個々の美に対する装いではあるが，同時に社会的な意味をもつ．特に日本では顔は布で覆わないので，他者からはよくみえる．化粧をした顔は，非言語メッセージとして他者へ自己の情報を発信しているのである． 〔辻 幸恵〕

情報受信と衣類

●**インターネット販売におけるファッション商品**　インターネットが普及し始めた 2000 年頃，インターネットに接続できるのはパソコンが主なデバイスであった．それから 10 年後，インターネットに接続できるデバイスはパソコンのみではなく，さまざまな種類が誕生した．

その代表例は iphone に代表されるスマートフォン，いわゆるスマホである．スマホのおかげで，どこにいても簡単にインターネットに接続できる環境を消費者は手に入れることが可能である．

博報堂 DY「全国スマートフォンユーザー 1,000 人定期調査」調べによると，2013 年 11 月時点において，スマートフォンの保有率は 55.2% である．注目すべき点は若年層（15〜19 歳）の保有率は 87.3% と非常に高いことである（表1）．

表1　年代別スマートフォンの保有率

年齢	保有率
15〜19 歳	87.3%
20〜29 歳	82.0%
30〜39 歳	64.0%
40〜49 歳	50.1%
50〜59 歳	39.7%
60 歳以上	20.3%

[出典：博報堂 DY メディアパートナーズ調べ]

次にスマートフォンを用いて，実際にインターネットショッピングで商品を購入したことがある人々は，全体の 65.2% となった．購入した品目のトップは「衣料品・靴・バッグ・服飾雑貨」であった．これらの占める割合は 57.7% となった．インターネットショッピング内においては，「衣料品・靴・バッグ・服飾雑貨」という，いわゆるファッション商品の売れ行きが好調であることがわかる．

さて，インターネットが普及するにつれ，O2O（Online to Offline）という，インターネットの世界とリアルな世界を繋ぐ方法が広まっている．例えば，インターネットでクーポンを発行し，リアル店舗へ誘導する方法がある．この方法が広がるにつれ「ショールーミング」という行動が広がっていった．これは，どのような場所においても簡単にインターネットに接続できるようになったことで発生している問題である．具体的には，リアル店舗に商品をみにいき，そこでみつけた気に入った商品をスマートフォン等の端末でインターネット検索し，同じ商品がリアル店舗よりも安く販売されているサイトで購入するという行動である．このため，リアル店舗が販売場所というよりも，ショールームと化してしまったのである．文字どおり「ショールーミング」になり，リアル店舗にとっては，売

上げが下がることが問題である．

　しかし一方では，大手インターネットファッション販売サイトと一部有名商業施設が連動して「ショールーミング」に取り組んでいる例もある．実際に店頭に行き，希望のファッションアイテムのバーコードを撮影し，インターネット販売サイトへ誘導しているのである．その過程で販売された商品に対しては，一定額の手数料がリアル店舗に支払われる．ただ，店頭で商品のタグを撮影するという行為は，消費者にとってはひと手間がかかる行動となる．

　そこで，この手間を省くものとして注目されている技術が「近距離無線通信（Near Field Communication：NFC）」といわれるものである．10 cm 程度の範囲において，非接触で通信ができるものと規定されている．この身近な例として「おさいふケータイ」等が挙げられる．IC タグに商品情報等が掲載されているホームページの URL を記録させ，NFC 搭載のスマートフォンでその IC タグをかざすだけで，商品ページに簡単にアクセスすることが可能となる．

　店頭で販売している商品タグにこれらの情報が掲載されると，タグを撮影するという行為も省くことができる．つまり，たいへん簡単にインターネットにアクセスすることが可能になる．これらの状況が整うと O2O はさらに新しいツールになると考えられる．これらの動きに対しては，まだ多くの商業施設は参加していないが，今後の行方は注目すべきことである．

　上記の「ショールーミング」のような，消費者にとって新しい方法で商品を購入することが可能となるので，インターネット販売におけるファッション商品は通信販売の延長ではない．新しい行動を伴うからである．

　3D システムを活用すれば，2 次元でしかわからなかった衣服の情報は，立体として伝えることができる．それによって，全体のバランスや風合いも理解できるようになる．目でみて，手でふれて布を確かめる必要もない．また，やがてはアクセサリーの重量だけでなく触感もインターネットを通じて伝えられるツールができよう．

　今後，インターネット販売は生活をより便利にするであろう．手軽に早く，そして確実に商品を消費者に届けるシステムが充実し，選択の幅は世界に広がるのである．

〔田中健一〕

経済動向の中での流行

　流行はその時代の経済動向，つまり不景気や好景気によっても影響を受けるといわれている．逆にあるファッションが流行すると，やがて不景気になるともいわれてきた．いずれにしても，流行は経済状態とかかわりがある．第二次世界大戦後の高度成長期には，戦前に女性が着用していた和服から，普段着にも洋服が普及した．男性のおしゃれはアイビールックを皮切りに，普段のカジュアルなおしゃれとして流行していった．

●**経済と流行**　1960年以降の若者の傾向を表1に示した．1955年からの社会を高度経済成長期とよんでいる．1960年代は大量生産に支えられた圧倒的な生産力によって，メガヒットが次々と生み出されていった．人々の中流意識のもとでファッションも大量に生み出されたのである．やがて1980年代には，多様化の時代になり，いくつかのグループごとに，特徴のある装いや嗜好がみられるようになった．この頃は日本人の経済力が強くなり，海外有名ブランドが日本への出店を決めてやってきた．また，日本のデザイナーたちも1970年代からこの時期にかけて海外で活躍した．ブランド志向とよばれる現象も沸き起こった．やがて，バブルが崩壊した後の2000年代になると，従来の社会規範とは異なる個人の価値観による装いが認められるようになった．それと同時に2000年半ばからは「もったいない」という意識のもとで，古着や中古品が着目されるようになった．2011年3月に発生した東日本大震災以降は，備えるべきものや必要なものに関心が高まった．節電などの節約も社会のために行うという意識になった．心理的には，誰かが選んだ商品に追随するのではなく，個人が何を選択するのかという時代になったといわれている．

表1　経済の動きとトレンドの変化

1960-1979年	1980-1999年	2000-2010年	2011年-
メガヒットの時代	多様化の時代	新しい価値の時代	見直しの時代
同じ服装や流行を追いかける傾向 →	個性化の中で自分らしさを求める傾向 →	従来とは異なる着こなしを楽しむ傾向 →	東日本大震災　必要なものを見直す傾向
大集団志向	グループ志向	個別の価値志向	他者との絆志向
高度経済成長：前期	中期　　　後期	バブル崩壊　不況期	停滞期

[出典：山口康子，生野晴美 編著「衣生活論―持続可能な消費に向けて」，アイ・ケイコーポレーション，p.8, 図表2-3 若者の傾向，2012に辻　幸恵が加筆]

そのため，2008年以降は海外の有名ブランドが，日本から撤退を余儀なくされている．不景気のため，日本人の財布の紐がかたくなっただけではない．高級で高額なブランド品を他者に見せびらかしたい，自慢したいという気持ちが少なくなり，それよりも自分自身の満足を重視するようになったからである．老舗のブランドよりも，身近で手頃な価格のブランドが台頭したのは，価格が安いという経済的な要因だけではない．経済の問題から心理状態が変化したといえよう．

●景気と色　好景気の時と不景気の時とでは，人々が好む色も異なってくる（図1）．好景気の時は大胆なデザインが好まれ，奇抜さも受け入れられやすい．1987年には「ボディコン」とよばれる服装が流行したが，これらには鮮やかなビビッドカラーが使用されていた．一方，不景気の時には白，黒，グレーなどのモノトーンが流行する．これらのモノトーンにベージュや茶色が足されることが一般的である．現在はこれらの比率が7割くらいといわれているが，景気が悪くなればこの比率も高くなるといわれている．これらの色が多くなる原因としては，長く着ることができる色を選択しようとするからだといわれている．つまり，モノトーンなどは無難な色で，いつでもある定番色なので不景気の時には選択されやすい色になる．好景気になると明るい感じの色が増えてくる．明るい色や鮮やかな色が好景気の特徴である．1960年代も明るい鮮やかな色があふれた．もちろん，衣服だけではなく，自動車の色もあざやかな色が売れた．これらの現象は先行して小物や鞄に反映される．例えば，最近ではグリーンやピンクのストールが売れている．これは2020年に東京でのオリンピック開催が決まり，景気回復への期待が表れているのである．

好景気	不景気
明るい色，鮮やかな色 ビビッドカラー グリーン，ピンク，赤	白，黒，グレーのモノトーン，ベージュ，茶

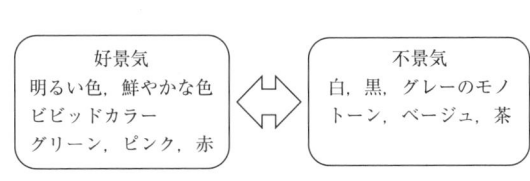

図1　好景気と不景気に流行する色　[出典：辻　幸恵作成]

●バブル崩壊直前と直後　バブル崩壊直前の1990年には「紺ブレ」とよばれる紺色のブレザーが流行していた．多くは金色のボタンがついていた．「紺ブレ」は若い女性だけではなく，30歳以上のミドル女性にも好まれていた．この「紺ブレ」の流行以降は，それまでの総合的な同一ブランドでのコーディネートから，単品でのコーディネートへと変化していった．ひとりでいくつものブランドを着こなす装いに変化したのである．また，バブル崩壊直後の1992年には黒と白を主流としたフレンチカジュアルが，1993年にはグランジファッション（汚い装い）やレイヤードファッションが流行した．その後，ナチュラル志向の到来でオフホワイトが登場してきた．

〔辻　幸恵〕

Chapter 12
衣服と経済

日本の経済発展と繊維産業 ——— 312
経済，社会の流れと繊維・
　ファッションの出来事 ——— 314
衣服に関係する産業の分類 ——— 320
衣服の生産 ——— 322
衣服の流通 ——— 324
衣服に関係する産業の現状 ——— 326
ファッション産業のグローバル化
　——— 328
ファッション産業の仕事と職種 — 330
ファッション産業のブランド戦略
　——— 332
高級ブランドと
　ファストファッション ——— 334
ファッション産業活性化に向けた
　新たな試み ——— 336

日本の経済発展と繊維産業

　日本は，明治維新後，近代国家を目指し，急速に経済を発展させてきた．その発展を支えたのが，繊維産業である．また，第二次世界大戦後，復興に向け牽引車となったのも，繊維産業である．日本の経済発展は，繊維産業を抜きに語ることはできない．では，繊維産業は日本の経済発展になぜ寄与できたのか？　また，繊維産業はどう推移していったのか？　その概略を本項では解説していく．

●近代化を支えた繊維産業　明治政府は，日本の近代化を進めるため，先進国から機械や資材，技術や知識を輸入する膨大な資金が必要となった．この資金を得るためには，国内に産業を興し，製品を輸出して，外貨を稼がなければならない．ただし，国際競争力がなければ，言い換えれば，他の国より，「よいものを安く」つくらなければ，誰も買ってはくれない．江戸時代末期，日本の最大輸出品は生糸（絹糸）であった．外貨獲得を目的に，良質の生糸を大量生産するため，政府は明治5（1872）年，最初の模範工場，富岡製糸場（群馬県富岡市：2014年6月，世界遺産に登録）を設立し，品質向上を目指した．

　その後，繊維産業は，政府の援助と民間の投資の中で，近代工業として日本に根付いていく．初期は，絹糸や絹織物を中心に，続いて，綿糸や綿織物が日本の主力輸出品として，外貨を稼ぎ近代化に貢献していった．

　日本の繊維産業は，なぜ国際競争力を得られたのだろうか？　主な要因として，以下の3点により「良質で安価な製品の提供」に成功したからと考えられる．

① 政府と民間の重点的投資による技術，設備の導入と工場の建設
② 新しい技術を使いこなせる能力をもった，優秀かつ安価で豊富な労働力
③ 新技術の積極的導入による技術革新

　日本の繊維品は，国際的な評価を得ることができ，ピーク時の1926年には，日本の全輸出額の72%を繊維品が占めた．

●戦後の繊維産業の盛衰　第二次世界大戦の敗戦により，繊維産業も壊滅的な打撃を受けた．しかし，伝統的に海外に需要のある綿紡績業は，いち早く再建が図られ，復興期（1945〜51年）から高度成長期（1952〜73年）にかけて，綿糸・綿製品は，再び輸出産業の主力となる．60年代以降は，次第に減少する綿に代わって，化学繊維（レーヨン，ナイロン，ポリエステル等）が開発され，発展していった．また，高度成長期以降，洋装の定着，特に女性衣料の消費が進み，国内市場も大きく成長していった．

既製服を大量生産するアパレルメーカーや，大量販売する総合スーパーが生まれ，発展する中，繊維産業は，主市場を海外から国内に移していく．

経済成長は，国民の生活を豊かにするが，企業にとっては，人件費の増加ももたらす．繊維産業は，生産コストに占める人件費の割合が高いため，日本の強みであった「よいものを安く」提供することが困難になり，さらに為替変動の影響も受け，国際競争力は急速に失われていった．初めは，台湾や韓国，次いで，中国が，日本に代わる輸出国となり，1986年には，ついに繊維品の輸出と輸入額が逆転した（図2）．また，国内向け衣料品の多くは，日本で企画し，人件費の安い海外（主に中国）で生産する方式を取るようになり，2012年には，日本で流通する衣料品のうち，輸入品が9割を超える状況になっている．

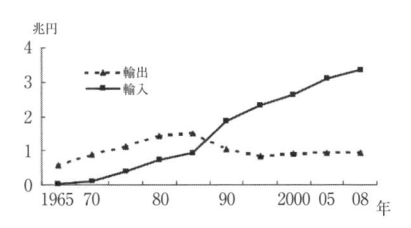

図2 繊維品・製品の貿易 〔出典：日本衣料管理協会刊行委員会編 「衣生活のための消費科学：品質，消費者，生産・流通・消費」，日本衣料管理協会，p.72，2011〕

●**現在の繊維産業**　長期化する不況とデフレにより，日本国内の衣料品市場は金額ベースでは縮小し，輸出も停滞が続いている．繊維産業は厳しい状況下にあり，新素材開発による差別化，衣料品以外の用途開発，他化学分野への多角化等によって，存続と成長を図っている．また，世界に通じるファッション性の高いブランド育成等による高付加価値化も必要に迫られている．

グローバル化する市場の中で，繊維産業の再活性化は日本経済の重要な課題であり，産業全体の構造改善と国際競争力強化が急務である． 〔藤田雅夫〕

参考文献
[1] 大橋正男：衣生活のための消費科学：品質，消費者，生産・流通・消費，日本衣料管理協会，2011．

経済，社会の流れと繊維・ファッションの出来事

　ファッションは短い言葉で表すと「流行」のことであるが，それは政治・経済を含む社会の流れと大きく関わっており，平和な世界を背景として広がる．日本における20世紀後半以降のファッションは，大衆化，個性化，カジュアル化，多様化，成熟化という流れをたどり，また，流行サイクルは短期化している．もともと日本のファッションは，欧米の影響を強く受けてきたため，グローバルな現象である．21世紀に入りますます世界的規模の経済，社会の流れで考えないと，消費やものづくりの面からもファッションを正確に把握することはできなくなっている（表1）．

●**戦後から高度成長期**　第二次世界大戦後の経済を牽引したのは，綿糸・綿織物を製造する労働集約型の繊維産業だった．そして，高度成長期に入ると合成繊維の生産が増加し，大量生産システムでつくられた衣服が大量消費された．また，素材メーカーによって提案された流行色キャンペーンにより，1962年のシャーベットトーンが大流行したように，カラーについても画一的な流行現象がみられた．1960年代中頃のミニスカートブームは，年齢を超えて大きな流行現象として広がった．多くの人が同じ流行を受け入れる「十人一色」消費の時代であった．

　その後，経済の安定成長期に入ると，既製服の企画・製造を行うアパレル産業が成長した．さらに生活水準の上昇とともに余暇時間が増加し，スポーツやレジャーが大衆化し，衣服の面ではカジュアル化が進んだ．

●**オイルショックからバブル期**　1973年のオイルショックは，人々の価値観に大きな影響を及ぼした．資源の少ない日本では，それまでの消費は美徳という価値観が見直される．また，消費の多様化が進み，若者の間では，個性的なファッションが広がった．一方で，衣服のみならず自動車や家電など，生活のさまざまな面で流行を楽しむファッション化社会が到来した．1980年代はDC（キャラクター&デザイナー）ブランドブームがあり，個人の個性をファッションで主張する「一人一色」消費期であった．

　1985年のG5プラザ合意により円高が進み，1990年前後のバブル経済期に海外ブランドの日本への進出が加速した．1989〜1991年のバブル経済期は，所得の増加とともに，社会全体が高額消費へと向かい，フランスやイタリアの現在ラグジュアリーブランドとよばれている高額商品の輸入が増加した．生活にゆとりができると，生活のいろいろな場面，オケージョンによって「一人十色」といわれ

るように，ファッションを自由に着分ける時代となった．

●**バブル崩壊以降**　1991年10月頃からバブル経済が崩壊し始めると，しばらくして衣服の消費も低迷する．コストを削減し低価格化を実現するために，生産部門は人件費の安い海外への移転が進み，結果的に国内製造部門は空洞化が進むことになった．デフレ経済が進み，ファストファッションといわれる低価格の商品が拡大した．しかし，バブル経済が崩壊した後も，高級品ブランドはしばらく拡大を続け，この時期はいろいろな現象が入り混じった「複合型」の消費期であった．

そして，世界経済の拡大に伴い，高い価格帯のラグジュアリーブランドの商品の展開は世界規模で広がっている．21世紀の初頭は，中間価格帯のファッションは低調であるが，高品質な高級品と手軽なファストファッションは好調であり，「二極化」消費が進んでいる．

中国をはじめとしたアジア各国の経済成長が著しいとはいえ，平均的な生活者の消費水準は，日本が世界トップクラスである．流行にも敏感であり，その消費者を満足させるものづくりの製品規格の水準も，世界で最も高い．

ファッション産業はクールジャパン戦略の1つとして位置づけられており，ものづくりだけでなく，コンテンツ産業，生活文化提案産業，感性価値創造ビジネスとして捉えられている．繊維材料分野は，ハイテクな高次加工産業でもあり，日本の文化と高い技術に裏付けられた産地は，地域経済の活性化を担う産業として期待されている．

表1　政治・経済・社会の流れと繊維ファッションの出来事

西暦（年）	政治・経済・社会	繊維・ファッション関連
1945	第二次世界大戦終結	復員服
1946		更生服，パンパンルック
1947	新憲法施行，6・3制義務教育制定 第一次ベビーブーム（～1949）	パリ・オートクチュール再開
1948	GATT発足 帝銀事件	戦後日本で初のファッションショー 東レでナイロン本格生産 日本デザイナーズクラブ，日本百貨店協会発足
1949	1ドル=360円，JIS規格スタート 通商産業省設立，繊維製品統制撤廃	アメリカンスタイルブーム （フレアースカート，フレンチスリーブなど）
1950	朝鮮戦争勃発，特需景気 レッドパージ	糸へんブーム，ガチャマン景気 百貨店で中元・歳暮セール開催

12. 衣服と経済

けいざい，しゃかいのながれと
せんい・ふぁっしょんのできごと

年	社会・経済	繊維・ファッション
1951	講和条約，日米安保条約調印 民間放送開局，紅白歌合戦開始	ナイロンストッキング登場，紳士服標準寸法制定 洋裁学校急増，専門ファッションモデル登場
1952	糸へん・金へん景気 全日本商店街連合会発足	婦人子供服寸法発表 ラジオドラマ「君の名は」ブーム
1953	朝鮮戦争休戦 テレビ放送開始	合成繊維産業育成5か年計画，日本流行色協会設立 初のスーパーマーケット（紀伊国屋），ディオール来日 真知子巻き，第一次下着ブーム
1954	自衛隊発足 1円未満廃止 自動車ショー開始	過剰生産で繊維業界不況，既製子供服開発 背広イージーオーダー（オンワード樫山），ヘップバーンスタイル（シネモード），ディオールHライン発表
1955	ガット加入，家庭電化時代幕開け 社会党統一・保守合同（55年体制） 経済白書「もはや戦後ではない」 経済成長期突入	繊維製品品質表示法施行，セルフサービス方式始まる 全日本小売商団体連盟発足 ポニーテールブーム，マンボスタイル
1956	日本国連加盟，日ソ国交回復 神武景気	百貨店法施行，太陽族（日本のシネモード） フランス・モード影響高まる，ジーパンスタイル
1957	5,000円札，100円硬貨発行	テトロン発表，主婦の店ダイエー設立，カミナリ族
1958	岩戸景気，売春防止法施行 中小企業団体組織法施行，団地族	繊維不況対策（織機7万台政府買上げ），日本セルフサービス協会設立，カルダン来日，ロカビリールック
1959	平成天皇ご成婚，メートル法実施 最低賃金法成立，伊勢湾台風	百貨店ファッションキャンペーン ミッチーブーム，プリンセスルック
1960	日米新安保条約，所得倍増計画 カラーテレビ本放送 輸入自由化257品目	ヤングファッションがメインターゲットに マリークワントがミニスカート発表（パリ） 月賦をクレジットに改称（丸井）
1961	ベトナム戦争，ベルリンの壁建設 株式大暴落景気後退 日本消費者協会発足，現代っ子	メンズファッション協会設立 百貨店海外デザイナー提携ブーム パリのオートクチュールがプレタポルテに進出
1962	日米ガット調印 東京スモッグ問題	日本ユニフォームセンター発足，レジャーブーム ボウリングブーム，六本木族
1963	ケネディ大統領暗殺事件，中小企業基本法施行，オリンピック景気	エレキブーム，「巨人・大鵬・卵焼き」，TPOキャンペーン，ニットスーツブーム
1964	日本OECD加盟 東京オリンピック 東海道新幹線	繊維工業設備等臨時措置法，ワイシャツ多サイズ化 みゆき族，OL，メンズトラッド・アイビーブーム (VAN, JUN)
1965	赤字国債発行 団地サイズ	日本でミニスカートブーム，ゴーゴーダンス 市場細分化マーケティング
1966	中国文化革命，新三種の神器（カラーテレビ，クーラー，自家用車） 人口1億人突破，ビートルズ来日	TPOコーディネートの一般化，モッズルック ポップルック，フォークソングブーム

12. 衣服と経済　けいざい，しゃかいのながれと　せんい・ふぁっしょんのできごと

年	経済・社会	繊維・ファッション
1967	ASEAN結成，昭和元禄 自動車保有台数1000万台突破	JIS規格総合委員会設立，日本チェーンストア協会設立，繊維工業構造改善事業協会設立
1968	学生運動激化，東名高速開通 消費者保護法制定，高級化，多様化 対米繊維輸出対策協議会設立	既製服アパレルメーカー専業化，専門店大型化，通産省過剰紡績設備100万錘一括処理，マイクロミニ，サイケデリック，ヒッピールック，パンタロンスーツ
1969	東大紛争，アポロ11号月面着陸 エコノミックアニマル，断絶の時代	アンチTPO，長いスカートブーム（マキシ，ミディ）カラーストッキング，ショッピングセンター出現 マンションメーカー活躍
1970	GNP世界第2位，大阪万博 ファーストフード，歩行者天国 ウーマンリブ，個性化	デザイナーブランド台頭，ブティック誕生 「an・an」創刊，フィーリングファッション レイヤードルック，ペザントルック
1971	ドルショック，ディスカバージャパン，第二次ベビーブーム（～1974）	アメリカンカジュアル全盛，ワンポイントブーム ホットパンツ，ジーンズ業界活況
1972	日中共同声明調印，日本列島改造論 株価大暴落，パンダ初来日，沖縄返還	日米繊維協定調印，アン・ノン族，鈴屋パリ進出 ダイエーが三越を抜き小売売上高トップ
1973	第一次オイルショック，物価狂乱 買占めパニック，変動相場制移行	イトーヨーカ堂がセブン-イレブン導入 表参道ファッション化，ペアルック，バギーパンツ エスカルゴスカート
1974	経済ゼロ成長（低成長期の始まり） 大規模小売店法施行 ニューファミリー	素材メーカー経営合理化，ファッションビル台頭 ミセスファッション台頭，ブリーチデニム 高田ケンゾー，三宅一生パリコレで活躍
1975	世界的不況 ベトナム戦争終結	婦人子供服東京ファッションウィーク開始 オリエンタルフォークロア
1976	ロッキード事件 アメリカ建国200年	東京ストフ（テキスタイル展）開始 アンチモード，チープシック，ビッグライン
1977	円高不況，大型倒産続出 家庭内暴力	イデア京都（テキスタイル展）開始，バーゲン旋風 パンクファッション，キャリアウーマンファッション
1978	日中平和条約，ボートピープル サラ金地獄，窓際族	日本小売業協会発足，VANと花咲倒産 単品コーディネート主流に，サーファールック
1979	第二次オイルショック Japan as No. 1	ビッグ＆スリム，肩強調スタイル，省エネルック 竹の子族，アパレル産業協会発足 パルコ売上げ1,000億円
1980	イラン・イラク戦争 日米自動車摩擦 『第三の波』	過剰設備廃棄開始，ダイエー売上げ1兆円 ニュートラ，ハマトラ，プレッピー，スポーツウェアブーム
1981	軽薄短小ブーム（ウォークマン） ミーイズム	DCブランドブーム，クリスタル族，フォークロア ミラノファッション人気
1982	フォークランド紛争 東北・上越新幹線開通	百貨店のアジア進出，山本耀司・川久保玲パリコレ進出，カラス族，ミニスカート復活

年	けいざい，しゃかいのながれ	せんい・ふぁっしょんのできごと
1983	貿易摩擦，東京ディズニーランド開業，おしんブーム	日本通販協会設立，アウトドアスポーツブーム ジャパニーズカジュアル
1984	新札発行，ピーターパンシンドローム，日本人平均寿命世界一	銀座百貨店戦争，ゴルチエのアンドロジナス テクノカットヘア，メンズメーク
1985	G7プラザ合意，円高不況 筑波科学万博，お嬢様ブーム	東京コレクション開始，ファッションビル増える シャネル調スーツ，上品服ブーム
1986	男女雇用機会均等法施行，新人類 グルメブーム，ダイアナ妃フィーバー	ボディコンシャスブーム，ミニタイトスカート プレタポルテきもの登場
1987	NY市場暴落，JRスタート 朝シャンブーム，ニューリッチ消費	繊維製品初の貿易赤字，アパレル輸入急増 ヨーロッパクチュール系ブランド人気，スポーツカジュアル
1988	リクルート疑惑，インサイダー取引 アッシー君，DINKS 「Hanako」創刊	インポートブーム，ジャパン社設立相次ぐ ビッグストール全盛
1989	平成元年，消費税（3%）施行 バブル期，ベルリンの壁崩壊	新合繊ブーム，イタリアンブーム，渋カジ，ソフトコンシャス，おやじギャル，オタク族，セクハラ
1990	ドイツ統一，企業市民，ファジー 出生率低下，イタメシブーム	大規模小売店舗法の規制緩和，百貨店の自主編集MD エコロジーファッション，金ボタンの紺ブレ
1991	中東湾岸戦争，ソ連崩壊 バブル崩壊（1991.11）	中国，ベトナム生産活発化，ロードサイド型専門店 キレカジ，ジュリアナブーム，プリティコンサバ
1992	リストラ，マイナス成長 EC市場統合	複合素材，Tバック，ニューヨークキャリアブーム IFI設立
1993	皇太子ご成婚 価格破壊，空洞化	アウトレット台頭，インディーズ系デザイナー台頭 オーガニックコットン，フレンチカジュアル FB学会発足
1994	為替相場100円割る マルチメディア化	リサイクルブーム，グランジファッション，カットソーブーム，ストリートファッション，フェミ男くん，コギャル，ピタT
1995	阪神・淡路大震災，オウム事件 インターネット普及，PL法施行	QR推進協議会，機能素材開発，インポートセレクトショップ，海外SPA日本上陸，シャネラー，フライデーカジュアル
1996	不動産不況，金融ビッグバン（日本版），アウトソーシング	海外生産増大，リサイクル素材，アウトレットモール 茶髪，ルーズソックス，アムラー
1997	消費税5%に，香港返還 グローバルスタンダード，携帯電話	フリース，アパレルのSPA化志向高まる，裏原宿ブーム，109系ファッション，ビンテージ，スリップドレス
1998	冬季長野五輪 百歳以上1万人超え	ネイルアート，キャミソール，ローライズパンツ

12. 衣服と経済　けいざい，しゃかいのながれとせんい・ふぁっしょんのできごと

年	社会・経済	繊維・ファッション
1999	世界人口60億人突破	繊維法廃止，通産省にファッション室設置，ストレッチデニム，ガングロ山姥ルック，厚底サンダル，カリスマ店員
2000	公的介護保険，少子高齢化社会　高失業率続く，Iモード	大店法廃止，ユニバーサルファッション，ミュール　Gジャン，そごう倒産，ネットオークション　パラパラ
2001	アメリカ同時多発テロ　WTO中国加盟承認　東京ディズニーシー開業	LVMHジャパン社，銀座ラグジュアリーブランドショップ，スリットスカート，ロングブーツ
2002	サッカーWカップ日韓共同開催	ウォルマートが西友買収，ダイエーが産業再生法申請　プルミエールビジョンに日本企業進出
2003	イラク戦争，六本木ヒルズ	ヌーブラ，カーゴパンツ，ニット帽
2004	新潟中越地震，オレオレ詐欺　韓流ブーム	ユニクロ米国進出，ハナエモリオートクチュール閉鎖　知的戦略本部室設置，ナノテク素材，美脚パンツ
2005	デフレ脱却，ITミニバブル	クールビズ，プリントスカート，ヒルズ族
2006	企業M＆A，マンション耐震偽装事件，格差社会	浴衣ブーム，キレカジ
2007	アメリカサブプライム問題，食品偽装，消えた年金問題	スキニージーンズ，古着ブーム，高額美容液
2008	リーマンショック，秋葉原無差別殺傷事件，ネットカフェ難民	レギンス，チュニック，古着ブーム
2009	世界同時不況，皆既日食　派遣切り，新卒採用激減	ファストファッション，990円ジーンズ
2010	JAL経営破綻，SNS元年　スマホ台頭	ユニクロヒートテック，山ガール，カチューシャ　アパレル企業の倒産相次ぐ，ZOZOTOWN成長
2011	東日本大震災，電力使用制限　婚活ブーム，なでしこブーム	東京コレクションがメルセデスベンツ主催に　エシカル
2012	デフレ，ユーロ安，中国工場人手不足，中国反日デモ	レギパン，ペプラム　JFW-IFF東北復興支援
2013	景気回復基調（アベノミクス），円安　国の借金1000兆円突破	ホワイトデニム，異素材ミックス，ガラパン　二極化消費拡大

［参考：「ファッションビジネス用語辞典」，Webサイト：ファッションビズナビ：ファッションビジネ史］

〔依田素味〕

衣服に関係する産業の分類

　衣服には，さまざまな産業が関係している．産業の分類基準，呼称については，いろいろな解釈があり一様ではないが，本項では全体の構造と各産業の概要について解説していく．

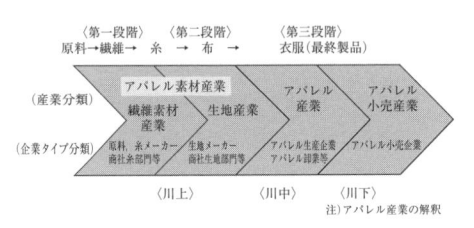

●**産業全体の構造**　衣服に関係する産業の構造を生産段階によって分類すると，図1のようになる．大きく分けて，アパレルの素材を生産する繊維素材・生地産業，衣服を企画し生産するアパレル産業，衣服を消費者に販売するアパレル小売産業に分類される．また，この産業ごとの位置づけを川の流れに例えて，「川上・川中・川下」とよぶことがある．どこで区分するかは産業によって解釈が異なるが，本項ではアパレル産業の立場に立った解釈により区分している．

　繊維素材産業は，原料から糸に至るまでの生産にかかわる企業群を指す．繊維は，大きくは，天然繊維（綿・絹等）と，化学繊維（レーヨン，ナイロン，ポリエステル等）に分けられ，これらを材料として，さまざまな糸が生産される．糸の卸販売をする糸商もここに含まれる．

　生地産業は，糸から織物，編物等の布地を生産する企業群が該当する．また，レースや不織布などの生産企業も含む．布地への染色や防水といった加工段階を担当する企業群や，生地を卸販売する生地商もここに区分される．

　アパレル産業は，衣服を生産するアパレル生産企業と，最終製品としての衣服を小売業に販売するアパレル卸業を指す．アパレル卸業は，さらに衣服の商品企画機能をもったアパレルメーカーと，商品を仕入れ小売業や他の卸業に販売するアパレル卸商に分けられるが，詳細は「衣服の流通」で解説する．なお，卸売りとは，製造業と小売業の中間に位置する業種を指し，広義では商社もここに含まれる．商社には，原料から最終製品に至るまでそれぞれの段階にかかわる部門があり，これらは，部門ごとに各段階の産業に属する．

　最後に，アパレル小売産業は消費者に直接衣料品を販売する，百貨店，スーパー，専門店といった企業群である．これらの企業は，必ずしも衣料品のみを扱ってい

るわけではないため，ファッション小売業と呼称される場合が多い．

●**川上から川下へ——主導権の変化（図2）**　アパレル素材産業は，明治時代から輸出の主要品となり，日本の経済発展に大きく貢献をしてきた．第二次世界大戦以前は，洋装はまだ大衆化しておらず，素材産業の海外輸出が産業界全体をリードしていた．戦後も復興期から高度成長期の初めは，天然繊維から化学繊維へといった製品の変化はあっても，素材産業中心の時代といえる．しかし，高度経済成長期以降，人件費の上昇等により国際競争力が急速に低下し，国内での生産量は大きく減少していった．

　その一方で，生活が豊かになり，洋装が定着していく中，国内の需要は急速に拡大していく．この段階で主導権を握ったのは，シーズンごとに新しい流行，装いを提案するアパレルメーカーである．その後，アパレル産業は日本独自の流通の仕組みをつくり上げ，発展していった．

　昭和50年代後半に入ると，百貨店，総合スーパーといったアパレル小売業（ファッション小売業）が産業全体をリードしていくようになる．小売業の大規模化，広域化といったことも一因ではあるが，一番の要因は情報化が進む社会にあって，消費者からの情報を直接入手し，川上に向けて発信できる位置に存在していたことが大きい．言い換えれば，経済が発展し，社会が成熟化していく中で，消費者が主役の時代，川下の嗜好・情報が川中・川上を動かす時代になったともいえよう．

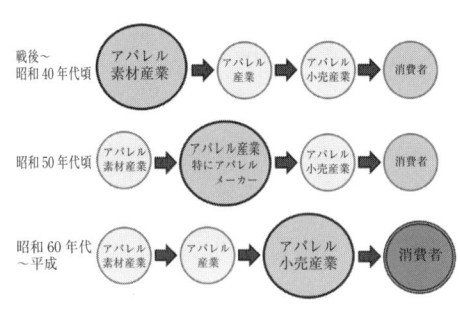

〔藤田雅夫〕

図2　衣服関連産業の主役の変化（第二次世界大戦後）

📖 **参考文献**

[1]　大橋正男：衣生活のための消費科学：品質，消費者，生産・流通・消費，日本衣料管理協会，2011．

衣服の生産

衣服の生産は複雑な工程があり，多くの企業が関わっている．アパレル（apparel）とは，衣服のことで，一般的に既製服を指す場合が多い．衣服を生産・販売するビジネスをアパレル産業という．

●**衣服の生産に関わる産業** 衣服にはさまざまな素材があるが，原料となる糸，織物や編物などからできたテキスタイル，そして副資材とよばれるボタンやファスナーなどを扱う部門が「アパレル素材産業」である．また，衣服を企画・デザインして製造し，小売店に卸売を行うのは「アパレル産業」，さらに衣服の製品を消費者に販売する部門は「アパレル小売産業」である．

図1に示したように，製品はアパレル素材産業⇒アパレル産業⇒アパレル小売産業へという流れで消費者の手に渡る．一方で，ニーズやウォンツといわれる消費者がほしいと思っている情報は，マーケット・イン，つまり市場の中にあり，製品の供給とは逆の流れで伝わっていく．

アパレル産業と小売業の両方の機能をあわせもち，市場情報をいち早くキャッチして企画・生産し，自社の小売部門で販売する一貫したシステムである製造小売業をSPA（Speciality store retailer of Private label Apparel）という．代表的な企業には，GAPやユニクロ，ZARA，H&Mなどがある．

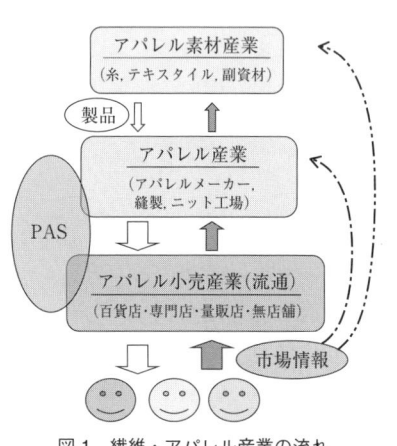

図1 繊維・アパレル産業の流れ

●**アパレルメーカー** 衣服の生産を行うアパレル産業の中心となる担い手は，アパレルメーカーである．衣服の企画を行い，テキスタイルメーカーなどから素材を仕入れて，衣服を生産し，衣服を小売店に卸売する．現在では自家工場をもつアパレルメーカーはきわめて少なく，コストを安く抑えるために，縫製メーカーやニットメーカーに生産を委託する方法が一般的となっている．1990年代に入りコストダウンのために，国内の下請け工場から，中国をはじめとした海外の工場での生産が急増した．これにより，日本の衣服生産の部門の空洞化が引き起こ

され，ものづくりのノウハウや技能の継承が難しくなるという問題が発生した．

●**海外生産**　衣服の生産は，日本国内の工場から台湾や韓国へ移転が始まり，現在は中国がそのほとんどを担っている．衣服製品の多くには「Made in China」と記されている．しかし中国でも，初めに進出した沿岸部の都市の賃金上昇に伴い，ディープチャイナとよばれる賃金の安い内陸部への工場移転が加速されている（図2）．

また，チャイナプラスワンとよばれる戦略で，さらに工賃の安い中国以外の国，ベトナム，インドネシア，ミャンマーなどのASEAN諸国，バングラデシュなどへの移転が拡大している．

人口の多いそれらの国々の豊富な労働力に期待が寄せられている．

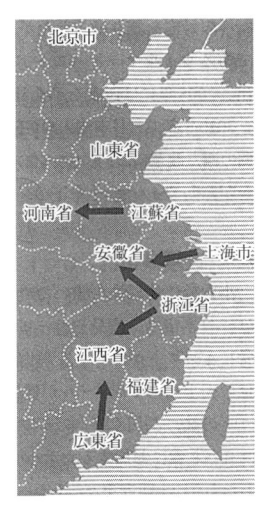

図2　中国沿岸部から内陸部への生産シフトの動き　[出典：永松浩介 編「ファッションビジネスの世界」，日本衣料管理協会，p.43, 2011]

●**縫製産地・ニット産地**　第二次世界大戦終了後の洋装の普及期は，東京，大阪，名古屋などの大都市周辺に衣服を生産するための，縫製産地，ニット産地が生まれた．高度成長期を経て，次第に日本の労働賃金が高くなり，現在は世界でもトップクラスであるため，衣服のコストを下げるためには縫製賃金の安い海外に頼らざるを得なかった．

しかしながら，高品質で高感度な日本のものづくりのよさをしっかりと受け継いでいる部門もある．現在でも，広島・岡山（ジーンズ，制服），岐阜（カジュアルウェア）などの縫製産地がある．ニット産地では新潟，山形などがある．地域活性化には，地域産業として産地が担う役割は大きいため，東京や大阪などの都市部に集中しているアパレルメーカーと情報共有のネットワークであるQR（クイックレスポンス）システムの確立が進められている．　　　　〔依田素味〕

衣服の流通

衣服はいろいろなルートを通して，販売されている．一般的に，直接消費者に販売する小売業と，製造業と小売業をつなぐ卸売業を併せて流通業とよぶ．社会や消費者の変化に対応するため，流通業も変化し，多様化が進んでいる．本項では，こうした衣服に関する流通業の概要を解説していく．

●**衣服の流通過程**　日本のアパレル卸業は，きわめて多様な形態があるが，大きく2つのタイプに分かれる．1つは，衣料品（特に既製服）の商品企画機能をもったアパレルメーカーとよばれる企業である．アパレルメーカーの企画する製品は多岐にわたるため，製造については自社にその部門をもたず，アパレル生産企業に委託している場合が多い．アパレルメーカーは，自社で企画した商品を百貨店，大型スーパー，衣料品専門店といった小売業を通じて消費者に販売する．また，自社やグループ企業内に小売部門を有し，直接消費者に販売する場合もある．

もう1つのタイプは，国内外から製品を仕入れ，小売業や他の卸商に卸販売をするアパレル卸商である．広義には商社もこのタイプに含まれる．

ファッション小売業は，衣料品を中心としたファッション商品を仕入れ，消費者に直接販売している小売業を指す．衣料品専門店，百貨店，総合スーパーといった業態が代表的である．近年では，アパレルメーカーの製品を仕入れて販売するだけではなく，小売業自らが独自に商品を企画し，製造を委託し，自社流通で販売しているケースも多くみられる．

●**新たな流通，SPA**　SPA（Speciality store retailer of Private label Apparel）という言葉は，商品企画から販売までを一貫して行う業態を意味し，主に製造小売業と訳される．

ファッション商品は，従来図1に示すように，アパレルメーカーが企画した商品をアパレル生産企業が生産し，ファッション小売業が販売するといった分業体制が中心であった．これに対し，1990年代頃から，アパレルメーカーとファッション小売業の機能を兼ね備えた企業が急

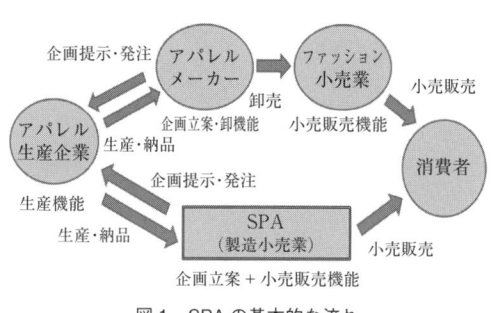

図1　SPA の基本的な流れ

成長してくる．顧客に独自の商品を提供し価値を訴求できるSPAは，在庫等のリスクもあるが，ファッション業界の新たな主流となりつつある．

●**衣服を扱う小売業の種類**　小売業を分類する時に業態という考え方がある．消費者の購買行動変化に対応した営業形態のことを指し，多くの業態が時代に合わせ開発されている．

衣服を扱う小売業態は，図2のように多様化し，さらに複合化している．60〜80年代には，百貨店や品揃え型の専門店が主流であった．次いでセルフ業態が発展する中で，日用衣料品を中心に総合スーパーが大量販売により主流となっていった．現在では，SPA型（ユニクロ等），セレクトショップ（シップス等）といった専門店と，それらを集めたショッピングセンターが主流となりつつある．

例えば，駅ビルや郊外のショッピングセンターへ行って，その中にある専門店を回遊しながら気に入った商品を買うといった購買行動が一般化している．これに対し，百貨店や総合スーパーもブランド力や独自性を高め，形態の進化や新たな業態の開発により巻き返しを図っている．

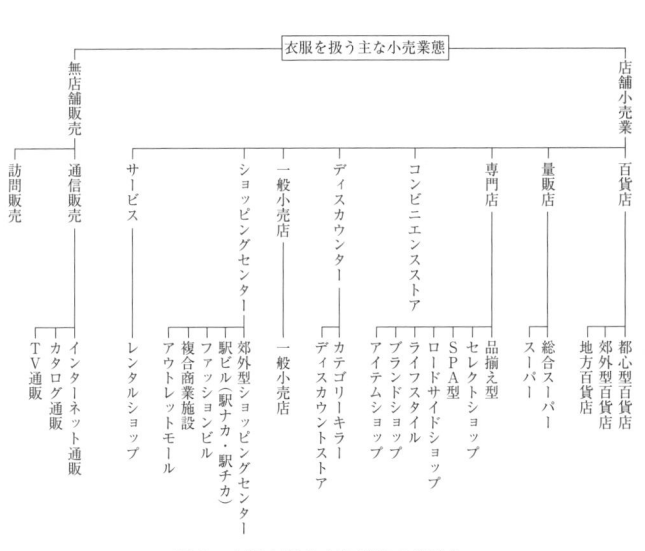

図2　衣服を扱う小売業態の多様化

また，ITの発達に伴い，衣服についても通信販売による購入が年々伸長している．特にインターネット通販の伸長は著しく，2012年度のインターネット取引におけるファッション商品市場は，5,000億円規模と推定される[1]．　〔藤田雅夫〕

📖 **参考文献**
[1] 「繊研新聞」，2013年9月25日付．

衣服に関係する産業の現状

繊維・ファッション産業は，あらゆるモノが欠乏する戦後の混乱から脱し，大きな成長を遂げたものの，成熟市場を迎えることで新たな市場の拡大が難しくなった．一方で，円高とアジア諸国の経済成長が生む海外生産移転は国内製造産業の空洞化を招き，デフレによる低価格化・需要減はファッション産業のサービス業化を進めた．

図1　物資を求めて闇市に群がる人たち
（1946年東京・新橋：毎日新聞）

●**成熟市場**　成熟市場とは，ある商品・サービスにとって普及率が高く販売市場の拡大や成長が望めない市場を指す．

　第二次世界大戦直後の日本はあらゆる資源が欠乏し，衣食住も例外ではなかった．そのため，戦後の日本では大幅に不足する衣料品を生産・供給する繊維産業は，特に重要な分野の産業として扱われた．この時代は布地や副材料も不足していたため，闇市で売買された米軍の払い下げた布などは貴重な材料であった（図1）．しかし，昭和30年代以降から繊維産業内での競争が始まり，消費者がさまざまな衣料品から自分が求めるものを購入する時代が始まった．そして現在では，消費者がひととおりの衣料品をもっており，不足を理由とした市場の拡大は望めない成熟市場であるといえる．そのため，多くのブランドではデザインや価格など，他の商品と差異化をすることで，成熟市場における販売活動を行っている．特に，近年の日本ではユニクロのフリース，ヒートテックなどの機能性衣料，ファストファッションの低価格化など，新たな付加価値によって新たな市場が発生するケースもある．このように，成熟市場においては新たな付加価値が生まれない限り，大きな成長が望めないという問題を有する．

●**輸入大国**　輸入大国とは，ある国において輸出より輸入がはるかに上まわる状態を指す．戦後の日本において，国際社会における基軸通貨であり，また，繊維産業における主たる輸出国であった米国との為替相場は，貿易に大きな影響を与えた．1949年の1ドル＝360円の固定相場は1971年まで続く．その後ドルの切り下げが起こり，1973年からは需要と供給のバランスで相場が決まる変動相場制へ移行し，さらに円高が進んだ．このような円高の進行は，低価格路線で米国市

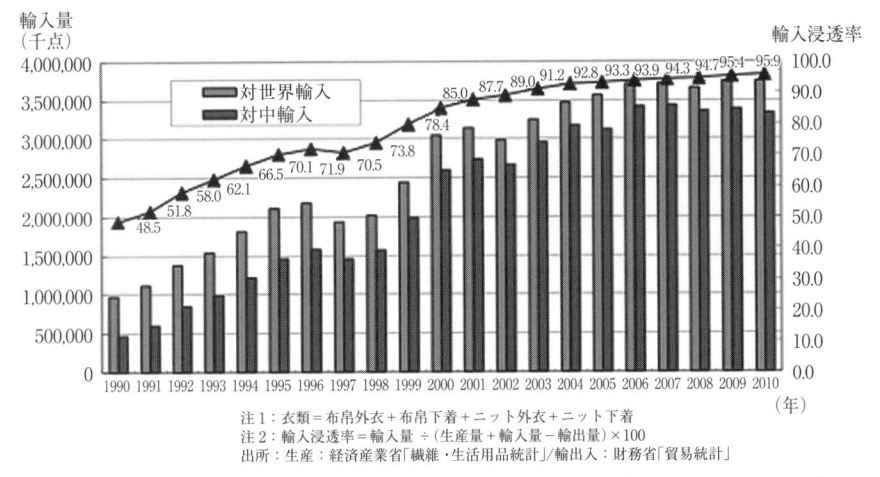

図2 衣類の輸入量と輸入浸透率 ［出典：経済産業省製造産業局繊維課「繊維・ファッション産業の最近の動向」］

場に参入していた日本の繊維産業にとって大打撃となった．輸出総額に占める繊維品の輸出額はほぼ一貫して減少し，また，繊維品の輸出入バランスも1986年以降は輸入超過となった．日本の現在の輸入浸透率は90%を超える（図2）．

ただし，現在は商品の企画・販売を日本で行う一方，生産はより工賃が安いアジア諸国等への海外移転が進行している．そのため，海外生産された商品が輸入品となることが，浸透率の上昇に寄与していることは留意する必要がある．

●デフレの影響　デフレーション（デフレ）とは，物価が持続的に下落する経済現象である．デフレの要因は，中国をはじめとするアジア諸国からの輸入品や海外生産移転と技術革新・流通合理化による低価格化，景気が悪化することによる需要減，銀行の貸し渋りによる企業の経営悪化が主な原因となる．デフレは短期的には家計の実質購買力が高まるため生活水準の向上につながるが，中長期的には資産の減少，賃金水準の下落，企業の収益悪化や失業率の増加を招くという問題がある．また，経済不況と相互に悪影響を与え，デフレが累積的に悪化するデフレ・スパイラルに陥る危険もある．ファッション産業では，海外のファストファッションの日本市場への参入，郊外のアウトレット店舗ならびに低価格アパレルチェーンの増加など，デフレが一層進行する要因がある．また，ぜいたく品としての性質をもつ商品も多いことからデフレの影響を大きく受けた．また，デフレによる海外生産移転の増加は，国内製造業としての繊維産業のさらなる空洞化を招き，サービス産業化を進行させることとなった．　　　〔中村　仁〕

ファッション産業のグローバル化

　戦前戦後を通じて日本の輸出産業であった繊維産業は，円高と周辺諸国の工業化の進展に伴い国内需要向けへと転換していった．しかし，輸入超過となり海外生産された商品が輸入されることで，国内・海外を問わず市場がグローバル化され，現在では世界規模でファッション産業のグローバル化が進展している．国内市場ではラグジュアリーブランドやファストファッションブランドを擁する外資系大企業が多く日本に進出し，グローバル市場化している．一方で，中小企業の多い日本のファッション産業の海外市場への進出は大きな課題となっている．その中でユニクロはほぼ唯一ともいえる大規模な海外進出を展開し，グローバル化を進めている．

図1　海外生産の縫製現場　[出典：梶井産業ホームページ]

●**海外生産の増加**　日本の繊維品輸出額の多くは繊維製品であり，そのほとんどは米国に輸出されていた．1929年の世界大恐慌によって大きなダメージを受けるも，第二次世界大戦が終わる1945（昭和20）年以降の戦後復興においても日本の繊維産業は輸出産業であり，かつ国内で不足する衣料品の供給を担う最重要分野の1つであった．しかし，1955（昭和30）年前後から国内での過当競争が始まり，1965（昭和40）年前後から韓国・台湾・東南アジアの繊維産業が成長し，国内産業は輸入の代替から先進国向けの輸出が中心となる．そのため，高付加価値化が必要となり，1973年に「ファッション型産業の振興」が提唱された．1971年には1ドル360円だった為替は円高が進み，1985年のプラザ合意による急速な円高によって100円台となったことで輸出環境は大幅に悪化しアメリカ向けの輸出が難しくなったこと，また，よりコストの安いアジア諸国を中心とする海外での生産が進んだことから，1987年以降は輸入超過となった．

　現在では衣料品のさらなる低価格化に伴い，日本で企画された衣料品が，海外で生産された上で日本に輸入・販売されることが一般的となり，海外生産は大きな割合を占めている（図1）．

●**外資企業の日本進出**　高度経済成長期の日本には，ラグジュアリーブランドを

中心とする外資系企業の多くが日本に進出した．当初はこれらのブランドの商品の販売権を得た，百貨店やサンモトヤマ・西武PISAなどを通じた衣料・宝飾品などの販売が中心であったが，後に直営店舗による販売が中心となる．ルイ・ヴィトン社は1981年に東京銀座に直営店舗を構え，以降ラグジュアリーブランドの多くが銀座に直営店舗を構え，これが主要都市に広がっていく．現在でも多くのラグジュアリーブランドは，直営店舗と地域での販売権をもつ百貨店等との提携の2つの方法での販売が中心である．

一方，1990年代後半から日本にも外資系ファストファッションの進出が始まり，2000年代後半に出店が加速化した．1995年のGAP，2008年のH＆M，2009年のForever21の出店（図2）は，最新の流行をとらえた海外ブランドの商品を低価格で購入できるという点で大きく話題となり，「ファストファッション」は2009年の新語・流行語大賞にも選ばれた．

図2 Forever21開店の様子 〔撮影：EFAP Japon〕

●**日本企業の海外進出**　海外企業の日本進出ほどではないが，日本企業も海外進出への取り組みを行っているが，その状況は非常に厳しい．輸入超過以降，ファッション産業全体が内需を中心としており，海外展開に積極的でないこと，円高の影響で利益を生み出すことが難しいこと，そしてファッション産業を構成する企業は中小企業が多く，海外展開に積極的になるほどの企業体力をもつ企業が少ないことが挙げられる．政府はJETROを通じて海外での展示会の開催等を支援しているほか，商社を通じて海外輸出・進出に取り組んでいるが，大きな成果を挙げるには至っていない．

図3 ユニクロニューヨーク店 〔出典：ユニクロホームページ〕

そのような中，フリースやヒートテックなどの商品で知られるユニクロは，最も積極的な海外出店を図る企業として知られている．2001年の英国進出以降，中国・韓国・台湾・香港，フランスや米国などへ海外出店を進め（図3），2013年8月末時点で446店舗を擁し，売上げの約2割が海外での販売による．また，バングラデシュにおいてグラミン銀行と提携し，グラミンユニクロを展開するなど，発展途上国における海外展開も行っている． 〔中村　仁〕

ファッション産業の仕事と職種

　ファッション業界は，企画・製造，小売流通部門まで，複雑な仕組みで成り立っている．それぞれの部門に対応した職業があり，また産業形態の変化とともに仕事の内容も変化し，必要とされる職種も変わる（表1）．
　例えば，現在の衣料品の製造は中国をはじめとした海外生産が主流となったため，国内の製造部門では海外に移転できない高い技術や感性を必要とする高付加価値の部門や，日本独自の文化背景をもった部門などが強みを発揮している．
●**ファッション・デザイナー**　服飾のデザインをする人のことで，専門性の高い職業である．企業内デザイナーとして特定の企業に勤務する人，独立して自分のブランドをもっている人，フリーランスでブランドと提携する人など，働き方はさまざまである．
　グッチのデザインを行っていたトム・フォードは，ブランド全般にわたってディレクションを行うという意味合いで，自らを「クリエイティブ・ディレクター」と称した．単に洋服のデザインだけでなく，広告イメージやプロモーションなどブランドのイメージ戦略全般にも関わる．また，高い創造性を必要とされる場合には，デザイナーを「クリエイター」とよぶことがある．
●**パタンナー**　日本で通常よばれている「パタンナー」は和製英語であり，アメリカではパターン・メーカー，ヨーロッパではモデリストなどといわれている．
　デザイナーの描いたデザイン画をもとに，実際の洋服にするため「型紙（パターン）」を制作する仕事である．デザイナーの考えをくみ取り，実際のシルエットを決める重要な役割を担うため，ヨーロッパにおけるモデリストはファッション業界でも大きな権限をもっている．
　日本でパタンナーは，技術職として捉えられているが，デザイナーの感性を理解して型紙という具体的な設計図に落とし込むためには，高い感性が必要である．さらに現在パターンを工業生産システムと直結させるために，コンピュータによるCAD（キャド，Computer Aided Design）でシステム化されている場合が多い．
●**マーチャンダイザー**　アパレル部門で商品化計画を行う人のことで，ブランドマネージャー，ファッション・プロデューサーといわれることもあり，略してMD（エムディー）とよばれている．マーケットの売れ筋，市場の流れを読み，担当しているブランドの商品企画を行い，生産の決定を行う．商品のラインナップ，コスト・上代・数量の決定から販売計画など，売上げや利益まで担当しているブ

表1　主なファッション系の職種一覧

職種	主な仕事内容	就職前の主な出身校種
デザイナー	商品企画，デザイン	専門学校，美術系大学
テキスタイルデザイナー	テキスタイルのデザイン	美術系大学，専門学校
パタンナー	パターン制作	専門学校，服飾系大学
デコレーター	ディスプレイ，VMD	美術系大学，専門学校
スタイリスト	スタイリングのコーディネート	専門学校，服飾系大学
生産管理	生産プロセスの管理・運営	一般大学，専門学校
品質管理，研究開発	品質管理，お客様相談	服飾系大学，専門学校
マーチャンダイザー	ブランディング，商品企画	一般大学，服飾系大学，専門学校
バイヤー	商品の買い付け，店舗計画	一般大学，服飾系大学，専門学校
ファッションアドバイザー	店頭販売，顧客管理	専門学校，服飾系大学，一般大学
営業，マーケッター	卸売営業，マーケティング	一般大学，専門学校
広報	PR，社内外へ情報発信	一般大学，服飾系大学，専門学校
総務，経理	管理部門の運営	一般大学，専門学校

ランド全体の責任者である．売れ筋を予測する感性とともに，数値管理の能力が必要とされる．キャリアパスとしては，デザイナー出身者もいるが，営業や小売り，企画部門出身の場合が多く，一般的にはブランドスタッフの人事管理も含む総合職である．

●バイヤー　小売部門における仕入れ担当者のことで，店のコンセプトや商品構成の計画，予算などに基づいて，仕入商品の決定を行う．展示会での商品の買い付け（バイイング）が重要な業務ではあるが，そのためには，販売の現場でスタッフとのコミュニケーションやメーカーとの商談，トレンドの分析など幅広い業務がある．小売部門に注目が集まる中，バイヤーの仕事はますます重要となっている．

●ファッションアドバイザー（FA）　販売の最前線の売場で，販売に従事する販売のショップスタッフのこと．洋服の販売はスーパーマーケットでのセルフ販売とは違い，試着したりコーディネートしたり，接客の際のアドバイスが大切となる．そのため，販売員のことをファッション・アドバイザー（略してFA）とよぶ．消費者，その中でもリピーターでもあるお得意様のニーズを直接把握することができる職種である．顧客満足は企業にとっても重要な課題であり，その情報はマーチャンダイザーやバイヤーにフィードバックされる．雇用形態は，正社員，契約社員，アルバイトなどさまざまである．

〔依田素味〕

ファッション産業のブランド戦略

　ファッション産業において，ブランドの役割は大きく，ブランドの強弱が，企業の業績に直結する．本項では，ファッション産業のマーケティングとその中心となるブランド戦略について，解説をしていく．
●**ファッション産業のマーケティング**　マーケティングは適切な日本語訳がないため，外来語としてそのまま使われている．概念や定義についても，いろいろな解釈がなされ，時代とともに変化している．そのため，なんとなく理解している，または理解していない人が多い．本項においては，マーケティングとは価値提供システムのことと定義する．企業は，売上げ・利益の獲得を目指し，製品やサービスを提供するが，顧客がその価値を認めない限り，売買（価値の交換）は成立しない（図1）．したがって，価値を認めてくれる顧客をみつけその価値を具体化し，伝達する一連の仕組みが必要となる．マーケティングとは，その価値を提供する一連のシステムをつくることであり，商品開発，宣伝，市場調査といった仕事は，すべてこのシステムに組み込まれる．

　ファッションは，端的に訳せば「流行」のことである．ファッション産業におけるマーケティングは，以下の市場特性を考慮しなければならない．
　① 顧客の求める価値は，多様化し，細分化している．
　② 機能性等の理性的価値と同等以上に，デザイン等の感性的価値が重要である．
　③ シーズンごとの需要予測が難しく，不確実な流行の影響も受ける．

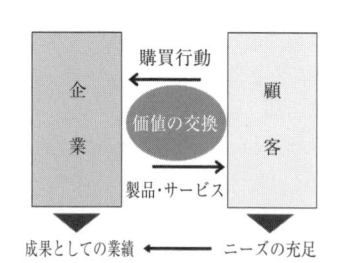

図1　企業と顧客の関係

　このように不確定要素が多く，変化が激しい中で，企業が業績を上げ続けるには，単発的なヒット商品だけには頼れない．顧客から継続的，安定的に信頼され，認められる価値が必要となる．
　安定的な信頼と流行に適応した新しい提案．この難しい2つの課題を両立するのに有効な戦略が，ブランド戦略である．
●**ブランドの価値**　ブランドは，直訳すれば，「銘柄」「商標」などになる．企業は，競合との差別化を図り，顧客に自社あるいは自社商品の価値を認識してもら

うため，ブランドを訴求する．ブランドの階層を分類すると，図2のようになる．日用品や食品等の場合，企業あるいは事業ブランドが全体的な価値観を訴求し，信頼感を得た上でファミリーあるいは製品ブランドで具体的訴求を図り，購買に結びつけるというケースが多い．例えば，「花王」の「ビオレ」，「グリコ」の「ポッキー」といった関係である．

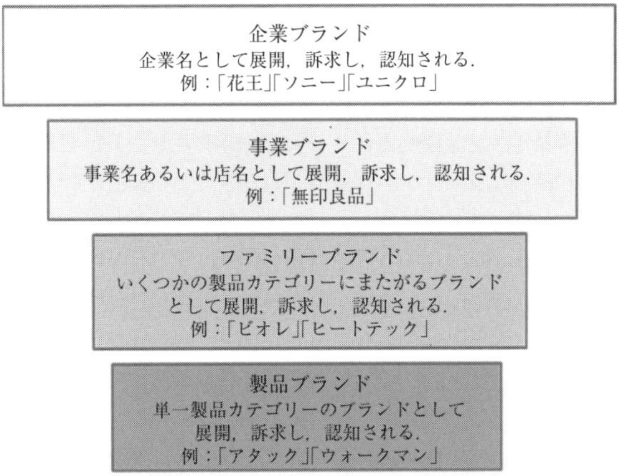

```
┌─────────────────────────────────────┐
│  企業ブランド                         │
│  企業名として展開，訴求し，認知される．│
│  例：「花王」「ソニー」「ユニクロ」       │
└─────────────────────────────────────┘
┌─────────────────────────────────────┐
│  事業ブランド                         │
│  事業名あるいは店名として展開，訴求し，認知される．│
│  例：「無印良品」                      │
└─────────────────────────────────────┘
┌─────────────────────────────────────┐
│  ファミリーブランド                    │
│  いくつかの製品カテゴリーにまたがるブランド│
│  として展開，訴求し，認知される．      │
│  例：「ビオレ」「ヒートテック」           │
└─────────────────────────────────────┘
┌─────────────────────────────────────┐
│  製品ブランド                         │
│  単一製品カテゴリーのブランドとして    │
│  展開，訴求し，認知される．            │
│  例：「アタック」「ウォークマン」          │
└─────────────────────────────────────┘
```

図2　ブランドの階層構造

　ファッション産業は，一般的に企業ブランドや事業ブランド単位でマーケティングを展開する場合が多い．多くは，ショップ名としても共用されている．例えば，ブランドというとまず連想される欧米の高級ブランド，シャネルやルイ・ヴィトンといった例がこれにあたる．また，顧客の多様化，細分化に対応するため，企業グループとして企業名を前面に出さず，多くの事業ブランドを展開している場合もある．

　企業は，ブランドのコンセプト（中心となる思想）を宣伝広告や販売員，店舗，商品を通して，ターゲット顧客層に訴求する．顧客がブランドコンセプトに共感してくれれば，競合との差別化が可能になり，商品の購入が期待できる．

　コンセプトが支持され，ブランドへの信頼や満足度が高まると，顧客のブランドロイヤルティ（ブランドへの愛着心）が醸成される．「このブランドなら安心．このブランドの世界観が好き」といった感情である．これをベースに，シーズンごとにブランドコンセプトを外さずに，流行性を加味した新商品を継続投入し，顧客の固定化，増加を図る．これがファッションブランドの基本戦略である．

　また，著名なブランドやイメージの高いブランドは，存在そのものが価値となるため，企業，顧客の双方にとって貴重な財産となる． 〔藤田雅夫〕

高級ブランドとファストファッション

　日本では，ファッションの成熟化が進んでいるといわれている．つまり，自分自身の価値観でファッションを自由にコーディネートして楽しむことができる，高い感性をもった生活者が増えているということだ．例えば，ZARA のジャケットにユニクロのヒートテックのインナーを合わせて，ルイ・ヴィトンのバッグをコーディネートするというように，ブランドのクラス（階級）にとらわれることなくファッションを楽しめる状況にある．一人の人が，高級ブランドと低価格のファストファッションを自由に楽しむことができる．また，日本だけでなく，世界的にみてもデザインや素材にこだわった高級品と，ものづくりのコストダウンを追求し大量生産により提供される低価格商品の二極化が進んでおり，この現象は発展途上国の発展とともに拡大方向にある．

●ラグジュアリーブランド　高級ブランドは，ラグジュアリーブランドともいわれており，ラグジュアリー（luxury）とはぜいたく，豪華な様を表す．そのほとんどは，パリコレクション，ミラノコレクションなど，トレンドを発信している世界のファッションショーで発表されている．

　また，ヨーロッパの上流階級の中で培われたブランドが多く，フランスのエルメス（Hermès），ルイ・ヴィトン（Louis Vuitton，図1），シャネル（Chanel）や，イタリアのグッチ（Gucci），プラダ（Prada）に代表される（表1）．

図1　パリのルイ・ヴィトン本店
[撮影：筆者]

表1　主な高級ファッショングループ

	グループ企業名	国	主なブランド名	2012年度売上げ*
1	LVMH	フランス	ルイ・ヴィトン，ディオール	3兆6,000億円
2	リッシュモン	スイス	カルティエ	1兆3,000億円
3	ケリング（旧PPR）	フランス	グッチ，サンローラン，プーマ	1兆2,400億円

＊各社アニュアルレポートより算出

12. 衣服と経済

こうきゅうぶらんどとふぁすとふぁっしょん

表2　主なファストファッショングループ

	グループ企業名	国	主なブランド名	2012年度売上げ*
1	インディテックス	スペイン	ZARA, ベルシュカ	2兆2,200億円
2	H&M	スウェーデン	H&M, week gay	2兆100億円
3	GAP	アメリカ	GAP, OLD NAVY	1兆6,000億円
4	ファーストリテイリング	日本	ユニクロ, GU, セオリー	1兆1,430億円

＊各社アニュアルレポートより算出

　1990年前半に，ジャパン社とよばれている，それぞれのブランドの日本法人が増えて，日本での売上げが増加した．中国ならびにASEANでも欧米の高級ブランドは進出を続け，売上げを拡大している．

●**ファストファッション**　一方で，1990年代中頃以降，デフレ経済から衣料品の低価格化が進んだ．ファストフードのように手軽で安いということから，素早く流行を取り入れた低価格の衣服は，2000年頃からファストファッション（Fast Fashion）」とよばれるようになった．

　ファストファッションは，グローバル化を背景に流行のデザインを短サイクルで，世界の安い工場で生産することで低価格化を実現させている．中国や東南アジアの人件費の安い国で大量生産し，広く世界中で販売するシステムである．利益率を維持して低価格化を実現するために，自社の企画を自社の店舗で販売するSPA（Speciality store retailer of Private label Apparel）とよばれる製造小売業の業態が主流である．スペインのZARA，スウェーデンのH&M，アメリカのGAPなどがある．

　日本のユニクロ（図2）もファストファッションに含まれることが多いが，ヒートテックなどオリジナルの高付加価値素材商品に関してはリードタイム（開発・生産から販売までの時間）が長く，この点については，他のブランドとは異なっている．日本から世界進出を果たしているユニクロを主なブランドとしているファーストリテイリングの，2012年度の売上げは1兆1,430円，世界14か国で2,449店舗展開しており，この分野で世界第4位の規模である．　〔依田素味〕

図2　グローバル旗艦店のユニクロ銀座店　［出典：ファーストリテイリングのWEBサイトフォトライブラリーより］

ファッション産業活性化に向けた新たな試み

　情報技術の発達によりコンピュータを利用した情報システムの利用が社会に浸透し，情報化社会となった現在，ファッション産業においてもインターネットなどのツールは宣伝や購買に留まらず店舗の運営も含めて欠かせない存在となりつつある．また，ファッション誌に限らず，アニメーション，ドラマなどのテレビ番組やゲーム，漫画などのコンテンツがファッションに与える影響も無視できないものとなり，これらとの連携も進んでいる．そして，情報化社会の進展により海外の人々が日本のコンテンツを目にする機会が増加し，高く評価されるクールジャパンとよばれる現象が生まれ，ファッション産業もこれを受けて新たな試みを行っている．

図1　かつてのiモード画面

●**情報技術の活用**　日本においてインターネットは1993年に郵政省による商用利用が許可（現在の所管官庁は総務省）されて以降，さまざまな企業がホームページの開設や電子メールの利用などの導入を進めてきた．また，1999年には携帯電話によるインターネットサービス「iモード」（図1）がNTTドコモによって開始され，身近なものとなった．当初は文字による情報が中心であったインターネットは，通信速度の高速化により画像，動画など情報をさまざまな形で受発信できるまでに進化した．

　このような社会の変化の中で，ファッション産業における情報活用も進展した．第1は，業務のコンピュータ利用による省力化のほか，ホームページの開設や電子メールなど情報の受発信における企業間のビジネスを中心とした活用である．

　第2は，インターネットを利用して実際の販売に結びつける取り組みである．2000年にはスタートトゥデイが運営するEPROZEによるインターネット販売，2001年にはブランディングが運営するガールズウォーカーがiモードによる香水の販売を行いアパレルの販売に発展するなど，携帯電話も含めたインターネットの利用が販売ツールとして利用され始めた．

　現在ではさまざまなブランドがホームページを開設し，消費者との直接の取引も行っている．インターネットを通じた注文や，さらに電子決済による支払いな

12. 衣服と経済
ふぁっしょんさんぎょうかっせいかに
むけたあらたなこころみ

ど，現在では情報技術の活用はなくてはならないものとなった．

●**クールジャパン**　近年海外において，日本の商品やサービスを格好いい・かわいい・素敵などの意味を込めて「クール」と形容されるようになり，クールジャパンとよばれるようになった．クールジャパンは当初，アニメ・ゲーム・コミックなどの作品が対象であったが，翻訳版の普及と情報技術の進展によって世界中の人々が楽しむことができるようになり，これらの作品の中で展開される日本の生活習慣，食事風景やファッション，観光地などへの理解が広まり関心をもたれた．現在では，食物やファッション，さらには観光など，より幅広い範囲に広がっている．

これまでの日本では，多くの産業が高い技術力で生み出される付加価値を基盤としていた．しかし，近年では技術力と生産コストにおける日本の競争力が他の国々に脅かされ，新たな付加価値を生み出す産業が求められていた．こうした中で，コンテンツ産業は新たな付加価値を生み出す産業として注目された．

現在では政府もクールジャパンを文化産業の海外輸出により雇用創出や地域の活性化等につながる日本の経済成長戦略の1つに位置づけ，クールジャパン戦略担当大臣や海外需要開拓支援機構を設置するなど，種々の取り組みを行っている．

●**コンテンツ文化・産業との連携**　海外において日本のコンテンツが受け入れられ，これらを通して日本の文化を知る人々が増加したことを受けて，日本のファッション文化・産業もコンテンツやこれを産み出す産業との連携が進んでいる．

2002年の神戸コレクション，2005年の東京ガールズコレクション（図2）は，携帯・インターネットコンテンツと連動，消費者向けファッションショーという新しい特徴から，その後のファッションビジネスに大きな影響を与えた．併せてメディアを通じて日本のストリートファッションが海外に紹介された．

また，アニメ等のキャラクターの衣装を製作し楽しむコスプレは，若年層が自分で衣服を初めて製作する動機の1つとして，ファッションデザインを学ぶ入口としても大きな役割を果たしている．比較的マニアックな文化とされるコスプレも海外に広まり，世界コスプレサミット（図3）が外務省等の主催によって開催されるなど政府も関与している．　　　　〔中村　仁〕

図2　東京ガールズコレクション

図3　世界コスプレサミット2013　[撮影：筆者]

Chapter 13
衣服と心理

若年女性の身体意識 ─── 340
被服行動におけるクロス・
　セックス化 ─── 342
高齢者の情動活性化の試みとしての
　ファッションショー ─── 344
摂食障害と被服行動 ─── 346
化粧行動の心理的効果 ─── 348
スポーツと非言語的
　コミュニケーション ─── 350
着装規範意識の日中比較 ─── 352
服装イメージや場違い感の日韓比較
　─── 354
女子高生の制服と校則 ─── 356
黒髪の魅力 ─── 358
TOKYOストリートファッション
　──若者たちの装い ─── 360
ファッションカリスマリーダーとは
　─── 362

若年女性の身体意識

●**自分の身体に対する意識** 人は誰でも，自分の身体に対して何らかの評価を行っている．若年女性において，自分の身体のうちで特に意識が高い（気にしている）のは，全身プロポーション，胴のくびれ，体重や，身体の太さ（ウエスト，ヒップ，脚など）であり，これらについてはおおむね否定的に認識して「不満足」と受けとめている．若年女性が理想とする身体は，すらりと背が高く，身体の太さは細く，バストの膨らみやウエストのくびれなどの女性らしさのある身体，といえる．若い女性におけるこの傾向は，中高年の女性よりも強く，また若年男性においては，自分の身体に対する意識は女性よりも低く，筋肉質でたくましい身体を望む傾向にある．

●**痩せ志向** 若年女性による自分の身体に対する評価のうち，他者による評価との差が大きいのは「太さについての評価」で，自分による評価の方が「太い」と評価している．身体の太り具合の指標は，一般的に，身長と体重から算出されるBMI（Body Mass Index，体重［kg］/身長［m］の2乗）が用いられている（18.5未満：低体重（痩せ），18.5以上25未満：標準，25以上：肥満）．自分が理想と考える身長と体重の組み合わせからBMIを算出すると，その平均値はおおむね18～19であり，痩せ気味の身体が理想とされている．また若年女性では，身長と体重からは「標準」であるにもかかわらず自分では「太っている」と評価するケースが過半数以上も存在する．このように若年女性は，自分の身体への意識として，

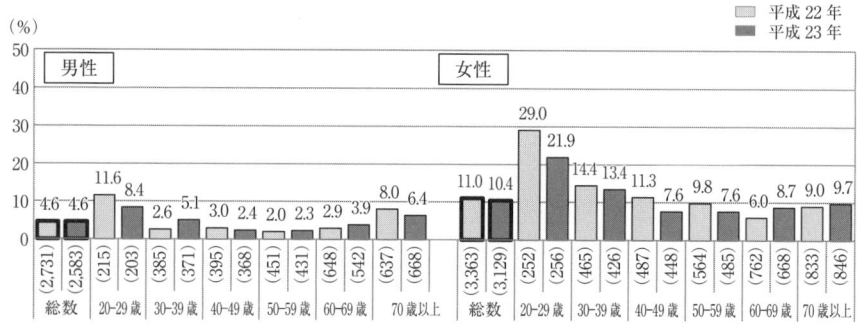

図1 やせの者（BMI＜18.5）の割合（20歳以上，性・年齢階級別）［出典：「平成23年 国民健康・栄養調査結果の概要（厚生労働省）」，p.18より引用］

「痩せ志向」が強いことが特徴である．身体状況の調査結果（平成23年　国民健康・栄養調査結果）からみると，BMI値から低体重（痩せ）と判定されるのは，40歳以降の女性ではおおむね10%に満たないのに対して，20歳代では20%を上まわり（平成22年度では29.0%，23年度では21.9%），現代の若年女性は強い痩せ志向が反映して，痩せている人の割合が他の年齢層よりも多いことがわかる．

●**痩せ志向により生じる問題**　女性における体脂肪の役割には，特に性周期の維持，妊娠・出産への備えが挙げられ，体脂肪が少なく，BMIが「低体重（痩せ）」と判定されるほど痩せていると，それらのうちの半数近いケースで月経異常が生じてしまう．このように，強い痩せ志向である現状において，健康への悪影響は見逃せない．若年女性の強い痩せ志向は，共通した身体の理想像や美の基準の存在によると考えられ，「きれい＝痩せている」という現代の風潮には，特にファッション誌による影響が指摘されている．そのため，痩せるための過激なダイエット等が問題視され，近年，痩せすぎたファッション・モデルの採用を控えて女性の身体の理想をより健康的なものにしたい，という方向性が関係業界で示され始めている．また，男性による女性の身体の理想像は，女性による理想像ほど痩せておらず，胸部や腰部が豊かな女性らしさを求めている．

一方，「肥満」とは「体脂肪が過剰に蓄積した状態」であり，厳密にはBMIに加えて，体脂肪の点からの判断が必要となり，女性では体脂肪率30%以上が「肥満」とされる．BMIでは「標準」でありながら体脂肪率が高いケースは「隠れ肥満」と称される．近年の種々の調査結果によると，若年女性における「隠れ肥満」は全体に対して20～30%存在する．「体重が減ること」「身体部位が△センチ細くなること」と，「体脂肪が減ること」とは健康管理上は意味が異なるため，「痩せ志向」の現代ではこの点にも着目することが必要である．

●**身体意識に対応させた衣服の着装**　「この服を着るために痩せたい」「9号の服が着られるようになりたい」という言葉がしばしば聞かれる．しかし，「衣服に身体を合わせる」のではなく，「身体に適した衣服を着装する」ことが衣服の本来のあり方であり，衣服の着装によりからだつきの長所を強調する，あるいは短所をカバーすることが望まれる．例えば，豊かなからだつきの場合には，縦のラインを強調した色使いやデザイン，また中程度の厚みや張りのある布地を用いることなどが考えられる．

〔植竹桃子〕

参考文献

[1] 原田妙子：女子学生の身体意識と他者の評価との関連について，繊維製品消費科学 **50** (12)，1072-1078，2009.

被服行動におけるクロス・セックス化

　1990年代,「カマオ(男)」や「フェミオ(男)」などとよばれた若者がいた.彼らは,男性でありながら女性用衣服を身にまとっていた.体の線の細さ,小さなサイズのTシャツ,ピアスなどが彼らに共通していた特徴である.当時は俳優の武田真治やいしだ壱成らが,このファッションスタイルの代表的存在であり,一般の若者にも支持され一世を風靡した.

●**クロス・セックス化**　「カマオ(男)」や「フェミオ(男)」的な傾向は,今日でも続いている.彼らは,外見上のクロス・セックス化(異性化・異装化)という現象を推し進めている人たちともいえる.クロス・セックス化とは,男性が女性的な衣服を意図的に着用したり,女性が男性的な衣服を意図的に着用する現象のことである[1].外見上は,細身の体型やファッションなどで女性的な雰囲気の漂う少年を演出して,個別化を図ってはいるものの,特に性転換を希望したり,異性的な内面を求めているのでもない.

　そもそも男女は,どのように位置づけられているのであろうか.例えば,生物学的な視点から,男性の反対は女性といった男女の違いを1次元でとらえる立場の研究者たちがいる.それ以外にも,例えば社会・心理的な視点からの分類,すなわちジェンダーとして独立した次元でとらえようとする立場の研究者たちもいる.

　我々は,男女の性格特性や役割などについて信念や価値観を共有し,ジェンダー・ステレオタイプを形成している.「男性は青色,女性は赤色」「男らしくしなさい」など,子どものときからジェンダーに関する態度や行動を学習して強化されるのである.その過程で,自分の中の異性性に気づき内面までも異性化が進む人や,異性の被服自体にファッションとして関心があり,意識して取り入れる人など,個々人のジェンダーアイデンティティが確立されていく.

●**クロス・セックス化における被服シンボル**　我々は,被服から発せられる男らしさ・女らしさといったジェンダーに関する非言語的な情報を察知し,そのような服を着用している人は,その特徴をもつ人であると認識する.例えば,スカートやハイヒールなどは,代表的な女性的衣服シンボルの1つであろう.他方,スーツやネクタイは男性的衣服シンボルの1つかもしれない.これらを着ている女性は,積極的で活動的であるとイメージしやすい.このように,それらのシンボルを活用している人は,それに沿った内面,すなわち性格であると,暗黙のパーソ

ナリティ観に基づく身勝手な推測をしてしまうのである（図1）．

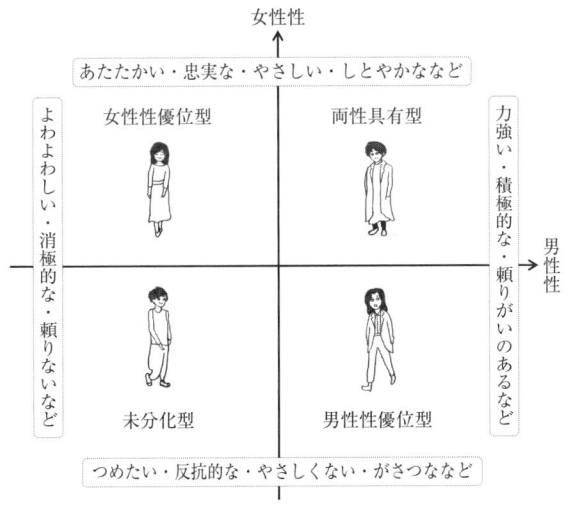

女性の社会進出に伴って女性のクロス・セックス化は進行し，女性がパンツにジャケット，ネクタイを締めている姿は，働く女性のファッションとして日常的にみられる光景であり，いまや被服規範を逸脱したスタイルとはいえないだろう．他方，男性の場合はどうであろうか．ピアスやバッグ類などのかつては女性の被服シンボルともいえ

図1 ジェンダータイプに関連する内面と外見イメージ例
[出典：中島義明，神山 進 編「人間行動学講座 まとう―被服行動の心理学」，朝倉書店，p.160, 1997 を参考に作成]

るものを身につけたファッションをしている男性も増えているが，女性の場合に比して男性のクロス・セックス化の進行は緩やかである．女性の被服シンボルであるスカートや化粧といった領域に踏み込むまでには至っているとはいえない．女性同様のレベルで男性が化粧することは日常化しておらず，せいぜい洗顔を中心としたスキンケアや脱毛など，清潔感を追求する程度にとどまっている．今後は，例えばTシャツ，ポロシャツ，ジーパン，スニーカーが，性を象徴する衣服というよりも中性的な位置づけへと変化してきたように，時代とともにジェンダーに関する被服シンボルは変化していくであろう．

〔箱井英寿〕

参考文献
[1] 土肥伊都子：機会繊維製品消費科学 **39** (11), 36-41, 1998.

高齢者の情動活性化の試みとしてのファッションショー

　超高齢社会の今日，高齢者の生きがいや健康は重要な問題である．このような問題には，医療領域からのアプローチはもとより種々の学問領域からの取り組みが進んでいる．その中の1つに「装い」に関する心理学領域からのアプローチがある．着飾ったり化粧をすることにより情動を活性化させて，健康維持に役立てようとする試みである．

　我々は加齢に伴って身体的な変化に加え，精神的な側面でも変化が生じる．自己に関する意識にも変化が表れる．自己意識は，大別すると自分自身への関心の側面である私的自己意識とまわりへの関心の側面である公的自己意識によりとらえることができる．一般的な傾向として，この意識は加齢に伴い低下してくる．若い頃に毎日化粧をしていた女性も加齢とともにその回数も減り，無頓着になってくる．

　そこで，若い頃のように積極的に衣服を着替えたり化粧したりして，「装う」ことで情動を活性化して，低下していた自己や他者への関心を高める試みが進んでいる．化粧療法はその中の1つであり，化粧することで情動を活性化し，日常生活に刺激を与え，行動面も改善して自律を促進させる効果が期待されている．しかし，化粧療法の対象は主に女性という限界がある．それに比して，同じ装うことに関しても衣服を中心としたファッションショーは，男女ともに適用可能というメリットがある．

●**ファッションショーの社会・心理的効果**　ここでは，高齢者の健康維持・増進を目的としたファッションショーを取り上げてみよう．ファッションショーといえば，パリやニューヨーク，東京などで開催されている華やかなものを連想する人も多いであろう．有名デザイナーによる作品披露の場としての意味合いが強い．また，若者を対象としたショーは，人気モデルが登場して盛り上がりをみせ，商業的なものが多い．

　一方，高齢者を対象としたファッションショーの多くは，健康の維持・増進を

図1　東京ガールズコレクション

図2　シニアファッションショーの風景　〔撮影：筆者〕

目的としているようである．福祉施設で実施されている，高齢者を対象としたファッションショーの場合は，手づくり感の強い，一過性のイベントとして位置づけられていることも多い．その内容は，若者と比して激しさや華やかさは低いかもしれない．しかし，例えば単なる流行を意識したショーではなく，ユニバーサルファッションを取り入れた内容や，身体に障害をもつ人も気楽に参加できるような車いすダンスを交えながらのショーなど，施設入所者の健康状態に応じて工夫されている．

　高齢者を対象としたファッションショーでは，どのような効果があるのだろうか．企画から進行など裏方，モデル参加，衣装作製担当，観客として参加など，参加者のショーへの関与の仕方で，効果も異なってくるかもしれない．例えば，①笑顔が増えるなどの表情の変化，②日常生活における積極的・自発的行動の生起，③参加者同士の交流が発生し，他者への関心が増す，④肯定的な感情の喚起，⑤被服意識・自己意識の高まり，⑥着替えや舞台でポーズを取ったり，身体を動かすことによるリハビリ効果など，特にモデルとして参加した人の社会・心理的な効果が期待できる．

　しかし，ファッションショーを実施するには，企画立案からリハーサル，当日の会場設営等，費用と時間，人手が必要になる．しかも，ファッションショー開催時の一時的な情動の活性化に基づく効果は，その持続性に問題が残る．そこで，効果を持続させるためには，福祉施設などでファッションショーを実施する場合，年間行事に組み込むなど計画的に継続実施することが重要であろう．個人レベルでは，TPOに合わせてコーディネイトして衣服を着替えるという行為を鏡の前で日々繰り返し，自他を意識して積極的に装うことにより，情動を活性化させる機会を増やすことが大切である．

〔箱井英寿〕

摂食障害と被服行動

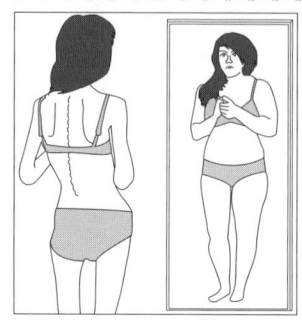

図1　摂食障害…思い込みの恐ろしさ

　美の意識は文化によっても異なるが，ヨーロッパやアメリカ，日本などでは美しさとやせ願望は関連が強い．美を求めるファッション業界でも痩せすぎが問題になっている．2006年にアナ・カロリナ・レストンというブラジル人モデルが，拒食症のため死亡した．この事件以降，例えば，16歳以下のモデルはファッションショーの出演を禁止したり，BMI値が18以下のモデルは出演を禁止するなど，各国がモデルの痩せすぎに関するガイドラインを設定し始めた．

　モデルに限らず若年女性は，自分の体型に不満を感じており，たとえ痩せていてもより一層痩せたいと願う人が多い．極端な場合には，図1のように，鏡に映る自己イメージや身体イメージが歪曲してしまい，日常の行動，特に食行動に異常をきたして，摂食障害に陥る場合もある．

●**摂食障害**　摂食障害（Eating Disorder）には，主に拒食症（神経性無食欲症）と過食症（神経性大食症）という特徴がある．摂食障害の原因は，身体的要因・社会的要因・心理的要因などが多次元的に関係しており，例えば，遺伝，家庭環境，本人の性格傾向・ストレス耐性の低さ，社会的価値観など多様である．

　このような摂食障害は，特に思春期から青年期頃の女性に多くみられる．10代の若者は，他の発達段階の時期に比して社会的比較の頻度が高くなり，外的・他者志向的な比較が優勢になる．才能・能力・容姿・服装などは，同年齢の他者や同性，理想とする人を比較対象にすることが多くなる時期である．同年齢の類似した他者との比較では，他者の目にはっきりと映る側面である，容姿や服装といった客観的な側面が意識されがちである（図2）．特に10代の女性では，極端な場合，健康を犠牲にしてまでも自己を表現する手段として，ファッションを重視することがある．流行している服や仲間集団で採用されている服を着るために，無理してダイエットする場合がある．このような行為が徐々に摂食障害傾向を高める一因となることもある．

●**摂食障害と被服行動の関連**　摂食障害やダイエット，身体イメージなどと被服行動に関する研究からは，次のようなことがうかがえる．例えば，摂食障害傾向

の強い人はその傾向の弱い人に比して，①服のサイズやイメージが，体型に合わなかった経験，②自分の過去と現在の体型比較や他者との比較により，自己評価が低下した経験，③外見に関する他者からの否定的な指摘を受けた経験など，被服行動に関する否定的な経験の多いことが報告されている[1]．そして，自己の体型を理想に近づけるための対処行動として，体型の出るニットのような素材や膨張色，ぴったりとするスカートなどは避けて身体のイメージを調整し，みられたくない部分を隠す着こなしや下着で体型を整えて自分の不満足な部分を補整したりしている．

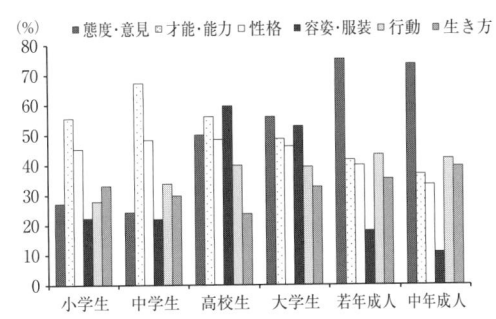

図2 社会比較の各対象の選択率 〔出典：高田利武「日常事態における社会的比較と文化的自己観―横断資料による発達的検討」，実験社会心理学研究 39 (1), p. 5, 1999 の表をもとに作成・編集〕

　服を着替えたりコーディネイトしたりすることは，日常的な行為である．被服は，自己呈示の有効な道具であり，うまく活用することで自分の印象を操作することができる．現実の身体イメージと理想のイメージとのズレを補修し改善して，健康的なイメージの形成をうながすことや，外見に関する不安などの否定的精神状態をやわらげる方法として被服を活用することは，効果的で比較的取り組みやすい方法といえよう．　　　　　　　　　　　　　　　　　〔箱井英寿〕

参考文献
[1] 箱井英寿：摂食障害と被服行動の検討（第1報）―摂食障害傾向と被服への近接性が着装行動に与える影響，繊維製品消費科学 **41** (11), 52-58, 2000．

化粧行動の心理的効果

　すっぴんで，外を歩けない．化粧をしていないと，恥ずかしい．そういう女性は，めずらしくない．どうして恥ずかしいかというと，その顔は自分ではないからだ．

●**化粧で役を演じる**　わたしたちは，あたりまえのように過ぎていく生活のなかでも，いろいろな役を演じている．○○さんの娘，○○ちゃんの友達，○○大学の学生，○○クンのカノジョ……．友達と一緒のときに，ぐうぜん親に会うと気まずい．そういう経験は，だれもが一度くらいはある．その気まずさは，親と友達とで演じ分けている役を，同じ舞台でみせてしまったことに原因がある．あたかも，歌舞伎の舞台で，『キャッツ』を演じるようなものだ．

　例えば，学校が終わってバイトに行くとする．学校の制服から，バイトの制服に着替える．このとき，バイトの制服を着たワタシは，もはや女子高生としてのワタシではない．そして周囲も，女子高生としてではなく，ひとりの店員としてみている．

　衣服の場合だと，役の演じ分けが理解しやすいかもしれない．けれども，化粧だって同じなのだ．恋人のまえだと，友達と一緒のとき以上に，マスカラをたくさん塗って，少しでも目を大きくみせようとしたりする．まさにそのとき，わたしたちは役に合わせた外見に，自分を近づけようとしている．いいかえれば，自己呈示．

　自己呈示とは，自分にとって望ましい印象を与えようとして意図的に振る舞うことを意味する．○○さんの娘，○○クンのカノジョ．それぞれで，役に合った望ましい印象を与えようと化粧をする．親には地味で清楚な印象，カレシには明るくギャルっぽくなど．これを失敗したり取り違えたりすると，緊張したり，気まずかったり，恥ずかしかったりする．そしてときには，まわりから認めてもらえず，自分を受け入れてもらえないということも，おこり得る．

●**ひとは見た目で判断する**　もちろん化粧は，きれいになるため，かわいくなるためにもする．つまり，見た目が魅力的になるように，化粧をする．ひとは，シンメトリーで造形的に整っている顔に魅力を感じる．だが，当然ながら生まれながらに，そういうひとは少ない．眉毛の生え方だって左右ちがう，食事のときのかみ癖でフェイスラインもちがう．だからこそ，化粧で修正する．

　よく日本では，ひとを見た目で判断してはいけないという．けれども，裏を返

せば，わたしたちがひとを見た目で判断している事実を物語っている．それは，外見のいいひとは，内面もいいとおもってしまうからだ．ひとは，内面のよさは外見のよさとして表れると信じている．

　対人魅力という，まわりのひとから受ける好意や尊敬などの肯定的な態度についての研究の中で，同じイタズラをしても，外見が魅力的な子どもはそうではない子どもと比較して，大人は悪気がなかっただろうと判断してしまうことがわかっている．外見が魅力的なひととは，自分の魅力に関係なくデートしたいと願うことも指摘されている．あたまでは，外見で判断してはいけないとわかっている．けれども，ココロでは，外見がそのひとの内面を判断する大きな材料であるとみなしている．

●**外見がいいと自分も気持ちがいい**　外見が魅力的であることは，ワタシをみているだれかだけではなく，自分にも影響する．朝，前髪が決まらないだけで一日気分が悪いという経験があるだろう．「ワタシ，ヘンじゃないだろうか」という不安が気分を落ち込ませ，ひとに会いたくないとさえおもわせる．内面が外見に表れるのとは反対に，外見が内面に作用する．

　化粧をする姿を鏡でみて，自分が魅力的になっていくのを実感する．そして，会うひとから「きれいだね」とほめられる．ほめられることは，自分に自信を与え，気分をよくする．ときには，抱えているストレスを軽くする．化粧療法や化粧セラピーが，医療や福祉の現場で行われているのは，そういう理由からだ．

　だれかにみられる自分を化粧によって操作するということは，ワタシをみているひとに働きかけることだけではなく，自分自身にも働きかけることなのだ．その意味で，化粧をするということは，他者と自分自身に対する2つの方向性がある．それらは独立したものではなく，関連し合っている．化粧は，たんなるおしゃれのためだけでも，異性の気をひこうとするためだけでもない．だれかに認めてもらいたい，受け入れてもらいたい．そして，自信をもちたい．そんなおもいが，ひとに化粧をさせ，他者と自分のココロに影響する．　　　　　　　〔平松隆円〕

参考文献
[1]　平松隆円：化粧にみる日本文化，水曜社，2009．

スポーツと非言語的コミュニケーション

　我々が人と話すときには，言語によって自分の意思を伝えているが，同時に身振り手振りを交えながら話したり，感情を表情に表して伝えている．また，同様に相手の身振りや表情などから相手を理解しようとしている．このように対人コミュニケーションにおいては，言語的（verbal）指標と，言語記号以外の手がかりからなる非言語的（nonverbal）指標を活用しているのである．

●**非言語的コミュニケーションの分類**　多くの競技では，ことばによらずにチームで決められた共通サインを利用して情報を伝達している．ナップ（M.L.Knapp 1979[1]）は，従来の諸研究を参考にこのような非言語的コミュニケーションを以下の7つに分類している．①動作行動：身振り，姿勢，顔の表情，目の動きなど，②身体特徴：スタイル，頭髪，体臭・口臭など，③接触行動：出会い・別れの挨拶など，④準言語：話す内容ではなく話し方のことで，音声化（泣き・笑いなど）や声の質など，⑤プロクセミックス：対人距離，パーソナル・スペースなど，⑥人工物の使用：香水，衣類，化粧，装飾品など，⑦環境：建築様式，インテリア，照明などである．

●**スポーツにおける装いの社会・心理的効果**　ここでは，ナップの分類で人工物の使用に位置づけられていた化粧や服装などの「装い」を取り上げ，スポーツにおける効果をみてみよう．例えば，被服による体温調節機能は，どのスポーツ種目にも共通して必要であろう．また，対戦相手とぶつかり合うような種目では，他の種目に比して装いによる身体保護機能が重要視されている（図1）．これらの被服がもつ基本的な機能に加えて，装うことには，①「自己の確認・強化・変容」機能，②「情報伝達」機能，③「社会的相互作用の促進・抑制」機能という3つの社会・心理的機能の側面がある（神山，1996[2]）．

　例えば，ウェアや関連商品がファッション性の高いデザインであれば，娯楽・趣味としてスポーツを始める女性にとっては魅力的な動機づけとなるかもしれない．また，特に勝敗や記録が重要となる競技スポーツの場合，いつもと同じ競技ウェアを着用することは，安心感を得たり，自己ベストの状態をイメー

図1　アイスホッケー

ジしやすくなるだろう．このような自己に関わる装いの自己の強化・確認・変容に関する機能は，メンタルトレーニングにおける積極的利用が期待できよう．

　審美性や芸術性の指標が勝敗にかかわるような種目，例えばフィギュアスケートやシンクロナイズドスイミングなどでは，「装い」は自分の演技を審判にアピールするための重要な要素になっている（図2）．

　個人種目において，選手がどのようなデザインの競技ウェアを着用するかで，闘志や意気込みなどの特定情報を意図的に伝えることが可能であろう．また，チームで統一した競技ウェアを着用することにより，対戦チームと自チームとの区別をつけ（識別性），「我々意識」（凝集性）を高める効果が期待でき，観客や審判，他のチームに対して，迫力や感動をいっそう強く伝える効果が期待できる（図3）．

　スポーツ観戦をしている人が，応援チームのマークを頬にペインティングしたり，ユニフォームを着用したりしている場合には，自分のひいきチームをまわりに伝えると同時に，応援する観客同士の親密度を高めるなど，相互作用機能による効果が期待できる（箱井，2010[3]）．

　このような非言語的指標の1つである装いの機能を意識して活用することは，我々が思っている以上に，スポーツにおいても影響力をもっているのである．

〔箱井英寿〕

図2　フィギュアスケート

図3　シンクロナイズドスイミング

参考文献

[1] M.L. Knapp（牧野成一・牧野泰子 翻訳）：人間関係における非言語情報伝達，東海大学出版会，1979.
[2] 神山　進：第1部 装いの意味と社会・心理的機能，「被服と化粧の社会心理学」（高木　修 監修，大坊郁夫・神山　進 編集）所収，北大路書房，1996.
[3] 箱井英寿：競技ウェアと化粧，体育の科学 **60**，pp.619-625，2010.

着装規範意識の日中比較

●**着装規範とは** 着装規範とは衣服を着装する時，その時代，その社会，その国にあって相応しいと考えられる着装の基準のことである．ただし，その規範は普遍のものではなく，文化や時代により変化し，また年齢によっても異なる．

この着装規範意識が日本だけでなく国によってどのように違うのか，日本（首都圏）と中国（上海）の女子大学生と女子高校生を比較した結果[1]を紹介する．

●**日中の女子大学生・女子高校生の着装規範意識の傾向**「あなたにとって，次のようなことはどれくらい重要か」とする着装規範に対する態度（以下，「態度」）と，「一般に世間の人々は，次のようなことをどれくらい重要だと考えていると思うか」とする服装に対する主観的規範（以下，「主観的規範」）を比較した．

その結果，全体を通して，日本および中国の場合ともに，態度に比較して主観的規範のほうが着装規範をより重視しており，世間の人々のほうが本人よりも着装規範を重視していると考えている．しかし，日本は大学生，高校生ともに，態度と主観的規範の間に差があるのに対し，中国はこの差が小さく，大学生に比べて高校生がさらにその差が小さい傾向にあった（表1）．

●**日中の特徴的な着装規範** さらに因子分析結果を含めて全体的な傾向をみると，日本の学生は「入学式・卒業式には正装する」「中学生・高校生は制服規定に従う」「披露宴では黒のスーツに白系ネクタイをつける」「葬式では喪服を着用，黒のスーツに黒系ネクタイをつける」「会社訪問する時は黒系スーツを着用する」「パーティーでは正装する」など，「フォーマル場面における着装規範」を重視する傾向がある．これに対して中国の学生は「年齢に相応しい服装をする」「男女の見分けのつかない服装はしない」「女性は頭髪を染めず自然な色を生かす」「講義中は質素な服装をする」など，「年齢や性別に関する着装規範」を重視する傾向がみられた．

着装規範は時代により変容しており，近年の中国，特に上海市周辺の経済発展の著しさを考えると，近い将来において若者を中心に着装規範のある部分はかなり変容することが考えられる． 〔内田直子〕

参考文献
[1] 小林茂雄, 北島美和子, 内田直子：女子大学生および女子高校生の着装規範意識に関する日中間の比較, 共立女子大学総合文化研究所紀要 **13**, 19-28, 2007.

表1 質問事項および日中大学生・高校生対象者別の態度と主観的規範間のt検定結果

質問事項	平均評定差のt検定			
	大学生		高校生	
	日本	中国	日本	中国
(1) 大学生は通学する時には，自分らしさを表現できる服装をする.	**		**	
(2) 大学生は入学式では，正装をする.	**		**	
(3) 大学生は卒業式では，正装をする.	**		**	
(4) 大学生は講義を受ける時には，落ち着いた質素な服装をする.	**		**	
(5) 先生は授業をする時には，スーツにネクタイをつける.	**		**	*
(6) 中学生は学校の服装規定に従った服装をする.	**	**	**	
(7) 高校生は学校の服装規定に従った服装をする.	**	**	**	
(8) 女性は披露宴に出席する時には，鮮やかな，明るい服装をする.				
(9) 男性は披露宴に出席する時には，黒のスーツに白系のネクタイをつける.	**		**	
(10) 披露宴に出席する時には，その場の雰囲気にあい，周囲の人達と同じような服装をする.	**		**	
(11) 新婦の披露宴の時には，自国の伝統的な服装をする	**	**	**	
(12) 葬式には，地味な普段着で出席する.				
(13) 葬式に出席する時には，喪服を着る.	*		**	
(14) 男性は葬式に出席する時には，黒のスーツに黒系のネクタイをつける.	*		**	
(15) 年齢に応じて相応しい服装をする.	**		**	
(16) 男性は通勤する時には，スーツにネクタイをつける.	**	**	**	
(17) 職場では，周囲の人とだいたい同じような服装をする.	**		**	*
(18) 女性は目上の人に会う時には，化粧をする.	**		**	*
(19) 出かける場所や出会う人によって，服装を変える.			*	
(20) 会社訪問する時には，黒系のスーツを着る.	**	*	**	
(21) 社会的地位や立場に合わせた服装をする.	**		**	
(22) 男性は男らしい服装，女性は女らしい服装をする.	**	**	**	
(23) ハイレッグの水着は体を見せすぎるので着ない.		**	*	
(24) 年配の人は地味な服装をする.	**		**	
(25) 子供は大人っぽい服装をしない.	**	*	**	
(26) 子供は流行やブランドの服装をしない.	**	*	**	
(27) 若い女性は頭髪を染めたりせずに，自然の色を生かす.	**	**	**	
(28) 男女の見分けがつかないような服装をしない.	**	**	**	
(29) パーティーに出席する時には，正装をする.	*		**	
(30) Gパンを着用して恩師宅を訪問しない.	**	**	**	

* P＜0.05
** P＜0.01

服装イメージや場違い感の日韓比較

●**服装に関する国ごとの印象の違い**　人間は服装をみた時，服装から発信される情報より何らかのイメージを抱く．しかし，日本と韓国の女性の間には，同じ服装でもイメージの抱き方が異なる．例えば，図1に示す服装中の着物と韓服について，日本人男女，韓国人男女にその印象評価を調査した平均値の結果が図2である．

図1　着物，韓服，紺スーツ，セーター・ジーンズ　©TAKARA Co., Ltd

着物は，図2(a)より全体的に日韓男女とも"かなり"「おとなしい」，"やや"「調和のとれた」をはじめとして，全体のイメージの傾向は似ている．ただし，「高級な」「洗練された」「上品な」のイメージは，日本男性の評価が一番高く，次に日本女性，韓国男性，韓国女性の順に反応が低くなっており，韓国人より日本人の方が，また女性より男性のほうが，着物の価値をより高級イメージとして捉えている．

韓服は，図2(b)より全体的に日韓のイメージが分かれる傾向となり，韓国人は，"かなり"

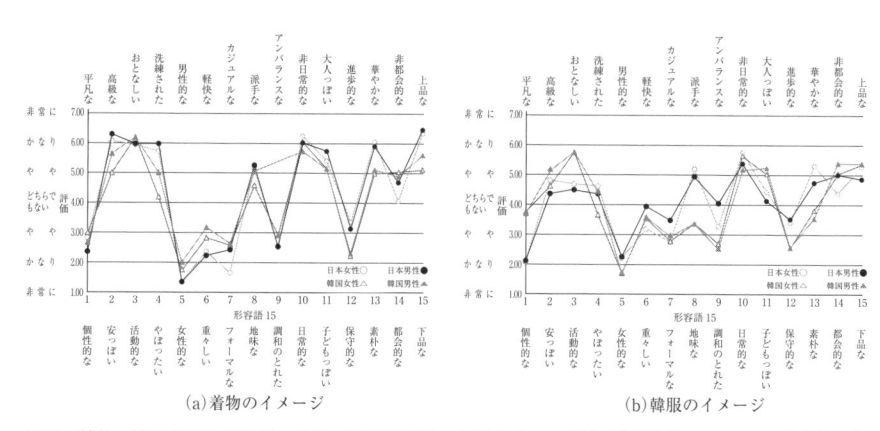

(a)着物のイメージ　　　　(b)韓服のイメージ

図2　着物・韓服の日本の男子，女子，韓国の男子，女子の4つの服装の評価プロフィール　[出典：内田直子「人形モデルによる日本人と韓国人の服装イメージの比較―日韓の大学生の場合」，夙川学院短期大学研究紀要　**31**(人文・社会科学編)，pp.1-8, 2005]

図3 場違い感実験の人形配置例 〔出典：内田直子，小林茂雄，長倉康彦「日本女性と韓国女性の服装における場違い感の比較，日本繊維機械学会誌 **55**(6)，pp. 45-51, 2002〕

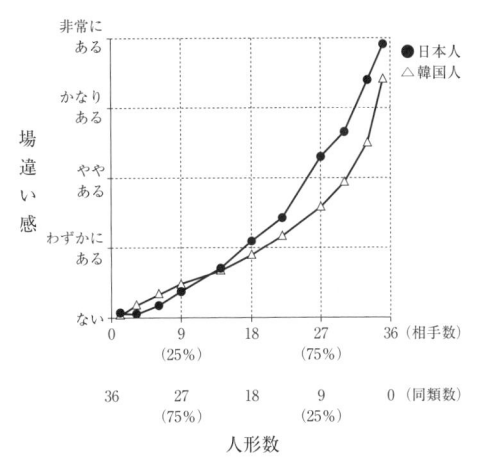

図4 日本人と韓国人の場違い感のグラフ

「おとなしい」，"やや"「地味な」「調和がとれた」「保守的な」というのに対し，日本人は"かなり"「個性的な」，"やや"「派手な」「華やかな」という，実際着用している韓国人が抱くイメージと異なったイメージとなっている．

以上から，服装イメージの違いは同じ文化の土壌にある男女間の性差より，異国間での民族文化や習慣の差の方が大きいことがわかる．これは，国民性やその文化の要因がかなり影響していると考えられる．また，民族衣装へのイメージは，それを着用する国の人と，それを評価するほかの国の人とでは，必ずしも一致するイメージをもっているわけではないともいえる．

●**日韓の場違い感の違い**　さらに，人間には自分がよいと思って選んだ服装で出席した場にて，周囲の服装の雰囲気と違った時，「場違いだった」という感情がある．図1にある着物，韓服，紺スーツ，セーター・ジーンズの中から2種類の服装を組み合わせて図3に示すような人形モデルの集合をつくり，おのおのの服装の立場で場違い感を評価した平均値の結果が図4である．集合内の相手の服装の人数が多いと場違い感は非常に高いが，自分と同類の服装が増加すると場違い感は減少する．

ただし，韓国人の場違い感は，日本人の平均の約8割ほどである．この理由として，場違い感は，服装間のイメージが近いものは低く，遠いものは高い傾向にある．別の分析において，ここで用いた服装試料間のイメージの距離が，韓国人は日本人より平均9割程度小さい結果があり，そのために場違い感が日本人より低いのではないかと考えられる．　　　　　　　　　　　　　　〔内田直子〕

女子高生の制服と校則

●**識別性と自尊心** 中高生が制服を着用することは，公立私立に関係なく一般的になっている．制服着用の目的として，校内の規律を正す，生徒の経済的な格差を目立ちにくくさせる，伝統を継承する，経済的であるなどが挙げられる．一方で，個性を育ちにくくさせるなどの指摘もある．また，最近では，制服は受験生が高校を選択する際の要因の1つであると考える傾向が，高校側にみられる．この背景には，少子化によって減少する受験生を獲得しなければならない事情があるものと思われる．

受験生にとっての憧れの制服，魅力的な制服とは何であろうか．制服の機能の1つに，他の組織とは異なることを認識させる制服の識別性がある．この識別性があるため，制服を着用すると心理的変化が生じる．あなたがある高校の生徒であるとしよう．あなたは，制服を着ることで，あなたの高校の生徒にふさわしいと思われる行動を周囲の人に対して意識してとるようになる．この心理的変化を組織イメージの呈示という．一方，周囲の人からは，あなたの高校の生徒としての役割を期待され，あなたは社会の中でのあなた自身の役割を知るようになる．この心理的変化を，社会的アイデンティティの確立という．

組織イメージの呈示に関しては，組織イメージが肯定的であれば，自尊心の高揚が起こり，反対に否定的であれば，自尊心の低下が起こる．つまり，自分の高校に対してよいイメージをもっていれば，その制服を着用することで自尊心が高まる．したがって，受験生にとって魅力的な制服とは，「自分がよいイメージを抱き，入学を希望する高校」の制服ということになるであろう．一方で，高校それ自体のイメージとは別に，制服そのものに魅力を感じて志望校を決める生徒がいることも事実であり，生徒が好むデザインに合わせて制服のリニューアルを検討する高校もある．

●**斉一化と校則** 制服の2つ目の機能に統一性があり，これは，斉一化と連帯化を生じさせる．ここでは，斉一化と連帯化の心理的効果を考えてみよう．斉一化とは，定められた制服を生徒全員に着用させようとする働きであり，定められた制服の着用スタイルから逸脱した服装をすれば，何らかの制裁を覚悟しなければならないというものである．中学生や高校生の生徒手帳には校則が載っていて，そこには学習だけでなく，服装，身だしなみなどが細かく書かれていることが多い．「制服を校則どおりに着用するよう厳しく指導している」と回答した高校は

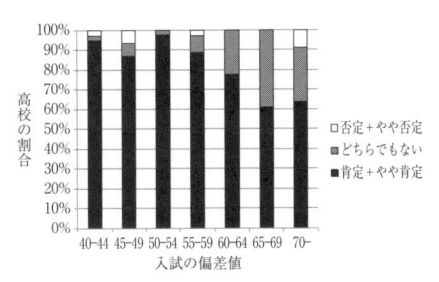

図1 「制服を校則どおりに着用するように厳しく指導している」という高校の割合（2012年調査）

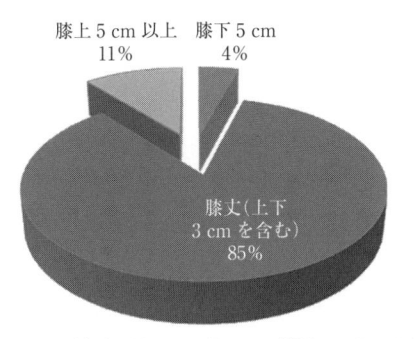

図2 校則に記された望ましい制服のスカート丈（2010年調査）

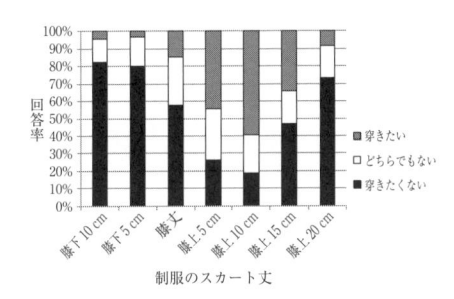

図3 女子高生による制服のスカート丈の評価（2010年調査）

多いが，入試の偏差値が高くなるほどその割合は減少し，生徒の自主性を重んじる傾向が伺える（図1）．この斉一化を徹底させることの心理的効果の1つに，組織の規律を正すことがあるが，このような考え方も偏差値が高くなるほど，減少する傾向がみられる．

●**連帯化と女子高生**　次に，連帯化とは，制服を身につけることによって抱く，我々意識（we-feeling）や仲間意識の強化を意味し，組織内部の結束を強める働きを意味する．そして，今日の女子高生の制服のスカート丈には，高校ごとの校則を超えた，女子高生という我々意識が観察できる．すなわち，校則のスカート丈は膝丈が理想であるとする高校教師が多い中（図2），今日の女子高生の半数近くが何らかの方法でスカート丈を短く穿いており，穿きたいと思うスカート丈は膝上10 cmが最も多い（図3）．このように，校則という規範がありながらそれに従わず，校則とは異なる別の基準に同調行動が起こるのは，内面的・私的に納得している同調行動である．このような場合の同調行動は，表面的ではなく本心からの同調行動であるため，簡単には変わらない行動であると考えられている．

〔川上　梅〕

黒髪の魅力

今では，髪の色は自由に選ぶことができる．入学試験や就職試験だからといって，髪が黒くないといけない，というわけではない．だからこそ，なのだろうか．これまでは，重い印象があるからと明るく染められていた髪色に対し，黒もふたたび人気なのだという．

図1 髪を梳っている様子（『源氏物語絵巻 東屋（一）』，徳川美術館所蔵 ©徳川美術館イメージアーカイブ/DNPartcom）

●黒といっても 黒髪といえば，まず平安時代の女性のすがたが思い浮かぶ．『源氏物語絵巻』などに描かれる，あの十二単に垂髪の女性．しかしこの当時，黒といっても艶やかな深い黒でなければいけなかった．

王朝文学の『夜半の寝覚め』では，カワセミの羽の色になぞらえ，黒髪の艶やかな美しさを表現している．『浜松中納言物語』では，漆にたとえ，髪にひとの姿がうつってみえるくらい艶やかでなければならないと表現している．

漆黒，紫黒，黒橡，黒鳶，黒紅，鉄黒，黒檀，濡羽色など．濃いねずみ色に近い黒の黒橡，暗い赤褐色の鳶色が暗くなった黒鳶，青みを帯びた黒の濡羽色など，歴史的に日本人は，黒に対して，ひとかたならぬ想いを抱いてきた．黒の違いを愛でる心が，黒髪の表情を愛でる心へとつながっている．そして平安時代，艶やかな黒髪が美人の条件となった．

だが，じつは日本人の黒髪に対する美意識は，もっと古くから存在する．『万葉集』には「おほかたは　たが見むとかも　ぬばたまの　わが黒髪を　なびけてをらむ」と，女性が黒髪をなびかせ，男性を魅惑する歌が詠われている．すでに，黒髪を愛でる意識が万葉の時代からあった．

●恐怖の白髪 黒髪に魅了される反面，白髪は嫌われた．今の時代も，白髪をみつけたら抜かずにはいられない．『宇津保物語』では「散る花ぞ　かしらの雪と見えわたる　花こそいたく　老いにけらしな」と，白髪を老いの表現として使っている．黒髪がよしとされる時代だからこそ，ただ白髪を嫌ったのではない．老いることは，死が近いことを意味している．死は，いつの時代も恐怖だ．若々しくありたいと願い，白髪を抜いた．

●**艶やかな黒髪は手に入れるのが難しい**　今のようにシャンプーも育毛剤もない時代．そんな艶やかで深い黒髪を手に入れるためには，どうしていたのだろうか．

平安時代の女流歌人，赤染衛門の歌集『赤染衛門集』には，植物を焼いた灰を水に浸して，その上澄みである灰汁で髪を洗っていたことがしるされている．ほかにも，洗髪や整髪のために，泔（ゆする）という米のとぎ汁，美男葛という実葛の蔓の粘液などが使われていた．米のとぎ汁は，現代でも米糠シャンプーのように製品化されて残っている．

けれども，そもそも髪を洗うこと自体が，簡単なことではなかった．当時は，黒髪というだけではなく，長いストレートの，垂髪という髪形が好まれていた．当然，髪の毛が長いと洗うのも大変で，乾かすのも一日がかりの大仕事だった．

自分だけでは，どうにもままならない．髪を洗うのも，乾かすのも手助けが必要になってくる．そうなのだ．艶やかで黒く，長い髪を保てるのは高い身分の女性だけだった．今の女性たちもそうだろう．髪が長いと家事や仕事がしにくい．髪を短く切ったり，忙しすぎて髪がボサボサだったりということがあるに違いない．美しい黒髪は，美人というだけではなく，高い身分の象徴でもあった．だからこそ女性たちは，黒髪にあこがれた．その想いが，現代にも続いている．

ところで，宇都宮地方には「髪の毛を切って竹の根元に埋めると髪の毛が黒くなる」ということわざがある．竹取の翁夫婦に育てられ，輝くばかりの美しい姫に成長したかぐや姫は，あまりの美しさから，五人の貴公子や帝からも求愛される．そんなかぐや姫は，竹の中から生まれた．

かぐや姫にあやかり，自分の髪を竹の根元に埋める．俗信に頼ってでも，美しい髪を手に入れることを願い，女性は竹の根元に自らの髪を埋めたのだ．そんなことを行うまでに，美しい黒髪が大事だった．　　　　　　　　　　　　　〔平松隆円〕

📖 **参考文献**

[1]　平松隆円：黒髪と美女の日本史，水曜社，2012．

TOKYO ストリートファッション
——若者たちの装い

　都市の主要な繁華街を歩くと，若者たちが思い思いのファッションを身につけて，おしゃれを楽しむ光景がみられる．近年では，街頭でおしゃれな人を撮影するストリートスナップの取材もさかんになり，ファッション雑誌やインターネットなどでも多数紹介されている．ストリートファッションは，パリ・コレクションに代表されるような，流行を意図的に作り出す組織から提案されるファッションとは異なり，主に若者たちが集うストリートから自然発生的に生まれる流行のことである．日本では，明治維新以降の近代化を背景として，これまでの着物に変わり洋装化を進展させた．そして現在まで，日本のファッションはめまぐるしく変化したが，この間の変遷をみると，当時の人々の心理，価値観，社会や経済状況，規範や世代など，さまざまなことが反映されていることがわかる．ここで，戦後から現在までの若者たちのストリートファッションを概観してみる．

● **1950 年代**　戦後日本の生活は欧米文化の模倣から始まる．進駐軍兵士の普段着をまねたアロハ・シャツやサングラスが憧れの対象となり，ジャズやマンボを奏でるミュージシャンが着ていたマンボズボンが流行した．1946 年にクリスチャン・ディオールが提案した「ニュールック」を模倣した，細いウエストで豊かに広がるスカートは，その形から「落下傘スタイル」とよばれて支持を集めた．また，湘南海岸を舞台に，既成の秩序を無視して無軌道な行動をする若者たちが登場し，小説『太陽の季節』で採り上げられたことから，「太陽族」とよばれ流行語となった．これらのファッションには，敗戦を経て，豊かな生活を求める人々の気持ちや大人への反抗心が反映されていた．

● **1960 年代**　東京オリンピック開催のため，都市のインフラが整うと，街でファッションを謳歌する若者が登場した．銀座のみゆき通りでアイビー・スタイルを展開した「みゆき族」，六本木を拠点とした「六本木族」が現れた．また，グループ・サウンズに影響を受けた変形スーツ・スタイルのモッズや GS ルックなどが広まった．60 年代後半には，戦争反対を唱え，平和主義や自然賛美を主張したヒッピーの思想が欧米から流入し，インド発祥のカフタンシャツ，男性の長髪，裾広がりのベルボトムジーンズ，ユニセックス・ファッションなどが流行した．

● **1970 年代**　既製服が浸透した 70 年代は，雑誌がカタログの役割を担うと同時に，ファッションを先導する媒体となった．『an・an』(1971 年創刊)，『non-no』

(1972年創刊)の愛読者は「アンノン族」とよばれ,『JJ』(1975年創刊)で紹介されたハマトラやニュートラは「JJルック」とよばれ広まった.他方,歩行者天国から生まれたファッションも登場し,サテンのハーレムパンツの独特な服装と踊りを披露した「竹の子族」,50年代のロックンロールを好み,リーゼントヘアに革ジャンを着たローラー族,ポニーテールにサーキュラースカート姿のフィフティーズ族などが登場し,同じ仲間の証として,ファッションが重要視された.

● 1980年代 　日本経済はバブルとよばれる好景気時代に突入する.三宅一生,山本耀司,川久保玲といったデザイナーが,従来の西洋服の既成概念を覆す作品を提案し,ファッションが大きく変化した.山本や川久保らの提案した黒の衣服は,これまで喪服とされていたものであったが,日本の若者たちに好んで着用され,その姿から「カラス族」とよばれた.好景気の影響から,若者の消費意欲も上昇し,DC(デザイナーズ＆キャラクター)ブランドが支持を集め,「パルコ」「丸井」「ラフォーレ原宿」などでブランド品を買うことがステイタスとなった.

● 1990年代 　渋谷に集う高校・大学生の間で「渋カジ」(渋谷カジュアルの略)が生まれ,デザイナーやブランドのお仕着せでないストリート発のファッションに注目が集まった.さらに,渋谷のギャル,原宿の裏発祥の裏原系,ロマンティックなドレスを着たゴスロリなど,同時にさまざまなスタイルが加速度的に展開された.ファッションによる自己表現や仲間とのコミュニケーションを試みる若者が登場したことで,これらの動向をつかんで,街のおしゃれな若者を紹介する雑誌の創刊が続いた.読者におしゃれを指南してきた雑誌は,ストリートの流行を地方や海外に広める媒体となった.

● 2000年代 　ファストファッションの台頭により,トレンドの加速化と大衆化に拍車がかかった.ここにきて,流行の衣服は,人より先に着るという差異化の役割を果たせなくなった.流行の陳腐化に敏感な若者は,ヘアカラー,ネイル,付けまつげ,ダイエットなどの身体のファッション化に関心を寄せ,古着やリメイク,手作り服などを求めるようになった.ファッション産業が提案してきた流行＝ファッションという図式に乗らない自在な若者の着こなしは,「クールジャパン」と称されて,海外でも注目を集めることとなった.

● 2010年代 　2011年の東日本大震災がファッションに与えた影響は大きく,衣服の機能性や安全性が再認識された.ストリートでも,機能的なスポーツやミリタリーなどのカジュアルなスタイルが求められた.90年代には街を媒介としてストリートファッションが進展したが,2010年代には,Facebookやtwitterなどの SNS から広まるファッションが生まれ,ファッション情報や流通,消費における双方向化,グローバル化がますます進んでいる. 〔渡辺明日香〕

ファッションカリスマリーダーとは

　カリスマとは，ギリシャ語で「神の賜物」という意味の charis に由来する言葉で，非日常的で例外的な資質や能力をもつと信じられている人物をさす．ファッションにおけるカリスマリーダーの条件としては，天才的な技術や造形力を有する，あるいは革新的なアイデアを取り入れたデザイナーや，社会的な慣例や常識を覆した衣服を提唱した人，着こなしや身振りが驚きや憧れの対象として賞賛を得る場合などが挙げられる．そして，カリスマの提案する衣服や着こなしが，それをたたえる人の間で模倣され，流行することもカリスマの資質といえる．ただし，カリスマ性は，客観的な規定を超えて，憧れる人の情緒的崇拝の高さゆえに，対象の中にその存在を見出す自己投影的なイメージといえる．それゆえ，ある人にとっては絶大なカリスマととらえられる人物が，それ以外の人にはそうは思えないこともある．また，時代によってカリスマの属性にも変化がみられる．ここでは，1950年代以降のファッションカリスマリーダーについて概観する．

● **1950年代**　オートクチュールとシネモードがファッションを牽引した．モードの革命児とよばれたデザイナーのクリスチャン・ディオールは，ライン・ルックを次々に発表し，流行のサイクルを加速化させた．また，映画産業の発展を背景に，邦画ではデザイナーの森英恵が日活映画の衣裳を数多く手がけ賞讃を集め，洋画では，マリリン・モンロー，オードリー・ヘップバーン，ジェームズ・ディーン，マーロン・ブランドらが活躍し，映画の衣裳が流行した．

● **1960年代**　団塊世代の若者による革新的なファッションが広まった．デザイナーのマリー・クワント，アンドレ・クレージュがミニ・スカートを発表し，モデルのツィギーがミニの女王と称され，ミニは世界的に流行した．また，ファッション・ブランド「VAN」の創始者である石津謙介は，アメリカのアイビーを日本に広め，男性ファッションの進展に大きく寄与した．イギリスのビートルズ，日本のタイガースなどのミュージシャンもカリスマ的な人気を集めた．

● **1970年代**　プレタポルテのデザイナーが台頭し，フォークロアを提案した高田賢三，パンタロン革命の端緒となったイヴ・サンローランらが新しいファッションを提示した．ファッションショーや雑誌のモデルがカリスマとなり，エキゾチックな魅力を世界に知らしめた山口小夜子，雑誌『an・an』で活躍した秋川リサなどが登場した．イギリスのパンクバンドのセックス・ピストルズは，デザイナーのヴィヴィアン・ウエストウッドの手がけた過激な衣装で活躍し，パンク

ファッションのブームを生んだ．
●1980年代　女性の社会進出が進み，ダナ・キャランやカルバン・クライン，ジョルジオ・アルマーニなどの，働く女性のための服を提案するデザイナーが活躍した．国内でもブランド・ブームが広まり，ブティックの販売員がハウスマヌカンとよばれ，憧れの職業となった．音楽番組の放映がさかんになり，海外ではマドンナやマイケル・ジャクソンなどの歌，ダンス，衣装に優れたエンターテイナーが登場し，国内では松田聖子や中森明菜といったアイドル歌手の髪型や衣装が憧れとなった．さらに，都会的な物語が展開されるトレンディードラマがブームとなり，俳優の浅野温子，浅野ゆう子，石田純一，江口洋介らの衣装が模倣対象となり，番組に衣装提供したファッション・ブランドが人気を集めた．
●1990年代　ファッションモデルの中でも，ナオミ・キャンベル，クラウディア・シファーといった，世界的な知名度と破格の報酬を誇るスーパーモデルが登場して脚光を浴びた．国内では，歌手の安室奈美恵や浜崎あゆみが若い女性から熱狂的な支持を集め，茶髪や細眉，ヘソ出しTシャツや厚底靴が流行した．また，「渋谷109」の販売員の中から，顧客の賞讃を得たカリスマ店員が生まれ，中には自分のブランドを立ち上げたり，タレントになるケースもあった．男性ファッションでは，「A BATHING APE®」のプロデューサーのNIGOが，音楽やストリートスポーツ，映画やコミックをアイデアソースとしたファッションを提案し，裏原宿ファッションを牽引した．
●2000年代　ジェニファー・ロペスやパリス・ヒルトンなど，タレントや富豪の子女などのセレブリティが注目を集め，国内では，雑誌『CanCam』の専属モデルの蛯原友里や押切もえが女子大生やOLの絶大な支持を得て，着用した衣服やアクセサリーが飛ぶように売れた．また，読者モデルを筆頭に，街の若者やショップスタッフ，サロンスタッフなど，一般人のファッションが注目を集め，カリスマ読者モデル，カリスマスタッフなどという名称も使われるようになった．こうして，カリスマという言葉は，等身大のおしゃれな存在にも用いられるようになったが，この背景にはだれもがカリスマと崇めるタレントが不在となり，憧れる対象が分散している現代の若者の志向が反映されている．
●2010年代　レディ・ガガやきゃりーぱみゅぱみゅのように，奇抜なファッションやヘアメイクで圧倒的な存在感を示すカリスマも復活している．また，著名なジャーナリストやバイヤーではなく，ブログでファッションの記事を書いて注目を集めるファッションブロガーの台頭や，SNSで自身のファッションを紹介したことがきっかけで，モデルやタレントになるケースが登場するなど，ソーシャルメディアからも新たなカリスマが生まれている．

〔渡辺明日香〕

Chapter 14

衣服と健康

暑さと健康 ——————————— 366
寒さと健康 ——————————— 370
肌の健康と衣服による障害 ————— 372
体を守る衣服 —————————— 374
下着の機能性と健康 ———————— 376
妊産婦用衣服 —————————— 378
眠りの快適性と健康 ———————— 380
靴と健康 ———————————— 383
おしゃれと健康 ————————— 386

暑さと健康

●**暑熱による健康障害**

1) 熱中症

　近年地球温暖化に伴う環境温度の上昇とともに，暑さによる健康障害が増加している．節電対策として開始されたクールビズ運動は，冷房温度を28℃に上げて軽装衣服で対応しようとするものであるが，オフィスでの軽装化には限度があり，また日本の夏の高温多湿環境は疲労感や倦怠感，食欲不振，睡眠不足等を引き起こし，これがストレスとなって日常の体調不良の原因となる．

　熱中症は，このような暑熱環境下における身体の適応障害によって起こる状態の総称であって，外気の温度や湿度が高く人体からの熱放散が抑制されることによって起こる場合と，スポーツや作業中に産熱が著しく増大することによって起こる場合に分けられる．いずれの場合も，体内の水分と塩分のバランス，産熱と放熱のバランスなどの調節機能が破たんし，体温の上昇をきたすことによって生じる健康障害で，以下のように分類される．

　Ⅰ度：体温がほぼ正常の比較的軽度の症状で，立ちくらみ（熱失神）と熱痙攣がこれに相当する．熱失神は直射日光下での長時間行動や高温多湿の室内で，発汗による脱水と末端血管の拡張によって，脳への血液循環量が減少したときに発症する．熱痙攣は大量に汗をかき，水だけを摂取して血液中の塩分濃度が低下した場合に発症する．足，腕，腹部の筋肉の疼痛，痙攣（こむら返りなど）である．対応としては衣服を緩めて日陰で休ませ，水分または経口補水液（水1Lに対し砂糖40g，塩3g）を補給する．

　Ⅱ度：体温の上昇を伴う中等度の症状で，大量の発汗により著しい脱水状態になることにより生じる熱疲弊（または熱疲労）がこれに相当する．症状は，脱力感，倦怠感，めまい，頭痛，吐き気など．直腸温が39℃まで上昇するが皮膚は冷たく発汗がみられる．対応としては，衣服を開放して涼しい場所に移動させ，点滴を行うとともに頸部，脇下，鼠蹊部などを中心に冷却療法を施す．

　Ⅲ度：異常な体温上昇（時には40℃以上）により中枢神経障害をきたし，体温調節機能が失われた熱射病の状態をいう．症状は頭痛，めまい，嘔吐，発汗の消失と皮膚の乾燥，運動障害，錯乱，昏睡に至り，死亡の危険性も大きくなる．対応としては，医療機関への緊急入院と速やかな冷却療法が必要である．

　厚生労働省は，熱中症の予防対策として，環境の熱負荷を数値化した熱指数

(WBGT) を採用し，戸外でのスポーツや作業従事者に対しては，WBGT による監督者の熱中症予防対応を求めている．WBGT は次式により求められ，31℃以上は「危険」，28～31℃は「厳重警戒」，25～28℃は「警戒」，25℃未満でも「注意」に相当する．

屋外で日射がある場合：WBGT ＝ 0.7×湿球温度＋0.2 黒球温度
　　　　　　　　　　　　　　＋0.1 乾球温度

屋内で日射がない場合：WBGT ＝ 0.7×湿球温度＋0.3 黒球温度

　高齢者は，体温調節機能の低下により夜間の睡眠中にも熱中症を発症していることから，適度な冷房，扇風機や除湿機の利用，適切な着衣への配慮などに対する周囲の対応が求められる．乳幼児の場合，体積の割に体表面積が大きく体温調節機能も未発達なため，大人の注意が重要である．

　2）各種皮膚疾患──汗疹，日焼けなど
　汗は，環境条件や衣服の状態によっては皮膚表面に蒸れを形成し，皮膚を膨潤させる．また，汗を皮膚にそのまま放置すると塩分が残ってさらに汗が蒸発しにくくなり，ほこりや垢を吸って不潔になりやすく，細菌を増殖させやすい．これらが，アトピー性皮膚炎の悪化や汗疹，水虫やおむつかぶれなどの皮膚疾患の発症につながる．汗疹は，皮膚の外に出られない汗が皮膚の角質にたまり，水晶様発疹を生じるもので，表皮内にたまると細菌の増殖により赤く発疹する．また，夏の水虫は靴内の，おむつかぶれはおむつ内のむれによって菌が増殖しやすく，白癬菌，カンジダ菌などに感染しやすくなる．暑熱下での靴や衣服，おむつには，通気性・透湿性などによって衣服内の湿潤を防止する対策が求められる．

　さらに，夏の日射には赤外線のほかに皮膚に有害といわれる紫外線が含まれ，これによる健康障害も挙げられる．紫外線は，波長によってUVA（400～315 nm），UVB（315～280 nm），UVC（280 nm～）に分けられるが，UVC はほとんど地表に到達しない．UVA は皮膚真皮層のたんぱく質を変性させ，しわやたるみなど皮膚の老化を進行させる．UVB は表皮に作用し，日焼けを起こすとともに皮膚がんを発症させ，目に対しては白内障の原因ともなる．特に夏は紫外線量が多いため，日焼け止めクリーム，帽子，日傘，衣服などによる厳重な対策が必要である．

●**暑熱下の衣服対策**　暑熱下の健康維持に向けては，体内に熱がたまらないような衣服を選択することが原則である．すなわち，①体表から出る熱をできるだけ多く早く放散する，②体表にでてきた汗を少しでも有効に蒸発させる，③外部からの放射熱の侵入を防ぐ，この3つの条件をクリアすることである．そのためには，以下の方法が考えられる．

1) 被覆面積の縮小（皮膚の露出）

　被覆面積とは，衣服によって覆われる体表面積比（％）のことをいう．屋内や日陰などでは，被覆面積を小さくしてできるだけ皮膚を露出させることが熱放散上有効である．熱の放散は皮膚温と外気温の差およびその部位の曲率に比例する．したがって，暑熱下で皮膚温が高く曲率も大きい，頭部・手足・腕脚部を露出することがより効果的である．真夏のホームウェアとしては，タンクトップにショートパンツなどがお勧め．オフィスでは，儀礼上皮膚の露出が制限されるが，クールビズの28℃下における一般的な半袖シャツに長ズボンの組み合わせではやや暑く感じられ，長ズボンを半ズボンに，また，閉塞性の靴をサンダルなどの開放系履物に変えることで快適に過ごすことができる．

2) 衣服の開口・衣服下空気層からの換気の促進

　体熱で温められた衣服下の空気は上昇気流となって，衣服と人体の間の空気層を通り，衿や袖口・裾などの開口部から外に排出される．開口部としては，衿・頸元など上向き開口の開閉効果が最も大きく，次いで水平開口，下向き開口の順である．換気は衣服下の空気層とも関係し，ゆとりが大きく布地に張りがあれば，被覆面積が大きくても換気放熱を盛んにすることができる．開口部は，衣服内が高温多湿になりやすい体幹部に近い部位に開ける方が有効である．ハワイのムームーやカリユシスタイルのように裾と衿元の開口がつながっている衣服では，煙突効果による高い換気効率が期待できる．

3) 通気性素材の利用

　衣服内空気の換気には布地の通気性も関係する．布地の通気性は，布地の表と裏に貫通している直通気孔が多いほど大きく，糸が細く縦横の糸密度（本/cm）が小さい布地ほど，織物では一般に，太糸織物より細糸織物が，弱撚糸織物より強撚糸織物が，紡績糸織物よりフィラメント織物の方が，通気性が大きい傾向にある．衣服を重ねると通気性が低下するが，内衣より外衣ほど易通気性にすると通気性が低下しにくい．

　暑熱用素材として近年接触冷感素材が市販されている．これは着用時の初期接触感をひんやり感じさせるものであるが，着用中の持続性は期待できない．

4) 汗の蒸発促進による無効発汗の抑制

　暑熱下では，熱放散の80％以上が汗の蒸発潜熱による．汗の蒸発は，1gで0.67Wという大量の潜熱を放出し体温の上昇を防ぐ．しかし，発汗しても皮膚上に留まる汗や流れ落ちてしまう汗は蒸発放熱の役に立たない（無効発汗．さらに生体の循環・体液・体温調節系に余分な負荷を与え，熱中症の原因となりやすい．一般に背中や胸，腰などの体幹部では発汗量が多いが，体の曲率が小さいた

め，この部位の汗は蒸発しにくく，しばしば蒸発しきれずに流れ落ちる．衣服による熱中症対策としては，汗の流失を抑え，汗を素早く有効に蒸発させることである．近年開発・市販されている吸水速乾性の下着は，汗の流失を防ぎ，あわせて繊維表面からの蒸発面積を広げて，汗の蒸発を促進するように設計されている．ただし，多量発汗の場合は吸水により気孔がふさがれて通気性が減少しやすく，衣服のべたつき，摩擦抵抗の増大をもたらし，不快感・疲労感の原因にもなる．吸水時に衣服が皮膚に密着しないためには，ニット，クレープ，ネットなど表面に凹凸のある布地が適している．

皮膚表面からの水の蒸発は，汗でなくとも体温上昇を防ぐ上で有効である．熱中症の予防対策として，頭部や頸などに濡れ手ぬぐいや濡れタオルを巻き，そこから水を蒸発させることが古くから行われてきた．最近では，これと同様な原理に基づいて高分子吸収体などを保持した冷却グッズが開発されているが，中には効果が不十分な例も報告されているので，性能の見極め，評価方法の確立が求められる．

5) 日射の遮蔽

戸外での最優先条件は，日射（熱線・紫外線）の遮蔽である．赤外線の遮蔽効果は，反射が大きく吸収・透過の小さい衣服材料で高い．色相では一般に白＞淡色＞濃色＞黒の順に反射が大きく，組織では直通気孔面積が大きいほど透過が大となる．紫外線の遮蔽効果は羊毛やポリエステルで高く，さらに遮蔽効果を高めて機能性繊維素材も開発されている．日射の遮蔽方法としては，日傘などのように人体から距離を置いたもので遮蔽する場合と，衣服やスカーフなどで人体を被覆して遮蔽する場合がある．前者では，遮蔽物と人体との距離があるため，遮蔽物が吸熱してもその熱が人体との間で放散するので人体への伝達量が少なく，防暑効果が高い上熱放散を妨げることもない．汗の放散に配慮する必要がないため，近年日傘には繊維よりも放射率が低いアルミの反射性を利用したものも市販されている．一方，衣服や帽子などによる遮蔽は，遮蔽物と人体が接しているため，遮蔽による防暑効果と放熱抑制に伴う保温効果の相反影響を生じやすい．遮蔽のために被覆面積を大きくすると暑くなるが，この解決策としては，西アジアの民族服のようにゆとりと開口部の工夫によって衣服と人体の間に空気層をつくり，日射は遮りながら体の表面に風が通るようなデザインにするとよい．帽子は，炎天下の作業やスポーツでは日射から頭部を保護し，熱中症を防ぐ上で必須である．つばの広いものや，後頭部から頸部にかけて覆いのついたものが遮蔽上有効である．ただし，頭部では熱と汗が放散されにくく蒸れやすい．時々脱いで頭部に風を入れるとよい．

〔田村照子〕

寒さと健康

　衣服の起源は寒さから身を守るため，との説があるほどに，低温環境下で衣服が果たす役割は大きい．空調設備の整った現代においても，冬季の戸外における作業（土木・除雪・保安）はもちろんのこと，冷蔵・冷凍施設など，厳しい寒冷下での職務があり，応じた防寒衣服を要する．あるいはスキー等のウィンタースポーツにおいても，適切なウェアなしにその楽しみを享受することはできない．

●**凍傷**　700万人以上いるとされる日本の登山人口であるが，スポーツ障害の観点から，その外傷率，死亡率は高く，登山は自己管理，危機管理の求められるスポーツといえよう．登山者にとっていつでも起こり得る疾患"凍傷"は，寒冷に伴う末梢血管収縮による循環障害から生じる．心臓から遠い手足の毛細血管は，早期に寒冷の影響を受け，体温を喪失させないために血管収縮が起こると閉塞状態になり，末梢組織から阻血になっていく[1]．凍傷の発症には，ウェアの状況が大きく影響する．濡れた手袋のままで稜線上を歩き，風で末梢温度が急速に低下し短時間で発症した例，サイズの合わない靴を履いての下山により，母趾内側が圧迫され，循環障害を起こしやすくなった例などである．登山者は自己管理の一環として，手袋は保温性と防水性に優れたものを揃え，必ずスペアを持参する，靴の中に雪が入らないようスパッツやオーバーシューズを着用する，自分の足に適合した靴の選択を行うといった，ウェアへの細心の注意を払う必要がある．

　冬山登山のような厳しい寒冷環境下では，生命を守るための衣服が必須であるが，日常生活においても，寒さに対する適切な衣服選択は重要である．乳幼児や高齢者，寒さに敏感であったり，体温調節反応が不十分な場合はなおのこと，寒冷下の衣服はヒトの健康を左右する．

●**冷え性**　冷え性とは，一年中あるいは寒冷期に，身体の特定部位に強い冷感を覚え，不快に感じられる状態をいう．冷え性者は主に下肢や四肢末梢に冷えを感じているとされ，中立温環境下で皮膚温を計測すると，末梢，特に下腿から足先までの温度が著しく低い（図1）．さらに，体幹部皮膚温と末梢部皮膚温の差が大きく，中立温環境下で体幹部と四肢部の温度差が8℃以上あれば，冷え性者である確率が高いとされる．寒冷暴露した際の冷え感と，体温（直腸温），皮膚温との関係において，冷え性者では末梢部皮膚温とに相関が認められる．すなわち，冷え性者では，末梢部の温度低下を防ぐことが，冷え感軽減に役立つと考えられ，手袋やソックスの着用が望まれる．しかし，体温保持の観点からすれば，体幹部

の被覆が優先される．被覆部位を変えて寒冷暴露した際の平均体温では，体幹部すべてを覆った時と比べ，腹部を露出した場合，値低下が著しい（図2）．近年はファッショナブルな腹巻も市場に現れており，活用されたい．また，体幹部に加え頸部を被覆すると，平均体温低下がきわめて小さくなるので，寒冷下の体温保持にマフラーやスカーフの着用が有効である．

●ウォームビズ　政府の推進する地球温暖化防止対策の1つとして，冬季の暖房設定温度を20℃程度に抑え，衣服調節で適応する"ウォームビズ"が推奨されている．気温20℃での着衣量とSET*の関係において，平均放射温度20℃・相対湿度40％・風速0.1 m/s・代謝量1.1 metで，クロ値0.9 clo程度あれば快適範囲内となる[2]．しかし，着衣量を増やす以外に，暖かさを得る工夫として何が考えられるか．例えば，手袋と靴下は，単品で0.032～0.072 clo，0.009～0.023 clo程度の保温力であるが，それぞれ上腕部と臀部への保温波及効果をもつ．ショールは，重ねて局所を被覆する巻き方より，重なりのない1枚でも広い面積で被覆する方が保温効果を示す．また，寒さに対応するために着衣量を増やす際，過剰重ね着の弊害は大きく，空気層をつぶさずに保持することが重要である[3]．さらに，機能性下着の着用や発熱素材の活用など，先端の繊維科学技術に関する知識をもつことにより，寒冷下での賢い着こなしが可能となる．

〔佐藤真理子〕

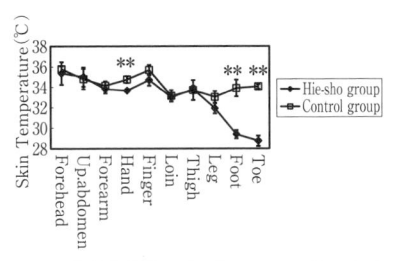

図1　中立温環境下（28℃・50%RH）における身体各部位皮膚温（冷え性者と非冷え性者で末梢の値に有意差が示された）〔出典：M. Sato and T. Tamura "Cold/warm thresholds, skin temperature and skin blood flow waves in young women with cold constitution (hie-sho)", 18th International Congress of Biometeorology, 2008〕

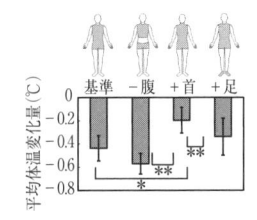

図2　異なる部位を被覆した際の寒冷下（18℃・50%RH）平均体温変化量

参考文献

[1] 金田正樹：寒冷障害—凍傷と低体温症，臨床スポーツ医学 **28** (7), 745-751, 2011.
[2] 大熊涼子，石野久彌，中山哲士：冬期20℃室温における着衣と熱的快適性に関する研究，日本建築学会環境系論文集 **73** (625), 307-312, 2008.
[3] 與儀由香里，呑山委佐子，斉藤秀子：着衣の熱抵抗に関する研究（その3）—ウォームビズに対する着衣方法の検討，大妻女子大学家政系研究紀要 **47**, 145-160, 2011.

肌の健康と衣服による障害

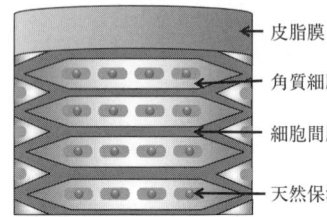

図1　肌の水分保持
- 皮脂膜
- 角質細胞
- 細胞間脂質
- 天然保湿因子

皮膚は，外部からの物理的刺激，化学的刺激および生物的攻撃に対して，体の内部を保護する役割を果たす．表皮の細胞は胚芽層でつくられ，角質層を形成する．角質層の細胞は皮膚表面から1枚ずつ剥がれ落ち，健常な皮膚が更新し続けている．これをターンオーバーという．

角質層には，細胞間脂質と天然保湿因子があり，皮脂膜で被われている．いずれも，図1に示すように肌の水分を保持することにより，肌をみずみずしく保つ役割を担っている．

脂腺から分泌される皮脂は，皮膚表面に油膜状に広がり，皮膚，毛の表面を被い滑らかにし，乾燥を防いでいる．皮膚表面には，皮膚常在菌が生息する．主なものは，図2に示すように皮膚ブドウ球菌，アクネ菌などである．皮膚ブドウ球菌は善玉菌ともよばれ，皮脂を好む好気性菌である．皮脂を分解して，オレイン酸や酢酸などの有機酸を産生し，皮膚表面を弱酸性に保っている．そのため病原菌が皮膚で繁殖しにくくなり，皮膚を健常に保っている．悪玉菌とよばれる黄色ブドウ球菌は，汗の成分である尿素を分解し，アンモニア臭を発生する．アクネ菌は，皮脂を非常に好むため，皮脂の分泌が多いところに存在する．アクネ菌は嫌気性菌である．毛穴に詰まった皮脂は嫌気状態にあり，アクネ菌の格好の住み処である．アクネ菌が毛穴の皮脂を栄養源として過剰に繁殖し，炎症を起こすとニキビとなることがある．

図2　皮膚常在菌
- 有機酸の産生
- 皮膚ブドウ球菌
- エクリン腺
- 炎症の発生
- アクネ菌
- 脂腺

垢が皮膚表面に貯留すると，皮膚表面に常在する細菌の格好の餌となり，細菌の代謝産物であるアンモニアなどが悪臭を放ったり皮膚を刺激したりする．皮膚を清潔に保つためには，皮膚の垢を吸着しやすい機能が肌着に備わっていることが望まれる．垢を吸着しやすい肌着は，皮膚表面の垢をぬぐい去るため，皮膚を常に清潔に保つことができる．

衣服の着用によって皮膚障害を起こすことがある．物理的刺激による皮膚障害で最も多いのは，羊毛によるチクチク感であるが，チクチク感は，直径 30 μm 以上の繊維を 3.5% 以上，直径 40 μm 以上の繊維を 0.6% 以上含む場合に生じやすいといわれている．また，チクチク刺激のある繊維に 5 cm² 以上の皮膚が接触していることがチクチク感の発生に必要ともいわれている．皮膚に直接触れる衣服は，19 μm 以下の細い羊毛でつくられることが望まれる．また，シャリ感のある強撚糸やモノフィラメント糸を用いた衣服は，皮膚障害を起こすことがあるので注意が必要である．化学的刺激による皮膚障害としては，刺激性接触皮膚炎とアレルギー性接触皮膚炎がある．刺激性接触皮膚炎の原因化学物質としては，界面活性剤やドライクリーニング溶剤の事例がある．アレルギー性接触皮膚炎としては，ワイシャツの防縮・防しわ加工に用いられた樹脂から遊離するホルムアルデヒドの事例がある．ホルムアルデヒドは，「有害物質を含有する家庭用品の規制に関する法律」でその溶出量が規制されている．静電気刺激による皮膚障害の症状は，肌のチカチカ感である．静電気によって細かい火花が飛ぶと皮膚の角質層を傷つける．この傷が皮膚の炎症を助長する場合がある．素材別摩擦帯電列は，(プラスに帯電) ナイロン―羊毛―絹―レーヨン―綿―アセテート―ポリエステル―アクリル（マイナスに帯電）の順である．静電気の発生を抑制する方法としては，重ね着をする場合は，摩擦帯電列の近接した素材の衣服を組み合わせて着用するなどの着装上の工夫が挙げられる．また，発生してしまった静電気を衣服に溜めないで上手に逃がす方法として，導電性繊維を衣服に混紡して織り込むなどの方法がある．生理的刺激による皮膚障害としては，高い織り糸密度のために通気性が損なわれて，皮膚障害が発生した事例がある．通気性の悪い衣服の衣服内気候は，高温多湿の環境となり，皮膚障害を引き起こしやすくなる．衣服内気候を適正（衣服内温度 32±1℃，衣服内湿度が 50±10%）に保つためには，通気性・吸汗性・吸湿性・放湿性・透湿性に優れた衣服を選ぶ必要がある．

　アトピー性皮膚炎患者は皮膚が乾燥しているため，外的刺激に対する抵抗閾値が低い．アトピー性皮膚炎患者の湿疹症状は，ウール，ナイロン，ゴム，金属などの刺激によって悪化する．アトピーなどの敏感肌の人にとっては，肌着選びは切実な問題である．近年，アトピー体質の人にとって肌にやさしい衣服が開発されている．例えば，原綿に含まれるワックス成分や不純物を除去し保湿性と静菌性をもつ天然保湿成分を加えた機能性繊維や，キチン・キトサンとセルロースの複合繊維を用いて雑菌の増殖を抑える抗菌防臭性と高い保湿性およびソフト性をもつ機能性繊維や，緑茶から抽出されるカテキンの抗菌性と抗アレルギー性機能に注目した機能性繊維などがある．　　　　　　　　　　　　　〔成瀬正春〕

体を守る衣服

　労働災害による死傷者数は，戦後の最高値を示した昭和36年と比較すると，死亡者数で2割程度までに減少が認められている．この労働災害による被害者の減少は，産業現場のオートメーション化や安全設備の向上によるところが大きいと思われるが，防護服を含めた保護具が災害防止に果たしてきた役割も大きい．防護服が満たすべき要件は，基本的には以下のような4要件が挙げられる．①身体を完全に防護すること，②着用して作業を行いやすいこと，③着心地がよいこと，特に衣服内気候が快適であること，④洗濯・保守が容易なこと．しかし，防護服では①の安全性を確保するために，③の温熱快適性が損なわれることが多い．

　防護服の性能の確保は，時として労働者の生命をも左右しかねない大変重要なポイントで，その性能については，JIS（日本工業規格）が制定されており，しかも厚生労働省や経済産業省の検定を受けなければならない品目も少なくない．国際的にも，ISO（国際標準化機構）は，TC 94（個人用安全-保護衣および保護具）のSC 13（防護服）に，多くの国際規格を設けている．以下に代表的な防護服の種類とその特徴を挙げる．

●**耐熱防護服**　炉前作業服や消防用防火衣などが代表例である．工場や火災現場で発生する熱や炎から身を守る防護服で，耐熱性能を有するアラミド繊維等が使用される．さらに防炎性能を向上させるためにアルミ蒸着したものも使用される（図1）．しかしながら，炎から身を守るための衣服は，発汗による水分の衣服からの蒸発を妨げ，熱中症のリスクを増加させ，特にアルミ蒸着服はその傾向が著しい．さらに，防護服の素材や重量は作業者の動作性を低下させるものが多い．

●**耐寒防護服**　冬季の屋外寒冷作業場（農業，林業，水産業等）や冷蔵倉庫のような人工寒冷作業場で，体温の低下を防ぐために着用する衣服が防寒服である．

図1　一般の消防用防火衣（左）とアルミ蒸着消防防火衣（右）

ただし，激しい労働を行う際には，発汗を伴うこともあり注意が必要である．さらに，冷水中に浸ったとしても，ある一定時間生命の維持ができるようにつくられたのが，耐寒耐水服である．水温2℃以下の冷水中に6時間浸かった後でも，直腸温が35℃を下まわらないことが必要とされている．

●**生物防護服**　病原体（ウイルス，細菌等）や有害な血液・飛沫から身を守る衣服で，バイオハザード防護服ともよばれる．SARSや鳥インフルエンザ等のリスクが非常に高いものを扱う場合には，図2のような気密・陽圧服が用いられる．この場合，全身をフード，上衣，下衣，手袋および長靴で覆い，さらに全面呼吸マスクを使い，空気をホースで常に陽圧にして，衣服内部に外気が侵入しないようにしている．ただし，こうした密閉型防護服を使用する場合には，行動が制限され作業能が低下することが多い．

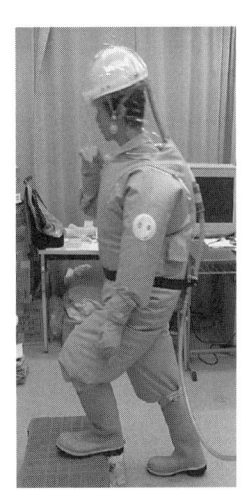

図2　気密・陽圧服

●**化学防護服**　酸，アルカリ，有機溶剤等の有害物質から身体を保護する服である．サリンのような猛毒の化学物質を取り扱う場合には，上記の気密・陽圧服を使用する．

●**機械的作用防護服**　刃物や尖った物による傷害を防止するための衣服である．林業のチェーンソー使用時の防護服や食肉解体ナイフ使用時の手袋，防弾チョッキもこの範疇に入る．

●**放射能防護服**　放射性物質による身体表面汚染を防護する衣服である．ただし，ガンマ線等の放射線被ばくを遮蔽するためには，100 kg以上の鉛の服を着用しなければならず現実的ではない．原子力発電所の保守管理や東日本大震災による福島第一原子力発電所事故対策で使用されているのは，呼吸保護具，不織布製防護服，RI用ゴム手袋，オーバーシューズおよびシューズカバーである．

●**電気防護服**　高圧線作業等において感電から身を守る絶縁服，静電気の放電による爆発・火災の防止のための静電気帯電防止服がある．絶縁服の不備は，直接生命にかかわるものであり，その保守点検に不備があってはならない．

　適切な防護服やヘルメットや手袋のような個人装備品を着用しない場合には，健康障害がもたらされる．さらには，放射能防護服などのように，適切な後処理をしない場合には，作業場外に汚染物質を持ち出すこととなり，二次汚染に繋がりかねないので注意が肝要である．

〔栃原　裕〕

下着の機能性と健康

　下着はインナーともよばれ，アウターの内側，つまり肌に直接もしくは重ねてつけるものの総称である．男女ともに下着は①衛生，季節および環境に適応するための体温調節機能（保温・放熱，保湿・吸湿）を担う肌着（アンダーウェア），特に女性では②体形の補整機能を有する基礎下着（ファンデーション），③個々人の趣味的要素による装飾性の強い下着（ランジェリー）の3種に分けられる．人体と衣服との間を快適にするにはアウターだけでなく，どのような下着を選ぶかが重要であり，選ぶ際のポイントとしては肌触り，素材や着心地，機能性・デザイン性などが決め手となる．

●**下着の機能性**　直接素肌に触れて着用する「肌着」にはシャツ，ショーツ，ブリーフ，ボトムなどがある．肌着は①汗，皮脂，垢などの汚れを吸収して皮膚を清潔にする機能，②洗濯しにくいアウターを皮膚からの汚れから防ぐ機能，③外気温に対応し衣服内の温湿度を快適に保つ機能などがある．健康を考える上で，皮膚の表面を清潔に保つことが重要である．肌着に付着した汚れは洗濯により除去し，常に清潔な肌着を着用するように心がけなければならない．

●**肌着の素材**　夏季の肌着素材は汗をよく吸い，通気性・伸縮性・耐洗濯性に富んでいることが大切である．暑熱環境下での肌着は吸水・吸湿性に優れ，衣服内を低湿に保つことが重要となる．綿は吸湿性が高いがゆえに，繊維内部まで水分を吸収してしまい放湿性に乏しいため，一度濡れると「べたつき」などの不快感を引き起こしやすい．近年，吸水速乾性に富んだポリエステル，清涼感を伴うレーヨンなどの合成繊維が好まれている．冬季の肌着素材は軽くて保温性に富み，伸縮性があって動きを拘束しないことが大切である．寒冷環境下では肌着を重ね着しがちであるが，動きが拘束され空気層がつぶされるために，かえって保温性は低くなりがちである．昨今は非常に薄くても暖かい新素材として，吸湿発熱合成繊維が出まわっている．

●**肌着素材の水分特性が健康に及ぼす影響**　肌着素材が衣服内温湿度に及ぼす影響については，ゲレンデ（3℃）でスキー滑走した後にロッジ内（25℃）に移動することを2回繰り返したことを想定した，諸岡らによる着用実験がある．被験者の着衣は肌着，綿のスキーアンダーウェア，スキーウェアの3枚重ね，最内層の肌着には綿，ウール，ポリプロピレンの3種を用いた．その結果，衣服内湿度は綿が最も高く，ウールが最も低くなった（図1）．これは綿の吸水性が高く，ウー

ルは低いことによる．発汗して衣服内湿度が上昇した後に寒冷環境下（3℃）に出た時，綿とポリプロピレンでは衣服内温度が低下してウールとの差がおよそ4℃にもなる[1]．これは低温環境下で吸湿性の小さい合成繊維や吸水性の大きい綿素材の肌着を着用する際，特に注意を要することを示唆している．

●**女性の体形を補整するファンデーション** 女性の体形を補整する下着には，ブラジャー，ガードル，ウエストニッパー，ボディスーツなどがある．ブラジャーには乳房保護のほか，下垂しやすい乳房を適度にサポートし，歩行時・運動時に乳房の皮下脂肪が振動するのを抑制，動きやすくするといった機能がある．一方，下半身用ファンデーションのガードルには腹部・腰部あるいは太ももまでの体形を整える機能がある[2]（図2）．ファンデーションには伸縮性のあるポリウレタン繊維が多く用いられているが，ウエスト部分は内臓を囲む骨がないことから，締めつけようと思えばかなり強い力で締めつけることができる．しかし，近年の研究において，ウエストのみならず身体をファンデーションによって過度に締め

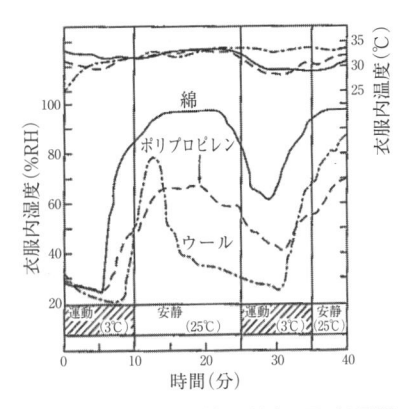

図1　肌着素材の水分特性が健康に及ぼす影響
［出典：日本家政学会被服衛生学部会「アパレルと健康—基礎から進化する衣服まで」，井上書院，p. 42, 2012］

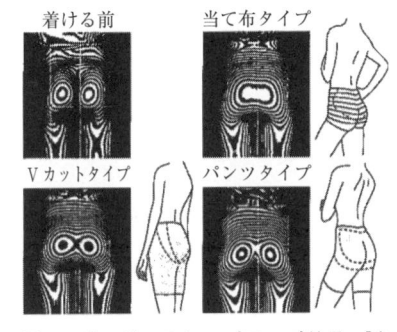

図2　ガードルのヒップアップ効果　［出典：田村照子 編著「衣環境の科学」，建帛社，p. 103, 2005］

つけたり，肌触りの悪い下着を長期間着用したりすることは，自律神経系に影響を及ぼすことが報告されている．また，ガードルを長時間着用するとストレス指標である尿中ノルエピネフリン量が増加し，内分泌系にも影響を及ぼすという報告もある．帰宅後は身体への影響を考慮し，ファンデーションを外してホームウェアに着替えるなど，心身ともにリラックスできるように心がけたい．

●**装飾性の強いランジェリー**　キャミソール，スリップ，ペチコートなど，衣服の外形を整え，衣服と身体のすべりをよくする機能をもち，好みに応じたファッション性の高い下着をランジェリーとよぶ．　　　　　　　　　　〔内田幸子〕

妊産婦用衣服

 妊娠とは受精卵の着床に始まり,新生児の出生をもって終了するまでの状態をいう.妊娠・出産は女性のからだの自然な営みではあるが,妊娠により母体にはさまざまな変化が生じる.特に,胎児の発育が進むにつれて母体の腹囲が大きく増大する.このようにからだの変化が著しい妊娠期を安全で快適に過ごすために設計された衣服を妊婦用衣服(マタニティ・ウェア)という.妊婦用衣服は,母体の体型変化に対応するだけでなく,胎児の安全についても十分考慮された衣服でなければならない.

 ここでは,妊娠期を妊娠初期(妊娠16週未満),妊娠中期(妊娠16週から28週未満),妊娠後期(妊娠28週以降)の3つに分けて,母体のからだの変化とそれに対応する衣服について解説する.

●妊娠期の女性の身体の変化[1]と衣服
(1) 妊娠初期は,体型変化がそれほど大きくないために,特別な妊婦用衣服ではなく通常の衣服を着用する人が多くみられる.しかし,この時期は個人差はあるものの,つわりのひどい妊婦も多く,流産の危険性も高い時期であるので,できるだけからだを締め付けたり圧迫したりしない,ゆったりとした着心地のよい衣服を着用することが望まれる.
(2) 妊娠中期は,胎児の成長が進むにつれ腹囲が大きくせり出してくる時期である.これまで着用していた衣服は体型的に着用できなくなり,多くの人が妊婦用衣服を購入する.現在は,多様なマタニティ・ウェアが市販されているので,デザインだけでなく,自分のライフスタイルに合った,動作性のよいものを選ぶことが望まれる.また,5カ月以後の妊婦は腹帯を巻く.腹帯の役割は,腹壁の過度の伸展を防ぎ腹部を安定させること,腹部を保温すること,胎児の位置異常が起こらないようにすること,妊婦の動作を容易にすることである.腹帯には綿100%のさらしが用いられるが,伸縮性のあるコルセットタイプ,ガードルタイプ,サポートベルトタイプなども市販されているので利用するとよい.
(3) 妊娠後期は,胎児の成長が著しく,増大した子宮の重量が前方にかかり重心が前方に移動するために,妊婦は無意識に肩を後に引き頸を伸ばす姿勢をとって平衡させようとする.このために胸椎は後彎するので,直立するために努力を要し,歩行困難になり転びやすくなる.腹囲を包み込むとともに,母体と胎児の安全のためにも,動作性のよい衣服の着用が望まれる.図1に示すように,腹囲を

A 切り替えなし　　B 水平胴囲切り替え　　C 上部胴囲切り替え

図1　二部式マタニティ・ウェアの形状と動作性[2]

カバーするために施されたギャザーの位置によっては，足もとがみえにくく危険な場合があるので，衣服設計上の工夫が必要である[2]．妊娠期全体を通していえるが，この時期は特に，高いヒールの靴は避けるなど，転倒防止の配慮が必要である．

●**ワーキングマザーのための衣服設計**　かつてはマタニティ・ウェアといえば，腹囲をすっぽりと包み込む役割とともに，母となる喜びを表現するための，たっぷりとギャザーの施されたワンピースやジャンパースカートがほとんどであった．現代は，働きながら妊娠期を過ごす女性や日常的にスカートよりもパンツスーツを着用する女性が増えたことから，マタニティ・ウェアも上衣（シャツ等）と下衣（パンツ）の二部式になったものが多く利用されるようになった．また，職場で働きやすく快適に過ごせる機能をもつ，そして手持ちの衣服との組み合わせが可能なビジネス・マタニティウェアの商品化も進みつつある．

●**出産後，授乳時に対応した衣服**　妊娠期および出産時には骨盤のゆがみ等が起こりやすく，産後ケア用の衣料が市販されているが，過度に衣服圧のかかるものは体調不良の原因となるので避けたい．授乳時は，衣服やブラジャー等，授乳に適したものが開発されているので利用するとよい．　　　　　　〔甲斐今日子〕

参考文献
[1]　荒木　勤：最新産科学，分光堂，2008．
[2]　辻　祐子，甲斐今日子：就労女性のためのマタニティウエアの設計，佐賀大学文化教育学部研究論文集 **12**(1)，161-175，2007-2008．

眠りの快適性と健康

睡眠不足や不眠は，日中活動の低下だけでなく，生活習慣病や肥満の増加などのさまざまな健康被害をもたらす．快適な眠りは，健康な生活に欠かすことはできない．蒸し暑い夏や，底冷えのする冬になかなか眠れない経験をするように，寝室環境や寝具，寝衣を整えることも，快適な睡眠には重要である．

● **睡眠と体温** 睡眠には，大きく分けるとノンレム睡眠とレム睡眠がある．ノン

A. 睡眠経過図

B. 体温と寝床内気候の変化

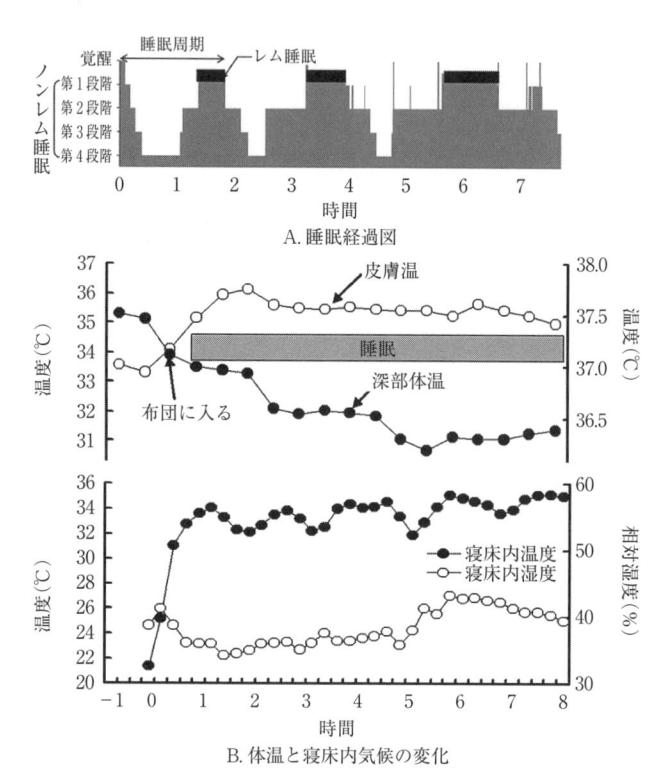

図1　正常な睡眠の睡眠経過図（体温と寝床内気候の変化　代表的な被験者1名のデータを示す）　[出典：A：日本家政学会被服衛生学部会 編「アパレルと健康—基礎から進化する衣服まで」，井上書院，p.90, 2012；B：白川修一郎 編著「睡眠とメンタルヘルス—睡眠科学への理解を深める—」，ゆまに書房，p.138, 2006 より引用]

レム睡眠は浅い眠りの第1段階，中程度の眠りの第2段階，深い眠りの第3段階と第4段階に分けることができる．レム睡眠は夢をみていることが多い段階であり，瞼の下で眼球が急速に動くことからレム睡眠（REM : Rapid Eye Movement）とよばれる．正常な眠りは，ノンレム睡眠の第1段階から始まり，最も深い第4段階に入った後，約90分後にレム睡眠が出現する（図1A参照）．ノンレム睡眠とレム睡眠の周期を睡眠周期とよび，一晩に4～6回繰り返す．睡眠と体温は深く関連している．眠りに入る30分～1時間前から，手や足の皮膚の温度が上昇する．手や足からは，熱が逃げて放熱が行われるため，体の深い部分の体温（深部体温）は低下する（図1B参照）．皮膚の温度が高くなり，深部体温が下がるという2つの関係が，質のよい睡眠には重要である[1]．夏は，皮膚の温度が上昇しても環境が暑いために放熱が十分に行えず，深部体温が低下しないので睡眠が妨げられる．一方，冬は手や足が冷えて深部体温が低下しにくいため，寝つきにくくなる．

●**寝具と寝衣**　睡眠中は深部体温が低下するため，覚醒時よりも保温性の高い衣服として寝具が必要となる．人の体と寝具の間にできる空間の温度と湿度を，寝床内気候とよぶ．人が布団に入ると寝床内温度は上昇し，湿度は低下した後，一晩を通じてほぼ一定に保たれる（図1B参照）．湿度は人体と寝具の接している面には留まらず，掛寝具では上方向，敷寝具では下方向へ速やかに移動する．寝床内気候の快適な範囲は温度32～34℃，相対湿度45～55%といわれる[2]．季節の中でも，春や秋は快適な寝床内気候を保ちやすい．しかし，冬は寝床内温度が低下し，布団に入った時のひやりとした冷湿感が原因で睡眠が妨げられる．一般に，寒くなると掛布団を増やすが，掛布団よりも敷布団の方が放熱は大きく，熱が逃げやすい．また，冬は寝返りにより，肩から冷気が寝床内に入る．敷布団を重ねる，肩や首を覆うことが保温には効果的である[3]．夏は寝床内気候が高温多湿となり，睡眠が妨げられる．固めの敷布団を選ぶと，体と寝具が接触する面積が減り，空気が通るため，湿度の上昇を抑える効果がある．快適な寝床内気候を保つことができる寝室の温度は28℃までであり，それ以上では冷房による調節も必要となる[1]．

寝具の快適性には，寝床内気候以外に肌触り，固さ，重量等の特性も考慮する必要がある．敷布団は身体を支える役割があり，正しい寝姿勢を保ち，適度な固さがあり，寝返りがしやすいものが望まれる[3]．また，汗や湿度を吸収することから湿度を吸収する吸湿性，通気性に優れ，冬であれば保温性の高いものが好ましい．掛布団は吸湿性，吸収した湿度を速やかに放出する放湿性の高さや，適度な軽さと，柔らかさが必要である．重い掛布団は身体に圧力がかかり，寝返りを

妨げる．睡眠中は寝返りで寝姿勢が何回も変化するため，寝衣は体を締め付けず，寝返りを妨げないことが重要である[2]．寝衣の下にブラジャーやガードル等の締め付ける下着を着用することも，注意が必要である．また，肌触りがよく，汗や皮脂を吸収し，洗濯に耐えられることも望まれる[2]．　　　　　　　　　〔水野一枝〕

参考文献
[1] 白川修一郎：睡眠とメンタルヘルス，ゆまに書房，2006.
[2] 鳥居鎮夫：睡眠環境学，朝倉書店，1999.
[3] 日本睡眠改善協議会：基礎講座睡眠改善学，ゆまに書房，2008.

靴と健康

●**足の構造と機能** 直立二足歩行をする人間にとって，足は唯一地面に接する部位であるため，その働きは全身に大きな影響を与えている．足は26個の骨からなっており，両足では52個となる（図1）．全身は206個の骨から形成されるので，全身の骨の1/4が足に集まっていることになる．足には重要な機能があるが，主なものとしては，①しっかりとした支持面（土台）の形成，②衝撃の吸収，③歩く時または蹴り出すときのテコとなる，の3点である．これらの機能を果たすために，足には3つのアーチがある（図2）．アーチには，内側アーチ（土踏まず），指の付け根を横に走る横アーチ，外側アーチの3つがある．アーチは筋肉と靱帯に支えられ，骨が弓状に並んだ構造であり，歩行時の衝撃を吸収し，一歩を踏み出すときのテコとしても働く．も

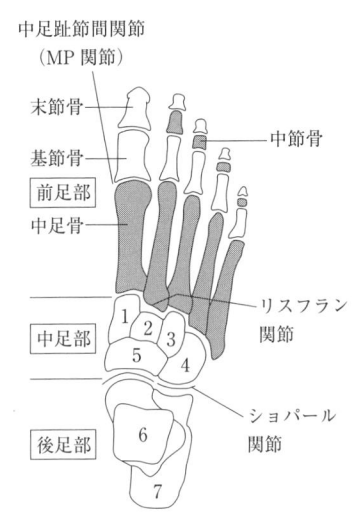

1. 内側楔状骨（ないそくけつじょうこつ）
2. 中間楔状骨（ちゅうかんけつじょうこつ）
3. 外側楔状骨（がいそくけつじょうこつ）
4. 立方骨（りっぽうこつ）
5. 舟状骨（しゅうじょうこつ）
6. 距骨（きょこつ）
7. 踵骨（しょうこつ）

図1 脚の骨格と関節 ［出典：フスウントシューカルチャーインスティテュート「健康のための足と靴のプロセミナー」テキストより］

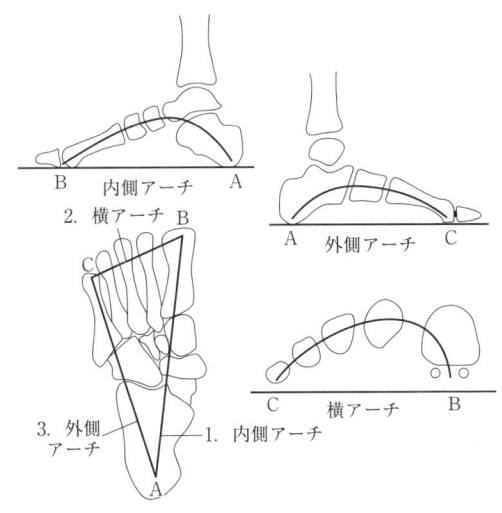

図2 足部の3つのアーチ ［出典：フットラボニュース編集委員会「明るい暮らしへのヒント　足と靴とインソールのお話」，ダイナゲイト，p.9, 2000］

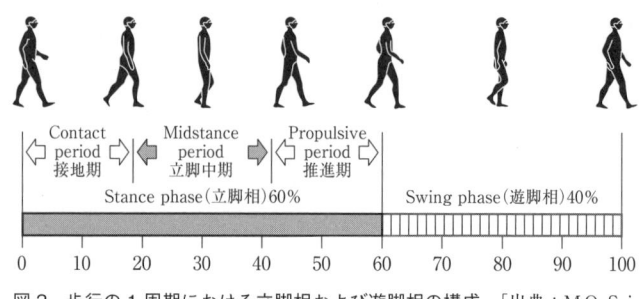

図3 歩行の1周期における立脚相および遊脚相の構成 [出典:M.O. Seibel, 入谷 誠 訳「Foot Function」, ダイナゲイト, p.47, 2007 より作成]

しアーチのバランスが崩れるなどして，緩衝器としての機能が低下すると，衝撃が膝，腰，背骨を伝わって頭部にまで達する．よって足を痛めると，膝や腰の痛みを引き起こすことがあり，時には頭痛になることもあるといわれている．
●歩行時の足の役割　歩行時の足は，踵から地面に接し（接地期），次に足全体で体重を支え（立脚中期），そしてつま先で蹴り出す（推進期）というように，一定のサイクルを繰り返しており，この繰り返しを歩行周期とよんでいる（図3）．このような足に対して靴の役割としては，足が地面から受ける衝撃をソールで緩和したり，衝撃に耐え複雑な運動をしている足をサポートし，また保護している．反対に足に合わない靴や，足に負荷を与える靴を履くことにより足は傷み，正常に機能しなくなり，健康に障害をきたすことになる．足の代表的な疾病としては，外反母趾，扁平足，陥入爪などがある．

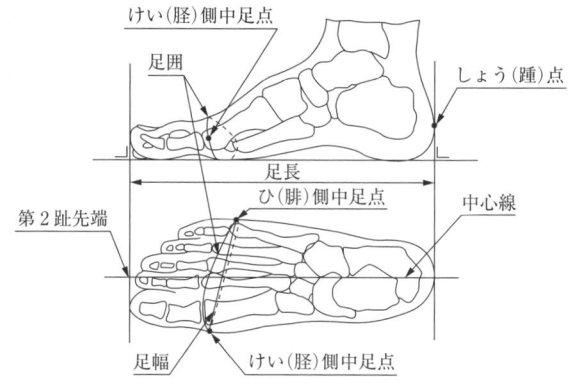

図4 靴のサイズを決める3つのサイズ足長・足囲・足幅 [出典：JIS-S-5037, p.2]

●**身体によい靴の条件**　足を健康に保ち，さらには全身の健康を維持・増進するために，第一に重要なことは，自分の足にフィットした靴を選ぶことである．正しい靴選びをするために，自分の足のサイズを正しく知る必要がある．JIS（日本工業規格）に定められた，靴のサイズを決める際に指標となるサイズとして足長，足囲，足幅という3つがある（図4）．

① 足長：平らで水平なところに直立し，両足を平行に開いて平均に体重をかけた姿勢のときの，かかとの後端（踵点）から最も長い足指の先端までの距離．
② 足囲：足長の測定をするときと同じ姿勢の足の踏み付け部の第1趾の付け根と第5趾の付け根を取り巻く長さ．
③ 足幅：足長の測定をするときと同じ姿勢の足の踏み付け部の第1趾と第5趾のおのおのの付け根に接する垂線間の水平距離．

自分の足のサイズを正しく計測した上で，次に示すフィッティングのチェックポイントを参考に靴選びをすることが，健康によい靴選びの第一歩である．

1）爪先に適度な余裕があるか

足趾は歩くたびに前方に蹴り出されている．靴にはこの運動を妨げないための余裕が必要である．このスペースを捨て寸という．必要な捨て寸はヒールの高さ，トウの形状によって異なるが，10 mm程度が一応の目安といえる

2）靴と足のボールジョイントが合っているか

ボールジョイントとは，第1趾と第5趾の付け根を結んだ線．靴と足のそれが合っていることが重要である．足の重心がつま先にかかり，靴内で足が前にすべり，爪先を痛めるのを防ぐために，足囲は実際の足よりも短い寸法で設計されている．これをころし寸という．靴は足囲の締めつけによって成り立っている．

3）アーチが合っているか

足長が同じであっても，アーチの長さ，高さは人それぞれ違う．靴と足のアーチが合っていないと歩きにくく，足の疲れにつながる．

4）トップラインが合っているか．

靴のはき口（トップライン）が甲を締めつけていないか．また，くるぶしがトップラインにあたっていないかもチェックする必要がある．

5）かかと位置が靴のかかとに合っているか

かかとがきちんと納まっていないと，歩くたびに足が前にすべり，十分な捨て寸をとっていても爪先があたってしまう．　　　　　　　　　〔永井伸夫〕

おしゃれと健康

●**ファッションと健康** ファッションは，人間の生活を豊かにするために欠かせないものである．化粧やファッションは人間の外見に関わる行動であり，個人を自己表現するなど，人々の社会的関係を理解するのに大変貴重な情報を提供している．好きな服を着ることは人間にとっての楽しみであり，精神的な喜びや高揚感（ワクワクした気持ち）をもたらす[1]．ファッションはその人のライフスタイルを反映し，「自分らしさ」を表現する手段でもある．したがって，おしゃれを楽しむことは，心身の高揚感をもたらし，ストレスを軽減して免疫力を高め，病気からの回復力をも高める効果があると考えられている．

●**心理的効果** 人は暑さ・寒さや危害から身を守るために服を着るという生理的・物理的欲求が満たされると，社会生活への適応のために，慣習に合わせた服装をするようになる．さらには，差別化するために身体を飾り，個性を表現するために服を着るようになる．他人のもっていない服を着たい，有名ブランドの服を着たいなどの高次欲求が満たされたとき，人は満足感を抱く．表1は，ファッション心理学の分野で，服装によって生起される感情状態の分析に用いられている気分や感情を表す用語で，肯定的感情状態と否定的感情状態に分けられる．図1は，この尺度を用いて，お気に入りファッションとダサいファッションを着装して買い物をしたときの感情状態を比較した結果である．お気に入りファッションでは肯定的感情が「その気分である」側に，ダサいファッションでは否定的感情が優位であった．つまり，ファッションは着装する人の感情を左右するといえる．

●**生理的効果** 人がストレスを受けると，ストレスホルモンであるコルチゾールの分泌量が増加する．このストレス指標である唾液中のコルチゾール濃度の変化を，買い物実験においてお気に入りファッションとダサいファッションで比較した（図2）．お気に入り

表1 服装によって生起される感情状態

〈肯定的感情状態〉

快活・爽快	充実	優越	安らぎ
うきうきした	知的になった	有頂天になった	くつろいだ
はつらつとした	ひきしまった	優越した	やさしい
すっきりした	上品になった	リッチになった	安らいだ
軽快な	あらたまった	自慢したい	安心した
さわやかな	落ち着いた	きどった	ゆったりした

〈否定的感情状態〉

抑うつ・動揺	羞恥	圧迫・緊張
みじめな	落ち着かない	きゅうくつな
動揺した	恥ずかしい	重苦しい
いらいらした	照れくさい	息苦しい
ゆううつな	ぎこちない	堅苦しい
しずんだ	きまずい	緊張した

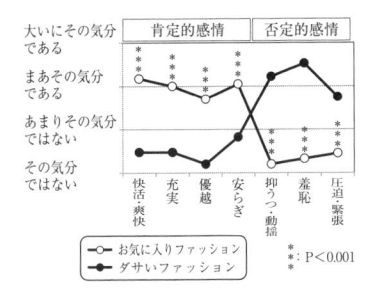

図1 買い物をしたときの感情状態の項目別平均の服装条件による比較（9例の平均）

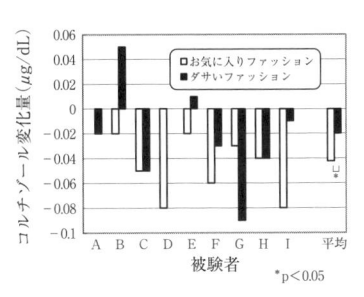

図2 買い物をしたときの唾液コルチゾール分泌量の服装条件による比較

ファッション着装時の方が，コルチゾール濃度が大きく低下したことから，ストレスが抑制されていたことがわかる．今や女性のファッションには欠かせないネイルケアにおいても，同様の結果が得られた．これらの結果は，おしゃれをすることがストレスをやわらげ，心も体も元気にする可能性を示唆している．おしゃれを楽しむことは，人を活性化し，ストレスへの対処方法の1つとして有効である．

●セラピー効果　介護の分野においても，化粧や衣服によるポジティブケアが取り入れられ実践されている．いくつになっても女性は「美しくみられたい」という気持ちをもっている．高齢者に生きがい感を与える行事として，メイクアップやファッションショーなどのおしゃれ体験を実施する高齢者施設が増えつつある．化粧行動やファッションショーは，ファッションセラピー（ファッション療法）の1つである．ファッションセラピーを実施した施設において，おしゃれ行動により情動の活性化に効果があることが報告されている[2]．ファッションに気を使いながらおしゃれ意識を持続させることは，楽しみや生きがいを与え，気持ちを活性化することにより，精神的な老いを遅らせることにつながる．高齢者が健康的な生活を送るためには，化粧や衣服などのファッション行動を毎日の生活の中で継続することが必要である．超高齢社会を迎える日本において，高齢者を元気にするおしゃれ支援活動は，ますます必要となろう．高齢者だけでなく，誰もが毎日の生活の中でおしゃれを楽しむことは，健康で明るく豊かな社会の実現につながり，社会全体の活性化に欠かせないことである．　　　〔平林由果〕

□ 参考文献
[1] 南　涼子：介護力を高めるカラーコーディネート術，中央法規出版，2007.
[2] 小林茂雄，田中美智：介護と衣生活，同文書院，2005.

Chapter 15

衣服と子ども

子どもの成長と衣服 ────── 390
赤ちゃんの衣服とおむつ ────── 394
幼児の衣服 ────── 398
少年少女の衣服 ────── 400
子どもの生理と衣服 ────── 402
子どもを取り巻く環境と
　子ども服の安全性 ────── 406

子どもの成長と衣服

●**成長に伴う形態と機能の変化** 生まれたばかりの赤ちゃんの身長は約 50 cm, 体重は約 3 kg であるが, その後の 17～18 年間で男子では身長 170 cm, 体重 63 kg, 女子では身長 158 cm, 体重 53 kg を超えるほどに成長する. 図 1 は出生時から 17 歳時までの身長の平均値をプロットした成長曲線を, 図中の図は年間成長量（1 年間に伸びる量）を示している.

成長曲線は乳児期と思春期で勾配が急になるため, ゆるい S 字状のカーブを描いて成人値に達する. 男児身長は乳幼児期でも女児よりやや高い傾向を示すが, 小学校高学年の 10, 11 歳頃に女子より低い値を示し, 12 歳以降女子を超えて成人値に達する. これは, 女子の方が思春期的成長の時期が男子より 2～3 年早いためである.

年間成長量をみると, 出生から 1 歳になるまでに約 25 cm, 1 歳から 2 歳になるまでに約 12 cm も伸びており, 乳児期の成長は急速である（第 1 の急増期）. そのため赤ちゃんの衣服は, 3～4 カ月経つと小さくなり, 次のサイズの服が必要になり, 1 歳になるまでにサイズの大きなものに 2～3 回買い替えることになる.

第 2 の急増期は思春期で, 男子では中学生, 女子では小学校高学年に相当する. 中学 3 年間に, 身長平均値は男子では 16 cm, 女子では 5 cm 伸びている. 男子では中学校入学時に体に合った制服を調達すると, 3 年間着続けることは到底無理である. 1 着の制服で中学 3 年間を間に合わせることは難しい. 大きすぎる服も小さすぎる服も, 着ていて気持ちのよいものではない.

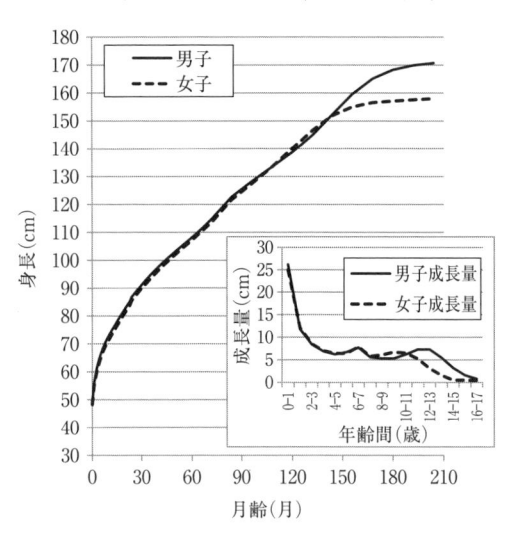

図 1 身長の成長曲線と年間成長量 ［出典：日本衣料管理協会刊行委員会 編「アパレル設計論・アパレル生産論」日本衣料管理協会, 2013］（平成 22 年度厚生労働省値[1], 平成 23 年度文部科学省値[2]）

平成 22 年度の厚生労働省乳

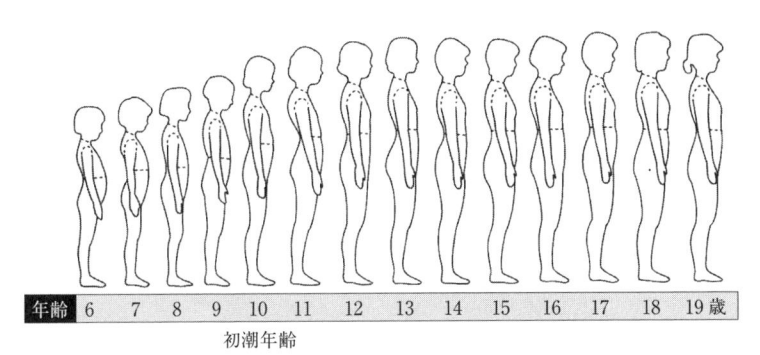

図2　側面シルエットの成長に伴う変化　[出典：日本衣料管理協会刊行委員会 編「アパレル設計論・アパレル生産論」 日本衣料管理協会, p.33, 2013]

　幼児身体発育調査（横断的データ）によると，出生時の頭囲は胸囲よりも大きく，頭囲の大きさから頭部は直径11 cm弱であり，4～5頭身足らずであることが推察できる．1978～1981年資料[4]によると，満1歳では，頭囲（44.9 cm）はヒップ（44.2 cm）と同じくらいで，ウエスト（42.1 cm）よりも大きい．頸の付け根のま

表1　乳幼児の運動機能通過率[1]　　　　　　　　　　　　（％）

年月齢	首のすわり	ねがえり	ひとりすわり	はいはい	つかまり立ち	ひとり歩き
2～3カ月未満	11.7	1.1				
3～4	63.0	14.4				
4～5	93.8	52.7	0.5	0.9		
5～6	98.7	86.6	7.7	5.5	0.5	
6～7	99.5	95.8	33.6	22.6	9.0	
7～8		99.2	68.1	51.1	33.6	
8～9		98.0	86.3	75.4	57.4	1.0
9～10			96.1	90.3	80.5	4.9
10～11			97.5	93.5	89.6	11.2
11～12			98.1	95.8	91.6	35.8
1年0～1カ月未満			99.6	96.9	97.3	49.3
1年1～2				97.2	96.7	71.4
1年2～3				98.9	99.5	81.1
1年3～4				99.4		92.6
1年4～5				99.5		100.0

［出典：厚生労働省「平成22年度乳幼児身体発育調査」（厚労省公式サイト）］

わりは23.7 cmと非常に小さい．この周径項目間の大小関係は，2，3歳頃にヒップがバストに追いつき，7，8歳頃にウエストが頭囲に追いつき，9歳以降になってようやく大人と同じ寸法の大小関係（ヒップ＞バスト＞ウエスト＞頭囲＞頸付け根囲）を示すようになる．このように各身体部位で成長速度が異なるため，成長に伴って体形が変化する．

図2に一例を示す．この図は小学校入学時の一人の女児を高等学校卒業時まで，同じ撮影条件で毎年撮影記録した写真から作成されている．小学校入学時のキューピーさんのような体形から初潮を迎えた頃のすらりとした体形，やがて皮下脂肪が付き，丸みを帯びた女性らしい体形へと変化していることがわかる．すなわち，体形は相似的に変わるものではないので，パターン設計などでも成長段階によって工夫が必要である．

表1は厚生労働省平成22年度調査による乳幼児の運動機能発達の様子を示している．大多数の乳幼児は5，6カ月までに首がすわり，7，8カ月までに寝返りがうて，1歳では一人すわりができる．1歳と2，3カ月までには，ハイハイやつかまり立ちができ，1歳半までには一人歩きができるという．また谷田貝[5]は，平成15年の調査により着脱衣の自立の標準年齢は，①独りで脱ごうとする（1歳6カ月），②独りで着ようとする（2歳），③靴を履く・帽子をかぶる（2歳6カ月），④パンツをはく（3歳），⑤前ボタンをかける・両袖を通す・靴下をはく・脱衣の自立・着衣の自立（3歳6カ月），⑥紐を前で結ぶ（8歳）と結論づけている．このような乳児の機能発達を助長させるような衣服設計が必要である．

●**成長に見合った子ども服のあり方（概説）**　子どもの衣服設計では，身体サイズや体形に合わせることに加えて，機能発達を阻害させない衣服の構造や素材が必要である．例えば，乳幼児期の子どもは頭部，胸部が大きく，腰部が細く，頸が短く細い．そのため大きな頭を通し小さな頸まわりと短い頸に対応させるために，かぶる形式の衣服では肩あきを付ける，衿腰のないフラットカラーを多用するなど，乳幼児の大きな頭部と頸部形状の特徴に合わせている．また，ボタンかけや衣服の着脱の自立を促すように大きなボタンを使ったり，脱ぎ着しやすい構造を考えたりと，衣服設計の工夫が施されている．

幼児期や児童期では，子どもは活発に動きまわるので衣服の安全性が求められる．海外では乳幼児の衣服設計の安全基準が規格化されているが，日本ではメーカー内の自主規制にとどまっている．フードの形や紐の長さを調整する，皮膚を挟まないようなファスナーのつけ方を取り入れるなど，衣服の安全設計が少しずつ考慮されるようになった．

子どもの衣服は，ともすれば大人のデザインのコピーやかわいらしいデザイン

に目がいきがちであるが,身体の形態や機能への適合性,安全性にも目を向けていくことが大切である. 〔高部啓子〕

参考文献
[1] 厚生労働省:平成22年度乳幼児身体発育調査(厚労省公式サイト).
[2] 文部科学省:平成24年度学校保健統計調査(文科省公式サイト).
[3] 日本衣料管理協会刊行委員会 編:アパレル設計論・アパレル生産論,日本衣料管理協会,2013.
[4] 日本規格協会:日本人の体格調査報告書,1984.
[5] 谷田貝公昭,高橋弥生:基本的生活習慣の発達基準に関する研究,目白大学短期大学部研究紀要 **16**, 9-17, 2008.

赤ちゃんの衣服とおむつ

赤ちゃんの衣服

　赤ちゃんは生まれて1年間で大きく成長し，身長が平均 25〜26 cm 伸びる．また，その間に寝たままから，首がすわる，寝返りができる，お座りができる，ハイハイができる，つかまり立ちができるという成長段階を経て，一人で歩くことができるようになる．

　赤ちゃんの衣服には，体つきや成長段階に応じた機能性が必要で，成長曲線に合わせたサイズやデザインの設定が求められる．表1に示すとおり，赤ちゃんの衣服は，身長によるサイズ表示が用いられている．赤ちゃんの身長や体重は個人差が大きいため，サイズ表示を参考に体の大きさに合ったものを選ぶことが大切である．また，衣服の選び方は，季節に加え，成長段階やコンディションによって決まる．したがって，1歳になるまでに3〜4回買い替える必要が生じる．

表1　赤ちゃんの衣服サイズ対応表

表示サイズ	参考年齢	身長（cm）	体重（kg）	帽子（cm）	靴・靴下（cm）
50〜70	新生児	60	5	46	8〜11
70	6カ月	70	9	46	9〜12
80	12カ月	80	11	48	11〜13
90	24カ月	90	13	50	12〜14
95	36カ月	95	14	52	13〜15

● **成長段階での赤ちゃんの衣服選び**

1）新生児〜3カ月

　生後0〜3カ月の赤ちゃんは自分で体温調節ができないため，気温の影響を受けやすいので，大人よりも1枚多く着せるとよい．ほとんど寝たままの状態で過ごし，運動量の少ないこの時期は，寝かせたまま着脱しやすいもの，おむつ替えが容易な前あき，丈や身幅の調節がしやすいひも結びのもの，縫い目が肌にあたりにくいデザインや縫製が好ましく，吸湿性，通気性，伸縮性に富んだ素材が適する．特に直接肌に触れる肌着は綿100%で耐洗濯性があり，風合いが長く保てるものがよい．短肌着，長肌着，「ツーウェイオール」の組み合わせが望ましい．

2）4〜6カ月

生後4カ月以降は体温調節もできるようになり，大人より1枚少なく着せるとよい．

首がすわり，手足を活発に動かすようになり，寝返りができるようになる．衣服は，手足や身体の動かしやすい伸縮性のよいもので「カバーオール」や「ロンパース」が適する．おむつカバーを使う場合は，くりの形に気をつける必要がある．

3）7〜14カ月

この時期は，個人差が大きい時期であるが，ハイハイができるようになり，お座り，つかまり立ちや一人歩きを始める頃である．衣服の形態は，ハイハイから歩けるようになる過程で，「カバーオール」などの上下一体型から「Tシャツとズボン」などの上下別々のものに切り替える．必要な衣服の機能性は，運動に適応しやすい伸縮性のあるもの，胸囲や腹囲よりも頭が大きいので着脱しやすい前あきや肩あきのスナップ，ボタン留めなどである．袖口は，ゴムや伸縮自在なもの，つなぎ服は，股下がボタンのもの，下衣は，ウエストが総ゴムで，綿ニット素材の柔らかい物がおむつ替えや排泄のために扱いやすいといえる．　　〔中村邦子〕

📖 参考文献

[1]　松田道雄：定本育児の百科，岩波書店，1999．
[2]　衣料管理協会 編：アパレル設計論 生産論，2013．

おむつ

　日本では布おむつから紙おむつへの転換率が95%を超え，乳幼児のいる環境で紙おむつは生活必需品となった．子どもは生まれた直後からほぼ24時間，365日紙おむつを身に着けて生活し，着用期間は0〜3歳代までの3〜4年間に及ぶ．この頃は歩行や言葉を習得する重要な時期にあたり，身体の約1/4を包み込んでいる紙おむつが乳幼児の発達に及ぼす影響は決して小さくない．

●紙おむつの誕生と普及　　紙おむつは第二次世界大戦中にドイツから経済封鎖を受けたスウェーデンで，布おむつの代用品として生まれた．日本では1979年に初めて米国製の紙おむつが販売され，1981年から国産の紙おむつが次々と登場した．1980年代は紙おむつの基本機能である「モレ・ムレ・カブレ」防止の検討が重ねられ，布おむつを超える高機能で便利なものとなっていった．1980年代後半から1990年代にかけて，働く女性の増加と価格低下を背景に紙おむつは急激に普及した．その後，1992年には世界初のパンツ型紙おむつが発売されるなど技術

表1 乳幼児用紙おむつの種類と特徴

	テープ型	パンツ型	パッド
種類			
特徴	おむつ（吸収部分）とおむつカバーが一体となった構造で，両脇をテープでとめて使用	おむつカバーの部分がパンツの形に成形されており，はかせて使用	おむつや下着の内側につけて使用
用途（サイズ）	・レギュラー（新生児用小さめ～ビッグ） ・極低出生体重児用　等	・レギュラー（S～スーパービッグ） ・夜/おねしょ用 ・トイレトレーニング用 ・水遊び用	・夜/おねしょ用 ・トイレトレーニング用
長所	・寝た姿勢での交換に便利（お尻の下に敷いて交換できる） ・テープのとめ方でサイズ調整できる	・子どもを立たせたまま交換できる ・伸縮性があるため，動いても身体にフィットしている	・おむつを使うことを嫌がる子どもも抵抗なく使える ・小型で廃棄物が少ない
短所	・子どもが動くと交換しにくい ・子どもがテープを気にしてはがしてしまうことがある	・大きくて携帯に不便 ・サイズやしめつけ具合の調整はできない	・パッドがズレたりヨレたりして，交換に手間取る

革新が重ねられ，日本の紙おむつは世界一高機能で高品質となり，海外からも高く評価されるようになった．

●**紙おむつの種類と特徴**　主な紙おむつを形状で分類すると表1のようになる．メインは「テープ型」と「パンツ型」で，初めはテープ型を使い，子どもが動いておむつ替えがしにくくなったりハイハイやつかまり立ちができるようになったら，パンツ型を使うのが一般的である．パンツ型は，はかせやすさとフィット性が支持されて，より低月齢の子どもも使うようになり，現在はテープ型以上に使われている．このパンツ型の登場により，紙おむつが「衣服」に近づきこれまで以上に使いやすいものとなった．

●**紙おむつの構成と役割**　紙おむつの基本構成は，「表面材」「吸水材」「防水材」「その他」に分類される（図1）．

・表面材：吸収部の表面にあり肌に直接ふれる部分．尿を素早く吸水材に引き込む役割をもつ．疎水性繊維を親水化することで，尿をはじかずに素早く取り込み，かつ表面材自体は乾いた状態を保ち，肌がぬれたままにならないよう工夫されている．

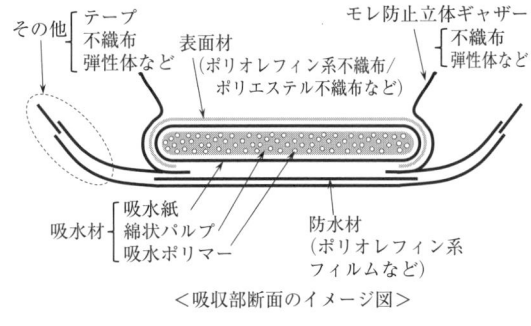

図1 紙おむつの構成／素材

・吸水材：尿を吸収し保持する部分．綿状パルプが吸収した尿は，混在している吸水ポリマーに徐々に吸収される．綿状パルプに吸収されたままでは，圧がかかると尿がおむつの表面（肌側）に戻ってしまうが，いったん吸水ポリマーに吸収されれば表面に戻らず肌のぬれを防げる．

・防水材：吸収部の外側の部分．尿が外にしみないためのおむつカバーの役割をしている．排尿後のおむつ内湿度の上昇を抑制するため透湿性素材が使われ，ムレや肌トラブルの防止に役立っている．

・その他：「テープ型」にはテープやテープ受け部などの紙おむつを身体に固定するための部材がある．テープは着けはずしが自在な面ファスナータイプが主流である．「パンツ型」のパンツ部分は，主に不織布と弾性体（ゴムなど）で構成されている．

●乳幼児の排泄とおむつ交換　乳幼児の排泄は加齢とともに変化する．新生児期は尿が1日に10〜20回，便は多い時には10回程度で，月齢が進むにつれ排泄回数が減り1回の排泄量が増える．満1歳頃には尿は1日に8〜12回程度，便は1〜3回程度になるが，個人差があり体調や食事によっても変わる．紙おむつは吸水性が高く1枚で数回分の尿を吸収できるが，衛生面から昼間は汚れたら取り替えるのが基本である．汚れたままのおむつを長時間身に着けていると，ムレなどの不快感や肌トラブルの原因になることがあるので，注意が必要である．

〔杉浦弘子〕

幼児の衣服

基本的生活習慣の形成からみた衣服

　基本的生活習慣とは食事・睡眠・排泄・着脱衣・清潔にかかわる事項をいう．これらの習慣が身につく時期には個人差はあるものの発達段階によるものであり，無理強いをしてはいけない．子どもが興味を示した時に手助けや見守りをしながらやらせ，できたときには大いに褒めることによって生活習慣は身につく．食べこぼし対応としてのエプロンは頻繁に洗濯が可能でかつ食事が楽しくなるようなデザインが望ましい．パジャマは吸湿性・保温性など衣服の保健衛生的な機能が充足されなければならない．自立の時期までおむつやトレーニングパンツの着用は必須であり，乳幼児の衣服は保育者にとっておむつ替えのしやすさやおむつ分のゆとりが考慮されたデザインが求められる．パンツの着脱だけでなく衣服の着脱を自分でしようとする時期には，着脱しやすい前あき構造でとめ具の形や大きさも扱いやすいものがよい．また，かぶり型のシャツやパンツは前後が区別しやすいようなマークや柄などがあるとよい．

● **自我の発達と衣服へのこだわり**

　衣服へのこだわりの発現は，一般的に女児のほうが早く，したがって着脱の自立も早い傾向にある．色に対するこだわりや服種へのこだわりなどが2歳過ぎから現れることがある．こだわりの根拠はさまざまであるが，周りの大人からの衣服についての賞賛や批評，兄弟・姉妹からの影響も考えられる．こだわりは自我の発達を表すものであるが，成長とともに変化することが多い．しかし，幼児期のこだわりが長く継続することもある．

● **大人の衣服選択**

　少子化の中で，子ども服の購入の費用を支出する者は，子どもの両親，両親の両親すなわち二組の祖父母という場合もある．これをシックスポケットという．ことにブランド物や祝い着の購入では祖父母の支出が多い．兄弟姉妹が少ない中で，お下がりの活用は家族・親族間のみならず，子ども服のリサイクルショップやインターネット上で行われている．　　　　　　　　　　　　〔布施谷節子〕

📖 参考文献
[1] 布施谷節子：乳幼児の衣生活の現状（第2報）―地域・年齢・出生順位が衣生活に及ぼす影響，家政

誌, **42**, 551-558, 1991.
[2] 布施谷節子：七五三の祝着にみた衣生活行動，大妻女子大学紀要—家政系，**31**, 31-39, 1995.

発達に沿った着脱指導

　幼児期の子どもは何でも自分ひとりでやってみたがる．試行錯誤を繰り返しながら，自分でできたという喜びを味わい，次第に自立していく．したがって，ひとりで服を着ることができるように配慮して衣服を選び，子どもの自立を促していくことが大切である．

●**着る動作**　衣服の着脱動作は腕や手の運動機能の発達と深くかかわっており，運動機能が未発達な幼児にとって容易ではない．また，頭・手・足を通すための開きの位置や分量，ボタンなどの留め具の形式が着る動作および脱ぐ動作のしやすさを左右する．幼児は，2歳頃からボタンのかけはずし動作に興味をもち始め，前ボタンのかけはずしが可能になると，自分ひとりで衣服を着脱することができるようになる．

●**ボタンかけのしやすい衣服**　図1は，3歳児のボタンかけ動作である．目で確認しながらボタンかけを行っていること，ボタンホールの方向により手の動きが異なることがわかる．横穴の場合ではボタンをつまんだ手を回転してボタンを穴に入れるので，ボタンかけに慣れていない場合には難しく，途中で止める子どもも見受けられた．この時期は，自分でみることができない肩に開きがある衣服などはひとりで着ることができない．幼児がボタンかけがしやすい条件は，ボタンホールが縦穴で，ボタンは平らでつかみやすい形で，直径2cm程度の大きさである[1]．また，ボタンは糸足をつけてあるとつかみやすい．3歳児ではボタンが大きいとボタンホールを通すことができない例もみられた．同様にジーンズなどの金属製のスナップボタンのように指先の力が必要な留め具はかけ外しが難しいことがある．

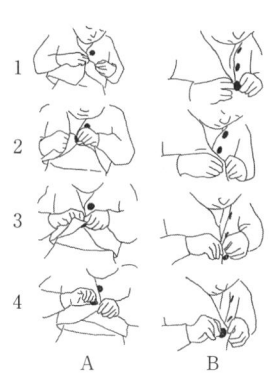

ボタンの大きさ：直径2cm
ボタンホールの方向：Aは横穴，Bは縦穴

図1　3歳児のボタンかけ動作[1]

〔猪又美栄子〕

参考文献

[1] M. Inomata and K. Shimizu: Ability of young children to button and unbutton clothes, J. Human Ergol. **20**, 249-255, 1991.

少年少女の衣服

●**思春期における衣服選択**　小学校高学年になると，自分や他者の体つきに興味と関心をもつようになる．胸のふくらみをカバーするようなゆったりした衣服を選択したり，ブラジャーの選択に悩む時期でもある．また，この時期はファッションに興味を示す時期でもあり，マスコミの影響を受けやすい．衣服の購入にあたっては，保護者同伴の場合が多いが，子どもと意見の相違が生じやすい．この相違が生じる原因は，子どもは色やデザインなどの外見を重視し，保護者は素材や手入れや機能性を重視するところにある．しかしながら，ファッションに関する話題を通して親子間のコミュニケーションが生まれることもある．

　中学生は大人の体つきへの移行期であり，男子は特に急速な成長変化を遂げる時期である．近年では男性向けのファッション雑誌も出まわり，ブランド物に興味を示す生徒も多い．女子も流行に興味を示し，ファッション情報を収集し，友達のファッションに敏感になり，流行に同調しようとする傾向がみられる．衣服の購入は，保護者同伴から友達同士での購入に変化する時期でもある．

　高校生はほぼ大人の体つきになり，大人のファッションを取り入れようとする傾向が強くなる．それまでの友達との横並び思想から，個性的に装う生徒も目立つようになる．被服以外では，化粧やヘアースタイルやヘアーダイ，ピアス，タトゥーなどで突出した装いをする生徒もみられる．個性的に装うといいつつも，流行の影響は大きい．あこがれのタレントやミュージシャンの装いをまねする生徒もみられる．衣服の購入では，アルバイトで収入がある生徒も多くなることから，1人で購入することが多くなる．近年のファストファッションの台頭によって，彼らのファッションへの欲求を満たすことが容易になったといっても過言ではない．

　中学・高校の女生徒をもつ保護者は，彼女らのファッションに戸惑いながらも，逆に娘からのファッション情報を自らのファッションの参考にする場合もある．これもコミュニケーションの1つの形であろう．

　最近では，思春期の児童生徒に共通して痩せ志向が強い．スリムな衣服を身に着けるために無理なダイエットに走る場合もある．衣服の選択や着装においても，気になる部位を隠す着装をしたり，痩せてみえるデザインや色使いなどに神経質になる子どもたちもいる．成長期の健康的な身体美を衣服で上手に表現する知恵も大切である．

●**制服と成長**　中学の制服を購入する場合に，制服メーカーは，フィッティング用の複数サイズの制服を用意し，生徒は保護者とともに既製の制服を注文し購入する．中学生の時期は急速な成長を遂げる時期であり，男子では 12 歳から 15 歳までの 3 年間に，全国平均で，身長は 18.3 cm，胸囲は 9.8 cm，胴囲は 7.8 cm 増加する．女子では身長は 8.7 cm，胸囲は 7.5 cm，胴囲は 3.8 cm 増加する．この増加に対応するためには，男子は 2 サイズ，女子では 1 サイズ大きいものを用意する必要がある．なお，女子の胸囲の増加は 1 サイズのうちには収まらない．入学当初から 2 サイズ大きいものでは不都合を生じる．男子は少なくとも 1 回は 3 年間に制服の買い替えが必要になる．保護者は経済的な観点から 1 サイズ大きめの物を選ぶ傾向がある．しかしながら，成長の速度と成長量には個人差があり，成長の予測は難しい．成長量を裾や袖口や脇縫い目に縫い代として縫い込んでおくことは，有効のようではあって，毎日着用する中で折り目が擦り切れたり，退色することもあり，あまり現実的な対応ではない．また，衣服のお直しを家庭で行うことができる保護者は少ない．そこで，制服のリサイクルを PTA などが学年末によびかけて，高学年から低学年への有効活用がなされている学校もある．

●**制服の着崩し**　学校の制服はその学校の校風を表し，地域に対しては所属学校を明示している．中学生・高校生らしさの象徴でもある．制服はフォーマルウェアとして冠婚葬祭にも用いることができる．しかしながら，校則で決められた着装の仕方をする生徒は少ないのが現状である．極端に短いスカート，腰ばきのズボン，第 2 ボタンまではずされたシャツ，引き下げられたネクタイ，シャツの裾をズボンやスカートから出す着方，指先まで隠れるようにだぶだぶのセーターやカーディガン，短いスカートの下に体育のジャージを履くなどは特別な例ではない．AKB 48 の人気から女子高生の制服は，旧来の制服の意味を超えて娯楽やファッションの領域に踏み込んでしまったようでもある．かつては着崩しをする生徒は突っ張りだと自他ともに認めていたものだが，今日では当の高校生は特別に突っ張っているのではなく，皆がしているいわゆる共通の装い方なのである．若者たちは，高校を卒業すると同じような装いはできないという．高校 3 年間の特別な装い方であろう．

〔布施谷節子〕

📖 **参考文献**

[1] 桐原美保，布施谷節子，高部啓子：被服行動の発達と身体発達との関連，家政誌 **56**, 115-123, 2005.
[2] 細谷佳菜子，服部由美子，浅野尚美ほか：児童生徒の服装に対する意識と着装行動，福井大学教育実践研究 **32**, 157-165, 2007.
[3] 松山容子 編著：衣服製作の科学，建帛社，44，2004.

子どもの生理と衣服

子どもの体温調節機構の特性

　子どもの体温調節機構は成長段階により特性が異なる[1]．1歳になるまでを乳児期といい，生後半年までは母体から受け継いだ免疫が守ってくれるが，それ以降は抗体がなくなり感染症にかかりやすくなる．寒暑に対する抵抗力も弱く体温調節の平衡を崩しやすいため夏はうつ熱を起こしやすく，冬は風邪にかかりやすい特徴がある．

　幼児期は成長発育が盛んで，好奇心旺盛で動きも活発になる．幼児期の体温は成人より約1℃高く，日内変動も大きい．これは，体温調節中枢の働きが未発達なため，円滑な調節が行われないためである．したがって，まわりの大人が温熱環境を上手に調節しなくてはならない．これには衣服が重要な役割を果たすが，気温に応じて自分で着脱の判断ができないためまわりの援助が必要である．

　学童期の子どもは身体の成長発達が旺盛で，よく走りまわり，代謝量が成人と比較して多いために，汗っかきである．体重あたりの体表面積が成人よりも大きく，放熱量も多い．能動汗腺の数は2歳半以降では成人と同じなので，成人よりも汗腺密度が高いが（3～10倍），単一汗腺あたりの分泌能は成人よりも低く[2]，体温調節中枢の働きが成人と比べて未発達のために，過量の汗をかく割に放熱が円滑に行われず，しばしば深部体温が上昇してしまう．よって，夏のスポーツ活動では，衣服による調節が大切である．

　思春期には身長や体重の加速度的な増加がみられ，この時期には第2次性徴が発現し，性差が表れ，女子は男子よりも発汗発現の体温閾値が高く，発汗量も少なく，その差は暑熱負荷が大きいほど著しくなる．原因として女子の代謝量の方が低いこと，皮下脂肪が厚く，高温環境で断熱効果が大きいこと，性ホルモンの影響（男性ホルモンは発汗促進，卵胞ホルモンは抑制に寄与）が考えられる[2]．この時期以降は性差を考慮した衣服の調節が必要となる．

●**衛生的な着方――皮膚の清潔保持**　梅雨時や夏場などの暑熱環境下では，環境と皮膚温との温度差が小さくなるため顕熱放熱が減る．そのため，汗の蒸発による湿性放熱が重要な放熱の手段となる．また，前述のように学童期・思春期は，成人と比べると代謝量が多く，発汗量が多い割に温度調節中枢が未発達で，体温が上がりやすい傾向がある．したがって，暑熱下の温熱的快適性のためには，着

衣の熱・水分移動特性が成人以上に重要な役割を果たす．素材特性としては吸水・速乾性，吸湿性等が重要である．また，着衣の構成要因として衣服と人体とのゆとり，開口部の開口条件等が影響を与える．

日射が激しいところでは，帽子などで日光を遮蔽することが必要になる．また，日常生活で身体活動を妨げないために伸縮性があり，適度なゆとりがあり，汗やよごれを吸収し肌を清潔に保て，着脱が楽で，洗濯しやすいものがよい．

汗を吸いにくいワイシャツを着る場合は，肌に直接着ず，肌着を下に着装した方が衛生面でも，温熱的快適性の面でも望ましい．

●**体温調節機能の活性化のための習慣**　人間は太古，着衣するようになって以来，自らがもっていた耐気候性を退化させ衣服なしでは寒暖の気候変化に対応しきれなくなった．特に近年，快適性を追求した現代生活には従来，人に備わっている外環境の変化に対する身体抵抗能力を衰退させる要素が多々存在し，子どもたちの身体が本来あるべき状態から変化している可能性がある．その一例として1980年代から子どもの低体温化が問題になっている[3]．低体温化の原因として"発育期の身体への温度刺激量の減少"が挙げられている．具体的には，子どもの受験戦争やパソコン・ファミコンの普及によって遊びスタイルが変化し，日常の活動量が減少したためと，住宅の快適性を追求した結果，冷暖房設備が普及したためと考えられる．特に冷房の普及率はここ20年で著しく高まり，1994年で26%だったのが2001年に50%まで普及し，冷房に依存した夏を過ごす子どもが増加している．幼児期から学童期にかけて抵抗力が徐々に高まるので，体温調節中枢の働きを活性化させるために冷暖房に頼りすぎず，また，冬場は薄着の習慣をつけることが健康上望ましい．

私たちは，衣服のおかげで地球上のより広い範囲で生活できるようになった．冷暖房など住環境の発達した今日では忘れがちだが，衣服は身体の体温調節補助機構という重要な役割を今日でも担っている．冷暖房と違い大量のエネルギーを消費しないし，部屋に固定されていないのでポータブルにヒトと一緒に移動できる機能性もある．よって，地球温暖化防止にも貢献する．ぜひ，日本の風土にかなった，温熱的に快適で健康的な衣服の素材と着方を心がけてもらいたい．

〔薩本弥生〕

📖 参考文献
[1] 谷田貝麻美子，間瀬清美　編著：衣生活の科学—健康的な衣の環境をめざして，アイケーコーポレーション，2006.

[2] 新生理学大系 22，エネルギー代謝・体温調節の生理学，医学書院，1987.
[3] 薩本弥生 編著：快適ライフを科学する，丸善，2003.

素材とデザインからみた衣服の快適性

●**乳幼児と衣服**　乳幼児の体は約70%が水分といわれ，新陳代謝は大人の3倍といわれるので，体表面積に対する汗の量が多くなる．そのため，乳幼児の衣服には吸湿性のよい，汗をよく吸う素材を用いることが大切である．また乳幼児衣料は，乳幼児の体温を調節するという役割も担うため，保温性と通気性を兼ね備えた素材であることも重要である．

●**乳幼児の衣服に適した素材とは**　乳幼児は常に大人より多くの不感蒸泄という水蒸気を体から発散しているが，その水蒸気や汗を速やかに吸収し，発散させるためには，下着の素材に吸湿吸水性のある素材を用いることが大切である．

　例えば綿の繊維断面は，チューブをつぶしたようなルーメンとよばれる中空断面構造になっていて，ここに含まれる空気が毛細管現象により速やかに水蒸気や汗を吸収し，優れた保温機能が発現される．さらに綿は繊維自体に吸水性がある．また温熱機能のほかにも，子どもの皮膚は薄くて柔らかいため，柔らかい風合いの素材を用いる必要がある．綿は柔らかく丈夫で，吸水性，耐熱性，耐洗濯性にも優れている．多くの乳幼児衣料に綿が用いられているのはそのためである．乳幼児の衣服に用いる素材には，以下のような条件が必要となる．

① 通気性に優れ，むれないこと
② 保温性に富むこと
③ 吸湿性に優れること
④ 防汚性があること
⑤ 伸縮性に富むこと
⑥ 肌触りがよく，柔らかいこと
⑦ 軽いこと

●**冬と夏の衣服の着装法**　冬には保温性を高める装いが必要であるが，そのためには吸湿性の高い下着の上に空気を多く含む嵩高（膨らみ感のある）な素材の衣服を着用し，最も外側には空気を通しにくい緻密な素材の衣服を着用し，取り込んだ空気を温め外に逃さない，手足首や首の詰まったデザインの衣服を着用すると効果的である．

　一方，夏には吸湿吸水性のある下着やTシャツを着用し，衿や裾，袖口の開いたウエストを絞らないデザインの衣服を着用し，空気の流れを促進させ，汗や熱を発散させると快適である．熱中症が懸念されるほどの酷暑には，吸汗発散作用

の高い下着を着用させることをお勧めする．また，こまめに汗を拭き，汗で湿った衣服を着替えさせてあげることも大切である．衣服に滞留した水分は気化する際に体温を奪うので，大変危険である．

衣服によって温熱環境を整えることも大切であるが，サイズが大きすぎず，小さすぎないフィット性のあるデザインで，薄くて柔らかくて軽くて，身体の動きに追従しやすい衣服が生理的にも快適である．

●**子どもの汗と衣服**　一般的に乳幼児は汗かきであるといわれているが，汗ばかりでなく尿や便，そして皮膚表面から雑多な排出物を出している．これは乳幼児の発生熱量および平均体温が成人よりも高いため，排泄や汗をかくことで体温を調節し，発熱を防いでいるためである．特に日本の夏は高温多湿であるため，汗をかきやすいので，衣服はこれらの生理機能に対応できるものでなければならない．

また，乳幼児は3歳ぐらいまではおむつをつけている．おむつをつけているお尻は大変蒸れやすいため，通気性がよく伸縮性のある素材のパンツを選ぶことが望ましい．蒸れているお尻を圧迫するようなパンツは避けた方がよい．

上下に分かれた装いの場合，夏には上着をパンツの外に出し，冬にはしっかりとパンツの中に入れて着崩さない工夫をすることも大切である．

衿については子どもの首は短く，皺の中に汗がたまりやすくなるので，夏でも小さな衿付きの方が汗を吸収できるが，図1のような，衿ぐりの小さい衿付きのブラウスや首を圧迫するようなロンパースは避けた方がよい．開口部の狭いデザインの衣服は，空気の換気が減少し逆効果にもなるので，衿のデザインや開きには十分配慮する必要がある．衿なしの場合は，小さいタオルなどで首の汗を常にふきとってあげるとよい．

〔大塚美智子〕

〈A社・ロンパース　被験者1〉　〈A社・ロンパース　被験者2〉　〈A社・ロンパース　被験者2〉

〈B社・ロンパース　被験者1〉　〈C社・ロンパース　被験者1〉

図1　衿付きのブラウスと衿なしのTシャツ着用時の比較

子どもを取り巻く環境と子ども服の安全性

事故防止の観点から

　衣服によって命に関わる危害を被る，という状況は容易には想像しにくい．しかしながら，少なからぬ人命が衣料品に関わる事故で失われている．その多くは，衣服の一部が突起物や機械などに引っかかり，巻き込まれることによる．例えば，工作機械にネクタイが巻き込まれたり，エスカレーターで転倒したときに，マフラーが巻き込まれたりする事故である．特に，子どもの事故が多い．子ども服には，かわいいなどの理由からフードが付いていたり，また，そのフードを縮めるための"ひも"が首まわりについていたりする．これらのひもやフードそのものが，遊具や把手に引っかかり，首が締まるという事故が起きている．具体事例を1件紹介する．2012年3月，日本小児科学会の子どもの生活環境改善委員会に，学会に所属する小児科医師からの「Injury Alert」情報（医師が生活事故による子どものけがの事例を発信し，学会で情報共有する仕組み）が寄せられた．4歳9カ月の女児が，フード付きパーカで首が締まったという傷害事例である．玄関のドアの把手に，女児が着ていたフード付きパーカの，フードの部分が引っかかった状態でドアが閉まり，女児がぶら下がる形になっていた．日曜日であり，彼女の父親，兄（7歳），母親ともに自宅にいた．発見が早かったこともあり，命に別状はなかった．保護者が「気をつける」ことは言うまでもないが，一緒に自宅にいて気をつけていても，事故は起こり得る．保護者の注意だけに任せるのではなく，衣服や環境を「より安全な」ものに切り替えていく必要がある．特に，この事例で注目すべきは「組み合わせが生み出す危険」である．玄関のドアも，フード付きパーカも，それぞれ単体で危険なものではない．このような単体では安全である製品が，生活場面で組み合わせられ新たな危険を生み出している．この場合，もちろんすべての原因が衣服にあるのではない．しかしながら，衣服メーカー側で対処できることも多い．

　子ども服の安全性については，EUなどで率先して安全規格が制定されている．日本でもこれに準拠した安全規格（JIS）の検討が進められている．例えば，①年少の子ども用衣料の頭部，頸部の範囲には引きひも，装着ひも，装飾ひもをつけてはならない，②年少の子ども用衣料頭部，頸部の範囲の調節タブは長さが75 mmを超えてはならない，③年少の子ども用衣料の頭部，頸部の範囲にあるホル

ターネックひもには，自由端があってはならない（図1）などが規定されている．このほかにも，年長の子ども用衣料頭部，頸部の範囲に関する規定，胸部・腰部のひもに関する規定，さらに，股より下の部分や腕など，部位別に詳細な安全規定が定められる見通しである．基本的には，ほぼ EU の安全規格に準拠しており，日本の子ども服にも，欧米並みの安全基準が適用されることになる．

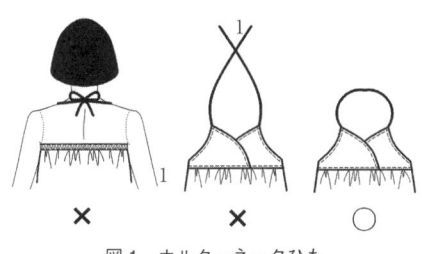

図1　ホルターネックひも

　子ども服の安全性は，各国で安全規格を制定しているが，国際標準（ISO）は制定されていない．ISO ではより幅広く，子どもを取り巻く製品・環境の安全指針に関するガイドとして，「ISO/IEC ガイド 50」を制定している．2002 年に改訂された後，2014 年に再度の改訂が行われる見通しである．2014 年の改訂版は，本稿執筆時では審議中であるが，その審議中原案の中から，子ども服に関連する事例を抽出すると以下のようになる．

　(1) 幼児がよじ登っているとき，衣服が家具類または突起部に引っかかることがある．そこから脱することができないと，吊り下げられることになる．

　(2) 子ども服のたるんだひもや衣服から垂れ下がったリボンが，V 字形の開口部または隙間に落ち込み，ひもやリボンの端のトグルなどが引っかかった．ひもが服の衿足のものだと，子どもは喉を締め付けられることになる．

　(3) 子どもの指，手，脚，服および装身具が，エスカレーターやエレベーターに挟まれる．

　(4) 年長児，特に少年は遊びの一環として，可燃性液体を使って火をつけようとすることがある．子どもが発火源の近くにいる場合，可燃性液体が服の上にこぼれると，ひどい火傷を負うことがある．

　(5) テントまたは衣服に使用する合成繊維は，燃えると溶け出し，使用者の上にしたたり落ちるかまたは付着する．

　(6) 蒸気およびガス，噛むことができる表面の鉛，マットレス，寝具および衣服の中の危険源である難燃材は，乳児に危害を及ぼすことがある．

　引きひもに関わる事例だけでなく，燃焼性や溶融性，化学的危険性まで例示されていることがわかる．現在，この「ISO/IEC ガイド 50」を翻訳して JIS として制定することも検討されており，頭部・頸部のひもだけでなく，幅広く子ども服の安全を考えることが求められている．　　　　　　　　　　　〔持丸正明〕

安全性に関する啓発活動

　被服は人の体を守るもので，けがをするなどと誰も思わない．しかし，使用方法や使用環境で思わぬけがによる事故が次々と起きている．

●**衣服の事故例**　ピアノの発表会に出かけるためにロングスカートをはいた小学1年生が，出かける直前忘れ物に気づき2階に取りに行こうと階段を上っているとき，スカートの裾を踏んで階段で転倒し骨折をした．また，上着のフードや紐が公園の遊具に引っ掛かり首が絞められた．袖口にひらひらとついているフリルに台所で着火し，親が消そうとしたが溶融しながら燃え肌に貼り付き深い火傷を負った．滑り止め防止のポチポチの付いた靴下をはき，幼稚園のホールで走っていた子が，靴下が床をすべらず張りつき，勢いよく顔から床に倒れ額，鼻骨にけがをした．これらの事例は氷山の一角で，隠れた事例は数十倍，いやもっと多数と推測できる．安全である被服がなぜ危険なものになるか？　ヒヤリ・ハット事例を分析し，危険の理由を知って気をつける必要がある．危険は衣服の形態，素材，加工剤，サイズの不適合，使用能力の適否（年齢），使用方法等々に原因がみられる．また，衣服の色で視認性の高低があり，視認性が低い衣服の着用で交通事故にあい死亡したり，大けがをした例も多い．ドライバーは，人がいることを認識すれば気をつけ徐行し注意する．色彩の視点から"目立つ色"を使い視認性を高める工夫を行い，安全服を設計した報告がある[1],[2]．

●**色彩の視点から——目立つ色で視認性を高める工夫**　筆者は交通事故から幼児，子どもを守るために視認性を高める工夫を色彩の視点から研究し，目立つ色を使って"明るい時も暗い時も一日中目立つ安全服"を作製した．目立ちには照度レベルと背景明度が大きく影響するため，照度，明度を各6段階に変えて実験し，どの色がどの位目立つかを検討した（図2）．背景明度ごとに円内に4つの照度レベルをプロットした．得点は円の中心が目立ち得点0，外側に行くほど得点が上がりよく目立つ．背景

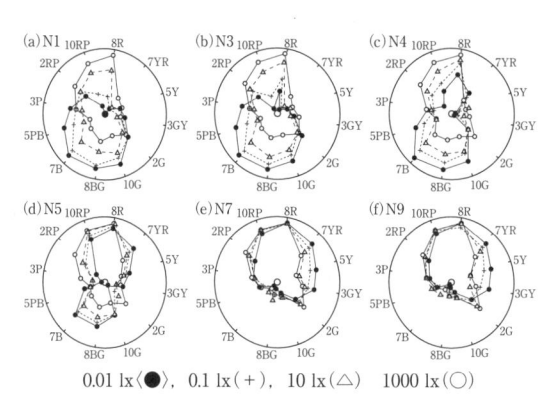

図2　照度レベルと目立ち評価点（背景明度ごと）　外目盛：色相，12枚の色票は明度4～6の中明度

$0.01\ \text{lx}(●),\ 0.1\ \text{lx}(+),\ 10\ \text{lx}(△),\ 1000\ \text{lx}(○)$

明度 N1 から N4 までは，照度レベルの影響は大きい．一方，背景明度 N7，N9 の様相は似ており，照度レベルの影響は小さい．通学路の背景明度は，暗くなると生垣等は真っ黒に変化する．N1 から N4 までの背景では，プルキンエ現象がよく現れており，赤の 8R は照度が低下すると目立ち得点は低下し，青の 8BG，7B は照度レベルの低下とともに目立ちは上昇する．明るい時目立つ 8R と暗い時目立つ 8BG の 2 色を使用し，子どもの安全服を作製したものが図 3 である．製作に際し，特に大切なのは交通事故が重大事故になる薄明視，暗所視に目立つ 8BG を安全服の地の色に用いて，人のシルエットが暗闇に浮き出て，運転者に"ここに人がいる"ことを知らせることであり，8R は明るい時目立つようにポイント的に使用した．子どもが好み，またいつも着用したいと思えるデザインが大切である．幼稚園児と母親で嗜好実験を行った結果，子どもはストライプや幾何学模様より普段親しんでいるイチゴ，テントウムシ，花などのデザインを好んだ．この 2 色配色の安全服に再帰反射材を組み合わせて，さらに夜間の視認性を高めることができた．

図 3 2 色配色の安全服

● **安全性に関する啓発活動**

①交通事故は薄明視期に多発し，重大事故になる．錐体細胞の働きが弱まり桿体細胞が働き出すためで，プルキンエ現象が起き，色のみえ方が変化する．この現象と安全服について学会活動および各種新聞で安全服等が報告された．さらに，S 新聞社は 1990 年頃，ファックスで加入幼稚園に塗り絵と解説を送付し，幼児と父兄に安全教育を行った．②自分の存在を運転者に知らせることが大切で，視認性アップに色の目立ちを使用し，8BG の地に 8R のポイント色の 2 色配色で一日中目立つ安全服をデザインし発表した．③2003 年内閣府に反射材委員会が設置され，交通事故を減らすため反射材の有効な使用方法の検討を行い，新宿駅南口広場でファッションショーを行い夜間の視認性の高さを PR した．④反射材の効果的添付場所を実験で求め，動きのある帽子，傘，靴，手袋等への使用が有効であることを示した．⑤ヒヤリ・ハット事例をもとに，使用方法，使用環境で危険性が生ずることを認識させる安全教育が行われている．

〔芦澤昌子〕

📖 **参考文献**

[1] 芦澤昌子，池田光男：色の目立ちの照度レベルによる変化—プルキンエ移行の影響，照明学会誌 **71** (10), 612-617, 1987.
[2] 芦澤昌子，池田光男：色の目立ちによる安全服の設計，繊維製品消費科学 **29** (9), 35-41, 1988.

Chapter 16
衣服と高齢者

高齢者の体型と衣服サイズ ─── 412
高齢者用衣服パターン ─── 414
高齢者の身体生理と着心地 ─── 416
健常な高齢者の衣服に求められる
　要件 ─── 418
要介護の高齢者の衣服に求められる
　要件 ─── 420
寝たきりの高齢者の寝衣・
　寝具に求められる要件 ─── 422
体形補正・補強用衣服 ─── 424
高齢者用の靴 ─── 426
エンディングファッション ─── 428

高齢者の体型と衣服サイズ

高齢期に入ると，体型の変化や身体機能に著しい個体差がみられるようになる．それは，筋肉の衰えと皮下脂肪の沈着，姿勢の変化によるところが大きい．サイズ変化に加え，脊柱の変形に伴う円背，腹部の突出，腰の屈曲，骨盤の後傾，膝の曲がり，膝の開きなどの体型変化がある．

● **高齢者の体型** 図1は，「日本人の人体寸法データブック 2004-2006」から衣服設計と関係の深い身体寸法を抜粋し，20歳代の平均値を1とした各年齢区分の相対値で表したものである．

男女ともに身長，頸椎高，上肢長などの高径・長径項目では50歳代以降，加齢とともに減少するが，乳頭高の減少が女性で最も顕著である．頭蓋の大きさを示す全頭高

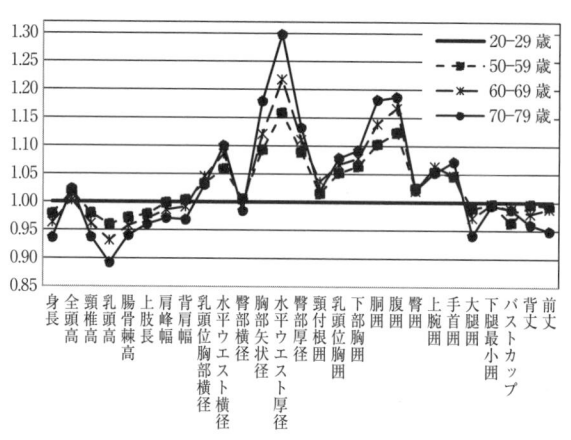

図1 高齢者の体型特徴（女性） ［出典：人間生活工学研究センター「日本人の人体寸法データブック 2004-2006」，2008］

の変化は差がない．肩峰幅などの肩幅は，女性に比べ男性のほうが減少の割合が大きく，加齢による筋量の減少が表れていると推察される．体幹部の横径では男女ともに胴部で増加し，臀部で変化が少ない．厚径では加齢とともに男女とも胴部で特に顕著な増加を示す．体幹部の周径では男女ともに胴囲，腹囲で顕著な増加を示すが，臀部の増加は少ない．男性の頸付根囲は40歳代まで年齢とともに増加するが，50歳代以降減少傾向を示す．また，男性ではドロップ（上部胸囲 − 下部胸囲）の加齢に伴う減少が著しく，逆三角形体型からずん胴体型に移行する．大腿囲は男女ともに脚部の筋肉の衰えにより，50歳代以降減少傾向を示す．女性のバストカップ（乳頭位胸囲 − 下部胸囲）は30歳代，40歳代で小さくなり，20歳代と60歳代70歳代の差はない．頸椎からの前丈は男女とも大きく減少し，加齢とともに前屈み姿勢になることを示している．

高齢者特有の衣服着用時の問題点の多くは，衣服の前後のバランスの不適合が原因であり，身体の側面シルエットの情報が重要である．図2は，20歳代から80歳代までのシルエットを比較したものである．男女ともに背突点と乳頭点は加齢に伴い下垂し，80歳代で顕著である．若年では背最突点は肩甲骨によってつくられるが，高齢女性では脊柱部が最も後方に突出する例が増加する．ウエスト点はベルトを締める位置で衣服設計上重要であり，前ウエスト点が後ろよりも高くなる現象が男女ともに70，80歳代にみられる．男女で傾向が異なるのは腹最突点で，男性は20歳代で低い位置にあったのが50歳代で高く位置するのに対し，女性では若い時期から男性よりも高い位置にあり，その後あまり変化しない．女性では20歳代に比べて50歳代は体幹全体が厚く，下腹部が突出している以外に顕著な変化は認められない．しかし，60歳代ではウエストから上の体幹部が前傾し，背中は丸く，腰部から臀部は平板になり，膝の屈曲は強くなるなど姿勢変化が認められる[1]．

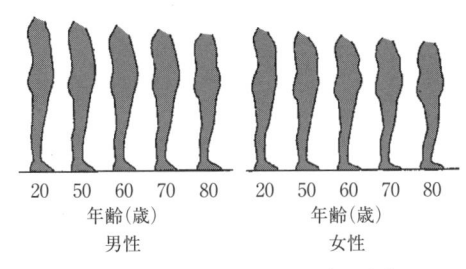

図2　シルエットの加齢に伴う推移（20歳代，50〜80歳代）［出典：人間生活工学研究センター「高齢者特性の類型化手法の開発報告書」，p.65, 2001を改変］

●**高齢者の衣服サイズ**　高齢者の体型は若年層に比べて一様でないため，既製服が体型に合わないことが多い．例えば20〜30歳代では標準体型でフィットしても，40〜50歳代になると上下でフィットするサイズが異なる場合も多い．現在の高齢者はほとんど既製服を着ているが，何らかの不満をもっている．既製服が若年体型をもとにつくられており，高齢者の体型に合わないためである．自分の体型に合った服がない，同じサイズ標記でもメーカーごとにサイズがバラバラ，ジャケットの着丈や袖丈が長い，肩幅が広すぎる，身幅が狭い，パンツやスカート丈が長い，ウエストやヒップがきついなどの不満をもつ高齢者が多数で，高齢者の人体計測と体型に対応した服づくりのシステム開発が不可欠である．

〔中村邦子〕

参考文献
[1]　人間生活工学研究センター：高齢者特性の類型化手法の開発報告書，57-75, 2001．

高齢者用衣服パターン

　高齢者は加齢に伴い生じる体型や姿勢の変化が原因となって，今まで着ていた既製服がそのままでは着にくくなることが多い．また，現状の身体に合う既製服を新たに購入しようとしても，フィットするものがなかなかみつけられないという声をよく耳にする．図1は成人女子用の既製服を高齢者が着用した時の，シルエットの不適合の一例である．首が前傾していることから後ろ衿が抜けて背中がのぞき，背中が丸くなっていることから後ろ裾は上がり，前丈は下がる，腹部は太くなるが臀部や大腿部は細くなることで臀部の下にたるみがでるといった不適合がみてとれる．このような不適合を軽減しようと，アパレルメーカーでは一般に独自のサイズシステムにより補正をして，高齢者用のパターン設計を行ってきた．近年では高齢者配慮設計指針─衣料品 JIS S 0023（2002）が発表され，高齢者の体型を把握した高齢者用ボディの研究が進み，市販もされるようになった（図2）．それに合わせて高齢者用のパターンや衣服原型の研究も盛んに行われるようになってきた．成人女子原型を高齢女子原型に変化させる方法の一例をみて

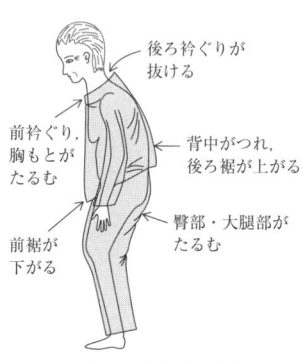

図1　高齢者が成人用の既製服を着用したときの不適合

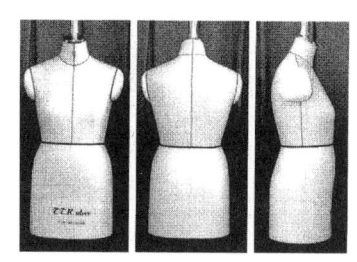

図2　市販されている高齢者用ボディ　［出典：岡田信子，坂田真穂「高齢者の体型変化に対応した快適衣服設計─70歳代女子の衣生活の改善に向けて」，日本家政学会誌 11（64），p.25, 2013 の図6より一部抜粋］

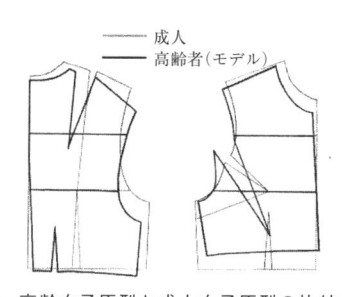

図3　高齢女子原型と成人女子原型の比較　［出典：岡田信子，坂田真穂「高齢者の体型変化に対応した快適衣服設計─70歳代女子の衣生活の改善に向けて」，日本家政学会誌 11（64），p.25, 2013（図7-1）］

みよう（図3）．背中の丸みに対応して後ろ身頃の肩ダーツを長くし，前身頃は肩線を下げて裾を上げることで身丈を調整し，バストポイントを下げるなどの修正をすることで，高齢者の体型に合うように直すことができる．ただし，単に体型の変化に対応すればよいのではない．高齢者は身体能力の低下により腕が高く上がらず上着が羽織りにくくなる，ズボンをはく時に片足立ちになるとふらつく，留め具のかけ外しに時間がかかるようになるといった着脱にも問題がでてくるので，それにも対応する必要がある．着脱のしやすさは素材や衣服構造上のゆとり量，あきの位置と大きさ，留め具によって大きく変わる．例えばボタンのかけ外しは，手指の巧緻，指先の力，目と手の供応などの能力を必要とするので，ボタンのサイズを数ミリ大きくする，ボタンホールはヨコ穴ではなくタテ穴にする，カフスにはボタンがないデザインにするといった工夫によってでも着脱の困難さを改善することができる．また，一般的に既製服は立位姿勢が最も美しくなるようにデザインされているが，高齢者は日常生活の中で椅子や畳に座って過ごす時間が長くなるので，椅座位でも美しくかつ楽に着られるようにデザインされることが望ましい．このように，高齢者特有の生活スタイルにも配慮する必要がある．その上で，体型にぴったり合う，生活スタイルに合う，動きやすい，着脱しやすいといった機能面ばかりを重視した衣服では，デザイン面を軽視したような既製服では購入したい，着たいとは思えないので，実際よりもきれいな体型にみられるデザイン，おしゃれを楽しむためのデザインであることも忘れてはいけないだろう．高齢者が装いを楽しみながら安全にかつ自立した衣生活を送るために，既製服にはより一層の工夫が今後も求められている． 〔柴田優子〕

高齢者の身体生理と着心地

　加齢による身体の変化の程度は個人差が大きいが，一般には高齢になるにつれて生理機能や運動機能の衰えが進んでいく．これらの加齢による変化が快適で自立した衣生活を阻害するので，高齢者の衣服にはさまざまな配慮が必要となる．

●**動きやすさ**　身体的諸機能の低下により反応や行動が鈍くなるので，日常の自由な行動を妨げるような圧迫感があり締めつけるような形，極端な重ね着，過度の装飾的なデザインは避け，シンプルで軽く，適度なゆとりがあり，安全で動きやすい衣服が好ましい．

●**着脱のしやすさ**　身体の柔軟性が低下し，関節の可動域が減少するため，着脱に時間がかかったり，着崩れたりする．このため高齢者の衣服は，かぶり式や後開きよりも前開きの方が適している．さらに，着脱時に腕を通しやすくするために，袖ぐりの深さを下げる，袖幅や身幅にゆとりをもたせる，すべりのよい裏布をつけるなどの工夫が有効である．また，視覚の衰えと指先の巧緻性の低下から，細かい動作がしにくくなるので，あきの留め具にはとめはずしのしやすさへの工夫が必要である．ボタンは，大き目で糸足をつけたものがつかみやすく，ボタン穴は横よりも縦の方がかけはずしの時間がかからない．手先に不安があると目で確かめながらの動作になるが衿元や袖口のボタンはみえにくくかけにくい（図1）ので，ボタンの代わりに面ファスナーなどにするとよい．また，ファスナーの引き手はやや大きめで滑りにくい素材のものがつかみやすい．ボタンや引き手の色は衣服と同色にすると見分けにくいので，別色にすることで機能性とデザイン上の魅力を兼ねるのも工夫の1つである．平衡感覚の衰えや筋力の低下から，スカートやズボン，靴下など，片脚立ちでの着脱動作に困難をきたすことも多くなる．転倒を防ぐためには椅子などに座って着脱すること

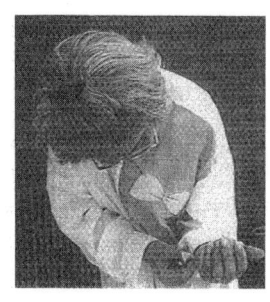

図1　高齢者のボタンかけの様子（右：袖口ボタン，左：前ボタン）
［出典：猪又美栄子，中村亜矢子「高齢者と衣服―ボタンつけの方法とボタンのかけやすさについて」，昭和女子大学学苑 **726**, p.23, 2000］

も有効であるが，あきの大きさやデザインによって履き口にゆとりをもたせる，ズボン類には裏布をつけるなど，短時間で着脱できる工夫も必要である（図2）．

●**体温調節** 皮下脂肪層が薄くなることで，寒冷時に体温を保つ力が低下して手足などの末端が冷えやすく，血流や汗腺の減少により暑熱時に身体の熱を発散しにくい．また，皮膚の神経細胞が減り知覚鈍化が起こり，暑さ寒さを感じにくくなるため，気温の変化にうまく適応できず，自覚のないうちに体調を崩しやすい．したがって，寒冷時には軽く暖かく，体温調節しやすいように組み合わせ可能なデザインの衣服がよい．靴下は，寒いからと重ね履きをすると血流を妨げて逆効果であるし，床で滑らないような工夫も必要である．夏の外出時には，強い日差しをよける帽子の着用も有効である．

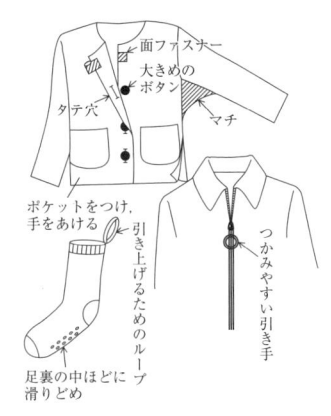

図2 高齢者のための衣服の工夫

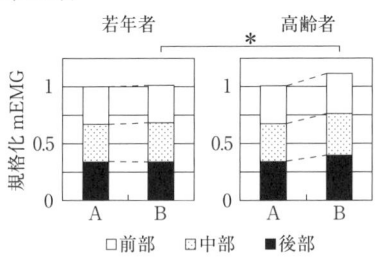

●**素材への配慮** 図3は衣服重量が動作時の筋活動に与える影響を高齢者と若者で比較したものである．高齢者は重いジャケットBを着た場合に腕を上げる際の筋活動量が増し，若者より着衣の重量の影響を受けていることがわかる．筋力や体力の落ちている高齢者にとって，動作を妨げず身体の負担を軽減するためには，体を締め付けるような圧迫がなく，軽量で伸びやすく回復性のよい素材がよく，着崩れもしない．

A，Bはジャケットの種類を示す．BはAより約150g重い．
規格化mEMG＝各ジャケットのmEMG／ジャケットAのmEMG
t検定結果：＊p＜0.05

図3 重量の異なるジャケット着用時の90度前挙時の三角筋の筋活動量の比較 ［出典：下坂知加，石垣理子，猪又美栄子「衣服重量が若年者と高齢者の頸肩腕負担に与える影響」，家政誌 **60**（6），p.575, 2009］

加齢により痛覚や温熱感覚などが鈍化するとされる一方で，皮膚の皮脂腺の退化により肌が乾燥して弾力を失うことで弱くなり，外部からの刺激を受けやすい．着心地を損なうだけでなくかぶれ，発疹などの肌トラブルにつながるケースもあるので，直接肌に触れるものには，肌触りがよく，柔軟で，吸湿・吸水・通気性のよい安全な素材が求められる．

〔石垣理子〕

健常な高齢者の衣服に求められる要件

●**高齢者の衣生活に対する意識** 高齢社会の中で，介護や支援を必要とする人ばかりでなく，スポーツ・趣味・旅行・地域活動など，豊かな老後を送る人たちは多い．健常な高齢者を対象とした衣生活に関する意識調査からは，動作性や素材の機能性・取り扱い性を重視し，人からは清潔で上品に，若々しくみられたい，だらしない印象を与えたくないという思いが強いことが明らかにされた[1]．さらに，衣服の購入における要望では，「上下別々のサイズコーナーがほしい」「高齢者向けのデザインや品数を増やしてほしい」などの要望が強かった．体型・サイズに関する要望では「高齢者向けの既製服サイズを設定してほしい」「高齢者の体型の欠点をカバーするようなパターンを考えてほしい」などの要望が強かった．高齢女性の円背や腹部の突出の体型の特徴に関わって，「スカートの裾の後ろが下がる」「上着の裾の後ろが上がる」という回答が加齢とともに増加した[2]．

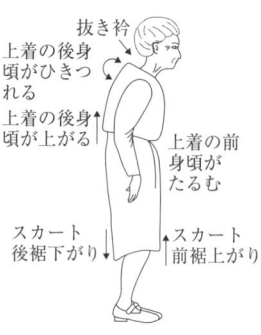

図1 体型の変化による既製服の不都合 ［出典：田村照子 編著「衣環境の科学」，建帛社，p. 119, 2005］

従来の高齢女性では，整容下着の利用は少なかったが，洋装が習慣化した今日では，70歳代でも全体の過半数を超えて，ブラジャーの着用は習慣化している．将来的に，高齢女性の下着はますます進化することが期待される．

衣生活に関する要望は男性よりも女性の方が強い．一般的に女性の方が衣服への関心が高いためであろう．女性の衣服は服種やデザインが多様であり，女性の方が加齢に伴う体型や姿勢変化に関わる問題が多く生じていることも，その原因であろう．

●**高齢者とズボン**
(1) **女性のズボン**

高齢者にとって，男性でも女性でもズボンは日常着としても外出着としても欠かせないアイテムの一つである．女性の場合，ズボンが通常のスタイルだとする比率は夏季で約8割，冬季で約9割である．女性のズボンの着用率の高さは，脚や膝の変形，サポーターの着用をカバーするためでもあるが，夏季でも「冷え」を感じる人が多く，ズボンの下にはショーツ以外にも複数枚の下着を着用している．

16. 衣服と高齢者　けんじょうなこうれいしゃのいふくにもとめられるようけん

ズボンの選択要件は，下着の量や着脱のしやすさ，病院での受診のしやすさなどもあり，格好よくおしゃれであり，同時に伸縮性・保温性・取り扱い性などさまざまな機能性を備えていることである．ズボンの構造上では，ウエスト部，ヒップ部にゆとりがあるもの，股上が深いものなどが加齢とともに選ばれる傾向がある．素材の伸縮性についての要望も高い．したがって，ズボンのシルエットは加齢とともにストレート型が減少し，ウエスト部が総ゴムタイプのモンペ型が増加する．締め付けを嫌い，突出した腹部をゆったりと覆いたいという気持ちを反映していると考えられる．

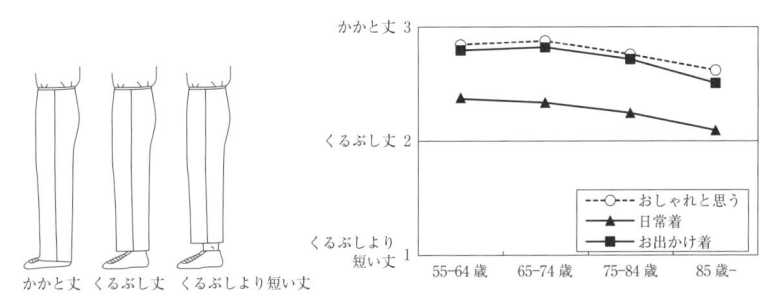

図2　ズボン丈―おしゃれ意識と着用実態―（女性）　［出典：柴田優子，布施谷節子「高齢者のズボンの着用実態」，家政誌 **64**, p.593, 2013］

ズボン丈は日常着と外出着とでは若干の違いがあり，日常着の方がやや短く，後期高齢者ではくるぶしが隠れる程度の長さである[3]．

(2) 男性のズボン

高齢男性では，外出時のスラックスの着用は6割程度である．日常着としてはスラックスは2～3割，ジャージやスウェットは2～3割，カジュアルパンツは約5割である．年齢による差は顕著ではない．ファスナー付きで前あきのズボンを着用し，ベルトをするということは，後期高齢者においても習慣的な行為である．ズボン丈は日常着の方が外出着よりも若干短いものの，女性と比較するといずれの年齢でも男性の方が長い．　　　　　　　　　　　　　　〔布施谷節子〕

参考文献
[1] 布施谷節子，李　善：高齢者の被服行動に関する日韓の比較，家政誌 **58**, 611-622, 2007.
[2] 岡田宣子，坂田真穂：高齢者の体型変化に対応した快適衣服設計—70歳代女子の衣生活の改善に向けて，家政誌 **64**, 715-724, 2013.
[3] 柴田優子，布施谷節子：高齢者のズボンの着用実態，家政誌 **64**, 591-598, 2013.

要介護の高齢者の衣服に求められる要件

　介護が必要な高齢者のための衣服は，介護者の利便性が重視されがちであるが，衣服の着脱動作を通して本人の残存能力を引き出し，できるだけ自分の力で日常生活が送れるように支援することが大切である．着替え，排泄，入浴時などの衣服着脱動作に支障のない衣服設計に必要な条件として，①適切なゆとり量：身幅，袖付け部分に十分なゆとり量を入れる（ただし，ゆとりが多すぎると着心地が悪く，動作の邪魔になる場合があるので注意），②素材の伸縮性：伸縮性が大きい布（ニットやストレッチ素材）を用いることによりゆとりに代えることができる，③開閉部の位置と大きさ：前開きで十分な大きさが必要，④留め具の操作性：扱いやすい大きさのボタン，ホック，スナップや面ファスナーを使用する，などが挙げられる．また，要介護者の衣服も健常者の衣服と同様，機能性だけでなく審美性も併せもつことが求められる．

　診察を受ける時は，全部脱がなくても受診可能な衣服が望ましい．和式合わせ型上衣や裾ファスナー付きズボンが受診衣として適している．

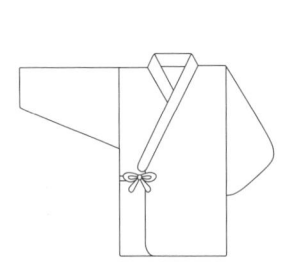

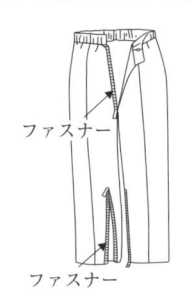

図1　和式合わせ型上衣　　図2　裾ファスナー付きズボン　　図3　車椅子用ズボンの股上

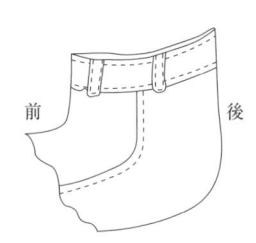

●**車椅子用衣服**　車椅子用衣服は座位に適合するように設計しなければならない．ズボンは，前股上を短く，後股上を長くして座った姿勢でもズボンの後が下がらないようにする．サイズは大きめにし，後面，側面にポケットを付けない．車椅子を操作しやすいように，上衣の身幅や袖付け，袖幅に十分なゆとりを入れ，前丈を短くして後丈はヒップラインまでの長さにして脇スリットを入れるとよい．

●**尿漏れ下着**　排泄の自立が困難になった場合，介護者の都合で最初からおむつを着けることは避けたい．おむつの使用は認知症の症状を進行させる可能性があるといわれているので，時間を決めてトイレに誘導し，おむつをつける時期を少

しでも遅らせるようにするのが望ましい．ごく少量の失禁がある場合は，尿とりパッドを通常の下着につけて使用する．パッドは，使用用途に合わせてさまざまな大きさ・形・吸収量のものがあるので，失禁量に合わせて失禁用パンツと組み合わせて使用するとよい．失禁用パンツは，見た目は普通のパンツであるが，尿漏れに対応するよう尿の吸収部は，瞬間吸水拡散素材，吸水保水素材，抗菌消臭防水素材を用い，表素材を入れて4層構造になっている．使う素材によって3層構造のものもある．いずれも尿を吸収し，しっかり保水する構造になっており，漏れ，蒸れ，臭いが気にならない性能をもち合わせている．

●**認知症高齢者への衣生活支援** 認知症が進行すると衣生活にも支障が出てくる．「夏なのに冬物のセーターを着ている」「夜，寝衣に着替えないで寝る」「コーディネートがおかしい」「他人の衣服をもってきて着てしまう」など，記憶や判断力の低下から適切な衣服が選択できなくなった場合は，着替えする衣服の置き場所を決めて目立つかごに入れたり，思いやりをもって着衣アドバイスを行うことが必要である．「表着の上に下着を着る」「衣服の裏表，前後を間違えて着る」「ボタンを掛け違えて着る」など着方がわからない場合や，「汚れていても平気で着ている」「毎日，同じ衣服を着続ける」「身体の一部が露出していても着装の乱れを直さない」時は，わかりやすい言葉で注意し，強引に指示しないようにする．「汚れた衣服を箪笥にしまいこむ」「汚れた下着を繰り返し着る」など脱いだ後の処理や管理ができない場合，不潔な行為にも理由があるので理由を聞いて処理する．認知症の人は繊細な感情をもっているので叱ると症状の悪化につながる．いずれの場合も，優しく温かい心で接して支援することが大切である．

●**ファッションセラピー** 要介護高齢者は服装に無頓着になっている人が多い．アメリカで女性精神障害患者に実施され，症状の回復がみられたファッションセラピー[1]を日本の施設入所高齢者に応用して実践し，精神的健康状態や日常生活動作の維持・改善効果が得られることが検証されている[2]．全身映る鏡の前で着衣アドバイスやコーディネートの提案を行うと，自己意識が高まりおしゃれ心を取り戻してくる．服装への関心が高まると表情や性格が明るくなり，リハビリテーションに意欲的になったり，認知症状が改善した事例が報告されている．しかし，セラピー効果を持続させるためには，家族や介護者の日常的な着衣アドバイスが必要である．

〔泉加代子〕

参考文献

[1] T. Thompson : Journal of Home Economics **54**, 835, 1962.
[2] 泉加代子：要介護者とファッションセラピー，日本衣服学会誌 **50**, 17, 2006.

寝たきりの高齢者の寝衣・寝具に求められる要件

●**寝たきりになる原因**　「脳血管疾患」や「骨折」などで長時間寝たままの場合と，「慢性疾患」「高齢による衰弱」「認知症(痴呆)」などで日常生活動作が低下する場合とがある．寝たきりの状態が続くと，①精神活動の低下，②心肺機能の低下，③骨量の低下，④筋力低下・筋委縮，⑤関節拘縮，⑥床ずれや失禁を起こしやすく，回復も困難である．

●**寝たきりの高齢者の衣服**　素材は，汗・皮脂・垢・失禁時の汚れなどを吸い取り，柔らかく，肌触りがよく，寝床内気候を快適に整えるものが望ましい．さらに，発汗による湿潤状態および失禁などによる不衛生状態を改善するために，消臭，防ダニ，抗菌・防臭などの衛生保持や難燃性，耐久性などの機能性も求められている．就寝時には寝衣に着替え，ゆっくりと休むことが大切である．図1は，療養あるいはリハビリ中の方の全開できるパジャマの例である．必要とされる構造や機能は要介護度により異なるが，オムツ交換や着脱の容易さ（ファスナーや面ファスナー方式による着脱），皮膚を刺激する金具部の保護，縫い目や飾りなどの凹凸の減少，身体の動きやすさ，締め付け防止が施されている．ワンピース型のきものタイプや術後用両肩開きタイプは，面ファスナーや紐を付け胸元や裾のはだけるのを防止する，部分開閉により点滴のチューブ類が取り出しやすい，関節が拘縮していても着替えが楽にできるなどの工夫が盛り込まれている．オムツを外してしまう重度の認知症の方用の上下続き服（図2）は，オムツ交換の便利さとはずし防止の工夫，床ずれ予防の縫い目処理が行われている．

●**床ずれ**　同一部位に長時間圧迫が加わると，その部位の組織の血管が押しつぶされ，流入血液量が減少し，壊死に至る．発生要因としては①骨突起部での圧迫（圧縮・引張り・ずれ），②湿潤（角質層の侵軟），③体位変換の減少，④関節の拘縮，⑤栄養状態の低下（骨突出の顕著化・皮膚のバリア機能の低下・真皮層の菲薄化）等がある．寝具で発症を低減できるものが望まれてい

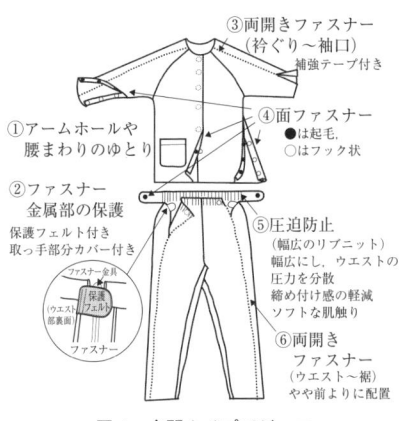

図1　全開タイプパジャマ

図2 上下続き服（認知症の方用）

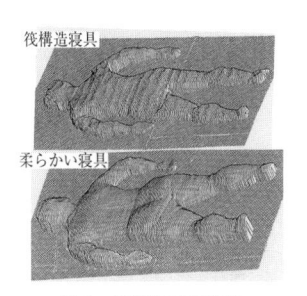

図3 仰臥時の寝姿勢

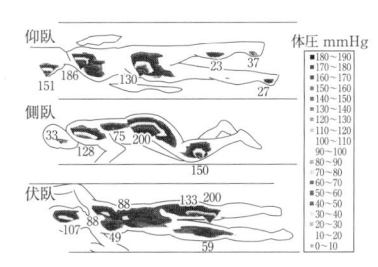

図4 仰臥・側臥・伏臥時の体圧分布

る．図3は，硬さの異なる布団に仰臥（あおむけ）にした時の寝姿勢である．筏構造の硬い寝具では，背面は平坦になり，肩甲部と仙骨部が突出する．一方，柔らかい布団では重い腰部が落ち込んだV字形となり腰に負担がかかり，寝返りも打ちにくい．図4は，仰臥，右側臥（横向き），伏臥（うつぶせ）時の体圧分布である．高い圧力は，仰臥時の後頭・肩甲骨・仙骨，側臥時の肩・腸骨稜・大転子・膝，伏臥時の顔・胸・腹・大腿・膝に生じる．寝返りができないとこれらの部位に圧力が集中し，短時間で赤い発疹が起こり，床ずれに進行する．

●**床ずれ予防のための寝具**　体圧を分散させるには，a）接触面積を広くする，あるいはb）接触部位を変える（一時的に浮かせる）がある．素材は，①エアー，②ウォーター，③ウレタンフォーム，④ゲル，⑤ハイブリッド（エアー＋ウレタンフォーム）が用いられている．さらに，湿潤および細菌感染を低減するために，3次元スプリング構造体のマットレス等が開発されている．一方，体位変換は，仰臥位・両側臥位に半側臥位や座位を組み合わせた姿勢による圧力の低減が行われている．しかし，大きく体位を動かすことができない場合，介護者の微少な体動やクッションの当て方，上下肢のかすかな屈曲，体幹のわずかな傾きなど，寝具と接している面の微少な動きで特定部位の圧迫を回避する「圧力再分配」が提唱されている．　〔嶋根歌子〕

参考文献
[1] 日本家政学会被服衛生学部会 編：アパレルと健康，井上書院，2012.

体形補正・補強用衣服

　体形補正・補強用衣服は人体と衣服の間に発生する衣服圧を利用した衣服である．衣服圧が強すぎると生体ストレスや内臓の変位変形を起こすが，適度な衣服圧は運動機能を高めるプラスの効果を示す場合がある．体形補正下着のブラジャー，ガードル，ボディスーツなどのファンデーションでは，ある程度の衣服圧を加えて体形を整える役割と，運動時に皮下組織が体表で振動するのを抑制して運動しやすくする目的を果たしている．体形補正下着ではバストアップ，ヒップアップによって美しい体形を作る効果を期待して，衣服圧を加える部分が工夫されている．

　身体の動きを補助する補強用衣服としては，サポートテープを組み込んだスポーツ機能ウェアがある．伸縮性の異なる布地を使用して関節を安定させ，筋肉に沿って適度な圧力をかけることで，スポーツ時の筋肉疲労を軽減するものである．

●**衣服のテーピング効果**　野坂ら[1]は歩行，椅子から立つおよび座る動作，跳躍運動について，スポーツ用の弾性テープでテーピングしたタイツを着用した場合と着用しない場合の筋電図の分析から，テーピングしたタイツを着用することによって，活動筋の負担が小さくなることを示している．

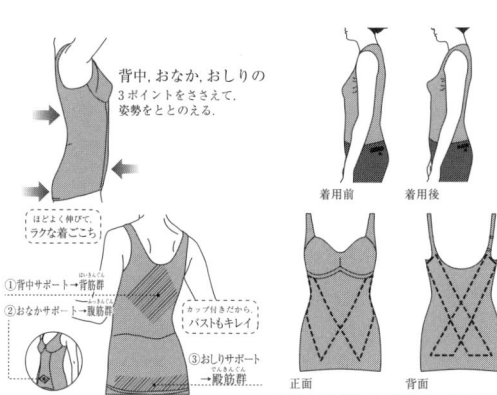

●**高齢者用の体形補正衣服**　高齢者用の体形補正衣服としては，加齢に伴う体形，姿勢の変化に対応したものが求められている．高齢者はブラジャー等のファンデーションの拘束感を不快に感じるので，ソフトな着心地のボディスーツとガードル等でお腹と背中を支えて美しい姿勢を保つように工夫されている．伸縮性が大きく，回復性に優れたパワーネットで姿勢をサポートしているが，パワー

図1　姿勢の補正下着　［出典：ワコール「パンフレット13AW・F-12」より作成；トリンプ・インターナショナル・ジャパン「パンフレット No. 12-AUWN・PF-4」より作成］

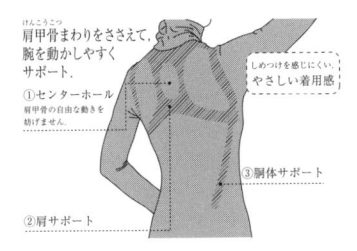

図2　腕の動きのサポート下着　［出典：ワコール「パンフレット13AW・F-12」より作成］

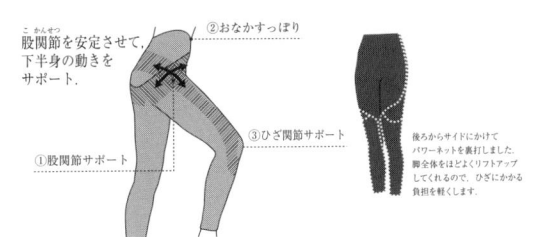

図3　脚の動きのサポート下着（レギンス）　［出典：ワコール「パンフレット13AW・F-12」より作成：トリンプ・インターナショナル・ジャパン「パンフレットNo.12-AUWN・PF-4」より作成］

ネットの位置は下着メーカーがそれぞれ独自に設定している（図1）．

　ところで，高齢者の衣服の着心地の評価は，肌触りおよび身体へのなじみやすさとの関係が深い[2]．したがって，高齢者の下着の素材には肌触りのよい，身体になじむものが求められる．また，ブラジャーなしで過すための下着として，乳房を支えるカップ付きのインナーは拘束感がないので，日常用として使用されている．

●高齢者用の補強衣服　加齢により筋力が低下した高齢者の関節の動きをサポートする下着として，前述のスポーツ機能ウェアと同様にテーピングの原理を利用した構造の下着がある．布地による伸縮性の大きさの差を利用して，関節の動きを補助している．なお，中高年を対象としているので，柔らかな伸縮性で拘束感が少なくなるように配慮されている．腕の動きに対しては肩関節，歩行，脚の動きに対しては股関節，膝関節を支えている（図2, 3）．

●腰痛に対応した腰痛バンド，コルセット　腰痛バンドやコルセットは，腰痛の時に身体を支える筋肉の働きを助け，痛みの出る姿勢をとらないようにさせるものである．腰痛ベルトは，骨盤ベルト，腰痛バンドともよばれており，幅や形式などさまざまなものが市販されている．一般的に用いられている弾力性のある素材の軟性コルセットは，腰全体を安定させて腰椎にかかる負担を少なくする．

〔猪又美栄子〕

📖 参考文献

[1] M. Nosaka, H. Morooka, K. Toriumi et al.：Development of elastic tights with taping effect on reducing muscle load caused by movements of knees, Sen'i Gakkaishi（報文）**64**（8），205-211, 2008.
[2] 猪又美栄子，石垣理子：高齢女性の着心地の評価―官能評価，脳波，唾液アミラーゼ測定による検討―，日本家政学会第65回大会研究発表要旨集, 120, 2013.

高齢者用の靴

靴には歩行をする足の機能を保護しサポートする役割がある．高齢者の自立した生活に欠かせない動作の1つが歩行であり，高齢者が自分の足で歩行することが，寝たきりや閉じこもりの防止に有効と考えられている．自立した歩行能力を維持するためには，足の特徴をよく理解して，履き心地のよい靴を選択することが重要である．

●**靴のサイズ**　履き心地のよい靴を選ぶためには，まず自分の足に適した靴のサイズ[1]を知ることが必要である．靴のサイズは男子用，女子用，子ども用に区分されていて，特に高齢者用という区分はない．

●**高齢者の足の特徴**　高齢女性と若年女性の足長と足囲寸法の分布を図1に示す．高齢女性では，若年女性に比べ足長に対する足囲寸法が大きい傾向である．足のつま先の形状にも世代差があり，高齢女性では図2の左に示すような先広がりが多かった．足の形態特性には時代差があるため，高齢者の足の形の特徴も時代とともに変化することが示唆される．

●**靴着用時のトラブル**　アンケート調査結果より，現在の高齢女性に多いトラブルは，指の痛みと靴のすっぽぬけであることがわかった．市販の靴に足囲の大きい足用であるEEEサイズ以上が少ないため，実際よりも足囲が小さく足長が大きすぎる靴を履いている場合が多い．足囲が小さく靴の幅が狭いため，指に痛み

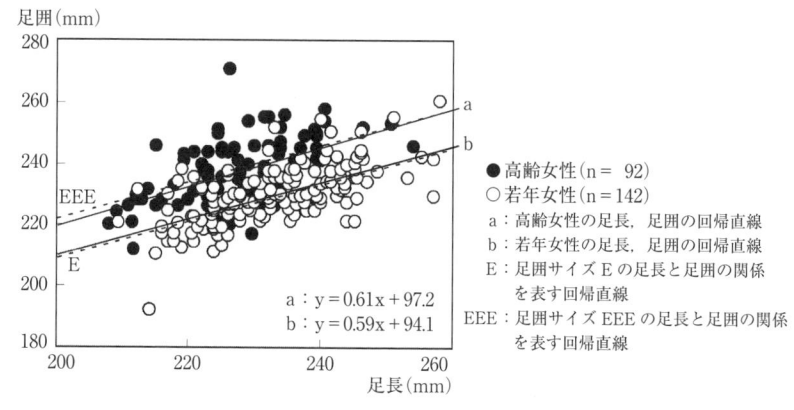

図1　足長・足囲分布の世代差　［出典：土肥ほか「高齢者の足部形態特性と靴の履き心地」，人間工学 **37**(5)，p.232，2000 より改変］

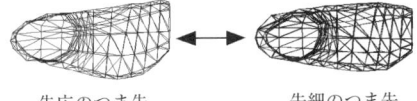

図2 つま先の3次元形状
先広のつま先　　先細のつま先

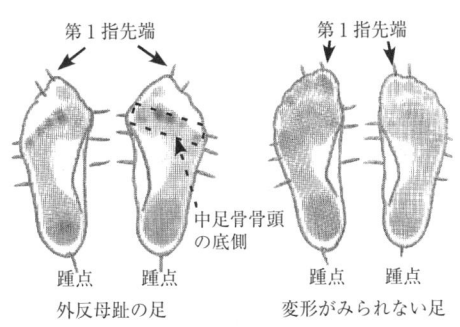

図3 高齢女性の足のフットプリントの例 ［提供：(有)シャポージャパン・矢口　昇］
第1指先端
中足骨骨頭の底側
踵点　踵点
外反母趾の足
変形がみられない足

が生じやすく，靴の足長が大きいためすっぽぬけしやすいことが考えられる．しかし，靴に足が入ることを優先して幅が広すぎる靴や，柔らかい素材の靴を履くことにも問題がある．中年以上の女性では足の横アーチが低下する傾向がある．この時コンフォート・シューズと称した幅が広いだけの靴を着用すると，中足部から踵への側方からのサポートがなくなり，開帳足や踵骨外反の危険性が増すことが指摘されている[2]．同じサイズの靴であっても木型により靴の形が異なる．足の形もさまざまであるため，自分に合ったサイズの靴を試し履きして，ゆるみやあたるところはないかなどの履き心地を確認し，靴を購入することが必要である．

●**足の障害や変形**　加齢に伴い多くみられる足の障害に，外反母趾，内反小趾，ハンマートゥ，開帳足などがある．このうち外反母趾は女性に多く，原因の1つに足に合わないハイヒールの着用がある．図3に外反母趾の女性と足に変形がみられない女性のフットプリントの1例を示す．外反母趾の女性では，第1指が大きく内反し第2～4指の指先が浮き，中足骨の骨頭底側に強い圧がかかっている．足にできるタコや魚の目は，足底圧の異常な集中の結果であるため，第1指の付け根のみでなく，足裏の中足骨頭底側にタコができて痛みがあることが予想できる．

●**補装具**　痛みがある場合のフットケア用品として，タコや魚の目に対する保護パッド，踵や足底のクッション，指のセパレーターなど，安価で簡単に使用できる製品が市販されている．医師が処方する足底板という足の下に敷く板状の装具を用いる場合もある．足底板を入れることにより靴がきつくなるため，足底板用の靴が必要となる．現状では足底板を入れるのに適した靴は少数であるため，医師と患者のみでなく靴製造業も連携した取り組みが必要である．〔土肥麻佐子〕

参考文献
[1]　JIS S 5037：1998 靴のサイズ
[2]　井口　傑：足のクリニック，南江堂，74-75，2004．

エンディングファッション

人生最後の衣装，葬儀で死者に着せる衣装をエンディングファッションという．

●**葬儀** 葬儀は，死者を弔うために行う儀式である．葬儀の様式にはそれを行う人たちの死生観や宗教観が深く関わっており，宗教の違いがそのまま葬儀の様式の違いになる．また，葬儀は故人のためだけでなく，残された者のために行われるという意味合いも強くある．残された人々が人の死をいかに心の中で受け止め，位置付け，そして処理するか，これを行うための援助となる儀式が葬儀である．日本では確固とした死生観，宗教観をもたない人が多く，葬儀を悲しむべき死者との別れとの見解から，参列者は黒の喪服を着用し，華美な服装，毛皮，貴金属類，真珠以外のアクセサリー，濃い口紅は避けるべきとされている．

●**日本の従来の死装束** 納棺前に死者に着せる衣装を死装束という．日本では仏式が多く，白い経帷子（きょうかたびら），手甲（てっこう），脚絆（きゃはん），足袋，三角布，頭陀袋（ずだぶくろ）などからなる巡礼者または修行僧の白装束を着せている．これは，死者が浄土への死出の旅あるいは善光寺などへ巡礼することを想定していることによる．死装束は，昔は親族によって用意されていたが，現在では葬儀社で用意されたものを使用している．

葬儀社のやり方や地域の風習にもよるが，一般的に経帷子は「左前」に着せる．これは，「死」は，「生」に対しての逆，つまり「逆さごと」であるという風習からきている．手に手甲をつけ，足は脚絆をつけ，こはぜ（かかとに付いている金属製のホック）を取った足袋を履かせる．頭には三角布をつけ，六文銭を入れた頭陀袋をかけて手に数珠をもたせる．

しかし，近年は昔ながらの死装束ではなく，生前故人が愛用していた着物や洋服を着せ，死装束は棺内に

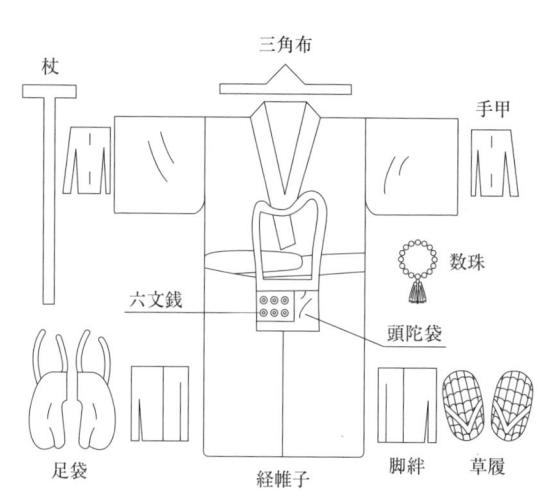

図1　仏式の死装束

帽子　　　　　スカーフ

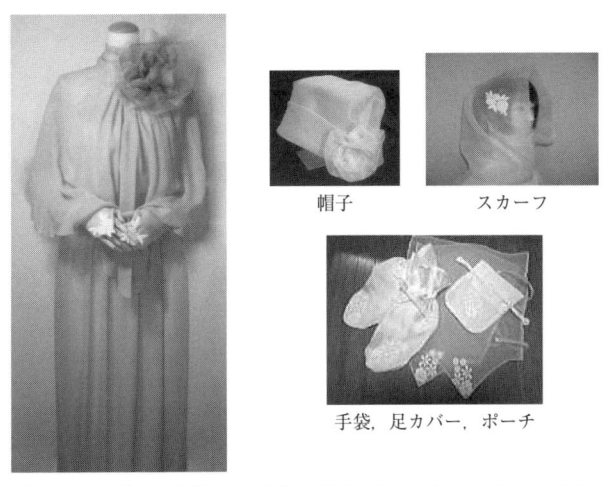

手袋，足カバー，ポーチ

図2　エンディングドレスと小物　［出典：http://aiiris.sakura.ne.jp］

入れるだけの場合もある．また，神道やキリスト教では仏式の死装束に相当する衣装はない．

●エンディングドレス（ドレス型の死装束）　人間関係の変化や長寿化で2000年以降，葬儀は自分で準備する時代になってきた．2011年の東日本大震災を機に，「終活」や「エンディング」という言葉が浸透し始めるとともに，自分の最後と正面から向き合う動きがみられるようになった．死装束に対しても自分らしい死装束を着たい，葬儀で人にみられる姿も美しくありたい，素敵な姿を家族の思い出に残してほしいと，おしゃれなエンディングドレス（ドレス型の死装束）を生前に準備する高年女性が増えてきている．「ラスティングドレス」「フューネラルドレス」の名称で製作・販売する店が出現し，インターネット注文もできる．ドレスは顔が明るくみえるように赤や薄いピンク色，華やかな花柄を好む人が多く，天然素材にこだわり，表地はシルクシフォンやシルクジョーゼットをたっぷり使い，裏地には綿ローンなど優しい風合いの布を使用している．ボタンやファスナーは使用せず，紐を結ぶだけで家族でも簡単に着せられるように工夫されている．また，ドレスにセットして使うケープ，スカーフ，コサージュ，帽子，手袋，ポーチ，足カバーなどの小物も用意されている．エンディングドレスの認知度はまだ低いが，従来の死装束とエンディングドレスが選択できるならドレスを着たいという人が多く，未婚女性はウエディングドレスのような白いドレスが着たいという人が多い．今後，女性の死装束が従来の死装束からエンディングドレスに代わる日が来ると思われる．

〔泉加代子〕

Chapter 17
衣服と障害者

さまざまな疾患と衣服 ──────── 432
着る動作，脱ぐ動作 ──────── 434
障害児の衣服 ──────────── 436
脳性まひによる運動障害と衣服 ── 438
脳梗塞と衣服 ──────────── 440
乳がんと衣服 ──────────── 442
障害に配慮した衣服選び ────── 444
衣服のリフォーム，オーダー ─── 446
障害とファッション──衣服の
　ユニバーサルデザイン ────── 448

さまざまな疾患と衣服

　病気やけがでの障害の原因，内容や程度はさまざまである．身体障害としては肢体不自由が起こる運動機能障害のほかに血管調節，体温調節，発汗などに障害が起こる生理機能障害，視覚障害もある．全介助の人から，自立した生活を目指してリハビリテーションを行っている人，社会活動を行っている人まで個人差が大きい．したがって，障害による不便さを改善する衣服やリハビリテーションや治療を受けやすい衣服が求められている．それだけでなく社会活動に適した外見上は「普通」のデザインの衣服の工夫も求められている．重度の障害者の場合には介助のしやすさへの配慮も必要である．

日常生活動作（ADL : Activity of Daily Living）

　日常生活活動にはさまざまな動作がある．食事，排泄（排便，排尿，トイレ動作），着がえ，整容（洗顔，歯磨き，ひげ剃り，整髪），入浴，移動（歩行，階段，ベッドから車椅子に）の動作がある．障害の程度によりこれらの動作に部分的または全面的に介助が必要な場合が起こる．なお，ADL評価は10項目の各機能についての自立，部分介助，全介助等の段階で評価し数値化（全体で100点満点）するものである．自助具を用いてその動作が行える場合も自立と判定する．

脳血管障害

　一般に脳卒中といわれる．脳内の動脈が破れる（脳出血），または詰まる（脳梗塞）ことによって，血液が流れなくなり，脳に障害が起こる．運動機能障害，言語障害，意識障害などの後遺症が残ることがある．運動機能障害としては片まひを起こす場合が多い．上肢・下肢が片側しか使用できなくなると衣服の着脱が困難になる（「着る動作，脱ぐ動作」「脳梗塞と衣服」を参照）．また，まひ側の肩が落ちるために，着崩れが起きやすい．

脊髄損傷

　脊髄は脊柱管内の長い円柱状の神経組織で，脳とともに中枢神経をつかさどっている．この部位の損傷を脊髄損傷というが，損傷を受けた部位以下の脊髄がまひを起こすため，損傷部位が脳に近いほどまひの部位は広範囲となる．運動機能障害，知覚障害，体温調節障害のほかに排尿，排便，呼吸，血圧調節機能に障害

表1　障害の内容と衣服への配慮例

障害の要素	疾患・障害例	衣服への配慮
精神的知覚的障害	脳性まひ 四肢まひ	① 衣服の前後，左右，裏表を区別しやすくする． ② ゆとりを多くする． ③ 簡単で単純な構造にする（ボタンより面テープ，靴下はかかとなしなど）．
全身状態（動悸，息切れ，疲労などの低下	心臓疾患 呼吸器疾患	① 衣類の枚数，重量を少なくする． ② 着脱が座位，臥位のままできるようにする． ③ エネルギーを消費しないように自助具を工夫する．
関節の変形，可動が不自由 疼痛	関節リウマチ 四肢まひ	① 伸縮性に富む素材を利用する． ② 可動域によっては，衣服を分解して着脱できる形態がよい． ③ 開きを大きく，前にもってくる． ④ 止め具は簡単なものにする． ⑤ 関節の変形に合わせた靴型とする．
筋力の低下	関節リウマチ 四肢まひ 筋ジストロフィー	① 衣服の重量を軽くする． ② 摩擦抵抗の小さな素材を用いる． ③ 止め具は力を必要としないものにする（ゴムはゆるめに）． ④ 手指の把持力が小さい場合は，引っ掛ける，押すなどの力を利用する．
強調運動（巧緻性，コントロール性）の低下 不随意運動の発生	脳性まひ 義肢使用など	① 着脱動作の簡単な形態にする（靴下はかかとなしなど）． ② 止め具をなるべく使用しないか，簡単なものにする（ボタンより面テープ）． ③ 伸縮性のある素材で，ゆったりしたデザインにする． ④ ズボンやスカートはゴム止めにする．
知覚障害 体温調節障害	脊髄損傷	① 冬は保温性の高いもの，夏は涼しいもの（個別冷暖房の利用もよい）． ② 反射痙性の誘発を防ぐ柔らかい素材． ③ 廃用部位の皮膚炎・乾燥を防ぐよう工夫する． ④ 尿路感染や褥瘡に配慮し，清潔な衣服，圧迫の小さな衣服とする．
身体切除	乳癌術後 子宮癌術後	① 乳房のバランス用パッドを利用する． ② パッドの不透湿性に対する対策で湿疹の予防が必要． ③ 強い圧迫をさける．
視覚障害	弱視，盲	衣装品の種類（特に色）を分別できる表示の工夫．

［出典：田村照子 編著「衣環境学」，建帛社，p.125，2005］

を生じることがある．日常生活では車椅子を使用するので，車椅子に座る姿勢に合わせた衣服デザインの工夫，着脱しやすさの工夫が必要である．また，暑さ，寒さへの対応も求められる．

〔猪又美栄子〕

着る動作，脱ぐ動作

　一日にいくどとなく着る動作・脱ぐ動作は繰り返されるが，この更衣動作は全身的運動であるので，全身の体力的要素（心肺機能）や筋力的要素，動作を調整する巧緻性などのコントロール的要素，身体の柔軟性にかかわる関節可動域的要素などが，更衣の難易性に大きく影響する．障害者の更衣事例からその特性をとらえてみたい．

●**着脱姿勢と方法**　身体の負担を減らして更衣するには，安定した着脱姿勢が必要で，椅座位，仰臥位や立位など障害の状況により基本姿勢はさまざまである．更衣時には患部に負担がかからないよう，着る時は患側を，脱ぐ時は健側を先の手順がある．

　図1は椅座位で左側上肢まひ者が前あき上衣を着る動作をみたものである．患側上肢を通すには袖にゆとりが，また背面から対側に渡した袖に健側を通すには，背渡り寸法にゆとりが必要となる．脱ぐ時もゆとりが少ないと健側上肢の可動域を多く求められ，身体負担は大きくなる．健側の片手操作なので，大きめのつまみやすいボタンがよく，一般には縦穴が扱いやすい．図2の長袖Tシャツを脱ぐ時，健側の袖布を送りながら上肢をぬき取るには袖口と袖全体にゆとりが，さらに袖付けまわりには上腕の長さ約30cmが通るだけのゆとりが必要となる．健側の手で頭をぬき，最後に患側上肢をぬく．なお半袖では，健側上肢をぬくことは，歯でかんだりして至難の業である．ズボンを脱ぐには図3に示すように，健側の膝関節と股関節の可動域が多く必要になる．軽めで滑りがよく扱いやすい素材で，ズボン全体，特に腰まわりやウエスト

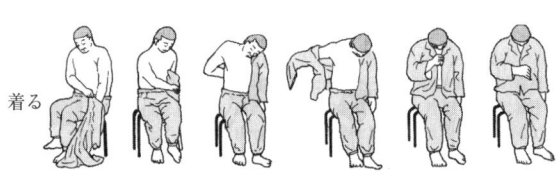

図1　左側上肢障害者の前開き上衣の更衣動作　[出典：岡田宣子「介護と衣生活」，家政学概論（酒井豊子編），メヂカルフレンド社，p.109，2005より引用]

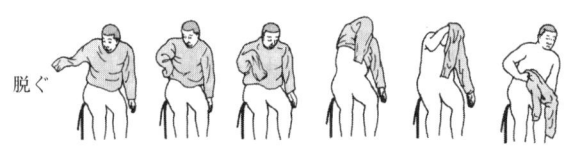

図2　左側上肢障害者のTシャツの更衣動作　[出典：岡田宣子「介護と衣生活」，家政学概論（酒井豊子編），メヂカルフレンド社，p.109，2005より引用]

にゆとりがないとズボンを上げ下げできない．

●**着脱動作の自助具**　自分の身体機能では着脱動作が遂行できない時，不足した動作範囲を補うために道具を使って可能にすることもできる．図4は各種自助具を示している．体幹部から遠い足部まで手が伸ばせない場合，ストッキングエイドに通した靴下を履きやすいように十分たくし寄せ，足入れ穴を整えて丸棒（50〜60 cm）2本で足に近づけ，足をさし込み，丸棒とストッキングエイドの紐を交互に引き上げていくと，靴下がはける．リーチャーは遠くのものを操作する時に使われる．ボタンエイドはボタンのはめはずしを可能にする．できるだけ自立して自分で着装や身だしなみを整えることは，障害者の生活意欲を高め，豊かな衣生活につながる．

図3　右側下肢障害者のズボンの更衣動作　［出典：岡田宣子「介護と衣生活」，家政学概論（酒井豊子編），メヂカルフレンド社，p.108，2005より引用］

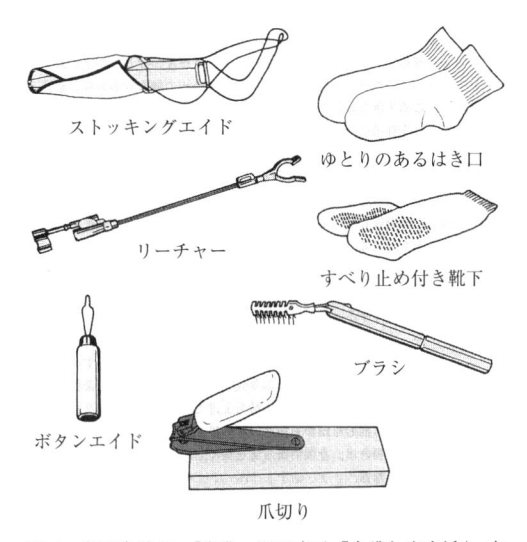

図4　各種自助具　［出典：岡田宣子「介護と衣生活」，家政学概論（酒井豊子編），メヂカルフレンド社，p.114，2005より引用］

〔岡田宣子〕

障害児の衣服

障害児が成長の段階において，どのような衣生活習慣を身につけられるかということは，その子どもの自立と社会参加の可能性を決める重要な要因となる．したがって，まず一人ひとりの衣服に対するニーズを把握することが必要である．さらに，成長に伴い日々変化していく心身の状態に適した衣服を選ぶことが大切である．障害児にとって適切な衣服を選択することは，日常生活における困難を軽減し，健康に過ごすことを可能とする．

●**子どもの障害と衣生活**　子どもの障害にはさまざまな種類があるが，主に知的障害と肢体不自由の例について挙げる．

知的障害とは，一般的に認知や言語などにかかわる知的能力や，他人との意思の交換，日常生活や社会生活，安全，仕事，余暇利用などについての適応能力が，同年齢に求められるほどまでには至っておらず，特別な支援や配慮が必要な状態をいう．衣生活上の問題点としては，主に衣服そのものの認知，また着用の必要性の認識に関することが挙げられる．例えば，衣服の開口部（えり，すそ，袖口等）の位置がわからないことや，前後・表裏がわからないことで，一人で着脱することができないという例がある．「着なさい」といわれないと裸でも平気でいる例や，特定の衣服に非常に強いこだわりをもち，他の衣服を着用することを極端に嫌うという例などがある．手指の細かい作業が苦手な子どもは着脱も苦手な場合が多く，デザインの工夫が必要である．

肢体不自由とは，身体の動きに関する器官が，病気やけがで損なわれ，歩行や筆記などの日常生活動作が困難な状態をいう．脳性疾患等では知的障害等の合併症がみられることが多く，また，長期にわたる運動障害や姿勢障害によって，関節の変形などがみられることも少なくない．衣生活上の問題点としては，主に衣服の着脱に関することが挙げられる．着脱の困難は子ども自身の問題であるばかりではなく，援助を必要とする場合にはその援助者の問題にもなり得る．例えば，関節を子ども自身で曲げることができない場合や筋肉が硬直している場合には，援助者はかなりの力を要する．着脱には，姿勢の保持を工夫することが必要であり，衣服には着脱に配慮したゆとり量や開口部の工夫が必要である．

●**衣服のリフォームによる着脱の改善**　障害児の心身の状況は一人ひとり異なるため，既製服の着脱に困難が生じる場合がある．その困難を軽減するための手段としてリフォームがある．

図1は，てんかんで重度の知的障害と肢体不自由のある女子の綿100%のブラウスに，リフォームによって袖下からわきにかけてまちを加えた写真である．この女子は自ら動作を行うことができないために，衣服の着脱は全面的に母親が援助している．衣服の着脱の際には，何度も女子の体の向きを変える必要があり，母親の負担は非常に重いものであった．しかし，このリフォームによってブラウスの胸まわり寸法が増えて，肘の関節を袖に通しやすくなった（図2）．着脱の所要合計時間を計測したところ，リフォーム前が約5分30秒であったのに対し，リフォーム後は約3分になった．時間の短縮は援助者自身の負担を減らすだけでなく，女子にとっても皮膚のすれや圧迫，骨折の危険性の軽減となる．

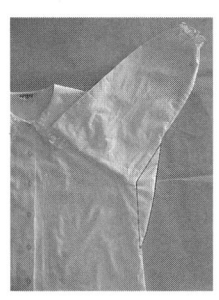

（まちが見えるように，左袖はたたまれている） 　（左袖は，肩にかけられている）

図1　リフォームにより，袖下からわきにかけてまちを加えたところ

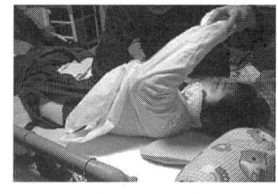

リフォーム前 　　　リフォーム後

図2　ブラウスを脱衣させているところ

　これは一例であり，ほかにもいろいろなリフォームによる工夫が考えられ，着脱のしやすさの改善を図ることができる．例えば，上衣のボタンをかけたりはずしたりすることが難しい場合には面ファスナーに変えることや，体の向きを変えにくい場合には，ズボンのわきの縫い目にファスナーをつけることなどが有効である．また，衣服の前後の目印となる刺しゅうをすることなどは，着脱に意識を集中させるために有効である．障害児の中には，18歳になって初めて自分でファスナーの上げ下げができるようになる子どももいる．衣服を通して，その子どもの自立の可能性をあきらめることのない環境づくりと支援が重要である．

〔千葉桂子〕

脳性まひによる運動障害と衣服

●**脳性まひとは**　脳性まひは，出生前，出生時，出生後のさまざまな時期で，脳が何らかの損傷を受けたことによって生じる中枢性の運動障害である．そのため，歩く，走るなどの身体を大きく動かす粗大運動がほとんどできず，立つ，座るといった姿勢にも異常が表れやすい．また，手や指先の巧緻運動に障害が表れることも多く，掌を下に向ける動きや，親指と示指で物をつまむといった動作が困難である．脳性まひの子どもの脳は，損傷をもったまま成長を続けていく．成長に伴い運動障害と姿勢の状態が変化し，言語・視覚・聴覚の障害等との合併が明らかになる場合も多いが，病状自体が進行することはない．

●**脳性まひのタイプ**　脳性まひのタイプは，痙直型（spastic type），アテトーゼ型（athetotic type），運動失調型（ataxic type），固縮型（rigid type）の４つに分類される．ここでは，大部分を占める痙直型とアテトーゼ型の動作特徴を解説する．

　痙直型の特徴は，弱々しい動きしかできず，随意運動が円滑に行われないことである．痙直性とは，筋が同時収縮（こわばり）の状態にある場合をさし，上肢を曲げる時や下肢を伸ばす時に表れる．例えば，介助者が脳性まひ児の肘を曲げる時，介助者の手に感じられる硬さ（こわばり）のようなものをいう．痙直型は侵されている四肢の部位により，片まひ（一方の上肢と同側の下肢にまひがある），両まひ（両下肢のまひが両上肢よりも重い），四肢まひ（両上下肢の重いまひ）に大きく分類され，その他に三肢まひ，単まひ等がある．

　一方，アテトーゼ型は，筋の緊張度が予測できない変化をし，たえまない不随意運動が起きる．例えば患者がじっと座っていようとしても，患者の身体は無意識に動いてしまう．また，この不随意運動は手，指，顔面筋に表れることも多く，言葉の聞き取りにくさや，よだれなどの問題を引き起こす．

●**脳性まひ患者の着脱動作と身体的負担**　着脱に介助が必要な脳性まひ患者にとって，かぶり型の衣服は前開き型に比べ着脱が難しく，中でも長袖Tシャツは，袖が通しにくいため着脱が困難である．図１はアテトーゼ型患者が長袖Tシャツを着衣する様子である．介助者は先に患側の腕を通し，次に健側の腕を通す．図中の患者の左肘は，曲がったまま不随意的に動き続けている．介助者が患者の腕を伸ばそうとすると，患者の肘は痙直性が強いため，屈曲した状態でこわばる．この時，患者の心拍数は増加し，生理的・精神的な緊張は高まっている．図２は患者が着衣動作で受ける身体的負担を，心拍数に含まれる自律神経の情報から分

17. 衣服と障害者

のうせいまひによる
うんどうしょうがいといふく

被験者2
長袖Tシャツ

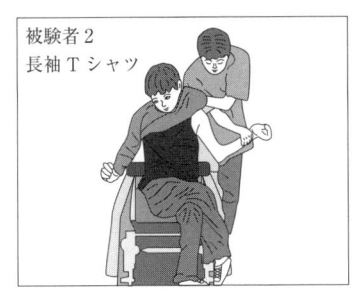

図1　アテトーゼ型患者の着衣動作

析した結果である．患者は一般的な長袖TシャツAと，まちを付けて腕を通しやすくしたBを着衣する．自律神経の指標を交感神経（LF/HF）と副交感神経（HF/TP）とし，身体的負担が大きいほど交感神経が増加し副交感神経が減少すると考えると，アテトーゼ型患者が長袖Tシャツを着衣する動作は，身体的負担の大きいことがわかる．同時に，袖を通しやすくすることで着脱動作は改善でき，負担の軽減につながることも示唆される．

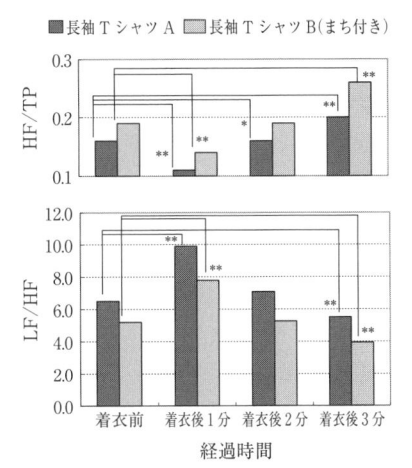

長袖TシャツA，Bについて，指標ごとに着衣前と着衣後1分，2分，3分の値を比較し，Wilcoxonの符号付き順位検定を行った．
$**p<.01, *p<.05$．

図2　アテトーゼ型患者の着衣時における心拍変動　［出典：雙田珠己，鳴海多惠子，日本家政学会誌 **58**, pp. 91-98, 2007］

　人が着脱を自立して行うためには，座位や立位の姿勢が安定していること，上肢を持ち上げながらつかむ・つまむ・放すなどの巧緻運動ができること，片手で衣服を固定しながら他方の手で別の作業ができることなどの身体的能力が必要であり，視覚的，感覚的な能力（衣服の開口部の大きさの違いがわかること，衣服の上下左右や裏表が理解できること，目と手が協調的に動くことなど）や，知覚的な能力（開口部と身体の関係を理解していること，着衣の順番を理解していることなど）も備えていなければならない．個人の機能に合わせて衣服を直すような支援があれば，脳性まひ患者の着脱動作はさらに改善されるだろう．

〔雙田珠己〕

参考文献

[1] N.R. Finnie 編著，梶浦一郎・鈴木恒彦訳：脳性まひ児の家庭療育，医歯薬出版，2006．
[2] H.H. Nielsen 著，永井昌夫・大村　実訳：脳性まひの心理，医歯薬出版，1972．

脳梗塞と衣服

●**脳梗塞とは**　脳梗塞は，脳血管障害の1つであり，脳の血管が詰まり血流が途絶えてしまうことによって起こる．その他の脳血管障害では脳の血管が破れて出血する「脳出血」，出血が脳とくも膜との間で起こる「くも膜下出血」が代表的なものである．脳血管障害は，ダメージの程度や部位によるが重い後遺症を残す場合もある．主な後遺症としては，片まひなどの運動麻痺や感覚障害，嚥下障害，失語症，高次脳機能障害などがある．基本的なリハビリ過程は，急性期，向復期，維持期（生活期）の3段階に分けて行われる．向復期のリハビリでは，機能回復はもとより，ADL（日常生活動作）の自立度向上に結びつくようなリハビリが行われる．退院後は，自宅の生活の中で機能の維持・向上に努めていくことになる．歩行の自立は外歩きがある程度できるようになった段階が1つの目安である．

　脳血管障害で片まひの人は，体の不自由だけでなく，目にみえない症状による不自由もある．理解力もあり，やる気もあり，できるはずなのにどうしていいかわからないという失行という症状である．人は生活動作を成長の過程で習得していく．それぞれの動作の組み立て方を覚えている脳の部分が傷ついて，失行は起こる．着衣失行とは，服を着ようとしてもできないもので，パンツを頭にかぶろうとしたり，シャツに足を通したりするために，認知症と誤解されることがあるが，脳の特定の部位の障害である．左まひの人に多いのが特徴で治すのは難しい．失行のある人にはさりげない介助をすることが求められる．

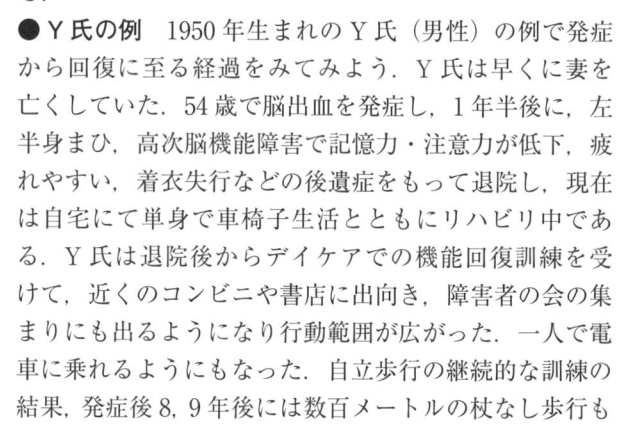

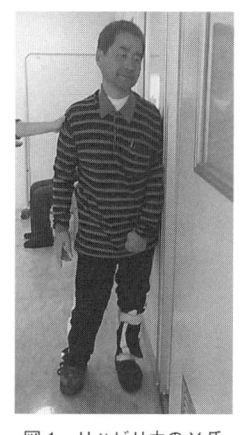

●**Y氏の例**　1950年生まれのY氏（男性）の例で発症から回復に至る経過をみてみよう．Y氏は早くに妻を亡くしていた．54歳で脳出血を発症し，1年半後に，左半身まひ，高次脳機能障害で記憶力・注意力が低下，疲れやすい，着衣失行などの後遺症をもって退院し，現在は自宅にて単身で車椅子生活とともにリハビリ中である．Y氏は退院後からデイケアでの機能回復訓練を受けて，近くのコンビニや書店に出向き，障害者の会の集まりにも出るようになり行動範囲が広がった．一人で電車に乗れるようにもなった．自立歩行の継続的な訓練の結果，発症後8，9年後には数百メートルの杖なし歩行も

図1　リハビリ中のY氏

できるようになった（図1，2）．

　入院中のリハビリにおいて，氏いわく，理学療法士の「サリバン女史」との出会いが前向きになるきっかけとなったという．院内のリハビリに，髪を整えたり髭をそったりせずに出向いて強く注意され，まずは身だしなみが大切なことを思い知らされたということである．退院後は「サリバン女史」からピンクのセーターをプレゼントされ，これを着用してデイケアに行くとまわりから声をかけられ自身も明るい気分になった．発症以前のY氏は服装には無頓着で，ましてピンクの服を着ることなど思いもよらなかったそうである．このピンクのセーターも，氏を勇気づけ内向きから外向きにしてくれたきっかけである．片まひのため補装具をつけていることから，ズボンはジャージが多いものの，上衣は明るい色や柄のシャツ，セーターを身に着けるように心がけている．

　Y氏の上衣の着脱では，まひ側の痙縮した手で衣服を押さえ込み，健側の手と口（歯でかむ）をうまく操ってほとんどの衣服は着脱できる．かぶり型のシャツでは腕の可動域が限られていることから，ゆとりがあることや布地に伸縮性があるものが適するものの，過度な伸縮性はかえって体にまとわりつくことになり不都合だともいう．現在では，着脱については自立しているが，ここに至るまで，長い時間をかけて自ら訓練し，工夫し，着脱時の手順と姿勢を考える中で達成したものである．Y氏はまひ側の温度感覚がまひしているために，暑さ寒さの温度調節が難しい．夏はあせも，冬はしもやけに悩まされることもある．発症後9年を経た今では，リハビリを継続しながらさまざまな障害者の会でリーダー的な存在である．仲間をつくり外出することで元気になっている．積極的な外出を可能にするためには，他者からどうみられるかを意識すること，自ら着脱ができること，さらに進んでおしゃれをしようとする気持ちが大切である．

　脳血管障害で片まひがある場合，障害の程度により一概にはいえないが，健側の手足をうまく訓練し，患側のリハビリを続けることで，着られる衣服の種類は増す．障害者の頑張りだけでなく，家族・友人など支える人たちの温かな励ましと，何気ない介助が，障害者の前向きな生き方につながることはY氏の例からも明らかである．

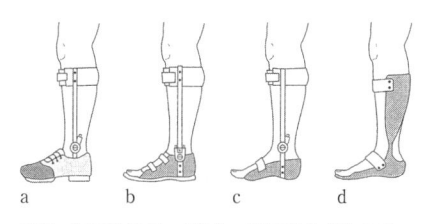

〔布施谷節子〕

図2　短下肢装具　〔出典：渡辺英夫「片まひの下肢装具」（川村次郎ほか 編『義肢装具学』，医学書院，第2版，p.186，2000）

乳がんと衣服

　乳がんは，年々増加の傾向にあり，2008年の統計によれば14人に1人の割合で罹患するといわれ，日本人女性がかかるがんのトップとなっている．検診で早期発見が可能になり，治療の進歩により比較的治癒率が高く，手術後早い段階で社会復帰する人も多い．しかし，乳がん術後の女性は，転移と再発の不安，術後の後遺症・副作用とともに，バスト形状の変形によるボディイメージの低下と衣生活の不具合を抱えている．

　乳がんの治療は基本的には手術によるもので，乳房温存手術と全摘手術がある．温存手術は，乳頭と乳輪を残して乳房を部分的に切除し，変形が軽度になるように形を整える手術である．現在，乳がん手術を受ける患者のうち6割近い人が温存手術を受けており，切除の範囲は縮小傾向にある．近年は，失った乳房を形成外科の手術で取り戻す乳房再建が，健康保険の適用の拡大と相まって増加している．再建によって乳房の喪失感と日常生活の不具合が軽減できるといわれている．

　手術とともに抗がん剤治療，放射線治療，ホルモン剤治療が組み合わされて行われ，治療による後遺症や副作用が表1のような衣生活面の支障を招くこともある．

●**乳がん術後の補整**　失った乳房を外見面で補うため，乳がん専用のブラジャーと図1のようなパッドが市販されており，両者を組み合わせて補整する．図2は，一般

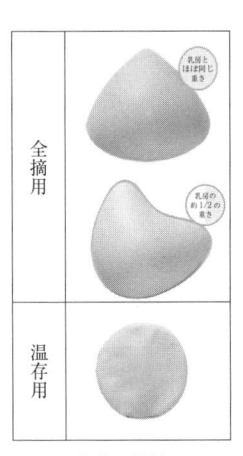

図1　術後の補整パッド
［提供：株式会社ワコール］

表1　乳がん治療と副作用・後遺症，衣生活の支障の例

治療方法	外科手術	抗がん剤治療	放射線治療	ホルモン剤治療
治療期間	3～10日	3～6カ月	5～7週間	2～10年
後遺症・副作用	腋の知覚異常 つっぱり・上肢の運動障害，リンパ浮腫	脱毛 吐き気，しびれ だるさ，口内炎	皮膚の疾患 疲労，食欲不振	ほてり，のぼせ 体重増加，関節の痛み 皮膚・爪の黒ずみ
衣生活面の支障	着脱の不自由 着装の制限	かつらの温熱的不快感とサイズ不適合	皮膚への刺激に敏感になる	体温調節機能の低下 衣服サイズが合わなくなる，着脱の不自由

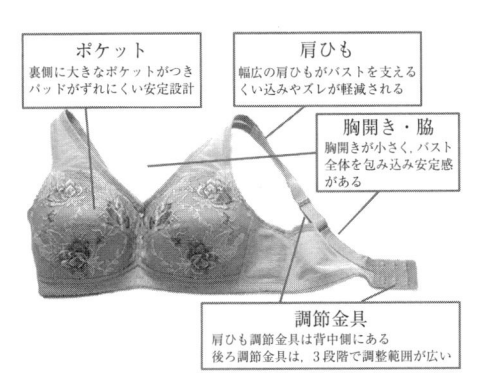

図2 乳がん専用ブラジャーの特徴　[提供：株式会社ワコール]

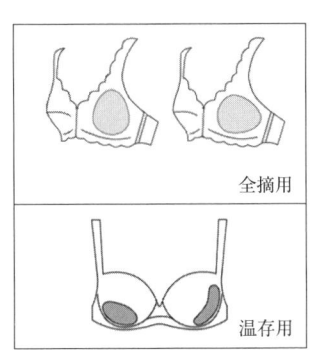

図3 パッドによる補整の例
[提供：株式会社ワコール]

的な専用ブラジャーの特徴をまとめたものである．パッド装着のためのポケットがある．肩ひも・胸開き・ワイヤー・調節金具などに工夫がなされ，術後の身体に優しいように設計されている．

　パッドは，切除部分をカバーする形状，バストに合わせたサイズ，乳房の重さを好みで選べ，図3のように装着する．肩への負担，左右のバランスの悪さ，ブラジャーのずれ上がりとパッドの落ち着きに不具合を感じる人もいる．シリコン製のパッドでは蒸れる・熱いといった温熱的不満に対して，温度調節機能付きが販売されるようになり，一定の効果が実証されている．

●**乳がん術後の衣服**　表2は，日常生活であきらめたことがある衣服に関する記述を件数の多い順にまとめたものである．えりあきの大きいもの，ぴったりしたもの，バストラインが目立つ服を避け，ストールの利用や上着でカバーしている．全摘術後の人は温存の人よりも，ボディイメージの低い人は高い人よりも，あきらめを感じやすく，コーディネートで工夫している傾向がみられる．

　術後の早い段階では，医療との連携をとって身体状況に応じた衣服を選択するとともに，治療が落ち着いた後も補整下着にとどまらない衣服の工夫によって，衣生活のマイナス面を補っている．　　〔川端博子〕

表2　あきらめたことのある衣服とコーディネートの工夫

あきらめた衣服	コーディネートの工夫
えりあきの大きい	スカーフ・ストールの利用
タイト・フィットする	ベストや上着などをはおる
バストラインが目立つ	バストから視線をそらす
ノースリーブ	アクセサリーの利用
Tシャツ・セーター・ニット類	ゆったりして密着しない形

障害に配慮した衣服選び

　障害者と一言でいってもいろいろな障害があり，そのレベルによっても違いが出てくる．身体障害だけでなく，視覚障害の場合，表裏の区別，靴下や靴の右左の区別，色彩の調和も難しい．聴覚障害の場合は，なかなか他人に聞けないというコミュニケーション障害により，流行の取り入れ方などまわりとの調和が難しい．

　病気や事故が原因で身体に機能障害が起きてくると，衣服の着脱が困難になる．衣服への関心が薄れ，おしゃれへの関心も薄れてくることが多い．

　障害のレベルは重度，中程度，軽度とさまざまであり，どのような補装具を使っているかを考える必要がある．

　また，排泄の方法などこれらさまざまな要素が絡み合って，衣服は考えられなければならない．

　衣服構成のための要素として，体型・姿勢・サイズだけでなく，どのような機能減少が起きてきたかで下記のように考慮する必要がある（図1）．

① 袖ぐりの大きさ：袖通しがよくできるように袖ぐりが大き目のもの
② 背幅のゆとり：腕が後ろにまわりにくいため，着脱しやすいように背幅にゆとりがあるもの
③ ボタンなどの留め具：手指の細かい作業が不得手になるため，小さなボタン，摘みにくいボタンやファスナーのもち手部分などの扱いにくさを考慮する
④ 衣服の丈：足もとが不安定ですり足になるので，躓きやすいことを考え安全

アームホール（標準）と袖通しの関係　　アームホール（大きいもの）と袖通しの関係

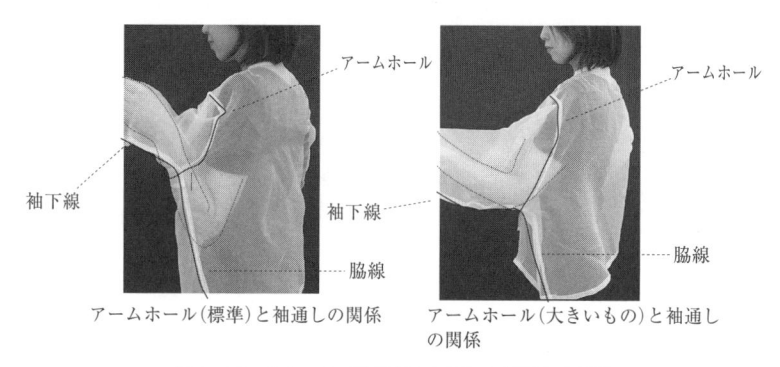

図1　アームホール（袖付けまわり）と袖通しの関係

な着丈にする（車椅子使用の場合座面につかえない丈にする）
⑤ 衣服のサイズ：着脱しにくいことから，大きい服を着てものに引っかかりやすい

●先天的な身体障害への対応

　脳性まひ：出産時のトラブルで起こる脳に関連する運動機能のコントロール障害で，緊張しているときは着脱が困難でも，少しずつ動かして着脱動作を行うことができる．特に若いときは，関節も柔らかく多くの着脱動作が可能なことが多いが，高齢になると関節も硬くなるので，着脱が困難となる場合が多い．
　レインコートの需要も多いが，緊張すると汗をかきやすく，レインコートの内側も汗びっしょりになることが多いので，素材は透湿性防水にしたい．また，タイヤに巻き込むおそれもあるので，安全を考えた設計が必要になる．さらにレインコートの帽子は，視界を妨げない設計が必要である．電動のレバーを操作する手もとがみえる設計にする必要もある．

●後天的な身体障害への対応

　脊髄損傷：脊髄の損傷は交通事故やスポーツ中の事故によるものが多く，重度の場合は衣服の着脱にも介助が必要になる．
　（頸髄損傷，胸・腰髄損傷）四肢体幹のまひ，手指機能の低下，体温調節の異常，尿便意なし，自己導尿，収尿器の利用，パッド使用などがある．
　このような障害者用として前開きのブラジャーや手指の不自由な方や上肢の関節の可動域の少ない方のためにかぶり型のタイプや，留め具が片手でもできる前開きのブラジャーが市販されている（ワコール：エイドブラ）．
　車椅子を使用することが多いので，その操作の時の上衣の衣服のゆとり量と車椅子の座位姿勢に合った衣服を考える必要がある．操作では前かがみになったとき背幅にゆとり量が必要となり，それだけでなく後ろの車輪をもつときは胸幅も必要になる．上着丈は座面につかえるので，座面に合わせた丈にしたい．
　脳血管障害：脳梗塞や脳出血により後遺症としてまひ（両側まひ，半身まひ）が起こる．脳の障害であるため着脱動作を理解しなかったり，衣服の構造がわからなくなったりすることもあるため，ボタンの掛け違いなどが起こる．感覚障害，言語障害がある．
　構成面だけでなく衣服素材についても，体温調節機能の減少に伴い保温効果などの高い衣服，汗を吸収しやすい衣服の着用などを考慮する必要がある．

〔渡辺聰子〕

衣服のリフォーム，オーダー

　車椅子対応パンツなど，障害に対応する衣服を購入することは困難な場合が多い．上衣（ブラウス，ジャケット，ポロシャツなど）はリフォームした方が対応しやすく，下衣（パンツ，スカート）はオーダーした方が対応しやすいといえる．リフォームは一般的にリフォーム専門店に依頼することが多いが，裾上げ，ウエストの幅だしなど健常者対応の物が主で，障害者サイドに立ったリフォーム店は少ない．障害者自身が説明しても，言葉が不自由だったりしてその趣旨が伝わらないこともあり，障害者のことをよく理解している周囲の方が付き添って，説明することが大切である．

●**リフォームに取りかかる前に**　既製服を購入する時下記のような知識があると，着られる服の範囲が広がってくる．

リフォーム上の注意
① 依頼者本人の身体や生活状況（介護状況，外出，排泄など）をよく知った上で，製作に取りかかる．着用者の希望を十分に聞き，デザインを一方的に押しつけることのないようにする．
② 採寸や仮合わせをする場合は，本人の体調を十分に考え，必要とする採寸項目はできるだけ一気に取り，短時間で済ませるようにする．静止状態だけでなく，体を動かしている時の観察も必要である．どこが困っているかを聞きながら確認する（例：リウマチの場合，朝は体がこわばり動作がとりにくくなるので，時間帯に気をつける）．
③ 肌着や寝間着は細かく縫い目をほどかず，ミシン線から縫い代を切り取り，不足分を足したまち布にすれば簡単．
④ 車椅子などいろいろな機器を使用している場合，それに対応できるようにする．

●**上衣（ポロシャツ）のリフォーム例**　障害があり，腕の可動域が小さくなるとかぶり物は着にくくなるが，前ボタンをかける必要がないのでTシャツなどは着用される．ポロシャツは伸縮性があるが，アームホールは比較的小さく，背幅も狭いので着脱しにくい．大きいサイズは肩が落ちる，袖丈が長くなる，シャツの丈が長くなるなど身体に合わない．片まひになると最初の腕は入るが，もう片方の腕の袖通しが困難になる．

① ポロシャツの裾を 8〜10 cm くらいカットする．カットした裾布をまち布

とする．（図1 (1)）．別布を使ってアクセントを付けてもよい．
② 袖口の縫い代は折ったまま袖下から脇にかけて縫い代をカットし，両脇にまちを縫いつける（図1 (2)）．
③ 両脇の縫い代をロックミシン，ジグザグミシンで処理する（図1 (3)）．
④ 袖口，裾に三つ折りミシンをかける．

※まちをつけることにより，アームホール（袖付けまわり）が大きくなり，背幅が広くなる．

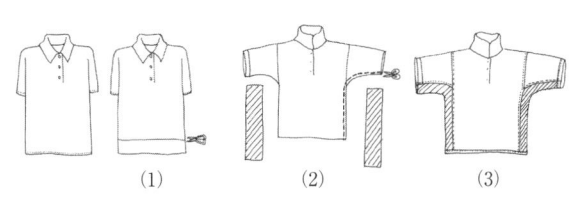

図1 リフォーム前 (1)丈をカット (2)脇縫い代をカット (3)マチを付ける

●下衣（パンツ）のオーダー例　座位姿勢にあったパンツの設計　リフォームよりパンツパターンを修正してつくるほうが早い．市販のパターンでも可．車椅子使用者は通常座位姿勢をとっていることが多く，立位状態の一般的なパンツに身体の負担を感じることも多い．腹部があまり，腰部が足りなくなり腰が出てしまうことが多い．そのような状態を改善することを目的としてパンツ計測を行う．図2のように腰かけた状態で，胴囲・腰囲を測る．

●パンツパターンの作製　パンツパターンは一般的なパンツの製図方法で行い，ヒップ寸法には座位腰囲の寸法を入れる．後ろパンツの切り開き分量は，腰掛けた状態では7，8cmずつ2箇所くらいになる．また，パンツ丈は，体側部に沿ってウエストから裾まで測る．立った状態で計測するより5，6cmは長くなる．車椅子使用者のパンツの裾が短いのが気になるが，その原因はここにあるといえる．

前パンツは高齢者の場合1～2cm程度にする（図3）．

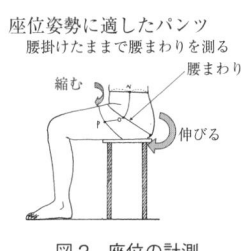

図2 座位の計測

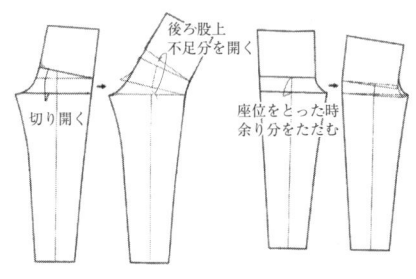

図3 座位姿勢を考慮したパンツパターン

〔渡辺聰子〕

障害とファッション
——衣服のユニバーサルデザイン

　ユニバーサルデザインとは，年齢や能力に関係なくすべての人に対して適合するデザインで，1990年代にRonald L. Maceによって提唱された．ユニバーサルデザインの基本的な理念は公平性であるといえる．現在では，建築やプロダクト製品だけではなくサービスなどにも広がっており，衣服にもユニバーサルデザインの考え方が求められている．病気やけがによる障害によって衣服を選択できる範囲が狭くなってはいけない．障害や加齢によって身体状況が変化するので，衣服の快適性への要求は強くなる．身体的に着心地のよい衣服だけでなく，着る場にふさわしい衣服を選択できることも重要である．ここでは，病気による手術後の身体状況に応じて素材やデザインを工夫することで，社会的活動やフォーマルな場で心地よく着用できるデザイン例を取り上げる．

●**障害のある人の衣服で配慮すべきこと**　素材は，軽く，肌触りがよいものが求められる．一般的に用いられている裏地も，身体の衰えている人には硬く感じられて着心地が悪いことがある．適度な伸縮性は必要であるが，伸縮性が大きすぎると脳梗塞などで上肢にまひのある人は布が伸びることによって腕を通しにくい場合がある．デザインは，腕を通しやすく，身体を締め付けないことが求められる．また，生活習慣や病気・手術によって身体のゆがみやねじれが生じていることがあるので，配慮が必要である．

●**シャツ（通勤，外出用）**　喉頭がんの手術後の人に製作したシャツの例である（図1）．喉頭がんの喉頭全摘手術では，喉頭の摘出と同時に頸付け根に穴をあけて呼吸をするための「永久気管孔」をつくる．手術後にそれまで着用していたシャツの素材を硬く感じて着心地が悪くなったことから，ネクタイをしないスタイルのオープンシャツを製作した．同じ素材でアスコットタイ様のものを巻いて永久気管孔をカバー

図1　シャツ（通勤，外出用）

するようにした．仕事の場で，おしゃれに装えるデザインである．手術跡にやさしく，身体にまとわりつかない素材として，ステテコなどに使われる楊柳を使用した．加齢により皮膚が敏感になっている人やネクタイによる締め付けが嫌いな人のシャツとしても提案できる．

●**女性用スーツ（通勤，外出，フォーマル）** 関節リウマチにより，膝や手に障害がある人に製作したスーツの例である（図2）．関節リウマチは関節や関節の周囲の骨，腱，筋肉などに痛みが起こる病気で，進行すると関節に変形が起こり動かしにくくなる．ロングスカートと短めの丈の上着とブラウスの組み合わせで，ブラウスは前開き半袖とした．膝の人工関節置換手術の跡が長く，歩行時にズボンの裏地の硬さを負担に感じているので，ロングスカートを採用した．また，足くびや脚の変形をカバーできる利点がある．しかし，スカートの裾が広がり過ぎると，エスカレーターなどで風により裾があおられて危険である．したがって，ストレートスカートまたはセミタイトスカートがよい．この例では，後裾にプリーツを3本入れることにより歩行時や階段での脚の動きを確保している．また，衣服による頸の圧迫に敏感であったので，衿を頸から少し離したデザインにしている．

図2 スーツ（通勤，外出，フォーマル）

●**ウエディングドレス** 乳がんで片方の乳房を切除した人のドレスの例である（図3）．一般的に，ドレスの場合はパット，ロングラインブラジャーまたはビスチェなどで身体の形を整えてからドレスを着装する．この場合も身体状況に応じて整える．ドレスのデザインとしては，手術した箇所を隠すのではなく，ほかに視線を向けさせるデザインでカバーする．したがって，左右非対称のアシメトリーがよい．ベアトップ，ワンショルダーのドレスも可能である．工夫によりいろいろなデザインを楽しめる．

〔吉田ヒロミ・猪又美栄子〕

図3 ウエディングドレス

Chapter 18

フォーマルウェア

フォーマルウェアの歴史
　──礼服の変遷 ──────── 452
男性のフォーマルウェア ───── 456
女性のフォーマルウェア ───── 462
和服のフォーマルウェア ───── 464

フォーマルウェアの歴史——礼服の変遷

●**正礼装と準礼装**　1800年代後半，イギリスでは略服着用のTPOが生まれた．昼の正礼装（Mast Formal）はフロックコート（Frock Coat，図1）だったが，時代・社会の変化により現在では半礼装のモーニング・コート（Morning Coat，図2）が昼礼服として多く着用されるようになっている．

イギリス・アスコット競馬場の社交服として，モーニング・コートが着用された．昼の社交場に平和で明るいイメージの品位表現を与えるということで，グレー色モーニング・コートが多く着用されるようになり，格式の自由が生じてきた．結婚式で花婿が着用する始まりともいわれている．

モーニング・コートの縞スラックス，ベスト（図3），ネクタイもこうした風潮の中，個人の楽しみとして着用されるようになった．現代では準礼装としてディレクターズ・スーツ（Directors Suit）も出現している．

図1　フロックコート

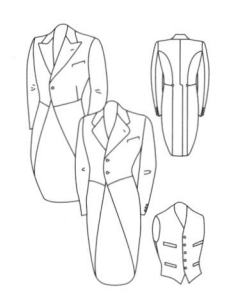

図2　モーニング・コート
（アメリカではカッタウェイ・コート[Cutaway Coat]）

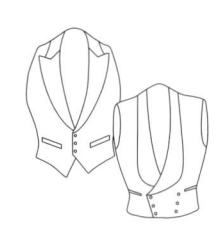

図3　ベスト

夜の正礼装燕尾服（Tail Coat/Evening Dress，図4）は，正宴で着用された．現代でもノーベル賞をはじめ世界の社交会（音楽鑑賞，ダンスなど）で着用される．

準礼装タキシード（Tuxedo，図5）は，英国ではディナージャケット，フランスではスモーキングジャケットともよばれる．タキシードは，アメリカ・ニューヨークのタキシード・パークでの披露宴で着用されたジャケットが名前の由来とされている．黒色だけでなく夜のファンシーな色としてミッドナイトブルーのタキシードも好まれている．

タキシードはセミフォーマルでも楽しむことができるように自由度が広がり，

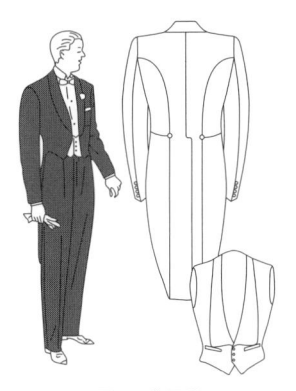

図4　燕尾服 　　　　図5　タキシード 　　　　図6　メスジャケット

図7　ファンシーベスト

現代では多くの社交場で着用されている．夏季には略式夜会服として，白タキシード，メスジャケット（図6），ファンシーベスト（図7）の着用もある（メスジャケット，ファンシーベストではスラックスは黒使用）．

●略礼服（informal）　ブラックスーツは昼夜兼用のスーツで，シングルスーツ（ベスト付き）とダブルスーツがあり，基本の着用のほかにシャツ・ネクタイなどを変化させることによって冠婚葬祭に利用でき，準礼装が使用しやすく簡略化された礼服で，日本では男性礼服の標準型とされている．

●礼装コート　礼装コートは昼夜関係なく着用される．色は黒・グレー・紺．衿はベルベットを使用する（図8～10）．

図8　ドレス・マント（Dress Cape）

図9　ドレス・インバネス（Dress Inverness）

図10　ドレス・チェスターフィールド（Dress Chesterfield）

●日本の礼服着装　日本の礼服着装は，明治政府の法令での大礼服（図11，12）・通常礼服制定が始まりである．文明開化の鹿鳴館時代の欧風化万能主義の風潮から欧風の会合が広まり，中流階級にまで礼服が一般化した．

その後も欧米の着装法にならってきたが，我が国流に習慣化したものもあり，欧米では午前・午後の服がはっきり区別されており，午前の正式礼装はモーニング，午後夜の正式礼装は燕尾服，タキシードが着用されるが，日本ではこれらの礼装は勲章授与式などで昼夜の別なく着用されている．

また，欧米の「招待状」では，正式であれば「フォーマル」，略会合であれば「インフォーマル」と服装を指定しているが，日本では記されていないことが多く，日本独特のダークスーツの着用が多い．

生地の黒色についても欧米とは異なり，日本は和服色の黒が一般化され，親族関係・地域性に合わせて着用を考えなければならない．

礼装とは儀式に着用する衣服であるが，装うことで民族の平和，平等を表す意味をもち，各民族の民族衣装として生まれたものもある．国家が設立されると法令による制服が制定され，社会の広がりとともに社交性が求められ，協調性を示すための法令によらない社交服が「礼服」として定められた．

礼服は，家族，親族，友人，その他の参列者が式典やパーティーで平等に礼儀正しく付き合える服として，広がりをみせた．世界に共通のルールのもと，個性を表現できるのが礼服である．式典・パーティーの招待状に従い，装い，身だしなみ，そしてマナーやエチケットというように礼服は洋服の着用，お洒落の原点といえる．

●礼服の注意
〈慶事の場合〉
・式典（儀式），会（パーティー）の趣旨を考え着装（礼装か社交服かなど）．
・TPOを考え着装（昼の会か夜の会かなど）．
・招待状をよくみて着装（何を着るか．平服と書いてあっても略礼服着用）．
・「ホワイトタイ」⇒燕尾服を指す．
・「ブラックタイ」⇒タキシードを指す（ボウタイの色のことではないので注意）．
・宮中着装は全身黒が多い．
・白ネクタイは外国では着用しない．
・金ボタンのブレザーは礼服ではない．
・会場で主催者以上に目立つ服装にならない

図11　宮内官大礼服　[出典：洋装社]
図12　勅任官大礼服　[出典：洋装社]

こと．
・立席か着席かで服装が異なる．場所によってはピンヒールを避ける．
・アクセサリーの種類は式会の趣旨を把握して選ぶ．
・靴・ネクタイ・シャツ・時計など，カジュアルなものに注意する．靴下は白色NG.
・外国での式会のマナーは駐在している人に聞くことが望ましい．

〈弔事の場合〉
・白色のものは着けない（胸ポケットのチーフ，靴下）．
・喪章は喪に服している証．遺族や葬儀関係者が左腕に着ける．

● 礼服生地
・ドゥスキン（Doeskin）
　表面に起毛仕上げを施し，鹿革に似たフェイス仕上げの光沢のある肉厚紡毛織物．
・カシミア・ドゥスキン（Cashmere Doeskin）
　カシミアをドゥスキン織にしたものでカシドスともよばれる．
・タキシードクロス（Tuxedo Cloth）
　ドゥスキンより軽量で表面に光沢がある．
・バラシヤ（Barathea）
　メリノ種の梳毛糸を使った浮斜子織．仕上げ時，縮織起毛したものとしないものがある．
・ベネシャン（Venetian）
　厚く滑らかで光沢のある朱子織．
・ドレス・ウーステッド（Dress Worsted）
　上等なメリノ羊毛の細い糸を使った綾織．グレーのウーステッドは，グレーモーニング・コートやベストに使用．ホワイトウーステッドは，ホワイトタキシードとメスジャケット，ベストに使用．
・トラウザリング（Trousering）
　礼服用縞スラックス生地．日本では縞ズボン（コールズボン）地．縞柄に絹糸（シルケット糸），綿糸を使用し，カシミア織，サージ織，スコッチ織など種類が多い．
・チェビオット・トラウザリング（Cheviot Trousering）
　スコッチ種の紡毛糸を使って，たて縞を表した縞織物．黒の背広の下に用いるのが本式．
・ピケ（Pique）
　白地畝織または浮出し紋様のある綿布．厚地は夜会服・ベストに使用．

〔津坂友一郎〕

男性のフォーマルウェア

男性のフォーマルウェアについては，表に示すとおりである．

● 正礼装

モーニング・コート〈正礼装・昼間〉

昼間に行われる格式の高い式典に着用するフォーマルウェア．
【主な用途】
結婚式・披露宴・結納式（新郎や新郎新婦の父親や主賓・上司）
会社の式典・入学式・卒業式などの学校行事（校長）
国家行事・式典・授賞式
葬儀・告別式での喪主や近親者，大きな規模の告別式参列者
（※通夜や三周忌以降の法事には着用しない）
そのほか，レセプション，パーティーなど

Jacket	Pants	Shirt
ボタン：シングル1ボタン 衿：ピークドラペル 色：ブラック	色：縞コール地 裾：シングル	色：白無地 衿：レギュラー，ウィング 袖：ダブルカフス基本
Tie	Accessories	Shoes
シルバーグレー 白黒縞　または アスコットタイ	カフス：真珠や白蝶貝 チーフ：麻白無地 ソックス：白黒縞・黒 サスペンダー：白黒縞	黒：キッドやカーフのストレートチップまたはプレーントゥ

◇弔事の場合
ホワイトレギュラーカラーシャツ＋黒タイ，ベストは黒，チーフ不要
◇その他のコーディネート
ベスト（シングル・ダブル）は上衣共生地またはグレー，オフホワイト
グローブは，グレー鹿革が正式．一般的には白手袋．

燕尾服〈正礼装・夜間〉

最も格式の高いフォーマルウェアの1つ．
ドレスコート，テールコートとの名でもよばれ，国家行事，ノーベル賞の授賞式などで着用．
「ホワイトタイ」と招待状に記載がある場合は，燕尾服を着用することを意味する．
また，日本では国家行事の一部で昼間の式典でも用いられることがある．
【主な用途】
公式の晩餐会の招待状に「ホワイトタイ」指定の場合
格式高い結婚式・披露宴での新郎，国家行事・式典・授賞式

Jacket	Pants	Shirt
衿：拝絹付きピークドラペル	側章2本付き 裾：シングル	色：白無地 衿：ウィング ボディ：烏賊胸付き 袖：シングル，ダブルカフス 前立：スタッドボタン仕様
Tie	Accessories	Shoes
白ピケの蝶タイ ※ベストと共地	カフス：白蝶貝が最適 スタッド：ボタンはカフスに合わせる チーフ：麻・絹白無地 ソックス：黒無地 サスペンダー：白無地	黒エナメル 内羽根式のプレーントゥまたはパンプス

タキシード〈正礼装・夜間〉

夜間に行われる格式の高い式典に着用されるフォーマルウェア．招待状での「ブラックタイ」指定はタキシードの着用を意味する．
【主な用途】
「ブラックタイ」と服装指定されたパーティー
午後からの結婚式・披露宴（新郎や新郎新婦の父親や主賓・上司）
祝賀会，記念式典，そのほか，レセプション，パーティーなど

Jacket	Pants	Shirt
衿：拝絹付きショールカラーまたはピークドラペル	側章1本付き 裾：シングル	色：白無地 衿：レギュラー，ウィング ボディ：プリーツ付き 袖：シングル，ダブルカフス 前立：ボタンをみせないことがマナー．比翼かスタッドボタン仕様

Tie	Accessories	Shoes
黒蝶タイ＋カマーバンドが基本	カフス：黒蝶貝やオニキスが最適 スタッド：ボタンはカフスに合わせる チーフ：綿・麻・絹白無地 ソックス：黒無地 サスペンダー：黒無地	黒エナメル 内羽根式のプレーントゥまたはパンプス

●準礼装
ディレクターズスーツ〈準礼装・昼間〉

昼間に行われる式典に着用されるフォーマルウェア．
ジャケットとベストに縞模様のコールパンツを合わせる．
ブラックスーツよりも格式のある礼装．
【主な用途】
結婚式・披露宴・結納式（新郎や新郎新婦の父親や主賓・上司）
各種式典，入学式・卒業式などの学校行事（校長）
そのほか，慶事，パーティーなど

Jacket	Pants	Shirt
ボタン：シングル 1～3ボタン 衿：ノッチドラペルまたはピークドラペル 色：ブラック，ダークグレー，濃紺無地 ほか：ノーベントが最適	色：明グレー 柄：ストライプ 裾：シングル	色：白無地 衿：レギュラー，ウィング 袖：シングル，ダブルカフス
Tie	Accessories	Shoes
シルバーグレー 白黒縞 または アスコットタイ	カフス：真珠や白蝶貝 チーフ：麻・絹白無地 ソックス：白黒縞・黒 サスペンダー：白黒縞	黒：カーフのストレートチップまたはプレーントゥ

◇その他のコーディネート
ベストは，ジャケット共地またはウール素材のグレー，オフホワイト

ブラックスーツ〈準礼装・昼夜間〉

冠婚葬祭等，日本の一般的なフォーマルシーンで着用される機会が多いフォーマルウェア．
【主な用途】
結婚式・披露宴，結納式，祝賀会，記念式典
入学式・卒業式等，成人式
葬儀，告別式，法要
そのほか，レセプション，パーティーなど

Jacket	Pants	Shirt
ボタン：シングル1〜3ボタン，ダブル4・6ボタン 衿：ノッチドラペルまたはピークドラペル 色：ブラック	色：ジャケットと共地 裾：シングル	色：白無地，織柄 衿：レギュラー，ウィング

Tie	Accessories	Shoes
シルバーグレー白黒蝶タイ　またはアスコットタイ，クロスタイを合わせても可	カフス：真珠や白蝶貝 チーフ：綿・麻・絹白無地，シルバーグレー（タイに合わせて） ソックス：黒	黒：キッド・カーフのストレートチップまたはプレーントゥ

◇弔事の場合
ホワイトレギュラーカラーシャツ＋黒タイ，ベストは黒，チーフ不要
◇その他のコーディネート
フォーマル度を高める：ウィングカラーに蝶タイやアスコットタイ，ベスト着用も可

ファンシースーツ〈準礼装・昼夜間〉

正統なブラックタキシードの2着目として格式・形式にこだわらない，バリエーションを広げエレガンスを表現したフォーマルウェア．
【主な用途】
結婚式・披露宴，祝賀会，成人式
そのほか，レセプション，パーティーなど

Jacket	Pants	Shirt
素材：ウール・シルク・ベルベットほかエレガントな柄色の生地 自由なデザインのジャケット	ジャケットとコーディネート	コーディネートされた自由なシャツ
Tie	Accessories	Shoes
コーディネートされた無地・色柄のタイ（アスコット・クロス・蝶タイ）	宝石・ストーンほか色柄のポケットチーフ	基本エナメル

変わりベスト・カマーバンド・その他コーディネートして気軽に楽しく着用

〔津坂友一郎〕

女性のフォーマルウェア

●**時間による区分** 女性のフォーマルウェアは，男性のフォーマルウェアに対応する装いとしてルールづけられてきた．欧米でフォーマルの重要な要素の1つは時間である．夜のフォーマルウェアが最上級であり，男性の燕尾服に対応するのがイブニングドレスである．イブニングドレスは，ローブデコルテに代表されるように，胸もと，肩や背中を大きく開けたフルレングスのドレスが最もドレッシーとされ，肌をある程度露出するのがマナーとされている．素材は主としてシルク，長い手袋と光るパンプスを組み合わせる．ただし，食事の際には手袋は外す．午後はアフタヌーンドレス，夕食前はカクテルドレス（図1）を着用するが，イブニングドレスよりカジュアル，肌の露出は控えめ，ドレスに限定されることもなく，パンツの着用も可である．素材は光沢のあるダーク色の素材が望ましく，華やかなジュエリーやドレスシューズをコーディネートする．

●**場面による区分**

結婚式：女性の晴れの正装は結婚式のウエディングドレスである（図2）．純白のレースやシルクタフタ，オーガンジー，サテンを用い，胸，肩，腕の露出のない，長袖，丈が長く量感のあるデザインのドレスが正式であるが，デコルテが大きいドレスの場合は，白の長い手袋を身に着ける．アクセサリーは真珠が正式，無色透明のダイアモンドも用いられる．ベール，ブーケを身に着け，靴は白布地パンプスが正装である．披露宴ではファンシーカラーのロングドレスに着替える．

仲人は男性のモーニングに合わせてアフタヌーンドレスまたはスーツで，グレー，パープル，光沢のあるブラックなどの色とし，白い色は避ける．親族は落ち着いたスタイルが望ましい．夜の会の場合はカクテルドレスとする．

入学式：気品と華やかさを兼ね備えた装いが望ましい．ワンピースが正式であるが，清楚な紺を基本に，ベージュ，ピンク，ライトグレーなど高明度の色調のスーツ，アンサンブル，ツーピースとする．

図1　カクテルドレス　［出典：洋装社］

図2　ウエディングドレス　［出典：洋装社］

図3　喪服
［出典：洋装社］

　卒業式：入学式より華美な要素を抑えたシンプルなワンピース，スーツ，アンサンブルなどを装う．
　成人式：晴れ着としての品格をもつ，ドレッシーなスーツやドレスで個性を表現する．
　葬儀：全身を黒でそろえるのが基本である（図3）．チャコールグレー，紺，紫，濃茶も可．肌をみせず装飾は黒真珠程度とし，光るものは避ける．黒のストッキング，光沢のない靴を合わせる．

〔津坂友一郎，大塚美智子〕

和服のフォーマルウェア

　和服には TPO により礼装，準礼装，略礼装，普段着といった分類があり，着用する着物，帯，小物類の格を考えてコーディネートする必要がある．それは，洋服の場合でも式典やパーティーなどではカジュアルな装いではなく，フォーマルなスーツやドレスを着用するのと同じである．結婚式や成人式などの人生の節目を祝う場やパーティー，式典などではフォーマルウェアとして和服が用いられる．その際，場をわきまえ礼を尽くした装いを心掛けることが大切である．

●**和服の礼装**　和服は礼装，準礼装，略礼装に分類ができる．まず礼装は，冠婚葬祭など儀式に出席するための正式な装いのことである．結婚式では親族や仲人が着用する．女性は留袖（五つ紋，図1），振袖（図2），喪服（五つ紋）を用い，男性は黒羽二重紋付き羽織袴（五つ紋）を用いる．準礼装は礼装に準じた装いで，結婚式や披露宴全般に用いられ招待客が着用する．また，それ以外の格式ある式典やパーティーに着用することができる．女性は色留袖（三つ紋・一つ紋），訪問着，色無地（三つ紋・一つ紋），江戸小紋（一つ紋），附下げ（一つ紋）を用い，男性は色羽二重紋付羽織袴（五つ紋・一つ紋）を用いる．略礼装は格式張らない結婚式，披露宴，カジュアルなパーティーなど，一般招待客として出席する場合に着用する．女性は江戸小紋，附下げなどを用い，男性はお召，紬，江戸小紋紋付羽織袴（一つ紋）を用いる．

　以上のように和服のフォーマルウェアは TPO により装う和服の種類や，着物に施される紋の数などで格が異なってくるのである．

●**紋**　和服に施す家紋は先祖から受け継いだ家系を表す紋章である．礼装である女性の留袖，喪服，男性の黒紋付き羽織袴には必ず付け，和服の格に影響する．

　家紋は白で表すのが一般的であり，これを「日向紋（ひなたもん）」といい最も格が高く，続いて「中陰紋」「陰紋」という順に紋にも格がある（図3）．技法では地を

図1　留袖

図2　振袖

白く染め抜いた「染め抜き紋」が正式である．
　紋の数は「五つ紋」「三つ紋」「一つ紋」があり，数が多いほど格が上がる．紋の位置は，図4のようになる．

図3　紋の種類

●**女性用礼装の装い**　黒留袖は最も格の高い既婚女性の礼装である．染め抜き日向五つ紋で，上半身には模様がなく，裾には友禅や刺繡，絞り，金銀箔で模様が表現される．戦前は，白の下着を重ねて着用していた．現在では衿，袖口，振り，裾に羽二重の別布を縫い合わせ，二枚着ているかのように「比翼仕立て」にするのが主流である（図5）．留袖に合わせる帯は，白金銀地に吉祥文様や有職文様などの格調高い柄を多色の糸で表現した錦織の袋帯を用いる．小物類の帯揚げ，帯締めなどは白金銀のものを合わせ，半衿，長襦袢，足袋は必ず白とする．

　色留袖は既婚，未婚女性の礼装であり，黒留袖と同様袖模様である．五つ紋を付けて比翼に仕立て，礼装用の小物でまとめると黒留袖と同格になる．三つ紋，一つ紋にして比翼仕立てにしないと準礼装となり，着用の場が広がる．

　振袖は最も格が高い未婚女性の礼装である．本振袖（大振袖）は，花嫁衣裳に用いられ，総模様に紋付，比翼仕立てとなっている．成人式には中振り袖から大振り袖が主流であり紋，比翼は付けない．合わせる帯は錦織の袋帯，帯揚げは総絞り，帯締めは金銀ぼかしのものを取り合わせる．

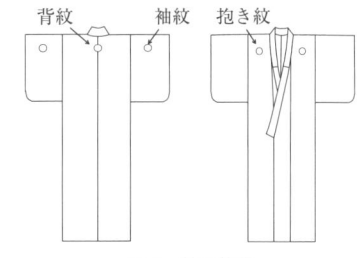

図4　紋の位置

図5　比翼仕立て　内側に白羽二重の比翼がみえる

●**男性用礼装について**　黒羽二重紋付羽織袴は，格の高い男性の正装である．着物と羽織は黒羽二重の染め抜き日向五つ紋，袴は仙台平の縞柄または無地の馬乗袴を用いる．下着は本来白または茶，鼠の羽二重を着用するが，現在は衿が比翼仕立てになっている．長襦袢は白羽二重または色羽二重，帯は博多か西陣の角帯を用いる．足袋，羽織紐，半衿は白で，手には竹骨の白扇（末広）をもつ．また，男性の礼装は吉事も凶事も同じでよいが，喪服として着用する時は羽織の紐や半衿はグレーや黒を用いる．

〔田中淑江〕

Chapter 19

衣服の歴史

衣服の起源 ——————— 468
日本の服飾 ——————— 470
西洋の服飾 ——————— 482

衣服の起源

　人類の誕生と進化とともに歩んできた衣服の起源については，さまざまな説がある．それらの諸説を次のような観点から考えてみよう．

●**身体保護**　人間が生き延びていくためには，気候の変化に順応しなければならない．暑さ，寒さから身体を守るために，初めは獣皮や草などで身体の部分を覆っていたと考えられている．また，昆虫や刺激性のある植物などの外敵から守るための工夫もなされていただろう．今日でも衣服には身体保護の役割が多くある．衣服による気候調節は，人間が快適に生活するための重要な役割であるし，厳しい自然環境では，衣服は生命を維持するための役割を担っている．しかし，このような身体を守るための理由のみで衣服が発達したとはいえない．

●**社会的役割の表示**　人間が社会を構成して生活するようになると，さまざまな習慣や決まりが生まれてくる．それらを社会的役割としてまとめてみると，次のようになる．

　まず，身体を隠すという意味から，羞恥心の芽生えがあったのだとする説がある．これは旧約聖書のアダムとイヴに例をとって説明されていた．しかし，裸体を現すのか，あるいは隠すのか，ということは社会の中で生まれてきたものであり，現代でもさまざまな身体と衣服との関係がみられるのである．

　また，原始時代の人々が集団で生活するうえでよりどころとしていた呪術的な行為は，一部の衣服の使用を促すものであるといわれる．例えば，呪術を行う儀式のときにそれを執り行う人が特別な衣服を身につけたり，まじないとして狩猟の成功を祈り，その成果を喜んだりするときに，ある

図1　マサイ族の女性　[出典：「世界の民族 (2) 熱帯アフリカ」，平凡社，1978]

図2　パイワン族の女性　衝立の人物浮彫　[出典：「世界美術全集B第1巻」，平凡社，1953]

種の衣服や装身具が身につけられることがあっただろう．このような例は，宗教服として今日に受け継がれている．また，集団の目印として同じ衣服や装身具を身につけ，他の集団との区別を図ったり，集団での役割を示すために特別な衣服を用いたりすることなどが考えられている．これらは，職業の制服や身分・階級の表示の役割をもつ衣服として，その後定められてくるものである．

●**美的表現**　身体を彩色したり，装身具を身につけたりすることは，衣服が用いられるよりも早くからなされていた（図1）．現代の未開民族の例をみても，裸体に近い姿で生活している民族ほど，身体に装飾を施している．これは，衣服着用以前から，あるいは衣服をほとんど必要としない生活を送っている人々にとって，身体が装飾の場であることを示している．鮮やかな色彩の塗料や，草木，木の実，骨，鳥の羽根などは，身体を飾る身近な材料であった．

　このような装身要求は，やがて衣服に表されるようになる．衣服は，さまざまな地域で，固有の植物材料や動物材料を用いて布が織られ，染められて，色彩や文様が表されるようになった．旧石器時代から新石器時代の壁画や彫像には，腰布状の衣服を身につけた女性像がみられる．そこでは彩色された紐状の腰布が身につけられているようであり，腕輪などの装身具も表されている例がある．さらに，東スペインのレヴァントの壁画には，ズボン状の衣服の男性が描かれている．また，台湾のパイワン族の浮き彫りにはスカートとネックレスを身につけ，被り物をしている女性が描かれている（図2）．

　現代では，人間の装飾的要求が衣服着装の大きな要因となっているが，衣服の起源においても，装飾は重要な表現手段であったといえる．

　このように，衣服の起源は1つに定めることはできない．人間は衣服を着装するために，素材を調達し，身体を覆うために必要な大きさにつくっていた．すなわち，衣服の製作には多大な時間と労力を必要としたのである．そのような人間と衣服の関わりを起源に遡って考えてみると，衣服は単純な形態であってもさまざまな要求を表していたことがわかる．身体保護や社会的な役割の表示，装身要求といった現代の衣服の様相は，すでに衣服の発生時には存在していたことが理解できるのである．

〔佐々井　啓〕

日本の服飾

日本古代

　ここでは縄文時代，弥生時代，古墳時代，飛鳥・奈良時代，平安初期の日本の服飾について取り上げる．当時の支配者層は海外の国との交流があり，政治や経済だけでなく，服飾もその影響を多く受けている．例えば，遺跡や古墳などから出土するものが舶来品であったり，絵画的資料に描かれているものが中国大陸や朝鮮半島の王朝風であったりする．それに対して，一般の人々の服飾は，自分たちの集落のまわりから獲得できる動物の毛皮や麻や樹皮などの植物繊維を用いて，ごく単純な布状のものをつくり，はぎ合わせたり，巻き付けたりして体をおおい，衣服としていたと考えられる．

●**歴史書・出土品の中の古代の服飾**　『三国志』「魏書」東夷伝倭人の項（いわゆる『魏志倭人伝』）には弥生時代末期の日本の様子が書かれており，服飾の様子も知ることができる．男性は横幅衣（おうふくい）という，腰巻状のもの，あるいは体全体に巻き付けたものを着ていたとされている．女性は貫頭衣（かんとうい）という，布の中央に穴を開け，頭を通して腰を紐状のものでまとめていた服を着ていたとされている．また，男性は髪を結っていても頭頂部が露出しており，女性も束ねたり結っていたりするが装飾品については書かれておらず，当時の日本に住んでいた人々がすべてこのような服飾であったわけではないが，中国大陸を支配していた人々にとっては，弥生時代の日本は未開の地であり，貧相な服飾文化であるという印象を伝えている．

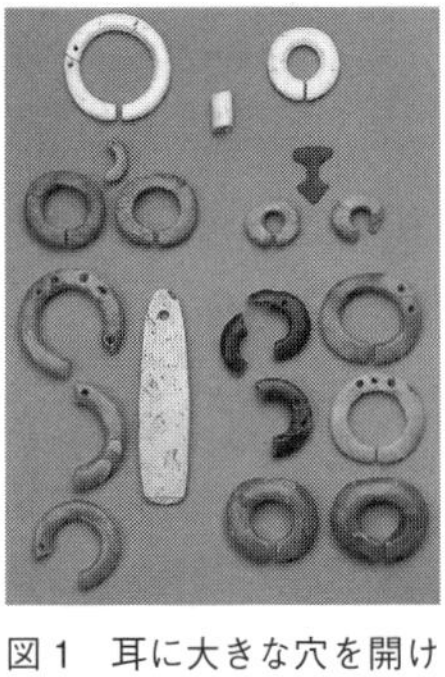

　しかし，縄文，弥生，古墳時代の出土品には装身具（図1, 2）が多くみられる．これらは，死者があの世に旅立つ際の財産として，あるいは死者の権威を高めようとして，死者とともに埋葬されたと考えられている．つまり，これらの装身具は美を追求するために用いるというよりは，それをもつこと自体がステータスだったのである．装身具の素材に着目すると，縄文時代には動物の牙や貝，水晶やメノウ，ヒスイ，コハクなどの玉石，土，木，竹などの天然素材のものであったが，弥生時代に入るとガラスや金属を加工した人工的なものもみられる．ガラス

図1　耳に大きな穴を開けて通す石の耳飾り（縄文時代　福井県桑野遺跡出土）

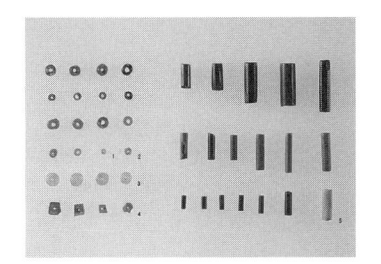

図2 ガラスや玉石でつくられた丸玉・管玉（弥生～古墳時代　奈良県唐古・鍵遺跡出土）[田原本町教育委員会]

図3 金製耳飾り（古墳時代　熊本県菊水町江田船山古墳出土）[東京国立博物館蔵，Image：TNM Image Archives]

は，最初は中国大陸からの輸入に頼っていたとされているが，次第に日本国内でもつくられるようになり，大量の出土品をみることができる．丸い玉だけでなく，管のような玉，勾玉などもつくられ，古墳時代には金を細工した装身具（図3）の流行も確認できる．なお，装身具の種類は腕輪や首飾り，冠やピアスや櫛などがある．

●胡服と唐風服　日本古代の権力者層が着ていた衣服を知るには，古墳から出土する埴輪人物像がヒントとなる．埴輪が着ている衣服は，中国大陸の北方で生活を営んでいた胡人が用いていた服（胡服）によく似た衣と袴（ズボン状の下衣），衣と裳（スカート状の下衣）である（図4）．これらは朝鮮半島の人々の服飾とも類似しており，古墳時代の支配者層の衣服は，朝鮮半島から伝来したものであると考えられている．胡服は飛鳥時代の支配者層に日常的に用いられていたが，推古天皇により施行された「冠位十二階の制」によって，特別な服飾となる．この制度は，身分を12種類に分け，それぞれの位に相当する色の冠をかぶるというものであり，その後，衣も同じように色が決められたのである．ただ身分の順列を決めるだけでなく，朝廷で働く役人同士が服飾をみるだけでたがいの身分が一目でわかることによって，身分制度が確立し，中央集権化が進んだといえる．その後，天武天皇によってそれまでの日本独自の衣冠の制度はいったん廃止されることとなる．新たに中国の王朝である唐を参考にして服制を定めることで，天皇を中心とした国家体制を実現しようとしたためである．そして，持統天皇は唐と同じ服色の制度を整え，藤原不比等によって唐と同じ礼服・朝服・制服の制度が定められ，奈良時代を迎えたのである．さらに，平安時代初期の嵯峨天皇が日常の勤務服や天皇，皇后，皇太子の大礼服や中礼服も唐風にしたことで，服制の唐風化は完成したとされている．

図4 胡服を着る埴輪（古墳時代　群馬県太田市四ツ塚古墳出土）[東京国立博物館蔵，Image : TNM Image Archives]

図5 襴のある唐風服飾を着る女性（飛鳥時代　奈良県高松塚古墳壁画（西壁女子群像））[（公財）古都飛鳥保存財団]

なお，胡服と唐風服の主な違いは2つあり，1つは「襴」（図5）という衣服の裾についた横布であり，この服飾はのちに日本独自の服飾として成立した束帯にも用いられることとなる．もう1つは，上衣のあわせが胡服は左衽であったが，唐風服は右衽となっていることである．中国の王朝が左衽で服を着る胡人を野蛮であると認識していたため，それを改めることで中国と対等になりたいという意識がうかがえる．

〔楢﨑久美子〕

平安時代

●唐風から国風へ　『源氏物語』は，王朝文学の代表作である．紫式部がこの作品を執筆したのは平安時代の中期にあたり，服飾においても唐の影響から離れて日本独自の様式が現れたころであった．ところが，物語の舞台として設定されたこの時代初期の風俗は前代からの唐風が続いており，一時期唐制模倣は極点に達した．しかし，財政状況の悪化，遣唐使の廃止，朝廷儀式の座礼方式への変化などの要因から服飾の唐風化は縮小されていき，やがて我が国独自の緩やかなシルエットをもつ男性の束帯（図6，7）と，女性の唐衣裳装束が成立した．

●和様の開花　束帯は奈良時代の朝服が和様化して寛闊になったものであり，公務や朝廷に参仕するための晴装束であった．この装束で，袍は盤領（スタンドカラー）で広袖であるが，文官と武官とでは形態が異なっていた．文官のものは縫腋袍（わきの下が縫ってある）で，裾の部分に横に張り出した襴がついている．それに対し武官のものは闕腋袍（わきの下が開いている）で襴がない．袍の色は，中期になると四位以上は黒，五位は蘇芳，六位は緑と定まった．袍の下着の下襲は，後身頃の裾丈が徐々に長くなり，袍の下から出て引きずるようになったが，この長さは権威の象徴でもあった．また，宮中の宿直装束として衣冠があった．これは束帯の要素からいくつかを省略し，括り袴の指貫をはく装いで，のちに高

図6 文官の束帯 [出典：小松茂美 編『日本の絵巻8：年中行事絵巻』, 中央公論社, p.13, 1990]

図7 武官の束帯 [出典：小松茂美 編『日本の絵巻8：年中行事絵巻』, 中央公論社, p.3, 1990]

位の者の参内にも用いられるようになった．さらに貴族の私服として直衣(のうし)が挙げられる．束帯の袍と同じ形ではあるが，身分による色・文様・材質に規定がなく自由であるため，束帯の位袍(いほう)に対し雑袍(ざっぽう)とよばれ，特別に許しを得てこれを着ての参内が許されることを雑袍勅許(ざっぽうちょっきょ)といった．そのほか，貴族の軽装には狩衣(かりぎぬ)がある．狩猟の際に着たことからこのように称され，もともと麻布製であっ

図8 唐衣裳姿(からぎぬも)（佐竹本三十六歌仙絵断簡小大君像）[大和文華館蔵]

たため布衣(ほうい)の別名がある．闕腋で身幅が狭く，袖は後身頃に5寸ほど縫い付けられているだけであり，袖付の割れた肩の開きから内衣の色や文様がみえる．

男性の束帯に対し，女性の正装は唐衣裳姿(からぎぬも)（図8）であった．唐衣と裳は前代の衣服が和様化したもので実用性はなく，もっぱら儀礼的な意味をもったため，この装束は女房（女官）が御前服として着用した．それより身分の高い貴族女性は，唐衣・裳を着けない袿(うちき)姿であった．袿は広袖・垂領(たりくび)で，袷(あわせ)を原則とした．この装束は袿を何枚も重ねて着用したことから近世以降，十二単(じゅうにひとえ)と称されるようになるが，平安時代の終わりには5枚重ねることが一般的となり，五衣(いつつぎぬ)とよばれた．そして，常の衣服より改まった装いには，一番上に小さく仕立てた織物の小袿(こうちき)を重ねた．

また，平安時代後期頃から，防寒のために男女とも袖口の狭い小袖を一番下に着るようになり，これは後に表衣化し今日のきものの源流となった．

●**襲色目と強装束**　衣服の表裏や上下の袖口や裾の重なりの部分には，色のとり合わせが起こる．当時の貴族は，これらの衣服の重ねの配色を特に強く意識し工夫した．色目には各季節の植物や風物にちなんだ名称がつけられ，そのよび名とともに装って季節感や美意識を表現した．さらに，襲色目は和歌に詠まれた情景を想起させるなど，文学的な抒情をも表した．

　この時代の末期頃から，衣服に糊を引いて強く張らせることや，かぶりものに漆を厚く塗ることが流行した．これを強装束といい，反対に従来の柔らかな仕立ての衣服を萎装束といった．高位の者によって，また儀礼の場において強装束が着用されたのに対し，萎装束は日常着や下位の者の衣料として用いられた．

📖 **参考文献**
[1]　増田美子：日本衣服史，吉川弘文館，2010．
[2]　増田美子：日本服飾史，東京堂出版，2013．

鎌倉・室町時代

●**武士の時代**　武士は兵・侍ともよばれ，軍事に携ったり，貴人につき従い，警固をになう存在であった．しかし，鎌倉～室町時代には貴族に代わって実権を握り，政権の座を占めた．前代までの支配階級であった公家は盤領形式（スタンドカラー）の衣服を用い，それらが服飾の主流であった．しかし，この時代には武家独自の垂領形式（今日のきものとおなじVネックライン）が表舞台に登場し，新たな服飾文化を形成した．

●**鎌倉幕府の世界**　源頼朝によって開かれた鎌倉幕府において，武家が主に着用したのは狩衣（布衣）・水干・直垂（図9）であった．狩衣（布衣）は，前代の武士が専ら従者としての衣服として着用したのに対し，鎌倉幕府においては上級武士が礼装として改まった席で着用した．水干は，もともと身分の高くない武士を含む庶民階級の衣服であるが，この頃には弓箭を携える際の正装となり，さらに射芸における射手の装束として踏襲された．盤領に仕立てられてはいるものの，衿を内側に折り込んで垂領式に着たり，裾を袴の中に着込めることもでき，盤領の公家服飾から垂領・上下衣形式の形態を特徴とする武家服飾への移行を物語っている．直垂は，この時代の武家服飾の代表

図9　武士の直垂姿（左・中）と水干を垂領に着る姿（右）[『平治物語絵巻』]

となった衣服である．やはり庶民の衣料から発し，垂領仕立てで袵がなく，袴の中に着込めて胸もとの左右についた紐を結び着用する．武家にとっては汎用性のある衣服であったが，とりわけ行列において将軍を護衛する役の上級武士の装束ともなり，この風は後世に踏襲された．

　上流武家の女性の服飾は公家に準じ，小袖・袴の上に桂をはおる姿に変化した．一方，一般武家では袴を省いて小袖にスカート状の裳袴（図10）や，腰衣である湯巻（今木とも）が着けられるようになった．

●**室町幕府の世界**　鎌倉幕府の滅亡後，南北朝時代を経て室町幕府3代将軍足利義満は，南北朝の合一と公武統一政権の確立を成しとげた．これにより将軍は権力を掌握するが，将軍の家礼となった貴族たちは武家服飾の直垂を着て奉仕した．武家においては，奉公の作法が確立する中で直垂の格は上昇し，絹製のものを直垂と称して正装とした．一方，布製の直垂は大紋や素襖（素袍）とよばれるものとなっ

図10　小袖に裳袴を着けた女性〔光触寺蔵〕

た．大紋は，大きな家紋を5箇所に染め出した布製の直垂で，胸紐と菊綴が丸紐であるのに対し，素襖は革の胸紐と，菊綴の位置には革紐が付けられ，大紋よりも紋が小さいのが特徴である．やがて直垂が最高の礼装と化すにつれ，大紋の格が高まることとなり，順に素襖もそれに次ぐものとなった．また，素襖の袖を取り除いた形態の肩衣と袴の組み合わせも現れ，直垂や素襖の略装として形を整えていった．その結果，内衣として着ていた小袖が表面化することとなり，その役割は次第に大きくなっていった．

　武家女性においては，袴を着けない小袖姿の上に小袖をはおるようになり，これを打掛といった．このほか，小袖を着た上にやはり小袖を着て帯をし，両肩を脱いで腰に巻く腰巻姿が礼装となり，男子の場合と同様に小袖が表面化して，着装の上で大きな表現性をもつものとなっていった．〔山岸裕美子〕

📖 **参考文献**
[1] 増田美子 編：日本衣服史，吉川弘文館，2010.

安土・桃山時代

　織田氏と豊臣氏が政治や文化の中心であった時期を「安土・桃山時代」という．

これは織田信長の代表的な居城が安土城であり，豊臣秀吉の主な居城が伏見桃山城であったことによるよび名である．室町幕府の最後の将軍足利義昭が京都から追放された1573（元亀4）年から豊臣家滅亡の1615（慶長20）年までとする．

この時代は戦乱が続き，変化が激しい時代である．社会が不安定であるため，衣服の制度や慣習は衰退し，染織技法や縫製技術は低迷し，衣服のデザインも精緻なものはみられない．室町時代に発展した衣服の制度，技法，デザインが弱体化しながらも継承された時代であるといえる．ただし，農産物や鉱物の国内外にわたる交易によって財力を蓄えた新興大名たちが，新しい価値観にもとづく大胆な服飾美を生み出す場合もあった．この時代の特徴的な衣服は，小袖および小袖型の衣服である．

●**小袖服飾の定着** 小袖とは，身頃，袵，衿，袖からなる一部形式の衣服である．上流階級で束帯や唐衣裳装束（十二単）といった装束類に用いられる袍や袿に比べて，袖が小さく袖口が詰まっていることが特徴である．

小袖は平安時代以来，庶民の普段着や上流階級の下着として着られていたが，安土桃山時代には，階級の上下を問わず，小袖を表着として着ることが定着し，特に武家の女性の場合には小袖を正装としても用いるようになった（図11）．

武家の男性は，正装としては直垂や肩衣（のちの裃）を着用し，その下に小袖を着たが，遊興の場面などでは，丈の短い小袖型の衣服である胴服（のちの羽織）を，小袖の上に重ねて着用した．また，戦闘の際に具足（鎧）の上に着用する陣羽織も，小袖型の衣服である．

一方，庶民の女性や男性は，小袖に細い帯を締めて着流しとすることが一般的であった．

●**染織技術** この時代には，戦乱や政治経済の不安定により，織物の技術が衰退した．代わって，高度な技術や装置を必要としない絞り染めや刺繍が盛んに行われるようになった．上流階級では引き続き織物が用いられ，織物の模様を染めによって模倣する場合もあったが，次第に絞り染め（図12）や刺繍の特色を活かした自由な模様の衣服が好まれるようになった．

図11 細川昭元夫人像．小袖を何枚も着重ねて正装としている ［龍安寺蔵］

図12 桐矢襖模様胴服（伝豊臣秀吉所用）［京都国立博物館蔵］

●小袖のデザイン　表着となった小袖には，肩裾，片身替，段替などのデザインが施された．肩裾は肩から胸の部分と裾に模様を施したもの（図13），片身替は身頃の左右で色柄を変えるもの，段替は小袖を水平方向の何段かの線と背縫いや袖付けの線で区画分けし，色柄を互い違いに変えるものである（図14）．ただし，これらのデザインはこの時代に始まったものではなく，鎌倉時代以来，直垂などの武家男性の衣服に用いられていたものである．一方，武家の陣羽織には外国製の珍しい織物を用いるなど，新奇な意匠もみられる．

図13　鶴亀松草花模様小袖．肩裾の一例．〔泉大津市立織編館蔵〕

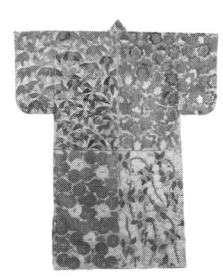

図14　四季草花模様小袖．段替の一例．〔京都国立博物館蔵〕

〔森　理恵〕

江戸時代

　江戸時代の人々の服装は，浮世絵などで目にする機会も多い．しかし，浮世絵に描かれるのは役者など限られた職業の人たちが多く，公家や武家，一般の町人，百姓の服装を江戸時代に描かれた資料で目にすることはそれほど多くない．江戸時代は身分制社会で，身分階級や職業によって服装が異なっていたので，浮世絵にみる服装がすべての階層の主要な服装というわけではない．

　江戸時代の公家は，男性は礼装として束帯，衣冠，直衣などを着用し，女性は女房装束と小袿を礼装として用いた．これらの服装は，中世から多少変化しているが，前代と大きく異なるものではない．公家の女性は，礼装以外では小袖の上に打掛を着用することが多くなった．

　武家の男性は，礼装として，束帯，衣冠，直衣と合わせて，直垂（図15），大紋，素襖，裃などを身分や儀式の種類に応じて着用した．女性の礼装は季節による更衣が定められ，冬は小袖に打掛を着用し，夏は帷子に腰巻を着用した．打掛や小袖には，定められた生地や文様が用いられた．

　江戸時代には，町人が経済力をつけ，贅沢な服飾

図15　直垂　〔出典：『南紀徳川史　第十六巻』，清文堂出版，p.182，1990〕

を楽しむようになった．そのため，幕府は町人，百姓に対して禁令を出して贅沢な装いを禁止し，百姓，町人は絹紬，木綿，麻布を分限に応じて着用することとした．しかし，町人たちは贅沢な衣服を着続け，井原西鶴の小説には元禄頃の華美な装いの記述がみられる．その後，江戸時代の半ばを過ぎる頃から，江戸の町風として上方とは異なる好みが出現した．江戸好みでは，色彩は，茶色，鼠色，藍色を基調とし，縞文様や小紋などを用いた．

江戸時代には，町人階級の女性の服飾が華やかになり，さまざまな技法が開発され，多様な文様が描きだされた．1666（寛文6）年には，現存する最古の小袖文様雛形本である『御ひいなかた』が出版された．雛形本とはデザインブックのようなもので，江戸時代を通して出版され続けたことから，多くの人々が小袖文様を楽しんでいたことがわかる．

染織技法をみていくと，17世紀半ばまでの主要な技法は刺繍と鹿の子であったが，貞享頃に新しい技法として友禅染が開発された．友禅染は糊で防染して筆や刷毛で彩色する技法で，絞り染と異なり，多彩な絵画的文様を表現することができる．この技法は町人たちに好んで用いられ，享保頃には精緻で華やかな友禅小袖が制作された（図16）．その後，18世紀半ばから文様に対する好みに変化が生じ，小柄な文様が多くみられるようになる．さらに，多彩な友禅染に加えて白上げという技法が多用された．これは，藍，緑などの地色に文様を糊で白く上げ，部分的に彩色や刺繍を施す技法である．

女性の帯にも変化がみられる．帯は，17世紀半ばから丈，幅ともに拡大し，結び方も多様化する．延宝頃に歌舞伎役者の上村吉弥が舞台で結んだ結び方が「吉弥結び」（図17）として町方で流行し，同じく歌舞伎役者が考案した水木結びや路考結びなども流行した．1813（文化10）年に出版された『都風俗化粧伝』には，多くの結び方が図入りで掲載されている．

江戸時代の服飾をみると，友禅染が開発されて絵

図16 衝立に鷹文様小袖 ［東京国立博物館蔵，Image：TNM Image Archives］

図17 見返り美人図 ［東京国立博物館蔵，Image：TNM Image Archives］

画的な文様が小袖に描かれるようになり，小紋や縞の小袖も広く用いられた．女性は帯を重視する装いになり，羽織，浴衣，合羽などを着用するようになった．これらの染織技法や服飾品は，変化しながらも現代に引きつがれている．江戸時代は，現在の和装につながる染織技法や着装法，服飾品が生み出された時代である．

〔馬場まみ〕

明治・大正・昭和時代

　明治新政府は洋風化を急ぎ，半ば強制的に断髪を勧め，軍服や官員服をはじめ邏卒（警察官）や郵便配達夫（図18）等の制服も洋服を採用した．男性には洋服が広まったが，洋服ならばどんなものでも和服より格が高いという誤った認識も生まれた．また，洋服で働く男性も私服としては和服を着用した．一方，女性の洋装は華族や外交官夫人・令嬢などに限られていたが，明治16年に開館した鹿鳴館の舞踏会には，これらの女性たちがバッスルスタイル（ヒップを誇張したスタイル）の洋装で出席して注目を浴び，女性の洋装が広まり始めた（図19）．しかし，極端な欧化主義の反動で国粋主義が台頭し，さらに健康への悪影響があるコルセットや，洋服にかかる高額な費用などへの批判から，女性の洋服廃止論が活発になった．おりしも元禄模様や元禄袖の和服が流行し，広まるかにみえた女性の洋装は上流階級などを除き，衰えた．この頃，女性の改良髪型の束髪が提唱され，衛生的・合理的で，洋装・和装の両方に合う髪型として広まった（図20）．

●**女学生の袴と和服の洋風化**　明治半ばに海老茶色でスカート状の行灯袴が考案されると，新鮮で知的な装いとして，女学生が着物・束髪・西洋靴と組み合わせて着用するようになった（図21）．明治30年代には全国に広まったが，着物と袴という二部式スタイルは活動的で洋服の感覚に近かった．また，保温性に富み，水をはじく毛織物が和服地に用いられ，洋服仕立ての和装用防寒外套の男性用の二重廻し（図22）や女性用の吾妻コートが大流行し，和服に洋服の利点が取り入れられた．

●**働く女性の洋装とモガ**　明治の女性の職業は教員・看

図18　郵便配達夫（『風俗画報』13号，明治23年2月10日）

図19　鹿鳴館ファッション（戸田伯爵夫人）

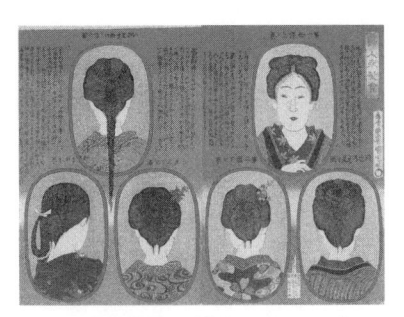

図20 婦人束髪会（豊原国周画 明治18年）［国立国会図書館蔵］

図21 海老茶の袴（『風俗画報』255号，明治35年8月10日）

図22 二重廻し［出典：『都の華』19号，明治32年1月25日「流行夜目遠目」，郡山女子大学図書館蔵］

図23 看護婦（『風俗画報』346号，明治39年8月10日）

図24 子ども服（『風俗画報』229号，明治34年3月25日）

護婦・紡績工・女中などに限られたが，教員は早くから洋装し，看護婦制服も洋服だった（図23）．大正・昭和にはようやく洋服の機能性が認められ，バスの車掌や女子工員の制服に洋服が採用された．和服着用者は依然として多かったが，関東大震災と白木屋呉服店の大火災の教訓から，洋服と下着の着用が進んだ．また，大正末から昭和初期の東京・銀座に，断髪して丈の短い洋服を着た「モガ（モダンガール）」が現れ，人目を驚かした．

●アッパッパと子ども服　アッパッパは関東大震災後に庶民層に流行した半袖・直線裁ちの簡単服で，洋装の普及に大きな役割を果たした．また，男子中学生や女学生の制服が洋服になったことは，子どもの洋装化に影響を及ぼした．上流階級や裕福な家庭では，明治半ば過ぎから晴れ着として子どもに洋服を着せ始めたが（図24），大正半ばには一般に流行し，昭和初めにはほとんどの子どもが洋装になった．婦人雑誌に子ども服のつくり方が掲載されたことが，家庭での製作を可能にした．

●戦時体制下の衣生活　昭和初期から終戦まで，戦争の拡大とともに生活物資は欠乏し，綿花・羊毛の代用品として劣悪な品質のスフが用いられ，また，衣料切符制が実施された．男性は国民服を着用し，女性は腰丈の着物やブラウスにもんぺという上下二部式の和洋折衷の服装をしたが（図25），このことが洋服の活動性に慣れるきっかけと

なった．

●**戦後の衣生活**　第二次世界大戦が終結し，日本に平和が戻ったが，終戦直後は物資が窮乏した．その後の衣生活はアメリカの影響を受け，洋服が普及した．洋裁学校が全国に開校し，スタイルブックが創刊され，洋裁ブームが起こった．その後，徐々に既製服化が進み，昭和 50 年代には既製服が 6 割を超えるようになった．和服は日常的にはほとんど着用されなくなったが，晴着やおしゃれ着として愛用され続けている．
〔田辺真弓〕

図 25　「贅澤は敵だ」のプラカードをもつもんぺ部隊［出典：昭和ニュース事典編纂委員会「昭和ニュース事典　第 7 巻」，毎日コミュニケーションズ，p.24, 1994］

西洋の服飾

エジプト・メソポタミア・古代ギリシャ・ローマ

　古代の衣服は，人体に合わせて裁断する現在の衣服とはまったく異なる形態をしていた．なかでも布を体に巻きつける巻衣型の衣服が主流であった．また，この時代の衣服は，布をまとったときにできる「ドレーパリー」とよばれる自然なひだの表現を重んじるという特徴をもっていた．

●**古代エジプト・メソポタミア**　紀元前3000年頃ナイル川流域で統一国家がつくられたエジプトでは，古王国時代（B.C. 2700〜2300年）や中王国時代（B.C. 2000〜1800年）になると，男性が腰に「ロインクロス」とよばれる衣服を身につけるようになった．ロインクロスには，亜麻布に端正なひだをつけ単純に腰まわりに巻きつけるものから，股をくぐらせたり，複雑に結んだりしたものなどもあった．しかし，新王国時代（B.C. 1570〜1190年）に入り北方に領土を広めたエジプトでは，この頃から人々が全身着を着るようになる．「カラシリス」とよばれる全身着は，布の真ん中に穴を開けて首を通し，踝まで届くほどの残りの布を，体に巻きつけるようにして着たと考えられる衣服である．男女に着られたカラシリスもまた，細かいひだをとりながら着装された．

　ティグリス・ユーフラテス川流域で古代文明が栄えたメソポタミアでも，シュメール人による初期王朝時代（B.C. 2900〜2400年），「カウナケス」とよばれる素材でできたロインクロスが，男性の間で着用された．「カウナケス」とは，羊や山羊の毛を梳きそろえ，房状にしてつなぎ合わせた束のことを指し，男たちはこれを腰に巻きつけた．

●**古代ギリシャ・ローマ**　アルカイック期（B.C. 800〜500年頃）からヘレニズム期（B.C. 323〜31年）までのギリシャの人々もまた，織り上げたままの方形の布を身にまとい，紐や留め具を用いて着装していた．この頃のギリシャの男女は，「キトン」とよばれるワンピース型の衣服を直接素肌にまとっていた（図1）．踝まである長い丈をした女性のキトンに対し，男性のキトンの丈は，年齢や身分により異なるものだった．また，キトンには大きく2つの種類があった．1つが，アルカイック期にギリシャの南部やクレタ島などに住んでいた，ドーリア人という民族に広まったとされる「ドーリア式キトン」（または「ペプロス」ともよぶ）とよばれるものである．図1は，柔らかなウール地でつくられたドーリア式キトンを

着装した女性を表している．女性は，右肘から左肘の2倍ほどの長さの方形の布を二つ折りにし，布の上端を外側に折り返してその間に体をはさんでいる．そうして肩をピンで留め着装するのが，このキトンの着方である．もう1つのキトンは，クラシック期（B.C. 500年頃〜323年）に小アジアに住んでいたイオニア人とよばれる民族が生み出したとされる「イオニア式キトン」（ドーリア式キトンを「ペプロス」とよぶ場合には，このキトンのことを単純に「キトン」とよぶ）である．これは2枚の同じ大きさの方形の薄い麻布を，ピンを使わず肩から腕にかけ，数箇所で綴じ合わせ，ウエストに腰紐を巻き，丈を調整しながら着つける．細かく畳んだ流れるようなひだの優美さは，イオニア式キトンの特徴である．また，「ヒマティオン」とよばれる大型の方型のウール地の布を，日除けや防寒を目的にキトンの上にまとうこともあった．

図1　ドーリア式キトン

　古代ローマの衣服は，ギリシャの衣服の形態を継承するものである．古代ローマの人々は，ギリシャのキトンにあたる「トゥニカ」とよばれる服を着た．トゥニカとは，二つ折りにした布を，頭と腕を通す部分を残し，綴じ合わせた衣服のことである．女性の場合，トゥニカを2枚重ねて着ることもあり，内側に着たトゥニカは，今日の下着と同じ役割を果たすようになった．ローマの男性市民は，トゥニカの上に「トガ」とよばれる外衣を着けた．大きな楕円形もしくは半円形のウール地からなるとされるトガは，左肩にかけた後に，残りの布を背部にまわし，右脇下から前面に通して，再び左肩にかけるという着装方法をとる．典型的な巻衣型の衣服であるトガは，右腰部や胸前にたっぷりとたるみをつけながら着つけるところに特徴があり，とりわけローマで帝政が始まる紀元後1世紀頃には，仰々しいほどのひだやたるみをとって着用された．

東ローマ帝国・ゲルマン・ロマネスク

　紀元前後に領土を拡大したローマ帝国は，395年東西に分裂する．コンスタンティノープルを首都とした東ローマ帝国は，商業により発展し1453年まで存続した．これに対しローマを首都とする西ローマ帝国は，ゲルマン人の侵入による混乱から，476年には滅亡する．しかし，6世紀半ばゲルマン諸国が成立し，フランク人の部族によるフランク王国が建国されると，800年王国のカール大帝

(768～814 年在位）が，ローマ教皇から西ローマ皇帝の称号を得ることになった．大帝の死後，東フランク王国，西フランク王国，イタリアの3つに分かれた王国は，それぞれが後のドイツ・フランス・イタリアの基盤をつくり，こうして西ヨーロッパは中世に先進の文化を担い，発展していくことになる．

●東ローマ帝国　東ローマ帝国の服飾の特徴を最も的確に表しているのが，イタリア・ラヴェンナのサン・ヴィターレ教会にある帝国最盛期の皇帝であるユスティニアヌス帝（527～565年在位）とその妃テオドラを描いたモザイク画である．膝丈のトゥニカに紫色のズボンをはいたユスティニアヌス帝は，大型のマントを着けている．テオドラも皇帝同様，丈長のトゥニカに紫色の大きなマントを着け，東洋風のきらびやかな織物をまとった女官たちに囲まれているのである．皇帝や皇妃の服飾に用いられる紫は，皇帝直営のコンスタンティノープルの工場で織り上げられた，地中海に生息する巻貝を染料とする稀少なパープル染めを示すものと思われる．また，女官らがまとう織物も，コンスタンティノープルを経由して入手されたものと考えられる．皇帝のマントにある「タブリオン」とよばれる方形の貼り付け装飾は，古代ギリシャ・ローマにはなかった，東ローマ帝国独自の平面装飾による美の表現と考えてよい．ユスティニアヌス帝の隣に居並ぶ司教たちの装いには，今日のカトリックの祭服にも受け継がれる衣服が描かれている．それまで隣国のペルシャが東方からの生糸の貿易を独占していたことから，その不足に悩んでいたユスティニアヌス帝は，552年養蚕の導入に成功する．皇帝が東方に送った2人の僧が，蚕の卵を密輸入することに成功し，これらを中央アジアからコンスタンティノープルに持ち帰り，蚕の繭から直接絹を得ることができるようになったのである．こうして養蚕の技術が定着した東ローマ帝国は，ようやく自国で絹織物を生産できるようになった．

●ゲルマン・ロマネスク　現在のヨーロッパの基盤をつくったゲルマン人の服装は，北方民族の特徴を残すものだった．ゲルマン人の男たちは，膝丈の筒袖，筒型のチュニック状の上衣に，脚に密着したズボンをはいていた．時折ズボンに革紐の脚絆を巻き，着用することもあった．紀元前の頃からローマ帝国と境を接していたゲルマン人のズボンを，ローマ人たちはラテン語で「ブラカエ」とよんでいた．また，ゲルマン人の女たちは，チュニック状の長衣に重厚なベルトを締め着用した．彼らの装いに用いられた留め金やバックルといった金工細工は，現在も遺品として残され，ゲルマン人の優れた技術を伝える証となっている．

　10世紀末期から12世紀の西ヨーロッパには，ロマネスクとよばれる芸術様式が誕生した．この時期の男女は，「亜麻布」を意味する「シェーンズ」あるいは「シュミーズ」とよばれる下着の上に，漏斗型の袖をもつチュニック状の長衣であるブ

リオーを着用した（図2）．また男性は，ブリオーの下に「ブレー」とよばれる下ばきをはいた．この服はローマ人が「ブラカエ」とよんだズボンに起源するもので，ロマネスク期に入り，男性が上衣に丈長のブリオーを着用するようになったことから，ブリオーの下に隠され，下着化してしまったのである．図2はドイツのマクデブルク大聖堂の司教廊にある使徒ペテロの彫像である．この聖堂は937年，後に初代神聖ローマ帝国皇帝となるオットー1世（936〜973年在位）が，王家の陵墓として建設した修道院が源となっている．1209年災害で焼失した修道院の再建が始まったことから，この聖堂はロマネスク様式とゴシック様式が混在して建造された．ペテロの服装もロマネスク期のもので，彫像にはたくしあげたマントの下に，縦のドレーパリーをもつブリオーを着たペテロの姿が安らかに表されている．　　　　　　　　　　　　　〔黒川祐子〕

図2　ブリオーを着たペテロ

13〜15世紀

　13世紀から15世紀にかけて毛織物や絹織物の手工業が栄え，貴族や商工業者などの寄進によって壮麗なカトリック大聖堂が建てられ，都市が発達した．封建社会における宮廷では，貴婦人と騎士との恋愛を描く文学や吟遊詩が発達し，豊かな服飾文化が表現の対象となっている．他方，手工業者や商人などの服装は，職業を表徴していた．それゆえに，謝肉祭などの仮装が人々を日常生活から解放する役割を果たしていた．

　宗教的な戒律が人々の生活を律しており，服装による性的表現が抑制され男女の服装の差は大きくはなかった．13世紀中頃から14世紀初頭にかけて，徐々に女性服の上半身から腰までが体に沿ったものになり，女性的特性を表した．立体裁断技術の発明がそれをさらに助長した．

　ペストの流行とともに，マリア信仰が高まり，懐胎への憧憬が反映され，15世紀後半の女性の腹部が膨れ上がるシルエットとなった．

●コット，シュルコ　コット（仏cotte）はチュニック型の衣服で，ブリオーに代わる基本的な衣服となり，その上にシュルコ（仏surcot）が着用された．シュル

図3 コタルディ姿の騎士たち，『フランス大年代記』，1380年頃［ビブリオテークナショナル蔵，Photo©BnF, Dist. RMN-Grand Palais/image BnF/distributed by AMF-DNPartcom］

図4 シュルコトゥヴェール，コタルディ姿の貴婦人，14世紀末［出典：佐々井啓 編著『ファッションの歴史—西洋服飾史』，朝倉書店，p.35, 2013］

コは「コットの上に」という意味である．素材は主に毛織物で，丈は膝下丈や踝丈のものがあった．

　シュルコは，コットの上に重ね着された．下着には以前のシェーンズと同様だが，亜麻布のシュミーズが着用された．袖はないものから多様な形態まであった．袖は文学において恋愛の道具として描かれ，実際に袖を恋人に送る習慣も生まれた．さらに，毛皮が裏打ちされたマントが流行した．

●**コタルディ**　14世紀から15世紀にかけて，大胆なコットという意味のコタルディが流行する．上半身から腰までが体の線を強調するもので，男性は膝上丈で，女性は腰から襠によってスカート部が大きく広がっていた．色彩や材料などの対比や奇抜な装飾表現が特徴で，家紋入りの左右非相称の装飾形式ミパルティがみられる．

　コタルディには脇が開いたシュルコトゥヴェール（仏 surcot ouvert）が着用され，そこからみえるウエスト部にはベルトが付けられ，オモニエールとよばれる腰袋がそれに付けられている．

●**プールポワン，ウプランド**　14世紀から15世紀にかけて，プールポワン（仏 pourpoint）とよばれた武装の間着であった短上着が，男性の表着として着られるようになる．本来刺し縫いを意味する言葉で，詰め物をして刺し子されて作られた．また，1360年頃に現れ15世紀前半まで男女の間で流行した寛衣ウプランド（仏 houppelande）がある．これは，当初は立ち衿で，ゴシック装飾の代表ともいえる鋸歯状のきりこみが袖口，裾，スリットにおびただしく装飾されるのに特徴がある．王侯貴族の絹織物や毛織物で非常に豪華であったが，他方で羊飼いも着用したと記録にある．

●**靴下，靴，帽子など**　男性の下半身にはブラカエを継承した麻布製のブレーと絹，羊毛，そして麻製のショースがはかれた．上着が短くなると

ショースはズボンのような役割をした．靴は非常に先が尖ったプーレーヌ（仏 poulaine）とよばれるもので，長いものは2フィートもあり，長い爪先は鯨骨で支えられ，詰め物がされ，膝や踝から鎖で結ばれた．1470年代には丸い先のものに取って代わられた．

男性は肩まで髪を伸ばし，帽子を被った．特に頭巾に肩覆いのケープがついたシャプロンが男女に用いられた．女性の頭部では1つあるいは2つの先が高く尖り，角が生えているような帽子，エナンはプーレーヌと同様，ゴシック建築の尖塔を思わせるゴシック的表現である．

この細目について詳しくは，『聖王ルイ』『バラ物語』『カンタベリー物語』や各種年代記を参考にされたい．

16世紀

15世紀末にはイタリアモードがヨーロッパの主流となり，アルプスの北まで伝播する．ルネサンスの人文主義の思想の影響で，抑圧されていた中世的なカトリックの価値観や表現方法は後退し，衣服が男女の身体的特徴を表すようになる．男性の肩，胸，体にフィットした足や性器が誇張されたブラゲットの装飾にそれを見て取ることができる．また，女性の胸のデコルテは深くなり，下半身では何重かにスカートがはかれ，豊かな腰まわりが誇張された．

絹のダマスク，ブロケードなど繊維産業の発展によって，イタリアの服飾文化は隆盛する．市民階級が豊かになり貴族的な服装をすることができるようになると，貴族が自分の階級の特権を確保するために，最先端モードは貴族か娼婦しか着られないという奢侈禁止令を出した．それゆえに，市民のおしゃれは制限されたのである．

しかし，徐々にイタリア経済の衰退と政治的力の弱体化によって，主流はカルロス1世（在位1519〜56年）の厳格な宮廷風モードに移行する．その結果，ますます服装が人間の地位や名誉，そして経済力を誇示するようになり，モードの中心は依然男性の側にあった．

●プールポワンとショース　15世紀末から16世紀初めには，プールポワンは胸がV字形に広

図5　プールポワン姿のフランソワI世．ジャン・クルーエ，1520〜25年［ルーヴル美術館蔵，©RMN-Grand Palais (musée du Louvre)/Herve Lewandowski/distributed by AMF-DNPartcom］

り，裾は短くなる．その結果，男性の下半身はタイツのように体にフィットしたショース（chausses）で，左右色や柄違いのデザインが流行する．16世紀の途中からこのショースはカボチャのように膨らんだオードショース（haut de chausses）と下着のようなバードショース（bas de chausses）に分かれた．

2部式に分かれてから，オードショースの股上に，性器を誇張するブラゲットが登場し，刺繍や宝石などで飾られた．また，オードショースには裂け目であるスラッシュ装飾があり，上の布と下の布のカラーコーディネーションが楽しまれた．スラッシュは男女の全身装飾へと拡大され，この時代の特徴となる．

袖口にはレースが装飾された．立ち衿の部分が別布になり，やがてレースで造形されたラフが男女の首元を飾るようになる．

●ヴェルチュガダンとバスキーヌ　女性は15世紀末から16世紀にかけて，スカートを重ねてはくことで，豊かな腰の膨らみを出していた．しかし，非常に重いことから1540年頃にスカートの下に籐や鯨骨で作られた輪骨ヴェルチュガダン（vertugadin）が発明される．イタリアとスペインは釣り鐘型，イギリスとフランスは車輪型が採用された．イタリアモードは，デコルテが非常に深く自然なシルエットであったが，スペインモードになると立ち衿で人工的に硬直したようなシルエットになる．

V字型のストマッカが胸元の重要な装飾となり，宝石や刺繍などで飾られた．中世に続き豊かで重ねる袖が多くみられる．胴部のシルエットを整えるバスキーヌが着用された．

●装飾と付属品　男性の靴は，ゴシックの靴の先が長く尖っているのとは異なり，先が牛の口のような形状で丸くなっている．帽子も同様に平面的な形態が特徴である．ほかに女性のドレスアップ用の靴に高下駄のように高いチョピンがある．宝石が衣服に多様に刺繍されている．また，洋梨型の真珠が流行し，男女の王侯貴族に身に着けられる．高級で精巧なヴェネチアのレースが首元のラフや袖口などに装飾されている．

●黒のモード　カルロス1世の黒服の着用がフェリペ2世によって汎ヨーロッパに伝播す

図6　首にはフレーズ，車輪型シルエットのローブのエリザベスI世．マーカス・ギーラエーツ（息子），1592年頃［ナショナルポートレートギャラリー蔵，Photo：The Bridgeman Art Library/DNPartcom］

る．ウルビーノの宮廷人バルダッサーレ・カスティリオーネが『宮廷人』(1528年刊)の中で，スペイン人の間で保たれてきた厳粛さを好むこと，そして黒が服装に優雅さを与えると述べており，スペインの影響下での黒の美意識の流行を述べている．もともと，スペインの商人など市民服の色であった黒だが，修道院での制服の色でもある．王様の着用によって貴族的な付加価値とともに広まった．

〔水谷由美子〕

17世紀・18世紀

● **17世紀前半：ギャラントリーの時代**　17世紀の前半は，ヨーロッパには「17世紀の危機」という言葉があるほど，戦乱で荒廃し飢饉や財政危機などに直面していた時代である．しかし，絶対王政の確立期にあたるフランスでは，貴族たちは現実逃避とも受け取れるような華やかな社交生活を展開していた．それは貴婦人たちのサロンを中心に繰り広げられたものであり，そこから服飾の流行も誕生していた．特にギャラントリーとよばれた流行は，パリの青年貴族たちの新しい風俗であり，17世紀前半を特徴づける文化現象でもある．青年貴族たちは当時量産された礼儀作法書にならい，貴婦人に気に入られるような美しい衣装に身を包んだ．ギャラントリーの紳士たちは，レースやリボンやつけぼくろなどの装飾品で身を飾り，鬘（かつら）や髪粉（かみこ），化粧も行っていた (図7)．白く美しいレースが流行したのは，清潔の概念が生まれたこととも関連している．レースはフランドルや北イタリアなどが主な産地であり，奢侈禁止令の対象にもなった．女性たちは自然なラインのローブを身につけ，男性と同様レースやリボンなどで身を飾った．帽子や手袋，仮面，マフなど小物使いでおしゃれを楽しんだ時代であった．

図7　アブラハム・ボッス『若い恋人たち』，1640年頃　〔筆者蔵〕

● **17世紀後半：宮廷衣裳の成立と部屋着の誕生**　17世紀中頃には，これらの男性のリボン装飾が過剰になり，服装上のバロックともいうべき時期を迎えるが，それは長くは続かなかった．そして，17世紀後半になると，宮廷文化が花開き，同時に宮廷衣裳が確立してくる (図8)．男性服は後の時代の男性服の原型となった三つ揃いの形式になる．上着はジュストコール，その下に華やかな刺繍の施されたベストを身につけ，脚衣はキュロットである．ジュストコールには，ルイ14世の勅許服とよばれた，青地に赤の裏がつき金銀の刺繍が施されたものが誕生し

た．また，後のネクタイの原型となった白いクラヴァットも登場する．宮廷人は，踵が赤いハイヒール靴を履き，頭には長髪の鬘，そして宮廷での挨拶に欠かせないつばつきの帽子を必ず携行していた．貴婦人の服飾は縦に長いシルエットになり，フォンタンジュ髪型という針金などをいれリボンを飾り高く結い上げた髪型が流行した．一方で，部屋着も誕生し，それらはインド更紗などが用いられており，どこか異国趣味的な要素をもつものでもあった．

図8 アンリ・ボナール『ブランデンブルクの騎士』，1690年頃 ［出典：『モードと諷刺—時代を照らす衣服』展カタログ，栃木県立美術館，p.67，1995］

● **18世紀前半：雅宴画に描かれたロココのファッション** 17世紀後半に登場した部屋着は，18世紀のファッションの中でクローズアップされていく．男性服が華やかだった17世紀が終わり，18世紀は女性のファッションの時代になっていくのだが，最初に登場したのが部屋着に由来するローブ・ヴォラント（別名ヴァトー・ローブ）であった（図9）．これは，ゆったりとした背中に襞のある優雅なローブであるが，当初は寝間着に見紛うものとして道徳家たちから非難を浴びた．しかし，アントワーヌ・ヴァトーをはじめとする雅宴画の中で盛んに描かれ，その後，喜劇女優の考案で誕生したパニエ（スカート部分を広がらせる輪骨でできたペチコート）をこれに合わせるようになって，18世紀を代表するローブ・ア・ラ・フランセーズの原型になっていった．モンテスキューが『ペルシャ人の手紙』で「パリを離れて田舎で6か月過ごした女性はあたかも30年前のような様子で戻ってくる」と記したように，18世紀には服飾の流行は女性を中心に展開し，それと同時に移ろいやすく軽やかで優美なものになった．男性の衣装も華やかさが増し，アビ・ア・ラ・フランセーズという色彩豊かなものになっていった．

図9 アントワーヌ・ヴァトー『ジェルサンの看板』，1720年 ［出典：深井晃子 監修「世界服飾史」，美術出版社，p.86，1998］

● **18世紀後半：人工美の極限からイギリス趣味へ** 装飾過多のロココのファッションは，18世紀後半にな

ると，全体として極限に向かっていくことになる．宮廷衣裳でもあるローブ・ア・ラ・フランセーズは，パニエが左右に徐々に広がって腰の部分が巨大化し，それとともに髪型もタワーシルエットとよばれた構築的なものになった．これらは結髪師とよばれる職人たちが手掛けるものであった．当時のファッションリーダーであったマリー・アントワネットは，朝起きて最初の関心事は衣裳と髪型であったと伝記作家ツヴァイクは記している．特に有名なのは，アメリカ独立戦争の時の英仏海戦でフランスが大勝したことを記念した，ラ・ベルプールという名の軍艦を頭上に乗せた髪型である（図10）．しかし，このような人工美の極限が進む一方で，ルソーの影響のもと自然への憧れも生まれ，それは，イギリス趣味（アングロマニー）という形で服飾上にも表れるようになった．時代は革命期を経て，装飾過多のフランス衣裳からイギリス趣味の簡素な服飾へと変化していった．

図10 ローブ・ア・ラ・フランセーズ，1780年頃 〔出典：深井晃子監修「世界服飾史」，美術出版社，p. 99，1998〕

〔内村理奈〕

参考文献
[1] 内村理奈：モードの身体史：近世フランスの服飾にみる清潔・ふるまい・逸脱の文化，悠書館，2013.
[2] 角田奈歩：パリの服飾品小売とモード商：1760-1830，悠書館，2013.
[3] 西浦麻美子：18世紀フランス・モードにおけるアングロマニーの研究，博士論文（お茶の水女子大学），2007.

19世紀・20世紀

18世紀に起きた産業革命とフランス革命をきっかけに服飾の流行は一握りの特権階級のものではなくなり，多くの人々がおしゃれを楽しむことができるようになった．男性が社会で働き，女性は家事を中心とした生活を送る性別役割分業が確立されて，18世紀まで男性のものであった富や権力を誇示するための服飾は，女性にその役割が移った．したがって，女性の服飾は変遷が激しくなる．

●**女性の服飾**　19世紀初頭の女性の服飾はハイウエストでストレートなシルエットであり古代ギリシャのキトンを思わせる．これをナポレオンは宮廷服として取り入れ，エンパイアスタイルとよばれるようになった．

ナポレオンの失脚後，ロマン主義の台頭とともにウエストが自然な位置に戻り，

スカートも再びボリュームを取り戻し何枚ものペチコートがはかれた．上半身は再びコルセットで整えられ，なで肩にみせるために大きな羊脚袖が流行した．

1840年代になるとスカートをひろげるのに輪骨の入ったペチコートが使われるようになる．これがクリノリンであり，スカートはレースやリボン，フリルなどのさまざまな装飾がほどこされた（図11）．

スカートのボリュームは次第に身体の背面に集中し，1880年代になるとバッスルスタイルとよばれる腰の後ろのみをふくらませたシルエットになる．このバッスルスタイルは日本にも渡り，鹿鳴館スタイルとして知られることとなった．また，このころ紳士服の技術で仕立てられた婦人服テーラーメイド・スーツが登場し，それまでワンピースが中心であった婦人服にスカートとブラウスおよびジャケットとの組み合わせが定着する．

図11 クリノリンスタイル（"Journal des Demoiselles", 1860年10月号）

19世紀末にコルセットのつくり方が変わり，胸と臀部を突き出したシルエットへと移行していく．これはSカーブシルエットとよばれ，当時の美術様式であるアール・ヌーヴォーに呼応して曲線的な美を女性の身体に表現することとなった．

1910年代にはアール・デコの流行の中で身体のラインを強調しない直線的なシルエットのドレスが登場し，膝まで短くなったスカートが出現する．シャネルが働く女性のためにつくったジャージーの服はコルセットを必要としない活動的なもので，このような服を着た女性はギャルソンヌとよばれた（図12）．

1930年代には再びスカート丈は長くなり，スリムなシルエットへと移行した．第二次世界大戦後にディオールがニュールックを発表すると，しばらくは女性らしさを

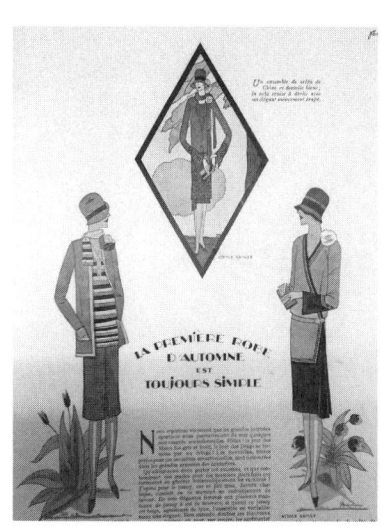

図12 ギャルソンヌスタイル（"Femina", 1917年8月号）

強調したファッションが好まれた．1960年代後半にはロンドンのストリートで流行していたミニスカートがオートクチュールのコレクションに登場し，ファッションの中心はストリートへ，よりカジュアルなものへと移行していった．

●**男性の服飾**　フランス革命期に男性の下半身衣は貴族のキュロットから，平民の長ズボンへと移行していった．上半身はシャツを着て衿元にクラヴァットとよばれる細長い布を巻き，ベストとコートを着用する．コートの衿は徐々に高くなり，折り返されるようになった．

19世紀初頭にはダンディズムとよばれる服装や振る舞いにおける美学がジョージ・ブランメルによって確立され，イギリスのテーラーの技術を向上させ，現在の紳士服の基礎を築いたとされている．19世紀半ばになると時間帯によって服装を変える慣習が生まれ，日中はフロックコートを，晩餐会や舞踏会では燕尾服を着用するようになる．フロックコートはウエストでシェイプされた膝丈のコートで，燕尾服は前身頃がウエストまでと短く，後ろ身頃が長く燕の尾のようになったコートである（図13）．これらは現在も男性の正装として着用されている．19世紀後半にサック・コートとよばれる袋のようなシルエットのコートが日常着として着られるようになり，これに共布のズボンを合わせたサック・スーツは背広の原形として広く着用されることとなった．

図13　男性の服飾（"Petit Courier des Dames"，1841年4月30日号）

20世紀に入ってからも男性の服飾は，シルエットの変化やクラヴァットがネクタイになるなどのアイテムの変遷はあるものの，上着・ベスト・長ズボンの組み合わせがほとんどであり，さらにカジュアルな日常着としてTシャツやジーンズ，スポーツテイストの服などが着られるようになっていく．　　〔太田　茜〕

Chapter 20
民族衣裳

民族服とは ——————————— 496
アジア ———————————————— 498
アフリカ ——————————————— 508
ヨーロッパ ————————————— 510
ロシア ———————————————— 512
アメリカ ——————————————— 514
オセアニア・南太平洋文化圏 —— 518

民族服とは

●**民族とは**　民族服について考える前にまず，民族について考えてみよう．民族とは何であろうか．また，現代社会では民族に関するさまざまな問題が起こっているが，私たちはどうすべきなのであろうか．

『広辞苑』（第六版）では「民族」を「文化や出自を共有することからくる親近感を核にして歴史的に形成された，共通の帰属意識をもつ人々の集団」と定義し，言語の共有や宗教，生業形態を要因として挙げながらも，「国民国家の成立によって（中略）固定的なものとされたが，もともと重複や変更が可能」であるとしている．「国民国家」とは，「民族を核として国家を形成するべきである」という考え方によってつくられた国家である．つまり，近代以降の国民国家の成立によって，それまで流動的であった人々の帰属意識が，現代の「民族」の境界の中に，次第に固定されてきたのである．

「民族」と訳されることの多い英語圏の言葉として「エスニシティ ethnicity」と「ネイション nation」がある．民族について理解を深めるために，英国の社会学者，アントニー・D・スミスの定義を引用しよう．

スミスは，エスニシティにもとづく共同体，「エスニック共同体」の属性として，次の6点を挙げている．①集団に固有の名前，②共通の祖先に関する神話，③歴史的記憶の共有，④1つまたは複数のきわだった集団独自の共通文化の要素，⑤特定の「故国」との心理的結びつき，⑥集団を構成する人口の主な部分に連帯感があること（スミス，1998，p.52[1]）．一方，「ネイション」については，「歴史上の領域，共通の神話と歴史的記憶，大衆的・公的な文化，全構成員に共通の経済，共通の法的権利・義務を共有する，特定の名前のある人間集団」と定義している（同，p.40[1]）．ネイションはエスニック共同体を基盤とし，経済，法律などの社会としての構成要素を備えたものであり，ネイションが日本語で「国家」と訳されることもあるのはこのためである．ただし，ネイションが常に国際社会で認められた国家（ステート state）を構成しているとは限らない．

20世紀には，民族（ネイション）をもとに多くの国民国家（ネイション・ステート）がつくられた．しかしながら，現実にはすべての民族が国家をもつことはできず，また，1つの国家の構成員が1つの民族だけということもあり得ない．現代の私たちに求められているのは，1つの国家の中で暮らすさまざまな民族の存在が認められ，少数の人々の主張が無視されることのない，共存共生の国家をつ

くっていくことなのである．

●**民族と衣服との関係**　以上のことを踏まえて，民族と衣服との関係について考えてみよう．

まず，「民族服」には2つの考え方がある．第1は，その民族が着ている衣服がそのまま民族服だとする考え方であり，第2は，その民族独特の衣服が民族服だとする考え方である．

第1の考え方をとると，現代社会では，多くの民族服が共通の要素をもっていることになる．すなわち，シャツやジャケット，スカート，ズボンなどの，日本で「洋服」とよばれている衣服である．少数の民族を除いては，洋服にその他の衣服を加えたものがそれぞれの民族服であるということになる．

第2の考え方は，民族の独自性を主張しようとする場合に採用される．オリンピックなどの国際的な催しにおいては，各地の民族服がシンボルとして効果的に使用されているのをみかける．シンボルとしての民族服は，その民族の伝統的な衣服として，長い歴史を強調されることが多いが，実際にはそうであるとは限らない．例えば，英国の歴史学者，ヒュー・トレヴァー＝ローパーは，スコットランドの民族服として有名なキルト（男性が着用するタータン柄のスカート状の衣裳）が，実際には18世紀に考案されたものであるにもかかわらず，紀元前3世紀に遡るかのように語られてきたことを明らかにしている[2]．

スコットランドのキルトに限らず，現代の多くの民族服は，世界の共通服である洋服や，他民族の民族服との差異を際立たせ，自民族の構成員の結束を高めることができるよう，近代化の中で考案あるいは改変されてきたものである．

また，サリーやキモノのように，民族服を着用するのが主に女性であることも多い．これは，非西洋の国々にあっては，洋服着用が近代化を示すものであったことと，近代化の中で「近代」を男性が担い，「伝統」を女性が担うというジェンダー観が生じたことによる．

〔森　理恵〕

📖 **参考文献**

[1]　アントニー・D・スミス（高柳先男 訳）：ナショナリズムの生命力，晶文社，1998．

[2]　ヒュー・トレヴァー＝ローパー：伝統の捏造―スコットランド高地の伝統，「創られた伝統」（エリック・ホブズボウム，テレンス・レンジャー 編，梶原景昭 訳）所収，紀伊國屋書店，29-72，1992．

アジア

日本

　現在の日本国の範囲とだいたい重なる日本列島および琉球列島に歴史的に居住してきた主な民族には，アイヌ民族，日本（ヤマト）民族，琉球民族がある．また，そのほかにも，朝鮮・韓民族や漢民族をはじめとするさまざまな民族が居住，定住しており，現代の日本には各種の民族服がみられる．

●**アイヌ民族**　アイヌ民族の民族服は，直線裁ち，直線縫いで長方形の身頃，袖，衿からなる一部式の衣服であり，アイヌ模様の切り伏せ刺繡が特徴である．袖の下に三角形の襠をつけ，振り袖とするものが多い．名称は材質によって異なり，おひょうの木の皮でつくったものをアットゥシ，木綿の袷に切り伏せ刺繡をしたものをチカッカッペ，木綿の単に切り伏せ刺繡をしたものをカパッミッ（図1）という．丈はひざ下のものや床に届く長さのものがあり，足にはホシという脚絆を巻く．また，頭には，マタンプシという美しい刺繡の鉢巻を巻く．

　アイヌの民族服は18〜20世紀にかけて現在の形が定着し，今日，国際会議や祭祀，伝統芸能の場などにおいて，北日本や東日本をはじめとする各地のアイヌに着用されている．

●**日本（ヤマト）民族**　日本国のマジョリティ（多数派）である日本（ヤマト）民族の民族服はキモノであるとされることが多い．

　現代のキモノは直線裁ち，直線縫いで長方形の身頃，袖，衿，衽からなり，床に届く長さの一部式の衣服である．袖丈が長く，袖口が縫い詰められている．着装は，右前身頃の上に左前身頃を重ねて腰に帯を締める．礼服や式服として用いられる女性用のキモノ（図2）の場合には，絹地に友禅染め，絞り染め，刺繡などで花や鳥を描いたキモノに，幅の太い帯を背中で結ぶ．

図1　カパッミッ［日本民藝館蔵，出典：「民藝」713（2012年5月号），p.3, 2012］

図2　キモノ［東京国立博物館蔵，Image：TNM Image Archives］

現代のキモノは，近世に都市部で中上流層に着られていた「小袖」が近代に発展したものである．キモノが日本の民族服とされるようになったのは，19世紀後半の西洋における日本ブームの中で，キモノを着た日本女性がもてはやされたためと考えられる．結婚式や成人式，伝統芸能などで着用されるほか，国際的な催し等で「日本」を象徴するものとしてキモノ姿の女性が登場することも多い．

●**琉球民族** 琉球民族の民族服である琉服（琉装）の代表的な表着として，夏用の単である田無，冬用の袷である綿衣（図3）が挙げられる．いずれも直線裁ち，直線縫いで，長方形の身頃，袖，衿，衽からなる一部式の衣服である．袖丈が長く，袖口は袖丈いっぱいに開いており，袖の下にワチスビという三角形の小さな襠をつける．衿は長くかつ幅広で，返し衿として外側に折り返す．女性は，短い上衣である胴衣と巻きスカート状の裙を付けた上から帯を締めずに着装するか，下に締めた細帯に衿の先を挟み込むウシンチーという着装方法をとる．男性は右前身頃の上に左前身頃を重ねて腰に大帯を締める．材質は絹，苧麻，芭蕉，木綿が用いられ，絣，花織，紅型等でいろいろな模様が表される．

図3 ワタンス［日本民藝館蔵，出典：「民藝」**664**（2008年4月号），p.3，2008］

現代の琉服は主に，近世の琉球王国の衣裳である球服をもとにしているが，地域によってさまざまな形態，着装，名称があり，伝統芸能その他の場面で着用されている．また，琉服の模様を洋服のシャツにほどこした「かりゆしウェア」は沖縄県内の官公庁を中心に着用が推進されている． 〔森 理恵〕

📖 **参考文献**
[1] 萱野 茂：アイヌの民具，すずさわ書店，1978.
[2] 沖縄美術全集刊行委員会 編：沖縄美術全集（3）染織，沖縄タイムス社，1989.

韓国

韓国の民族衣裳である韓服は，歴史と風土の中で時とともに育まれた民族の拠り所の1つである．今日にみる韓服のかたちは，朝鮮王朝時代のものが原型となる．

●**韓服の着用実態** 朝鮮戦争（1950〜53）以後，韓国人の衣生活が洋装化していく中で，韓服は日常服としての実用性を満たすものではなく，礼服として認識されるようになった．それ以来，韓服は伝統文化の誇示と韓国人の自負心の表現手

図4 幣帛の際に新郎は紗帽冠帯という朝鮮時代の官服を着用し，新婦はファルオッという伝統婚礼服を着用するのが通例であったが，2000年以後からは新郎が朝鮮王朝時代の王服を着用し幣帛を行うのが流行している．［図4〜8はすべて筆者撮影］

段として着用される場合が多い．21世紀のグローバル社会に生きる韓国人が結婚式後に行われる幣帛(ペベク)や披露宴，還暦の祝い，ソル（旧正月）のような民俗的祝祭日，または格式のある場などで韓服を着用するのがその例である（図4）．

韓国の文化体育部では1996年12月から毎月第1土曜日を「韓服を着る日」と定め，韓服関連イベントやファッションショーを継続的に行っており，韓服着用の活性化を試みている．

●**韓服の種類** 韓服は上・下の二部式で構成されたもので，チマ，チョゴリ，パジ，マゴジャ，チョッキ，トゥルマギなどが含まれる．

男子の韓服はパジ・チョゴリとよぶ．パジは洋服のズボンに，チョゴリは上衣にあたるもので，チョゴリの上にチョッキを着て，その上にマゴジャを着る（図5）．チョッキは洋服の男性用ベストから影響を受けてつくられたもので，1900年代から着用されるようになった．マゴジャは，1887年に興宣大院君(フンソンデウォングン)が満州から帰国する際に着用した満州人の馬掛(マゲ)が変容されたものである．前身頃にボタンを付けるのが特徴である．外出する際には季節を問わず，トゥルマギという外衣を着用するが，男性はもちろん女性も着用する．冬には絹の生地で仕立てられたトゥルマギを着用した上，共布でつくったマフラーを巻く．女性はチョバウィという防寒具をかぶるときもある（図6）．

図5 男子の韓服

図6 トゥルマギ

女子の韓服はチマ・チョゴリという．チマは洋服のスカートにあたるもので，胸の上で巻きつけた後，上半身にチョゴリを着る．チョゴリの身頃の丈は時代の変遷とともに変化してきたが，1890年から1900年代には17〜20 cmまで短くなったこともある．2000年代には27 cmくらいで，2010年代からは少しずつ長くなる傾向をみせている．朝鮮王朝時代には結婚の有無によってチマ・チョゴリの服色が決まっていた．未婚の女性は紅色のチマに黄色のチョゴリ，新婦は紅色のチマに緑色のチョゴリ，婦人は藍色のチマに玉

色のチョゴリを着用した．現在も新婦用の韓服の色は，紅色のチマに緑色または薄緑色のチョゴリがもっともよく使われている（図7）．

子どもの韓服の中で代表的なものはセクドン・チョゴリである（図8）．セクドンは5色（赤・青・黄・白・緑）の布を縦縞状につないだもので，男児と女児のチョゴリの袖はセクドンを使い仕立てられた．セクドンには子どもが元気に成長することを願う意味がこめられている．今日も子どもの1歳の誕生日には，セクドン・チョゴリを着せる家庭が多い．

〔鄭　銀志〕

図7　新婦の韓服

図8　女児のセクドン韓服

中国

現在，中国には漢民族と55の少数民族が存在する．居住地域が広大で多民族のため，気候風土はもとより，文化的・社会的背景の違いから，各民族はそれぞれ独自の服飾文化を保持してきた．中国の民族衣裳は，そのルーツが中国全土のほか，ロシア，ミャンマー，タイ，ベトナム，朝鮮半島，台湾，中近東など多方面にわたるとともに，民間信仰や道教，儒教，仏教，イスラーム教，キリスト教などの影響を受けて形成されており，多種多様なものとなっている．

●**服飾の種類と特色**　衣服にはワンピース，ジャケット，シャツ，ブラウス，ベスト，スカート，パンツなどがあり，デザインはシンプルなものから複雑なもの，ミニやロング，タイトなものやゆったりしたもの，チャイナドレス風のもの，洋服に近いもの，ギャザーやプリーツを施したものなど，民族によりさまざまである．付属品として，前掛け，肩掛け，ベール，スカーフ，胸あて，すねあて，ベルト，鞄などを用いる．被り物や頭の飾りには，冠，帽子（円形・四角・とんがり帽ほか），笠，頭巾，かつら，ターバン，花飾りなどがあり，履物にはサンダル，刺繍靴，厚底靴，ブーツなどがある．またアクセサリーには，首飾り，胸飾り，耳飾り，腰飾り，腕輪などがみられる．

民族衣裳の素材には，木綿，麻，絹，毛，フェルト，皮革，毛皮，竹などが使われ，装飾には刺繍や染め，宝石，ビーズ，銀，硬貨，貝，サンゴ，羽などを用いる．文様には，花柄，縞，動物，太陽などがみられる．また，配色もそれぞれに異なり，好みの色で統一したり，全身をシックまたはカラフルな装いになるよ

う色合いを調整したりしている．
　図9は，苗（ミャオ）族の女性の盛装姿である．苗族は，特に織物や刺繍，染色，手工芸などの技術に優れており，豊富かつ多彩な民族衣裳で有名である．そのコーディネートは100を超え，とりわけ女性の服装は地域差がありバラエティーに富んでいる．伝統的な女性の盛装では，必ずスカートを着用する．スカートの長さはミニ丈，膝丈，足首丈といろいろで，プリーツが多く施されているのが美しいとされ，細やかな刺繍で装飾されている．さらに，銀装飾（銀細工）は苗族の女性に欠かせないもので，種類としては銀冠，銀角，銀櫛，かんざし，アクセサリー類がある．すべて身に着けると最大で15 kg以上もの重さになり，その独創的なデザインときらびやかさが特徴となっている．

●チャイナドレス　中国の民族衣裳といえばチャイナドレスを思い浮かべる人が多いだろう．外交や国際交流の場でフォーマルドレスとして着用されたり，現地の観光地で販売されていたり，映画やドラマでは中国を表すファッションとして登場する．また，有名デザイナーたちがデザインソースに取り入れたりしている．現在のチャイナドレスは，立ち衿（スタンドカラー）と深いスリット，身体にフィットするシルエットが特徴であり，女性の曲線のボディーラインを強調するワンピースとして世界中に知られている．
　チャイナドレスは中国語で旗袍（チーパオ）といい，清王朝において八旗という軍事組織に属する旗人（満州族を主体とした貴族）の女性の衣服が起源とされる．彼女たちが着ていたワンピース形式の衣服を旗袍とよんだ．当初のチャイナドレス＝旗袍は，丸衿で長袖のゆったりとしたものであった．やがてこの満州族固有の旗袍に漢民族や西洋のデザインを取り入れるようになり，1920年代頃，現在のチャイナドレスの原型となる形態が誕生する．その後，ファッションリーダーであった女学生や映画女優の影響を受けながら，身丈，袖丈，衿の高さ，スリットの深さ，シルエットなどが頻繁に変化していく（図10）．文化大革命期，旗袍は民族的・伝統的なファッションとして排除の対象となり廃止され，以後中国では洋装が流行したが，1980年代にサービ

図9　苗族の女性の盛装　［出典：上海戯劇学院 編「中国諸民族服飾図鑑」，柏書房，p. 240，図574，1991］

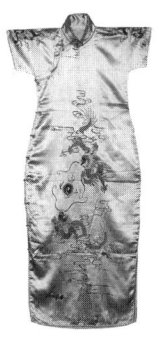

図10　1930年代の旗袍（伝世品）［出典：周汎，高春明「中国五千年 女性装飾史」，京都書院，p. 214，図288，1993］

ス業の女性（レストランのウエイトレスなど）が深いスリットの派手な旗袍を制服代わりに着るようになり，復活を遂げる．1990 年代以降，香港回帰（1997 年）や映画『花様年華』（監督 ウォン・カーウァイ，2000 年制作），APEC（2001 年上海で開催）などを契機にブームが巻き起こり，旗袍を扱う専門店が増加し，オリジナルデザインの旗袍が次々と制作された．中国国内にとどまらず海外でも旗袍を着用する女性が多くみられるようになった．現在もなお，旗袍は女性を魅力的に映し出すファッションアイテムとして君臨している． 〔水野夏子〕

参考文献
[1] 謝　黎：チャイナドレスの文化史，青弓社，2011．

ベトナム，タイ，マレーシア，フィリピン

●**ベトナム**　ベトナムの民族服とは，中国の影響を受けて高温多湿の気候風土に合うように変化したものであり，その代表的なものが，アオ・ザイとよばれる女性用衣服である（図11）．アオ・ザイは，脇のスリットが深く開いた，丈の長い中国風のチョンサン（長衫）と，クワン・ザイというゆったりしたパジャマ型のズボンの組み合わせをいう．アオは「上衣」，ザイは「長い」という意味で，もともとアオ・ザイは長い上衣を意味する語であった．このアオ・ザイは，18 世紀に清朝から伝わったチャイナドレス（旗袍）に由来する．旗袍は満州の衣服であり，寒冷な気候に対応するため厚地の絹でつくられていたが，ベトナムの気候風土に合った薄い布地でつくられるようになった．脇の深いスリットは，仏領インドシナ時代に，フランスの文化の影響を受けて改良されたものである．またこのアオ・ザイには，日本のすげ笠に似たノン・ラを組み合わせて被られることが多い．

●**タイ**　インドシナ半島の中央部に位置するタイは，8 世紀から 11 世紀にかけて中国南部から南下してきたタイ人によって，その後スコタイ王朝，アユタヤ王朝が築かれ，カンボジアからのクメール文化，また，西洋文化が伝えられてとりいれられた地域である．一方，北部山岳地帯には，メオやヤオといった少数民族が独自の文化をもっている．男女ともに腰布を基本にし，パー・ヌンという一枚布の腰布（図12）とパー・シンとよばれる筒型の腰衣がある．パー・ヌンの着方には，股

図 11　ベトナムのアオ・ザイ

にくぐらせて褌のように着用する方法と，一枚布を腰に巻く2種類がある．素材としては野蚕・養蚕の絹，北部で栽培される綿が使われ，絣や紋織で文様がほどこされる．16世紀からの西洋の影響によって，特に上流階級の人々の間で，長袖と立ち衿がついた上衣が着用されるようになった．

●**マレーシア** マレーシアはマレー系住民，中国系住民，インド系住民などからなる多民族国家であり，それぞれの民族の文化が混在していて，さまざまな種類の体形型の民族服が今日まで残っている．その中で，インドネシアとも共通するサロン（筒型の腰衣）とクバヤ（ブラウス）が代表的なものであり，これは中国とヨーロッパの影響が混合して成立した衣服で，現在一般化している女性の盛装である．クバヤはレースでつくられたものが多く，ヨーロッパ製のレースも使われてきた．男性は長袖で立ち衿の上衣バジュと長ズボンのスルアル・パンジャンを着用し，腰に短い腰布サンピンを巻き，頭に布テンコロックを着ける．こうした現在の民族服のような体形型衣服が着用される以前は，縞や絣柄などの一枚布が腰に巻かれ，着用されていた．

図12 タイのパー・ヌン

●**フィリピン** フィリピンは大小7,000あまりの島々からなり，居住するのはほとんどがマレー系の住民である．この代表的な衣服にメスティサ・ドレスとよばれる女性の衣服がある．現地ではテルノとよばれる晴れ着で，パニュエーロまたはバクサとよばれるブラウスと，サヤとよばれる絹製のスカートからなり，大きな袖に特徴がある．メスティサとは，土着の人々とヨーロッパ系の人々との混血女性を意味する語で，彼女らが着用した衣服であるパニュエーロの素材としては，パイナップルの葉脈繊維を糸にして織った薄い透けるピーニャや，普段着にはアバカの植物繊維を手織りしたものが使われ，これらの素材は通気性が大きく，着用すると涼しさが感じられるものである．また，男性の衣服にもパイナップル繊維布を用いた白の上衣バロン・タガログがあり，この上衣に黒か紺のズボンを組み合わせて盛装としても用いられる．

インド（ネパール），ブータン

●**インド（ネパール）** インドはヒンドゥー教の国として知られるが，イスラーム教徒も混在して居住するため，両方の信仰にかかわる民族服の文化は混在しているといえる．女性の衣服は，サリーとチョリ（短いブラウス）の組み合わせに代表される．サリーは，インドの民族服を象徴するものであるといえる．これは主にヒンドゥー教徒が着用し，1mほどの幅で5～10mほどの丈の一枚の長大な布

を腰から肩に巻きつけて着るもので，着方によって年齢，階層，居住地域などを表す．素材は綿，絹，化繊などが用いられ，金・銀・スパンコールなどの刺繍がほどこされたものもある．ヒンドゥー教では，縫製した服の縫い目には魔物が宿るとされて嫌われ，縫製されていない衣服を清浄と考えたことから，サリーをはじめ，男性の下衣ドーティや頭布ターバンも一枚の布が基本となっている．これらの一枚布は，地域や階級によってその巻き方や素材などがさまざまである．チョリ，ガーグラ（ギャザースカート）とオダニ（ベール）の組み合わせは，サリーに次いで主要なもので，カシミール州，ラジャスタン州などの広い地域で着用されている（図13）．男子の服装は，ヒンドゥー教徒の一般的なものとして，先に述べたドーティとよばれる一枚の白木綿布を腰に股をくぐらせて巻きつけ，シャルワール（ズボン）の上に，衿なしのクルタ（チュニック）を着用する．

　ヒマラヤ山脈の中央にあるネパールは，文化的にインドの影響が大きい．ネパール人男性は，肩と脇で紐留めする上衣と，膝下がぴったりしたギャザーの入ったズボンを組み合わせ着装するが，これはインド北部や西部の男性の衣服スタイルと似ている．ネパール人の女性の服装は，インドのサリーとほとんど変わらない．サリーと合わせるブラウスは，インドでは半袖で前中心合わせであるのに対し，ネパールでは，寒い地方に適した形であり，長袖で前を深く合わせる形式になっている．一方，チベット人はきもののような衿と打ち合わせの，毛織物でつくられた長袖の長衣に帯を締めるスタイルを基本としている（図14）．その下には，中国風の上着や，女性はきもの風の衿のブラウスを着ている．女性には，ブラウスの上に袖のない長衣を着るスタイルもみられる．

図13　インド・カシミール地方の民族服

●ブータン　ヒマラヤ山脈の東部に位置するブータンは，民族服の着用を国民に定めている．衣服の形は，季節による温度変化と日中の温度差の大きい気候，山地という風土に適している．男性の衣服であるゴ（図15）は，幅広のきもののような形で，深い打ち合わせがあり，ゆったりして暖かい衣服で，暑い時にはゆとりがあるので肩から脱ぐことも可能である．下半身は膝下の丈のため歩行を妨げず，山地での生活に適しているといえる．女性の衣服キラ（図16）は，腰幅ほどの布を3枚接ぎ合わせ

図14　ネパールの民族服

図15 ブータンの男性用ゴ［国立民族学博物館蔵］

図16 ブータンの女性用キラ［国立民族学博物館蔵］

て一枚にした布であり，腰に巻き，帯で留める．これも重なり部分が多く，暖かく動作を妨げない．衣服の素材は，木綿と絹が主であり，一部の山地では羊毛も用いられている．

中央アジア，ウズベキスタン，イラン，イラク，トルコ

●**中央アジア** 中央アジアとは，中国のタリム盆地からカスピ海までの内陸乾燥地帯をいい，この地域はイスラーム文化圏である．西トルキスタン，カザフスタン，キルギス，ウズベキスタンには，トルコ系民族が居住する．この広範囲な地域は，歴史的にさまざまな民族の影響を受け，13世紀にはモンゴルの支配下になり，その後ティムール王国によってイスラーム教化された．16世紀以後，海上交通が発達すると，中央アジアはそれまでの陸の交通の要所としての機能を失い，衰退していった．そして19世紀後半には，ロシアの支配下になったが，この地域の民族の服飾にはその歴史の推移が影響を及ぼしている．

●**ウズベキスタン** ウズベキスタンは，西トルキスタンのほぼ中央に位置する．ウズベキスタンでは，古くから木綿や絹が生産され，その生産は行政の支援を受けて行われてきた．ウズベキスタンの衣服の布として，鮮やかな色彩と大胆な文様のアドラスとよばれる経絣布が知られている（図17）．ウズベキスタンの女性は，クイナックとよばれるスモック風の絣のドレスとゆったりしたズボンを着用している．男性は，冬にはチョポンとよばれる丈長の上衣を着て，鮮やかな色のベルボックという帯を結び，頭にはつばのないドッピという帽子を被る．

図17 ウズベキスタンの女性の民族服

●**イラン** この国は，中央部にイラン高原が広がり，その

北部や西部には山麓が連なる地形をもつ．イスラーム教国であり，女性は男性に顔をみせてはいけないという信仰による規範・慣習があり，女性はチャドルという頭から体全体を覆う布を着ける特徴がある．古くはシャルボールという木綿のズボンをはき，シャリテという短いスカートを重ね，ピッシネという胸あてをしてジレという上着を着けた[1]．その上からシャルガットというショールを掛け，外出の時にはこれらの上からチャドルを被ったという（図18）．しかし現在，生活の近代化が進み，チャドルの下は日常着となった洋服であり，また，チャドルを単に羽織るだけになっている例もみられる．

図18　イランのチャドルを着る女性

●**イラク**　イラクの女性は，頭からすっぽりかぶり，古くは目の部分にのみレースをつけたマント型のものを着用する．これはアバーとよばれ，この下にはトウブとよばれるペティコートとブラウスを着用したが，今日ではイランと同様に洋服を着用する場合が多く，また，アバーを着用しない例も多くみられる．これは長く続く戦争によるものである．男性は盛装として，ツブンとよばれるガウンに，ミシュラーとよばれる黒や茶の羊毛の織物でつくられたゆったりした上衣を羽織ることが知られている[1]．

●**トルコ**　トルコのイスタンブールは，古くからキリスト教，イスラーム教の拠点となって，東西の文化交流の地として栄えてきた．トルコの衣服は，特に王スルタンの宮廷でのハーレム・スタイルが象徴的なものとされてきた．しかし1923年以降，ケマル・パシャによるトルコの新国家建設によって，生活の改善が行われ，その結果，イスラーム教女性の，顔を覆う服装も廃止された．衣生活は洋風化し，世界的に知られるハーレムの服装は，日常生活ではみられなくなった．今日では観光用あるいは伝統舞踏の衣裳にみられる．ハーレム・スタイルの代表的なものは，幅広のビロードの一枚布に，足を入れる部分だけを残して袋状に縫ったゆったりしたシャルワール（脚衣）と，直線裁ちの長袖ボレロを着け，トーク型のフェズ（帽子）を組み合わせたもので，ビーズやスパンコールで緻密に刺繍されている．履物は先がとがり刺繍やふさがついたスリッパ型のバブーシュが用いられる．

〔松本由香〕

📖 **参考文献**

[1]　田中千代：新田中千代服飾事典，同文書院，1026，1991．

アフリカ

図1 ガラビア ［出典：丹野 郁 監修「世界の民族衣装の事典」，東京堂出版，p. 156，2006］

図2 ガーナの女性
［撮影：筆者］

　アフリカの中央にはサハラ砂漠が大きな位置を占めており，それぞれの地域には気候や文化によって共通する衣服が用いられている．

●北アフリカ　エジプトでは，夏は木綿でつくられるが，寒い季節には羊毛を用いた長い衣服であるガラビアが用いられる．前中心にスリットがあり，袖は広くて長く，シャツ型の衿の付いた形もある．男性は下にズボン型の下衣をはく（図1）．女性のガラビアは，色彩が豊かで装飾がある．寒い季節には毛織物の上着を羽織ることもある．

　エジプト以西のモロッコ，アルジェリア地域では，ベルベル人に共通する衣服がある．それはジェラバというフード付きの長い衣服であり，形はガラビアに似ていて，ゆったりと全身を覆っている．男性は無地や縞模様のジェラバの下にズボン形の下衣をはく．女性のジェラバには装飾的な縁取りや刺繍がある．また，女性は前開きのシャツ型やカフタンという長衣も用いる．防寒用には袖なしのケープ型にフードの付いた半円形のセルハムという外衣を用いる．また，巻き衣形式の衣服がジェラバの上に着られる．男性用はクサーやハイクといい，白い毛織物でつくられる．女性のハイクは模様のある薄手の木綿や毛織物でつくられ，巻き方は地域により異なっていて，頭を覆って顔を隠す着方が多い．

●西アフリカ　この地域では伝統的な織物を用いた豊かな衣裳が特徴である．それらは赤，黄，橙，茶，緑，黒などのカラフルな色の幾何学的な模様が織られた幅12.5 cmまでの細幅の織物で，それを接いで大きな幅の布として使用する．その接ぎ方によってさまざまな模様を生み出し，特徴となっている．

　ガーナでは綿，絹，あるいはそれらの交織である細幅の布をケンテ・クロスとよぶ．これはガーナ周辺のアシャン

ティ族の王族に用いられた織物であり，巻き衣として着装し，右肩を露出した着方もみられる（図2）．

ナイジェリア南部の女性たちは，袖幅の広いワンピース型の衣服を着て，その上にケンテ・クロスをスカートのように巻き，残った布を手や肩にかけている．

これらの地域では藍染めも盛んになされている．また，絞り染め，手描き糊，型紙糊などで防染したさまざまな色彩の模様染めがみられ，細幅織の布に染められたものも多い．

●中部アフリカ　コンゴではラフィアヤシの繊維を平織りにし，幾何学模様を刺してから染め，あとから糸を取り除く方法が行われている．刺した糸をカットしてビロードに似た風合いに仕上げた布には，幾何学模様が施されている．この布を腰巻のように体に巻きつけてベルトで留める．ビーズは装飾やアクセサリーに用いられている．

●南部アフリカ　アンゴラ，ザンビア，南アフリカ共和国では，伝統的にビーズを多用した衣服である．男女ともに腰布をつける程度の衣服である場合が多いが，それらは表面が色彩豊かなビーズで覆われている．また，ビーズ細工のベルトや装身具，携帯用袋などは，豊かな表現力をもったものである．

●東アフリカ　ウガンダ，エチオピア，ケニヤ，タンザニアなどの地域では，男性はゆったりとした貫頭衣形式の長衣に，コフィアという縁なしのイスラーム風の帽子を被っている姿がみられる．女性はカンガという巻き衣が代表的である（図3）．カンガは 160×110 cm の綿布で，2枚一組で使用する．1枚は胴部から下の身体に巻いてスカート状にし，もう1枚は頭から被って上半身を覆い，前中央で留める．

カンガはスワヒリ族が用いたことから，スワヒリ語の格言や教訓，愛情表現などが布に染められている．男性が祝いのときに女性に贈る習慣がある．カンガのメッセージは大きな役割をもっていて，適切な格言を時と場合によって着装する．本来は巻き衣として着るものであるが，さまざまな着方がみられるようになっている．カンガの模様の種類は多く，四辺の縁取りの中に，豊かな色彩で幾何学模様や植物模様などがアレンジされ，その間に格言が染められている．

〔佐々井啓〕

図3　カンガ　［出典：アフリカ理解プロジェクト 編「見る・つくる・知る　おしゃれなアフリカ（1）アフリカンドレス」．第2版，明石書店．p.8．2010］

ヨーロッパ

　中世の封建制度のもとでは農民の衣服は素材や色，かたちが制限された素朴なものであった．封建制度が廃止されると，農民の衣服はそれぞれの農村社会で培われてきたモラルや習慣によって規定されるようになり，日常着に加えて日曜の礼拝，祝祭，儀礼などのために手の込んだ特別な衣服がつくられた．女子服はブラウス，スカート，エプロン，男子服はシャツ，ズボン，ベルト，飾り帯を基本として展開され，細部の装飾的な要素に特徴がみられる．19世紀のロマン主義者たちは，農村部の生活と文化の中に民族的なるものを求め，地方色豊かな農民服をその象徴として賞賛した．ヨーロッパの民族服は，このような外部の視点によって18世紀の後半から19世紀に見出されることで確立し，民族的な要素を表象するという点において，ナショナリズムを高揚するための媒体として用いられることがあった．産業革命後の都市化の広がりとライフスタイルの変化は，各地の民族服に変化と衰退をもたらし，今日では祝祭や儀礼の場に残されているものの，一部を除いては日常的な着用をみることはほとんどない．

●**北欧**　北欧は早くから開けていたこともあり，民族服には近世以降の服飾が複合的に組み合わされている．この傾向は男子服に顕著であり，女子服はブラウス，ボディス，スカート，エプロンが一般的で，色や柄，装飾に地域ごとの特色がみられる．スカンジナビア半島の南部，ノルウェーと国境を接するスウェーデンのダーラナ地方には，レークサンドの縦縞のエプロンなど特徴的な民族服が残されている．スカンジナビア半島北部からフィンランド北部，ロシアのコラ半島にかけての北極圏には，独特の文化をもつサーミとよばれる人々が住んでいる．サーミの衣服は，現在では羅紗地でつくられているが，男女ともにワンピース形式のチュニックにズボンを合わせている．サーミのシャーマニズムに基づいて配置された装飾は，丹精な織りによるリボン状の帯装飾を特徴とする．

●**中欧**　東西ヨーロッパの中央に位置し，最も華やかな民族服をみることのできる地域である．この地域の特色は，ドイツやオーストリアなどドイツ語文化圏とスラブ文化圏が，互いに影響を与えながら混在しており，さらにトルコなど東方の影響がみられることである．チェコでは，ハプスブルグ家の支配の時代に繊維産業が育成され，レースや刺繍の華やかさと鮮やかな色彩を特徴としている．モラビア地方では，細かいプリーツが施された袖と前後2枚で構成されるスカートが特徴である（図1）．中欧諸国の東側に位置する東欧の国々は，周辺の大国の侵

図1 モラビア地方（チェコ）の女性用衣装　［文化学園服飾博物館蔵］

図2 ギリシャの儀仗部隊の制服　［出典：芳賀日向「ヨーロッパの民族衣裳」，グラフィック社，p. 37, 2013］

攻と搾取や支配を受けた歴史と複雑な民族構成をもつ．数多くの民族服が存在するが，交通の要所をはずれた山岳地帯に，ヨーロッパの民族服の古い形式をみることができる．スモック，コート，エプロンなどには刺繍が入念に施されており，織物にも秀でている．装飾のモティーフとしては，地母神像に由来する豊穣の女神や生命の樹が好まれ，地方色豊かな展開をみることができる．

●**南欧**　地中海を中心とした文化圏に属する国々は，地理的にもオリエントの影響が強く，鮮やかで多彩な色彩，刺繍や編物などに特徴がある．海岸部と内陸部，山間部で異なるが，イスラームやビザンティン，トルコなどの様式がみられる．今日のギリシャの儀仗部隊の制服（図2）は，1832年にトルコの支配から独立した後に国民服とされた，山岳地帯で着用されていた民族服である．これはヨーロッパとオリエントの服飾文化の融合であるといえよう．　　　　　　　〔松尾量子〕

📖 **参考文献**
[1] パトリシア・リーフ・アナワルト，蔵持不三也 監訳：世界の民族衣装文化図鑑（1）中東・ヨーロッパ・アジア編，柊風舎，2011.
[2] 丹野　郁 監修：世界の民族衣装の事典，東京堂出版，2008.
[3] ジェームズ・スノードン，石山　彰 訳：ヨーロッパの民族衣装，文化出版局，1982.

ロシア

ロシアの古名「ルーシ」の語源は，9～10世紀に現在のウクライナにあった東スラブの国の一地方に由来するといわれている．18世紀初頭ピョートル1世によるロシア帝国建設以降は，東スラブ民族だけでなく，異民族が入り交じるようになった．1917年のロシア革命後は，ソビエト連邦が成立し巨大な多民族国家が形成されたが，1991年ソビエト連邦が崩壊し各共和国は独立した．現在のロシア連邦は，東スラブ民族人口が大多数を占める一方，テュルク系，コーカサス系，ウラル系などの多くの非スラブ民族が住んでいる．

●**ロシアの代表的な民族服** ロシアの衣裳には，その寒い気候に適した重ね方がみられる．スラブ人の衣装の組み合わせは，女性の場合，ルバシカ（またの名をルバーハ）とよばれるシャツ（図1）にジャンパースカート状のサラファン（図2）を重ねたり，スカートと組み合わせるなど地方により異なる．男性は，ルバシカとシタヌイとよばれる脚衣が，主要な組み合わせである．さらに男女とも気候，地域，用途などにより，ベストやジャケットなどさまざまな外衣を着用する．また被り物は，季節を問わず一般的であるが，ロシア帽の名で知られているウシャーンカやマラハーイなどは冬にかぶる代表的な帽子である．

女性用ルバシカは筒型の形状をしており，麻や木綿などで仕立てられている．特に晴れ着用のものは，上質な薄手の白地が用いられ，袖が豪華に膨らんでいる．女性用ルバシカは肩や袖，衿もとに連続模様の刺繍がほどこされる．ロシア北部地方では，ルバシカの上にサラファンが重ねられる．サラファンの意匠は，直線

図1 男性用ルバシカ ［国立民族学博物館蔵］ 図2 祭日用サラファン ［国立民族学博物館蔵］

的な円筒のものからまちを大きくとるもの，肩紐をつけたもの，前開きのものなどさまざまである．サラファンはベルトや紐でウエストをしめるのが一般的な着用法とされる．南部など地域によっては，ルバシカにパニョーヴァとよばれるラップ式スカートを着用するところもある．パニョーヴァやサラファンの上には，ヨーロッパの女性服には欠かせないエプロンをつける．これらの衣服にほどこされた刺繍や色合いには，宗教的な意味や豊穣を祝うことを示すなど，民族によって多様な個性がみられる．さらに，サラファンの上からドゥシェグレーヤとよばれる上着を羽織るが，着丈，袖丈もさまざまで，素材もウールやキルティング，金襴，緞子など季節，行事に合わせて仕立てられる．防寒用外衣としては，男女を問わず，毛皮のシェーバとよばれる外套を用いる．ウクライナ地方の女性服は，名称は異なるがロシア南部の服装に近く，ジャンパースカートの上に前開きのラップ式スカート，エプロン，ベストが組み合わされる．

　男性はシャツであるルバシカをシタヌイの上に出して，その上からベルトでしめる．男性用ルバシカも筒型衣で，着丈は膝からくるぶしまである．詰衿または衿なしで，左衿もとでボタン留めされるのが一般的である．外衣としては，軽く羽織るカフタンや天気の悪いときに羽織るアルミャークなどがある．

●**コーカサス地方の衣裳**　ロシア連邦に属する北コーカサスの女性服は，長丈，前開型のルバシカに，サラファンではなくシタヌイをつけ，スカートを組み合わせる．グルジアやアルメニア，アゼルバイジャンからなるコーカサス南部でも，サラファンではなく，上衣に脚衣，ギャザーの入ったスカートが組み合わされる．コーカサス諸民族の男性の代表的衣服に前開型コートのチェルケスカがある．コートは夏でも着用され，コーカサスの男性にとって，なくてはならないものである．ウエストにはまちが入っているため，裾広がりのシルエットをなす．胸元をあけて着用し，装飾のほどこされた金属性のベルトをしめる．

●**シベリアの防寒服**　厳寒のシベリアでは，ネオツ族をはじめとする諸民族がトナカイとともに暮らしている．トナカイは，運搬としてだけでなく，肉は食用，皮は住まいにまで用いられる．衣服においては，マリチャやソクイなど地域によってよばれ方は異なるが，トナカイの毛皮を利用した防寒服を男女ともに着用している．マリチャはフードと手袋がついた内毛のもので，素肌に直接着用することができる．

〔佐藤恭子〕

📖 **参考文献**

[1]　丹野　郁：世界の民族衣装の事典，東京堂出版，2006．

アメリカ

北アメリカ

●**アメリカ・インディアンの服装**（図1）　アメリカの先住民族はアメリカ・インディアンとよばれ多くの部族があり，部族ごとに独自の文化を形成している．人口が多いのはナバホ族，プエブロ族，アパッチ族であり，アメリカ・インディアンのイメージとして広く知られているのはスー族である．プエブロ族は農耕を行っているが，多くの部族は半遊牧民的な生活を送っており，狩りで仕留めた動物の毛皮が衣服の素材として使われていた．毛皮は獣皮の形をそのまま（裁断や縫製などはせず）利用しており，身体に巻き付けて着用した．ほかに衣服の素材としては，羊毛や植物の繊維を用いて糸を紡ぎ布を織っていたが，ヨーロッパからの入植が始まった後は工業生産された糸や布地も徐々に普及していった．装飾にはフリンジ，ビーズ，ヘアパイプ，ヘラジカの歯，刺繡などが用いられており，刺繡などに用いられる文様は部族により異なっている．

多くの部族で男性は腰巻を基本の衣服とし，革でできた脚絆型のレギンスをつけ，モカシンとよばれる靴を履いていた．上半身は裸のことが多く，寒さをしのぐためにポンチョなどの上衣を着ることもあった．衣服の中でもレギンスは個人の記録を刻む重要なものであり，戦いの成果などが絵文字のようなものやビーズで表された．レギンスは左右に分かれた筒状のもので，腿を覆う長さがあり，腰ベルトに留めて着用した．19世紀になると西洋風の服装が取り入れられ，腰巻は白いズボンになり，チュニック型のシャツを着てベルトを締めるようになった．シャツにはフリンジがつけられることが多く，フリンジ飾りはインディアン的なモチーフとしてファッ

図1　アメリカ・インディアンの服装の例（男性）　［フィールド博物館蔵］

図2　頭飾り　［シカゴ美術館蔵］

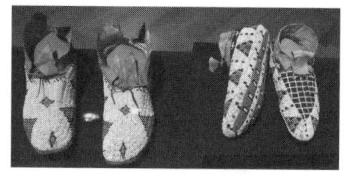

図3　モカシン　［セントルイス美術館蔵］

ションに取り入れられることも多い．また，インディアンのイメージとして広く普及している羽根のついた頭飾り（図2）は，多くは戦闘の際につけたものである．モカシン（図3）は鹿の皮を縫い合わせて足を包むようにつくった靴であり，フリンジやビーズの飾りがつけられている．現在ではさまざまな素材のモカシンがつくられ，流通している．

　女性は巻きスカート，レギンス，モカシンを着用することが多いが，スカートの代わりに皮をワンピースのように着付ける部族もあった．巻きスカートの場合は男性と同じように上半身は裸であるが，寒い地域では上着を着る習慣があった．また，入植者との交流が生まれてからは長袖で腰丈のブラウスにゆったりとしたスカートという服装が取り入れられていった．機織りはほとんどの部族で女性の仕事であるが，ホピ族だけは男性が行っていた．

●ナバホ・ブランケット　ナバホ族は1700年ごろから機織りを始めており，ホームスパンの糸を植物で染めて独特の文様を織り出した毛布をつくっている．これは外衣として羽織って着るものであり，赤色が好んで使われた．入植者達が機械紡ぎの糸とアニリン染料を持ち込み，毛布はナバホ・ブランケット（図4）として19世紀後半には業者や観光客向けに生産されるようになった．販売用のブランケットは主に敷物として使われることを想定しており，より複雑な文様が織られている．

図4　ナバホ・ブランケット〔フィールド博物館蔵〕

〔太田　茜〕

ラテンアメリカ

　合衆国以南のアメリカ大陸の国々（カリブ海を含む）は，ラテンアメリカとよばれる．33の独立国と20あまりの非独立地域から構成されるこの地域は，植民地期の宗主国スペインとの関わりがとりわけ深く，これまでさまざまな異文化接触を経験してきた．そうした歴史的，文化的背景から，この地で着装される衣は大きく分けて以下の3種に分類されよう．それは①先スペイン期起源のもの，②16世紀に始まるスペインとの文化接触やカトリック教の布教を通じてこの地にもたらされたもの，あるいはそれらが先スペイン期起源の装いと混交したもの，③Tシャツやジーンズをはじめとする大量生産のファストファッション（それらは主に合衆国から持ち込まれる）である．

　世界規模の経済活動が定着した21世紀の現在，かつては地域や風習に根ざし

た衣裳を着装していた人々も今では西欧風の服装へと転じ，伝統的な衣習慣を継承する人々の数は激減している．男女別に比較すると，公的な社会経済活動に関わる男性のほうが，明らかに洋装化傾向が強い．ところが，北米のメキシコや中米のグアテマラ，南米の中央アンデスといった先スペイン期起源の先住民文化の影響が根強い地域では，洋装化していく男性を尻目に今もなお先スペイン期あるいは植民地期起源の伝統的な衣裳をつくり，それを装い続ける女性の姿がみられる．そうした女性たちが着る衣の1つが貫頭衣である．形状は同じでもその呼称には地域差がみられる．また，それが現在も着装され続けている地域もあれば，植民地政策の一環として着装が禁じられた地域もある．

　メキシコやグアテマラでは，1枚から3枚の布地からつくられる貫頭衣がウイピルとよばれている．Tシャツのように頭と腕を通して着装するこの衣は，体の大きさに合わせて布を裁断し仕立てるのではなく，布の端と端を縫い合わせてつくられることから，女性たちは自身の体型の変化を気にすることなくこの衣を着続けることができる．グアテマラの中西部高地では，さまざまなウイピルを着たマヤ先住民女性の姿がみられる．ここでは女性がマヤ文明起源の織機（後帯機）を使って布を織り，その織布からウイピルがつくられ，着装され続けている．衣のデザイン・紋様・色使いなどに示される細かな違いが，それぞれの女性たちの所属（出身村や出自など）を表している．

　メキシコではウイピルに加え，ケチュケミトルという名の肩にかけるケープ状の上衣が着装されている．それは後帯機で織られた布に，星や花のモチーフ・動物・幾何学紋様など，自然を模したさまざまな紋様が手刺繍で配される華やかな衣である．織布にあしらわれた紋様や色使い，あるいはその製法によって，作り手の所属の違いをうかがい知ることができる．また，植民地期にスペインからもたらされたブラウスは，先住民とスペイン人の混血にあたる人々（メスティソ）に好まれた衣であった．この衣にもまた，手刺繍をはじめとする細やかな手仕事のひと手間が加えられる．

　先スペイン期の中央アンデス地域では，男女ともに貫頭衣を着装していたことが考古資料からたどられる．貫頭衣はウンクとよばれ，ウイピルの両脇部分を縫い閉じないものは，ポンチョと称される．植民地政策の一環として，スペインの為政者は，現地の人々にウンクの使用を禁じたことから，現在この地域で着装されている民族衣裳には，植民地期スペインの民俗服の影響が色濃い．一方，今もこの地の人々が着装し続けるポンチョは，植民地期にスペインからもたらされた羊や現地生まれのリャマやアルパカなどの獣毛を使ってつくられる暖かな衣である．

このように，ラテンアメリカの衣文化は，先スペイン期や植民地期起源の装いを原型とし，そこに素材や製法に時代ごとの新しい嗜好が加味され，進化を遂げていくさまがうかがえる．こうした現在進行形の衣文化には，常に不変性と変化の両側面がたどれるのである． 〔本谷裕子〕

オセアニア・南太平洋文化圏

　オセアニアは南太平洋に位置する，ミクロネシア，メラネシア，ポリネシアで構成される地域である．日本人にとってはグアムやサイパン，ニューカレドニアやフィジー，ハワイやタヒチといった，いわゆる南の島のリゾート地として身近に感じる地域でもある．熱帯性気候に適した衣服として，本来は被覆部の少ない男性の下帯や女性の巻きスカート型の下衣が主であった．

●**ミクロネシア**　サンゴ礁をその大地としているため，土質が痩せており植物の生育にはあまり適していない．そのために，この地では靱皮繊維を利用して織り上げられた布や，ヤシの葉を細く裂いたものが腰巻衣に利用されている．

●**メラネシア**　ニューギニアは少数民族ごとの独自の文化が今日でも色濃く伝わり，山岳地帯の少数民族では今日でも日常的に伝統的な服飾形態が着用されている．部族ごとに特徴があるが男性は鼻飾り，ペンダント・帯・腕輪さらにペニスケース，またボディペインティングも含め，装飾性に富んだ装いがみられる．

●**タパ**　フィジー，トンガ，サモアの島々では，カジノキの樹皮をたたきのばしてつくったタパ（tapa）が衣服用の布として，また紙の代用品として使用されていた．タパには各島独特の模様が型押しされており，タパクロスは体に巻きつけて着用する衣服として使用するほか，敷物や家の装飾品にも使用されている．ハワイ諸島でもタパは使用されていて，天然染料を用いてカラフルであったという．男性は腰帯，女性は腰巻型のスカートである．

●**パウ**　ハワイ諸島では，バナナの外皮やティ・リーフの繊維を利用してつくられた，パウ（pau）とよばれるゆったりとした巻きスカート型が用いられた．パウはフラダンサーの衣裳として，南の島をイメージする典型的な衣裳であろう．

●**キヘイ**　鳥の羽を巧みに用いた豪勢なキヘイ（kihei）は，肩にかける大型のケープである．これは熱帯地方の鳥たちの鮮やかな羽の豊かな光沢が特徴の，島の王や部族の長といった男性が着用する，身分・権威の象徴としての服飾品であった．その丈の長さや使用される鳥の羽の種類，色合いにより身分の違いを表している．

●**レイ**　ハワイでよく目にするレイ（lei）は，生花に限らずその素材は葉，種子，果実，貝殻，動物の骨，鳥の羽と多様である．それは自然界の万物への信仰とも重ね合わさり，お守り，魔除け，身分の象徴といった役割が込められている．

●**ムームーとホロク**　これらは19世紀の西洋文化の流入とともに変化したものである．現代のハワイの服飾として，女性たちが着用しているムームーは多くの

人が見知っているであろう．カラフルな色彩に大きな花がプリントされた布を用いた，ゆったりとしたワンピースである．その多くは胸もとが大きくあき，ノースリーブやフレンチスリーブである．このような服装は腰布が基本であったハワイの女性が，19世紀に欧米人宣教師の指導のもと，服装を改めていった経緯から生まれた．上半身を露出するその風俗を戒められたハワイの女性たちは，当時のヨーロッパのドレスの形式を一部模倣し，かつ，ハワイの気候に適応させたホロク（holoku）を着用した．その衿もとは詰まっており，長袖，しかしウエストは細く締めずに胸もとから裾に向けて広がる，Aラインのロングドレスであった．ふくよかなハワイの女性たちの体型に合わせてという意図もあろうし，体幹部の風通しをよくして熱帯気候に適合させている点も見逃せない．19世紀後半にハワイを訪れたイギリスの女性旅行家イザベラ・バードは，現地の女性たちの風俗とコルセットを着用する自らの服飾とを比較して「白人女性も，ホロクを着れば，少しは憂鬱な時間が減るかもしれない」と記している．ホロクの裾丈や袖が短く，より軽快になったものがムームーである．ハワイ語で「短く切り取られたもの」という意味であるmuumuuから名づけられている．近年ではハワイアン・ウエディングドレスのことをホロクと説明する場合もあるが，婚礼衣裳に限るものではない．

●アロハシャツ　ハワイの男性服飾品であるアロハシャツは，ゆったりとしたストレートシルエットの半袖・開襟シャツである．その原型は長袖のパラカ（palaka）とよばれたチェック柄の作業着であった．やはり衿もと，袖口，裾まわりと開口部が多い衣服は熱帯気候に適している．現代ではハイビスカスやヤシの木などの植物柄や波乗りといった，ハワイをイメージさせる大柄の模様使いが代表的なデザインである．しかし，このようなデザイン性に富み色鮮やかなアロハシャツの出現は，19世紀後半からハワイに移住を進めた日系人によるところが大きい．1930年代に日系人が所有する着物や反物からパラカを模して仕立てたことから人気になり，その後，京都の友禅染がアロハ用の布地を生産・輸出したことが，今日のような模様表現へとつながった．30年代から50年代に生産された和柄のアロハシャツは，ヴィンテージアイテムとしてコレクターに愛好されている．

●パレオ　今では女性用のビーチウェアの一種に転用されているが，本来は男女ともに使用する大判の巻布パレオ（pareo）も民族服飾の1つである．腰だけに，あるいは片肩から，とその巻き方は多様である．1890年代にタヒチに魅せられたゴーギャンの絵にも，パレオを身にまとう女性が描かれている．だが，『タヒチの女』（1891年）にはホロクを着用する女性も描かれており，ゴーギャンの目には楽園と映ったこの島もすでに西洋文明に侵食されていたのである．　　　〔山村明子〕

Chapter 21

衣服とデザイン

服飾デザイン ―――――― 522
服飾の形態 ―――――― 524
色彩の原理 ―――――― 526
模様 ――――――――― 530
伝統染織技法 ――――― 534
ファッションイメージ ―― 542

服飾デザイン

　服飾は着用することで着用者の美的表現を高めることはもちろんであるが，人体が活動することを前提にデザインされている．しかし，その運動機能性や生理的機能性についてはその服飾を着用する状況，場面において求められる度合いによって異なっている．すなわち，より活発な活動を求められるスポーツウェアは，動きやすさや吸汗性を重視したデザインが求められる．その一方で，芸術的な表現性を重視する衣装では，時には運動機能が阻害されたり，生理的機能が不適切でも，スタイリッシュなシルエットや，過重な装飾が求められる場合もある．「用」と「美」のバランスはその服飾の用途によって，異なってくるのである．

●**服飾デザインの要素**　服飾デザインは主に，四種の要素から構成されている．形態，色彩（「服飾の形態」「色彩の原理」参照），素材感，表面装飾である．私たちは日常的にこれらの要素を判断基準にして衣服を選択している．素材感とは，服飾素材として主に使用される織物，編物などの質感である．これは外見だけではなく，肌触りや硬軟性などが関連して，服飾イメージ（「ファッションイメージ」参照）を形成している．天然繊維を例に挙げて比較しよう．細く長いフィラメントである絹は，繊細な滑らかさと優美な光沢をもつ．それらは女性的なイメージを形成する服飾デザインに適した素材である．一方，短繊維の綿は，しなやかさや光沢は絹にはるかに及ばないが，ラフでカジュアルな印象を与え，若々しいデザインに適している．さらに，しなやかさという物性をもつ布帛は，着用に伴う動的な表現も生み出す．例えば，風を受けて翻るフレアースカートの裾や，動作とともにそっと揺らぐ振袖のたもとは，動きそのものが美的表現の要素である．また，長いドレスの裾が歩を進めるとともにさらさらと衣擦れの音を生むさまは，服飾デザインが視覚のみならず，触覚，聴覚に訴える要素をもつものであることを意識させる．

　服飾の表面装飾の要素には，多様な模様表現（「模様」「伝統染織技法」参照）のほかに，フリルやレース，リボン，ブレード，パイピングなどの副資材の添加が挙げられる．また，本来は留め具としての機能を果たすボタンやファスナーなども，デザイン上のアクセントとして装飾的な効果も果たしている．

●**服飾の類型**　着衣基体である人体を，布帛が包み込むその構成方法によって，服飾は類型化される．第一に，平面である布帛をそのまま人体に巻きつけたり，掛け覆うように着用する巻き衣，掛け衣型が挙げられる．服飾史上では古代エジ

プトのロイン・クロスや古代ローマのトガにその例をみることができる．今日の民族服飾ではインドのサリーやタヒチのパレオなどもその例である．服飾としての形状は単純ともいえるが，着装のテクニックによって布帛のドレープ性を活かした着装表現がなされる．第二は，頭部が通るような形に布をくり貫き，かぶるように着装する貫頭衣型である．グアテマラのウィピールなどがその例である．第三は体幹部と腕をゆるやかなシルエットで，前合わせで包む直線的な形状の衣服である．日本のきもの形式もその代表的な例である．大きな布の面を活かした服飾形態は，布の表面の織り，刺繍，染めの模様表現が効果的に活かされる．第四は，人体の体幹部，腕，脚などの各部位の形状をそれぞれ立体的に包み込む形式の体型型の衣服である．人体の凹凸を表現する西洋式の衣服は立体構成の衣服ともよばれ，服飾のシルエットによって，広い肩幅や豊かな胸のふくらみ，細いウエストやヒップのボリュームといった体型美を誇張・演出する効果がある．

●**デザインの基本原理**　造形美の基本的な原理は，服飾デザインにおいても関わっている．身長の中でウエストを分岐点とする，上半身と下半身の比率は体型型の衣服の構成では，基本的な比率（プロポーション）となる．服飾デザインは忠実に身体の形状を描き出すだけではなく，その形態や構造線によって身体のプロポーションを演出することが可能である．例えば，ウエストラインの位置をハイウエストやローウエストに設計することで，デザイン上で身体を長身に，あるいは幼い印象に演出することが可能である．また，女性服飾では，バスト・ウエスト・ヒップのプロポーションを強調する形態は，より成熟した身体イメージを演出でき，一方でそれを曖昧にすれば，未成熟さやユニセックスなイメージを演出することができる．服飾が左右対称の形態，色・柄で構成されるとつり合いがとれている状態でバランスはよい．落ち着いた安定感のあるデザインになるが，堅苦しく，面白味に欠けたデザインになる場合もある．バランスを崩し，アンバランスな状態は不安定さを感じさせるが，かえって動きを感じさせ面白みを生む．さらに，デザインの中で強調（エンファシス）するアクセントが加えられている場合は，そこにみるものの視線が引き寄せられ，強い動きや印象を与える効果的なデザインになる．また，色・柄や形が一定のリズムをもって繰り返されるデザインは，みるものの目をスムーズに動かし，軽快な印象を与える．リズムの単位が徐々に変化していくグラデーションは優雅で滑らかな印象を与える．さらに，デザインの要素が溶け合い，調和（ハーモニー）がとれているものは，まとまりがよく穏やかで落ち着いた印象を生む．しかしながら，場合によっては変化に乏しく，面白みに欠ける印象にもなりがちである．　　　　　　　　　　〔山村明子〕

服飾の形態

服飾の形態の特徴をシルエット（silhouette：衣服の輪郭線）から説明する．典型的なシルエットには，それぞれ名称がつけられている（図1）．

● 装いにおけるシルエット

シルエットのファッションイメージ

ドレスのシルエットにより，それぞれのファッションイメージがある．ディテールを変えると，ファッションイメージを変化させることができる．

- コンサバティブなシルエット……ベーシックライン，ストレートラインは保守的なイメージ．
- フェミニンなシルエット……フィット＆フレアライン，エンパイアライン，マーメイドラインは女らしい雰囲気．
- マニッシュなシルエット……パンツスタイル，ボックスシルエットは男性的な印象．
- スポーティなシルエット……Aライン，ミニスタイルは軽快で活動的．

図1 （左から）ベーシック，Aライン，フィット＆フレア

年齢別のシルエット

- 若い人向けのシルエット……シンプルで，活動的な装いを意識し，清々しさをアピールするようにする．フィット＆フレアライン，ストレートライン，Aライン，ミニスタイルが若さを引き立てる．
- 大人向けのシルエット……体型をすっきりみせるために，フィットしすぎず，上品で，落ち着いた雰囲気を醸し出すようにする．フィットしすぎないシースシルエット，ひざ丈より長めの裾広がりのシルエットが体型をカバーしやすい．

体型別のシルエット

- 細く見えるシルエット……プリンセスライン・シフトドレス等，縦のラインを強調するデザインがよい．
- 背が高く見えるシルエット……縦のラインを強調するシルエット，また，ウエストラインの位置はハイウエストがよく，ローウエストは避けた方がよい．

●**ファッション史上のシルエット**　ファッションの歴史において，服飾形態が大転換した時期がある．

18世紀のロココスタイルから，18世紀末から19世紀初頭に流行した新古典様式期の古代調ドレス（後にナポレオンの帝政時代を中心に流行したことからエンパイアスタイルとよばれるようになる）への変化である（図2）．

左は，ロココスタイルのドレスで，左右に広がるパニエと巨大な髪型が特徴．右は，ハイウエストのエンパイアスタイルのドレスで，髪型はナチュラルに．ファッションは劇的に変化した．

図2　（左）ロココスタイル　（右）エンパイアスタイル　［出典：「ファッション・プレート全集」，文化出版局］

ファッション史上のシルエットとして，「フィット＆フレアライン」の極度に誇張されたシルエットとして，19世紀半ばのクリノリンスタイルを紹介する（図3）．

****** クリノリンの流行 ******
＊19世紀の産業近代化により誕生した画期的な鋼鉄製の下着枠クリノリンは，一部の上流階級の女性だけでなく，中産階級の女性にまで流行し，ファッション層を拡大した．
＊究極のフィット＆フレアラインは，スカートのかさ高さのため，日常生活の妨げとなったが女性たちはその装いを楽しんだ．

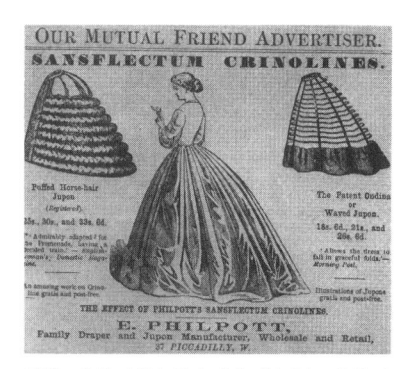

図3　クリノリンスタイル（中央）　クリノリン（左上・右上）

〔好田由佳〕

色彩の原理

色彩の原理

　色彩の原理には，「色」とその「みえ方」の2つの視点が考えられる．ひとの眼にみえる「色」とは，光と発色の織りなす世界である．ところが，同一の「色」も，まわりの色との関係やデザイン，形状，さらにはみるひとの心理状態によって違った色にみえる．「色」を使いこなすには，この「みえ方」を前提に色彩を設計する必要がある．本項では，「色」と「みえ方」の基本について説明をする．

　色の基本となるのは光の色である．ひとがみることができるのは，波長がおよそ380 nm（ナノメートル）から760 nmの範囲にある電磁波で，可視光とよばれる．可視光は波長によって異なる色を現す．760 nmの光は赤色，380 nmの光は紫色であり，虹の七色（赤，橙，黄，緑，青，藍，紫）の順に連続的にすべての色が分布する．太陽光を構成する可視光の分布（スペクトラム）に合うように可視光のすべてを合わせると，無色透明の光となる．

　光の色は，いつも透明ではない．地上からみる昼間の空の色は青く，夕刻の空の色は夕焼けの色となる．これは，可視光の分布から特定の色をより多く取り出す，あるいは取り除くことによって起こる現象である．空の色が青いのは，大気中の浮遊物によって，短い波長の光（青色光）が長い波長の光（赤色光）より多く散乱されることによる．これをレーリィ散乱とよぶ．空で散乱された青色光が眼にとどくので，われわれは空を青いと知覚する．夕刻の太陽の光は，大気の層を長く横切ってきた光であるので，散乱せずに残った赤色光の強い夕焼けの色となる．可視光の中から特定の色を取り出す，あるいは取り出された残りをみることによって，色が生まれるのである．

　それでは，絵具の色はどうであろうか．絵具の色は混ぜれば混ぜるほど黒くなる．これは，絵具（色素）の色が光の吸収の結果得られる色であることに理由がある．例えば，赤の絵具は，赤色以外の波長の光を吸収する材料からつくられる．これは，可視光から青色光を除いた光が夕焼け色にみえるのと同じである．青の絵具は，逆に青色以外の波長の光を吸収する材料からつくられる．青と赤の絵具を混ぜ合わせると，両方の光が吸収されるので，残された色は暗い色となる．

　吸収色の原理によれば，その環境にある光（光源）に含まれている以上の色を出すことはできない．衣服の色を考える場合，着装環境の光が屋外の太陽光であ

るのか，夜間の室内灯によるのかという環境の光によって衣服のみえ方（印象）は異なることになる．

　これに対し，構造色といわれるものがある．構造色は，物質の構造によって生じる光の散乱や干渉によって発現する色である．光が物の表面の構造によって散乱を受けると，物体固有の色に散乱光（白色光）が混入するため白っぽい色となる．より身近な例でみると，透明なラップフィルムをくしゃくしゃにまるめると白っぽい色になり，逆にラップフィルムをそのままかぶせて平滑な構造をつくると，表面の散乱が減り，明確な色調を示すようになる．

　光の干渉とは，可視光である電磁波の波としての重なり具合によって，波が強められたり，弱められたりする現象である．弱められた光の色はなくなり，強められた光の色は残る．光の干渉による色の身近な例に，シャボン玉の表面に現れる虹色がある．石けん水は無色透明であるが，光の干渉の結果として，膜厚に応じて変化する虹色がみえるようになる．こうした構造色という点から衣服をみると，布目の粗い素材，ビロード状の素材，またサテンなど光沢のある素材など，布地や素材の選択によって，同じ環境下で同じ系統の色を使ってもまったく違ってみえる場合があることがわかる．毛足の長い素材では，同じ布でも毛の向きによって，逆毛では色が濃くみえ，なみ毛では白っぽくみえるため，パターンの配置によってアパレルデザインに影響を与える．

　同じ環境でも色のみえ方が異なる色彩対比といわれるものは，いくつかの色が隣接して配置されると，単一の場合とは異なった色としてみえる効果である．また，色の配置（形状）によって色が異なって感じられる場合がある．

　色彩対比は，ひとの心理的機能に強く依存し，また心理的機能とのかかわりが「みえ方」を理解するうえで重要であることを示している．みえ方の基本にあるのは，見比べる（コントラスト）という考え方である．色彩対比の考え方を衣服の場合についてみると，布地，縫製，着装の各段階で色彩がどのように認識されるかを理解することが重要である．2次元の布地でみたデザインや色合いの印象と，これを縫製して3次元化した場合の印象とは異なる．また，布地の印象（みえ方）と，衣服として着装した時の印象は，大きく異なる場合があるからである．

　以上のように，服飾における色彩とは，本来の色とともに，着装環境の光，素材の選択，色の配置やデザイン（形状）といったトータルな演出により引き出された結果として捉えることができる．

〔小町谷寿子〕

参考文献

[1] 小町谷朝生，小町谷尚子：キュクロプスの窓―色と形はどう見えるか，日本出版サービス，1989.

色彩の表現,色名

●**色彩の表現** 服飾表現において色彩が果たす役割はきわめて大きく,かつ多様である.色彩はそれぞれの時代,社会,風土の中でさまざまな意味をもち,また,色彩には人間の心情や美意識が託される.

色彩により身分や地位を表すことは,洋の東西を問わず古くからみられる.日本では推古天皇 11(603)年に最古の服制,冠位十二階が制定され,朝廷に仕える人びとの位を冠の色で示すことが定められた.以来,服飾の色は政治的な意味をもち,位と不可分の関係となる.7 世紀後半には位の表示が朝服の色へと移行し,奈良時代の養老の衣服令では,一位深紫,二・三位浅紫,四位深緋,五位浅緋,六位深緑,七位浅緑,八位深縹,初位浅縹と規定された.平安中期以降は四位以上が黒,五位緋,六位緑とされ,これが江戸末期まで踏襲された.中世ヨーロッパでは,キリスト教の倫理観から身分による服装の差異が求められ,衣服の素材と染色の美しさがヒエラルキーの象徴となる.無染色の毛織物の色である茶,灰,黒は下位,美しい染めの赤,緑,青は上位という序列が形成された.赤が高貴な色とされた背景には,古代以来の,美しく堅ろうに染められたパープル(巻貝の分泌液で染めた赤紫色)への憧憬の歴史がある.皇帝のシンボルとして古代ローマからビザンチン文明へと継承されたパープルは,さらにヨーロッパに伝わり人びとを魅了した.13 世紀以降は,貝殻虫で染めた赤の毛織物スカーレットが権威の象徴の意味を受け継ぎ,フランスでは最高官僚の制服の色となった.

色彩表現は自然感情とも深い関わりがある.おだやかな風土の中で四季折々の自然と親しみながら暮らしてきた日本人は,古代より衣服の色によって装いに季節感をとり入れてきた.平安時代の宮廷社会の服飾に行われた配色の工夫「重ね色目」はその際立った例である.貴族たちは一枚の衣服の表と裏,さらに数枚の衣服の重なりに季節に応じた配色の美を求め,春の「桜」,夏の「卯花」,秋の「朽葉」のように,一定の配色を季節ごとの植物名でよび,装いに季節感を導いた.『枕草子』には「桜」の直衣(男性の私的衣服)を着けた貴族の姿が,満開の桜の景色に溶けこんだ美的な情景が描かれる.「桜」は後世の装束書によると表が白,裏が紫または蘇芳などの組み合わせとされる.重ね色目には美しい季節を待ち望み,満喫し,過ぎゆく季節を惜しむ心が託された.ヨーロッパの人びとが衣服の色に自然感情を重ね合わせることはまれであったが,数少ない例の 1 つとして,中世末期から 16 世紀のフランスに広まった,五月祭に緑衣を着る習慣がある.フランスの気候は,春と秋がきわめて短く一年は厳しい冬とさわやかな夏とにほぼ二分される.そのため五月祭の緑衣には,自然の緑が蘇る春の到来を喜び,太

陽に恵まれた夏の始まりを祝う気持ちが託され，さらに青春や恋の喜びの感情が重ねられた．一方，深い森に囲まれ自然と対峙して生活する人びとにとって緑は自然の脅威の色でもあり，それゆえに日常の衣服に用いられることは少なかった．

　色彩表現の中には，着用者の生き方に関わり，美意識として定着するものもある．町人が流行の新しい主役となった江戸時代には，前期の多様な色彩表現の試みを経て，後期には茶・鼠・藍系の渋い色を基調とした装いが，男性だけでなく女性にも好まれるようになる．『浮世風呂』三編（文化9［1809］年）に描かれる女性は，「路考茶縮緬に一粒鹿子の黒裏」の小袖に「緋縮緬の襦袢」を着け「鼠の厚板の帯」をしめた装いである．ここでは路考茶（緑がかった茶）や鼠を黒が引き立て，わずかにみえる緋色が華やかさを加えるという色彩効果を特徴としている．茶・鼠・藍の個々の色相は細分化され，一見単調な中に複雑な味わいのある微妙な色調が好まれた．このような服色の好尚は，江戸町人の生活から生まれた独特な美的態度「いき」を具現するものであった．

●色名　色名には色を抽象化してとらえた概念的な名称と具体物の名からとられた名称がある．日本人は古代から具体物による色名を多く用いてきた．『古事記』にみられる色名は，概念的な名称である赤，青，白，黒のみであるが，『万葉集』や養老の衣服令には紫，茜，蘇芳，支子（くちなし）など染料にちなむ色名が多くみられる．平安時代にはこれらの色名が細分化するとともに，和様化の流れに伴い紅梅，山吹，木賊（とくさ）色など自然の色合いを捉えた色名が行われるようになった．江戸時代には茶・鼠・藍系統を中心に1つの色相におけるバリエーションが増加し，微妙な差異を表現する豊富な色名が生まれた．藤鼠，紅かけ花色，紺桔梗，鶸（ひわ）茶，丁子茶など染料や花鳥草木による色名に加え，深川鼠，江戸茶など地名を冠したもの，路考茶など歌舞伎役者にちなむ流行色，御納戸（おなんど）色，媚（こび）茶のように自在な色名も現れ，名称が色に魅力を与えた．明治以降は化学染料やドイツ式染色法の導入によって染色が多彩になり，牡丹色や茄子紺など花鳥草木による色名の拡大とともに，新橋色や海老茶など新時代を反映した色名も流行し，ネイビーブルーなど洋風の色名も加わった．大正時代には百貨店が相次いで流行色を発表し，色相の複雑化と色名の多様化はさらに進んだ．色名の流行はその後もめまぐるしく変化したが，鶯色，栗色など，自然の情趣と色名との結びつきは現代にまで受け継がれている．

〔梅谷知世〕

参考文献
[1] 小池三枝：服飾文化論，光生館，1998．
[2] 徳井淑子：色で読む中世ヨーロッパ，講談社，2006．

模様

模様の種類

　模様はそれ自体は衣服としての機能的な役割はもっていないが，同じ形の衣服であっても施された模様が異なればまったく違った印象になることから考えても，役割は大きいといえる．また，衣服としての機能にとらわれることなく，ある程度の自由性をもって表現できるため，芸術意志を直接反映できるものと考えられる．さらに衣服に施される場合，染織技術によって模様のデザインが誘導されることもあり，染織技術との結びつきも深いといえる．
　模様の種類について用いられているモチーフによって分類し，特徴を説明する．
●**幾何学的な模様**　縞模様，水玉模様，チェック柄などの幾何学図形を基本モチーフとした模様である．特に織りで模様を表現する場合は経糸と緯糸（よこいと）で模様をつくり出すため，技術と関連して幾何学的な模様として現れることも多い．単純な形態であるためさまざまな表現の可能性や解釈の余地があり，例えば同じ三角形の連続模様であっても「鱗形」「鋸歯文」「山形」のように時代や民族によって名称が異なるなど，その文化の特性が反映されており興味深い．さらに，多角形をモチーフとしたものとしては，石畳文（正方形），ひし形，星形（五稜形），亀甲（六角形），麻の葉（六葉形），矢羽根文などが挙げられ，円形をモチーフとしたものとしては，水玉，渦巻き，扇型，巴文，七宝，青海波（重弧文），舌状文（半楕円形），線をモチーフとしたものとしては，ストライプ，チェック，山道（ジグザグ），波文，立涌（曲線）などがある（図1）．
●**自然界にモチーフを得た模様**　花柄や唐草模様のように，動植物や自然界にみ

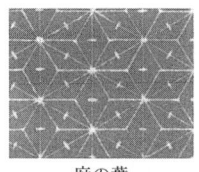

図1　麻の葉，立涌　[出典：佐々井啓，米今由希子「服飾美学」，桜楓会，p.63, 2009]

られるものをモチーフにした模様であり，多くはモチーフを簡略化，単純化することから始まる．まず，古代エジプトのロータスやパピルスの模様のように，モチーフ自体を左右対称に単純化して表現した模様が挙げられる．植物は側面からみた場合，多くは左右対称に単純化して捉えられることは理解しやすい．また，モチーフを幾何学的な形に収めるように単純化したものとしては，古代エジプトのロータスを正面からみた模様であるロゼットが代表的なものである．日本の有職文における鶴丸文や花菱などは，それぞれ鶴を丸に花を菱形に収めており，単に見たままに単純化したわけではない，より複雑な表現となっている（図2）．さらに，モチーフを連続して表現したものとして，花唐草，葡萄唐草などの唐草模様が挙げられる．

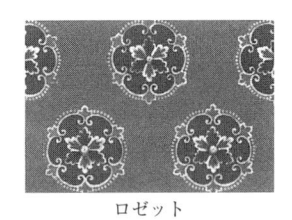

図2 ロゼット・鶴丸・花菱 ［出典：ロゼット：佐々井啓，米今由希子「服飾美学」，桜楓会，p.66, 2009；鶴丸・花菱：M.Aラシネ「世界装飾図集成Ⅲ」，マール社，p.41, 1976］

また，左右対称にモチーフを配置したものも挙げられ，鳥やライオン，鹿などの動物を向かい合わせに配置したものが多い．具体例としては法隆寺伝来の「獅子狩文錦」が挙げられる．

さらに，モチーフを単純化せずにそのまま写実的に表現した模様もある．花模様が代表的な例であるが，特に日本の描絵(かきえ)小袖には多くの優れた表現がみられる．尾形光琳の「白地秋草模様小袖」にみられるように，高名な絵師が直接小袖に描くという染織方法には，ほかに例をみない表現性があるといえる．

●**抽象的なモチーフの模様**　幾何学模様のように規則的ではなく自然の対象を非再現的に表現した模様を分類した．ケルト民族の組紐模様，ゲルマン民族の動物模様などがその例であり，何をモチーフとして表現しているのか，どこまでがモチーフなのか簡単には説明のつかないほどに抽象化された模様である．また，現代のデザインには抽象芸術の影響を受けた抽象的な模様も多くみられ，アールデコの染織模様やサン・ローランのモンドリアンルックなどがその代表例である．

模様の意味

　同じ三角形の連続模様が「鱗形」「鋸歯文」「山形」と名称が異なることがあるが，これは同じ模様であっても時代や民族の違いによって，その模様にこめられている意味が異なることを示している．

●**宗教を文化的背景としている模様**　キリスト教ではブドウや十字架がキリストを表すことはよく知られているが，ほかにも鳩は平和と精霊を，オリーブは平和を，百合は純潔を意味することなどが挙げられる．また，いくつかのモチーフで聖書の中の一節を主題として表すことも行われ，コプト織の模様に「ヨセフの一生」を主題としたものがある．日本では仏教に基づいた模様が多くみられ，蓮華や菩提樹，卍，法輪などが挙げられる．

●**寓意を表す模様**　西洋ではバラは愛の，一角獣は純潔の寓意をもつ模様として知られている．日本では，松竹梅や鳳凰，鶴亀，熨斗などはモチーフ自体吉祥の意味をもつ吉祥模様である．また，吉，寿，福などの文字をそのまま模様として用いたり，六角形の模様は亀の甲羅を連想させることから亀甲文と称されたり，円を連ねた模様は七宝文と称されたりして，吉祥模様として用いられた（図3）．

●**身分や家柄を表す模様**　紋章や家紋がある．中世ヨーロッパで成立した紋章は家，都市，職業などを表すものとして受け継がれており，百合がフランス王家，鷲がドイツ皇帝，バラがイギリス国家を意味することなどはよく知られている．日本でも家を表す家紋や神社で用いられる神紋などがあり，現在でも羽織に家紋を染め抜くなどして用いられている．

●**歌舞伎の流行を背景とした模様**　四角形が連続する石畳模様を市松模様とよぶが，これは佐野川市松という江戸時代の歌舞伎役者が用いたことにちなんでいる．また四本と五本の縞が交差する中に「キ」と「呂」の字を配して，合計九本の意の「く」との語呂合わせで菊五郎と読ませる菊五郎格子のように自らの名前を判じさせるような模様も考案された．さらに斧（よき）と琴，菊の文様で「よきこ

|亀甲|青海波|七宝|

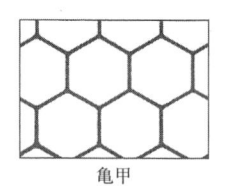

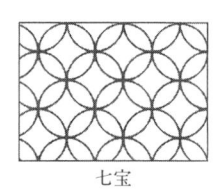

図3　亀甲・青海波・七宝　［出典：佐々井啓，米今由希子「服飾美学」，桜楓会，p.63，2009］

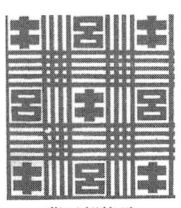

図4 菊五郎格子・よきこときく・かまわぬ ［出典：佐々井啓，米今由希子「服飾美学」，桜楓会，p.76，2009］

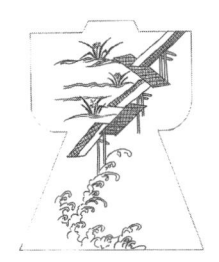

図5 流水に杜若の文様 ［出典：佐々井啓，米今由希子「服飾美学」，桜楓会，p.81，2009］

ときく」，鎌と輪と「ぬ」を「かまわぬ」と読ませる模様なども考案され，流行の様子は浮世絵などに描かれているほか，現代でも手ぬぐいや浴衣の柄などで好まれて用いられている（図4）．

●**文学作品を主題とする模様**　『源氏物語』を主題としたものとしては，夕顔と桧垣，御所車で「夕顔」の巻を表すように，巻を象徴するモチーフで構成される．江戸時代には「源氏ひながた」などの雛形本が刊行されており，その人気の高さがうかがわれる．『伊勢物語』を主題とした模様は，杜若と八つ橋の組み合わせで東下りの段を表現する模様（図5）が代表的なものである．小袖の模様として遺品や雛形本などにも数多くみられるほか，尾形光琳作の「八橋蒔絵螺鈿硯箱」のように広く工芸意匠として用いられている．また，謡曲『竹生島』を主題とした模様に波に兎の模様がある．これは琵琶湖水に月が映っている情景を月の兎が波を奔(はし)るようだとうたった内容を模様にしたもので，家康所用の辻が花染めの小袖裂など染織遺品の中にも残されている．また，大和文華館所蔵の「松浦屏風」には裾に波をあしらい，全体に兎を配した模様の小袖を着た女性が描かれている（図6）．いずれもその模様を理解するうえでは文学作品を含めた背景の理解が大切である．　〔米今由希子〕

図6 「松浦屏風」波に兎 ［大和文華館蔵，出典：佐々井啓，米今由希子「服飾美学」，桜楓会，p.81，2009］

伝統染織技法

絞り染め・板締め

　世界各地の人々の衣服を彩り，加飾する染めや織りの技法は，その土地の気候風土，文化，生活の中ではぐくまれ，伝統的技法として継承されたものもあれば，衰退したものもある．染織技法の染めは，主に織り上がった布に何らかの方法で模様を表現する技法である．例えば布に直接模様を描く技法や，布の一部を括る，挟むなどの物理的作用を加える技法や，描いた模様を何らかの物質で伏せて，すなわち防染して模様を多色に染める，または地を染める技術や，型を用いてスタンプのように模様を表現するなどの技法が存在する．ここでは染めの中でも布を括る，挟むといった物理的作用を加える伝統技法について述べる．

●絞り染め　「絞り」の身近な例は，Tシャツの一部を表現するため，その箇所をゴムで括り，染料に浸し，括った部分を解くと色が染まらず模様となり凸状の立体的なしぼが現れるのを想像してほしい．この技法は模様染めの中でも最も素朴な防染技法であるので世界の各地で自然発生し古くから行われてきた．布の一部を糸や樹皮の繊維で括り，その部分に染料が浸透するのを防ぐのである．日本における最古の絞り染めは奈良時代，正倉院伝来の染織品にみることができる．いわゆる「上代三纈」，「夾纈」「﨟纈」「纐纈」の中の「纐纈」に相当する（図1）．平安時代には遺品がほとんど残っていないが文学作品などに「くくり物」「目染」，中世の軍記物に「目結（めゆい）」などと記録に残り，使われていたことがうかがえる．室町時代から桃山時代に現れた「辻が花染」に用いられた絞りは，それまでの部分的な模様としての絞りとは異なる点に注目する．表現したい模様を「縫い締め」技法，すなわち模様の輪郭を細かく縫うことで絵画性をもたせた絞りへと発展した．ちなみに，「辻が花染」は縫い締め絞りの技術を中心に，墨による描線，摺箔を加えた独特の染めの様式である（図2）．江戸時代には高級品として京都を産地とし絹に施した「鹿子絞り」の全盛期となる．鹿子絞りとは，鹿の毛の斑点に似ているのでこの名がある．技法は布の一部を小さく括って染め，模様は小さな丸が集合している．この鹿子を隙間なく埋め尽くす絢爛豪華なものから，友禅染を加飾する刺繡と併用されるなど江戸時代の小袖を彩っ

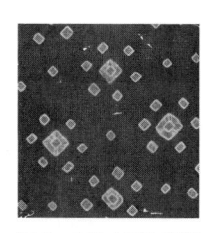

図1　赤地七曜文纐纈袍　［正倉院蔵］

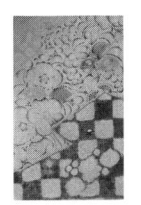

図2 松皮取りに石畳と桜藤文様裂 [田端家蔵]

図3 竹模様振袖 [松坂屋京都染織参考館史料館蔵]

部分拡大

た（図3）．一方，地方でも木綿に施した絞り染めが発展する．その中でも有松・鳴海の木綿絞りは，世界に類がないほどの多種多様な技術が展開され，木綿と藍染を結び付け，浴衣や手ぬぐいなどに多用された（図4）．

● **板締め** 奈良時代には「夾纈」とよばれる．一対の模様を彫った型板の間に布を折り畳んで挟む．これを硬く締め付けて，染料に浸すか，染料をそそぐ．型板の凸部分は圧縮され，染料が浸透せず白く染め残る．布を畳むので模様は左右，上下に対称に現されるのが特徴である．作品には一色または多色で染め出された豪華な優品が正倉院に伝存する（図5）．平安時代前期に

折り縫い絞り　　手蜘蛛ほおずき絞り

図4 有松・鳴海絞り

図5 紺地花樹双鳥文夾纈褥 [正倉院蔵]

図6 蝶模様半臂　天野社伝来 [東京国立博物館蔵．Image: TNM Image Archives]

おいては『延喜式』に「夾纈」の存在を確認できるが，その後衰退したのであろうか，中世に模様板の出土や高野山天野社伝来の品などのわずかな例のみである．後者の作品は「夾纈」にみられた多彩な表現とはまったく異なり，単色で染め抜いたものである（図6）．これは江戸後期に現れ明治時代にかけて隆盛した板締めの技法と類似する．この技法は両面または片面に彫られた型板一組数十枚の間に

図7 下着 菊牡丹蝶模様
[国立歴史民俗博物館蔵]

生地を折り返しながら挟み込み，重ねた型板と生地全体を締め枠という木枠で締め，浸染する．凸部と凸部に締めつけられた部分は白く染め残り単色に仕上がる．用途は下着の胴，襦袢，羽織裏などに用いられた（図7）．「板締め」は昭和初期頃には生産が終了となった．これをもって上代「夾纈」に繋がる板締めの技術の終焉となってしまった．しかし，途絶えた技術は，私たちが日本の伝統染織技術の1つとして語り継いでいかなくてはならない．

参考文献
[1] 小笠原小枝：染と織の鑑賞基礎知識，至文堂，1998.

友禅染・型染・蝋染

　伝統的染めの技法に模様を何らかの物質で覆い，すなわち防染して表現する方法が存在する．ここでは代表的な友禅染・型染・蝋染について述べる．

●友禅染　現代社会において代表的な染めといえば友禅染が挙げられる．例えば成人式に着用される振袖に用いられ，四季折々の草花や吉祥模様が絵を描くように美しい彩色で表現されている．友禅染には「型友禅」「素描友禅」などの様式があるが，「手描き友禅（本友禅）」の発祥は江戸時代17世紀にさかのぼり，約300年継承されてきた技法である（図8）．「友禅」の名称は宮崎友禅（生没年不明）からくるものである．彼は扇絵師であり，彼が描いた扇絵が天和年間にはやり，それが小袖の模様として取り入れられるようになった．技法の工程は，下絵の模様の輪郭にそって，三角状の筒の先に口金を付けた道具の中に糊（糯米，糠，石灰を混ぜ合わせたもの）を入れ，絞り出しながら縁取りを行う．これを糸目糊という．次にこの糸目糊の内側に色を挿す．さらに彩色した模様を糊で覆う．これを伏せ糊という．この工程を経て地を引き染めし，最後に水で糊を落とすと，糊で覆っていた糸目糊部分は細い線として現れ，彩色していた部分は地を染めた部分と色が混ざるこ

拡大

図8 加茂競馬模様小袖　[京都国立博物館蔵]

となく鮮明に現れる．友禅染めは糊を多用することで，美しい彩色模様を表現することができる．従来は植物染料，糯米糊によるものであったが，現在では合成染料，ゴム糊なども用いられるようになった．

●**型染** 前述の友禅染のように「糊」を用いた防染技術には，ほかに「型染」が挙げられる．型の素材は木，金属，紙など多様であった．奈良時代には木型による型染が行われたが糊防染ではない（「蠟染」「板締め」参照）．その後時代を経て型紙と糊を用いた染色技法が発達するが，これは日本独自の技法といわれている．糊防染による型染めは，模様を彫った型紙を布にあて，その上から糊を塗り込み，染色し，糊を洗い流すと，糊を置いたところが白く染め残される原理である．江戸時代には裃が公服となり，特に「小紋」（非常に細かい模様の型染）の技術が高度になっていく（図9）．また，江戸時代中期になり木綿が庶民の衣料として普及すると藍染による「中形」が確立し，これは別名浴衣染めともいわれる（図10）．小紋に対して少し大きめの柄行で，防染糊を両面から置いて浸染する（江戸時代からのこの技法を現在は長板中形という）．これ以外にも「型友禅」「紅型」「和更紗」「型絵染」など，糊と型紙による「型染」は存在し，これらの技法は現在では伝統工芸として技術が継承されている．

●**蠟染** 染料の浸染を防ぐための材料として，「蠟」を用いる染め技法は，奈良時代に中国の唐から正倉院にもたらされた「﨟纈」に始まる．「﨟纈」の大部分は，模様を陽刻した木型を用いたのではない

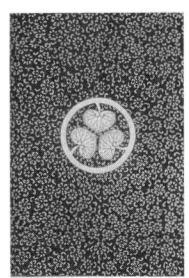

拡大

図9 小花小紋模様胴服 ［日光東照宮蔵］

図10 薄水色地大蟹文麻浴衣
［徳川美術館蔵，Ⓒ徳川美術館イメージアーカイブ/DNPartcom］

図11 羊木﨟纈屛風 ［正倉院蔵］

図12 ジャワ更紗 ガルーダ文腰衣

かと考えられている．その型に蝋をつけて生地に押捺して防染し，浸染し脱蝋すると模様が現れる（図11）．その後この技術は平安中期以降姿を消す．理由はさまざまであるが，遣唐使の廃止により蜜蝋が入手できなくなった，または平安時代の織物中心の衣服文化のためであろうか．一方，蝋染技術は他国にも存在する．2009年ユネスコの無形文化遺産に登録されたジャワ更紗（バティック）は，蝋防染を駆使し多彩な模様染を行っている（図12）．チャンチンという工具により模様の輪郭を蝋伏せし浸染する方法と，チャップという銅製のスタンプ型で蝋防染し模様表現していくものなどさまざまである． 〔田中淑江〕

参考文献
[1] 小笠原小枝：染と織の鑑賞基礎知識，至文堂，1998．

織

　先染の経糸と緯糸を用いて，主にその織り方の違いにより文様を描き出すのが織物である．振袖や訪問着などの晴れ着に結ぶ帯は織物である．

●錦　たくさんの絹の色糸を用いてつくる織物を錦という．錦は，中国では紀元前から織られてきた．弥生時代の『魏志倭人伝』には「倭錦」の言葉がみられることから，当時すでに日本で錦を織り出し，貢物としていたことがわかる．錦は経糸によって文様を織り表す「経錦」と緯糸により文様を織り表す「緯錦」（図13）の2種類がある．中国の特に古い作例の中に経錦がみられるが，隋から唐代（日本の奈良時代頃）以降になると緯錦が盛んに織られるようになった．緯錦は西アジアから中国に伝播したと考えられ，日本には奈良時代に伝わった．平安時代の日本製の作例としては，大阪府の四天王寺に残る懸守りに貼られている大和錦がある．技法は時代により変化し，桃山時代からは能装束の唐織のように文様を刺繍するように金銀糸を交えて織り込んで表現する縫取織の技法を加えて発展した．これらは綾地の錦であった．江戸時代以降は，繻子地の錦が織られるようになり繻珍とよばれた．繻珍は明治時代になると帯として盛んに使用された（図14）．

●綴　日本の高級な帯地に絹の綴織がある（図15）．綴織の技法は数種類あるが，基本的には粗い経糸に対し，文様をつくりたい箇所にのみ緯糸として密に織り込んでいくのが特徴である．織物の構造は単純な平織で，綜絖なしで織ることができるために古代から織られてきた．

図13　正倉院の緯錦（赤地唐花文錦，奈良時代）
［出典：『日本の美術293：正倉院の錦』，至文堂，p. 1, 1990］

コプト織とよばれるエジプトの綴織は紀元前1400〜1300年頃のもので,経糸を麻,緯糸を毛で織っている.また,南米アンデスの紀元前1500年頃の綴織は木綿製である.南シベリアからは毛の綴織が出土した.中国では,7世紀以降に絹を使用した絵画的な表現のものが多く織られた.敷物,掛物は西アジアで発達し,ヨーロッパにその技法がもたらされた.日本には奈良時代以降に遺品がみられるがいずれも輸入品で,和製の綴織は18世紀の前半に京西陣で中国に倣って製織したのが始まりである.

●絣　基本的に織物とは,色糸を用いて織組織を変化させることにより文様をつくり出す.しかし,絣の場合,あらかじめ斑に染め分けた絣糸を織り込んでいくことで自然と文様が織りあがる仕組みとなっており,文様を織り出すための紋綜絖を必要としない(図16).今日では世界共通の染織用語としてイカット(Ikat)という名称で知られる.

絣糸のつくり方は手括りや板締め,摺込,捺染などがある.先染めの絣糸を経糸・緯糸のいずれか,あるいは両方に使用することで,経絣,緯絣,経緯絣といったバリエーションができる.日本では,北は東北地方から南は沖縄まで,素材や文様を含め各地の特色をもつ絣が織られてきた.いずれもそれぞれの地名にちなみ米沢絣,足利銘仙,結城紬,所沢絣,小千谷縮,能登上布,大和絣,倉吉絣,広瀬絣,

図14　繡珍の帯（江戸時代後期）
[奈良県立美術館蔵]

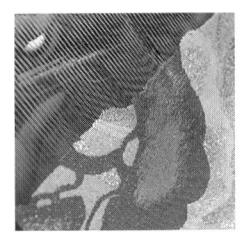

図15　西陣の綴織（現代）
[出典：「染色の美」,第7号,1980 早秋,京都書院,p. 111, 1980]

図16　久留米絣（経緯絣）
[出典：「日本の染織12：日本の絣」,京都書院美術双書,p. 50, 1993]

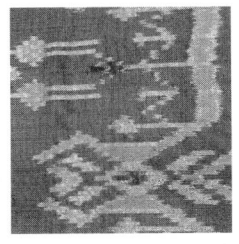

図17　タイの緯絣（現代）
[筆者蔵]

図18　ウズベキスタンの経絣（20世紀）[筆者蔵]

伊予絣，久留米絣，薩摩絣，琉球絣，大島絣などの名称がつけられている．

また，インド，インドネシア，タイ，カンボジアなどでも織られてきた．織組織はさまざまで，近現代の日本では平織だが，タイ，カンボジアなどのインドシナ半島では綾，ウズベキスタンなどでは繻子織がみられる（図17，18）．

〔沢尾　絵〕

📖 参考文献
[1] 小笠原小枝：染と織の鑑賞基礎知識，至文堂，1998．

刺繍

刺繍の起源は，国を問わず非常に古く，動物の骨や木片でつくった針で，身にまとった粗布を繕ったり，接ぎ合わせるといった生活上の必要性から派生し，長い年月を経て，実用から装飾性のあるものへと徐々に様相を変えていったと考えられている．

刺繍は，絵を描く材料や道具を布，刺繍糸，刺繍針，ビーズやスパングル，ミラーなどの装飾材料に置き換えて，さらに手技の繊細な美しさを加えて表現したものである．世界各地には，線・点・面を表すステッチ，刺す・抜く・切る・貼る・はめる・留めるなどの技法，そして，土台となる布や刺繍糸には数多くの種類が存在するので，それらを組み合わせた表現方法は無限大に広がっている．刺繍の名称は，素材・形状・技法・国や地方都市の名前・人物名・時代名などから名づけられていることが多く，一例として，アッシジ刺繍，コード刺繍，アップリケ・ワーク，ホルベイン・ワーク，ビーズ・ワークなどが挙げられる．創作作品の中には，布に限定されることなく，ビニールやプラスチック，板，紙，写真などに刺繍を施した自由な表現方法をとるものもある．衣服やバッグ，帽子，靴などの服飾小物のほかに，テーブルクロス，クッション，カーテン，額装などの室内装飾にも応用され，手で刺したものと機械によるものとに大別される．

●欧風刺繍（図19）　キリスト教が中世ヨーロッパの国々に普及・浸透する中で，教会が富と権力を握るようになり教会刺繍が繁栄し，それが今日の欧風刺繍の基礎となっている．

カンタベリーで制作されたとされる麻地に毛糸で刺繍された「バイユーのタペストリー」[*1] は，11世紀の遺品である．14～15世紀には，刺繍職人のギルドが結成され技術が磨かれていき，16～17世紀には，貴族などの富裕層にも浸透していった．18世紀のフランスでは，ロコ

図19　欧風刺繍　［東京家政大学　手芸研究室蔵］

コ・エンブロイダリーと称されるほどドレスにリボンがたくさん装飾され，大流行をみた．その後のイギリスの産業革命などにより，刺繡の機械が現れ始めると，手刺繡による仕事は衰退するが，高級なオートクチュールのドレスなどに華やかに施されたり，愛好家や各種授業や講座で伝承される中で，技術は受け継がれて現在に至っている．

●日本刺繡（図20）　日本の伝統的刺繡の総称である．飛鳥時代に中国大陸から仏教文化とともに技術が伝来したとされ，推古朝の「天寿国曼荼羅繡帳」*2の裂や幡*3などの古い遺品にこの刺繡の源流をたどることができる．平安時代には十二単や装束に，そして室町時代から江戸時代の能装束や小袖に施されており，現在では，振袖などの着物や小物に絹糸の光沢が美しい繊細な技をみることができる．

図20　日本刺繡（欧風刺繡）［東京家政大学 手芸研究室蔵］

刺繡台や角枠，馬を用い，主に絹地に釜糸とよばれる絹糸や金糸・銀糸で，多くは風景や花鳥風月などの図柄を繡い表す．数本の絹糸からなる釜糸は撚りをかけずにそのまま，または，手のひらに挟んで好みの撚りをかけて用いる．針には，大衣裳，中衣裳，小衣裳，相中，相細，天細，大細，極細，毛針など特有の名前がつく．広義の意味においては，東北地方のこぎん刺しや菱刺しなどの刺し子，絽布を使用して刺繡する絽刺しも日本の刺繡といえる．

●ハーダンガー刺繡（図21）　ノルウェーの西海岸に位置し，フィヨルドという入江が形成されているハルダンゲル（Hardanger）地方の名前から名づけられた刺繡であり，ドロンワーク*4の一種である．この技法は，古代アジアやペルシャから始まったとされ，19世紀初め頃に北欧諸国に伝えられ，この地方に定着し，ノルウェーの伝統的な民族刺繡へと発展を遂げた．初めに布の織糸を規則的に数えながらサテンステッチを刺すため，幾何学模様を得意とする．その後に経糸や緯糸をカットし，残った織糸を刺繡糸でかがり，ピコットやツイストなどの装飾を加えながら，透かしの効果を楽しむ刺繡である．

図21　ハーダンガー刺繡［東京学政大学 手芸研究室蔵］

〔大塚有里〕

*1　ノートルダム大聖堂蔵（Bayeux, France）．タペストリーは本来，綴織りを指すが，この場合は刺繡作品である．
*2　中宮寺蔵（奈良県）．
*3　寺の境内や本堂に飾る旗の一種．
*4　ドロン・スレッド・ワークの略称．

ファッションイメージ

　ファッションイメージは，衣服デザインの傾向をイメージごとに分類した用語で，服種やディテール，色といった衣服デザインの構成要素がどのような状態かを示すものである．しかし，それらは明確な定めがなく，共通認識によって成り立つため，用途や時代によって変化が生じる背景がある．

●**ファッションイメージの分類**　ファッションイメージはさまざまな視点に基づき分類される．性別を軸とすると，女性を示すガーリー，フェミニン，エレガント，男性を示すボーイッシュ，マニッシュがある．中でもガーリーは比較的若め，エレガントは大人，というように年齢軸の区分も存在する．時間軸では，過去を表すレトロ，クラシック，未来を表すフューチャリスティック，アバンギャルドなどがある．昨今，アバンギャルドは時代の先駆けという意味から転じ，単純に奇抜な様相を指す場合もある．場所軸ではアジア・アフリカを中心としたエスニックやフォークロアなどがある．場面軸では，スポーツの場面を思わせるスポーティ，くだけた場面でのカジュアルなどがある．なお，今日，カジュアルのイメージは広がり，略装という意味合いからラフな格好までと，幅広く用いられる．

●**代表的なファッションイメージと衣服デザイン**　代表的な5つのファッションイメージについて，衣服デザインの要素の傾向を次に述べる．

①フェミニン（図1）：優しく可憐で，比較的若い女性像のイメージである．服種はフレアスカートやティアードスカートなどのフィットしない曲線的なスカートが多く，リボンやレースの装飾や，ギャザーやフリルなどひらひらと布が動くディテールが使われる．対応して素材も，シフォンやレースなどの薄く柔らかなものが用いられる．全体的に明るく淡い色が多くみられる．

②エレガント（図2）：優雅で上品な洗練された大人の女性像のイメージ

図1　フェミニン　　図2　エレガント

である．タイトスカートやフレアスカート，ソフトなスーツなど，オフィシャルな場での服種も多い．リボンやフリルのほか，ドレープ使いもみられる．素材はジョーゼットやサテンのようにドレープ感のあるものや，レースやファーなど高級感のあるものが用いられる．色味は淡く穏やかで，落ち着いた配色がされる．フェミニンやエレガントは「女性像」という抽象的な概念に基づくため，時代の価値観の影響を受けて変容しやすい傾向にある．

③マニッシュ（図3）：今日，男性的なデザインを総称して「マスキュリン」や「メンズライク」などとよぶが，中でもマニッシュは紳士服に代表されるような正統派のイメージをもつ．パンツやかっちりとした仕立てのジャケットなど，一般に男性向けの服種が用いられ，直線的な印象を強くもつ．ギャバジンやツイード，皮革など，張り・こしのある素材が使われ，暗めの色調や黒・グレーなど，深みのある落ち着いた配色がされる．ディテールや配色などにメンズウェアからの引用をみることができる．

④スポーティ（図4）：スポーツウェアやワークウェアのような，機能的で活動的なイメージである．ランニングやTシャツ，ジーンズのようなオフタイムの服種が多

図3 マニッシュ　　図4 スポーティ

図5 エスニック

い．テープラインや数字のロゴ，リブやファスナーなどが配される．高機能性素材やストレッチ性の高い素材のほか，デニムやスウェットのようなカジュアルな素材も多い．明るく鮮やかな色味で，コントラストのある配色がされる．ストライプやボーダーなど，明快な柄が多い．

⑤エスニック（図5）：アジアやアフリカの民族衣装や文化のイメージである．ゆとりの多いギャザースカートやワンピース，直線裁ちのシンプルな服種がこれにあたる．刺繍やパッチワーク，フリンジなどの装飾や，ざっくりとして粗野な風合いの生地を目にすることができる．赤系や茶系の色を中心に，暗く深みのあるトーンの多色が使われる．民族独自の文様から引用された柄が用いられる．

〔渡邊裕子〕

Chapter 22
着装，コーディネート

身体ファッション ———————— 546
身体因子と着装 ———————— 548
着装とアクセサリー ———————— 550
ファッションカラーコーディネート
———————————————— 552
社会生活と着装 ———————— 554
生活場面と着装 ———————— 556
着装エコロジー（環境保護）———— 558
性別・年齢別の着装 ———————— 560
用途別衣服の着装 ———————— 563
ファッション感覚と着装 ————— 566
現代の和服 ———————————— 568
現代日本文化と着装 ———————— 570

身体ファッション

　人類の歴史において，身体を飾ることがいつから始まったかは定かではないが，衣服を着替えることができる装飾とすれば，着替えることができない装飾として身体そのものへの装飾がある．遡れば，身体装飾は必ずしもファッションとしてだけではなく，宗教的，社会的な目的のために身体に直接，加工を施す場合もあった．ここでは，ダイエットや肉体改造，美容整形などの身体そのものの改造ではなく，ファッションコーディネートを中心に取り扱う．

●メイクアップ　衣服の着装において，顔の印象と衣服のコーディネートが調和しているか否かは非常に重要な要因である．メイクアップをしていない素顔の状態を「ノーメイク」「すっぴん」などとよぶが，身体装飾として化粧品により彩色し，装うことをメイクアップという．化粧の起源は明らかではないが，約7万年前に，口や耳などの穴から悪魔などの進入を防ぐために赤を顔面に塗っていたとされており，さらに紀元前1200年代頃のエジプトでは，人々が目や唇に化粧をしている絵画が発見されている．メイクアップは，肌に栄養を与えるための基礎化粧品ではなく，おしろい，ほほ紅，口紅，マスカラ，アイシャドウ，アイラインなどのように着彩できるものを指し，カラー化粧ともいわれる．

●ボディペインティング・フェイスペインティング　ボディペインティングには，まるで衣服を着用しているかのように，全裸の上からペインティングを施したものなどが多く，日本では性表現の1つとして扱われることが多かった．しかし，最近では身体をキャンバスに見立ててアニメなどを描くというジャンルもあり，多様化している．一方，フェイスペインティングは，顔に絵を描いて楽しむアートとして注目されている．日本でもサッカー観戦時に，多くの人が国旗などを顔面にペイントし，ユニフォームを着用して応援することで，一体感や昂揚感を共有するなど，一般化しつつある．

●入れ墨（タトゥー）　入れ墨は容易に消えないため，古代から現代に至るまで身分や所属などを示す個体識別の手段としても用いられてきた．歴史的，民族的に捉えられ方はさまざまであり，古くから伝わる身体装飾の1つである．米国における入れ墨は，1960年代末に世界的に流行したヒッピー文化に取り入れられて成長したためファッションとしての意味をもち，入れ墨を施すことが流行している．日本では社会的に受け入れられがたい場合も多いが，近年，若年層を中心におしゃれを楽しむためのツールとして「ファッションタトゥー」「プチタトゥー」を入れ

る者が少しずつ増加している．しかし，いったん入れると完全に除去することは，現段階では不可能であることを認識しておかなければならない．

●ヘアスタイル　ヘアスタイルは，衣服の着装に大きく関与するものであり，着装する衣服に調和するか否かにより印象評価も大きく変化する．服装やメイクに流行色があるようにヘアカラーにも流行がある．しかし，一般的なイメージとして肌色とのコントラストが強いと顔立ちがはっきりし，逆に弱いと顔立ちをソフトに見せる．また，長さに関しては，ベリーショート（うなじと額がみえる），ショート（うなじがみえる），セミショート（うなじがおおむね隠れる），セミロング（うなじが完全に隠れる），ロング（肩より下まである長い髪）の順に長くなる．さらに，長さだけでなく時代によりアフロヘア，ボブヘア，テクノカット，ソバージュ，ワンレンヘア，ワッフルパーマなど特徴的デザインがある．

●ネイルアート　ネイルアートの起源は，紀元前3000年頃の古代エジプトのミイラの爪が着彩されていたことから，その頃すでに爪に着色する文化があったことが確認されている．日本には，平安時代に中国から伝来したといわれ，当時は花の汁を用いて着彩していた．19世紀から20世紀初頭までは爪そのものを磨くことが主流であり，現在のように着彩が注目されるようになったのは，20世紀初頭アメリカで速乾性ニトロセルロースラッカーが開発され，その後，現在のようなマニキュアがつくられたことによる．ネイルアートは爪に着彩する人も多いが，ネイルチップの販売に伴って，若い女性の間ではTPOに合わせてネイルチップを付け替え，オシャレを楽しむ人が多くなっている．一口にネイルアートといっても色やデザインは多種多様であり，装着するネイルチップによってはトータル的な服装のコーディネートを邪魔したり，手を汚く見せてしまうこともある．筆者らによるネイルアートに関する研究[1]によれば，グラデーションなどのシンプルなデザインの方が，ストーンやラメを多く配したデコレーションタイプより好意的な印象を与え，色彩においては橙色相が好意的，青色相が非好意的な印象に繋がり，さらに高明度の方が低明度より好意的な印象に繋がった．

〔石原久代〕

参考文献
[1] 石原久代：ネイルアートのイメージに関与する色彩・デザイン要因，名古屋学芸大学メディア造形学部研究紀要 **6**, 95-102, 2013.

身体因子と着装

　衣服は人が着用するものであり，いかにデザインが優れていても，一般的にはその価値は着装者に適合して初めて評価される．したがって，コーディネートは着装者の身体的特徴を理解し，その中で長所を伸ばし，欠点を隠し，美的にみせることが重要である．ここでは，顔や体型の諸因子との関係について取り上げる．

●**顔型とネックライン・衿のデザイン**　ネックラインや衿は，服装のディテールの中で最も顔に近いため，着用者の顔を引き立てるデザインを選択したい．表1は若い女性の顔型の分類を行い，種々のネックラインおよび衿との適合度について実験を行った結果である．顔型だけでなく，首の長さや太さの影響もあるが，あごの形状に近い形のネックラインは似合わない傾向が認められた．

●**顔の印象と服装色**　私達はよく服装の色が似合うなどと評価するが，それらは顔の印象に服装色が調和しているかどうかの評価である．表2に若い女性の顔面の各部分を測定し，その顔の印象と関与する形態の検討を行った結果[1]を示した．顔の印象を決定する重要な要因は，「強い―弱い」「整っている―整っていない」の2因子であり，これらの印象には，顔の形態の中で眼の大きさや眉の角度が大きく関与することが明らかになった．さらに結果をもとに，これらの人物に調和しやすい服装色も示した．

●**肌の色と服装色（パーソナルカラー）**　人間の肌色は，基本的に暖色（赤紫～黄）をベースに，明度・彩度が変化した色彩であるが，その中にも微妙な色の違いがあり，髪・瞳などの色彩も個性をもっている．似合う色とは，肌が明るく，透明感が増し，シミやシワなど欠点を隠し，顔立ちをすっきりみせ，個性に合った魅力を引き出す色彩をいう．アメリカの色彩学者ロバート・ドアは，すべての表

表1　顔型とネックライン・衿との関係

顔型	調和するネックライン・衿		調和しないネックライン・衿	
丸				
四角				
ひし形				
縦長				

面色には黄または青のアンダートーン（ある色彩に含まれるベースとなる色彩）があり，アンダートーンを共有する色同士は調和しやすいとした．その後この理論は「ロバート・ドアメソッド」として現在も伝えられている．一方ダイアナ・バンズは，この理論をもとに「フォーシーズン・カラー」を発表し，イエローベースのSOFTをスプリング，HARDをオータムに，ブルーベースのSOFTをサマー，HARDをウィンターとして分類し4シーズンを設け，そこに色彩を配し，シーズン内の色彩同士は，調和するとしている．これらはパーソナルカラー理論として，ファッションやメイクアップに利用されることもある．

表2　顔の印象と服装色との関係

顔の評価	顔面の形態的因子	調和しやすい服装色
強い	眉尻・目尻が上がっている 眼が大きい	高彩度色 低明度色
弱い	眉尻・目尻が下がっている 眼が小さい	高明度色
整っている	眼が大きい，黒目が大きい	白，その他の色
整っていない	眼が小さい，鼻幅が大きい 眉尻が下がっている	白・高彩度色以外

表3　体型別コーディネート例

体型	色彩	柄	デザイン	素材
大柄 肥満型	寒色系 暗色	無地，縦縞	すっきりした	凹凸感，ボリューム感のないもの
長身 やせ型	暖色系 明色	太い横縞 チェック柄	ボリューム感のある	張りのあるもの
小柄 肥満型	明色	縦縞 細かい プリント柄	あっさり	軽快なもの
小柄 やせ型	暖色系 明色	細い横縞 プリント柄	頭を小さく見せる	張り，ボリューム感のあるもの

●**体型の欠点と衣服のデザイン**　同じ人物であっても，着装する服装によって視覚的に大きさ感は異なってみえることがある．表3に体型をカバーするコーディネート例を示したが，欠点を目立たせないようにするためには，着装において欠点に注視点を生まないように，他者からの視線を誘導する工夫も重要である．

●**下肢の形状とスカート丈**　女性にとって下肢の太さは気になるが，スカート丈の違いにより下肢の太さの見え方は大きく変化する．筆者らの研究[2]によれば着用する人物や流行，スカートのデザインに関係なくひざ丈は高い評価が得られたが，ふくらはぎ周辺はわずかな丈の違いで評価が大きく変わり，下腿内側最突点位（ふくらはぎの内側に最も突出している位置）にスカートのすそがくると，特に太くみえることが判明した．

〔石原久代〕

参考文献
[1] 石原久代，栃原きみえ，椙山藤子：繊維製品消費科学会誌 **26**, 41-46, 1985.
[2] 石原久代，原田妙子，早坂美代子：繊維製品消費科学会誌 **30**, 311-316, 1985.

着装とアクセサリー

　アクセサリーは，昔は一種のお守りとして用いられていたが，現在は服装をより美しく整えるための付属品のことをいう．アクセサリーには，服装の一部として，それを使用することによって着装が完成する帽子，手袋，ベルト，靴下，靴，ハンカチーフ，バッグ，ストールなどの実用的なアクセサリーと，着装することによって服装をより引き立てる装身具としてのアクセサリーがある．一般的には後者の方を指すことが多く，ネックレス，イヤリング，ブローチ，ブレスレット，リング，コサージ，頭飾りなどのことをいう．また，男性の代表的なアクセサリーとしてはネクタイ・ピン，カフス・ボタン，ポケットチーフなどが挙げられる．

　アクセサリーを着装するときに注意すべきことは，衣服との調和だけでなくアクセサリー同士も調和することが重要である．さらに，デザインや素材，色彩などで着用場面に相応しくないものもあるので，TPO（時，場所，場合）に合った着装をすべきである．以下に代表的なアクセサリーを挙げる．

●ネックレス　「ネック（首）」と「レース（組み紐）」からなる語で，首飾りのことをいう．非常に古くから存在するアクセサリーであり，日本では古墳時代の埴輪からも着装したものが出土されている．図1にパールのネックレスを挙げたが，金，銀，宝石などを用いた高価なものから，ガラスや木の実，陶器などでつくられたものまで幅広くある．また，一般に首にぴったり巻かれるものをチョーカー，垂れ下がりのついたものをペンダント（図2）という．

●イヤリング　「イヤ（耳）」と「リング（輪）」からなる語で，耳飾りのことをいう．イヤリングは最も古いアクセサリーの1つであり，保持形式によりスクリューイヤリング（ネジで締める，図3），クリップイヤリング（バネで締める，図4），ピアス（耳たぶに穴を空けて通す），マグネットイヤリング（磁石で耳たぶを挟む）などがある．また，形については耳たぶにしっかりついたクリップ式のもの，顔の動きにつれて揺れるモービル式のもの，小さくドロップしたもの

図1　ネックレス

図2　ペンダント

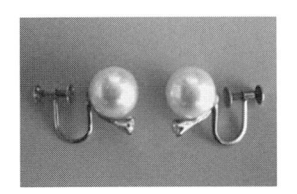

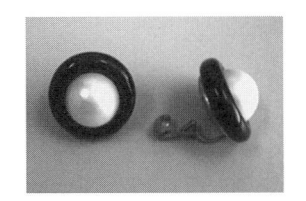

図3　スクリューイヤリング　　図4　クリップイヤリング　　図5　ドロップイヤリング

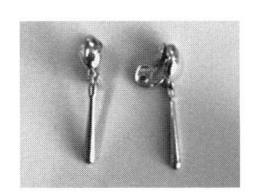

（図5）など種々の形状がある.

●**ブローチ**　衣服の胸や衿などに，装飾としてピンまたはクリップなどで取り付けるさまざまな形の装飾品をいう．昔の衣服は布をまとう形式が多かったため，その留め具としてピンが用いられていたが，時代とともに衣服が縫製されるようになり，留め具としての機能の必要性は減少し，装飾品として現在のようなブローチ（図6）に移行してきた．

図6　ブローチ（カメオ）の例

●**ブレスレット**　「腕輪」のことで，非常に古くからある装飾品である．当時は主に宗教的な目的で利用され，日本では縄文時代からすでに貝輪として用いられていた．現在では，その目的は宗教的なものより装飾品として重視されている．肘から手首までの前腕に着けるものをブレスレット（図7）といい，肘から上の上腕に着けるものはアームレットという．また，手首付近に着けるものは，リストバンドともいう．

図7　ブレスレットの例

●**アンクレット**　足首にはめる輪になった飾りで，アンクル・ブレスレットともいう．もともと東洋やエジプトのアクセサリーであったが，西欧にもたらされ用いられるようになった．

●**リング**　「指輪」のことで，その歴史は古く，装飾だけでなく印章，魔除けとして利用されていたが，現在では重要なアクセサリーとなっている．我が国でも弥生時代の青銅製の指輪が発見されているが，一般的に普及したのは明治以降である．どの指にはめるかによってさまざまな意味があるが，一般的に結婚指輪は左手の薬指にはめる．

●**コサージ**　服飾品の「花飾り」のことで，主に婦人服の胸や肩・腰に着けるものである．花を摘みとって小さくまとめてつくられるが，近年は造花でつくられる場合も多い．

〔石原久代〕

ファッションカラーコーディネート

　衣服の着装における色彩は，単色で用いられることは少なく，多くの場合，2色以上を組み合わせて用いられる．これらの配色は，用いる色彩の面積によってイメージが大きく異なってくる．カラーコーディネートにおいて，一般的に最も大きな面積を占める色をベースカラーといい，色調を抑えた色を用いる場合が多い．次に大きな面積に用い，ベースカラーと比較的色調を合わせた同系色や類似色をドミナントカラーという．ドミナントカラーに次ぐ面積に用いるアソートカラーは，ベースカラーやドミナントカラーの同系，類似，対照など幅広く用いることができ，その配色関係が全体のイメージを大きく左右する．また，アクセントカラーは最も小さな面積に用いられる色彩であり，全体の色調を引き締め，視点を集中させる目的で，多くの場合目立つ色彩を用いる[1]．

●**基本的なカラーコーディネート**

- **ドミナント配色**：ドミナントとは「支配する」という意味であり，多色配色の場合に統一感を与える配色技法である．色相を同系にしてトーン（明度と彩度）に変化をつける配色をドミナントカラー配色，トーンを同一にして色相に変化をつける配色をドミナントトーン配色という．
- **トーン・オン・トーン**：「トーンを重ねる」という意味で，2色以上の配色において，色相は同系色で明度差を大きく取った配色である．統一感があり，落ち着いた印象であるが，明度差があるため明快な印象となる．
- **トーン・イン・トーン**：「トーンの中で」という意味であり，色相は自由に選択できるが，トーンは同一か類似を用いる．同じ色調でまとめる配色方法であるため，イメージを強調しやすい．
- **トーナル配色**：中明度，中彩度の中間色をコーディネートした配色であり，穏やかで落ち着いたイメージを与える配色である．
- **カマイユ配色**：カマイユとはわずかな色調の変化で描く「単彩画法」のことをいう．配色としては色相，トーンとも微妙にしか差のない色を組み合わせ，遠くからみると単色にみえる配色をいう．また，カマイユとよく似た配色に「フォカマイユ」がある．フォ（faux）は「偽りの」という意味で，カマイユ配色よりは微妙に色のずれがある配色のことをいう．
- **トリコロール，ビコロール**：トリ（tri）は「3」という意味で，コロールは「カラー」であることから，コントラストの強い3色配色のことを「トリコロール

配色」という．フランスやイタリアの国旗はその代表的配色である．また，ビ（bi）は「2」という意味であることから，ビコロールはコントラストの強い2色配色のことをいう．日本の国旗もその1例である．

●**ファッションイメージとカラーコーディネート**　代表的なファッションイメージのポジショニングマップを図1に示した．なお，ファッションイメージについては「ファッション感覚と着装」の項目で解説されるため，ここでは主に色彩について取り上げる．

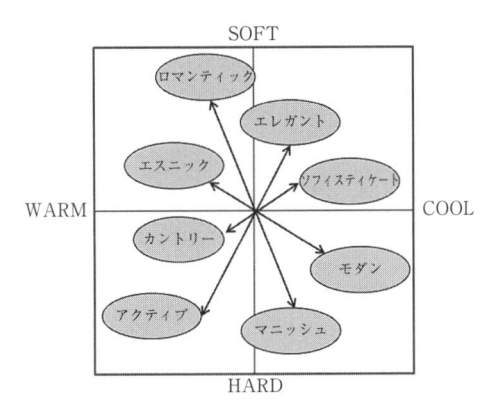

図1　ファッションイメージのポジショニングマップ

- **ロマンティック**：少女のようなかわいらしいイメージからペールトーン，ライトトーンなどが多く，ピンクやクリームなどのパステルカラーが多用される．
- **マニッシュ**：男性っぽいイメージからネイビーブルーなどの寒色系のダークカラーが多く用いられる．
- **エスニック**：素朴で土着的なイメージから赤などの暖色系のディープトーンやダルトーンの色調が多用される．
- **モダン**：現代的なイメージから白，黒，グレイや寒色系が中心で，色調はグレイッシュトーンや無彩色，アクセントカラーにコントラストのきいた配色を用いる．
- **カントリー**：田園的なイメージからアースカラーを中心としたナチュラルカラーが用いられる．
- **ソフィスティケート**：洗練されたイメージから黒やグレイ，ベージュなどを使用する．
- **アクティブ**：活動的なイメージから鮮やかなビビッドカラーやコントラストのあるカラーが多用される．
- **エレガント**：上品で優雅なイメージからグレイを帯びたピンクやパープルなどが多用される．

〔石原久代〕

参考文献

[1]　AFT公式テキスト編集委員会：色彩検定公式テキスト2級編，AFT企画，2009．

社会生活と着装

　私たちは一人で過ごすときには自由に服を選び好きな服装をするが，人がどのように思うかをあまり意識しない．しかし，公的場面を想定したときには，何を着ていけばよいかと思案することが少なからずある．

　社会生活を営む上で，服装がさまざまな社会的役割を果たしていることを他者との関わりから暗黙裡に相互理解しているといえる．これは，服装が非言語情報の媒体として作用しているともいえる．

　私たちはさまざまな集団に属しながら社会生活を営んでいる．服装の社会的役割として，「象徴性」および「容儀性」は組織や集団の中で生活していく上で，服装に込められた社会的意味を理解する際に重要なものといえる．

　「服装の象徴性」とは，服装がある集団の象徴（symbol）として，またその集団の一員であることを表すことをいう．他者は，その服装を手がかりとして所属団体，職業などがわかるのである．象徴は，目印や記号と同義に使われることもあるが，抽象的なものと具体的なものを何らかの類似性をもとにして関連づける作用をも指している．制服（ユニフォーム）は，この役割の顕著な例とみることができる．例えば学校の制服，自衛官・警察官の制服は，着ている人の役割や立場を表すことになる．スポーツ団体や航空会社CA（キャビンアテンダント）のユニフォームは，その服装からその所属を明示することに役立っている．スポーツウェアとしてのユニフォームは，特にプロサッカーやプロ野球のようにデザインやチームカラーがあって一目でチーム名がわかるし，サポーターが同じチームウェアを着用して応援するというシーンは，その例であろう．生活の中心が遊びともいえる子どもたちは，人との関わりを友達とのごっこ遊びから実感し，社会性を獲得していくことからもわかる．この段階には，遊びによってイメージが形成されて象徴的行動が象徴遊びとして示されるという[1]．例えば，子どもは自由な発想で布きれをくびに結びアンパンマンのマントのように，また，身体に巻けばスカートやドレスにと，服装としての象徴性を創出して，お互いにその役割を演じているとみることができる．

　「服装の容儀性」には，服装によって自己の喜びや悲しみを表すとともに，礼儀にかなった服装をすることによって他者への思いを伝えるという役割をもっている．本来，礼儀とは社会生活の秩序を保つために人が守るべき行動様式を指しており，服装がその敬意を表す役割をもつことになるため，ある特定の場において，

どのような服装をして参列するかが問われることになる．特に冠婚葬祭に関わる儀式や行事では，その意味あいが強いため，その場にふさわしいか，場違いではないかが判定されることが多い．とりわけ，公式の場におけるフォーマルウェアの着用にその容儀性がみられる．かつては，学校の制服に対する校則違反が教育論議として注目され，制服要不要論にまで及んだ．これらは，服装規範として捉えられてきた背景があるかもしれない．昨今は学校の制服を，服装の容儀性としての役割意義を挙げて解釈される傾向がみられる[4]．以上のように，服装の象徴性と容儀性は，時として複合的にその役割を有していることが多い．

　さらに社会生活において，各個人それぞれが与えられる役割を果たしている．この役割を社会的役割（social role）といい，付加役割と達成役割に大別される．付加役割とは年齢，性別などによって割り振られた役割であり，例えば年齢役割には，乳幼児から高齢者にいたるまでの各年齢層にふさわしいとされる役割期待があって，各年齢層に応じた服装が期待されるというものを指している．これに対して達成役割とは個人の選択や努力によって取得される役割をいい，例えば職場，学校などの職業的役割と職業以外の集団メンバー的役割がある．集団行動における服装は，何らかの共通性をもった多数の人々の集まりとしての意味をもつ集団規範（group norm）と，不特定多数の人々が同じような服装をして集まる同調化が挙げられる．集団規範はその集団に所属するメンバーとして，その集団から要請される判断，態度，行動などの規準（手本，標準）となるものである．

　我が国では，諸外国に比べて職場や学校での制服採用が多く見受けられる．一般に制服というものには，いわゆる法的に定められた規則に従って着用する制服（警察官・自衛官などの制服）と慣例に従って着用する制服（職場の制服など）がある[2][3]．学生が就職活動をする際に，いわゆるリクルートスーツを着ている光景は，我が国独特の現象と思われるが，集団としての社会生活を踏み出す際の服装と捉えることができる．また，葬儀に参列する際には，黒の喪服を着用するなど，社会生活の中では，服装に関する決まり事がある．これらの決まり事は，普遍的なものではなく，時代，社会，文化の変遷に伴って変容していくものであり，人間生活の多様化とともに複雑化しつつある．　　　　　　〔佐藤悦子〕

📖 文献
[1] J. ピアジェ（大伴　茂　訳）：遊びの心理学，黎明書房，1983．
[2] 小林茂雄：装いの心理，アイ・ケーコーポレーション，31-35，2003．
[3] 藤原康晴：ファッションと生活　現代衣生活論，放送大学教育振興会，30-40，1996．
[4] 朝倉まつり：この制服が人をつくる，真珠書院，11-16，2009．

生活場面と着装

　社会生活は他者との関わり合いによって営まれている．社会集団の中では，役割や職業に従事するにつれてそれぞれの生活場面[*1]がプライベートな場面からパブリックな場面へと活動の範囲が広がっていく．

　今日，私たちはあらゆる生活場面で洋服を着用している．洋服が一般の人々に普及したのは戦後のこととされる．したがって，欧米諸国に比べると洋装の歴史は浅く，どのような服装で臨むかを熟知し，会得しているとは言い難い．

　そこで，一般的には，TPOに応じた自分らしい服装をすることが基本とされている．具体的には，通夜や告別式に参列するとき，結婚式に出席するとき，卒業・入学式のように，普段とは異なる場面では，どのような服装で出かけるかを考えて，ふさわしいと思う衣服選びをしている．その際，場違いな服装は，まわりの人に奇異な眼でみられ，自分も落ち着かない状態で過ごすことになる．他者に不快感を与えることもある．誰しもそのような場違い感を抱いたことがあるのではないだろうか．

　これが，服装が学術用語において「人間が正常に着装して現した状態．着装によって人格化された被服の状態」を意味し，着装の意と区別して使われている所以である．

　ここでは，社会生活の場面の捉え方として，一般的な服装の基本ルール「TPO」とフォーマルな服装「ドレスコード」の意味をみていく．

　TPOは，T：time（時），P：place（場所），O：occasion（場合）の頭文字を指している．英語のように思われているが，和製英語（造語）である．石津[1]によれば，西洋にも類似語として服装の「5W1H」（Who「誰が」，When「いつ」，Where「どこで」，What「何を」，Why「どんな目的で，なぜ」，How「どのように」の略）[*2]があるという．これに対して，TPOは日本発の服装の基本ルールとしてMFU[*3]（日本メンズファッション協会）から提唱されたのが始まりとされる．その背景には，高度経済成長期の大量消費時代とされた当時（1960年代），男性向けに社会人として洋服の上手な利用法を示したのが，「時と場所と場合を心得てそれにふ

---

*1　生活場面：社会の中で生活いく上で，個々の行為を成り立たせている環境や状況．
*2　5W1H：物事を計画的に進める，あるいは正確に伝える際に用いられる確認事項をわかりやすく示したもの[2]．

さわしい服を着ること」であり，これが TPO とされている．現在は，この提唱が受容されて全般に広まり，服装を考える際の手本とされている．

服装の基本ルール TPO の表記は，中学校家庭科の教科書に「被服の働き」としてみられる．具体的には，その生活場面となる家庭や学校，外出時の服装を例に挙げて，社会的役割を学ぶ内容が設定されている．

●ドレスコード（dress code）　ドレスコードとは，（特定の場や集団での）服装規定あるいは服装指定をさす．これも服装の規準として，現在の日本でも広く使用されている．例えば，フォーマルな場でも「平服でお出かけください」「略礼装でも可」などによって服装を限定するのである．日本経済の高度成長期，衣料品の購入調達が容易にできるようになって，いかに着るか，いかに装うかという服装の指針としてドレスコードが用いられたとされる．特に顕著なのは，冠婚葬祭における服装のきまりである．日本の洋装化は，西洋に比してまだ歴史が浅いため，洋装，和装いずれであっても，いかに着用し，失礼のないような服装にするかが重要視された．1960年代後半から雑誌などで特集として提唱されている．上述の TPO が概念的であるのに対して，ドレスコードは，特に既製衣料の産業が普及し，大衆利用から広がったと考えられる．

また，現代のフォーマルな場での服装には，洋服の場合が多いが，洋装と和装を比較してみると，一般的に，洋装は時間帯で昼夜の服装を区分して，それぞれに合った方法・服種等を用いている．これに対して，和装では季節（夏冬など）のドレスコードとして服装の中に受け継がれている[3][4].

ドレスコードは，こうした服装の社会的役割としての知識として規準・手本となるものであり，地域や宗教等によっても異なることがある．　　　〔佐藤悦子〕

参考文献
[1] 石津謙介：いつ・どこで・なにを着る？　男の TPO 事典，婦人画報社，46，52-54，1965．
[2] 三省堂：大辞林　第三版，ABC 略語 46，2006．
[3] 阿部幸子，有馬澄子，鈴木すゞ江ほか：衣生活論，同文書院，102-105，1990．
[4] 日本フォーマル協会：フォーマルウェアスタイルガイド，5-10，119-120，2011．

---

*3　MFU：日本メンズファッション協会が流行だけに振りまわされるよりも，根本的に装うルールを知ることの意味を提唱していく中で，1963（昭和38）年のファッションテーマとして発表したのが TPO とされる．

着装エコロジー（環境保護）

　冷暖房の普及により，真夏でも室内温度を過度に低く設定してスーツ姿で仕事をし，真冬でも部屋の中ではTシャツ1枚ですごしている人をみるにつけ，あたかも季節感が薄らいでいるかのようにも思える．このような状況は，便利さを謳っているかにみえるが，過度の電力を消費するばかりか，何らかの健康障害を引き起こすのではないかとも指摘されている．

　折しも，地球温暖化の対策として「京都議定書」（2005年）が発行したCO_2などの温室効果ガス排出量の削減目標として，日本では環境省が6%削減の「チームマイナス6%」，さらに25%削減の「チャレンジ25」キャンペーン（2010年〜）を提唱している．加えて，東日本大震災を契機として，将来のエネルギー対策問題がクローズアップされ，地球環境の保護活動が重要視されている．環境省が提唱する「チャレンジ25」のクールビズ（COOL BIZ）／ウォームビズ（WARM BIZ）ファッションは，服装の調整（着方の工夫）をすることで，オフィスや家庭などでもCO_2削減に貢献するものである[1]．ここでの着装エコロジーは，衣服の着装をエコロジーの視点からの服装行動ととらえる．

　クールビズファッションは，夏季の冷房時の室温を28℃に設定しても，オフィスで快適に過ごせるように軽装を励行するための服装である．つまり，服装のコーディネートを行うことで，いかにして涼しく装うかを実践することで節電に貢献するというものである．その中でも清涼感・ドライ感のある肌着素材は，若者にも着用が広がった．軽装化とはいっても，社会規範としてどこまで通用するかなど，社会的にも関心事となって論議されている．この数年，毎年恒例の「クールビズファッション」としてアパレル業界から提供され，マスコミでも取り上げられるなど，環境保護活動の1つとして定着してきている．当初（2005年）はクールビズの実施期間を6月〜9月としていた．この期間は，現代の衣替え（夏服）にならったものと思われる．2011年には期間を5月〜10月に拡大して一層の節電を提唱した．翌2012年6月には"スーパークールビズ"として「さらなる軽装奨励」「勤務時間のシフト」などから，くらしの変革を提案している．

　これに対してウォームビズファッションは，冬季の暖房時の室温を20℃に設定して，それでも快適にすごせるように服装調整することである．具体的にはオフィスでのスリーピース（ベスト付き）スーツや重ね着・着脱が容易なベストやカーディガンなどの温度調節しやすい服装や，保温性の高い肌着やひざ掛けを着

用することなどを提案している．

　過去においてもこのような政策がみられる．1970年代後半のオイルショックの影響を受けて，「省エネルギー対策」として冷房28℃設定，エレベーター使用の制限，ノーカーデイ（車に乗らない日）が提唱された．その中で「省エネ・ルック」「省エネ・スーツ」といった半そで上着のスーツなどが登場した（1979年）[2]．図1は，当時の政界人が着用して推進させたとされる服装である．一時，話題をよんだがあまり普及しなかったとされる[2]．しかし，現在のクールビズファッションの先導として果たした役割は大きい．日本において地球温暖化防止，省エネルギーを推進する一環として提唱された衣服の着装エコロジー（エコ）ファッションは，国内外各地へと発信されていくことであろう．

図1　半袖の「省エネ・スーツ」〔出典：共同通信配信資料，2009年6月6日〕

　品質のよいものを選び，長く大切に活用するために，不用になった衣料・衣類を回収して活用する「リファッション（re-fashion：作り直す，新たに作るの意）」も日本からの発信活動といえる．「リ・ファッション」は，日本リ・ファッション協会により提唱された．リ・ファッション3Rとは，リペア（Repair：傷んだところを補修してさらに用いること），リフォーム（Reform：自分の体型や機能，好み，流行に合わせて補正して用いること），リメイク（Remake：異なるデザインや別用途のものに作り直して用いること）である．この活動に始まり，現在では産業界へのシフト化により商品のライフサイクルととらえ，リファッション5R：Respect, Reduce, Reuse, Recycle, Remakeを発信し，循環型社会における持続可能な環境活動として広まっている[3][4]．また，明治期から大正・昭和初期頃に仕立てられたきものが「アンティークきもの」として，骨董市や古着屋（リサイクルきもの屋）などの市場に出まわり，比較的安価で購入できる．これらは和装エコロジーの1つとみることができる．

　このような衣服の着装エコロジーの発想は，いいものを大事に使い，最後まで使い切るという日本の生活文化とみることができる．　　　　〔佐藤悦子〕

参考文献
[1] http://www.challenge25.go.jp/チャレンジ25
[2] アクロス編集室：ストリートファッション1945-1995　若者スタイルの50年史, PARCO出版, 135, 1995.
[3] 日本リ・ファッション協会HP（http://www.refashion.jp）．
[4] 山口庸子，生野晴美　編著：新版衣生活論―持続可能な消費に向けて―，アイ・ケイコーポレーション，4, 56, 2012.

性別・年齢別の着装

　かつては男女の服装の区別，年齢による服装の区別がはっきりとしていたが，昨今衣服のボーダレス化が進んでいるといわれている．男服と女服，おとな服と子ども服はもとより，下着と表着，さらには衣服と身体との間の境界線がなくなっているというのである．ここでは特に性別，年齢別の着装について考えてみる．

●**性別の着装**　服飾の歴史をみると，どの時代のどの国でも，かつてはおおよそ男性と女性の衣服は区別されていた．衣服が性別の表示の役割をはたしていたのである．その男女の間の服装の境界線は，まず女性側から崩された．19世紀末に女性たちはスポーツをしたり，旅行をしたりと活動範囲が広がる．そうした場面で着用するものの1つとして，サイクリング用の衣服が考案された．自転車にはまたがる必要があるため，それはパンツスタイルであった．つまり，女性がズボンをはくようになったのである．以後，デザイナーたちも女性用のズボンを発表することになるが，当初は自転車をはじめとするスポーツ用や旅行用，室内着に限定されていた．それが1960年代にイヴ・サンローランがおしゃれ着としてのズボンスタイルを発表すると，瞬く間に女性たちの間に広がり，普段の生活の中に定着していくことになり，現在に至る．

　一方，1980年代後半以降，今度は男性が女性的な服装をするといった傾向がみられるようになる．デザイナーのコレクションでは，男性モデルがスカートをはいたり，シースルーやフリルのブラウスを着て登場するようになる．こうした傾向は，2000年代に入りストリートでもみられるようになり，男性の茶髪やピアス，アクセサリーをすることは日常的になり，化粧をし香水をつけ，女性服からヒントを得たような衣服を着用するようにもなってきている（図1, 2）．また，男性が女性服売り場で買い物をすることにも抵抗がなくなってきており，メンズとレディースの区別をしないショップも出てきている．

　男性と女性の身体が異なる以上，男性服と女性服が同じにはな

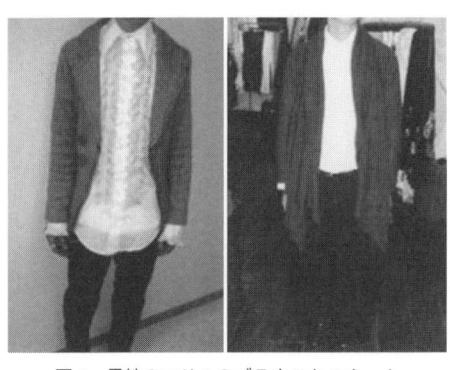

図1　男性のフリルのブラウスとスカート

り得ない．しかし，現代においては男性，女性を問わず着る側の意識の変化が衣服の境界線をあいまいにし，新しいユニセックスファッションというものを生み出している．

図2　男性のアクセサリー

●**年齢別着装**　日本は古来年齢による着装がはっきりとしていたといわれている．それは，人生の節目で行われる儀式において衣服が重要な位置を占めてきたからである．例えば，七五三の行事は古くは中世の公家日記にもみられるが，江戸時代になると庶民の間でも行われるようになる（図3）．3歳は髪置き，髪立ての儀といい，それまで短く切っていた髪を3歳の春に髪をのばす儀式を行って，おとなと同じように髷を結うために，この日から髪をのばし始めるのである．5歳は袴着の儀といい，子どもを吉方に向かせて袴を着せる儀式であり，おとなと同じように，袴がはけるほど成長したことを祝う儀式である．9歳（現在は7歳）は帯解き，紐解き，帯直しの儀ともいい，着物の両端に縫い付けてあるひもをはずして，おとなと同じように帯を締めるということである．このように七五三は，いずれもおとなへの成長段階を示す儀式であり，その際着用する衣服は年齢を象徴するものであった．

図3　七五三祝ひの図　歌川豊国（三代）画　［東京都立中央図書館特別文庫室蔵］

人生の節目を祝う儀式には，七五三のほかにも成人式や還暦など数多く存在し，こうした慣習が根強く残りながら，私たちの日常の着装も年齢を意識したものであったが，それがあいまいになってきたのは，1970年代以降であると思われる．2度のオイルショックにより人々の意識は量から質へと転換し，年齢にかかわらず自分のライフスタイルに合った，自分にとって価値ある衣服を厳選して着用するようになったのである．アパレル業界がマーケティングにおいて消費者を分類する際に，年齢ではなくライ

図4　ANNA SUI miniの少女服
［出典：NARUMIYA group net］

フスタイルを指標とするようになったのもこの頃である．年齢での分類では，商品が売れなくなってきたからである．中高年の人が若者と同じような服装をしたり，反対に小さな子どもたちが流行を取り入れたファッションに身を包むことも日常的になっている（図4）．人々は年齢という規範に縛られることなく，自分のライフスタイルに合い，自己表現ができる衣服を自由に着用するようになってきている．

〔大枝近子〕

用途別衣服の着装

　衣服はその用途により着装される．フォーマルウェア，シティウェア，ホームウェア，スポーツウェア，レジャーウェア，ワーキングウェア等に大きく分けることができる．ここでは，フォーマルウェア，ワーキングウェア，スポーツウェアについて述べる．

●**フォーマルウェア**　正式な社交の場で着用される礼装をいう．国や地域のしきたり，会の趣旨，社会的地位などにより形式は異なる．洋服の場合には時間により服装を変えることが重要であるが，和服の場合は季節や行事により着分けがされる．礼装には正礼装，正礼装を省略した形の準礼装，一番簡単な略礼装がある．男性の洋服の正礼装というのは，昼間ならばモーニングコート，夜ならば燕尾服であり，カフリンクスなどの小物に至るまで決め事がある．準礼装は昼間ならばディレクターズスーツ，夜はブラックスーツ，略礼装であればダークスーツになる．女性は昼間の礼装としてはアフタヌーンドレス，夕食前はカクテルドレス，晩餐にはディナードレス，そして夜の礼装として最上級のものはイヴニングドレスである．

　しかしながら，1980年代以降，従来の形式やルールにとらわれずに略式化，軽装化される傾向にある．

●**ワーキングウェア**　代表的なものとして制服がある．制服とはユニフォームともいわれ，語源は「1つの形」を意味するラテン語である．学校や職場など，各集団で着用する同じ形の衣服のことである．制服は仲間意識を高めたり，その集団の一員であることの自覚をもたせたりする一方，他の集団から区別する役割も果たす．

　このように，制服はある集団を象徴する衣服であるだけに，個人に対してその集団の規範や価値観を共有し，役割を果たすように圧力をかけてくる．それが個人の趣味や好み，自由や人格までもが踏みにじられたと感じることにもつながる．かつての高校の制服反対の運動が，まさにそれにあたる．制服が外見の個性をなくさせると同時に，内面までをも一律化してしまうと考えられたためである．

　しかしながら一方で，同じ衣服を着用していることにより，安心感や連帯感を得ることができるという側面もある．制約されていると感じる一方で，守られていると感じることがあるのも事実なのである．

　ワーキングウェアとしては，制服のほかに男性の背広や女性のスーツなどがあ

る．これらは本来自由であり強制されるものではないが，男性のビジネスマンのほとんどが背広を着用している．決して機能的とは言い難い背広を着ているのは，これも制服の一側面である集団の規範から逸脱することを回避しようという意識の表れであると思われる．

●スポーツウェア　もともとはスポーツ競技やスポーツ観戦用の服装の総称で，「運動着」の名をあてたものである．スポーツ競技用のウェアは，機能性が重視されることはもちろんである．

例えば，イギリスの SPEEDO 社が開発した競泳用水着「レーザーレーサー」は，縫い目がないのが特徴で，抵抗が軽減され，撥水性にも優れる．また，水着表面の一部にポリウレタン素材が接着してあり，締め付け力が非常に高く，体の筋肉の凹凸を減らす効果をもつ（図1）．2008年の北京オリンピックでは，先進国を中心にほとんどのトップクラスの選手が男女を問わずこの水着を着用した結果，世界記録・オリンピック記録が相次いで更新された．こうした事態から，国際水泳連盟は 2010 年より水着素材を布地のみに制限することを決定した．

つまり，極限のスピードを求めるスポーツの世界においては，機能性の追求は留まるところを知らないのである．

一方，機能性よりもファッション性が着目され，スポーツウェアがファッションアイテムになってもいる．

19 世紀後半，決まったデザインのウェアがなかったポロ競技の選手たちが最初に着始めたことに由来するポロシャツは，1920～30 年頃現在のポロシャツの原型となるデザインのものをテニスプレイヤーが着たことで一般に広まり，今ではストリートのファッションアイテムになっている（図2）．

ほかにもスタジアム・ジャンパーやスウェット・シャツ（トレーナー），ベースボールキャップ，バスケットボール用スニーカー

図1　SPEEDO 社製レーザーレーサー
［写真：アフロスポーツ］

図2　ポロ競技　［出典：BBC Local 2010 年 7 月 12 日］

など数多く存在する.

　最近では山本耀司とアディダスにみられるように,デザイナーとスポーツアパレル企業のコラボレーションや,オンワード樫山の「23区sports」というゴルフウェアのブランドのように,紳士服や婦人服のアパレル企業のスポーツアパレルへの参入も激化している.

　今後もスポーツウェアが,ファッションアイテムとして重要な位置を占めていくと考えられる. 〔大枝近子〕

ファッション感覚と着装

　衣服の形，色，素材やコーディネートなど人それぞれ好みは異なる．どのようなものを美しいと感じ，好ましく思うのかということがその人の感性とか感覚といわれるものである．こうしたファッション感覚は，アパレル企業のマーケティングにおいて，消費者を類似性をもったグループに分割する際の重要な要素となる．消費者のファッション感覚が，商品購入に際しての最終的な選択条件になるからである．ファッション感覚を分類する場合，大きく分けてファッション・タイプ分類，ファッション・スタイル分類，ファッション・イメージ分類などがある．

●**ファッション・タイプ**　ファッション・タイプはフェミニン，クラシック，スポーティの大きく3つに分けるのが一般的である．
　① フェミニン：「女らしい，優しい，かわいい」などの言葉で表現されるタイプ．色，形など女性的な愛らしさを表現するもの．
　② クラシック：「古典的な，伝統的な，正統派の」などの言葉で表現されるタイプ．時代を超えたファッション的価値をもち，長くすたれずに持続するもの．
　③ スポーティ：「活動的な，健康的な，機能的な」などの言葉で表現されるタイプ．機能的で明るいスポーツ感覚を表現するもの．

●**ファッション・スタイル**　その国独自の気候風土や歴史的伝統文化などからくるスタイルである．
　① ヨーロピアン・スタイル：和製英語で，ヨーロッパのスタイルという一定の形があるわけではない．アメリカと比較して，ヨーロッパ独特のエレガントな感覚を取り入れたスタイルをいう．フランス風の洗練されたシックなスタイルというニュアンスが強く，「フレンチ・スタイル」ということもある．
　② イタリアン・スタイル：明るい色調のスポーティなスタイルと，エレガントで大人っぽいスタイルがある．
　③ ブリティッシュ・スタイル：アーガイル柄などのカントリー調とタータンチェックなどの重厚なエレガンス，ポロシャツなどのスポーティなスタイルがある．
　④ アメリカン・スタイル：ブリティッシュの流れをくむアイビールックなどのイーストコースト調とスポーティで開放的なサーファールックなどのウエストコースト調，さらにジーンズに代表されるナチュラルなスタイルがある．

●**ファッション・イメージ**　「こんな女性でありたい，あんな女性にあこがれる」

といった，女性たちが志向するイメージ[1]．

① ロマンティック：「空想的な，現実離れした，夢を追う」の意味があり，リボンやフリル，レースなどを多用した少女のようなかわいらしいイメージ．

② マニッシュ：「男性的な，男っぽい，男のような」の意味で，自立した女らしさを感じさせる男っぽいイメージ．

③ エスニック：「民族の，人種の，異教徒の」の意味であり，アジア，アフリカ，中近東などキリスト教文化圏以外の民族服から発想を得た，素朴で土くさいイメージ．

④ モダン：「現代の，現代風の，最新の」などの意味で，未来志向の知的な女性でありたいという願望を表現したイメージ．

⑤ カントリー：「地方，田舎，郊外」の意味があり，ラフでのびのびとした田園調のローカルなイメージ．

⑥ ソフィスティケート：「洗練された，しゃれた，高尚な」の意味で，都会的な感覚を身につけた，洗練された女性でありたいという願望が表現されたイメージ．

⑦ アクティブ：「活動的な，活発な」の意味で，明るく躍動感あふれるイメージ．

⑧ エレガンス：「上品な，優雅な，しとやかな」の意味であり，柔らかな雰囲気で落ち着きがあり，洗練されているイメージ．

●現在のさまざまなファッション感覚による分類　アパレル企業が消費者を分類する手法としてファッション感覚を取り入れて久しいが，最近ではファッションの多様化により感覚分類も複雑化している．特にカジュアル分野においては細分化が進んでいる．例えば，流行に敏感でちょっとセクシーなファッションを好むギャル系，少女のようなかわいらしいファッションを好むガーリッシュ系，きれいなカジュアルという意味のキレカジ系など多岐にわたる．また，昨今ファッションにこだわりをもつ男性が増えてきたこともあり，男性をファッション感覚で分類することも一般的になってきている．例えば，裏原宿を中心にショップ展開しているファッションを身に着けている裏原系，攻撃性や反社会性を表現するファッションのロック系，流行を取り入れたデザイン性の強いファッションのモード系などさまざまである．こうした分類はファッション雑誌の名前でよばれることも多く，女性雑誌のカジュアル・ガーリーなノンノ系，フェミニン・コンサバのキャンキャン系，男性雑誌であれば，モード・カジュアルなメンノン系（メンズノンノ）などといった具合である．　〔大枝近子〕

📖 参考文献

[1] 日本ファッション教育振興協会：ファッションビジネス（Ⅰ），2009．

現代の和服

　現代の衣生活は，洋服を中心とした服装が主流となっている．このような洋装化は，第二次大戦後の1945年以降とされるが，戦前は和服中心の生活であった．今日，私たちが日本の伝統的衣服として和服を着用するのは，行事や冠婚葬祭などの特別な場に限定されることが多い．洋装化により，現代の和服には，子どもとおとな，性別による相違や男女とも右前（右身頃を先に身体に合わせるので，左身頃が上前になること）に着る，などの着装に関する知識や決まり事のあることを知る人も少数である．また現在，左前は死者の着方として忌むものとのイメージをもつが，本来は死者に対して敬意を表す容儀性の意を有している．

　現代では，和服の用語は日本の伝統的な様式の衣服の総称[1]とされているが，元々，きもの（着物）が日本人の衣服全般すなわち「着るもの」を指していたという．「きもの」の意は，歴史的変遷を経て江戸時代から用いられた小袖系の和装に由来しているとされる．その後，明治維新とともに近代化が進み，欧米文化の流入によって衣生活様式にも変化がみられ，新しく入ってきた西洋の衣服に「洋服」という言葉が用いられたとされる．さらに大正時代には洋装が普及し，きものと洋服の着用も同程度にみられた．この頃から「洋服」に対して「和服」という言葉が用いられて，現在に至ったとされる[2-4]．

　現代の生産工程および着装状況での「和服」は，広義には子ども用，成人男女用の伝統的な様式の衣服の総称，狭義には長着，羽織，袴，帯，長襦袢，コートなどのほかに和装用具なども指している．いずれにしても，現代の和服は，正装・ふだん着・その他の用途に用いられている．正装として着用機会は少ないものの，人が成長する通過儀礼としてお宮参り，七五三，成人式，結婚式などで正装和装の光景がみられる．その意味において，重要な役割を担っている．

　戦後から今日まで，「ニューきもの」といわれるエポックメイキングなブームがいくつかみられる．「ニューきもの」とは，従来の伝統的な和服に対して，現代の生活に合うように考案された「新しいきもの」の意として使われることが多い．

　大塚は，和服の機能性を重視した改良きものの考案に始まり，ふだん着としての「新しいきもの」をツーピースのデザインや洋服にもはおれる和洋兼用のきものを提案した[5]．図1は，1977年5月11日中野サンプラザホールにおける「大塚末子直線を着る」ショーの衣装（一部）である．直線縫いの働き着の機能性をファッションデザインに取り入れたワーキングウェアとして，「きものの多様性」

を表現した.

　近年において日本文化のよさが見直されつつある中で，ゆかたを着て夏祭りに出かけるシーンは，子どもから大人までの幅広い年齢層でみられる光景である.

　現在の和服ブームの例として，ブランドゆかたとプレタきものを挙げる.

●ブランドゆかた　ブランドゆかたとは，「ブランドもの」といわれる商品のように，ブランド名の付いたゆかたを指している．ゆかたが若者に支持されて着用されてくると，ほかの人が着ているゆかたとは別の価値が付加された既製衣料が登場した．さらには，有名デザイナーによるDCブランドは，和服のビジネス化といえる．和服のブランドには，伝統ある老舗ブランドと（産業）業界ブランドの意味合いが強く，洋服のブランド分類のように明解な区分が難しい．

図1　「大塚末子直線を着る」ショーの衣装（一部）〔出典：パンフレットの掲載写真より〕

●プレタきもの　これに対して，ゆかたに限らず高級感のあるきものとして「プレタきもの」が登場した．高級既製服として「プレタきもの」が登場したのは，1980年代からとされ，洋服のプレタポルテの流れと思われる．日本では，プレタポルテを一般の既製服とは異なる高級品やファッション性の高い既製服としている．元々は，「すぐに着られる」の意から既製服を指している．したがって「プレタきもの」は，ファッション性が高く，すぐに着られる高級既製服として両者の意味を含むとも解釈できる．

　和服を着用する機会は少なくなりつつある．しかし，「ニューきもの」に象徴されるように，洋装化の影響をうけながら継承されてきた．昨今は，国内外に「クールジャパンときもの」を日本の伝統文化として，いかに発信していくか，注目されている．　　　　　　　　　　　　　　　　　　　　　　　　　〔佐藤悦子〕

📖 参考文献
[1]　JIS L 0215-1984（2010確認）繊維製品用語（衣料）3.6 和服及び和装品
[2]　丹野　郁　編：総合服飾史事典，雄山閣，111，1980．
[3]　山口庸子，生野晴美　編著：新版衣生活論，アイ・ケイコーポレーション，120，2012．
[4]　小池三枝，谷田閲次：日本服飾史，光生館，164，172-173，1989．
[5]　大塚末子：大塚末子の新・ふだん着，文化出版局，45，105，2001．

現代日本文化と着装

●クールジャパン 「クールジャパン」とは，「cool（かっこいい）」という言葉を用いて，海外でも人気の高い日本のデザインやアニメ，ファッション，映画等の文化産業を積極的に発信していくためにつくられた言葉である．2010年に，こうした日本の文化産業について官民連携による海外への進出促進，人材育成等を図る目的で経済産業省製造産業局に「クールジャパン室」が置かれた．議長をクールジャパン戦略担当大臣が務め，民間からアイドルグループAKB48のプロデューサー，秋元康などが起用された．また，映像や音楽，ファッション，アニメなどのコンテンツの海外市場の開拓のため，大型の商業施設の開発やM＆Aなどを支援する官民ファンドも設立された．しかしながら，こうした取り組みを始めたものの，企業の海外進出意欲や政府の支援が足りず，韓国などまわりのアジアの国々に市場を取り込まれてしまっていた．そこで，2013年には3回目となる「クールジャパン推進会議」を安倍政権が開催し，その危機を脱し日本の文化を成長産業にするために，政府が直接文化輸出を支援することを決定した．具体的には，日本のゲーム，漫画，アニメ，J-POP，アイドルなどのポップカルチャーを指す場合が多いが，さらに，自動車，オートバイ，電気機器などの日本製品，現代の食文化，ファッション，現代アート，建築なども指す．また，武道や伝統的な日本料理，茶道，華道，日本舞踊など日本に関するあらゆる事物が対象となり得るとしている．

●カワイイ 「クールジャパン」の一環として，日本のファッションを海外に発信するために，2009年2月26日〜2010年3月31日に外務省が青木美沙子（モデル），木村優（歌手），藤岡静香（女優）の3人を「カワイイ大使」として任命した．彼女たちはそれぞれロリータファッション，原宿系ファッション，制服の分野で有名であったため「ポップカルチャー発信使」通称「カワイイ大使」として任命された（図1）．また，2012年には，アーティストのきゃりーぱみゅぱみゅが，日本のファッションを原宿から広めるアイコンとして「原宿カワイイ大使」に任命された．そして，「"KAWAII"を万国共通のおしゃれのキーワードに」というテーマのもと，彼女のほかにも，原宿

図1 カワイイ大使 [出典：外務省ホームページ]

系のファッションで人気を博しているモデルやアーティストが，ファッションショーやライブを行う一大イベント「HARAJUKU KAWAii!! FES 2012」が開催された．さらに，2013年9月には「Tokyo Crazy Kawaii」という日本の「カワイイ」文化を一過性の流行ではなく，ライフスタイルとして海外に定着させるという目的の新しい催しが，フランスのパリで開催されてもいる．

この「カワイイ」とは，もともとヨーロッパやアメリカなどでの日本の漫画やアニメの人気からきている．「アストロ・ボーイ」(鉄腕アトム)や「ドラゴンボール」「セーラームーン」「ポケモン」は，子どもたちだけではなく若者をも惹きつけた．幼児的な体形，顔の真ん中についた大きな目，おおげさに描かれた足元，幼いファッションといったものが，「カワイイ」として受け入れられたのである．2000年代に入ると，奈良美智や会田誠，またルイ・ヴィトンとコラボレーションした村上隆などの作品は海外で脚光を浴び，日本のデザイナーだけでなく海外のデザイナーもこのテイストを取り入れ，コレクションで発表している．この頃から「カワイイ」という言葉が，日本独自の世界観をつくり上げていったのである．

● ロリータファッション 「カワイイ大使」のひとりである青木美沙子が装うロリータファッションは，フランスのロココ時代のファッションを日本のストリートファッションとしてアレンジした，日本発祥のものである(図2)．2011年発足の日本ロリータ協会の会長を務める彼女は，ロリータファッションは主に白・ピンクを基調とした，幼児的なフリルやレースなどを過剰にあしらった，子どもの頃に憧れた少女マンガの「お姫様」のようなファッションであると述べている．アイテムは主にブラウス，ジャンパースカート，パニエ(スカートを膨らませるためのアンダースカート)，ドロワーズ(ゆったりとしたズボン風の下着)，靴下，靴，ヘッドドレス，ハートバッグで構成されている．そして，彼女たちはその外見だけではなく，お茶会，舞踏会，友人づくり，恋などをして日々楽しく過ごすというロココの精神も引き継いでいるとしている．現在はロリータファッションを扱うアパレル企業も増え，細分化してきてもいるが，海外でファッションショーを開催したり，権威あるファッション雑誌『ヴォーグ』にも取り上げられ，日本の文化の1つとして認識されるようになってきている． 〔大枝近子〕

図2 北海道庁の赤れんが庁舎を訪れた「ロリカワモニターツアー」の参加者たち 〔出典：msn産経ニュース2013年10月19日〕

Chapter 23

ファッションの源流

世界のファッション ——— 574
ヨーロッパの伝統技術 ——— 584

世界のファッション

ファッションウィーク

　ファッションウィークとは男性用プレタポルテ（既製服）あるいは女性用プレタポルテをある期間限定して発表する場である．それらの期間がだいたい1週間から10日であることから，ファッションウィークと広くよばれるようになった．
　パリをはじめニューヨーク，ロンドンやミラノが歴史あるファッションウィークとしては有名で，男性服は毎年1月に同じ年の秋冬コレクションを，6月には翌年の春夏コレクションを発表する．

図1　ファッションショー会場

　ファッションウィークというと，パリコレ（パリコレクションの通称）やミラノコレ等デザイナーが華々しくショーを行うイメージが強いが，それらのショーを行えるデザイナーは限られている．
　もちろん，ファッションウィーク中に有名デザイナーによって発表されるコレクションはそれなりのインパクトもあり，ファッション業界にも影響を与える．すなわち傾向（流行)である．ある時期短くなったり,長くなったり，超ミニになったりするスカート丈も，こういったファッションウィーク中に発表されるデザイナーのコレクションに左右される．取材をするジャーナリストたちの取り上げるコレクションの内容の記事等によって，また，それらの商品を購入してマーケットにつないでいくバイヤーたちの傾向などから，流行は複合的につくられていく．
　本来ファッションショーはプレス，すなわちファッション雑誌のジャーナリストか，オートクチュールの場合は上顧客を対象に行われていたが，1970年代後半から世界中の主要都市における有力なバイヤー（それぞれの街でデザイナーの服を仕入れて販売できるレベルの店のオーナーが多い）がファッションショーをみにくることが当たり前になってきた．その理由としては，バイヤーたちもいち早くデザイナーの各シーズンにおけるデザイン傾向を知って，販売にも反映させようとしたからである．

また，素材や色使いも同じだが，それらはコレクションが発表される半年前にある程度傾向が絞られていることが多い．それらの素材や色使いをデザイナーたちが発表の9カ月から半年前にほぼ決めてしまう．すなわち，市場に商品が並ぶ1年前に素材が，半年前には形が決まっていると考えてよいであろう．

さて，このファッションウィーク中にはさまざまなことが営まれる．先ほども述べたように，デザイナーのショー形式によるコレクションの発表もあるが，デザイナーたちもただコレクションを発表するだけでなく，それらのコレクションを商品として販売して買い付けてもらわなければ会社経営が成り立たない．ショーを行うことによってデザイナーたちは，ファッションジャーナリストたちを相手に一番新しいコレクションをみせ，営業部隊は世界中の服飾関係の店のオーナーや百貨店のバイヤーたちを集めて展示会を行い注文を受ける．ショーはデザイナーにとってはできるだけ多く世界中のプレス（ジャーナリスト）にみてもらい記事に取り上げてもらい，営業担当者にとっては多くのバイヤーたちにショーをみてもらって発注してもらう機会である．それゆえにファッションショーの目的は，ジャーナリストであれバイヤーであれプロを対象として行われ，一般の人はみることができない．

ファッションウィークは，一般に目につきやすいファッションショー（コレクションの発表）だけがメインに行われるわけではない．もっと大事なことは，世界中からデザイナーたちが自らのコレクションをミラノやパリやニューヨークに持ち込んで，ビジネスを行う場であることである．ファッションショーを行い，有名デザイナーたちがシーズンごとのコレクションを競う一方，ファッションウィーク期間中は，各街にファッションビジネスのためのサロンやショールームが

図2　ファッションショー

図3　「プルミエール・ヴィジョン」会場

図4　サロン「トラノイ」入り口

図5 サロン「パリシュールモード」入り口

図6 「パリシュールモード」は、パリの中心にあるチュイルリー公園にテントを設営して行われる

図7 「WHO'S NEXT」展の入り口

図8 「WHO'S NEXT」展内部の様子

多く開設される（図1～8）。サロンは大きなスペースを使用することが多く、ショールームは各オーナーのテイストによってデザイナーを選ぶ。デザイナーたちは、それぞれ自分の感性に合うサロンやショールームを選んで出店する．

サロンやショールーム以外にも、仲間同士で合同展示会を開いたり、個人あるいは数人が共同でギャラリー等をファッションウィーク期間中借り切って、展示会を行うケースもある．

ファッションウィークとは、それが行われる街に世界中から売り手（デザイナー）と買い手（バイヤー）が集まり、ビジネスが行われる場所であることが重要な要素であり、見た目にきらびやかな有名デザイナーにおけるショーだけが目立つが、実際にはファッションショーとは無関係に純粋にビジネスのために多くの人が集まる場であり、期間である．

プレタポルテ

プレタポルテという言葉は、フランス語であり、prêt-à-porter と書かれる．この prêt とは、何々の準備（用意）が整うという意味の形容詞で、à は方向を示す

前置詞で英語の to にあたる．最後の porter は何々をもつとか抱えているという意味と，何々を身につけるという意味にも使われる動詞で，3つ合わせると身に付ける（纏う）ことが整っている服という意味になり，日本語では既製服，英語では ready-to-wear と表現される．日本では，仕立て上がりの服を既製服とよんでいたが，ファッションが浸透し始めた 1970 年代前半あたりから既製服ではなくプレタポルテというフランス語が日本語化した．また，ファッション好きな人々によって普通の既製服，すなわち，大量生産でつくられる安価な服との差別化を図るために使われ出した．日本では，より流行に乗った高級既製服をプレタポルテとよぶようになった．

フランスをはじめヨーロッパで，プレタポルテという概念が出てきたのは 1960 年代である．それまではほとんどの人が，クチュリエ（仕立て屋）とよばれる店に出向くなり，自宅に来てもらうなりして服を注文していた．現在でも仕立て屋やデザイナー兼仕立て屋を自宅によんで，採寸してもらい，生地を選んで仮縫いを行いながら服をつくらせたり，仕立て屋へ出向いてデザインを選び（あるいは自分の好みのデザイン画を描いてもらって），採寸してもらい，生地も選んで仮縫いを何回か行って完成された服を着用することを好む客がいるが，昔に比べるとプレタポルテの服もそれなりに着心地やサイズ感がよくなっているので，仕立て屋を通して服をつくる人はだいぶ減ってきたといえよう．

プレタポルテの発達は，大きく洋服業界のあり方を変えた．その最大の変化は，洋服の大量生産が可能になったことである．日本もヨーロッパもプレタポルテが発展する以前は，たまたま自分の身体に合った既製服があればそれを購入することもあったが，基本的には仕立て屋でつくるか，あるいは家庭で母親などがお裁縫をしてつくったかである．現代になると，学校教育の中に裁縫という時間，すなわち，技術家庭という授業があまりみられなくなったが，昔は，女子はお裁縫を習い，男子は技術（家具を直したり，電気機器の簡単な修理等）を学ばされたものである．それらは現代のように何でも外で買うことができる時代ではなく，多くのことを自分の家で，家族全体が協力してつくったり修理することが当たり前であったからである．

女の子はお裁縫ができて当たり前という時代があったのは，日本に限らずヨーロッパでも同じことである．1970 年代にプレタポルテが発達してくるまでは，家族の着る物の面倒をみる（新調するだけでなく，修繕等も行う）のは女性の仕事であった．もちろん，毛糸を使った編物も，女性が家族の着用していたものが古くなると，毛糸を解いて洗濯し，編み直したりしていた．すなわち，プレタポルテが発達し，服が安価になってくるにつれそうした家庭における女性の仕事がな

くなってきたといえよう．

　仕立て専門家であれ，家庭裁縫であれ，以前はそれぞれの人に合わせたサイズで衣服をつくっていたが，プレタポルテが主流になった理由の1つは，基本になるサイズを何段階か決め，それに沿ったパターン（型紙）をつくることにより，同じサイズの衣服を何枚でもつくることができるようになったことである．素材の厚みがよほど違わない限りは，同じ型紙を使って素材違いであっても問題がないのも大きな特徴である．人の身体に合わせてつくられていた衣服から，人が自分の身体に一番合う衣服を数あるサイズと素材や色から選んで着用することになった．一方，仕立て屋につくってもらう衣服は高級注文服とよばれ，顧客一人一人の体型に合わせた型紙がつくられているので，着心地のフィット感はプレタポルテより優れているし，世界に1着しかない一点物，すなわちオートクチュールである．プレタポルテの場合は，同じ素材，同じ型紙でつくられるので時としてまったく同じ服を着ている人と遭遇することもあり得る．また，プレタポルテは注文仕立て服と異なり，卸販売がベースであるゆえに顧客がわざわざ仕立て屋に出向くこともなく，いろいろな衣服を扱う店をみてまわり，自分の感性に合ったものを選べるという利点ももった．

　これらプレタポルテの発達は，多くのファッションデザイナーを輩出するきっかけにもなっている．すなわち，型紙が1枚あれば，世界中どこでも同じ衣服をつくることができ，デザインの良し悪しをどこでもみせることができるようになったと同時に，世界中のショップオーナーや百貨店が注文して購入することが可能になった．それゆえに，通称パリコレクション，ミラノコレクション，ニューヨークコレクション等においてデザイナーたちが自らデザインしたプレタポルテの衣服やアクセサリーを展示卸販売をすることになり，これらのコレクション（ファッションウィークともよばれる）がますます発展してきた．

オートクチュール

　オートクチュールはフランス語で，haute（本来は高い低いの高いという意味として使われるが，高級という意味にも使われる．英語のhighが高いという意味と同時に高級の意味としても使われるのと同じで，フランス語においては女性形形容詞）とcouture（縫う，縫製という意味の女性名詞）を合わせてhaute couture（高級仕立て服，高級オーダーメイド服）といわれ，本来どのモデルも世界で一点しかつくられない服のことである．

　オートクチュールは1945年にフランスで厳格な基準がつくられ，それに則ったメゾン（クチュールの会社）以外はオートクチュールを名乗ることが認可され

ない．それらの基準は，すべての洋服が自社のアトリエ内で，自社のスタッフによって手縫いされていること（刺繍やレースは外注認可），アトリエスタッフの最低人数，コレクションごとの最低発表体数（最低でも30体），使用しなければならない生地の面積，年2回のコレクションの発表等々細かく決められており，かつフランスオートクチュール協会とフランス産業省が協議をして，はじめてオートクチュールとしての呼称が認められる．2013年12月16日にBouchra Jarrarがオートクチュールを名乗ることを許されている．クチュール協会から，翌日に次のように公表された．"Paris, 17/12/13　　La Commission de Classement Couture Création réunie le 16 décembre 2013 au Ministère de l'Industrie a conféré l'appellation Haute Couture à la maison Bouchra Jarrar."

　本来1970年代にプレタポルテ（既製服）の概念がつくられるようになるまでは，すべてがオートクチュールに準じた考え方であった．すなわち，有名なクチュリエとよばれるデザイナーといわれ，きちんとした服をつくる工房をもった人がいて，彼らが年に2回発表する服を雑誌等で女性たちがみて，自分の好きなスタイルを選んで，お金に余裕のある人たちは，町の仕立て屋（クチュリエ）で洋服を仕立ててもらったり，あるいは生地だけ購入して自分で縫ったりする．そういう人々のために，標準サイズの型紙などが雑誌の付録として付いてきて，それをもとに女性たちは自分のサイズにグレーディングして洋服をつくっていた．

　歴史的にオートクチュールの考え方を遡ると，フランス国王ルイ16世の妃，マリー・アントワネットの服を担当していた，モード大臣と揶揄されたローズ・ベルタン（Rose Bertin 1747～1813）だといわれている．それまでのロイヤルファミリーをはじめとする貴族や身分の高い人たちの衣服は，それなりの流行はあったものの，クチュリエが自らデザインをして顧客にそれらの作品を着てもらうという習慣はなく，顧客からの要求（海外へ行った折にみた服をまねさせるなど）をベースに仕立てをしていた．しかし，ローズ・ベルタンは，自らが創造的な服をつくり，それを王妃にみせて服をつくるという方法をとった．それゆえ，王妃のためだけの衣服がつくられていくことになり，それを王家のまわりの貴族や身分の高い夫人達がまねをして服をつくらせるということになり，それゆえにローズ・ベルタンの店は大繁盛をしたと記されている．ローズ・ベルタンがオートクチュールの先駆者とされる所以である．

図9　ローズ・ベルタン

図10 Michelle Sapori 著のローズ・ベルタンの伝記（Perrin 社刊，表紙）

また，王妃の服に対する請求額もかなりの金額であり，ヴェルサイユ宮殿の会計担当者がローズ・ベルタンに確認をすると，「私のアイデアのお代も請求させていただいています」と答えたといわれている．すなわち，デザインをするという行為に対して金銭を請求するという考え方は，ローズ・ベルタンが初めてであった．しかし，ルイ王朝は1789年7月14日に勃発したフランス革命により崩壊し，その後ナポレオンが1799年にブリュメールのクーデターを起こすまで，恐怖政治の期間を経て革命が終焉するまでの期間中は，特権階級の贅沢な衣服や装飾品をできるだけ抑えたシンプルなファッションになり，フランスではナポレオンによるフランス帝政が完成するまで衣服のきらびやかさは抑制される．

一方，18世紀半ばから19世紀にかけて英国で産業革命が起こり，主に紡績や印刷機，蒸気機関，ミシン等機械工業が発達する．まだその時点ではプレタポルテのような工業衣服をつくれるまでの技術はなかったが，それまでと比べて縫製にかかる時間は飛躍的に短くなっていった．ほかにも，蒸気機関車がつくられたことによって運送距離が飛躍的に伸びたり，印刷機の発展で新聞や雑誌などが大量に刷れるようになっていった．こうしたことにより，特に上等な紳士服が英国でつくられるようになり，ファッションの中心は一時的にロンドンへ移ったが，レディースの服のように，ソフト（デザイン）が重要部分を占める衣服は，徐々にパリに中心を移してくる．

現在につながるオートクチュールの原型は，1845年にパリに移り住み，1858年に同地に自身のショップを開いたイギリス人のCharles Frederick Worth（1825～95）によって定められた．彼が「オートクチュールの父」といわれる最大の理由は，ローズ・ベルタンがほんのわずか進展させたデザイナーという職業を定着させたことである．Worthは，クチュリエという職業を職人からアーティストに変化させた．すなわち，それまでのクチュリエは，顧客の希望を聞いて仕立てるという職人的な位置づけであったが，

図11 「オートクチュールの父」とよばれる Charles Frederick Worth

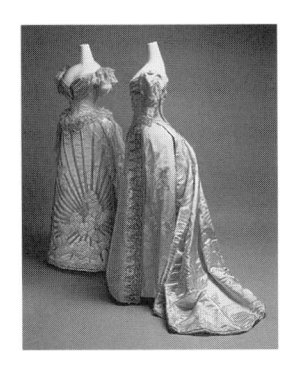

図 12 Chareles Frederick Worth の代表的なドレス

図 13 Chareles Frederick Worth のデッサン

図 14 Chareles Frederick Worth のマーク

Worth は彼自身がモデルをデザインして，そのデザインされた服を顧客にコレクションとしてみせて注文を取るという新しい方式を世間に広めた．顧客にみせる前にコレクションの衣服をすでにつくっておき，デラックスなサロンでそれを発表して受注した．招待される顧客は，いうまでもなく上流階級の夫人や裕福な家庭の夫人たちであった．顧客は服に使われる生地やその色を好きなように選ぶのではなく，Worth がつくったコレクションを注文した．クリエーションという考え方にデザイナーの自主性をもたせたことは，Worth の大きな功績である．また，彼は生身のモデルを使ってコレクションを発表したり，コレクションを年に2回，プレタポルテも含めて現在でもその形が受け継がれている「春夏コレクション」と「秋冬コレクション」を発表した．現在，パリをはじめ世界中で当たり前に行われている「コレクション」の原型は，ほぼ Worth がつくり上げたといっても過言ではない．ビジネスとクリエーションという相反する部分も，彼なりにしっかりと基礎をつくり上げている．このオートクチュールという概念は，フランスのみが継承しているファッションのあり方である．　〔齋藤　統〕

ファッションを支える作り手の職業

「クチュリエというのは作曲家のようなものである．その曲を演奏する音楽家がいなければ，何も起こらない」．オートクチュール刺繍の巨匠，フランソワ・ルサージュはいった．「クチュリエの中のクチュリエ」（Le couturier des couturiers）と称されたクリストバル・バレンシアガをはじめ，スキャパレリ，ディオール，バルマンなど，名だたるデザイナーと仕事をしてきた彼の言葉は，クリエーションにおける作り手の役割を端的に表している．オートクチュールやラグジュアリーの夢みるような作品は，それを実現する「手」なくしては存在し得ない．はやくからファッションを，文化，産業として発展させてきたフランスには，こうした職人の技に対する尊敬が深く根づいている．プレタポルテ，大量生産が主流となった時代においても，この精神が作り手たちの伝統と技術を守り，そうした作り手の仕事が，ファッションの創造を支え続けているのである．

●メティエダール　2002年，シャネルが発表した「メティエダール・コレクション」は大きな話題をよんだ．その後も毎年テーマを変えて発表されるこのコレクションは，同社が抱えるアトリエの技術を結集した，オートクチュールに近い哲学をもったプレタポルテである．これは「Paraffection」プロジェクトの一環である．「Paraffection」は衰退するフランスの「メティエダール」（métiers d'art）の保護と支援を目的に，1997年に設立されたシャネルの子会社だが，傘下にはフランスを代表する工房が名を連ねている．そもそも，この「メティエダール」という言葉は，「メティエ」（métier）と「アール」（art）という2つの単語からできていて，職人の芸術的な技という意味をもつ．日本語では「美術工芸」などと訳されることが多い．フランス国立芸術工芸協会（INMA）によると，複雑な技術のたまものであり，芸術性をもった作品を少量生産し，その道の習熟が必要となる産業および職業を指すという．メティエダールの公式リストに載った職業は，一種の文化遺産として保護されるが，分野はフラワーアレンジメントから舞台装飾，玩具職人までさまざまである．その中に「ファッション」という項目が堂々と名を連ねているのは，服飾文化が国の遺産にまで高められているフランスならではであろう．帽子，コルセット，扇子，手袋，羽根飾りなど小物の職人，また，パタンナー，仕立て（クチュリエ）といった作り手の職業はすべて，この「メティエダール」として保護されている．また，特にファッションの分野では，これらの職業は単なる過去の遺産ではなく，現在のクリエーションの現場を支える存在であり続けている．

●有名メゾンとアトリエ　現代のモードの最先端をいくメゾンは，その創造性を

作り手の技に頼っている．例えば，上にも述べたようにシャネルが買収したアトリエは，特に高名なものばかりで，あの刺繍アトリエ「ルサージュ（Lesage）」，マレーネ・ディートリッヒが愛した1894年創業の靴の名門アトリエ「マサロ（Massaro）」，1929年創業のコスチュームジュエリー「デリュ（Desrues）」，帽子のアトリエ「ミッシェル（Michel）」，金銀細工の「ゴッサンス（Goossens）」，羽根細工とカメリアの「ルマリエ（Lemarié）」，造花のアトリエ「ギエ（Guillet）」，高級革グローブ「コース（Causse）」などがある．ほかには，エルメスもまた，職人の技に支えられているメゾンの1つである．2012年に行われた「フェスティバル・デ・メティエ」（Festival des Métiers）は，工房が世界を巡業してまわるというものであった．レザーバッグや鞍，オーダーシャツ，伝説のスカーフ「カレ」のプリント，シルクのエッチング，時計のムーブメント，ジュエリーのダイヤモンドセッティングから，灰皿の絵付け，クリスタル工房，サンルイの金彩装飾まで，あらゆる製作過程を通訳付きでデモンストレーションするという企画である．さらに忘れてはならないのは，クリスチャン・ディオールのアトリエ公開であろう．同社は，2014年春夏のオートクチュールコレクションに世界のファッションスクールの学生を招待し，ショー前日のアトリエを特別に公開した．パリのファッションショーの裏側と卓越した技術，創造性とディオールのヘリテージを通して，オートクチュールの世界を深く探究する機会を与えることが目的であるという．このように，ブランドのアイデンティティにまで関わる作り手の技術は，近年，消費者のレベルでも再評価されつつある．世界的なメゾンのクリエーションに，伝統の技術は不可欠のものなのである． 〔須山佳子〕

ヨーロッパの伝統技術

オートクチュールの衣服

　「モードの実験室」とよばれるオートクチュールの衣服．一般の服飾デザイナーと画して，特にオートクチュールのデザイナーを指してよばれるクチュリエたちから毎回発表されるオートクチュールの衣服は，どれも完全オリジナルの創作物であり，これまで世界のファッションに大きな影響を与え，女性の服飾を進化させてきた．

　喪服の色とされてきた黒を使い，コルセットでウエストを締め付けないストレートなシルエットの，シンプルで活動的な服を発表したガブリエル・シャネル．幾何学的カッティングで未来的デザインのピエール・カルダン．衣服に使われることのなかった斬新な素材や手法を用いたパコ・ラバンヌ．42歳から52歳までのたった11年の活動期間のあいだに，ニュールックやAライン，Hライン，Yラインなど，次々と新しいシルエットやデザインを打ち出したクリスチャン・ディオール．またイヴ・サンローランは，モンドリアンやピカソ，マティスなどのアートをモチーフにした大胆なデザインや民族衣装からインスパイアされた服，肌の透けたシースルードレス，男性服だったタキシードスーツなど，それまでにない女性のための服を数々世に送った．

　このようにクチュリエたちが比類なき感性でその時代を敏感に感じ取りながら，新たにクリエーションし発表してきたオートクチュールの衣服は，当時センセーションを巻き起こしたが，その多くが今日ではひろく一般的なスタイルやデ

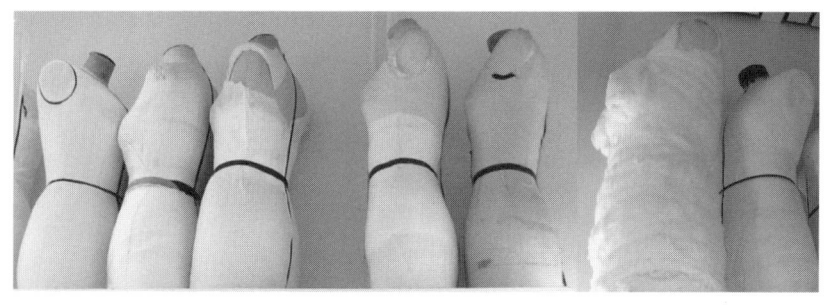

図1　顧客それぞれの体型寸法でかたどられた人台

ザインとなっている．現在は既製服の台頭や服の趣味志向の多様性などにより，オートクチュールの衣服の影響力は以前のように強大なものではないが，服の新たな可能性やこれからの傾向を示す「実験」の場として，クチュリエによってその創造と発表が続けられている．

●**オートクチュールの衣服制作**　オートクチュールの衣服は，広く一般に売られる大量生産の既製服と異なり，注文を入れたひとりの顧客のためにつくられる1点ものの服である．1月と7月に開催されるパリ・オートクチュール・コレクションで発表された作品の中からの注文や，顧客の要望により服を一からデザインする場合もある．

　注文を入れた客は採寸され，その体型にかたどられた人台（図1）が顧客ごとに用意されて，アトリエ（工房）での衣服制作に使用される．まずはその人台を用いて，トワルとよばれる布を使い，立体裁断によるパターン設計法で注文の服の型（パターン）がつくられる（図2）．その後，服の型を別のトワルに転記

図2　立体裁断による服の型の作製

し，それを使って仮縫いし，客本人による試着，補正を行って型を整えてから，本布で仮縫いし，本人の試着，補正へと作業が進む．通常試着・補正は複数回繰り返され，完全に修正されて初めて本縫いをして仕立てあげられる．

　オートクチュールの衣服制作は，永年にわたる仕立ての歴史の中で培われてきた美しい服をつくるための伝統的裁断法や縫製法をその手に受け継ぐ卓越した腕をもった熟練の職人によって，丁寧かつ緻密な作業により行われる．オートクチュールならではの伝統技法の例を挙げると，服のシルエットを出すために，アイロンを使って丹念に布を立体的に成形させていく"くせとり"やレース生地の美しい柄を生かした"アンクルスタション"とよばれる縫製法など，あまたある．ミシンによる縫製もされるが作業全体からみるとごく一部であり，その多くは手作業によってなされる．このようにして仕立てられるオートクチュールの服は，1着の完成までに数百時間かけられることも珍しくはない．

　また，使用される布，レース，皮革，糸，ビーズ，スパンコール，そのほかさまざまな素材は最高品質の高級品であり，ときに本物の宝飾類や貴金属が使われるなど，贅を尽くしたものとなっている．

　こうして仕立てられた服は，例えばドレス1着で数百万円はくだらないといわれており，これほどまでに高価となるオートクチュールの顧客は，王侯貴族や大富豪，世界的スターなど，世界の中のごくごく限られた人たちである．

　たんなる服としてだけでなく，芸術品としての側面も併せもつオートクチュー

ルの衣服．優れたセンスの一流クチュリエによるデザインと，それを具現化するために要する高度な技術力を備えた職人，その両者がそろって初めて，完璧で美しい服が生まれ，服の価値が芸術の域にまで達するのである．　　　〔滝澤　愛〕

テーラード

　男性の服装で最も代表的なものが，テーラードスーツである．ルーツは産業革命以前のイギリスにさかのぼる．毛織物産業の発展により，布地となる良質なウールが多くつくられたこともあり，テーラードスーツは男性が公的な場で着用する衣装として定着し，今日に至るまで発展し続けている．また，今日では男性だけでなく，女性にとってもテーラードスタイルは一般的になってきている．それ以前の女性のスタイルはドレスが中心であった．しかし，今日では女性の社会進出により，仕事に適し，社会性，機能性を備えた装いの必要性から，女性もまた男性同様にテーラードスーツを着用することが多くなっている．すなわち，テーラードスタイルは男女ともに世界中で，公的な場で着用する装いとして，スタンダードとなっている．

●テーラードジャケットのつくり　まず，身体のバランスを美しくみせるように布地をカッティング（設計）する．また，身体の立体感をつくり出すために，表に使用する布地だけではなく，内側に芯地（ウールや馬の鬣［タテガミ］を使った弾力性のある素材で，表地の裏側に芯として使用するもの）を使用する．この芯地や布地をアイロンの熱

図3　身体のバランスを美しく見せるテーラードスタイル［the French Tailoring Technique for "Couture" より］

図4　ドレスアップしたギャング・スタイル（1930年代，アル・カポネのストーリー映画のワンシーン）［出典：R. Villarosa and G. Angeli "How to Construct the Ideal Wardrobe", Random House, p. 56, 1990］

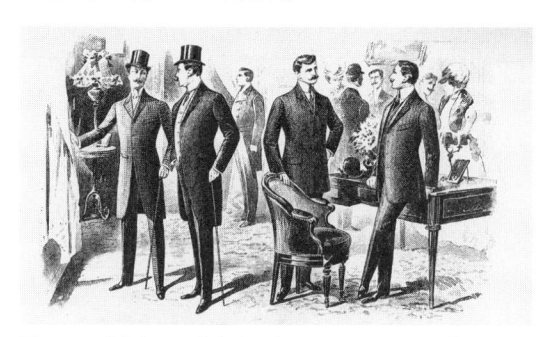

図5　20世紀初め，社交会の人たちのドレスアップしたスタイル　［出典：M. Costantino "Men's Fashion in the Twentieth Century", B.T. Bastford, p. 58, 1997］

と蒸気，圧力により胸や肩の立体的な形にそうように成型していく．この時，単に身体にそわせるだけではなく，より身体が美しいプロポーションにみえるよう調整しながら，つくり上げていく（図3～5）．

●**伝統技術の継承と発展**　身体の動きにそった機能性，それぞれの時代に合ったデザインとともに，テーラードジャケット製作技術は長い年月を経て，継承され続けていく伝統技術であるが，現在も新たな研究がなされ発展し続けている．時代によるスタイルの違いで，カッティングおよび縫製の方法は異なるが，常にその時代ごとに美しいと感じられるスタイルを生み出し続けている．いつの時代でも共通していることは，身体の動きに重要な肩のまわりの設計が研究課題となっていることである．一見同じようにみえるテーラードジャケットだが，すべてのブランド，作り手に特徴と違いがあり，

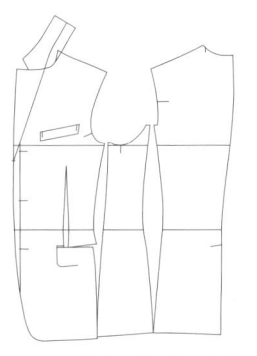

図6　ジャケットのパターン

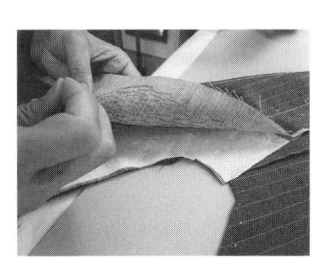

図7　作業風景1

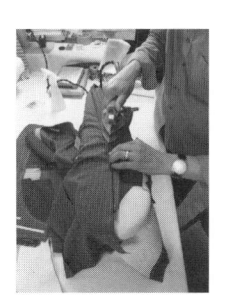

図8　作業風景2

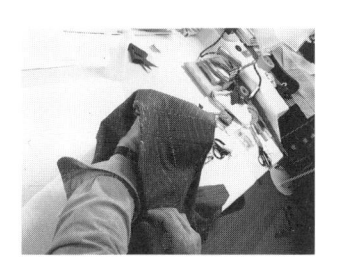

図9　作業風景3

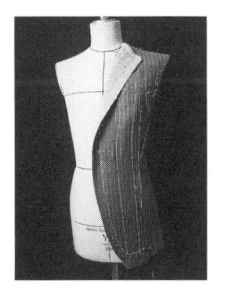

図10　制作過程1

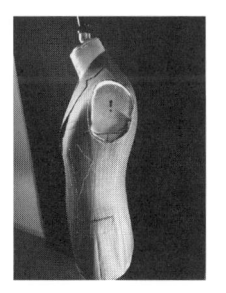

図11　制作過程2

図12　制作過程3

専門的な人たちが研究を重ねているのである．美しさと着ごこちのよさを求めて，ヨーロッパの創造美と積み重ねた伝統技術を使い，つくり上げられているのである．よい服は，袖を通してみると，身体でそのよさが感じられるものであり，さらにそれをほかの人がみて，魅力的に感じるものである．

　テーラード製作上の重要な技術の一部を写真で紹介する（図7〜12）．

〔垣田幸男〕

素材

　ファッションのクリエーションは，まず素材から始まる．特に，ヨーロッパの伝統を汲んだラグジュアリーの現場では，作り手のこだわりと技に裏打ちされた独特の素材によって，デザイナーの構想が形になるのである．完璧なデザインを実現させるためには，布はもちろんのこと，ボタンなどの副資材にいたるまで，あらゆる分野において特別な技術が必要となってくる．ヨーロッパの，ひいては世界のファッションの源流であり続けるフランスには，こうした素材が数多く存在する．

●レース　フランスの素材としてまず一番に連想されるのは，やはりレースであろう．一般にも広く知られており，一番格が高いとされているリバーレース（Leavers Lace）は，フランス北部の町，カレー（Calais）とコードリー（Caudry）で生産されている．最高級と名高い二大レースメーカー，ソルティス（Solstiss）とソフィー・アレット（Sophie Halette）もまた，この地域のものである．16世紀のイタリアやフランドル地方で生まれた手工芸から，19世紀初頭イギリスでの工業化を経て，その後第二帝政下のフランスで花を咲かせたこのレースは，たて糸にボビン糸を絡ませることにより，複雑な模様を実現可能にした．当時「空気を織り上げたような」と評されたほど繊細なデザインは，機械の微妙な調整が必須となる．よって，この生産過程には，熟練した職人の技が不可欠であり，現在最も手工業に近いレースとして，他の大量生産品とは一線を画すものとなっている．

●ファンシーツイード　シャネル社のスーツは今やフランスを代表するアイコン的商品であるが，同時にその特徴的な素材を「シャネルツイード」の呼称で広めたことでも印象深い．もともとツイードはイギリスのスコットランド地方発祥の毛織物で，その重厚な質感が特徴である．しかし，シャネルツイードに代表される布地は，甘撚りの糸で織られ，薄手の仕上がりとなっている．太さや色，種類が違う糸を組み合わせた装飾糸のことをファンシーヤーン（意匠糸）といい，上記のツイードはこれを使って織り上げられているため，一般的に「ファンシーツイード」とよばれる．こうした特徴によりさまざまな表面効果が期待できるので，

プレタポルテだけでなく，オートクチュールでも多くのブランドで使用されている．フランスで有名なファンシーツイードのメーカーとしては，マリア・ケント (Malhia Kent)，クラレンソン（Clarenson)，ジュール・トゥルニエ・エ・フィル (Jules Tournier & Fils) などが代表的で，これらは同時に，シャネルツイードの作り手としても有名である．

●シルク　エルメスのスカーフといえば，今やフランスの文化の1つにも数えられるだろう．この「カレ」(Carré)，フランス語で正方形を意味する製品は，最高級のシルクで織り上げられており，鮮やかなプリントは芸術の域に達している．フランス，ローヌ・アルプ地方の中心都市リヨンが，こうした絹織物の名産地である．1466年にルイ11世が自由市の特恵を，そして1536年にはフランソワ1世が特許状を授けたことにより栄えたこの町の絹産業は，その後3世紀ほどたって，寄生虫の病害や合成繊維の台頭によりいったん衰退した．しかし，この間に新しい技術が開発され，「リヨン式スクリーン手捺染」とよばれる印刷が19世紀に登場する．それまでの地味な木版に比べ，このシルクスクリーン技術が鮮やかな染色を可能にし，エルメスのカレの誕生へと繋がったのである．現在ではリヨンでも数軒の工房を残すのみとなってはいるが，エルメス社が買いとったブコル (Bucol) などのアトリエは，伝統的な技能を受け継ぎ，品質の高い手作り生産でラグジュアリーの現場を支えている．

●ボタン　「本体だけでなく細部もまた重要である．細部が駄目なら，すべてが台なしになる」というのは，クリスチャン・ディオールの言葉である．このように，副資材にも細かな技術が求められる．その中でも，ボタンは衣服の歴史に欠かせないものであるが，時にそのもの自体が工芸品のような価値をもってきた．最も高名な装身具職人の一人，ジョルジュ・デリュー (Georges Desrues) のアトリエでは，今でも伝統的な技術による手作業で，シャネル，ディオールなど名だたるメゾンのオートクチュールボタンを製作している．

小物

　いつの時代においても，ファッションは衣服のみで完結するものではない．靴，鞄，帽子など，小物があって初めて装いが完成する．また，衣服とちがい，必ずしも体にそってはいない小物は，人間の動作そのものに影響することもあり，しばしば象徴的な役割も果たす．このように，実用性と美的な装飾がともに重要視される小物の世界には，職人の巧みな技に彩られた長い歴史が存在するのである．ヨーロッパ，特にフランスのファッションには，今なお続く小物の伝統が息づいている．

●帽子　フランスには長年の製帽の伝統がある．高級婦人帽子を「オートモード」(haute-mode) というが，これはいわばオートクチュールの帽子版で，製作に際しては，一人一人の頭に合わせた3次元の立体造形技術と，アーティスティックな美的感覚がともに必要となる．職人は大きく分けて「シャプリエ」(chapelier) と「モディスト」(modiste) の2種類になり，両者とも製帽を専門としている．シャプリエはフェルト，藁や布などの素材を型から成型し，モディストは装飾やデザインの構想などを司る．この2つの技術を併せもつ職人は，しばしば「ファンテジアン」(fantaisien) とよばれる．文化遺産の日にはアトリエ見学に行列ができるというメゾン・ミッシェル (Maison Michel) は，シャネルなどの有名メゾンや世界の名だたる名士の帽子をつくっている．

●手袋　西洋における手袋の歴史は長く，古代ギリシャまで遡るといわれている．フランスでは，例えば16世紀には宗教勢力や王家の権力の象徴であったし，現代では愛の証といわれることもある．そんな手袋の町として名高いのが，リムーザン地方のサン・ジュニアンである．15世紀から栄えていたこの町の産業は，ルイ11世の凱旋の際に送られた手袋のエピソードや，太陽王ルイ14世の寵愛を経て，かの有名なセヴィニエ夫人の書簡の一節にも名を残すこととなった．そんなサン・ジュニアンにあるアトリエの1つが，アニエル (Agnelle) である．ゴルチエの最初のオートクチュール・コレクションで出した黒革の手袋やアライアの鋲うちの手袋など，伝説になったアイテムは，すべてこの工房で生み出されている．人の皮膚のようにしなやかにのばされた革でつくられる手袋は，百ほどの作業工程を必要とし，ニナ・リッチ，クリスチャン・ラクロワ，ディオールなど，名だたるクリエーターの要望に今日も応えている．

●旅行鞄　日本の海外ブランドで随一の人気を誇るのは，もちろんルイ・ヴィトンである．このメゾンの代表的なイメージとして，日本の家紋を組み合わせたようなモノグラム柄があるが，これはフランスの伝統産業の一つ，マル (malle, 旅行鞄) 製造の発祥と無関係ではない．19世紀，パリ万博で世界がわき，ジャポニズムが花咲いたヨーロッパでは，鉄道の開通に伴う旅行ブームが起きた．こうして，ルイ・ヴィトンをはじめとするマルティエ (malletier, 旅行用トランク製造業者) が次々と現れたのである．その後豪華客船がはやれば，ハンガーや衣装箪笥つきのトランクを，さらに自動車の時代になると，手軽に持ち運べる鞄をといった具合に，フランスの旅行鞄の歴史は，そのまま「旅」の歴史である．トランクは今でも，手仕事でつくられている．ルイ・ヴィトンで一点ものを注文するとなれば，6〜7カ月はかかるという．およそ300時間に及ぶ作業で，400個のビスを打ち2,500針を縫った末に完成する「"荷造り"の美学」は，交通手段の変わった

現代にも生き続けている．

●**靴**　西洋の衣装の文化に，靴は欠かせない存在である．足を保護し，歩行を助けるという以上の役割を担っていた靴は，例えば中世の先の尖った靴プーレーヌ（poulaine）や，ルネッサンス期の厚底の例をみるだけでも，実用とはかけ離れた象徴的な意味をもっていることが読み取れる．実際，19世紀までは，靴に左右の別などなかったともいわれている．履き心地と装飾性の両立を実現した技術がヨーロッパに現れたのは，その長い歴史からいえばつい最近である．フランスでは，高級靴職人をボティエ（bottier）とよぶ．例えば，マレーネ・ディートリッヒやシャネルに靴をつくったレイモン・マサロ（Raymond Massaro）などは，今でも世界を代表するボティエの一人である．オーダーメイドのアトリエでは，採寸，木型起こし，雛型づくり，裁断，そして各部分をつなぎ合わせる製甲を経て，組み立て，かかととつま先の補強，というすべての作業が，それぞれ熟練の職人による手仕事で行われる．これらの工程にかかる時間は合計40時間というが，できあがった靴は，クリエーターのアイデアと顧客の足とにぴったり合った，まさに美と実用を兼ね備えた品である．歴史は浅くとも，これらの技術もまた，「伝統」とよぶにふさわしい風格を備えている．　　　　　　　　〔須山佳子〕

Chapter 24

衣服と文化

衣服文化とファッションビジネスの
　狭間 ──────────────── 594
もはや戦後ではない
　──ファッション黎明期
　（1950年代）──────────── 598
消費は美徳──若き団塊世代の
　台頭（1960年代）────────── 600
反戦・節約・中流──流通多様化と
　ストリートファッション
　（1970年代）───────────── 602
男女雇用機会均等法──バブル景気と
　ファッション成熟期（1980年代）
　────────────────── 604
バブル崩壊──SPAファッション
　の台頭（1990年代）──────── 606
二極化市場──ファッション
　デモクラシー時代（2000年代） 608
SNS社会不安──ファッション
　クラウド時代の真贋と見識
　（2010年代）───────────── 610

衣服文化とファッションビジネスの狭間

　日本の社会は，戦後「団塊世代」とその子どもたち「団塊ジュニア」によって牽引されてきた．2010年代に入って団塊世代が高齢化社会をつくり，団塊ジュニアは晩婚ブーム，高齢出産ブームをつくっている．ヤング世代の人口は極端に減り，例えば，渋谷109の売上げは最盛期より100億円も減少している．Kawaii文化の立役者は「カワイイ」といいながら，現実はユニクロや駅ビルファッションで十分だ．ファッションデモクラシー[*1]が進みインバウンド消費[*2]もあって，日本の若い女性のファッションは，アジア圏に埋没して大同小異となった．

　ファッションは，開国以降ずっと西洋の文化を追い求めてきた．しかし，その西洋文明が終焉するとシュペングラー[*3]は『西洋の没落』の中で警告した．政治，経済，社会，宗教，思想，文化，芸術などを包括した都市国家が文明を育むが，それらの西洋のシステムがすでに限界であることを指摘した．20世紀初頭のことである．だが，1960年に生まれたプレタポルテの普及により，ファッショントレンドは世界に浸透した．流行に一喜一憂しながらファッションビジネスもコレクションをうまくコピーして，購入しやすい手ごろな価格帯で売上げを伸ばしてきた．現代も依然として「ファッション文化」は，欧米のトレンドに倣うところが多く，コレクションの影響で70年代ファッションが幾度か見直されたりする．さらにはファストファッションビジネスの台頭，普及により，誰でもがトレンドをすぐに取り入れられ，オシャレができるシステムが世界の市場に確立した．

　そんな中で日本のファッション文化はどこをみてきたのか，どこへ行くのか．デザイナーは常に時代に対してファッション哲学を表現して時代の代弁者でも

[*1] 高額商品も低価格商品もトレンドを自由に享受できるファッションの民主化社会を指す．H&Mのエドマン日本支社長，デザイナーのジル・サンダーなどが発言．バブル崩壊後の消費社会は，1990年代に入って本格的な海外SPAやファストファッションとよばれるトレンド満載の低価格ブランドビジネスが日本に上陸した．GAPから始まり，ZARA，H&M，これに呼応して日本のUNIQLOのヒートテック大ヒット商品が参戦して，ファッションはまったく新たな局面を迎える．従来のモード服＝海外ラグジュアリーブランド，ダサい＝国内低価格ブランドといった図式が崩壊していった．

[*2] 訪日外国人旅行者による消費を指す．2010年代に入って訪日渡航者が2014年には1,341万人となり，小売業では免税手続きの簡易化を急速に進めている．

[*3] 1918年に出版され，ドイツの文化哲学者オズヴァルト・シュペングラーが哲学，思想，歴史，文化，経済と広く論じた，西洋絶対主義に対する警告書．その後，世界はアメリカとロシアの冷戦状態になる．近代経済都市文明への警告書．

あった．だが，社会では経済論理が圧倒的に勝り，かつてほど身体的なコンプレックスは感じなくなった日本の若い世代も，安易な洋服に身を包みスマホ文化を享受して，審美性にはさほど興味を示さない．

　クリエータービジネスにしても，例えばニューヨークコレクション参加デザイナーの総売上げは定かではないが，数兆円規模であろう．それに対しクールジャパン[*4]を標榜するJFW[*5]参加デザイナーの市場規模は，きわめて小さい．クリエーター養成とファッションビジネスとの乖離はいつまでも未解決のままだ．80年代，世界に強烈なインパクトを与えた数人のクリエーターの亡霊を，いまだに

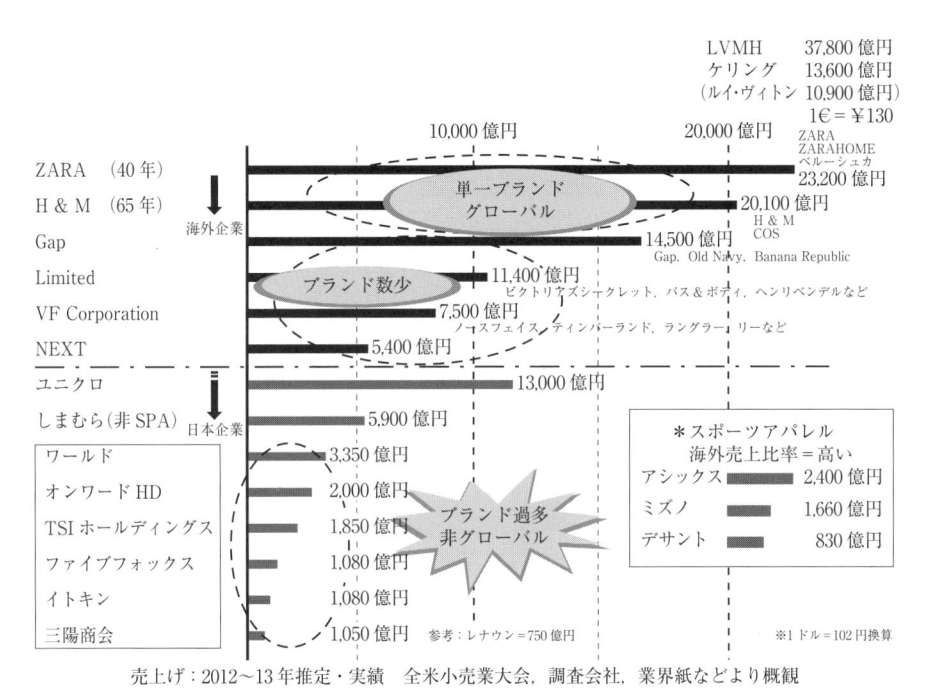

図1　ファッションの市場規模を知るための世界のトップアパレル・SPAランキング

売上げ：2012～13年推定・実績　全米小売業大会，調査会社，業界紙などより概観

[*4] 日本の最新文化産業を中心としたソフトコンテンツの海外輸出による，経済産業振興戦略．2013年，官民合わせて400億円ほどを供託してクールジャパン機構を設立．いわゆるサブカルチャー，音楽，アート，ファッションなどの民間事業を支援．

[*5] Japan Fashion Week. クールジャパン機構の傘下で「メルセデスベンツ・ファッションウィーク東京」としてファッションショーを，「JFWジャパンクリエーション」としてテキスタイル展示会を，それぞれ運営．日本のファッションビジネスの国際化推進．

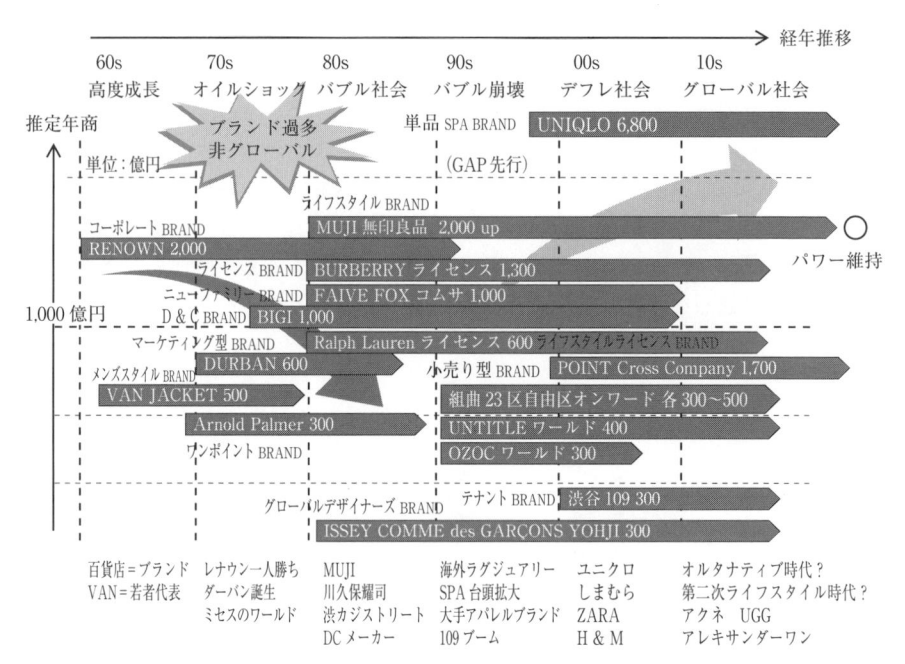

いふくぶんかと
ふぁっしょんびじねすのはざま　　24. 衣服と文化

```
                                                                経年推移 →
    60s      70s      80s      90s      00s      10s
    高度成長  オイルショック バブル社会 バブル崩壊 デフレ社会 グローバル社会
推定年商
                              単品 SPA BRAND    UNIQLO 6,800
 単位：億円   ブランド過多              (GAP先行)
            非グローバル
                         ライフスタイル BRAND
            コーポレート BRAND   MUJI 無印良品 2,000 up
            RENOWN 2,000
                    ライセンス BRAND  BURBERRY ライセンス 1,300          パワー維持
                    ニューファミリー BRAND  FAIVE FOX コムサ 1,000
                     D&C BRAND   BIGI 1,000
1,000億円   マーケティング型                          ライフスタイルライセンス BRAND
                       DURBAN 600   Ralph Lauren ライセンス 600
            メンズスタイル BRAND    小売り型 BRAND  POINT Cross Company 1,700
            VAN JACKET 500        組曲 23区自由区オンワード 各 300～500
                  Arnold Palmer 300  UNTITLE ワールド 400
            ワンポイント BRAND       OZOC ワールド 300

                  グローバルデザイナーズ BRAND   テナント BRAND  渋谷 109 300
                       ISSEY COMME des GARÇONS YOHJI 300

  百貨店=ブランド  レナウン一人勝ち  MUJI     海外ラグジュアリー  ユニクロ      オルタナティブ時代？
  VAN=若者代表  ダーバン誕生    川久保耀司  SPA 台頭拡大     しまむら       第二次ライフスタイル時代？
           ミセスのワールド  渋カジストリート 大手アパレルブランド ZARA      アクネ   UGG
                      DC メーカー   109 ブーム           H&M         アレキサンダーワン
```

図 2　日本のアパレルの 300 億円以上のブランドの生存期間の俯瞰図

追いかけている専門学校教育の見直しは急務かもしれない．

　高価格のラグジュアリーか，低価格のファストファッションのいずれかの巨大な外資に動かされている中，中間領域の市場規模は大きいが，肝心の主導的企業やブランドが見あたらない．グローバル経営とブランディングが不得手なアパレルも方向性を変えなければならない（図1）．1960年代から2010年代までの50年を俯瞰しても，年商300億円以上のアパレルブランドで，市場をリードし続けているブランドがいかに少ないかがわかる（図2）．

　しかしながら，日本の技術や精神文化などのインフラは質が高く，職人の技術力は十分な実力を備え，十分に競争力があり，疑うことなく世界に通じるはずだ．おそらく技術をビジネスに転換するマーケティング能力とプロデュース能力に負うところが大きい．

　ここでは，そんな今を戦後のファッション文化と生産，流通，小売りなどの関係性からディケイド（10年）ごとに俯瞰して，目指すファッション文化がどこにあるのか探っていく．

　なお，ここでは服装社会学，ファッション文化論，ファッションビジネス論な

どの領域を専門的に論じるつもりはなく，半世紀のあいだ業界に身を置いた経験から中項目別に論じることをご承知おきいただきたい． 〔長谷川功〕

参考文献
[1] 片山又一郎：マーケティングを学ぶ人のためのコトラー入門，日本実業出版社，2003.
[2] 藤井正嗣，R. シーハン：英語で学ぶ MBA ベーシック，NHK 出版，2002.
[3] (財)ファッション産業人材育成機構 編：ファッションビジネス年表．
[4] 住友和子，石本君代，須知眞知子編集：SANYO DNA―三陽商会 60 年史（ファッション界年表，社会一般年表），三陽商会，2004.
[5] 城　一夫，渡辺明日香，渡辺直樹：日本のファッション―明治・大正・昭和・平成，(年表)，青幻舎，2014.
[6] 長谷川功：ファッションマーケティング．

もはや戦後ではない──ファッション黎明期（1950年代）

　1950年代に幼少期をすごした人であれば，前髪を切りそろえたおかっぱ頭がずらりと並んだ白黒写真は，どの家にもあると思う．1ドル＝360円時代，日米安全保障条約（1950）が締結され，昭和31（1956）年の経済白書では「もはや戦後ではない[*1]」の名コピーが生まれる．ここでは敗戦の傷が癒され，成長経済に向けて，この先どんなビジネスモデルで邁進すればよいかを問いかけていた．

　ファッション業界はすべてが黎明期．アパレルという言葉もなかった．企業ではオンワードが紳士服のイージーオーダーを始めて（1954），レナウンが肌着やソックスの販売を始め，繊維産業では東レがアメリカのデュポン社[*2]と提携して本格的にナイロンが生産された（1951）という，いわば基礎体力をつくる時代であった．

　一方では，欧米文化への憧れを喚起する時代でもあり，多くの人が映画でオードリー・ヘップバーンの『ローマの休日』『麗しのサブリナ』（図1），ジェームス・ディーンの『エデンの東』という絶対的な名作を銀幕で鑑賞してはため息をついていた．国内では「太陽族[*3]」による危なげな風俗とファッションが，はやる若者の心を捉え，のちのロカビリー[*4]ブー

図1　サブリナパンツ（『麗しのサブリナ』）のオードリー・ヘップバーン　［写真：Moviestore Collection／アフロ］

[*1] 1956年の「経済白書」に掲載され，当時の流行語となった言葉．戦後から10年，国民総所得は二けた増を続け，戦後の貧困から脱却し，高度経済成長を迎える基盤ができ始めた時代．

[*2] 1802年アメリカで創業．火薬の製造から始まり，合成樹脂，合成繊維，エレクトロニクス，エネルギー事業まで多角的に経営．有名なナイロン糸の開発で，衣料品の開発に多大な尽力をした．日本ではいち早く東レが提携し，日本のナイロン生産を加速させた．

[*3] 当時学生作家であった石原慎太郎が1955年に発表した，戦前派の古い既成概念を打破した，肉体と性を描いた問題作『太陽の季節』が当時の若者に刺激を与え，こうした反抗精神の旺盛な彼らを「太陽族」とよんだ．慎太郎カットのヘアスタイルも流行した．

ムに発展していく.

　社会でのインフラは，TV 放映本格化（1953），東京タワー建設（1958），皇太子御成婚（現在の天皇皇后両陛下）など国民的な出来事もあり，一方で，『少年サンデー』『少年マガジン』の創刊（1959）もあった.　　　　　　　　　　〔長谷川功〕

---

*4　ロックンロール音楽とヒルビリー音楽（アメリカン・カントリー音楽）とを合わせたリズムが，エルビス・プレスリーの歌などによって紹介され大ブームになった．同時にロカビリーファッションやヘアスタイルがフィフティーズ（'50s）の代表となる．

消費は美徳——若き団塊世代の台頭（1960年代）

戦後の日本にとって画期的な10年でもあった．高度成長と消費革命の10年である．カラーテレビ放送本格化（1960），「消費は美徳」：経済白書（1961），東京都1,000万人都市となる（1962），東海道新幹線開通（1964），東京オリンピック開催（1964），日本の人口1億人（1966），ビートルズ来日（1966）等，社会を揺るがす出来事は枚挙に暇がない．そしてこの時代の主役がいわゆる「団塊の世代[*1]」（1947～1949年生まれ）であり，世の中の価値観が大きくゆらいだ時代だ．60年代半ばに有名私立大学から始まった学園紛争は，アメリカのベトナム侵攻が日増しに激しくなった憤りに端を発したものだ．表面的には学費値上げ反対をうたったものだが，いくつかの思想主義を標榜した彼らはアメリカ帝国主義に反発した．しかし，全共闘[*2]の東京大学の安田講堂立てこもり（1969）で幕を閉じてしまった．

同時に，男性はVAN JACKET[*3]（1954～

図1 ミニスカートのツイッギー ［写真：アフロ］

[*1] 1947～1949年生まれの最も人口の多かった世代．高度成長，ビートルズ，学園紛争など戦後の日本の経済史，生活の歴史に大きく影響を与えた．2010年代，彼らは定年退職し，高齢者となって日本の高齢化社会を形成．

[*2] 「全学共闘会議」．前身である全学連による60年安保反対運動での東大の樺美智子死亡事件から過熱した，いわゆる学園紛争の象徴的組織．日本の高度成長によるマスプロ教育への反発，学費値上げ反対からアメリカ帝国主義批判まで標榜して，バリケード闘争，ストライキ，暴力主義などによる権力に対する闘争を続けた．東大安田講堂立てこもりから最後は連合赤軍による一連の粛清事件までエスカレートした．

[*3] 1951年創業～1978年倒産．60年代にアメリカ東海岸の名門8大学（アイビーリーグ）のキャンパスファッションをIVYルックとして打ち出し若者の一大ブームを巻き起こす．銀座みゆき通りを拠点に闊歩する「みゆき族」のストリートファッションをも生む．段返り三つボタンの紺ブレザーにボタンダウンのシャツ，黒のニットタイ，テイパードパンツにローファーを履き，細身の傘をスティック代わりにもつスタイルで有名．女性もそれに合わせたトラッドスタイルが後のプレッピールックを生む．

1978) の紺ブレを着て，女性はツイッギー*4（図1）来日（1967）もあって，ミニスカートで初めて大胆に脚を出した．目にまぶしく誰もが新たな時代と新たな価値観の到来を予感していた．音楽はビートルズの新しい旋律に身を震わせえて熱狂し，それに影響を受けた日本のグループサウンズに熱を上げていた．1964年に東京オリンピックが開催されたが，入場行進で日本選手団が着用したブレザーユニフォームは，VAN JACKET 製である．創業者の故・石津謙介はカリスマであり，その後長く日本のメンズファッションを牽引した筋金入りのダンディである．現代はカリスマが牽引することはなくなったが，それが問題なのか否かわからない時代に入っている．

パリではサンローランが"モードは街角に降りる"と宣言して，若者の共感を得て時代の先を読んでいた．サンローラン リヴ・ゴーシュが誕生し，サファリルックが後に定番となる．

女性はこの時代の後半に入ると，アメリカの反戦運動から生まれたヒッピー*5的な生き方のトレンドに傾倒していき，ミニスカートからパンタロンへと移行していく．

〔長谷川功〕

---

*4 小枝のごとく痩せてほっそりした（twiggy）体形でミニスカートがトレードマークの英国のモデル，歌手，女優．1967年来日．マリー・クアントの発表したミニスカートをはいたツイッギースタイルが世界的に大流行し，日本でも団塊世代に支持され時代の価値観は大きく変わっていった．

*5 語源は音楽のジャズやブルースに熱狂して忘我状態になる黒人の俗語の hip から hippie が生まれたが，主流は白人．60年代のアメリカ社会で反体制，ベトナム反戦，人種差別反対などを訴えた若者が長髪，ヘアバンド，フローラルプリント，サンダル，ジーンズなどの自由なスタイルと思想で倉庫やロフトに住み込んだりした．その後ファッションでは幾度となく流行を繰り返した．

反戦・節約・中流――流通多様化とストリートファッション（1970年代）

1973年，中東戦争によりOPEC[*1]が原油価格を1年間で4～5倍に値上げしたため，世界の先進国はすべて経済に大打撃を受ける．ここに，輝かしい高度成長を続けた日本経済はやむなく「加速」から「減速」へと移っていく．この10年の後半の1979年にはイラン革命の影響で第二次オイルショックが日本を襲った．70年代初めと後半では原油価格は何と10倍（約3ドル→約30ドル）に跳ね上がる．必然的に物価も急上昇して「節約は美徳」（1974），「一億総中流」（経済白書より，1977）といったフレーズに変わるのだ．

物価上昇により流通革命[*2]も起こり，スーパーマーケットの台頭，拡大が加速して，例えば中内功[*3]率いるダイエーは売上げが1,000億円から小売業で日本初の1兆円に到達する（1980）10年間でもある．そのダイエーが，2015年からはイオンに完全子会社化されるのだから流通小売業の世界は無常である．同じように西武流通グループも，堤清二[*4]という偉大な流通文化産業の経営者によ

図1　PARCO渋谷店　創業時は前田美波里の広告が話題に

[*1] 石油輸出国機構．現在12か国が加盟．石油の輸出を有利な条件で守るための組織．原油価格が上がると，世界の経済は大きな影響を受ける．日本では1973年と1979年に2度のオイルショックを経験しており，それ以降の流通革命，価格破壊などを引き起こした．

[*2] 大量生産，大量消費とそれに伴う技術革新による流通ルートの合理化などにより，コストが下がり低価格で消費財などが提供できるようになる，一連の小売りシステムの革命．1970年代のスーパーマーケットの台頭，拡大に始まり，コンビニエンスストア，チェーンストアなど業態が多岐にわたり，その後のインターネット販売などの画期的な流通革命に引き継がれている．

[*3] 1兆円の巨大スーパー「ダイエー」を創業した，昭和の偉大な経営者の1人．1950年代後半に大阪で始めたチェーンストアを，70年代に全国に一気に拡大して，消費者のためにひたすら価格破壊戦略を繰り返した．ローソン，プランタン百貨店，福岡ダイエーホークスなども傘下に収めたが後の90年代のジャスコ，イトーヨーカ堂の台頭などで経営不振になり，2001年に身を引いた．ダイエーは2014年ジャスコの完全子会社化に．2005年死去．

[*4] 西武流通グループ，セゾングループの創業者．詩人辻井喬でもある．1960年代に西武グループを継承．西武百貨店，西友ストア，パルコ，無印良品，ハビタ，ロフト，SEED館，WAVE，セゾン劇場など，あらゆる生活文化の業態を開発した偉大なカリスマ経営者．2001年にセゾングループ解体．現在はセブン＆アイ・ホールディングスに変容した．2013年死去．

り70年代にライフスタイル事業を急激に拡大するが(図1),2001年にはセゾングループは解体されることになる.しかし,この2人の功績もまた日本経済の成長を支えた.

ファッションの潮流もこの経済の大きな変化によるところが大きかった.「モーレツからビューティフルへ」*5.ベトナム反戦運動からヒッピースタイルも日本へ上陸し,60年代からのベルボトムシルエットが広がり,ジーンズが定着する.

ファッション小売業は,百貨店vs専門店といった単純な図式から,渋谷PARCO(1973),ザ・ギンザ(1975),東急ハンズ(1976),ラフォーレ原宿(1978)などのファッションビルなどが開業し,雑誌では『an・an』(1970,(図2)),『non-no』(1971),『JJ』(1975),『MORE』(1977),『クロワッサン』(1977)など,女性のリアリティライフを提案する各誌が創刊されていった.街ではストリートファッションが開花する.ニュートラブーム(1975),サーファー(1977),ハマトラ(1979),プレッピー(1979)など.また,大手アパレルの成長期でもあり,レナウン,ダーバングループの急成長が目立った.商品＝店舗＝広告が三位一体化をなして初めて"マーケティング"や"ブランディング"が成功するのであるが,その後の時代に明らかになるように,何十年も成長維持はできない日本のアパレルの縮図も同時に見え隠れした.

〔長谷川功〕

図2 『an・an』創刊号(1970) ヒッピースタイルの『an・an』

---

*5 60年代の高度成長から70年代の節約社会へ.成長から生存へ.70年代はそんな時代を代表するようなポスト高度成長時代であり,その世相を表現したコマーシャルのコピー.「モーレツ」(丸善石油CM)から「ビューティフル」(富士ゼロックスCM)へ.価値の転換が時代を象徴した.

男女雇用機会均等法——バブル景気とファッション成熟期（1980年代）

　日本の技術の優秀性を立証したのが，自動車生産台数が世界一になったことだ（1980）．この事実が日米貿易摩擦を生み，円が切り上げられ円高で国内は一時不況になるが，金利が下がり投資が活性化し好景気を生む．いわゆる「バブル景気[*1]」は地価や不動産価値を上げて，一億総中流から誰もが資産を増やせる社会になると思い描くことで起こった現象である．これは新たな"忙しい日本"をつくり，男女とも昼夜の別なく働きつづけ，首都圏では深夜にタクシーがつかまらないという現象も生んだ．「男女雇用機会均等法[*2]」（1986）が施行され，女性も正々堂々と社会的地位を確保できるという名目の男女平等化が進んだのもこの時期だ．一方で校内暴力，家庭内暴力問題が表面化（1980〜）し，小説『積木くずし』（穂積隆信）やいじめの社会問題化（1985）に反抗期の子どもたちを抱える親たちが関心を示した．

　バブリーなこの10年は，したがってファッションでも海外ブランドが流入し，シャネルやアルマーニのブーム（1988〜）が広がる．パリコレが世界を牽引しプレタポルテ産業が確立する．

　一方でアンチテーゼのように質素革命[*3]の「無印良品」（1980）が満を持して展開した．

　日本では世界に打ってでたスーパーヒーローが誕生する．川久保玲，山本耀司がパリコレで喝采を浴び，完成された美しい完璧な出来栄えのヨーロッパ製品を向こうに，黒いボロ着のような未完成にみえるコレクションで，なぜか白い肌の

[*1] 1986〜1991年の数年間のインフレ経済社会．特に不動産価格，資産価値などが高騰して，国内外から必要以上の投資が盛んになり，高額品も売上げを伸ばした．1985年のプラザ合意により円高が加速して輸出経済が鈍化し，そのために政府が長期金利による経済の活性化策を促進した結果，資産価値だけが高騰して泡のような一時の好景気を生んだもの．

[*2] 1986年に施行された男女間の雇用の差を解消するための法律．「雇用の分野における男女の均等な機会及び待遇の確保等に関する法律」．配置，昇進，教育訓練，福利厚生，定年，退職・解雇などについての男女の差別を禁止するもの．80年代のアメリカのキャリアウーマン・ブームに追随するように社会通念を大きく改善するきっかけになる．

[*3] 浜野安宏著『質素革命』（ビジネス社，1970年）で著者が命名．浜野安宏は新しい時代を切り開くマーケティング視点から，ライフスタイル環境を提案した最初のプロデューサー．高度成長期を経て物欲に盛んだった日本の社会に対して警鐘を鳴らし，シンプルな美意識を訴えた，時代のアンチテーゼであったが，地球環境保護が叫ばれる現在，思えば貴重な提言であった．

若い女性に似合う新しい刺激を彼らに与えたのだ．日本でも「東京コレクション」（東コレ）が誕生し，この二人に菊池武夫（BIGI），松田光弘（NICOLE）など，後のDCブランドブーム（1981〜）を生むメンバーを加えた12人で東京・渋谷NHK広場にテントをつくり，ファッションショーを開催した．東京デザイナーズ協議会[*4]設立（1985）へとつながる．

これらはストリートファッションではカラス族やボロ着ファッション（1983）を生み，一方では先のバブリーな女性の間にダイアナブーム（1986, 図1），ボディコンブーム（1986），ティファニーブーム（1987）など，キレイ系ファッションも広がっていった．

そして，1990年代への橋渡しとなる出来事が2つあった．

ベルリンの壁が崩壊し（1989），日本では「昭和」が終わり「平成」を迎えることになる（1989）．

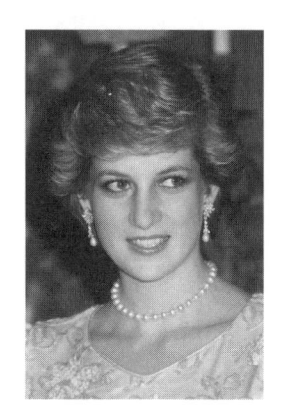

〔長谷川功〕

図1　故・ダイアナ皇太子妃
［写真：REX FEATURES/アフロ］

[*4] パリやミラノ同様に東京でもデザイナーズコレクションを開催することを目的として，1985年東京ファッションデザイナー協議会（通称CFD）を設立．初代事務局長ならびに議長に太田伸之が就任．32名のデザイナーが参加して「東京コレクション」ファッションショーをはじめ，国際交流や若手デザイナー支援，行政機関への提言活動なども行った．

バブル崩壊——SPA ファッションの台頭 (1990 年代)

　バブル経済によって生まれた資産格差は，想像以上となっていった．国債の発行も膨れ上がってきて，日銀は金融引き締めにかかる．投資経済にさほど手なれていない日本の経済は，ここで一気に減速する．1991 年バブル経済は崩壊．株価や不動産資産は下落して，インフレから一気にデフレ経済へと傾く．企業も経費が使えない縮小戦略をとらざるを得なくなった．高級ブランドも受難の時代を迎え，海外でも GUCCI などはどん底であった．

　地球環境悪化（1992），平成不況・就職難（1994），阪神・淡路大震災（1995），1 ドル＝80 円台（1995），そして消費税 5％（1997）と厳しい現実が日本を襲う．失われた 20 年の始まりだった．日本の国際経済力（IMD）[*1] はこの 90 年代初期に 5 年連続 1 位になるが，その後下降を続け 2014 年では何と 21 位で北欧やシンガポールに大きく後れをとっている．

　ファッションと密接な関係にある消費経済も，デフレ社会に対応しなければならない．

　1987 年アメリカで一つのキーワードが生まれる．GAP 社（図 1）の株主総会で創業者の CEO ドナルド・フィッシャーがこのように語った．「我々は画期的なビジネスモデルを開発した．それが『SPA[*2]』だ」（SPA は日本人記者が長いキーワードを省略した語で，外国では用いられない）．

　これは当然日本にも影響してきた．GAP の日本 1 号店は 1995 年，これに追随するようにビジネスモデルの研究を重ね

図 1　GAP

[*1] いずれもスイスに本部を置く，IMD「国際経営開発研究所」評価と，WEF「国際経済フォーラム」評価の 2 つの世界経済力ランキングが毎年発表されている．IMD はグローバル企業のビジネス環境の優劣評価，WEF は国の生産力を決定するインフラ整備の優劣評価をするものである．いずれの組織も全世界各国の経済競争力をいくつかのカテゴリーごとにランクづけして総合力順位を毎年発表する．IMD では日本は 1990～1995 年までは 1 位を続けていたが 21 世紀に入り下降して，2014 年現在では 21 位に甘んじている．一方の WEF には日本は 2014 年で 6 位にランクされる．

[*2] SPA とは，アメリカの衣料品小売り大手 GAP のドナルド・フィッシャー会長が 1986 年に株主総会で発表した「Speciality store retailer of Private label Apparel」の頭文字を組み合わせた造語で，製造から小売りまでを垂直に統合した販売業態で，90 年代以降その概念が広がり，今やファッションビジネスの代表的なビジネスモデルとなっている．UNIQLO，無印良品などが代表格．アパレルのワールド，ファイブフォックス，サンエーインターナショナルなども業態変化した．

たファーストリテイリング柳井正は，原宿 UNIQLO をオープン（1998），1 年後の 1999 年にフリースの大ブームを巻き起こし，3 年間で 2,000 万枚を売る．GAP を参考にしながらも，品質重視の単品ブランドに仕立て上げて今日を築く．

遡り 1994 年に大手アパレルのワールド社長寺井秀蔵は，次代の到来を予知して，ミセスのワールドを SPA モデルのヤング・キャリア対象の店舗展開に大きく切り替えた．このステートメントが，後にアパレルのトップに君臨することになる．また，同時期にファイブフォックスの上田稔夫は，90 年代中盤に全国に拡大した SC（ショッピングセンター）に目をつけ，「コムサイズム」で当時の消費トレンドであるバギー族[*3]から絶大な人気を集め，白黒のママ＆ベビーファッションを確立して，両社はここで 52 週 MD システム，VMD システム[*4]なども確立してしまう．

一方で，街のリアルクローズも進化する．ワンレンボディコンのジュリアナ[*5]ファッション（1993）が，女の子がセクシーに装ってもよい世相を生んだ．ギャル文化も誕生する．コギャル（1993～），ガングロ＆やまんば（1996）ファッションが生まれ，第 2 次渋谷 109 ブーム（1998）に繋がり，当時のエゴイストの坪効率が神話となっているほど売れた．その裏での涙ぐましい販売員出身のカリスマ女性たちの努力を忘れてはならない．

一般家庭の女性はアムラーブーム（1996）に傾倒し，安室奈美恵が着たバーバリー・ブルーレーベルは国民的な人気を得て，その後長い間百貨店売上げのトップを走り続ける．

〔長谷川功〕

[*3] 1990 年代後半に，首都圏では郊外に居住する 30 歳代の若い家庭がメインターゲットとなりつつあった．彼らは新たな価値観による消費を楽しみ，バギーカーが認知されてきて週末など郊外のショッピングセンターで買い物をするといった行動が多くバギー族といわれた．これにいち早く対応したのが「コムサイズム」（ファイブフォックス）である．少子化の現在ではバギーカーのモデルチェンジも進み，母親の積極的なショッピング行動が一般的となっている．

[*4] 大手アパレルのワールドとファイブフォックスが最初に開発，導入したマーチャンダイジングの精度を極端に上げるためのシステム．一年は 52 週であり，毎週店頭の MD や SKU（Stock Keeping Unit：単品管理）を変えていくシステムが売上予測の精度を上げることであるとして，年初に週別の売上げ，店頭在庫計画を組んでいった．そのために，ラックや棚ごとに何をどれだけいつの時期に店頭展開するかを計画的に計算して，アイテムごとの型数を決める VMD（Visual Merchandizing）システムを開発した．この 2 社に追随してその後，大手アパレルのほとんどの企業がこれに似たシステムを導入して，小売店とともに，現在もマーチャンダイジングの最も大事な販売計画の 1 つとなっている．ディスプレイや陳列などは，VMD 戦略の 1 つの要素に過ぎない．

[*5] ジュリアナ東京は，1991 年から 1994 年までウォーターフロントとよばれた東京都港区芝浦に，一大ブームを築いた伝説のディスコである．いわゆるお立ち台とよばれる高さ 130 cm のステージ上で，ワンレン・ボディコン・ミニスカの女性が羽扇をもちながらディスコ音楽に合わせて踊りまくる異次元空間．バブル崩壊直後にもかかわらず，バブリーな一夜を求めて若いエネルギーが発散された．

二極化市場——ファッションデモクラシー時代（2000年代）

21世紀に入った．後述するが，世界では同時多発テロなど大事件も頻発する．世界のファッションビジネスはコアコンピタンス（競争絶対優位力）をもち，世界への販売オペレーションができる企業が成長するという厳しい経済原則に従って，ラグジュアリービジネスとファストファッションビジネスの二極化が進む．

ラグジュアリービジネスは，LVMHグループ総帥のベルナール・アルノー[*1]によって70近いブランド買収から，現在では売上高4兆1,400億円（2014）まで拡大し，世界に君臨する．対抗馬のPPRは，社名をケリングに変えて，ブランド再生（リブランディング）に大成功したGUCCIグループをはじめとして，売上高1兆3,600億円に達した．これらラグジュアリー2グループの売上げは，5兆円を超える規模でまだまだ世界に拡がっていく．

一方のファストファッションは，ZARA（アルカディアグループ）とH&M，それにGAPの3ブランドを合せると，現在売上げは5兆7,800億円である．

世界はすでにラグジュアリー市場とファストファッション（ビジネスモデルとしてはSPAファッション）に席巻されてきた．トップ5グループで売上高10兆円を超える．ちなみに，全世界のアパレル市場規模は，英国のユーロモニターの調査では90兆円だ．

もはやファッションは完全に民主化した．これをH&Mジャパン社エドマン社長は「ファッションデモクラシーの時代が来た」と称し，ミッシェル・オバマもHigh & Lawの時代といった．

二極化の中で，日本ではその中間領域の規模は大きいはずだが，ブランドパワーがない．国内のファッション産業は減速し，9兆6,000億円の市場規模は，2030年ごろには7兆円を割るといわれている．人口減，少子化，高齢化などが要因だが徐々にファッション消費が減ってきた．百貨店の小売り総売上げもまったく同

[*1] LVMHグループ総帥に君臨するラグジュアリービジネスの世界の第一人者．世界最強のブランド帝国．モエ・ヘネシー・ルイ・ヴィトン（LVMH）グループ．ルイ・ヴィトン，ディオール，フェンディ，ホイヤー，ヘネシー，DFS……．ファッション，洋酒，時計，宝石から流通までをも押さえ，今や傘下のブランドは50を超える．この不況知らずの企業帝国の指揮者による古いブランドを再生するその手法，市場規模と希少価値の相反する要素をブランディングする経営手法など特筆すべきである．1984年国営企業ブサックグループ（ディオールを擁する）を17億円で買収したことが始まり．1989年にはLVMH全株を取得．別名「カシミヤを着たオオカミ」．

じ数値で，減少の一途をたどる．最盛期の 9 兆 7,000 億円から現在では 6 兆 2,100 億円（2014）まで縮小（衣料品は 2 兆円）．一方で，ショッピングセンター（SC）は肥大化し，29 兆 8,000 億円（2014）まで拡大して，休日は多くの人が SC でワンストップ・ショッピングを楽しんだ．今ではその傾向が都市部でも進んでいる．一方で，都市部の SC はトラフィック消費[*2]であり，ルミネ，アトレといった JR 系駅ビル消費の拡大を生んだ．

ここで具体的な 2000 年代のファッションをみると，これを裏付けるように，表参道，銀座でのラグジュアリー出店ラッシュ（2001〜），ユニクロ銀座店（2005），東京ミッドタウン（2006）などの新たな商業施設が次々とオープンした．

メンズでは，雑誌『LEON』（2003），伊勢丹メンズ館（2003）にみられるように"ちょいワルおやじ"ブームで活況を呈したが，モード志向はその後勢いを失ってしまう．アメリカの社会学者マリアン・サルツマンが発表した「メトロセクシャル[*3]」（2001）（都会派で美容意識志向が強い新たな男性像）はどこへ行ったのか．男性も自分を磨かないとますます女性に気後れすることになるだろう．知性があれば，服はどうでもよい時代は終わっている．

女性は美的センスを自らのために磨き，ファッションを装う以前のボディケア，スキンケア，エステティックにお金を使うブームが始まった．その結果，スキニーパンツ，スパッツ×スカートスタイル，カラータイツなどを駆使して，肌の露出も大胆になった．一方で，モテ服もコンサバ女性には普及．それは，気後れする軟弱男子が喜ぶ傾向を生む．

〔長谷川功〕

[*2] 「ついで買い消費」のこと．元々は IT 通信量，交通量などの意味．マーケティングの消費行動として，最近の交通量の多い場所での商業施設の拡大を指す．代表的なものはルミネ，アトレなどの駅ビルだが，最近は空港内や高速道路のサービスエリアまで拡大．

[*3] 2002 年にアメリカの社会学者マリアン・サルツマンがメディアで発表した言葉．世界の 3 つの先進主要都市で 1,500 人の男性を調査した結果，今後エステやスキンケアやモードファッションに気を使いたいという回答が多く，外見に気を使うビジネスマンが増えると発表したもの．メトロ（都会）とヘテロセクシャル（異性愛・正常な愛）を懸けた造語．メンズファッションではその後 2002 年からエディ・スリマンが DIOR HOMME の細身のセクシーなスタイルが世界的に大ブームとなる．実際はそれ以前の 1994 年にマーク・シンプソンが『インディペンデント』誌で用いたのが最初．

SNS 社会不安——ファッションクラウド時代の真贋と見識（2010 年代）

✽✽✽✽✽✽✽✽✽✽✽✽✽✽✽✽✽✽✽✽✽✽✽✽✽✽✽✽✽✽

● SNS（Social Networking Service）時代　スティーブ・ジョブズが，1980 年に Apple 社の株式を公開して 35 年．今や全世界の人々が iPhone, iPad, iPod を使っている．ネットの普及は急速に進み，2020 年には何と 25 兆円規模になりそうだ．ディバイスは今後も予想がつかないほど進化・普及し，個人も企業も，誰とでもいつでもどこでもコミュニケーションできるシステムが加速する．Twitter, mixi, Facebook, GREE, Mobage, Ameba, Google＋, LINE, インスタグラム．これらはルミ・ニーリーやブライアン・ボーイといったカリスマのファッションブロガーを輩出した．ビジネス面でも，ブランド広告，消費動向調査，新商品告知，宅配サービス，何でもできる時代がいまここにある．多くの法的問題を抱えているが，さらにクラウドコンピューティング[*1]によるビッグデータの時代も到来した．

O to O（オンライン to オフライン）の手法は「オムニチャネル」という言葉を生み，ネットで検索した商品を店舗で確認し，ネットで購入して宅配されるというきわめて便利なシステムを生んでいる．しかも世界中で使える．ファッションでは，スタートトゥデイの ZOZO TOWN が商品扱い高 1,000 億円を超えたが，ファッションのネット購入率はまだまだ低い．

図 1　la kagu

● サステイナブルなライフスタイル時代　地球の温暖化が深刻になり，異常気象が日常化してしまった．二酸化炭素排出量削減に真剣に取り組まないと，子どもたちの未来が危うい．そこで必然的に，環境を考えた社会とそれに沿うファッションが求められている．エコロジカルでオーガニックな商品開発などす

[*1] ユーザーからみてクラウド（雲，ネットワーク）の中にプロバイダーが提供する各種サービスがある．その量は膨大であり，最近では，技術的進歩により一般的データ処理アプリにはできない巨大で複雑なデータ処理が可能なビッグデータとよばれる IT 革命にも及んでいる．商業ベースでは，これらを駆使して店舗とネット上をインタラクティブに結び，有利な購入手段を選択できるような O to O（On Line to Off Line＝店舗 to 無店舗）手段や，どこでもいつでも自由に消費行動ができるオムニチャネルといった購買やマーケティング手段まで可能になり，今後も予想を超えた利便性消費やマーケティングから経営戦略まで活用され拡大していく．

べきことは多いが，現在の製品製造システムは環境を考えたものではない．大きな転換が求められる．

　昨今，再びライフスタイルショップ開業が相次ぎ，話題となっている．白金台の「ビオトープ」，天王洲アイルの「SLOW HOUSE」，神楽坂の「la kagu」（2012～2014，図1）などの試みが挙げられるが，実はみな中小アパレルなどである．今後は大企業の開発が望まれる．

　21世紀に入り，世界の人口は60億人を超えた．そこに生じた憂慮すべき事件は衝撃的だった．振り返ると，2001年アメリカ同時多発テロ，同年アフガン空爆，タリバン政権崩壊，2003年イラク戦争とフセイン政権崩壊，2004年自衛隊イラク派遣．最近では，アルカイダやイスラム国などのテロも恐怖だ．
　21世紀は何の時代なのか．アメリカは戦争は経済だという．殺戮は地球上に蔓延し，テロも日常化した．疫病や紛争で多くの発展途上国の子どもたちが生命の危機にさらされている．宗教論争が平気で殺人を正当化する，やっかいな地球になってしまった．一方で，先進国では資源の無駄遣いをして，自己防衛のためには他人への迷惑を考えない者たちが平然と生きている．世界の経済格差を指摘したトマ・ピケティの『21世紀の資本』も資本主義に警鐘を鳴らす．
　ここで冒頭のシュペングラーの『西洋文明の没落』を思い出そう．近代文明の崩壊なのか．100年続く企業やブランドをつくりたいなどと思いながら，地球が100年もつかどうか不透明になってきた．今全世界に必要なのは，先進国，発展途上国の価値を再構築して，地球上の人類が共生できるための英知を見出すことではないだろうか．ファッションビジネスも，パラダイムシフトが求められている．

〔長谷川功〕

索引

あ

藍	170
ISO	374
アイドル歌手	363
iモード	336
アイロン	149
アイロン台	242
アウトレット	327
アオ・ザイ	503
赤ちゃん	394
灰汁	161, 169
アクセサリー	550
アクセントカラー	552
アクティブ	553
アクリル	88
盤領	472
アシメトリー	449
東コート	479
汗堅ろう度	177
アゾ基	164
アゾ色素	171
アソートカラー	552
アーチ	383
アッパッパ	480
アテトーゼ型	438
後処理加工法	124
後練り	85, 212
後媒染	169
アトピー性皮膚炎患者	373
アドラス	506
アバー	507
アバカ	504
アパレル	322
アパレル卸業	320
アパレル卸商	324
アパレル小売産業	320, 322
アパレル産業	320, 322
アパレル生産企業	320
アパレル素材産業	322
アパレルメーカー	324
アビ・ア・ラ・フランセーズ	491
亜麻	82, 84
編目	81
編物	80, 100
アームレット	551
綾織	98
有松・鳴海	535
RMR	8
アルカリ減量加工	123
アルカリ剤	254
アルノー,ベルナール	608
アレルギー性接触皮膚炎	373
アレンの法則	12
アロハシャツ	519
袷	498
アンクレット	551
安全性	374
アンダートーン	549
行灯袴	479
アンノン族	361
アンバランス	523
暗黙のパーソナリティ観	343

い

衣冠	472
閾値温	10
イギリス趣味（アングロマニー）	491
異型断面化	88
異収縮混繊糸	179
板締め	535, 539
板張り	269
イタリアのサイズ	63
イタリアモード	487
一号多型	68
五衣	473
糸	80
糸返り	158
糸車	94
糸引き	158
糸目糊	536
衣内湿度	25
衣服圧	28, 29, 424
衣服圧測定法	29
衣服衛生学	13
衣服気候	18
衣服原型	414
衣服シンボル	342
衣服の安全設計	392
衣服のユニバーサルデザイン	448
今木	475
イヤリング	550
衣料切符制	480
入れ墨（タトゥー）	546
インクジェット捺染	175
印象	348, 548
印象評価	354
インド更紗	490
インバウンド消費	594

う

ヴァトー・ローブ	491
ヴェルチュガダン	488
VAN JACKET	600
ウィピール	523
ウェットクリーニング	280
上臨界気温	12
ウエール	101
ウォームビズ	371
渦巻き式	260
鵜	213
打掛	475
袿	473
袿姿	473
腕輪	551
大帯	499
ウブランド	486
裏地	146
裏目	81
雲斎	199
運動機能障害	432
運動機能性	57, 120
運動機能発達	392
運動失調型	438

え

英国のサイズ	65
H&M	329

SEK	188			片身替	477		
SEKマーク	188			型友禅	536		
SET	14	**か**		片撚り	212		
SNS	610	海外需要開拓支援機構	337	価値提供システム	332		
Sカーブシルエット	492	海外生産移転	326	各国のサイズ規格の比較	71		
エステル結合	178	外殻温	10	活性酸素	252		
エストロゲン	11	蚕	84	活動量	8		
エスニック	543,553	開口部	26	鬘	489		
SPA	229,322,606	外出着	418	葛城	199		
ADL	432,440	開帳足	427	家庭用品品質表示法	86		
絵緯	218	回転天秤	141	家庭用ミシン針	147		
エネルギー代謝	8	回転ドラム式	260	金型（ダイ）裁断機	153		
Aライン	524	外套衣型	4	金巾	194		
衿	498,548	開発経緯	188	鹿の子	478		
LCA	265	外反母趾	427	鹿子絞り	534		
エレガント	542,553	貝紫染め	164	カバーヤーン	89,121		
エレクトロニクス用色素	167	界面活性剤	173,254,256	歌舞伎	532		
延喜式	535	カウナケス	482	カフス・ボタン	550		
塩基性染料	164,168	顔型	548	カフタン	508		
遠赤外線放射	109	化学繊維	82	花粉	125		
塩素系漂白剤	266	描絵小袖	531	可縫性	151		
延反	152	格	51	カマイユ配色	552		
煙突効果	26	核心温	10	釜蒸絨	209		
円背	418	革新紡績	95	紙おむつ	395		
エンパイアスタイル	491,525	攪拌式	260	髪粉	489		
エンファシス	523	ガーグラ	505	袴	476		
エンペントリン	276	隠れ肥満	341	カム天秤	141		
		籠	198	仮面	489		
お		加工技術	124	唐衣	473		
		加工糸	89,90	唐衣裳	472		
老い	358	嵩高	404	唐草模様	530		
欧風刺繍	540	かさ高紡績糸	89	カラーコーディネート	552,553		
横幅衣	470	襲色目	474	カラシリス	482		
大裁ち	49	重ね色目	528	カラス族	361		
衽	498	重ね着	19,416	ガラビア	508		
送り歯	139	重ねはぎ	143	狩衣	473		
押さえ金	140	下肢の骨格	36	カルダン, ピエール	584		
牡鹿	209	カスティリオーネ, バルダッサーレ	489	カルロス1世	487		
オダニ	505			カワイイ	570		
O to O（O2O）	610	絣	214	川上	228		
オートクチュール	584	絡糸	179	川下	228		
お直し	401	化石資源	129	川中	228		
OPEC	602	可塑性	270	冠位十二階	528		
オムニチャネル	610	肩揚げ	50	カンガ	509		
表目	81	型板	535	感覚器	37		
オモニエール	486	型紙	537	換気	26		
折り伏せ縫い	143	肩関節	40	環境対応型衣料	167		
織物	80	肩衣	475	間隙	84		
オレフィン	88	肩裾	477	感光変色性衣料	167		
卸売業	324	型染	536	韓国産業標準	69		
温ニューロン	10	片縮緬	195	韓国人体サイズ調査	69		
温熱指標	14	片まひ	438,440	韓国の衣料サイズ規格	69		

索引

韓国の成人女性服の規格	69	脚絆	498		336, 361, 570, 595
韓国の成人男性服の規格	70	ギャラントリー	489	クルタ	505
巻垂型	4	キャリア染色法	173	クールビズ	26
乾性熱放散	12	ギャルソンヌ	492	車椅子用衣服	420
乾性放散	25	吸湿合繊	25	クレープ	86
関節運動	38	吸湿性	25, 86, 89	黒髪	358
関節可動域	434	吸湿発熱	108	クロス・セックス化	342
関節と衣服との関係	40	吸尽染色	168	クロー値	18
関節リウマチ	449	吸水速乾性	25	クワン・ザイ	503
患側	434	吸水ポリマー	397		
貫頭衣	470	急増期	390	**け**	
貫頭衣型	4	吸着熱	108		
カントリー	553	宮廷衣裳	489	型	66
官能評価	247	キュプラ	86	蛍光染料	164
韓服	354	キュロット	490	蛍光増白剤	118, 164, 254
顔料捺染	174	夾纈	534	経済成長戦略	337
寒冷血管反応	17	強制対流	9	形態安定加工	181
		業態	325	形態安定性	181
き		強撚糸	213	形態回復性	129
		共有結合	172	痙直型	438
生糸	212	協力筋	36	返し衿	499
生織物	85	拒食症	346	化粧	348, 546
生金巾	195	キラ	505	化粧セラピー	349
着崩し	401	着る暖房	130	化粧療法	344, 349
菊綴	475	菌液吸収法	189	結晶化度	173
気候図	3	筋活動	417	闕腋袍	472
気候調節	468	菌転写法	189	毛羽	81
着心地	246, 416			検査・検品	155
起始	36	**く**		繭糸	85
生地金巾	195			原糸改良加工法	124
生地産業	320	クイナック	506	原糸固着法	124
魏志倭人伝	470	空洞化	326	捲縮	85
既製服	481	鎖縫いミシン	134	健側	434
既製服サイズ	418	屑繭	214	検反	152
基礎代謝	8	具足	476	絹紬	213
基礎代謝量	12	クチュリエ	584	ケンテ・クロス	508
着付け	52	クチュリエ用	236	絹緞	215
拮抗筋	36	靴のサイズ	426		
吉祥模様	532	クバヤ	504	**こ**	
キトン	482	首飾り	550		
衣	471	区分	121	ゴ	505
機能材料	167	組作業（グループシステム）	155	コアスパンヤーン	121
機能性	56, 167, 419	組み立て（アッセンブリー）縫製		号	66
機能性衣料	326		154	更衣動作	434
機能性色素	164	組み物	102	後期高齢者	419
忌避剤	276	クラヴァット	490	高機能肌着	130
キヘイ	518	クラウドコンピューティング		工業用ボディ	236
基本の生活習慣	398		610	工業用ボディの種類	236
着物	354	クリノリン	492	工業用ミシン針	147
逆撚り	205	クリノリンスタイル	525	抗菌剤	124
客観的評価	31	クリモグラフ	3	抗菌性の評価	189
GAP	329	クールジャパン		抗菌防臭加工	124

抗菌防臭素材	125	
纐纈	534	
高次脳機能障害	440	
合成繊維	25, 80, 82, 88	
構成要因	25	
酵素	254	
構造発色	128	
構造発色繊維	128	
校則	356	
巧緻運動	438	
小裃	473	
工程管理	245	
工程分析	240, 244	
公的自己意識	344	
硬度	262	
喉頭がん	448	
行動性体温調節	12	
高度経済成長期	328	
神戸コレクション	337	
高野山天野社	535	
小売業	324	
高齢者	414	
高齢社会	418	
高齢者の衣服サイズ	413	
高齢者の体型	412	
股関節	40	
国際規格	189	
国際競争力	312	
国際経済力（IMD）	606	
極細化	88	
極細・超極細繊維	179	
国民服	480	
コサージ	551	
腰揚げ	50	
腰布型	4	
腰巻	475	
52週MDシステム	607	
固縮型	438	
個人差	42	
コース	101	
コスプレ	337	
小袖	477	
固体汚れ	251	
小裁ち	49	
コタルディ	486	
骨格	34	
骨格筋	36	
国家標準的な服装号型	66	
コット	485	
コーディング	144	
子ども服	56, 480	
胡服	471	

小紋	478, 537	
コルセット	425	
ころし寸	385	
コロニーカウント法	189	
衣	471	
衣更え	52	
強装束	474	
混合紡糸	117	
コンスタンティノープル	483	
コンセプト	234	
混繊糸	91	
コンベアシステム	156	
混紡糸	91	

さ

再汚染防止剤	254	
再生繊維	25, 80, 82, 86	
裁断	152	
細布	195	
細胞間脂質	372	
裁縫ミシン	134, 142	
先練り	85	
先媒染	169	
先引きローラー送り	139	
作業標準	244	
柞蚕	213	
柞蚕糸	215	
作成	238	
指貫	472	
殺虫剤	276	
雑袍勅許	473	
差動下送り	138	
差動上下送り	139	
サーマルマネキン	18	
サーモゾル法	173	
サヤ	504	
晒金巾	195	
サラファン	512	
サリー	504, 523	
サルツマン，マリアン	609	
サロン	504	
酸化染料	171	
酸性染料	164, 168	
酸性媒染染料	169	
酸素系漂白剤	267	
三大紡機	95	
産熱	8	
サンピン	504	
サンモトヤマ	329	
サンローラン，イヴ	584	

し

仕上げ	155, 242	
仕上げプレス機	243	
ジアセテート	87	
地糸切れ	148, 157	
JFW	595	
JJルック	361	
JETRO	329	
ジェラバ	508	
シェーンズ	484	
ジェンダーアイデンティティ		342
ジェンダー・ステレオタイプ		342
自我の発達	398	
時間研究	244	
色素	160	
色素前駆体（カラーフォーマー）		167
識別性	356	
刺激性接触皮膚炎	373	
自己意識	344	
自己呈示	348	
「自己の確認・強化・変容」機能		350
視索前野	10	
四肢まひ	438	
刺繍	490	
思春期的成長	390	
市場調査	234	
自助具	435	
自糸ルーピング	134, 136	
JIS	131	
自然対流	9	
自尊心	356	
下糸	135	
肢体不自由	436	
下送り	138	
下襲	472	
下着	418	
シタヌイ	512	
下臨界気温	12	
膝関節	40	
湿潤熱	131	
湿性熱放散	12	
湿性放熱	25	
質素革命	604	
私的自己意識	344	
自動電気蒸気発生機	242	
死装束	428	

シネモード	362	上代三繝	534	睡眠	380
渋カジ	361	情動の活性化	345	水溶性汚れ	251
脂肪酸	250	樟脳	276	スウェーデンのサイズ	64
絞り	534	蒸発	9	素襖	475
絞り染め	168	情報化社会	336	素袍	475
しみ	272	「情報伝達」機能	350	素描友禅	536
シーム	142	植物繊維	80	スカート丈	549
シーム形式	142	植物染料	160	スクリーン捺染	174
シームパッカリング	139,156	女子高校生	352	捨て寸	385
社会・心理的機能	350	女子大学生	352	ステッチ	136
「社会的相互作用の促進・抑制」機能		助色団	165	ステッチ形式	136
	350	処理	239	ストリートスナップ	360
社会的比較	346	白髪	358	ストリートファッション	
弱アルカリ性洗剤	254	自律性体温調節	12		337,360
奢侈禁止令	487	自律性体温調節反応	10	ストレッチ性	121
シャネル,ガブリエル	584	シルエット	524	ストレッチ素材	120
斜文織	98	印付け	239	スナップ	147
シャリテ	507	仕分け	153	スナップボタン	147
シャルガット	507	寝衣	380	スーパーモデル	363
シャルボール	507	寝具	380	スフ	480
シャルワール	505,507	シンクロシステム	155	スポーツウェア	564
収縮	252	新合繊	88	スポーティ	543
集団の目印	469	人工皮革	107	スポンジング	152
羞恥心	468	芯地	146	ズボン丈	419
柔軟剤	268	伸子張り	269	スライド天秤	141
十二単	473	伸縮性	120	摺込	539
主観的規範	352	伸縮性かさ高加工糸	90	スルアル・パンジャン	504
主観的評価	31	寝床内気候	381	スレン染料	171
縮緬	205	深色効果	169	寸法項目間の関連	42
樹脂加工	181	深色性	179		
主色素	161	親水基	256	**せ**	
種子毛繊維	84	親水性	251		
呪術	468	芯据え	153	斉一化	356
受診衣	420	人台	236	制菌加工	187
朱子織	98	人体影響	29	生菌数測定方法	189
ジュストコール	490	身体寸法変化率	28	性差	10
主成分	161	身体装飾	546	静止空気層	19
繻珍	538	身体の特徴	548	性質	246
シュペングラー	594	身体的能力	439	成熟市場	326
シュミーズ	484	身体保護	468	成長曲線	390
ジュリアナ	607	身体保護機能	350	成長速度	391
シュルコ	485	浸透湿潤	256	静電気	116,375
シュルコトゥヴェール	486	陣羽織	476	性能	246
順撚り	205	芯貼り	153	整髪	359
商業洗濯	280	靱皮部	84	製版型捺染	174
上下差動送り	139	深部温度受容器	10	制服	469,471
少子化	398			西武 PISA	329
上肢の骨格	36	**す**		性別の着装	560
消臭加工	124			整容下着	418
消臭剤	124	水干	474	西洋の没落	594
消臭素材	125	垂直釜	135	生理機能障害	432
上昇気流	26	水平釜	135	精練	85,178,212

世界コスプレサミット	337	
世界大恐慌	328	
脊髄損傷	432	
脊柱	38	
セクドン	501	
石けん	256	
摂食障害	346	
接着布	103	
セル生産方式	156	
セルロース	86	
セレブリティ	363	
繊維	80	
繊維産業	312	
繊維製品衛生加工協議会	188	
繊維製品新機能評価協議会	188	
繊維製品の抗菌性試験法及び抗菌効果	189	
繊維素材産業	320	
繊維評価技術協議会	188	
全回転釜	135	
全共闘	600	
染色	160	
染色堅ろう度	169, 262	
染色堅ろう度試験	177	
洗濯堅ろう度	176	
洗濯耐久性	124	
先端技術	167	
せん断性	96	
染着機構	168	
染着座席	169	
洗髪	359	

そ

葬儀	428	
創・工・商	229	
双糸	80	
層状混紡糸	91	
装身具	470, 550	
装身要求	469	
足囲	385	
束帯	472	
足長	385	
足底板	427	
束髪	479	
足幅	385	
素材	124	
疎水基	256	
疎水性繊維	173	
粗大運動	438	
速乾性	131	
袖	498	

粗布	195	
ソフィスティケート	553	
梳毛	204	

た

体温	10	
体温調節	57, 417	
体温調節中枢	12	
体温調節反応	10	
体形	3	
体形区分	67	
体形補正衣服	424	
耐候性	89	
耐光性	89	
対人魅力	349	
帯電防止剤	186	
体表面積	11	
大麻	82, 84	
耐摩耗性	181	
大紋	475	
太陽族	360, 598	
対流	9	
ターゲット	234	
竹の子族	361	
多号一型	68	
他糸ルーピング	136	
他糸レーシング	135, 136	
脱酸素剤	276	
脱落性能	125	
たて編	81, 100	
経糸	538	
経絣	539	
建染染料	164, 170	
経錦	538	
たて刃裁断機	153	
経緯絣	539	
田無	499	
タパ	518	
ターバン	505	
タブリオン	484	
WBGT	14	
玉糸	213	
ダマスク	487	
玉縁縫い	144	
垂領	473	
団塊の世代	600	
段替	477	
単環縫いミシン	134	
単糸	80	
男女雇用機会均等法	604	
男女の体形	42	

弾性	89	
短繊維	80	
ダンディズム	493	
断熱保温	108	
断髪	479	

ち

地域活動	418	
チェルケスカ	513	
蓄熱保温	109	
縮れ	85	
知的障害	436	
旗袍	502	
チマ	500	
チャイナドレス	502, 503	
チャイナプラスワン	323	
着衣失行	440	
着衣変形	28	
着色抜染	174	
着色防染	174	
着装規範	352	
着脱	415, 416, 420, 436	
着脱衣の自立	392	
着脱動作	399	
着用感	247	
チャドル	507	
中欧	510	
中形	537	
中間仕上げ	154	
肘関節	40	
中国	352	
中性洗剤	254	
中裁ち	49	
チュニック	484	
潮解性	274	
長繊維	80	
長繊維糸	90	
朝服	471	
チョーカー	550	
直鎖アルキルベンゼンスルホン酸塩	256	
直接染料	164, 168	
直接捺染	174	
チョゴリ	500	
チョボン	506	
苧麻	82, 84	
チョリ	505	
チョンサン	503	

索引　619

つ

ツイッギー	600
通気コントロール素材	87
通気性	26
突き合せはぎ	144
つけぼくろ	489
辻が花染	534
堤清二	602
綴織	538
紬	214
紡ぎ	84

て

帝王紫	164
TOC	265
ディオール，クリスチャン	584
呈示	356
DCブランド	361
定性試験	189
TPO	51,550
ディープチャイナ	323
定量試験	189
手描き友禅	536
適用範囲	189
手括り	539
デコルテ	487
デザイン	522
テックス	92
デニール	92
手縫い	137
手縫い糸	144
手縫い針	147
テーピング効果	424
手袋	489
デフレーション	327
デュポン社	598
テルノ	504
天鵞絨	218
電気伝導度	116
テンコロック	504
天竺	121,196
転写捺染	174
伝導	9
伝統工芸	537
電導性繊維	119
電導性ナノファイバー	119
天然繊維	25,82
天然染料	160,169
天然保湿因子	372
天日晒	266
天秤	140

と

ドア，ロバート	548
ドイツのサイズ	64
銅アンモニア法	86
東欧	510
東京ガールズコレクション	337
東京デザイナーズ協議会	605
動作研究	244
透湿性	397
凍傷	370
動静脈吻合	16
胴衣	499
同調行動	357
トゥニカ	483
トゥブ	507
胴服	476
動物繊維	80
頭部の骨格	35
胴部の骨格	35
トゥルマギ	500
トガ	483,523
特異動的作用	13
読者モデル	363
特定縁	142
閉じ目	101
ドッピ	506
ドーティ	505
トーナル配色	552
ドミナントカラー	552
ドミナントカラー配色	552
ドミナントトーン配色	552
留め具	146,399
ドライソープ	281
トラフィック消費	609
トリアセテート	86
トリグリセリド	250
トリコット	101
トリコロール	552
ドレーパリー	482
ドレープ	96
ドレープ性	106
トレンディードラマ	363
ドロップ	44,412
トーン・イン・トーン	552
トーン・オン・トーン	552
緞子	217

な

内分泌	11
ナイロン	86,88
ナイロン6	89
ナイロン66	89
萎装束	474
長板中形	537
中内功	602
捺印法	28
捺染	174,539
ナバホ・ブランケット	515
ナフタリン	276
ナフトール染料	171
南欧	511
軟水	262
難燃加工	186

に

錦	538
二重織	99
二重環縫い	137
二重廻し	479
日常着	418
日常生活動作	432
日光堅ろう度	164
日光（耐光）堅ろう度	177
日本	352
日本刺繍	541
乳化	256
乳がん	449
乳幼児	395
ニューフロンティア材料	164
尿漏れ下着	420
人形モデル	355
認知症	421
妊婦用衣服（マタニティ・ウェア）	378

ぬ

縫い糸	144
縫い締め	534
縫い代	238
縫いずれ	138,139,157
縫い伸び	157
縫い針	147
縫い目の欠点	156
縫い目の伸長性	157
縫い目のスリップ	158

索引

縫い目の笑い	158	バー・シン	503	半練り	212
布	80	バスキーヌ	488	反応性染料	164
		バストカップ	412	反応染料	172
ね		パーソナルカラー	548	半臂	218
		肌触り	417, 448	帆布	195
ネイルアート	547	ハーダンガー刺繡	541	韓服	499
ネイルチップ	547	パタンナー	330		
ネガティブフィードバック	11	場違い感	355	**ひ**	
ネクタイ	490	蜂巣織	202		
ネクタイ・ピン	550	発汗	9, 10	ピアス	550
熱可塑性	89, 270	発光測定法	189	冷え性	370
ネックライン	548	発色形態	167	BMI	340
ネックレス	550	発色性	179	PMV	14
熱中症	374	発色団	164	非言語的コミュニケーション	
熱抵抗	18	撥水加工	184		350
熱伝導率	108	撥水加工剤	122	非言語的指標	350
熱特性	108	バッスルスタイル	479, 492	被験者実験	19
熱放散	11	発生要因	29	ピコロール	552
練織物	85	抜染	174	皮脂	250
練り込み法	124	バッチ式処理	168	ビジネス・マタニティウェア	
年間成長量	390	パーツ縫製	154		379
年齢別着装	561	撥油加工	184	美人	358
		撥油加工剤	122	ビスコース法	86
の		ハドリング	13	直垂	474
		花飾り	551	左衽	472
脳血管障害	432	パニエ	491	ビッグデータ	610
直衣	473	パニュエーロ	504	ピッシネ	507
能動汗腺	11	パー・ヌン	503	引張強度	181
糊付け剤	268	バブーシュ	507	ヒッピー	601
糊防染	537	バブル景気	604	ヒッピー文化	546
ノンレム睡眠	380	パープル染め	484	PTT	129
		ハーモニー	523	単	498
は		腹帯	378	非特定縁	142
		パラカ	519	一越	213
バイオ技術	129	パラジクロルベンゼン	276	一つ身	49
ハイク	508	バランス	523	ヒートポンプ	261
排泄	397, 420	針送り	139	ビーニャ	504
媒染	161, 169	針棒天秤	141	皮膚温	10
媒染剤	169	パール編み	101	皮膚温度受容器	11
媒染染料	169	バルキーヤーン	89	被覆部位	19
バイヤー	331	パレオ	519, 523	被覆面積	18, 26
パイル	99	ハーレム・スタイル	507	皮膚血管拡張	11
パウ	518	バロック	490	皮膚血管収縮	11
ハウスマヌカン	363	ハロー法	189	皮膚障害	373
袴	471	バロン・タガログ	504	皮膚常在菌	372
バギー族	607	半回転釜	135	非付着性能	125
バクサ	504	ハンガシステム	156	非ふるえ産熱	17
白色抜染	174	半合成繊維	80, 82, 86	ヒマティオン	483
白色防染	174	バンズ, ダイアナ	549	漂白	266
ハ刺し	144	番手	92	漂白活性化剤	254
パジ	500	バンドナイフ裁断機	153	漂白剤	258, 266
バジュ	504	バンドルシステム	156	表皮細胞	84

表面張力	256	
平編み	101	
平織	98	
開き目	101	
品質	246	

ふ

ファイユーム遺跡	82	
ファッションデモクラシー	608	
ファストファッション	326, 329, 335, 361, 400	
ファスナー	147	
ファッションアドバイザー（FA）	331	
ファッションイメージ	542, 566	
ファッション型産業の振興	328	
ファッション小売業	324	
ファッション雑誌	400	
ファッションショー	344	
ファッション情報	234	
ファッション・スタイル	566	
ファッションセラピー	421	
ファッション・タイプ	566	
ファッション・デザイナー	330	
ファッションデモクラシー	594	
ファッションブロガー	363	
ファンデーション	424	
VMDシステム	607	
ふいご作用	4, 26	
フィッシャー，ドナルド	606	
フィードフォワード	11	
フィラメント糸	81	
フィルター性能	125	
風合い	30, 86	
風土	2	
フェイスペインティング	546	
フェズ	507	
フェミニン	542	
フェリペ2世	488	
フェルト	103	
Forever21	329	
フォカマイユ	552	
フォーシーズン・カラー	549	
フォーマルウェア	401, 563	
フォンタンジュ髪型	490	
不快指数	14	
不感蒸泄	9	
複合糸	90	
複合繊維	179	
服装号型	66	
服装色	548	

腹帯	378	
節状構造	84	
不織布	81, 103, 397	
伏せ糊	536	
縁かがり	157	
縁かがり縫いミシン	137	
付着	36	
フットケア用品	427	
フープテンション	29	
フライヤー式糸車	94	
ブラカエ	484	
ブラゲット	488	
プラズマ加工	123	
フランスのサイズ	63	
ブランド	234, 332	
ブランド戦略	332	
ブランド物	400	
ブリオー	485	
振袖	536	
プリンセスライン	524	
プリント	174	
篩	204	
ふるえ	10, 17	
ブルーベース	549	
プールポワン	486	
ブレー	485, 486	
プレス機	149	
ブレスレット	551	
プロゲステロン	11	
ブロケード	487	
ブローチ	551	
プロポーション	523	
プロミックス	86	
分解型洗浄	258	
文化的体温調節	13	
分散染料	173	
分離型洗浄	258	

へ

ヘアスタイル	547	
ベアヤーン	121	
平面構成	48	
ベースカラー	552	
ベスト	490	
ペチコート	491	
PET	129	
ペニスケース	518	
pH指示薬	165	
ペプロス	482	
部屋着	489	
ベルグマンの法則	12	

ベルトコンベアシステム	156	
ベルボック	506	
ペンダント	550	
偏平縫い	157	
偏平縫いミシン	138	

ほ

布衣	473	
縫腋袍	472	
防汚加工	184	
防汚加工マーク	124	
防汚性	129	
防汚素材	122	
防護服	374	
帽子	489	
紡糸	88	
放射	9	
防水加工	184	
紡すい（錘）車	94	
縫製	134, 240	
縫製関連機器	149	
縫製機器	241	
縫製作業	244	
縫製システム	155	
縫製準備	240	
縫製準備工程	152	
縫製情報	240	
紡績糸	81, 90	
防染	174, 536	
防染技法	534	
防虫加工	276	
放熱	8	
補強用衣服	424	
北欧	510	
ポケットチーフ	550	
歩行周期	384	
ポジショニングマップ	553	
POSシステム	229	
ボタン	146	
ボタンホール	399	
ホック	147	
ボディペインティング	518, 546	
ボビン糸	135	
ポーランドのサイズ	65	
（ポリ）アクリレート系繊維	131	
ポリエステル	86, 88	
ポリエチレン	88	
ポリオキシエチレンアルキルエーテル	256	
ポリトリメチレンテレフタレート	129	

ポリプロピレン		88
ポリマー改質法		124
ボールジョイント		385
ボールポイント針		148, 158
ホロク		519
本縫い		135, 137, 157
本縫いミシン		135

ま

マイクロファイバー		130
前開型		5
前肩		44
巻衣型		482
マーケティング		332
摩擦堅ろう度		176
マスク		125
まち		437
襠		498
マーチャンダイザー		330
末梢神経		11
まとめ作業		155
マニキュア		547
マニッシュ		543, 553
マフ		489
丸仕上げ方式		155
丸刃裁断機		153
満州族		502

み

未延伸糸法		28
三子糸		205
身頃		498
ミシュラー		507
ミシン		134, 137
ミシン糸		144
ミシン送り		138
水軟化剤		254
ミパルティ		486
身分・階級の表示		469
耳飾り		550
苗族		502
宮崎友禅		536
みゆき族		360
ミュージシャン		362
民族衣装		2

む

無機繊維		82
無製版捺染		174

無精練		212
無撚糸		212
ムームー		518

め

メイクアップ		546
銘仙		216
メスティサ・ドレス		504
目付		214
MET		8
目飛び		158
メトロセクシャル		609
メンタルトレーニング		351
面ファスナー		147

も

裳		471
毛管作用		131
モガ		480
モカシン		514
目的		188
モジュラーシステム		156
モーションダイアグラム		140
振り袖		498
モダン		553
裳袴		475
もはや戦後ではない		598
モルフォテックス		128
モーレツからビューティフルへ		603
諸糸		80
諸撚り		213
もんぺ		480
モンペ型		419

や

痩せ志向		341, 400
闇市		326

ゆ

有機汚濁		264
有機溶剤		280
友禅染		478, 536
雪晒		266
輸出産業		328
油性汚れ		251
輸入大国		326
UPF		118

指輪		551
UV-A		118
UV遮蔽剤		118
UV-B		118
湯巻		475

よ

陽イオン界面活性剤		268
溶解型洗浄		258
洋裁ブーム		481
養蚕		83, 484
洋式紡績		95
洋装化		360
腰痛バンド		425
用途		124
洋梨型		37
洋服		479
腰部の骨格		35
羊毛		89
溶融		89
楊柳		449
浴比		262
よこ編		81, 100
緯糸		538
緯絣		539
緯錦		538
呼び		145
撚り		84

ら

礼服		471
ラグジュアリーブランド		328, 334
ラッセル		101
ラバンヌ, パコ		584
ラフィアヤシ		509
ラ・ベルプール		491
襴		472
ランドリー		280

り

リサイクル		401
リストバンド		551
立体裁断		485
立体仕上げ機		243
リハビリ		440
リブ編み		101
リフォーム		436
リボン		489

硫化染料	170	冷ニューロン	11	ロココスタイル	525
流行	400	レギンス	514	ロシア帽	512
流通革命	602	レーシング	136	六本木族	360
両まひ	438	レース	102, 489	ロープ	491
臨界ミセル濃度	257, 262	レノ	99	ロープ・ヴォラント	490
リング	551	レム睡眠	380	ロープ・ア・ラ・フランセーズ	
リンク天秤	141	レーヨン	86		491
リンゴ型	37	レリーフ	36	ロマンティック	553
綸子	217	連続式処理	168	ローラ捺染	174
		連続染色	168	ロリータファッション	571
る		連帯化	357	ローリングアップ	258
ルイ・ヴィトン	329	**ろ**		**わ**	
ルーパ	134				
ルバシカ	512	ロインクロス	482, 523	倭錦	538
ルーピング	134, 136	蝋	537	ワーキングウェア	563
		﨟纈	534	ワーキングマザー	379
れ		蝋染	536	和装エコロジー	559
		ロカビリー	598	綿衣	499
レイ	518	鹿鳴館	479	和服	48
冷蔵倉庫	374	ロココ	490	割はぎ	144

衣服の百科事典

平成 27 年 4 月 25 日　発　行

編　者　一般社団法人 日本家政学会

発行者　池　田　和　博

発行所　丸善出版株式会社
〒101-0051　東京都千代田区神田神保町二丁目17番
編集：電話 (03) 3512-3264 ／ FAX (03) 3512-3272
営業：電話 (03) 3512-3256 ／ FAX (03) 3512-3270
http://pub.maruzen.co.jp/

Ⓒ The Japan Society of Home Economics, 2015
組版印刷・三美印刷株式会社／製本・株式会社星共社
ISBN 978-4-621-08928-6 C 3577　　　Printed in Japan

JCOPY 〈(社)出版者著作権管理機構 委託出版物〉
本書の無断複写は著作権法上での例外を除き禁じられています．複写される場合は，そのつど事前に，(社)出版者著作権管理機構（電話03-3513-6969，FAX 03-3513-6979, e-mail：info@jcopy.or.jp）の許諾を得てください．